REGINA ROTH

Staat und Wirtschaft im Ersten Weltkrieg

Schriften zur Wirtschafts- und Sozialgeschichte

In Verbindung mit Rainer Fremdling,
Carl-Ludwig Holtfrerich, Hartmut Kaelble und Herbert Matis
herausgegeben von Wolfram Fischer

Band 51

Staat und Wirtschaft im Ersten Weltkrieg

Kriegsgesellschaften als kriegswirtschaftliche Steuerungsinstrumente

Von

Regina Roth

Duncker & Humblot · Berlin

Die Deutsche Bibliothek – CIP-Einheitsaufnahme

Roth, Regina:
Staat und Wirtschaft im Ersten Weltkrieg : Kriegsgesellschaften als kriegswirtschaftliche Steuerungselemente / von Regina Roth. – Berlin : Duncker und Humblot, 1997
(Schriften zur Wirtschafts- und Sozialgeschichte ; Bd. 51)
Zugl.: Tübingen, Univ., Diss., 1995
ISBN 3-428-08709-7

Fotoprint: Werner Hildebrand, Berlin
Printed in Germany

ISSN 0582-0588
ISBN 3-428-08709-7

Gedruckt auf alterungsbeständigem (säurefreiem) Papier
entsprechend ISO 9706 ♾

Vorwort

Entscheidungen über die Grundfragen jeder Wirtschaft fallen nicht im herrschaftsfreien Raum. Was für wen produziert wird und wer die Kosten dafür trägt, ist nicht nur eine Frage von Bedürfnissen, sondern immer auch von Macht. Dies gilt um so mehr in Zeiten des Krieges, wenn nicht nur die Ressourcen knapper werden als in Friedenszeiten, sondern sich auch staatliche Stellen in die daraus resultierenden Interessen- und Verteilungskonflikte einschalten. Die vorliegende Arbeit untersucht solche Konflikte für die Rohstoffbewirtschaftung im Ersten Weltkrieg. Im Mittelpunkt stehen drei eng miteinander verknüpfte Fragenkomplexe: erstens die Bereitschaft und Fähigkeit der Behörden zur Intervention in den Wirtschaftsablauf, zweitens die Verteilung der wirtschaftlichen Kriegslasten und drittens die Machtverhältnisse zwischen staatlichen Stellen und Wirtschaftsvertretern.

Untersuchungsgegenstand ist eine institutionelle Neuschöpfung des Krieges, die Kriegsgesellschaften. Sie organisierten unter Aufsicht der Behörden die Bewirtschaftung von Rohstoffen und Lebensmitteln. Zeitgenossen betrachteten sie "als Träger einer bestimmten Richtung des Kollektivismus"[1]. In der Forschung galten sie den einen als Ergebnis der "Verschmelzung" von Staat und Monopolkapital, den anderen als Beleg für die Unterordnung wirtschaftlicher Interessen unter die Vorherrschaft des Staates in einer Zeit des "nationalen Notstandes". Die vorliegende Arbeit analysiert die Konzeption ausgewählter Kriegsgesellschaften und ihre Umsetzung in den vier Kriegsjahren. Konflikte um die Bewirtschaftung industrieller Rohstoffe werden auf die Durchsetzung von Interessen befragt, um das dahinter stehende Beziehungsgeflecht der beteiligten Gruppen und Institutionen aufzudecken. Der erste Teil der Arbeit beschäftigt sich daher mit den Akteuren, mit einzelnen Unternehmern und Repräsentanten wirtschaftlicher Interessenorganisationen ebenso wie mit militärischen und zivilen Behörden. Der zweite Teil konzentriert sich auf die Aktivitäten, das heißt auf die einzelnen Maßnahmen zur Beschaffung und Verteilung von Rohstoffen sowie auf die zur Kontrolle der Bewirtschaftung verfügten Reglementierungen.

---

[1] Bruck, Unternehmung, S. 595.

Die vorliegende Arbeit ist die leicht überarbeitete Fassung meiner im Mai 1995 von der Geschichtswissenschaftlichen Fakultät der Eberhard-Karls-Universität Tübingen angenommenen Dissertation.

Ich möchte die Gelegenheit nutzen, um all denjenigen ganz herzlich zu danken, die mich bei meiner Arbeit unterstützt haben. Zu nennen sind in erster Linie die Mitarbeiterinnen und Mitarbeiter der staatlichen Archive sowie der zahlreichen Unternehmensarchive, die mir freien Zugang zu ihren Akten gewährten und mir bei der Erschließung behilflich waren.

Sehr hilfreich für die Ausarbeitung waren die konstruktiven Hinweise von Prof. Dr. Dr. Wolfram Fischer, Prof. Dr. Jürgen Kocka und Prof. Dr. Dieter Langewiesche, der das Korreferat übernahm. Prof. Fischer möchte ich besonders für die Aufnahme meiner Arbeit in die Reihe "Schriften zur Wirtschafts- und Sozialgeschichte" danken. Für ihre stete Diskussionsbereitschaft schulde ich auch meinen Kolleginnen und Kollegen am Fachbereich Geschichtswissenschaft der FU Berlin Dank.

Die Arbeit wäre viel schwerer geworden ohne meine Freundinnen und Freunde, die mir über alle Tiefen, die eine solche wissenschaftliche Arbeit bereit hält, hinweghalfen und mir insbesondere in der hektischen Schlußphase mit Rat und Tat zur Seite standen. Unschätzbare Hilfe leisteten Dr. Monika Bergmeier und Gudrun Menze, die sich der Mühe unterzogen, das Manuskript meiner Arbeit in der Rohfassung durchzuarbeiten. Uta Bley und Dr. Manfred Rasch haben große Teile der Arbeit gelesen. Dr. Johannes Thomassen hat die Druckfassung Korrektur gelesen. Von ihren Kommentaren und Anregungen habe ich sehr profitiert.

Den größten Dank jedoch schulde ich meinem Lehrer Prof. Dr. Hans-Peter Ullmann. Er regte das Thema an, ermutigte mich immer wieder bei der Ausarbeitung und hatte für alle Fragen immer ein offenes Ohr. Ohne seine konstruktiven Ratschläge und seine unermüdliche Diskussionsbereitschaft wäre die Arbeit kaum fertiggestellt worden.

Ich widme diese Arbeit meinen Eltern, Waltraut und Lothar Roth.

Berlin, im Juli 1997 *Regina Roth*

Inhaltsverzeichnis

Abkürzungen

A 10	Chemische Abteilung im preußischen Kriegsministerium
Abt.	Abteilung/en
AD	Allgemeines Kriegsdepartement im preußischen Kriegsministerium
ACDP	Archiv für Christlich-Demokratische Politik der Konrad-Adenauer-Stiftung Bonn-St. Augustin
AEV	Aluminium-Einkaufs-Vereinigung
Agfa	AG für Anilinfabrikation, Berlin
AIAG	Aluminium-Industrie AG, Neuhausen
AK	Armeekorps
Al	Aluminium
AR	Aufsichtsrat
BAAP	Bundesarchiv Abteilungen Potsdam
BAK	Bundesarchiv Koblenz
BA-MA	Bundesarchiv, Militärarchiv Freiburg
BASF	Badische Anilin- und Sodafabrik, Ludwigshafen; auch: Firmenarchiv
Bayer	Farbenfabriken vorm. Friedrich Bayer & Co, Leverkusen
bayer.	bayerisch
BDI	Bund der Industriellen
BdKM	Beauftragter des preußischen Kriegsministeriums
bearb.	bearbeitet
BHStA-KA	Bayerisches Hauptstaatsarchiv München, Abt. Kriegsarchiv
BKM	Bayerisches Kriegsministerium
BStW	Bayerische Stickstoffwerke AG, Trostberg
BZG	Belagerungszustandsgesetz
Cassella	Leopold Cassella & Co, Frankfurt/M
CDI	Centralverband Deutscher Industrieller
Chem. Abt.	Chemische Abteilung im preußischen Kriegsministerium
Chemieverein	Verein zur Wahrung der Interessen der chemischen Industrie
dass.	dasselbe

DAVV	Deutsche Ammoniak-Verkaufs-Vereinigung, Bochum
Dir.	Direktor
DStB	Deutscher Stahlbund
EA	Eisenauslandsstelle
EW	Erftwerk AG, Grevenbroich
EZ	Eisenzentrale GmbH
FAH	Friedrich-Alfred-Hütte
FM	Feldzeugmeisterei
FWH	Friedrich Wilhelms-Hütte, Mühlheim a.d. Ruhr
GBAG	Gelsenkirchener Bergwerks AG, Gelsenkirchen
Gen.-Dir.	Generaldirektor
Gen.-Vers.	Generalversammlung
GHH	Gutehoffnungshütte, Aktienverein für Bergbau- und Hüttenbetrieb, Oberhausen
Giulini	Gebrüder Giulini, Chemische Werke, Ludwigshafen
GK	Generalkommando
Griesheim	Chemische Fabrik Griesheim-Elektron, Frankfurt/M
GStAM	Geheimes Staatsarchiv Preußischer Kulturbesitz, Abt. Merseburg (jetzt: Berlin)
HA	Hauptausschuß des Deutschen Reichstages
HA Krupp	Historisches Archiv der Fried. Krupp AG, Essen
HA Metallgesellschaft	Historisches Archiv der Metallgesellschaft, Frankfurt/M
Haniel-Archiv	Archiv der Franz Haniel & Cie GmbH, Duisburg
HK	Handelskammer
Hoechst	Farbwerke vorm. Meister Lucius und Brüning, Hoechst a.M.
HStAS	Hauptstaatsarchiv Stuttgart
IH	Ilseder Hütte
IK	Ingenieur-Komitee
ItIA	Inspektion der technischen Institute Artillerie
IW	Innwerk. Bayerische Aluminium-AG, München
KA	Kriegsamt
KA-Stelle	Kriegsamtstelle
KA/Techn.Stab	Kriegsamt/Technischer Stab
Kalk	Chemische Fabrik Kalk GmbH, Köln
KCA	Kriegschemikalien AG
KEA	Kriegsernährungsamt
KEZ	Kommissariat der Eisenzentrale
KM	Kriegsministerium

KMA	Kriegsmetall AG
Knapsack	AG für Stickstoffdünger, Knapsack
Kom.	Kommission
KRA	Kriegsrohstoffabteilung
KrAdeI	Kriegsausschuß der deutschen elektrotechnischen Industrie
KrAdI	Kriegsausschuß der deutschen Industrie
Krupp	Fried. Krupp AG, Essen
KSK	Kriegssäuren-Kommission
Mansfeld	Mansfeld'sche Kupferschieferbauende Gewerkschaft, Eisleben
MB/MG	Metallbank und Metallurgische Gesellschaft, Frankfurt/M
MG	Metallgesellschaft, Frankfurt/M
MFSt	Metallfreigabestelle
Mitt.	Mitteilung
MK	Metallkonsortium
MMobSt	Metallmobilmachungsstelle
MMSt	Metallmeldestelle
MnG	Manganerz GmbH
Nobel	Dynamit AG vorm. Alfred Nobel & Co, Hamburg
NSchr.	Niederschrift
o.D.	ohne Datum
o.V.	ohne Verfasser
PFM	preußisches Finanzministerium
Phönix	AG Phönix für Bergbau und Hüttenbetrieb, Hoerde
PJM	preußisches Justizministerium
PKM	preußisches Kriegsministerium
PMHG	preußisches Ministerium für Handel und Gewerbe
PMdI	preußisches Ministerium des Innern
PMLw	preußisches Ministerium für Landwirtschaft
PPS	Preisprüfungsstelle/n
Prod.	Produkt (eine Art Blattzählung)
Prot.	Protokoll
RAS	Rohstahlausgleichsstelle
RdI	Reichsamt des Innern; auch: Bestand Reichsministerium des Innern im Bundesarchiv Abteilungen Potsdam
REV	Roheisenverband
RFM	Reichsfinanzministerium
RGBl.	Reichsgesetzblatt
RJA	Reichsjustizamt

RJM	Reichsjustizministerium
RK	Reichskanzlei
RKG	Reichskreditgesellschaft
RM	Bestand Reichsmarineamt im Bundesarchiv, Militärarchiv Freiburg
RMA	Reichsmarineamt
RSchA	Reichsschatzamt
RSchG	Reichsschiedsgericht für Kriegsbedarf
RSchM	Reichsschatzministerium
RSchr.	Rundschreiben
RT	Reichstag
RT-Abg.	Reichstagsabgeordnete/r
RWA	Reichswirtschaftsamt
RwD	Reichsamt, später Reichsministerium für wirtschaftliche Demobilmachung
RWM	Reichswirtschaftsministerium
RWWA	Rheinisch-Westfälisches Wirtschaftsarchiv Köln
SAA	Siemens-Archiv-Akte, München
Schr.	Schreiben
Sekt.	Sektion
Sekt. Ch	Sektion Chemikalien (Kriegsrohstoffabteilung)
Sekt. E	Sektion Eisen (Kriegsrohstoffabteilung)
Sekt. M	Sektion Metalle (Kriegsrohstoffabteilung)
SKM	Sächsisches Kriegsministerium
Sodasyndikat	Syndikat Deutscher Sodafabriken GmbH, Bernburg
SSW	Siemens-Schuckert-Werke, Berlin
sten.	stenographisch
StS	Staatssekretär
stv.	stellvertretend
SVK	Schätzungs- und Verteilungskommission
SWV	Stahlwerksverband
Tel.	Telegramm
ter Meer	Chemische Fabrik vorm. Weiler-ter Meer, Uerdingen
u.ö.	und öfters
VAW	Vereinigte Aluminium-Werke AG, Berlin
VdEh	Verein deutscher Eisenhüttenleute
VdEStI	Verein deutscher Eisen- und Stahlindustrieller
Vfg.	Verfügung

vorm.	vormals
VStpS	Verwaltungsstelle für private Schwefelwirtschaft
WA	Werksarchiv
WASAG	Westfälisch-Anhaltische Sprengstoff-Actiengesellschaft, Berlin
wiss.	wissenschaftlich
WK	Wissenschaftliche Kommission
WKM	Württembergisches Kriegsministerium
Württ.	Württemberg
Wumba	Waffen- und Munitionsbeschaffungsamt
ZA	Zuweisungsamt der Metallmeldestelle
ZD	Zentral-Departement im preußischen Kriegsministerium
Zendei	Zentralverband der deutschen elektrotechnischen Industrie
ZK	Zentralstelle für Kriegsbeute im preußischen Kriegsministerium
ZPPS	Zentral-Preisprüfungsstelle

Einleitung

Als im August 1914 der Erste Weltkrieg ausbrach, machte sich kaum einer der Zeitgenossen eine Vorstellung davon, wie einschneidend und tiefgreifend dieses Ereignis Staat, Wirtschaft und Gesellschaft verändern würde. Das Ziel, den Krieg zu gewinnen, war keine Aufgabe mehr, die allein das Militär bewältigen konnte. Denn Millionen von Menschen mußten mobilisiert, Rüstungsgüter in Massen und für die Dauer von mehr als vier Jahren produziert werden. Dazu war es notwendig, die Produktion den Bedürfnissen des Krieges anzupassen. Die effiziente Organisation der Wirtschaft erwies sich deshalb als eine unabdingbare Notwendigkeit für eine erfolgreiche Kriegführung[1]. Trotz ihrer Bedeutung für den Kriegsausgang standen und stehen wirtschaftliche Probleme und ihre Bewältigung kaum im Mittelpunkt des wissenschaftlichen Interesses. Die Forschung zum Ersten Weltkrieg konzentrierte sich vielmehr zuerst auf die militärischen Ereignisse, dann auf Ursachen, innenpolitischen Voraussetzungen und Auswirkungen des Krieges und schließlich auf Erlebnis und Erfahrung des Kriegsalltags[2]. Die vorliegenden wirtschafts- und sozialgeschichtlichen Studien betrachten die Kriegswirtschaft unter vier verschiedenen Gesichtspunkten.

Erstens ist die Frage zu nennen, welche Folgen der Krieg für die Wirtschaftsordnung in Deutschland hatte. Bereits während des Krieges entspannen sich Diskussionen darüber, ob staatliche Steuerungsmaßnahmen über das Kriegsende hinaus bestehen bleiben sollten oder nicht. Welche Positionen Industrie, zivile und militärische Instanzen in dieser Frage einnahmen, arbeitet Friedrich Zunkel heraus[3]. Die Studie von Hans Gotthard Ehlert legt den Schwerpunkt dagegen auf die Nachkriegsdebatte um Gemeinwirtschaft als Gegenmodell zur

---

[1] Mendershausen, Economics, S. 1; Schulin, Urkatastrophe, S. 3ff.; Mai, Ende, S. 88ff.

[2] Die Fischer-Kontroverse gab den Anstoß zur intensiven Erforschung von Politik und Gesellschaft im Krieg. Vgl. dazu Thoß, Systemkrise. Die wirtschaftliche Ebene der Kriegszieldiskussion wurde erst 1989 aufgearbeitet. Soutou, L'Or. Zu den einzelnen Aspekten der Weltkriegsforschung vgl. Der Erste Weltkrieg. Über Krieg als Erlebnis und Erfahrung geben die Sammelbände "Keiner fühlt sich hier mehr als Mensch", Societés und Kriegserfahrungen einen guten Überblick. Vgl. dazu auch Thoß, Ereignis.

[3] Zunkel, Industrie.

Sozialisierung[4]. Beide Arbeiten stellen die damals entwickelten Konzeptionen für die Nachkriegszeit und die Frage nach ihrer Durchsetzung in den Mittelpunkt.

Große Beachtung fand die Frage der Wirtschaftsordnung in der Forschung der DDR. Der Erste Weltkrieg galt als entscheidende Phase in der Entstehung des staatsmonopolistischen Kapitalismus, weil hier die "Verschmelzung" von Staat und monopolistischer Wirtschaft vorangetrieben worden sei. Dieser Ansatz erlaubt es jedoch nicht, den Spielraum für selbständige Aktivitäten staatlicher Instanzen auszuloten sowie Konflikte zwischen staatlichen und wirtschaftlichen Interessen zu thematisieren. Solche Defizite weisen die beiden einzigen quellengestützten Studien von Alfred Schröter und Alfred Müller[5] auf. Sie belegen, ganz im Sinne der ihnen zugrundeliegenden Theorie, die These, daß die staatlichen Interventionsmaßnahmen allein den Interessen des Monopolkapitals dienten. Als besonders wichtig sehen sie dabei die personelle Verflechtung zwischen Staat und Wirtschaft an. Abgesehen von ihren theoretischen Schwächen lassen die Studien eine klare Analyse und Darstellung der Kriegswirtschaft vermissen. Weder werden die Strukturen der zuständigen Organisationen noch deren Instrumente und Strategien für die Bewirtschaftung der Rohstoffe herausgearbeitet. Dieter Baudis[6] korrigiert in seiner neueren Darstellung die Schwächen des marxistischen Ansatzes etwas, indem er von unterschiedlichen Positionen innerhalb der Unternehmerschaft ausgeht. Das führt aber weder zu einer anderen Bewertung der grundsätzlichen Entwicklungslinien noch zu einer erneuten Bearbeitung des Quellenmaterials.

Einen zweiten Forschungsschwerpunkt bilden sozialgeschichtliche Arbeiten. Sie untersuchen, wie sich die Lage der verschiedenen sozialen Schichten veränderte, und fragen nach den Folgen für das soziale, politische und wirtschaftliche System des Kaiserreichs. Richtungsweisend für die weitere Forschung wurde Jürgen Kockas "Klassengesellschaft im Krieg"[7]. Er rückt die Frage in den Mittelpunkt, inwieweit der Erste Weltkrieg zu einer Polarisierung der Gesellschaft geführt und damit die sozialen Bedingungen für die Revolution von 1918/19 geschaffen hat. Wichtig ist außerdem die von Wilhelm Deist bearbeitete Edition "Militär und Innenpolitik", die einen neuen Zugang vor allem zu

---

[4] Ehlert, Zentralbehörde. Vgl. zu diesem Themenkreis außerdem Barclay, Wissell; Schmid, Moellendorff; Braun, Konservatismus; Schieck, Kampf.

[5] Müller, Kriegsrohstoffbewirtschaftung; Schröter, Krieg.

[6] Baudis, Kapitalismus. Vgl. zu dieser Forschungsrichtung auch den Überblick bei Gutsche/Otto, Weltkrieg.

[7] Kocka, Klassengesellschaft. Diesen Ansatz haben beispielsweise Müller, Politik, Schäfer, Wirtschaftspolitik, Ludewig, Herzogtum, und Thalmann, Pfalz; aus regionalgeschichtlicher Perspektive überprüft.

sozial-, aber auch zu wirtschaftspolitischen Fragen eröffnet und die Rolle des Militärs in den Vordergrund stellt[8].

Das dritte Forschungsfeld beschäftigt sich mit dem Verhältnis von Wirtschaft und Staat sowie der politischen Machtverteilung. Wegweisend für diese Richtung wurden die Arbeiten von Gerald D. Feldman, der Mitte der sechziger Jahre erstmals die Beziehungen zwischen Wirtschaft, Militär und Politik im Ersten Weltkrieg in seiner heute noch grundlegenden Dissertation "Army, Industry and Labor in Germany 1914-1918" analysiert. In weiteren Aufsätzen und Monographien präzisierte er seine Thesen und dehnte das Untersuchungsfeld nicht zuletzt zeitlich aus[9]. Zentral für die Arbeiten Feldmans ist die Analyse wichtiger rüstungs- und sozialpolitischer Entscheidungsprozesse, wobei der Einfluß von industriellen Verbänden und Unternehmern im Vordergrund steht. Die Ergebnisse sind bis heute Grundlage jeder Beschäftigung mit der Kriegswirtschaft, müssen aber erweitert und differenziert werden. Feldman untersucht vor allem die informellen Verbindungen zwischen Staat und Wirtschaft; institutionalisierte Formen der Zusammenarbeit werden demgegenüber kaum berücksichtigt. Im Mittelpunkt seiner Forschungen steht die Eisen- und Stahlindustrie, was die Verallgemeinerbarkeit der Ergebnisse einschränkt. Weitgehend ungeklärt bleiben die Auswirkungen der untersuchten Entscheidungen.

Mit den Folgen der Rüstungspolitik befassen sich Gunther Mai und Hans-Joachim Bieber in ihren regional angelegten Studien. Sie thematisieren die Auseinandersetzung der Arbeiterschaft mit militärischen und zivilen Behörden. Ihren Ansatzpunkt bilden die Gewerkschaften und deren Veränderungen im und durch den Krieg. Beide Arbeiten orientieren sich damit, wie die Untersuchungen Feldmans auch, an Verbänden als Akteuren. Bei Mai kommen darüber hinaus die Rolle der Militärs und die Auswirkungen auf die Lebensverhältnisse der Arbeiter stärker zum Tragen[10]. Ebenfalls auf regionaler Ebene untersucht Hermann Schäfer am Beispiel Badens die Ausbildung einer bundesstaatlichen Wirtschaftspolitik und die Verstärkung der industriellen Interessenvertretung als Reaktionen auf die Entscheidungen des Reiches[11]. Einige Arbeiten widmen sich dem Verhältnis von Staat und Wirtschaft am Beispiel eines einzelnen Industriellen, der für die Kriegswirtschaft große Bedeutung erlangte, Walther Rathenau. Seine Biographen konzentrieren sich auf die Gründung der

---

[8] Militär und Innenpolitik.

[9] Feldman, Army, dt. Ausg.: ders., Armee; ders., Grundlagen; ders., Iron; ders., Interest Group; ders., Kapitalismus; ders., Collapse; ders./Homburg, Industrie.

[10] Mai, Kriegswirtschaft; Bieber, Gewerkschaften.

[11] Schäfer, Wirtschaftspolitik.

von ihm initiierten und in den ersten Monaten des Krieges geleiteten Kriegsrohstoffabteilung im preußischen Kriegsministerium[12].

Eine vierte Perspektive eröffnet Gerd Hardach[13], der die Kriegswirtschaft und ihre Folgen für die Weltwirtschaft in den Mittelpunkt seiner Untersuchung stellt. Der Krieg riß, wenn auch in unterschiedlichem Maße, alle beteiligten Staaten aus ihren internationalen Handelsbeziehungen heraus und bewirkte eine vollständige Umorganisation der einzelnen Volkswirtschaften. Vorwiegend mit Blick auf Europa untersucht Hardach die Reaktionen auf die Anforderungen des Krieges und stellt hierbei Mittelmächte und Alliierte einander gegenüber. Die Verhältnisse in den einzelnen Staaten kann er bei dem Umfang des Materials, den dieser Ansatz erfordert, nur grob skizzieren.

Der Überblick über die Forschung macht deutlich, daß der Schwerpunkt auf der Analyse wirtschafts- und sozialpolitischer Entscheidungen liegt. Die Folgen dieser Entscheidungen für die Wirtschaft und den Produktionsprozeß sind nur in Teilbereichen untersucht worden, vor allem für die Regulierung des Arbeitsmarktes. Dagegen fehlen Studien über die Auswirkungen, welche die Anpassung der Produktion an die Kriegsbedürfnisse für den Gütermarkt mit sich brachte, weitgehend. Dabei betrafen die Veränderungen für die Beschaffung und Verteilung von Gütern sowohl die Produktionsentscheidungen der Unternehmen als auch die Nachfrage der Behörden nach Waren. Sie bestimmten das Ausmaß der Reglementierungen und damit das Verhältnis zwischen Staat und Wirtschaft.

Die Kriegswirtschaft hatte zwei grundlegende Probleme zu lösen. Erstens mußte das Sozialprodukt umgelenkt werden. Der staatliche Konsum an kriegswichtigen Gütern rückte in den Vordergrund. Dafür war zum einen der private Verbrauch, also die zivile Produktion drastisch zu kürzen und der Rüstungsbereich auszudehnen. Zum anderen mußte die Erhaltung, Erneuerung und Erweiterung des Produktionsapparates durch Investitionen zurücktreten; die auf Zukunft orientierte Komponente des Wirtschaftens wurde dem gegenwärtigen Konsum nachgeordnet. Der militärische Bedarf stellte zudem gänzlich andere Anforderungen an die Organisation des Produktionsprozesses als die Herstellung von Friedensgütern. Die Nachfrage nach einzelnen Rüstungsgütern wechselte oft abrupt, was vorausschauende Planung und kontinuierliche Produktion nahezu unmöglich machte. Gleichzeitig verminderten sich die zur Verfügung stehenden Produktionsmittel. Durch die Mobilisierung des Heeres wurden der Wirtschaft Millionen von Arbeitskräften entzogen. Der Krieg unter-

---

[12] Burchardt, Rathenau; Hecker, Rathenau; Michalka, Kriegsrohstoffbewirtschaftung; Schulin, Krieg.

[13] Hardach, Weltkrieg.

brach auch den Außenhandel mit industriellen Gütern und mit Nahrungsmitteln, verschloß also Absatzmärkte wie Bezugsquellen[14].

Damit ist das zweite Problem angesprochen, dessen Lösung im Ersten Weltkrieg kriegsentscheidend wurde. Die Wirtschaft mußte neue Quellen erschließen, um sich mit jenen Waren zu versorgen, die inländische Unternehmen nicht erzeugten. Die Mittelmächte und besonders das Deutsche Reich waren hier in weit stärkerem Maße gefordert als die Alliierten. Denn die Blockade traf die hochindustrialisierte deutsche Wirtschaft empfindlich, war sie doch auf Importe von Rohstoffen, Futtermitteln und teilweise auch von Lebensmitteln angewiesen.

Theoretisch gab es zwei Wege, um die gesamtwirtschaftliche Produktion auf den Kriegsbedarf auszurichten. Erstens konnte man es dem freien Markt überlassen, die Produktion mit Hilfe des Preismechanismus umzulenken und neue Quellen für die Beschaffung von Importgütern ausfindig zu machen. Zweitens bestand die Möglichkeit, daß der Staat Prioritäten güterwirtschaftlicher Art vorgab, die Beschaffung und Verteilung der Ressourcen reglementierte und die Durchführung der Produktion generell seiner Aufsicht unterstellte. Beide Wege bargen große Risiken. Einerseits war der Zeitaufwand, den der freie Markt für den Anpassungsprozeß benötigte, nicht abschätzbar. Klar schien dagegen zu sein, daß er hohe finanzielle und soziale Kosten verursachen würde. Andererseits ließ sich absehen, daß eine strikte staatliche Kontrolle der ökonomischen Aktivitäten auf erheblichen Widerstand bei den Betroffenen stoßen würde. Zudem war die Einführung von Lenkungsmaßnahmen oder gar einer Planwirtschaft in einer arbeitsteiligen Wirtschaft kurzfristig kaum realisierbar, da es an Erfahrung und Personal mangelte.

In der Praxis setzte sich eine Mischform durch. Sie verband Marktmechanismus mit staatlicher Reglementierung und eröffnete damit den Streit um die Verteilung der Gewichte zwischen Staat und Wirtschaft. Einerseits ging es um die Frage, in welcher Weise der Staat Einfluß auf Faktor- und Gütermärkte nehmen sollte. Beschafften sich die Firmen Rohmaterialen und Arbeitskräfte eigenständig oder wurden sie zugeteilt? Blieben Löhne und Güterpreise verhandelbar oder gab es staatliche Vorgaben? Sollten Gewinne als Leistungsanreiz dienen oder beschränkt werden? Entschieden die Betriebe selbst über Einschränkungen bei der Produktion einzelner Güter oder staatliche Instanzen? Und schließlich: Welche Mechanismen baute der Staat auf, um die Umsetzung seiner Prioritäten zu überwachen? Andererseits stand zur Diskussion, inwieweit Unternehmen und Unternehmer mit der Wahrnehmung von Funktionen im Rahmen einer solchen Bewirtschaftung betraut werden sollten.

---

[14] Mendershausen, Economics, S. 6; Jecht, Kriegsfinanzen, S. 37f.; Holtfrerich, Inflation, S. 98f.; Feldman, Disorder, S. 52f.

Wie sich die Gewichte zwischen Staat und Wirtschaft verteilten und wie sie sich im Verlauf des Ersten Weltkrieges veränderten, ist in der Forschung strittig. Drei Interpretationen lassen sich unterscheiden. Die erste geht von einer vollständigen Unterordnung der staatlichen unter die wirtschaftlichen Interessen aus und folgt damit dem Konzept des staatsmonopolistischen Kapitalismus. Der Staatsapparat "verschmolz" mit dem Monopolkapital und wurde dadurch für die Ziele der Wirtschaft instrumentalisiert[15].

Die zweite Interpretation konstatiert im Gegensatz dazu die Unterordnung der wirtschaftlichen unter die staatlichen Interessen. Das einzige Ziel war es, den Krieg zu gewinnen, und dafür wurden alle anderen Bedürfnisse zurückgestellt. In Gestalt der militärischen und zivilen Behörden beanspruchte der Staat Weisungsbefugnis gegenüber den Unternehmen und übte sie auch aus. Mit einem Wirtschaftsplan, nach dem die Produktion von Rüstungsgütern erfolgte, nahm der Staat die Wirtschaft gänzlich in seinen Dienst[16]. In dieser Interpretation ist, ähnlich wie bei den Marxisten, kein Raum für Interessenkonflikte oder Gruppenbildungen innerhalb des Staates oder der Wirtschaft.

Der dritte Ansatz greift die erste Interpretation auf, differenziert sie aber in zwei Hinsichten. Zum einen zeigte der Staat im Krieg eine gewisse Eigenständigkeit, nachdem im Frieden die Interessen der Wirtschaft für sein Handeln bestimmend gewesen waren. Diese staatliche Selbständigkeit äußerte sich in der Entwicklung von Strategien, um wirtschaftliche Sonderinteressen den militärischen Erfordernissen zu unterstellen. Dahinter stand die Notwendigkeit, soziale Spannungen zu vermeiden, welche die Kriegsbereitschaft gefährdeten. Die Grenzen staatlicher Autonomie wurden dort gezogen, wo ein substantieller Abbau von Macht- und Einflußpositionen der wirtschaftlichen Eliten zur Disposition stand. Zum anderen lassen sich zwei Phasen feststellen. In der ersten, die bis Herbst 1916 dauerte, konnte das preußische Kriegsministerium, die wichtigste staatliche Instanz in der Auseinandersetzung mit der Industrie, seine Politik weitgehend durchsetzen. Mit Hindenburg-Programm und Hilfsdienstgesetz kam jedoch die Wende. Sie leitete die Vorherrschaft der Interessenvertreter von Industrie und Arbeiterschaft ein. Das Scheitern des Staates, einen sozialen Ausgleich zu erreichen, untergrub seine Autorität sowohl bei den Unternehmern als auch in der breiten Bevölkerung und wurde damit zu einer wesentlichen Ursache für die Revolution von 1918/19[17].

---

[15] Müller, Kriegsrohstoffbewirtschaftung; Schröter, Krieg; Baudis, Kapitalismus.

[16] Huber, Verfassungsgeschichte, Bd. 5, S. 77ff.

[17] Feldman, Armee; ders., Grundlagen; Kocka, Klassengesellschaft. Dieser Interpretationsansatz ist verknüpft mit der Diskussion um die Theorie des Organisierten Kapitalismus. Sie regte eine Reihe von empirischen Studien zur Erforschung der kapitalistischen Entwicklung seit den 1870er Jahren an. Entgegen den Erwartungen seiner Initia-

Diese Interpretationen fußen auf der Analyse einzelner Aspekte der kriegswirtschaftlichen Organisation. Hier sind insbesondere die Verteilungskämpfe um die Arbeitskraft und die staatlichen Eingriffe auf dem Arbeitsmarkt zu nennen. Dagegen wird der weite Bereich konkreter güterwirtschaftlicher Entscheidungen ebensowenig berücksichtigt wie die Frage nach den Kontrollmechanismen.

Weitgehend unerforscht blieb eine institutionelle Neuschöpfung des Krieges, die Kriegsgesellschaften. Sie sollten unter Aufsicht der Behörden die Bewirtschaftung von Rohstoffen und Lebensmitteln organisieren. An diesen Gesellschaften beteiligten sich sowohl staatliche Stellen als auch Einzelunternehmen oder wirtschaftliche Interessenverbände, vor allem aus der Industrie, teilweise auch aus dem Handel. Eine Mischung von privatwirtschaftlichen und öffentlich-rechtlichen Elementen sollte das Organisationspotential der privaten Wirtschaft nutzen, um die staatlichen Bedürfnisse zu befriedigen. Die mangelnde Berücksichtigung der Kriegsgesellschaften in der Forschung ist umso erstaunlicher, als ihnen aufgrund ihrer Zusammensetzung und ihrer Funktionen in den meisten Studien zentrale Bedeutung zugemessen wird, um die jeweilige Interpretation der Kriegswirtschaft zu untermauern. Denn die Gesellschaften gelten entweder als Beleg dafür, daß die staatlichen Instanzen wirtschaftliche Organisationen und Marktmechanismen in Dienst nahmen, um ihre eigenen Interessen durchzusetzen. Oder sie werden als Mittel in der Hand der Unternehmen gewertet, ihre spezifischen Bedürfnisse auf Kosten des Staates zu befriedigen. So sieht die marxistische Forschung in den Gesellschaften die Verkörperung der "Verschmelzung" von Staat und Monopolen. Auch Feldman und Kocka sehen im Einsatz der interessengebundenen Wirtschaftsvertreter einen wichtigen Beleg für die mangelnde Selbständigkeit des Staates. Eine genaue Analyse dieser Kriegsgesellschaften als einem der wesentlichen Instrumente zur Lenkung der Wirtschaft im Krieg unterbleibt jedoch weitgehend[18]. An diesem Punkt setzt die vorliegende Arbeit an.

Die Kriegsgesellschaften öffnen den Blick sowohl auf die Akteure als auch auf ihre Aktivitäten in der Kriegswirtschaft. Damit sind die beiden Ebenen benannt, auf denen die Untersuchung der Gesellschaften erfolgt. Erstens ist nach der Konzeption und ihrer Realisierung zu fragen. Welche Vorstellungen

---

toren trug dieser Ansatz jedoch wenig zum Verständnis der ausgedehnten Staatsintervention gerade im Ersten Weltkrieg bei und genügte ebensowenig als Erklärung für die Veränderungen der Beziehungen zwischen Staat und Wirtschaft. Feldman, Kapitalismus, bes. S. 36f., 51ff.; Winkler, Kapitalismus, bes. S. 268ff.; Wehler, Gesellschaftsgeschichte, S. 663.

[18] Feldman, Armee; Kocka, Klassengesellschaft; Huber, Verfassungsgeschichte, Bd. 5. Die Kriegsgesellschaften zum Thema gemacht hat nur Müller, Kriegsrohstoffbewirtschaftung.

und Erwartungen propagierten die Gründer der Gesellschaften? Welche Modelle der Machtverteilung wurden diskutiert? Inwieweit ließ sich die ursprüngliche Konzeption umsetzen? Welche Funktionen nahmen die Gesellschaften in den vier Kriegsjahren tatsächlich wahr? Anhand der Kriegsgesellschaften werden Bereitschaft und Fähigkeit der Behörden zur Intervention in den Wirtschaftsprozeß greifbar. Man darf die Gesellschaften aber nicht isoliert betrachten, sondern muß sie in ihren Beziehungen zu anderen Akteuren der Kriegswirtschaft sehen. Stellung und Funktionen von Unternehmern und Repräsentanten wirtschaftlicher Interessenorganisationen müssen ebenso analysiert werden wie die militärischer und ziviler Behörden; nur dann läßt sich das Beziehungsgeflecht zwischen diesen Institutionen aufdecken. Konflikte sind daraufhin zu untersuchen, welche Interessen die Beteiligten formulierten und welche Koalitionen sich bildeten, um zu klären, wie durchsetzungsfähig die einzelnen Akteure waren. Ziel ist es, die Struktur der Kriegswirtschaft herauszuarbeiten.

Die Ebene der Aktivitäten führt uns zweitens zu den konkreten Maßnahmen, die ergriffen wurden, um die Wirtschaft zu regulieren. Die anstehenden Entscheidungen über Beschaffung und Verteilung von Gütern riefen eine Reihe von Konflikten hervor. Umstritten waren zum einen Ausmaß und Instrumente der Regulierung. Hier interessieren besonders die Einstellungen gegenüber staatlichen Eingriffen in die Dispositionsfreiheit der Unternehmen sowie die Frage nach deren faktischen Grenzen. Zum anderen ging der Streit um die Anteile einzelner Firmen sowie Unternehmensgruppen an der kriegswirtschaftlichen Produktion und damit um die Verteilung der wirtschaftlichen Lasten des Krieges. Denn die Reglementierungen entschieden einerseits darüber, welchen Anteil der zivile Bereich übernehmen sollte, und andererseits, ob die Rüstungsproduzenten ihre Kosten auf die Konsumenten abwälzen konnten oder nicht. Konsumenten waren je nach Art der Güter Weiterverarbeiter und Händler als Abnehmer von Zwischenprodukten oder der Staat als Endverbraucher.

Die vorliegende Arbeit konzentriert sich auf die Untersuchung der Kriegsgesellschaften, die Eisen und Stahl, Nichteisenmetalle sowie Chemikalien bewirtschafteten. Damit werden die für die Produktion von Waffen und Munition zentralen Rohstoffe[19] erfaßt. Das wirtschaftliche und politische Gewicht dieser Branchen im Kaiserreich unterschied sich erheblich. Die Eisen- und Stahlindustrie wies einen großen Anteil am Sozialprodukt wie an den Beschäftigten auf und konnte ihre wirtschafts-, sozial- und allgemeinpolitischen Interessen mittels starker Verbände und guter Beziehungen zu den Entscheidungsträgern wir-

---

[19] Der hier verwandte Begriff "Rohstoff" wird weniger durch den Grad der Bearbeitung als vielmehr durch die Position im Produktionsprozeß einzelner Unternehmer bestimmt. Er dient vor allem zur Abgrenzung von den eigentlichen Rüstungsgütern, also Waffen und Munition.

kungsvoll vertreten. Produktion und Absatz der chemischen Industrie waren im 19. Jahrhundert zwar rasch gewachsen, machten aber bei Kriegsausbruch nur einen Bruchteil des Sozialprodukts aus. Dem entsprach eine relativ geringe Bedeutung auf der politischen Ebene. Allerdings besaß diese Branche ein erhebliches Wachstums- und Innovationspotential, das sie zur neuen Leitindustrie prädestinierte. Ähnliches gilt für die Metallbranche. Metallgewinnung, -verarbeitung und -handel gewannen ihre Bedeutung mit dem Wachstum der Verbraucher, vor allem der Elektroindustrie und des Maschinenbaus[20]. Zudem hatten die Rohstoffe einen verschiedenen Grad von Knappheit. Während Kupfer, das wichtigste Nichteisenmetall, ebenso wie Salpeter nahezu gänzlich importiert werden mußten, galten Eisen und Stahl als Materialien, die in Deutschland nicht knapp werden konnten, auch wenn etwa ein Drittel der Eisenerze dafür ebenfalls aus dem Ausland kam[21]. Es wird also zu fragen sein, inwieweit wirtschaftliche und politische Bedeutung der Hersteller einerseits sowie relative Knappheit andererseits bestimmten, ob die Behörden intervenierten und welche Mittel sie wählten. Obwohl die Rohstoffe zentrale Bedeutung für die Kriegswirtschaft erlangten, sind sie bis jetzt kaum untersucht worden, im Gegensatz zu Lebensmitteln und Arbeitskräften[22].

Der zeitliche Rahmen der vorliegenden Arbeit wird durch den Krieg vorgegeben, reicht also vom August 1914 bis zum November 1918. Denn der Krieg bestimmte nicht nur die Interessen und Ziele der beteiligten Akteure, sondern auch den institutionellen Rahmen, innerhalb dessen die Verteilungskämpfe ausgetragen wurden. Prägend war zum einen die gesetzliche Ausnahmesituation, die eine Art Notstandsrecht begründete, zum anderen die starke Stellung des Militärs. Gerade letztere brach eingespielte Beziehungen auf, zwischen Staat und Wirtschaft wie zwischen den staatlichen Institutionen. Die Wirtschaft nach Kriegsende wird nicht behandelt, auch wenn sie zum Teil mit ähnlichen Problemen zu kämpfen hatte wie im Krieg, weil sich die Konstellationen für Entscheidungsprozesse schon allein durch den Wechsel des politischen Systems

---

[20] Wehler, Gesellschaftsgeschichte, S. 613ff.

[21] Baudis, Kapitalismus, S. 262.

[22] Verteilung von Lebensmitteln: Roerkohl, Hungerblockade; Rund, Ernährungswirtschaft; Offer, First World War; Burchardt, Auswirkungen. Auch in der Untersuchung über Baden von Müller, Politik, spielt die Ernährungswirtschaft eine große Rolle. Verteilung von Arbeitskräften: Feldman, Armee; Armeson, Warfare; Mai, Kriegswirtschaft; Bieber, Gewerkschaften. Grundlegend für die Rohstoffwirtschaft sind immer noch Arbeiten der Zwischenkriegszeit, vor allem die von der Carnegie-Stiftung veranlaßten Studien über die Kriegswirtschaft der einzelnen beteiligten Staaten. Goebel, Rohstoffwirtschaft; zur Geschichte dieser Studien generell vgl. Mai, Kriegswirtschaft, S. 13ff. Einzige Ausnahme bilden die textilen Rohstoffe. Die Wirtschaftspolitik im Bereich der westfälischen Textilindustrie handelte jüngst eine Dissertation für die Zeit des Ersten Weltkrieges und der Weimarer Republik ab. Wiegmann, Textilindustrie.

grundlegend änderten. Eine systematische Untersuchung der Übergangswirtschaft im Hinblick auf Brüche und Kontinutitäten könnte sicherlich aufschlußreich sein, würde aber eine eigene Studie erfordern[23].

Ähnliche Überlegungen begründen die räumliche Begrenzung auf das Gebiet des Deutschen Reiches. Die besetzten Gebiete, sowohl im Westen als auch im Osten, erlangten zwar große Bedeutung für die Versorgung des Reiches mit Rohstoffen. Die staatlichen Stellen agierten aber ebenso wie die betroffenen Unternehmen unter ganz anderen Bedingungen. Das Besatzungsrecht gab den Behörden viel größere Möglichkeiten als im Reich, in Unternehmerentscheidungen allgemein und in den Produktionsprozeß insbesondere einzugreifen. Deutsche Unternehmen versuchten, die Situation zu nutzen und die Besatzungsinstanzen für ihre eigenen Zwecke zu instrumentalisieren, was andersartige Interessenkoalitionen zur Folge hatte und damit grundsätzlich verschiedene Machtkonstellationen begründete[24].

Zentral für die vorliegende Untersuchung sind Quellen der Kriegswirtschaftsorganisationen, der beteiligten staatlichen Stellen sowie privater Unternehmen und wirtschaftlicher Interessenverbände. Den Kern der ersten Gruppe bilden die Bestände der Kriegsgesellschaften, Kriegsausschüsse, Abrechnungsstellen und ähnlicher Organisationen im Bundesarchiv Abteilungen Potsdam[25]. Die Akten enthalten zum einen Material zu den Gesellschaften, wenn auch in unterschiedlicher Dichte für die ausgewählten Branchen. Zum anderen ermöglichen die Bestände neue Aufschlüsse über die Arbeit der Kriegsrohstoffabteilung[26], was um so wichtiger ist, als die Überlieferung des preußischen Kriegsministeriums im Zweiten Weltkrieg zerstört wurde. Die Unterlagen der Kriegsgesellschaften sind eine sehr dichte, bisher kaum genutzte Quelle für die Kriegszeit. Leider gibt es manche Lücke. Vor allem fehlt statistisches Material über die Tätigkeit der Gesellschaften. Auch die für die Direktion wichtigen Sekretariatsunterlagen sind nur teilweise überliefert. Dafür verantwortlich ist

---

23 Es sind eine Reihe neuer Studien zu diesem Themenbereich erschienen, die verschiedene Schwerpunkte setzen: Bessel, Germany, behandelt vorwiegend die Auswirkungen der Demobilmachung auf die Soldaten und den Arbeitsmarkt; Feldman, Disorder, verfolgt vor allem den Einfluß der Inflation auf die Rekonstruktion der Wirtschaft; Wachs, Verordnungswerk, beschäftigt sich im wesentlichen mit den rechtlichen Aspekten der Demobilmachung.

24 Vgl. beispielsweise die Fallstudien von Hatke, Stinnes, und Zilch, Okkupation.

25 Diese Bestände umfassen knapp 90 Organisationen, die der Industrie zuzuordnen sind, 55, die für Ernährung zuständig waren, und 10, die sich mit Banken und Versicherungen beschäftigten.

26 Es handelt sich hierbei im wesentlichen zum einen um die Korrespondenz zwischen den Kriegsgesellschaften und den militärischen Behörden, zum anderen um Protokolle über Sitzungen von Vertretern beider Seiten.

die wechselvolle Geschichte der Bestände. Ein großer Teil der Kriegswirtschaftsorganisationen wurde zwar per Gesetz zur Abgabe seiner Akten an das Reichsarchiv verpflichtet. Die Ablieferung erfolgte aber nur schleppend. Zum Teil waren die abgegebenen Akten ungeordnet und unvollständig. Umfangreiche Kassationen nahm zum einen das Reichsarchiv vor, zum anderen das Zentrale Staatsarchiv Potsdam, das die Bestände zudem neu ordnete[27].

Für die Untersuchung der staatlichen Institutionen wurde die Überlieferung der zivilen Behörden des Reichs und Preußens herangezogen. Sie bieten zusammen mit den Kriegswirtschaftsakten und den Beständen der bayerischen und württembergischen Archive darüber hinaus Ersatz für die vernichteten preußischen Akten und damit weiteren Aufschluß über die militärischen Instanzen. Die Überlieferung in Unternehmens- und Wirtschaftsarchiven der drei untersuchten Branchen ergänzt die Quellen. Zudem erwiesen sich der Nachlaß von Hugo Stinnes im Archiv für Christlich-Demokratische Politik der Konrad-Adenauer-Stiftung[28] sowie weitere Nachlässe einzelner Funktionsträger und Verbände im Bundesarchiv Koblenz als sehr ergiebig.

Die Darstellung orientiert sich an der Unterscheidung zwischen den Akteuren und ihren Aktivitäten. Die beiden ersten Teile analysieren die Akteure, Teil I zivile und militärische Behörden sowie Unternehmerorganisationen, Teil II die neu geschaffenen Kriegsgesellschaften. Sie werden untersucht sowohl im Hinblick auf ihre Zusammensetzung als auch auf ihr Gewicht innerhalb des gesamten Systems der Kriegswirtschaft. Zentraler Indikator hierfür ist die Verteilung der Kompetenzen zwischen den beteiligten Akteuren. Ziel ist es zum einen, den Wirkungsbereich der einzelnen Institutionen abzustecken, von dem aus sie ihre Politik und ihre Interessen durchzusetzen versuchten, zum anderen die grundsätzliche Bereitschaft und die strukturell gegebenen Möglichkeiten der staatlichen Stellen zur Intervention herauszuarbeiten.

Die Teile III, IV und V stellen die Aktivitäten in den Mittelpunkt. Die einzelnen Reglementierungen, die für die Rohstoffwirtschaft eingeführt wurden, sind anhand von drei Leitfragen zu untersuchen. Zunächst ist auszuloten, inwieweit die Behörden tatsächlich in den Wirtschaftsablauf und die Einzelentscheidungen der Unternehmen eingriffen, und festzustellen, welche Rolle den einzelnen Institutionen dabei zukam. Die konkreten Konflikte und Verteilungskämpfe müssen weiterhin darauf befragt werden, wie die Kosten und Risiken des wirtschaftlichen Anpassungsprozesses verteilt wurden und wer im einzelnen von den getroffenen Maßnahmen profitierte. Schließlich ist zu ermitteln, welche

---

[27] Cron, Organisation, S. 245ff.; Schreyer, Kriegswirtschaftsorganisationen, S. 206ff.

[28] Mein herzlicher Dank gilt Gerald D. Feldman, der mich freundlicherweise auf diesen Bestand aufmerksam machte und mir den Kontakt zur Benutzung vermittelte.

Interessen sich im Einzelfall durchsetzen konnten. Die Analyse orientiert sich an den beiden Ansatzpunkten für staatliche Reglementierungen, nämlich Angebot von und Nachfrage nach Rohstoffen.

Teil III beschäftigt sich mit der Angebotsseite der Rohstoffwirtschaft, mit der Beschaffung von Gütern. Die einzelnen Kapitel spiegeln den wachsenden Grad staatlicher Einmischung. An erster Stelle steht der reguläre Kauf von Waren auf frei zugänglichen Märkten. Mit der Melde- und Auskunftspflicht begann die Reglementierung, indem sich die Behörden den Zugang zu Informationen aus den Unternehmen sicherten. Ihr folgt die Beschlagnahme von Rohstoffen, ein konkreter Eingriff staatlicher Stellen in die wirtschaftlichen Entscheidungen der Einzelunternehmen. Das letzte Kapitel dieses Teils beschäftigt sich mit der langfristig ausgerichteten Förderung bestimmter Produktionszweige durch den Ausbau vorhandener oder die Errichtung neuer Kapazitäten, deren Wirkung über den Krieg hinausreichte.

Teil IV konzentriert sich auf die Nachfrageseite und untersucht die Verteilung von Rohstoffen. Die Zuweisung von Rohstoffmengen regulierte die Produktion direkt. Sie fußte entweder auf der Klassifizierung des Bedarfs nach seiner Dringlichkeit oder auf der Festlegung von Kontingenten. Als Beispiel für die Verquickung von Staatsintervention und Kampf um Profite wird im zweiten Kapitel die Ausfuhr untersucht. Bei der im dritten Kapitel behandelten Preisbildung reichte die Skala von der Nichteinmischung über die Aushandlung der Preise zwischen Produzenten und Behörden bis hin zur Festsetzung staatlicher Höchstpreise. Auf allen Ebenen ist zu fragen, ob die einzelnen Institutionen eher bereit waren, eine Preissteigerung um anderer Ziele willen, etwa einer maximalen Produktion, hinzunehmen oder ob sie der Beschränkung von Preisen Priorität einräumten. Besondere Aufmerksamkeit verdient die zeitgenössische Diskussion über Funktion und Berechtigung von Gewinnen, denn sie stellte das Profitstreben als Motor wirtschaftlicher Aktivität in Frage und forderte daher von den Behörden prinzipielle Entscheidungen sowohl über Intervention als auch über Lastenverteilung.

Teil V der Arbeit beschäftigt sich mit einem besonderen Feld der Aktivitäten, den Kontrollmechanismen der Rohstoffwirtschaft. Sie werfen die Frage nach der Durchsetzung von Prioritäten, vor allem im Fall von Interessenkonflikten, auf. Die staatlichen Stellen mußten hier, deutlicher noch als bei den einzelnen Maßnahmen zu Beschaffung und Verteilung, eine grundsätzliche Entscheidung treffen. Auf der einen Seite stand die Notwendigkeit, wachsende soziale Spannungen auszugleichen und die Rolle als unparteiischer Schiedsrichter über den wirtschaftlichen Interessengruppen zu wahren, um nicht zuletzt die staatliche Autorität zu stärken. Auf der anderen Seite konnten solche Maßnahmen die erforderliche Steigerung der Produktion behindern und damit das eigentliche Ziel der Kriegswirtschaft, die Deckung des militärischen Bedarfs, gefährden. Es ist also zum einen auszuloten, in welchem Ausmaß die einzelnen

Institutionen willens waren, die Geschäfte der Unternehmen und Kriegsgesellschaften zu überwachen. Zum anderen gilt es, die Spielräume zu ermitteln, die in der Praxis für die Durchführung solcher Kontrollen bestanden. Diese Fragen werden für die Träger der verschiedenen Maßnahmen untersucht, zuerst für die Militärbehörden und ihre Abteilungen, dann für diejenigen Institutionen, an die Überwachungsaufgaben delegiert wurden. In diesem Zusammenhang sind auch die Kontrollbemühungen des Reichstages kurz zu beleuchten. Darüber hinaus werden Sanktionen und ihre Anwendung diskutiert.

Teil VI gibt abschließend einen Ausblick auf den Abbau der einzelnen Reglementierungen bei der Beschaffung und Verteilung von Rohstoffen sowie auf das Schicksal der Kriegsgesellschaften nach Kriegsende.

I. Die Verteilung von Kompetenzen in der Rohstoffbewirtschaftung

Erstes Untersuchungsfeld in der Bewirtschaftung von Rohstoffen ist die Verteilung von Kompetenzen auf staatliche Stellen und wirtschaftliche Organisationen. Am Anfang steht, ausgehend von den Vorbereitungen vor Kriegsbeginn, ein kurzer Überblick über die wichtigsten rechtlichen und organisatorischen Grundlagen der Kriegswirtschaft, die bestanden oder im Laufe des Krieges geschaffen wurden. Danach treten die Zuständigkeiten der einzelnen Akteure und ihr jeweiliges Gewicht im System der Rohstoffbewirtschaftung in den Mittelpunkt. Es handelt sich dabei um die zivilen Behörden und die militärischen Instanzen auf der staatlichen Seite; dazu kamen Verbände verschiedenster Provenienz und einzelne Industrielle auf der Seite der Wirtschaft.

1. Rechtliche und organisatorische Grundlagen

Lange vor Kriegsausbruch fanden auf Reichsebene und in den Bundesstaaten immer wieder Diskussionen über einen kommenden Krieg und dessen mögliche Folgen für die Wirtschaft statt. Die Federführung hatte das Reichsamt des Innern aufgrund seiner Zuständigkeit für Wirtschaftsfragen. Wachsendes Interesse zeigten aber auch die militärischen Instanzen, neben dem preußischen Kriegsministerium der Generalstab und das Reichsmarineamt, weil sie zu der Überzeugung gelangten, daß die Leistungsfähigkeit der Wirtschaft von Bedeutung sei für die Schlagkraft des Heeres[1]. Schon in diesem Stadium der - nicht sehr weitreichenden - Planung zeigt sich der Trend, Wirtschaftsvertreter als Berater in die Entscheidungsprozesse einzubinden. Das Reichsamt des Innern hatte für eine solche Einbeziehung plädiert, um damit der gewachsenen Bedeutung von Wirtschaftsfragen für die Kriegführung gerecht zu werden[2]. Schon im

---

[1] Burchardt, Friedenswirtschaft, S. 187f.; 195ff.; Kriegsrüstung, S. 348f. Der Generalstab durfte nach der Verfassung in Friedenszeiten von sich aus keine Stellungnahmen bei den zivilen Ressorts einbringen, sondern mußte den Weg über das Kriegsministerium wählen. Vgl. Burchardt, Friedenswirtschaft, S. 193.

[2] Denkschrift RdI vom Jan. 1914, in: Kriegsrüstung, Anlagen, Nr. 82, S. 253, 262, 269f.; Burchardt, Friedenswirtschaft, S. 237f.

Mai 1913 gab es ähnliche Initiativen auf der Ebene der Korpsintendanturen und der Provinzen[3].

In verschiedenen Phasen, die in engem Zusammenhang mit außenpolitischen Krisen standen, verstärkten die beteiligten Ressorts die Intensität der Beratungen zur Frage der "wirtschaftlichen Mobilmachung" Anfang der 1890er Jahre, um die Jahreswende 1905/06 sowie 1912[4]. Darüber hinaus gab es nach der Jahrhundertwende einen Trend zur Institutionalisierung. Im Juni 1906 lud das Reichsamt des Innern erstmals alle betroffenen Ressorts zu einer Besprechung ein. Doch erst im Dezember 1912 erfolgten zwei weitere derartige Sitzungen. Die Reichsleitung setzte eine ständige Kommission für die wirtschaftliche Mobilmachung ein, in der Kommissare aller beteiligten Ressorts sowie Vertreter des Militärs gemeinsam beraten sollten. Hier bestand die Möglichkeit, Sachverständige, d.h. auch Vertreter der Wirtschaft, zu befragen, wovon aber nur gelegentlich Gebrauch gemacht wurde[5].

Sachlich beschränkten sich die Diskussionen im wesentlichen auf die Sicherstellung der Ernährung, zunächst nur des Heeres, nach der Jahrhundertwende auch der Zivilbevölkerung. Erst 1907/08 bezog das preußische Kriegsministerium die Abhängigkeit der Wirtschaft von der Einfuhr industrieller Rohstoffe und die Auswirkungen des Krieges auf die Arbeiter in seine Überlegungen mit ein. Doch blieb es dabei, die Rohstofflage als mögliches Problem zu benennen. Lediglich die Versorgung der Unternehmen mit Arbeitskräften gewann in den folgenden Jahren einige Aufmerksamkeit[6].

Insgesamt blieb die Diskussion um die wirtschaftliche Mobilmachung weitgehend theoretisch. Schon die Beschaffung der notwendigen statistischen Informationen stieß auf großen Widerstand, vor allem des Reichsamts des Innern, denn dies galt als ein nicht erwünschter Eingriff des Staates in die Wirtschaft. 1906 forderte das preußische Kriegsministerium erstmals eine genaue statistische Erfassung der Ernte. Das entsprechende Gesetz wurde am 1. Mai 1914 verabschiedet, die erste Bestandsaufnahme erfolgte am 1. Juli desselben Jahres. Daten über Rohstoffvorräte oder über die Folgen von Einberufungen ermittelten die Behörden durch Umfragen bei einer begrenzten Zahl von Unter-

---

[3] Burchardt, Friedenswirtschaft, S. 212f.

[4] Ebd., S. 179ff., 184f., 194f.

[5] Ebd., S. 205ff., 234; Kriegsrüstung, S. 336ff.; Denkschrift RdI vom Jan. 1914, abgedruckt in: Kriegsrüstung, Anlagen, Nr. 82, S. 256.

[6] Burchardt, Friedenswirtschaft, S. 168ff., 177ff., 187f.; Kriegsrüstung, S. 397f., 402. Diese Gewichtung der Probleme wird besonders deutlich in der Denkschrift des Reichsamts des Innern vom Jan. 1914, die die bis dahin beratenen Fragen in der Einleitung kurz zusammenfaßt. Kriegsrüstung, Anlagen, Nr. 82, S. 255f.

nehmen[7]. Konkrete Maßnahmen, z.B. eine irgendwie geartete Vorratspolitik, kamen daher kaum zur Sprache. Den wenigen Vorstößen in diese Richtung stand überdies das Reichsschatzamt von Anfang an entgegen, das für derartige Projekte keine finanziellen Mittel zur Verfügung stellen wollte[8].

Wo liegen die Gründe für diese aus der Sicht der späteren Entwicklung so mangelhaften Kriegsvorbereitung? Erstens setzte sich der Gedanke nur langsam durch, daß dieser Krieg mehr als frühere auch aufgrund der wirtschaftlichen Kraft der beteiligten Staaten entschieden und die Zivilbevölkerung wesentlich stärker betreffen würde als die Mehrzahl der kriegerischen Auseinandersetzungen in den zurückliegenden Jahrzehnten. Und noch länger dauerte es, bis diese Erkenntnis zu konkret vorbeugenden Maßnahmen führte[9]. Zweitens ist dafür die Vorstellung der großen Mehrheit der Militärs verantwortlich, daß der kommende Krieg kurz sein und maximal ein Jahr dauern würde. Es gab zwar einige Stimmen, die einen längeren Stellungskrieg für möglich hielten, doch konnten sie nicht durchdringen[10]. Damit erschien eine langfristige Planung überflüssig. Ähnlich verhält es sich mit der Einschätzung einer Blockade. Die Planungen des preußischen Kriegsministeriums und des Generalstabes berücksichtigten sie wenig. Das Reichsmarineamt betonte die daraus entstehenden Gefahren nur, um damit für eine Verstärkung der Flotte zu werben[11]. Ebenso verhinderten außenpolitische wie finanzielle Bedenken eine weiterreichende Vorbereitung[12]. Drittens muß man die eher strukturellen Hindernisse sehen. Diese lagen zum einen

---

7 Sie erfolgten 1900, 1905/06 und 1914. Burchardt, Friedenswirtschaft, S. 92ff., 186ff., 232f., 225f.

8 Ebd., S. 89, 168ff. Die Armee legte zwar nach 1906 größere Rohstoffreserven, insbesondere Kohle, an, doch dies diente lediglich der Sicherstellung der Transportmöglichkeiten im Falle eines Krieges. Ebd., S. 171; Kriegsrüstung, S. 338. Der Widerstand des Reichsschatzamts setzte schon bei der Finanzierung der statistischen Erhebungen ein. Vgl. Delbrück, Mobilmachung, S. 78ff.; Burchardt, Friedenswirtschaft, S. 233.

9 Dies gilt für militärische und zivile Behörden gleichermaßen. Burchardt, Friedenswirtschaft, S. 6, 194.

10 Ebd., S. 1ff., 14ff., 21ff. Ob sich die neue Bewertung Försters durchsetzen wird, nach der ein "Optimismus über die Möglichkeit eines kurzen Krieges ... eher die Ausnahme gewesen zu sein" scheint, bleibt abzuwarten. Förster, Generalstab; Zitat ebd., S. 85. Auch wenn die Vorstellung von einem künftigen Krieg als einem die gesamte Nation betreffenden Volkskrieg im Generalstab weiter verbreitet war als bisher angenommen, gibt es jedoch, wie Förster selbst zugesteht, keine neuen Indizien dafür, daß die Militärs sich für eine wirtschaftliche Vorbereitung des Krieges prinzipiell interessiert oder gar engagiert hätten. Ebd., S. 80, 91ff.

11 Ebd., S. 51ff.

12 Ebd., S. 172f.

in der mangelhaften Koordination zwischen zivilen und militärischen Stellen[13]. Zum anderen ist hier die Tradition der Nichteinmischung des Staates in wirtschaftliche Belange von großer Wichtigkeit. Die Mehrzahl der Maßnahmen, die aus späterer Sicht notwendig gewesen wären und die zum Teil durchaus diskutiert wurden, hätte erhebliche staatliche Eingriffe erfordert. Dem widersetzten sich aber die zivilen Behörden, allen voran das Reichsamt des Innern. Ebensowenig waren die betroffenen Wirtschaftsvertreter bereit, staatliche Interventionen zu dulden. Und die militärischen Stellen zeigten sich Bedenken dieser Art gegenüber durchaus aufgeschlossen[14].

Die Vorbereitungen für eine wirtschaftliche Mobilmachung waren also erdenklich gering. Dazu kam, daß der Bedarf an Kriegsmaterial alle Planungen bei weitem überstieg, als nach der Niederlage an der Marne im Herbst 1914 der Stellungskrieg begann und immense Mengen an Waffen und Munition gebraucht wurden, um einen Durchbruch auch nur zu versuchen. Deshalb war die erste der drei Phasen, in die sich die Maßnahmen der Kriegszeit unterteilen lassen[15], geprägt durch Improvisation. Eine Reihe neuer Organisationen, zwischen August 1914 und Frühjahr 1915 errichtet, sollte die Probleme bewältigen, die sich durch die Blockade und die ungeheure Nachfrage nach Rüstungsgütern ergaben. Bekannt ist die wichtigste Maßnahme auf diesem Gebiet, die Einrichtung der Kriegsrohstoffabteilung (KRA) innerhalb des preußischen Kriegsministeriums (PKM) am 13. August 1914[16]. Bald darauf folgten die ersten Kriegsrohstoffgesellschaften, deren wichtigstes Ziel die Schaffung von Vorräten war. Sie sollten unter staatlicher Aufsicht zentrale Vermittlungsinstanzen zwischen Angebot von und Nachfrage nach Rohstoffen sein. Deshalb beteiligte sich ein Großteil der Unternehmen daran. Die erste Gründung dieser Art war die Kriegsmetall AG (KMA) am 2. September 1914. Bis Frühjahr 1915 folgte ca. ein Dutzend weitere, darunter die Kriegschemikalien AG (KCA) am 28. September 1914. Bis zum Ende des Krieges wurden alles in allem etwa 200 Gesellschaften und Kriegsausschüsse für Rohstoffe und Lebensmittel gegründet[17]. Nicht nur neue Organisationen, auch neue Maßnahmen wurden eingeführt. Am wichtigsten wurden Beschlagnahmen, und zwar

---

[13] Ebd., passim. Dazu kam die Auseinandersetzung zwischen bundesstaatlichen, preußischen und Reichsressorts. Vgl. ebd., S. 242f.

[14] Ebd., S. 89, 172. Offensichtlich ist diese Abwehr vor allem bei den verschiedenen Projekten eines "wirtschaftlichen Generalstabes", die etwa Jakob Rießer oder Arthur Dix vortrugen. Vgl. ebd., S. 140, 142f.

[15] Mai, Ende, S. 91ff.; Roerkohl, Lebensmittelversorgung, S. 311ff. Zur Reaktion der Verwaltung auf die Anforderungen der Kriegswirtschaft allgemein vgl. auch Süle, Bürokratietradition, S. 205ff.

[16] Burchardt, Rathenau, S. 172ff.

[17] Mai, Ende, S. 92.

sowohl bei Lebensmitteln als auch bei Rohstoffen. Darüber hinaus begannen die Behörden, die Ernten statistisch zu erfassen, um Daten für längerfristige Planungen zu erhalten.

Früher als die staatlichen Instanzen entschlossen sich die Industriellen zu einer neuen Organisation. Am 8. August 1914 einigten sich ihre beiden Spitzenverbände, der Centralverband deutscher Industrieller und der Bund der Industriellen, auf die Errichtung eines gemeinsamen Kriegsausschusses der deutschen Industrie. Er sollte in allen wichtigen Fragen, etwa Arbeitervermittlung, Rohstoffbeschaffung, Lieferungswesen, Außenhandel, Kreditbedürfnis oder Rechtsfragen, den Unternehmen wie den Behörden beratend zur Seite stehen. Die Verbände hofften, auf diese Weise ihren Einfluß auf wirtschaftspolitische Entscheidungen zu sichern beziehungsweise zu erweitern[18].

In der zweiten Phase von Frühjahr 1915 bis Herbst 1916 konsolidierte sich die Organisation der Kriegswirtschaft. Kriegsgesellschaften und Kriegsausschüsse wurden für Güter gebildet, wenn sich deren Knappheit abzeichnete. Dies geschah zunehmend, als die Alliierten die Blockade verschärften und jeglichen Schiffsverkehr mit den Mittelmächten zu unterbinden suchten. Neue behördliche Stellen übernahmen die Verteilung von Metallen. Ab Juli 1915 erfaßte die Metallmeldestelle, die der Kriegsrohstoffabteilung angegliedert war, die Bestandsmeldungen und entschied über Zuweisungen an die Firmen[19]. Davon ausgeklammert wurde der Metallbedarf für zivile Zwecke, dessen Dekkung ab August 1915 eine Metallfreigabestelle unter der Aufsicht des Reichsamts des Innern regelte[20]. Ab November 1915 gab es auch bei Schwefel eine eigene Regelung für die Friedensproduktion. Über Beschaffung und Verteilung dieses Rohstoffes entschied die bei der Kriegschemikalien AG eingerichtete Verwaltungsstelle für private Schwefelwirtschaft[21]. Verschiedene Institutionen erfaßten die Rohstoffvorräte sowie ihre Zu- und Abgänge in fortlaufenden Statistiken. Insgesamt wurden die gesetzlichen Grundlagen für staatliche Interventionen erweitert.

Die Diskussion um das sogenannte Hindenburg-Programm im Herbst 1916 markiert den Beginn der dritten Phase, die bis zum Ende des Krieges dauerte. Die Materialschlachten an der Somme und bei Verdun im Sommer diesen Jahres hatten den Bedarf an Rüstungsgütern erneut sprunghaft ansteigen lassen.

---

[18] Schr. KrAdI an PMHG vom 5. Sept. 1914, GStAM, Rep 120, C VIII 1, Nr. 84, Adh. 13, Bd. 1, Bl. 124ff.; Blaich, Staat, S. 52f.; Gutsche, Entstehung.

[19] Vfg. PKM vom 23. Juli 1915, HStAS, M 1/6, Nr. 1354, Bl. 90f.

[20] Abschrift Schr. RdI an PKM vom 16. Aug. 1915, BAAP, KCA 87.29, Nr. 18, Bl. 312.

[21] Bekanntmachung betr. die private Schwefelwirtschaft vom 13. Nov. 1915 und Ausführungsbestimmungen dazu vom 15. Nov. 1915, Kriegsbuch 2 (1916), S. 295ff.

Die Ende August ernannte dritte Oberste Heeresleitung setzte ihre Vorstellungen vom Ausmaß der notwendigen Erhöhung gegen das preußische Kriegsministerium durch und griff die sich mehrenden Rufe nach einem kriegswirtschaftlichen Diktator auf, die vor allem von der Industrie kamen. Die Wirtschaftsvertreter machten immer wieder die mangelhafte Koordination der Behörden für Lieferrückstände verantwortlich. Über die Umsetzung dieser Initiative gab es heftige Auseinandersetzungen zwischen den beiden militärischen Führungsinstanzen, die mit einem Kompromiß endeten. Zunächst wurde Ende September 1916 die Feldzeugmeisterei (FM) mit anderen Beschaffungsstellen zu einem Waffen- und Munitionsbeschaffungsamt (Wumba) umgebildet und damit die Versorgung mit Rüstungsgütern weitgehend zentralisiert. Das Amt erhielt einen Beirat, dem vorwiegend Industrielle angehörten. So sollte ein enger Kontakt mit der Industrie, eines der erklärten Ziele der Neuorganisation, sichergestellt werden[22]. Am 1. November 1916 nahm das Kriegsamt (KA) unter der Leitung von Wilhelm Groener seine Tätigkeit auf und unterstellte sich die bisher im Kriegsministerium angesiedelten Abteilungen für Arbeiterfragen, Waffen- und Munitionsbeschaffung und Rohstoffe[23]. Nicht angegliedert wurde das schon im Mai 1916 gebildete Kriegsernährungsamt, was den Zentralisierungseffekt verminderte. Ausführungsorgane vor Ort sollten die sog. Kriegsamtstellen sein, die jeweils im Geltungsbereich eines Armeekorps, also neben den stellvertretenden Generalkommandos, eingerichtet wurden. Das Verhältnis zu den Militärbefehlshabern wurde jedoch nicht grundlegend geklärt. Außerdem gelang es der Obersten Heeresleitung nicht, den preußischen Kriegsminister auszuschalten; er behielt formal die Oberhoheit. Daher mußte sich erst in Zukunft erweisen, inwieweit die neue Institution die Kriegswirtschaft effizienter gestalten konnte[24].

Um den wachsenden Bedarf zu befriedigen, zielten die staatlichen Stellen auf eine totale Mobilisierung der Wirtschaft für die Rüstungsproduktion. Für die Hersteller von Chemikalien und Metallen brachte das neue Programm einen

---

[22] Befehl der Adjutantur des Wumba zur Einrichtung neuer Abteilungen vom 28. Sept. 1916 sowie die Mitteilung des PKM an die Feldzeugmeisterei vom 30. Sept. 1916, beide in BAK, NL 158 Moellendorff, Nr. 124; Feldman, Armee, S. 144; Fenske, Verwaltung, S. 888f.

[23] Feldman, Armee, S. 155f., 160, 164f.; Kabinettsordre zur Errichtung des KA vom 1. Nov. 1916 in: Militär, Nr. 196, S. 506f.; Süle, Bürokratietradition, S. 211. Nicht ganz korrekt ist Süles Formulierung, nach der die Kriegsrohstoffabteilung im Kriegsamt aufging. Sie blieb vielmehr neben Waffen- und Munitionsbeschaffungsamt und den anderen genannten Stellen als eigenständige, aber untergeordnete Abteilung erhalten, deren Chef Koeth weiterhin zu den zentralen Personen in der Kriegswirtschaft zählte. Zu Groener vgl. Groener, Lebenserinnerungen; Hürter, Groener.

[24] Deist, Einleitung, S. XLVII; Feldman, Armee, S. 165ff.; zum Kriegsernährungsamt vgl. Roerkohl, Hungerblockade, S. 90ff.

erheblichen Ausbau ihrer Produktionskapazitäten. Darüber hinaus bemühten sich die staatlichen Stellen vermehrt um die Kontrolle der Wirtschaft. So erschienen erstmals die Engpässe bei der Lieferung von Eisen und Stahl so gravierend, daß die Behörden Maßnahmen zur Reglementierung einleiteten. Ende September 1916 wurden die Eisenzentrale GmbH als eigenständige Kriegsgesellschaft sowie das Kommissariat der Eisenzentrale und die Rohstahlausgleichsstelle als Abteilungen der Kriegsrohstoffabteilung gebildet und mit Beschaffung und Verteilung von Eisen und Stahl betraut[25]. Die Überwachung dieser und anderer Einrichtungen und Maßnahmen der Behörden erhielt in den letzten beiden Kriegsjahren ein stärkeres Gewicht. Hierzu trug auch die Diskussion im Reichstag um den "Fall Daimler" erheblich bei[26].

Alle diese Maßnahmen speisten sich im wesentlichen aus zwei rechtlichen Quellen. Erstens gab es das auch im Frieden geübte ordentliche Gesetzgebungs- und Verordnungsverfahren, das Reichstag und Bundesrat sowie die Regierung mit ihrem Initiativrecht bestimmten. In diesem Rahmen besaßen auch die Reichsressorts und die Ministerien der Bundesstaaten für ihren jeweiligen Kompetenzbereich ein Verordnungs- und Verfügungsrecht. Zweitens verhängte der Kaiser am 31. Juli 1914 den Kriegszustand. Die Militärbefehlshaber übernahmen damit nach dem preußischen Gesetz über den Belagerungszustand von 1851 beziehungsweise dem bayerischen Gesetz über den Kriegszustand von 1912 nicht nur die exekutive Gewalt in ihren Bezirken, sondern erhielten auch das Recht, Maßnahmen zu ergreifen, wenn die öffentliche Sicherheit im Bundesgebiet bedroht war. Daraus leiteten sie ein Verfügungs- und Verordnungsrecht ab, das sie im Laufe des Krieges sehr extensiv interpretierten. Die Grenze zwischen exekutiver und legislativer Kompetenz verschwamm damit zusehends. Doch nicht nur die Militärbefehlshaber, sondern auch die Kriegsministerien der Bundesstaaten Bayern und Preußen, Sachsen und Württemberg beanspruchten aus dem Kriegszustand ein solches Verordnungs- und Verfügungsrecht[27]. Im folgenden werden zunächst die Maßnahmen vorgestellt, die mit Hilfe des ordentlichen Gesetzgebungsverfahrens wirtschaftliche Probleme des

---

[25] Cron, Organisation, S. 184f.

[26] Die Daimler-Motoren-Gesellschaft drohte mit einer Produktionsbeschränkung, um ihren Preisforderungen Nachdruck zu verleihen. Gleichzeitig geriet sie in den Verdacht, vorgelegte Kalkulationen gefälscht zu haben. Vgl. ausführlicher dazu unten S. 371f.

[27] Dokumente, Bd. 1, Nr. 199, S. 527ff. (Belagerungszustandsgesetz 1851); Dokumente, Bd. 3, Nr. 51, S. 90ff. (Bayerisches Gesetz über den Kriegszustand 1912); Huber, Verfassungsgeschichte, Bd. 5, S. 42, 45ff.; Fenske, Verwaltung, S. 872f.; Deist, Einleitung, S. XXXIff.; ders., Institution, S. 223ff.; Schudnagies, Kriegs- oder Belagerungszustand, S. 67ff., 128ff.

Krieges bewältigen sollten. Im Anschluß daran wird das von den Militärs initiierte Vorgehen erläutert.

Die größte Bedeutung erhielt in der Kriegszeit eine Bestimmung, die zunächst nur Teil eines Gesetzes zur Verlängerung der Wechselfristen gewesen war. Die Legislative erteilte dem Bundesrat darin das Recht, alle gesetzlichen Maßnahmen zur Abwehr wirtschaftlicher Schädigungen eigenständig, das heißt ohne Beteiligung des Reichstages anzuordnen, was als sogenanntes "Ermächtigungsgesetz" in die Geschichte einging. Das Parlament verabschiedete die Ermächtigung zusammen mit einer Reihe weiterer Gesetzesvorlagen der Regierung am 4. August 1914 nach nur kurzer Aussprache einstimmig[28]. Damit erhielt der Bundesrat umfangreiche, nahezu diktatorische Vollmachten, die Eingriffe in Länderzuständigkeiten ermöglichten und den Unterschied von Gesetz und Verordnung aufhoben. Die Volksvertretung verzichtete de facto auf ihr Kontrollrecht, auch wenn sie sich eine nachträgliche Genehmigung aller Maßnahmen vorbehielt. Denn der Bundesrat konnte diese Befugnisse selbst dann ausüben, wenn der Reichstag tagte, so daß außerordentliche und ordentliche Gesetzgebung in Konkurrenz zueinander traten[29].

De jure handelte es sich um die Einführung eines vereinfachten Gesetzgebungsverfahrens, das einem Teil der Legislative, der ohnehin das Recht hatte, Ausführungsverordnungen zu Gesetzen zu erlassen, die Ermächtigung zum Erlaß von Gesetzen selbst erteilte. De facto hielt die Exekutive damit die Gesetzgebung weitgehend in ihrer Hand. Denn zum einen erleichterte das Übergewicht Preußens im Bundesrat und die Personalunion zwischen Reichskanzler und preußischem Ministerpräsidenten die Verabschiedung von Gesetzesinitiativen der Regierung erheblich. Zum anderen delegierte das föderative Organ ab 1915 einen Teil seiner Kompetenzen offiziell an die Exekutive. Der Bundesrat erließ eine Reihe von Verordnungen, mit denen er einen Rahmen vorgab und übertrug die Ausführung dem Reichskanzler oder den Landeszentralbehörden. Dieses Verfahren spielte sich vor allem für die Bewirtschaftung von Rohstoffen und Lebensmitteln ein. Es enthob die Exekutive allerdings nicht der Notwendigkeit, einen Konsens aller beteiligten Ressorts, sowohl im Reich als auch in den Bundesstaaten, zu suchen[30].

Welche große Rolle diese Änderung des Gesetzgebungsverfahrens spielte, zeigt die Tatsache, daß von den insgesamt 2050 erlassenen Gesetzen und Verordnungen der Legislative im Krieg mehr als 1600 und damit fast 80% auf dem Ermächtigungsgesetz basierten; von diesen beschäftigten sich wiederum über 70% mit Rohstoffen und Lebensmitteln. In der Hand der ordentlichen

---

[28] Frehse, Ermächtigungsgesetzgebung, S. 1f., 12ff.

[29] Ebd., S. 20ff.

[30] Ebd., S. 26f., 38f.

Gesetzgebung unter Beteiligung des Reichstages verblieben dagegen vor allem die Währungs- und Finanzfragen, ebenso ein Teil der sozialpolitisch wichtigen Regelungen, wie etwa das Hilfsdienstgesetz. Ob die Exekutive die Volksvertretung einbezog oder nicht, orientierte sich zum einen an der Intensität der Eingriffe, zum anderen daran, wie wichtig ein breiter Konsens erschien[31].

Konkret ergriffen zivile Exekutive und Legislative nur wenig Initiativen zur Beschaffung von Rohstoffen. Sie beschränkten sich zunächst darauf, die Auskunftspflicht von Rohstoffbesitzern gegenüber den Behörden zu verankern. Dies war die Grundlage für die statistische Erfassung der Vorräte, Voraussetzung für jegliche Planung. Zunächst nur für Güter des täglichen Bedarfs eingeführt, wurde im Oktober 1914 auch der Kriegsbedarf erfaßt[32]. Langsam bauten die Behörden diesen Zugriff aus und schufen sich damit auch Kontrollinstrumente. Im Juli 1917 eröffnete die Bekanntmachung über die Auskunftspflicht die Möglichkeit, generell Angaben "über wirtschaftliche Verhältnisse" zu erhalten. Im April 1918 drängte der Reichstag auf eine Verschärfung dieser Verordnung, um die Preiskalkulationen der Unternehmer besser überwachen zu können[33].

Der zweite Vorstoß in diesem Bereich betraf im Sommer 1915 die Beschlagnahme, die sich zu einem wichtigen Instrument der Beschaffung von Rohstoffen entwickelt hatte. Der Rückgriff auf die Rechte der Militärbefehlshaber aus dem Belagerungszustandsgesetz erwies sich auf Dauer als zu schwache Rechtsgrundlage. Deshalb initiierte das Reichsamt des Innern eine Bundesratsverordnung, die im Juni 1915 erlassen wurde und sowohl die Zuständigkeiten als auch das Verfahren für Beschlagnahme und Enteignung neu regelte[34]. Darin wurde unter anderem festgelegt, daß ein Schiedsgericht entscheiden sollte, wenn Behörde und Besitzer sich nicht über den Übernahmepreis der beschlagnahmten Waren einigen konnten. Zur Ausführung dieser Bestimmung erließ der Bundesrat im Juli 1915 eine weitere Anordnung, die die Einrichtung des Reichsschiedsgerichts für Kriegsbedarf zur Folge hatte[35].

---

[31] Ebd., S. 28ff.; Huber, Verfassungsgeschichte, Bd. 5, S. 62ff.

[32] Bekanntmachung über Vorratserhebungen vom 24. Aug. 1914 und Ergänzung dazu vom 15. Okt. 1914, RGBl., 1914, S. 382f., 440.

[33] Bekanntmachung über die Auskunftspflicht vom 12. Juli 1917, RGBl., 1917, S. 604ff.; Zitat ebd., S. 605; Bekanntmachung zur Ergänzung dazu vom 11. Apr. 1918, RGBl., 1918, S. 187.

[34] Bekanntmachung über die Sicherstellung von Kriegsbedarf vom 24. Juni 1915, RGBl., 1915, S. 357ff.

[35] Anordnung für das Verfahren vor dem Reichsschiedsgericht für Kriegsbedarf vom 22. Juli 1915, RGBl., 1915, S. 469ff.

Weitreichendere Aktivität entfalteten die gesetzgebenden Organe des Reiches in der Verteilung von Rohstoffen. Am 31. Juli 1914, noch vor der Mobilmachung und den Kriegserklärungen, wurde ein Maßnahmenbündel zur Reglementierung des Außenhandels verabschiedet. Die Verordnungen erleichterten den Import, vor allem von Nahrungsmitteln, und verhinderten die Ausfuhr kriegswichtiger Güter, um der alliierten Blockade zu begegnen. Im Laufe des Krieges kam eine ganze Reihe Ausfuhrverbote für verschiedene Produkte, Rohstoffe, vor allem aber Fertigwaren hinzu. Gleichzeitig mit den Verboten erhielt der Reichskanzler die Befugnis, Ausnahmen zu erteilen, wovon in seinem Auftrag das Reichsamt des Innern häufigen Gebrauch machte, so daß nicht der Export generell, sondern nur die nicht staatlich kontrollierten Ausfuhren stark zurückgingen[36].

Eine wichtige Rolle für die Verteilung spielten die Höchstpreise. Schon mit dem Gesetz vom 4. August 1914 schufen Reichstag und Bundesrat die Möglichkeit, Preise für Gegenstände des täglichen Bedarfs zu begrenzen. Sie stellten zudem Zuwiderhandlungen generell unter Strafe, ohne näher auf die Zuständigkeiten und Einzelheiten des Verfahrens einzugehen. Dies holte das Gesetz vom Dezember 1914 nach[37]. Große Bedeutung gewannen die Höchstpreise für Lebensmittel. Rohstoffe waren davon weniger betroffen. Die spärlichen Regelungen für Rohstoffe erfaßten im Dezember 1914 Metalle[38] und ein Düngemittel, schwefelsaures Ammoniak[39]. Für die Erzeugnisse aus Metallen wurde die Preisbegrenzung im August 1915 wieder aufgehoben[40]. Bei den Chemikalien setzte sich der Trend durch, nur die Verwendung für zivile Zwecke preislich zu begrenzen; die Preise für Rüstungsgüter blieben dagegen Verhandlungssache zwischen Firmen und Behörden. Anfang Januar 1916 wurden künstliche Dünge-

---

[36] Denkschrift über wirtschaftliche Maßnahmen des RdI vom 23. Nov. 1914, Verhandlungen des Reichstages, 13. Legislaturperiode, II. Session, Bd. 315, Anlagen, Nr. 26, S. 45ff. u.ö.

[37] Gesetz betr. Höchstpreise vom 4. Aug. 1914; Neufassung vom 17. Dez. 1914, RGBl., 1914, S. 339f., 516ff.

[38] Bekanntmachung über Höchstpreise für Kupfer, altes Messing, alte Bronze, Rotguß, Aluminium, Nickel, Anitmon und Zinn vom 10. Dez. 1914; Bekanntmachung über die Festsetzung von Höchstpreisen für Erzeugnisse aus Kupfer, Messing und Aluminium vom 28. Dez. 1914, RGBl., 1914, S. 501ff., 551ff. Am 15. Juni 1915 wurden auch Erzeugnisse aus Nickel einbezogen. RGBl., 1915, S. 340.

[39] Bekanntmachung über die Höchstpreise für schwefelsaures Ammoniak vom 10. Dez. 1914, RGBl., 1914, S. 500.

[40] Bekanntmachung betr. die Außerkraftsetzung der Bekanntmachung über die Festsetzung von Höchstpreisen für Erzeugnisse aus Kupfer, Messing und Aluminium vom 28. Dez. 1914 und der Bekanntmachung über Höchstpreise für Erzeugnisse aus Nickel vom 15. Juni 1915. Vom 13. Aug. 1915, RGBl., 1915, S. 501.

mittel generell mit Höchstpreisen belegt[41], im April 1916 Schwefelsäuren, im Oktober 1916 schwefelhaltige Rohstoffe[42] und im Mai 1916 Soda[43].

Damit war der Rahmen der gesetzlichen Tätigkeit bei weitem nicht ausgeschöpft. Eine weit größere Bedeutung als die Rohstoffbewirtschaftung - das wurde zum Teil auch in den hier vorgestellten Maßnahmen schon deutlich - erlangte die Reglementierung der Ernährungswirtschaft, die hier nicht im einzelnen vorgestellt werden kann[44]. Direkt nach der militärischen Mobilmachung beherrschten darüber hinaus die Kriegskredite und die Sicherung der Finanzmärkte die Diskussion. Die verschiedenen Gesetze, die der Reichstag auf Initiative der Regierung am 4. August 1914 zur "finanziellen Mobilmachung" verabschiedete, hatten die Deckung des erheblich ansteigenden Liquiditätsbedarfs zum Ziel. Zum einen erhielt das Reich dadurch nahezu unbegrenzten Zugang zum Notenbankkredit und konnte so die Finanzierung der Kriegskosten sichern. Zum anderen wurden damit Kredithilfen geschaffen, die die Wirtschaft nach dem zu erwartenden Einbruch wiederbeleben sollten[45]. In diesen Rahmen ordnete sich eine Reihe weiterer Maßnahmen ein, um die Arbeitslosigkeit als Folge des Kriegsausbruchs zu dämpfen[46].

Wenden wir uns nun der zweiten Recht setzenden Instanz zu, den Militärs. Auch ohne die Befugnis, Gesetze zu erlassen, erlangten sie, gestützt auf die Verordnungsgewalt des Belagerungszustandsgesetzes von 1851, weitreichende Eingriffsmöglichkeiten. Ihre Hauptaktivität entfalteten sie bei der Beschlagnahme. Zunächst vor allem für die Beute aus den besetzten Gebieten gedacht,

---

[41] Bekanntmachung über künstliche Düngemittel vom 11. Jan. 1916, RGBl., 1916, S. 13ff.

[42] Bekanntmachung betr. Höchstpreise für Schwefelsäure und Oleum vom 8. Apr. 1916, RGBl., 1916, S. 258; Bekanntmachung betr. Ausführungsbestimmungen über den Verkehr mit Schwefel vom 27. Okt. 1916, RGBl., 1916, S. 1196. Zur Begründung vgl. Kriegsbuch 4 (1917), S. 592; Bekanntmachung betr. Aufhebung §§ 3, 4 der Bekanntmachung über den Verkehr mit Schwefel vom 14. Jan. 1918, Kriegsbuch 8 (1919), S. 336.

[43] Bekanntmachung über Höchstpreise für Soda vom 26. Mai 1916, RGBl., 1916, S. 417.

[44] Denkschrift über wirtschaftliche Maßnahmen des RdI vom 23. Nov. 1914 u.ö., Verhandlungen des Reichstages, 13. Legislaturperiode, II. Session, Bd. 315, Anlagen, Nr. 26, S. 65ff.; Roerkohl, Hungerblockade, S. 94ff., 113ff.

[45] Denkschrift über wirtschaftliche Maßnahmen des RdI vom 23. Nov. 1914, Verhandlungen des Reichstages, 13. Legislaturperiode, II. Session, Bd. 315, Anlagen, Nr. 26, S. 4ff.; Zeidler, Kriegsfinanzierung, S. 421ff.

[46] Denkschrift über wirtschaftliche Maßnahmen des RdI vom 23. Nov. 1914 u.ö., Verhandlungen des Reichstages, 13. Legislaturperiode, II. Session, Bd. 315, Anlagen, Nr. 26, S. 65ff.

wurde dieses Instrument sehr schnell auch im Reichsgebiet für die Beschaffung von Rohstoffen eingesetzt. Sowohl die stellvertretenden Generalkommandos als auch die Kriegsrohstoffabteilung des preußischen Kriegsministeriums bedienten sich dieses Mittels. Zu Beginn des Krieges taten sie dies im wesentlichen im Rahmen von Einzelverfügungen, das heißt sie informierten jeden betroffenen Betrieb und Besitzer einzeln. Ab Mitte 1915 setzte vor allem die Kriegsrohstoffabteilung allgemeine Verfügungen ein, mit denen Besitzer verschiedener Metalle und Chemikalien zur regelmäßigen Meldung ihrer Vorräte verpflichtet wurden, damit im Bedarfsfall die Beschlagnahme erfolgen konnte[47].

Auch auf dem Gebiet der Verteilung entwickelten die Militärs eine Reihe von Aktivitäten. Weniger durch Verordnungen als vielmehr durch Verfügungen regelten sie die Kontingentierung von Rohstoffen. Zum Teil arbeiteten sie hier mit den zivilen Behörden zusammen, z.B. in der Freigabe von Metallen. Darüber hinaus setzten sie Höchstpreise fest, allerdings im wesentlichen für Gegenstände des täglichen Bedarfs, weniger für industriell benötigte Rohstoffe. Reglementierungen gab es hier lediglich für Salpeter und für Eisen und Stahl, die aber nur von untergeordneter Bedeutung waren. Die Salpeterhöchstpreise galten lediglich von März bis Juni 1915[48]. Die im Juni 1917 eingeführten Höchstpreise für Eisen und Stahl wurden de facto vom Deutschen Stahlbund, einer industriellen Organisation, festgesetzt, ohne daß es Sanktionsbestimmungen wie bei anderen Produkten gegeben hätte[49].

---

[47] Beschlagnahme der stellvertretenden Generalkommandos: Heymann, Rechtsformen, S. 47ff.; Waldecker, Kriegsenteignung, S. 10; Lehmann, Kriegsbeschlagnahme, S. 24ff.; Beschlagnahme der KRA: Koeth, Rohstoffbewirtschaftung, S. 225f.; allgemeine Verfügung für Metalle: Denkschrift der Abt. III a,b des stellvertretenden Generalkommandos XIII. AK, 1918, HStAS, M 77/2, Bd. 36, Bl. 17; 5 Jahre Kriegswirtschaft [SSW] o.D., SAA 50/Ld 216, S. 35f., 55ff.; allgemeine Verfügung für Chemikalien: Bericht über die Tätigkeit der KCA vom 5. Jan. 1920, BAAP, KCA 87.29, Nr. 1, Bl. 6f.

[48] Schr. KRA an das stellvertretende Generalkommando Dresden vom 4. Juni 1915, Schr. KCA an KRA vom 25. Juni 1915, BAAP, KCA 87.29, Nr. 72, Bl. 7, 86; Tel. KRA an BKM vom 30. Juni 1915, BHStA-KA, MKr. 12927, Prod. 67a; Vortrag Philippi bei dem Ausbildungskursus für die Revisoren bei den stellvertretenden Generalkommandos 1915, S. 5, HStAS, M 1/6, Nr. 1364.

[49] Bekanntmachung betr. Höchstpreise für Eisen und Stahl vom 20. Juni 1917, GStAM, Rep. 77, tit. 332[r], Nr. 128, Bd. 3, Bl. 95; RSchr. KRA vom 16. Juni 1917, HStAS, M 1/6, Nr. 1366, Bl. 95f.

2. Die Rolle der zivilen Behörden

Nach diesem Überblick über die Grundlagen der Kriegswirtschaft wenden wir uns den einzelnen Akteuren zu. Staatliche Eingriffe in das Wirtschaftsleben waren in Friedenszeiten den zivilen Behörden vorbehalten. Im Ersten Weltkrieg änderten sich die Verhältnisse radikal. Die Wirtschafts- und Sozialpolitik wurde - ebenso wie die Innen- oder Außenpolitik - Schauplatz des Machtkampfes von militärischer und ziviler Gewalt. Wichtigste Kontrahenten waren das preußische Kriegsministerium auf der einen Seite, das Reichsamt des Innern und das Reichsschatzamt auf der anderen Seite. In welchen Bereichen die zivilen Behörden die Oberhand behielten und wo es dem Kriegsministerium gelang, militärische Interessen geltend zu machen und damit die Führung oder seine gleichberechtigte Mitsprache durchzusetzen, wird im einzelnen zu zeigen sein.

Wichtigster Ansatzpunkt für die Behauptung der zivilen Behörden war die Reglementierung der Kriegswirtschaft durch Gesetze und Verordnungen. Für eine Reihe von Maßnahmen reichte ein Rückgriff auf den Kriegszustand alleine nicht aus, sondern die Zustimmung der zivilen Stellen war erforderlich. Dies galt vor allem für die Höchstpreispolitik. Hier konnten sich der Reichskanzler und seine Staatssekretäre in großem Maße behaupten. Für die Möglichkeit, Preise festsetzen zu können, hatte die Regierung schon vor dem Krieg gesorgt, so daß die Preisbindung auf Gesetzen und Verordnungen des Bundesrates basierte[50]. Deshalb waren die zivilen Stellen nicht nur an der Ausarbeitung der Verordnungen beteiligt, sondern übernahmen auch zentrale Funktionen bei der Anwendung. Sie bewilligten etwa Ausnahmen von den Metallhöchstpreisen oder änderten deren Sätze ab[51]. Daß die militärischen Behörden sich nicht aus solchen Projekten ausschalten ließen, weil davon eben auch militärische Interessen betroffen waren, zeigt dagegen die Tatsache, daß sie beispielsweise die Verhandlungen mit den Metallindustriellen führten[52].

---

[50] Gesetz betr. Höchstpreise vom 4. Aug. 1914, RGBl., 1914, S. 339f.; Neufassung vom 17. Dez. 1914: RGBl., 1914, S. 516ff. Allerdings nutzten auch die Militärbefehlshaber ihr Verordnungsrecht aufgrund des Belagerungszustandsgesetzes (vgl. unten S. 69f.) zur Festsetzung von Höchstpreisen.

[51] Z.B. Bekanntmachung über Höchstpreise für Kupfer, altes Messing, alte Bronze, Rotguß, Aluminium, Nickel, Anitmon und Zinn vom 10. Dez. 1914, § 8 u. 12, RGBl., 1914, S. 502f.; Schr. RdI an RMA vom 26. Nov. 1914, GStAM, Rep. 77, tit. 332^{r}, Nr. 128, Bd. 1, Bl. 7f.; Prot. Besprechung Höchstpreisverordnung von Metallen und deren Anwendung vom 30. März 1915, BAAP, KMA 87.37, Nr. 84f.

[52] Schr. RdI an RMA vom 26. Nov. 1914, GStAM, Rep. 77, tit. 332^{r}, Nr. 128, Bd. 1, Bl. 7f.; Prot. Besprechung Höchstpreisverordnung von Metallen und deren Anwendung vom 30. März 1915, BAAP, KMA 87.37, Nr. 84f.; Schr. KMA an RWA vom 4. Apr. 1918, BAAP, MMSt 87.52, Nr. 42.

Was die Metalle betraf, die als einziger Rohstoff frühzeitig preislich gebunden wurden, konnten sich das Reichsamt des Innern und das preußische Ministerium für Handel und Gewerbe auch in der Durchführung eine starke Stellung sichern. Schon im Oktober 1914 genehmigte letzteres den Verkaufspreis für beschlagnahmtes Zink an ein Mitglied der Kriegsmetall AG[53]. Kann man dies noch als Versuch der Gesellschaft interpretieren, Rückendeckung für die Forderung höherer Preise gegenüber ihren Mitgliedern zu erhalten, so zeigt doch die weitere Entwicklung ein anderes Bild. Das Reichsamt des Innern legte Grenzen für die Höhe der Überschreitung fest und setzte im Februar 1915 durch, daß die Kriegsmetall AG zweimal im Monat über alle Transaktionen berichten mußte, bei denen Metalle zu höheren als den Höchstpreisen verkauft wurden[54]. Ebenso schalteten sich die zivilen Behörden in die Genehmigung der Einkaufspreise der Gesellschaft ein, die die Höchstpreise überstiegen[55].

Wie eng der Konnex zwischen gesetzlicher Regelung und Mitsprache der zivilen Instanzen war, belegt ein Entwurf für Salpeterhöchstpreise, nach dem der Reichskanzler das Recht zur Bewilligung von Ausnahmen erhalten sollte. Sobald die Höchstpreise aufgehoben wurden, setzte die Kriegsrohstoffabteilung des preußischen Kriegsministeriums die Preise in Verhandlungen mit den Betroffenen im Alleingang fest. Und so tat sie es mit allen anderen Rohstoffen, die keiner Preisbindung unterlagen[56]. Den zivilen Stellen blieb in diesen Fällen nur der Appell an Unternehmen oder militärische Instanzen. Greifbare Erfolge für die Durchsetzung ihrer preispolitischen Vorstellungen erzielten sie damit selten[57].

---

[53] Schr. KMA an PMHG und KRA vom 1. Okt. 1914, GStAM, Rep. 120 C VIII 1, Nr. 84, Adh. 13^{M}, Bd. 1, Bl. 30ff.

[54] Schr. RdI an KMA vom 13. Febr. 1915, BAAP, KMA 87.37, Nr. 97/2, Bl. 34. Dies blieb auch dann so, als die Verkaufspreise von der Metallmeldestelle bestimmt wurden. Vfg. PKM vom 23. Juli 1915, HStAS, M 1/6, Nr. 1354, Bl. 92v.

[55] Schr. KMA an von der Porten vom 9. März 1916, BAAP, KMA 87.37, Nr. 245, Bl. 326f.; Schr. KMA an RdI vom 13. März 1916 mit Stellungnahmen RdI vom 20. März und PMHG vom 25. März 1916, GStAM, Rep. 120 C VIII 1, Nr. 84, Adh. 19, Bd. 1, Bl. 342ff.; Schr. KMA an RdI vom 29. Apr. 1916, GStAM, Rep. 120 C VIII 1, Nr. 84, Adh. 19, Bd. 1, Bl. 394ff.

[56] Auch die Beschaffungsstellen verhielten sich hier nicht anders. Vorläufiger Entwurf einer Verordnung über die Höchstpreise für Salpeter, Anlage zu Schr. RdI an PMHG vom 27. Dez. 1914, GStAM, Rep. 120 C VIII 1, Nr. 84, Adh. 22, Bd. 1, Bl. 40; Anlage zum 15. Prot. der AR-Sitz. der KCA vom 21. Mai 1915, BAAP, KCA 87.29, Nr. 10, Bl. 92.

[57] Z.B. Schr. Wieland an Reusch vom 27. Dez. 1917 und Antwort Reusch vom 29. Dez. 1917, Haniel-Archiv, Nr. 30019390/29; Schr. Kloeppel an Direktorium Bayer vom 5. März 1917, Bayer-Archiv, 201/6.3, Bd. 4.

Doch auch im Bereich der Preisbindung räumten die Militärs den zivilen Ressorts nur begrenzte Rechte ein, da sie sich meist mit der Zuständigkeit für Friedensbedarf begnügen mußten. Konkret bedeutete dies, daß beispielsweise der Reichskanzler die Höchstpreise für Schwefelsäuren festlegte, der Bedarf für die Rüstungsproduktion hiervon aber ausdrücklich ausgenommen wurde[58].

Ein weiteres Beispiel für die Einflußnahme über Gesetze und Verordnungen war die Beschlagnahme. Sie wurde erst im Krieg als Instrument zur Sicherung großer Mengen von Rohstoffen auf der Basis des Belagerungszustandsgesetzes geschaffen, also auf genuin militärischem Terrain. Dies galt gleichermaßen für die Anordnungen der Kriegsrohstoffabteilung, obwohl sie sich als Teil des preußischen Kriegsministeriums nicht auf den Kriegszustand berufen konnte, sondern auf das Ermächtigungsgesetz zurückgreifen mußte. In der praktischen Ausführung gelang es den zivilen Behörden deshalb kaum, Mitspracherechte geltend zu machen. Dagegen konnten sie ihre Vorstellungen sehr wohl einbringen, als es 1915 um den Erlaß einer Bundesratsverordnung, der späteren Bekanntmachung für die Sicherstellung von Kriegsbedarf, ging, die das Verfahren gesetzlich regelte[59].

In den meisten Politikfeldern konnten allerdings die Militärs die Vorherrschaft erringen. Die Festschreibung von Kompetenzen der zivilen Behörden durch die Existenz von Gesetzen und Verordnungen hielt die militärischen Stellen nicht davon ab, in genuin zivile Betätigungsfelder einzugreifen und die Federführung für sich zu beanspruchen, falls sie ihre Belange zur Disposition gestellt sahen.

Dies läßt sich an der Ein- und Ausfuhrpolitik sehr gut verfolgen. Die Verordnungen über Ausfuhrverbote vom 31. Juli 1914 übertrugen die Handhabung der Verbote dem Reichskanzler, der sie seinerseits an das Reichsamt des Innern delegierte und diesem damit die Federführung für alle Fragen der Ausfuhr

---

[58] Z.B. Bekanntmachung betr. die private Schwefelwirtschaft vom 13. Nov. 1915, § 5 u. 7, RGBl., 1915, S. 761ff. Diesen Zusammenhang bestätigt die Zuständigkeit der zivilen Stellen für Düngemittel und Soda, die vorwiegend für Friedenszwecke bzw. in der Landwirtschaft gebraucht wurden. Verordnung über die Abänderung der Preise für künstliche Düngemittel vom 19. Dez. 1917, RGBl., 1917, S. 1110; Bekanntmachung über Höchstpreise für Soda vom 18. Dez. 1916, RGBl., 1916, S. 1405.

[59] Beschlagnahme generell: BAAP, RFM 21.01, Nr. A 2843, passim; vgl. auch unten, S. 176ff. Bei speziellen Verordnungen, beispielsweise über die Beschlagnahme von Werkzeugmaschinen, hatten sie keine Mitspracherechte, konnten ihre Politik gleichwohl durchsetzen, wenn sie die notwendigen militärischen Bundesgenossen fanden. Schr. FM an KM und Stellungnahme des PKM vom 5. Febr. 1915, GStAM, Rep. 120 C VIII 1, Nr. 84, Adh. 19, Bd. 1, Bl. 140f.; Entwurf Schr. PMHG an KM vom 3. März 1915, ebd., Bl. 142f.; Schr. PKM an PMHG vom 15. Mai 1915, ebd., Bl. 180.

zuwies[60]. Das preußische Kriegsministerium machte dagegen frühzeitig Ansprüche auf Mitsprache geltend. Schon im Oktober 1914 trat es für die Errichtung einer vom Reichsamt des Innern unabhängigen Zentralstelle für Ein- und Ausfuhr ein, konnte dieses Projekt aber nicht realisieren[61]. Ein zweiter Vorstoß war erfolgreicher. Im März 1915 setzte das Ministerium die Errichtung einer eigenen Ausfuhrabteilung durch, die das Recht erhielt, "Einverständniserklärungen des Kriegsministeriums auf der Ausfuhrbewilligungsurkunde" anzubringen, trotz der "erheblichen Bedenken" des Reichsamts des Innern. Begründet wurde dies mit der Notwendigkeit, die militärischen Interessen bei der Ausfuhr zu überwachen. Wann diese gefährdet waren, entschied das Kriegsministerium[62]. In der Folge erschienen Vertreter des Ministeriums denn auch in allen Kommissionen, die sich mit der Ausfuhr befaßten[63].

Die Bedenken des Reichsamts des Innern erwiesen sich als durchaus berechtigt, wie das Vorgehen einiger stellvertretender Generalkommandos vom Frühsommer 1915 zeigte. Sie hielten, zum Teil unter Berufung auf eine Empfehlung des Kriegsministeriums, Ausfuhrsendungen an, obwohl sie vom Reichsamt des Innern genehmigt worden waren[64]. Industrie und zivile Behörden reagierten einhellig mit Empörung auf diese Eingriffe. Die Eisen- und Stahlindustrie, die vor allem darunter litt, machte ihrem Unmut in zwei Eingaben an den Reichs-

---

[60] RGBl., 1914, S. 265ff.; Erlaß des PKM vom 16. Juni 1915, BAAP, RK 07.01, Nr. 2417/2, Bl. 187. So verhandelten die Industriellen mit dem Reichsamt des Innern über Ausfuhrverbote. Vgl. z.B. für die Eisen- und Stahlindustrie Schr. REV an Mitgl. vom 1. u. 3. Sept. 1914, Prot. Hauptversammlung REV vom 22. Jan. 1915, Archiv der Thyssen AG, FWH/860-12.

[61] Boettcher, Rechtsgrundlagen, Kap.: Ein- und Ausfuhr, S. 12 (Boettcher hat seine Arbeit nicht durchgehend paginiert, sondern die Seitenzählung in jedem Kapitel neu begonnen, deshalb wird im folgenden das Kapitel neben der Seitenzahl angeführt).

[62] Zitat: Schr. RdI an PKM vom 9. Juli 1915, BAAP, RK 07.01, Nr. 2417/2, Bl. 35f. Im Mai 1915 wurde die Abteilung mit der für Zurückstellung AZ(S) vereinigt und arbeitete unter dem Kürzel AZ(A). Im Frühjahr 1916 war sie dagegen wieder selbständig und firmierte nun als A 8 des Allgemeinen Kriegsdepartements. Vgl. Dieckmann, Behördenorganisation, S. 87f., 53; Feldman, Armee, S. 70.

[63] Z.B. in der Austauschkommission, die im Juni 1915 gebildet wurde. Schr. KMA an Römhild vom 21. Juni 1915, GStAM, Rep. 120 C VIII 1, Nr. 84, Adh. 13^{M}, Bd. 1, Bl. 250, oder in den Ausfuhrkommissionen für Chemikalien. Die Organisation der Tätigkeit des Vereins Juni 1917, Bayer-Archiv, 201/3, und für Metalle. Bericht über die erste Sitz. der Ausfuhr-Kommission am 10. Mai 1918, BAAP, KMA 87.37, Nr. 41, Bl. 564.

[64] Vfg. des stellvertretenden Generalkommandos Münster vom 19. Mai 1915, Schr. des stellvertretenden Generalkommandos Karlsruhe an die Handelskammer Saarbrücken vom 10. Juni 1915, Abschriften als Anlage zu Eingabe VdEStI an RK vom 19. Juni 1915, BAK, R 13I/183, Bl. 216, 217f.

kanzler Luft. Sie pochte darauf, daß einzig das Reichsamt des Innern nach den kaiserlichen Verordnungen über Ausfuhrverbote für die Ausfuhr zuständig sei. Daher müsse das Kriegsministerium, das nach ihrer Einschätzung hinter den Interventionen stand[65], in seine Schranken gewiesen werden[66]. Im übrigen stellte sich die Industrie nicht immer auf die Seite des Reichsamts des Innern, wie es dieser Konflikt vermuten lassen könnte. Wenn es in ihrem Interesse war, z.B. beim Kampf gegen ein Ausfuhrverbot des Reichsamts des Innern für Wolfram, dann bezeichneten sie durchaus auch das Kriegsministerium "in dieser Frage ... [als] die maßgebende Behörde"[67].

Reichskanzlei und Reichsamt des Innern unterstützten diese Bemühungen, denn sie hielten "eine scharfe Differenzierung in der Bewertung der Ausfuhrbewilligungen des Reichskanzlers (Reichsamt des Innern) ... je nachdem sich der Stempel des Kriegsministeriums auf der Bewilligung findet oder nicht ... mit dem Ansehen der Staatsgewalt [für] unvereinbar"[68]. Das Kriegsministerium ließ sich aber nicht in die von den zivilen Behörden und der Industrie gewünschten Grenzen zurückdrängen. Zwar veranlaßte es die stellvertretenden Generalkommandos, daß Sendungen mit einer Ausfuhrbewilligung des Reichsamts des Innern "grundsätzlich .. nicht angehalten werden" dürften, verzichtete damit aber keineswegs auf sein Genehmigungsrecht[69]. Es gelang dem Kriegsministerium also, dem Reichsamt des Innern gegenüber seine Mitsprache durchzusetzen.

In der Folge schaltete sich das Kriegsministerium immer wieder in allgemeine Ausfuhrfragen ein. Es legte u.a. Richtlinien für die Ausfuhr fest, trieb aber auch konkrete Ausfuhrpolitik, z.B. durch die Ablehnung von Ausfuhran-

---

[65] Die Vermutung der Industrie, daß hinter diesen Vorgängen das Ziel des Kriegsministeriums stand, die Ausfuhrkompetenz des Reichsamts des Innern auszuhöhlen, läßt sich aus den überlieferten Behördenakten nicht nachweisen; sie erscheint aber plausibel, wenn man die gesamte Ausfuhrpolitik ins Auge faßt.

[66] Schr. VdEStI an seine Gruppen vom 22. Juni 1915, dem die Eingabe des VdEStI an RK vom 19. Juni 1915 beigefügt ist. BAK, R 13I/183, Bl. 204ff.; Schr. VdEStI an RK vom 19. Juli 1915, BAAP, RK 07.01, Nr. 2417/2, Bl. 128ff.

[67] Schr. Zentralstelle für Ausfuhr an die Vereinigung Deutscher Stahlwerke vom 22. Jan. 1915, BAK, R 13I/182, Bl. 168.

[68] Schr. RdI an PKM vom 9. Juli 1915, BAAP, RK 07.01, Nr. 2417/2, Bl. 33ff.; Zitat ebd., Bl. 36; vgl. auch Schr. RK an PKM vom 20. Juni 1915, ebd., Bl. 260f.

[69] Erlasse des PKM vom 16. und 21. Juni 1915, BAAP, RK 07.01, Nr. 2417/2, Bl. 187ff., 190f.; Schr. PKM/AZ(A) an die stellvertretenden Generalkommandos vom 21. Juli 1915, Abschrift an RK, BAAP, RK 07.01, Nr. 2417/2, Bl. 185f.; Zitat ebd., Bl. 185. Daraufhin nahmen die Klagen der Industrie über die Überwachung der Ausfuhr erheblich ab. Notiz "Ausfuhrfrage" zur Sitz. des Hauptvorstandes des VdEStI vom 11. Okt. 1915, BAK, R 13I/86, Bl. 93.

trägen[70]. Im Februar 1916 schließlich einigten sich die beiden Behörden auf einen organisatorischen Kompromiß. Das Reichsamt des Innern behielt zwar die Aufsicht über die Ausfuhr, übertrug die Bewilligung selbst aber einem Reichskommissar und machte damit den Weg frei für die geforderte Zentralstelle. Sowohl das Reichsamt als auch das Kriegsministerium waren dort vertreten, doch bewahrte sich der Kommissar weitgehend seine Unabhängigkeit[71].

Die Diskussion um das Hindenburg-Programm vom Herbst 1916 eröffnete der militärischen Behörde neue Möglichkeiten. Ihre Position wurde erheblich gestärkt, denn der absolute Vorrang der Inlandsversorgung vor der Ausfuhr sicherte dem Kriegsministerium die Führung in allen diesbezüglichen Fragen[72]. Ähnlich verhielt es sich mit der Einfuhr. Auch hier war zunächst das Reichsamt des Innern zuständig[73], doch entsandten das Kriegsministerium wie auch das Reichsmarineamt schon 1915 Aufkäufer in die neutralen Staaten und bestimmten die Aktivitäten einer Austauschkommission[74]. Die Errichtung eines Einfuhrausschusses Mitte 1917, mit dem das Reichsamt des Innern seine Stellung stärken wollte, hatte wenig Erfolg. Die Vorstellungen der Reichsbehörde, nach denen der unter ihrer Leitung stehende Ausschuß die Grundsätze der Einfuhrpolitik festlegen sollte, konnte sich gegen den entschiedenen Widerstand des Kriegsministeriums nicht durchsetzen[75]. Das Reichsamt erhielt zwar die Befugnis, bei mangelnder Übereinstimmung eine verbindliche Entscheidung zu

---

[70] Festsetzung Richtlinien: Schr. PKM/AZ(A) an Schiffbaustahl-Kontor GmbH vom 17. Juli 1915, Haniel-Archiv, Nr. 30019322/11. Konkrete Eingriffe: Zentralstelle für Ausfuhrbewilligung für Eisen- und Stahlerzeugnisse: Die Ausfuhr von Fein- und Mittelblechen im Kriege, 1917, S. 4, Mannesmann-Archiv, P 2/25/01.4; Tel. an Bismarckhütte o.D. [nach 1916], Mannesmann-Archiv, V 1.005, Bl. 281.

[71] Boettcher, Rechtsgrundlagen, Kap. Ein- und Ausfuhr, S. 12; Facius, Wirtschaft, S. 110, Anm. 244.

[72] Beispielsweise organisierte das Kriegsministerium die Besprechungen über die Reglementierungen der Ausfuhr. Schr. PKM/A 8 an PMHG vom 28. Aug. 1916, GStAM, Rep. 120 C VIII 1, Nr. 65, Adh. 6, Bl. 138f., und überwachte die Ausfuhrkontingente. RSchr. Nordwestliche Gruppe des VdEStI an sämtliche Mitglieder vom 11. Dez. 1916, Haniel-Archiv, Nr. 2001071/7b, Bl. 254. Wie groß der Einfluß des Kriegsministeriums mittlerweile geworden war, zeigt z.B. seine sehr selbstbewußte Stellungnahme zur Erhöhung der Ausfuhrpreise für Eisen und Stahl. Schr. A 8 an RdI vom 5. Jan. 1917, BAK, R 13I/90, Bl. 46f.

[73] Dies belegt seine Unterstützung von Firmen bei der Einfuhr von Rohstoffen. Z.B. Schriftwechsel GHH-RdI vom Dez. 1914-Febr. 1915, Haniel-Archiv, Nr. 3001007/4, passim; Schr. NwG des VdEStI an verschiedene Firmen, Haniel-Archiv, Nr. 3001071/6c, Bl. 346.

[74] NSchr. Sitz. in AZ am 19. Aug. 1915, BAAP, KCA 87.29, Nr. 18, Bl. 395.

[75] Schr. RdI an Sydow vom 30. Juni 1917, Schr. PKM an RdI vom 11. Juli 1917, GStAM, Rep. 120 C VIII 1, Nr. 84, Adh. 4A, Bl. 1ff., 4ff.

treffen. Dies fiel jedoch kaum ins Gewicht, da sich der Geschäftskreis auf die Beschaffung fremder Währungen beschränkte[76].

Das Kriegsministerium konnte also im Laufe des Krieges die Federführung in der Ein- und Ausfuhr erlangen, obwohl die Verordnungen, die nach wie vor bestanden, das Reichsamt des Innern dazu bestimmt hatten. Gleichwohl muß man festhalten, daß die zivile Behörde nicht ganz ohne Einflußmöglichkeit blieb. Auch wenn es die Führung abgeben mußte, konnte das Kriegsministerium Maßnahmen doch nicht ohne vorherige Beratung beschließen. Beispielsweise setzte das Amt viel von seinen Vorstellungen bei der Einführung und Erhöhung der Ausfuhrabgabe durch, trotz des Widerstandes der Militärbehörde. Ähnlich läßt sich die Position des Reichswirtschaftsamtes[77] charakterisieren, das im September 1917 den Aufgabenbereich vom Reichsamt des Innern übernahm[78].

Ein klarer Vorrang der Militärs bestand von vornherein für die Wirtschaftsplanung, die mit der langen Dauer des Krieges und der alliierten Blockade unumgänglich wurde. Das preußische Kriegsministerium übernahm die Federführung; die ihm unterstellte Kriegsrohstoffabteilung arbeitete den Wirtschaftsplan aus. Dem Reichsamt des Innern blieb nur die Stellungnahme dazu, die ihrerseits problematisch war, da das Amt keinen Zugang zu wichtigen Informationen, z.B. der Kriegsgesellschaften, besaß[79]. Diese Konstellation hatte sich schon zu Anfang des Krieges abgezeichnet, als die Gründung der Kriegsrohstoffabteilung zur Debatte stand. Das Reichsamt des Innern wandte sich

---

[76] Schr. RdI an PMHG vom 23. Juli 1917, GStAM, Rep. 120 C VIII 1, Nr. 84, Adh. 4A, Bl. 9ff. In der Praxis beschränkte sich der Ausschuß zudem auf Lebensmittel; für Rohstoffe war seine Arbeit kaum von Bedeutung. Prot. der Sitzungen ebd., passim; Bewilligungen z.B. Bl. 44, 46f.

[77] Im September 1917 hatten die zahlreichen Bestrebungen Erfolg, die schon vor dem Kriegsausbruch für die Ausgliederung der Wirtschafts- und Handelspolitik aus dem Reichsamt des Innern eintraten. Das Reichswirtschaftsamt nahm am 1. Sept. 1917 seinen Dienst auf und erhielt Ende Oktober die volle Selbständigkeit. Staatssekretär war bis zum 20. Nov. 1917 Rudolf Schwander, sein Nachfolger wurde Hans Karl Freiherr von Stein. Facius, Wirtschaft, S. 78f., 84ff. sowie Anhang 6 u. 7, S. 235ff., 240ff.

[78] Zur Ausfuhrabgabe vgl. unten S. 267ff. Auch eine Initiative zur Gründung einer Ausfuhr GmbH für den Handel mit der Ukraine vom Frühsommer 1918 lief unter der Führung des Reichswirtschaftsamtes. Aktennotiz Sorge über die Ausfuhr GmbH vom 17. Mai 1918, HA Krupp, FAH 4C 308.

[79] Das Amt gab die geforderte Stellungnahme ab, versah sie aber mit einigen Spitzen gegen das Kriegsministerium, etwa in der Form, daß die Rohstoffe z.B. für Textilien eben vom Kriegsministerium bewirtschaftet würden und das Reichsamt des Innern daher keine Auskünfte darüber geben könne, ob, wenn der Heeresbedarf gedeckt sei, "gleichzeitig auch die deutsche Zivilbevölkerung von etwa 60 Millionen Köpfen für drei Jahre ausreichend mit Kleidung versorgt werden kann". Schr. RdI an PKM vom 5. Aug. 1916, BAAP, RK 07.01, Nr. 2425, Bl. 5f.; Zitat ebd., Bl. 5v.

gegen eine solche Organisation mit dem Argument, daß der Heeresbedarf durch Verträge mit privaten Unternehmern gesichert sei, setzte sich damit aber nicht durch. Auf die weitere Gestaltung dieser kriegswirtschaftlichen Planungsstelle konnte das Amt keinen Einfluß mehr nehmen[80]. Ähnlich erging es den zivilen Stellen in der Frage der Verteilung von Rohstoffen, die im Laufe des Krieges immer wichtiger wurde. Militärische Instanzen entschieden über die Aufteilung von Heeres- und Friedensbedarf[81]. Lediglich die Weitergabe der Friedenskontingente an die Industrie erfolgte unter der Aufsicht ziviler Behörden[82].

Die generelle Auseinandersetzung um die Führung der Kriegswirtschaft zwischen preußischem Kriegsministerium und Reichsamt des Innern läßt sich gut illustrieren am Projekt "Wissenschaftliche Kommission". Die Militärs entschlossen sich schon im Herbst 1915 zur Einrichtung einer solchen Institution, unterrichteten das Reichsamt des Innern offensichtlich aber nicht darüber. Aufgabe dieser Kommission sollte es sein, neben dem Generalstabsbericht einen Bericht über die Kriegswirtschaft zu verfassen und dafür schon während des Krieges Material zu sammeln. Erst als das Reichsamt im Frühsommer 1916 unter Karl Helfferich denselben Gedanken in die Tat umsetzen wollte, wurde es mit der Existenz der Kommission im Kriegsministerium konfrontiert.

Auch der weitere Verlauf wirft ein bezeichnendes Licht auf das Verhältnis der beiden Institutionen zueinander. Das Kriegsministerium ging nicht davon ab, daß seine Kommission die gesamte Volkswirtschaft im Kriege bearbeiten sollte, während das Reichsamt des Innern sie auf das Ressort der Militärbehörde beschränken wollte. Schließlich erkannte das Ministerium die Oberaufsicht der zivilen Behörde formal an und gestand eine Zusammenarbeit mit der von Arthur Spiethoff geleiteten Kommission zu, doch es setzte für seinen Bericht große Spielräume durch. Faktisch blieben die Differenzen bestehen.

Die Ausdehnung auf den gesamten Behördenapparat nicht nur des Reiches und der Bundesstaaten versetzte dem Projekt dann den Todesstoß, bevor die Niederlage andere Prioritäten vorgab[83]. Der Arbeitsplan, den Spiethoff noch im

---

80 Wiedenfeld, Wirtschaft, S. 52; Hecker, Rathenau, S. 211; Burchardt, Rathenau, S. 176; zur Gründung der Kriegsrohstoffabteilung vgl. unten S. 53f.

81 Z.B. darüber, welche Mengen von Rohstoffen, die Firmen importierten, für Friedenszwecke genutzt werden durften. Schr. Dihlmann an den Fachausschuß für Maschinenbau vom 28. Jan. 1916, SAA 11/Lb 273 Haller.

82 Chemikalien: Z.B. Schr. RdI an chemische Firmen vom 29. Apr. 1916, BAAP, RdI 15.01, Nr. 18762, Bl. 219; verschiedene Schr. RdI und Zentralstelle für Sodaverteilung vom Febr./März 1917, BAAP, RdI 15.01, Nr. 18766, Bl. 36ff., 108f. Metalle: Z.B. Schr. RdI an BKM vom 16. Aug. 1915, BHStA-KA, MKr. 12929, Prod. 31b.

83 Demeter, Spiethoff-Kommission. Zur Besetzung der Wissenschaftlichen Kommission im preußischen Kriegsministerium vgl. unten S. 55ff.

September 1918 vorlegte, ging davon aus, "daß das Reichsamt die wirtschaftliche Zentralstelle des Deutschen Reiches ist, in der als dem Organ des Reichskanzlers alle Fäden zusammenlaufen"[84]. Er bot damit eine klare Formulierung des Führungsanspruchs des Reichsamts des Innern, die aber eher den Soll- als den Ist-Zustand beschrieb.

Nicht nur das Reichsamt des Innern, sondern auch das Reichsschatzamt sah sich mit einer Politik der Ausgrenzung durch das preußische Kriegsministerium konfrontiert. Ebenso wie das Innenressort mußte sich die Finanzbehörde mit der Rolle einer nachgeordneten Stelle begnügen, wenn das Kriegsministerium das militärische Interesse in die Waagschale warf. Sehr klar wird dies im Bereich der Produktionsförderung, also der staatlichen Subvention von industriellen Anlagen zu Kriegszwecken. In den Fällen, in denen der Aus- oder Neubau auf die Kriegszeit beschränkt und im Frieden nicht mehr nutzbar war, konnte sich das Kriegsministerium als federführende Behörde durchsetzen. Damit bestimmte es eine große Anzahl von Verträgen, die während des Krieges zum Ausbau von Kapazitäten geschlossen wurden. Das Ministerium ließ sich von Klagen des Reichsschatzamts, es betrachte seine Genehmigung nur "als Formalität ohne materielle Bedeutung"[85], nicht beirren. Die Unterrichtung des Amtes erfolgte meist sehr spät, zum Teil nach der rechtsverbindlichen Unterzeichnung[86], manchmal auch erst, nachdem "der grösste Teil der bewilligten Summe bereits verausgabt worden ist"[87].

Die Position der obersten Finanzbehörde verschlechterte sich weiter durch das Hindenburg-Programm. Die Militärs formulierten ihre Vorstellungen klar und deutlich: Der Staatssekretär des Reichsschatzamts "wäre zweckmäßig vom K[riegs]M[inisterium]. über Lage und Anforderungen zu unterrichten und um Einverständnis zur Gesamtsumme zu bitten. Einzelforderungen werden nicht gestellt, sondern nur durch Zettel mitgeteilt"[88]. Auch wenn diese Maximalposition nicht umgesetzt werden konnte, zeigen die Verhandlungen der Folgezeit

---

[84] Schr. RdI/WK (Spiethoff) an RdI vom 7. Sept. 1918, BAAP, RWM 31.01, Nr. 3418, Bl. 20.

[85] Stellungnahme RSchA zu Vertrag über die Errichtung einer Salpeteranlage vom 5. Juni 1915, RFM 21.01, Nr. A 2844, Bl. 85f.; Zitat ebd., Bl. 85v.

[86] Als Beispiel vgl. die Kupferelektrolyseverträge: Schr. KRA am KMA vom 9. Febr. 1915, BAAP, KMA 87.37, Nr. 238, Bl. 36f.; Schr. KRA an KMA vom 23. Mai 1916, BAAP, KMA 87.37, Nr. 256, Bl. 28f.

[87] Mit dieser Begründung bat die Kriegsmetall AG darum, die Verhandlungen mit dem Reichsschatzamt über ein Darlehen für die Molybdänproduktion zu beschleunigen. Schr. KMA an KRA vom 9. Dez. 1916, BAAP, KMA 87.37, Nr. 256, Bl. 127.

[88] Besprechung über die Durchführbarkeit der erhöhten Munitionsanforderungen vom 11. Sept. 1916, BA-MA Freiburg, N 415/8 Mentzel, Bl. 225v.

doch deutlich, daß das Reichsschatzamt weiter an Einfluß verlor. Es machte z.B. bei der Gründung der Eisenzentrale zwar klar, daß eine Zustimmung des preußischen Kriegsministeriums zu den Geschäften der Eisenzentrale "als nicht ausreichend angesehen" wurde. Die Finanzbehörde erhob daher den Anspruch, über die einzelnen Geschäfte durch Übersichten regelmäßig unterrichtet zu werden[89]. Auch im Hinblick auf die anderen Kriegsgesellschaften bemühte sich das Reichsschatzamt immer wieder darum, an den Verhandlungen über Verträge, die eine finanzielle Belastung des Reiches implizierten, rechtzeitig beteiligt zu werden[90]. Doch gerade die Verträge zur Steigerung der Produktion von Eisenerzen mit der Ilseder Hütte zeigen, daß sich das Reichsschatzamt nicht durchsetzen konnte. Auch die Eisenzentrale ließ einen Vertrag unterzeichnen, bevor das Amt seine endgültige Zustimmung gegeben hatte, "in der Annahme, dass auch dortseits [seitens des Reichsschatzamts, R.R.] keine Bedenken hiergegen bestehen"[91]. Übrigens verfolgten nicht nur die Kriegsrohstoffabteilung, sondern auch die Beschaffungsstellen diese Politik der Ausgrenzung des Reichsschatzamts[92].

Die militärischen Instanzen handelten also die Bedingungen für die Subvention von Produktionsanlagen aus, solange sie nur in Kriegszeiten gebraucht wurden. Dem Reichsschatzamt blieb nur die Erteilung der Genehmigung, meist ohne Bedingungen formulieren oder gar durchsetzen zu können. Beispielhaft dafür läßt sich das Bewilligungsschreiben für einen Baukostenzuschuß im Mai 1916 anführen, in dem es hieß: "Davon ausgehend, dass die Massnahmen zur Erlangung von Sparmetallen zu unterstützen sind, soweit es die finanziellen Interessen des Reichs nur irgendwie zulassen, will ich die mannigfachen Bedenken, zu denen mich die Durchsicht des von der Kriegsmetall-Aktiengesellschaft mit den Zinnwerken in Wilhelmsburg an der Elbe zur Gewinnung von Elektrolytzinn nun einmal abgeschlossenen Vertrags geführt hat, unerörtert

---

[89] Schr. RSchA an KEZ vom 9. Nov. 1916, BAAP, KEZ 87.25, Nr. 1, Bl. 78; Zitat ebd.; NSchr. über die zwischen KRA und EZ bzw. MnG wegen Verrechnung getroffenen Vereinbarungen, Besprechung am 22. März 1917, BAAP, KEZ 87.25, Nr. 69, Bl. 85.

[90] NSchr. Versammlung Kriegsgesellschaften und Abrechnungsstellen am 22. Aug. 1917, BAAP, KMA 87.37, Nr. 39, Bl. 5f.

[91] Schr. KEZ an Lueck vom 21. Jan. 1918, BAK, R 2, Nr. 1254, Bl. 89ff. Auch in den weiteren Verhandlungen änderte sich daran wenig. Vgl. Schr. KEZ an RSchA vom 6. Sept. 1918, BAK, R 2, Nr. 1254, Bl. 111f., oder Schr. RSchA an KEZ vom 25. März 1918, BAK, R 2, Nr. 1254, Bl. 104ff.

[92] Vgl. z.B. Schriftwechsel Wumba-RSchA vom 24. Juni, 17. Juli u. 7. Aug. 1918, BHStA-KA, MKr. 17381 über die Finanzierung einer Hülsenanlage.

lassen und Einwendungen gegen die vorschußweise Hergabe eines Baukostenbeitrags von 500 000 M nicht erheben"[93].

Ganz macht- und einflußlos, wie es nach den bisherigen Ausführungen den Anschein haben könnte, waren die zivilen Behörden freilich nicht. Gerade die Subvention industrieller Anlagen bot dem Reichsschatzamt einen Anknüpfungspunkt zur Übernahme der Federführung dann, wenn das Amt darlegen konnte, daß die Projekte erheblichen Einfluß auf die Friedenswirtschaft ausüben würden.

Dies gelang in zwei wichtigen Branchen, in der Stickstoff- und in der Aluminiumindustrie. Schon kurz nach Ausbruch des Krieges engagierte sich das Reichsschatzamt für den Auf- und Ausbau von Fabriken zur Herstellung von Kalkstickstoff, zwar auch, um die Versorgung der Landwirtschaft mit Düngemitteln im Krieg zu sichern, vorrangig aber mit der Perspektive, das Reich nach dem Krieg unabhängig von ausländischen Zufuhren zu machen[94]. Darüber hinaus gab es weitere Gründe für das Engagement des Reiches, die ebenfalls in die Nachkriegszeit wiesen, etwa die Möglichkeit, auf die Preise für Stickstoff Einfluß nehmen zu können, und im Zusammenhang damit über die Bildung von Monopolen neue Einnahmequellen für das Reich zu erschließen[95]. Diese Überlegungen führten dazu, daß das Reichsschatzamt die Leitung in den Verhand-

---

[93] Schr. RSchA an PKM vom 6. Mai 1916, BAAP, KMA 87.37, Nr. 256, Bl. 13; einfache Genehmigungen: Verschiedene Schr. von 1916-1918 in: BAAP, KMA 87.37, Nr. 256, Bl. 19, 58, 74, 109 u. Nr. 257, Bl. 72ff. Erfolgreiche Durchsetzung eigener Bedingungen: Postbericht Abt. U vom 8. Apr. [1916], BAAP, KMA 87.37, Nr. 60, Bl. 77; Schr. RSchA an PKM vom 6. Mai 1916, BAAP, KMA 87.37, Nr. 256, Bl. 13f. Kein Erfolg: Anmerkungen zum Vertragsentwurf EZ-IH § 3, Anlage zu Schr. KEZ an RSchA vom 29. Jan. 1917, BAK, R 2, Nr. 1254, Bl. 5; Schriftwechsel KEZ-RSchA vom Jan./Febr. 1917, BAK, R 2, Nr. 1254, Bl. 2ff., 37ff.

[94] Sitz. des preußischen Staatsministeriums am 31. Dez. 1914 u. am 18. Jan. 1915, GStAM, Rep. 90[a], Abt. B III 2.b., Nr. 6, Bd. 163, Bl. 309ff. u. Bd. 164, Bl. 52ff. Zunächst verhandelte Preußen über dieses Projekt mit den Wirtschaftsvertretern. Anfang 1915 gab der Bundesstaat die Federführung an das Reich ab, da die finanzielle Belastung zu groß wurde. Votum des PFM in der Sitz. des preußischen Staatsministeriums am 31. Dez. 1914, GStAM, Rep. 90[a], Abt. B III 2.b., Nr. 6, Bd. 163, Bl. 311f.

[95] Die Preise für Kalkstickstoff sollten zunächst niedrig sein. Schr. RK an Wilhelm II. vom 16. Febr. 1916, GStAM, 2.2.1, Nr. 27870, Bl. 9. Die späteren Diskussionen um die Ammoniakfabrikation prägte vielmehr das Ziel hoher Preise, die dem Staat als Garant des Monopols Einnahmen sichern sollten. Vgl. Gesetzentwurf für ein Stickstoffhandelsmonopol vom März 1915, GStAM, Rep. 77, tit. 332[r], Nr. 125, Bl. 1ff.; GStAM, 2.2.1., Nr. 27870, Bl. 3f.; vgl. auch Plumpe, I.G. Farbenindustrie, S. 78f. Derartige Überlegungen beschränkten sich nicht auf Stickstoff, sondern wurden auch für Aluminium und Kupfer angestellt. Vgl. unten S. 445.

lungen mit der Badischen Anilin- und Sodafabrik um den Ausbau ihrer Ammoniakanlagen übernahm[96].

Die militärischen Behörden konnten sich nach dem Hindenburg-Programm noch einmal in die erste Reihe schieben, da die Oberste Heeresleitung den weiteren Ausbau der Stickstoffkapazitäten zu ihrer Angelegenheit machte. Daraufhin schaltete sich der beim Waffen- und Munitionsbeschaffungsamt angesiedelte Reichskommissar für Stickstoff in die Verhandlungen ein. Das Reichsschatzamt konnte seine Vorstellungen jedoch nicht nur vorbringen, sondern in großem Umfang auch durchsetzen[97]. Zu Anfang des Krieges gab es keine derartigen Vorstöße des Reichsschatzamts, wie die Abschlüsse zahlreicher Verträge zum Ausbau von Salpeterfabriken bei der Farbenindustrie belegen. Diese Projekte wurden allein von den militärischen Behörden ausgehandelt. Allerdings beanspruchten sie auch noch nicht ganz so umfangreiche Finanzmittel wie etwa die Kalkstickstoff- oder Ammoniakproduktion[98].

Der zweite Industriezweig, in dem sich das Reich erheblich engagierte, war die Aluminiumindustrie. Hier gelang es dem Reichsschatzamt auch nicht sofort, sich einzuschalten. Die ersten Verträge schloß das preußische Kriegsministerium mit den Unternehmen ab[99]. Erst im Mai 1916, als der weiträumige Ausbau zur Diskussion stand, erstritt sich das Amt die Vorherrschaft, "da hierbei eine Reihe wirtschaftlicher Fragen berührt würden, deren Tragweite sich im Augenblick nicht übersehen lasse". Das preußische Kriegsministerium brach die schon bis zur Formulierung von Vorverträgen gediehenen Verhandlungen mit dem Rheinisch-Westfälischen Elektricitätswerk und den Gebr. Giulini ab und

---

96 Vertrag BASF-RSchA vom 19./28. Apr. 1916, BASF, B4/966. Zu den Verhandlungen im Frühjahr 1916 mit Kriegsrohstoffabteilung und Reichsschatzamt vgl. BASF, A18/32a; Plumpe, I.G. Farbenindustrie, S. 71ff.

97 Einschaltung OHL und Reichskommissar für Stickstoff: Besprechung Stickstoffrage am 30. Nov. 1917, BAK, NL 158 Moellendorff, Nr. 125; Plumpe, I.G. Farbenindustrie, S. 80f. Weitere Verhandlungen: Aktenbeleg über die Stickstoffverhandlungen mit der BASF vom Apr. 1917, BAK, NL 158 Moellendorff, Nr. 104; Schr. BASF an RSchA vom 1. Juni 1918, BASF, A18/33a u.ö., bis zum Vollzug des Vertrages durch BASF und RSchA am 19./22. Juli 1918. BASF, A18/33a; vgl. auch Schr. Vorstand an AR der BASF vom 17. Juni 1918, BASF, C 10, Briefwechsel, 1917-1920.

98 Vertrag Hoechst-KRA vom 11. Jan./12. März 1915, Vorspann, Hoechst-Archiv, 18/1/12 als Beispiel für die gleichlautenden Verträge mit Bayer, Griesheim und Agfa.

99 Vfg. der KRA vom 2. Dez. 1915 in: Aufstellung der KMA, BAAP, KMA 87.37, Nr. 171, lfde. Nr. 18 u. 19, Bl. 4; Pistor, Vorarbeiten zu "100 Jahre Griesheim", 1925, Hoechst-Archiv, (C/2/3/g), S. 212ff.; Fünzig Jahre Metallgesellschaft, S. 121f.; Aktennotiz vom 9. Okt. 1917, SAA 11/Lb 358 Haller.

übergab die Angelegenheit an das Reichsschatzamt, das dann die weiteren Verhandlungen um Erftwerk, Innwerk und Vereinigte Aluminiumwerke führte[100].

Aufs Ganze gesehen war die Position der zivilen Behörden in der Rohstoffbewirtschaftung schwach. Sie nahmen zwar über die Formulierung von Gesetzen und Bundesratsverordnungen Einfluß auf die Gestaltung der Bewirtschaftung, doch die Machtfülle, die das Ermächtigungsgesetz anbot, konnte die Exekutive hier nicht ausschöpfen. Vielmehr gewannen die militärischen Behörden immer mehr an Boden, indem sie die Wirtschaft nicht auf dem Weg von Gesetzen, sondern mittels ihrer Verordnungs- und Verfügungskompetenz reglementierten und das militärische Interesse als Hebel benutzten, um in genuin zivile Tätigkeitsbereiche einzudringen. Für die zivilen Behörden erwies sich die Finanzierung von kriegswirtschaftlichen Maßnahmen nur bedingt als Ansatzpunkt dafür, Vorrechte geltend zu machen. Das Argument der Kosten allein fruchtete nicht. Nur wenn die zivilen Instanzen die existentielle Bedeutung einzelner Maßnahmen für die Nachkriegswirtschaft geltend machen konnten, gaben die militärischen Stellen die Führung ab.

Insgesamt aber geriet die Rohstoffwirtschaft, je länger der Krieg dauerte, umso mehr unter die Herrschaft der militärischen Instanzen. In der Auseinandersetzung um die Machtfrage zwischen Militärs und Zivilverwaltung, die sich unter den Bedingungen des Krieges erheblich verschärft hatte, verschoben wirtschaftliche Fragen also die Gewichte klar zugunsten der Militärs, und zwar nicht erst mit dem Antritt der dritten Obersten Heeresleitung, sondern schon von Beginn des Krieges an.

3. Die Kriegsrohstoffabteilung und die Leitung der Rohstoffwirtschaft

Um welche Behörden handelte es sich bei diesen militärischen Instanzen, die nach den vorangegangenen Ausführungen den zivilen Stellen die Macht so heftig streitig machten? Wie waren sie organisiert, wie setzten sie sich zusammen, und welche Beziehungen bestanden unter den verschiedenen Instanzen innerhalb des Militärs? In der Literatur wird meist die Kriegsrohstoffabteilung als die zentrale Lenkungs- und Entscheidungsstelle für alle Fragen, die kriegswirtschaftlich wichtige Rohstoffe betrafen, genannt. Das war auch die Absicht ihrer Initiatoren. Doch konnte dieser Anspruch so nicht umgesetzt werden. Entscheidend war weniger der Widerstand von seiten der Industrie, der vor

---

[100] Schr. KRA an RSchA vom 19. Mai 1916, GStAM, Rep. 120 C VIII 1, Nr. 84, Adh. 13, Bl. 152ff.; Zitat ebd., Bl. 152; Schr. Rathenau an Carl Friedrich v. Siemens vom 1. März 1917, SAA 11/Lb 59 Haller.

allem zu Beginn ihrer Tätigkeit recht heftig war, sich später aber in dem für den Umgang mit Behörden üblichen Rahmen hielt, als vielmehr das Beharren alteingesessener militärischer Instanzen auf ihren Kompetenzen. Im wesentlichen handelte es sich dabei um die Beschaffungsstellen, die stellvertretenden Generalkommandos und die Oberste Heeresleitung, denen im Laufe des Krieges eine Reihe wirtschaftlicher Aufgaben zuwuchsen. Im folgenden sollen daher zunächst Gründung und Aufbau der Kriegsrohstoffabteilung kurz vorgestellt werden. Im Anschluß daran wird die Verteilung der Kompetenzen zwischen den militärischen Instanzen im Laufe des Krieges und das zwischen ihnen bestehende Beziehungsgeflecht analysiert. Ziel ist es, die Position der Kriegsrohstoffabteilung innerhalb der im militärischen Bereich für die Kriegswirtschaft verantwortlichen Stellen zu verorten.

Die Kriegsrohstoffabteilung wurde am 13. August 1914 im preußischen Kriegsministerium errichtet. Die Militärs, auch die, die für Versorgung mit Kriegsmaterial zuständig waren, machten sich wenig Gedanken um die Sicherung der Rohstoffversorgung, obwohl schon der russisch-japanische Krieg 1904/05 gezeigt hatte, daß künftig erheblich größerer Materialbedarf herrschen würde als in den Kriegen des 19. Jahrhunderts[101]. Vielmehr bedurfte es des Vorstoßes eines Industriellen, um die notwendigen Schritte einzuleiten. Walther Rathenau entwickelte seine Vorstellungen nicht allein, insbesondere die Vorschläge Wichard von Moellendorffs erwiesen sich als gewichtig. Während Rathenau zunächst in der Beschaffung von Rohstoffen das entscheidende Problem sah, wies Moellendorff auf eine zentral gelenkte Verteilung als vordringliche Aufgabe hin, wovon er schließlich auch Rathenau überzeugen konnte[102]. Das Kriegsministerium hegte großen Widerwillen gegen die damit verbundenen weitreichenden Eingriffe in die Privatwirtschaft, stimmte aber dennoch zu[103]. Auch die übrigen Kriegsministerien verschlossen sich der Notwendigkeit einer zentralen Rohstoffbewirtschaftung nicht und erteilten der Kriegsrohstoffabteilung die Befugnis, reichsweite Regelungen zu treffen[104]. Sehr umstritten, schon bei den Zeitgenossen, war die Frage nach den Motiven der beiden Initiatoren der Kriegsrohstoffabteilung. Eine gewisse Rolle spielte sicherlich die Rohstoff-

[101] Die Vorgänge um die Gründung der Kriegsrohstoffabteilung sind im wesentlichen erforscht. Vor allem sind hier die Arbeiten Burchardts sowie die zahlreichen biographischen Werke über Rathenau zu nennen, auf die sich die folgenden Ausführungen stützen. Hier: Burchardt, Rathenau, S. 172f.; Hecker, Rathenau, S. 208.

[102] Burchardt, Rathenau, S. 174f. Hecker, Rathenau, S. 210, bezeichnete dies als den "Kerngedanke[n] der KRA". Vgl. dazu den Briefwechsel zwischen Moellendorff und Rathenau vom 8.-10. Aug. 1914, BA-MA Freiburg, N 415/8 Mentzel, Bl. 303ff.

[103] Burchardt, Rathenau, S. 176ff.; Hecker, Rathenau, S. 211.

[104] Die spätere Reue änderte nichts an diesem Faktum. Schr. BKM an WKM vom 7. Mai 1915, HStAS, M 1/6, Nr. 1353, Bl. 5f.; vgl. Feldman, Armee, S. 54.

versorgung der Herkunftsfirma, eine Sorge, die auch andere Unternehmer dazu bewegte, eine behördlich gelenkte Verteilung von Rohstoffen zu fordern[105]. So zentral, wie die Konkurrenten der Allgemeinen Elektrizitäts-Gesellschaft dies vermuteten, dürfte diese Überlegung aber weder bei Rathenau noch bei Moellendorff gewesen sein. Beide zielten vielmehr über diesen engen Horizont hinaus auf die Mobilmachung der gesamten Wirtschaft im Dienste des kriegführenden Staates, argumentierten also als Patrioten. Sie sahen darüber hinaus in den dafür notwendigen Veränderungen einen Ansatzpunkt, um Aufbau und Organisation der Wirtschaft prinzipiell neu zu gestalten. Denn ihre Überlegungen standen im weiteren Kontext der Kritik, die beide an den Grundlagen der bestehenden kapitalistischen Wirtschaftsordnung schon vor Ausbruch des Krieges geübt hatten[106].

Aus bescheidenen Anfängen mit vier Mitarbeitern entwickelte sich die neue Abteilung, die unter der Leitung Walther Rathenaus in Dienst trat, schnell zu einer vielgliedrigen Behörde, die zentrale Funktionen in der Kriegswirtschaft übernahm. Der Aufbau erfolgte über die Einrichtung von Sektionen, deren Leiter dem Chef der Kriegsrohstoffabteilung verantwortlich waren. Diese Sektionen waren in der Mehrheit auf die bewirtschafteten Stoffe ausgerichtet, z.B. M für Metalle und Ch für Chemikalien. Andere hatten übergreifende Aufgaben, so die Sektionen BSt (Beschlagnahmen, seit 1916 nur im Inland), Bu (Buchhaltung) und seit 1916 ASt (Beschlagnahmen in den besetzten Gebieten). Darüber hinaus gab es seit 1915 eine Reihe sogenannter Meldestellen, die der Kriegsrohstoffabteilung angegliedert waren, aber sehr selbständig agierten. Neben der Kautschukmeldestelle und dem Webstoff-Meldeamt sind vor allem die Metallmeldestelle, die das Zuweisungsamt für Metalle beaufsichtigte, sowie die Metallmobilmachungsstelle zu nennen[107].

Die Entwicklung der Kriegsrohstoffabteilung über die gesamten vier Kriegsjahre hinweg kann man unter drei Aspekten beschreiben: Expansion, Verwissenschaftlichung und "Militarisierung". Die Expansion läßt sich an der Zahl der Sektionen und der bewirtschafteten Rohstoffe verfolgen, die stetig

---

[105] Burchardt, Rathenau, S. 180.

[106] Burchardt, Rathenau, S. 180ff.; für Rathenau vgl. Brief an Hermann Stehr vom 14. Aug. 1914, in: Rathenau, Gesamtausgabe, Bd. 2, S. 558; Létourneau, Rathenau, S. 133ff., 183, 193ff.; Kruse, Kriegswirtschaft, S. 151f., 155ff. Hecker stellt den Patriotismus Rathenaus, "seine Einstellung und preußische Auffassung von Sache und Pflicht" in den Vordergrund. Hecker, Rathenau, S. 212f.; Zitat ebd., S. 213. Schulin betont eher den Willen Rathenaus zur Einflußnahme auf die wilhelminische Politik und Gesellschaft. Schulin, Krieg, S. 57ff.

[107] Geschäftsverteilung der KRA vom Okt. 1916, RFM 21.01, Nr. A 2848, Bl. 63ff.; Wiedenfeld, Streng vertraulich, Mai 1916, BAAP, RK 07.01, Nr. 2422, Bl. 37; Heymann, Rechtsformen, S. 31ff., der die wichtigsten Sektionen detailliert beschreibt.

stieg, z.B. durch die Sektion E, die im Juni 1916 die Bewirtschaftung von Eisen aufnahm. Ebenso wuchs der Unterbau, den sich die Sektionen schufen. So existierten im Oktober 1916 allein neun Abteilungen für Metalle, die jeweils mindestens zwei Mitarbeiter beschäftigten[108]. Allerdings wurde dieser Trend durch das Hindenburg-Programm im Herbst 1916 leicht gebrochen. Die Sektion Chemikalien mußte die Zuständigkeit für einen Großteil der Stoffe, die für die Munitionsherstellung notwendig waren, an das neue Waffen- und Munitionsbeschaffungsamt abtreten[109]. Auf der anderen Seite erhielt die Kriegsrohstoffabteilung, zusammen mit dem Waffen- und Munitionsbeschaffungsamt, neue Aufgaben zugeteilt, indem sie für die Überwachung bzw. Förderung der Fabriken, die vom Staat subventioniert wurden, Beauftragte entsandte[110].

Der Aspekt der Verwissenschaftlichung läßt sich an zwei Merkmalen feststellen. Zum einen gab es einen erheblichen, vor allem wachsenden Anteil von in der Wissenschaft tätigen Akademikern im Personal, wenn auch ein Großteil nach wie vor aus Unternehmen kam[111]. Der Ausbau der Chefsektion erfolgte beispielsweise mit der Berufung von Nationalökonomen. Im Herbst 1916 trat hier Kurt Wiedenfeld, Professor für Staatswissenschaften in Halle, als eine Art wirtschaftlicher Generalreferent ein[112]. Zum anderen wurde im Herbst 1915 die

---

[108] Die Zahl der Sektionen wuchs von 7 zu Beginn auf 25 am Ende des Krieges. Verteilung der von den einzelnen Sektionen der Kriegsrohstoffabteilung (KRA) zu bearbeitenden Gegenstände vom 1. Juni 1915 (über dem folgenden Schema steht das Datum des 1. Mai 1915), HStAS, M 1/6, Nr. 1353, Bl. 154f.; Geschäftsverteilung der KRA vom Okt. 1916, RFM 21.01, Nr. A 2848, Bl. 63ff.; Geschäftsverteilung der KRA vom 1. Mai 1917, BAAP, KEZ 87.25, Nr. 64, Bl. 281ff. Zur Errichtung der Sektion E: RSchr. KRA vom 14. Juni 1916, BAAP, KMA 87.37, Nr. 250, Bl. 28.

[109] Geschäftsverteilung der KRA vom 1. Mai 1917, BAAP, KEZ 87.25, Nr. 64, Bl. 288; Schr. Wumba an Bayer vom 5. Dez. 1916, Bayer-Archiv, 201/6.2, Bd. 1. Näheres dazu vgl. unten, S. 62ff.

[110] Auch hier war das Waffen- und Munitionsbeschaffungsamt zuständig für die Munitionsproduktion; der Kriegsrohstoffabteilung unterstanden die Kontrolleure der übrigen Fabrikationszweige. Nebenanlage 14a. u. 15a. zur Vfg. des KA vom 28. Febr. 1917, BA-MA Freiburg, N 46/115 Groener, Bl. 66, 68.

[111] An Akademikern wären z.B. Heinrich Spiero (Dozent an der Kunstgewerbeschule Hamburg) und Werner Friedrich Bruck (a.o. Professor an der Universität Gießen) zu nennen, die noch unter Rathenau eintraten, aus späteren Zeiten Albrecht Macco (Dozent an der Handelshochschule Köln). Darüber hinaus ist eine weitere Berufsgruppe erwähnenswert, die in der Kriegsrohstoffabteilung ebenfalls von Bedeutung war, nämlich die Juristen. Z.B. wirkten Nauenberg in der Chefsektion oder August von Knieriem in der Sektion O (Spiritus); beide waren Rechtsanwälte.

[112] Wiedenfeld, Wirtschaft, S. 51; Geschäftsverteilung der KRA vom 1. Mai 1917, BAAP, KEZ 87.25, Nr. 64, Bl. 282f. Ein weiteres Beispiel ist die von Heinrich Voelcker, Privatdozent an der Technischen Hochschule Berlin, geleitete statistische

Wissenschaftliche Kommission gegründet. Leiter war Max Sering[113], neben ihm standen zunächst drei weitere Mitglieder, Otto Goebel[114], Kurt Wiedenfeld und Heinrich Voelcker[115]. Im Herbst 1916 umfaßte sie schon 20 Mitglieder. Über die Hälfte kam von Universitäten und Handelshochschulen, die übrigen waren zumindest promoviert[116]. Ihre Aufgabe sollte es nach den Worten eines Gründungsmitglieds sein, "die Kriegswirtschaft mitzuerleben und nach Kriegsschluß den wirtschaftlichen Teil des Generalstabswerks zu schreiben"[117]. Zu diesem Zweck sollten Auszüge aus den Akten der für die Kriegswirtschaft wichtigen Stellen gemacht werden und Besprechungen mit den zuständigen Referenten im Kriegsministerium und anderen Behörden sowie mit Vertretern der Wirtschaft erfolgen[118]. Doch die Kommission blieb nicht auf die Rolle eines Beobachters beschränkt, sondern nahm in wachsendem Ausmaß auf die Organisation von Bewirtschaftung und Beschaffung ebenso wie auf die Bedarfsplanung für die Produktion von Waffen und Munition Einfluß, indem sie Gutachten für diese

---

Abteilung Z.R.O. Darüber hinaus zeigen die Geschäftsverteilungen der Kriegsrohstoffabteilung eine stattliche Anzahl von Professoren und Dozenten.

[113] Sering lehrte seit 1885 als Professor der Staatswissenschaften in Berlin an verschiedenen Institutionen; seine Spezialgebiete waren Agrargeschichte und Agrarpolitik.

[114] Otto Heinrich Goebel (1872-1955): 1894-1903 Ingenieur; 1902/03 Filialleiter bei der Gasmotoren-Fabrik Deutz in Brüssel; 1903/04, 1910/11 Studium der Volkswirtschaftslehre; 1905-1910 Handelsattaché beim Generalkonsulat St. Petersburg; 1911 Promotion zum Dr. phil. Berlin; Privatgelehrter in Berlin; Dez. 1915-Jan. 1919 Mitglied der Wissenschaftlichen Kommission im preußischen Kriegsministerium, Kriegshilfsreferent bei Kriegsamtstellen; 1919-1937 Prof. für Volkswirtschaftslehre an der Technischen Hochschule Hannover.

[115] Heinrich Voelcker (1862-1955): 1910-1920 Privatdozent an der Technischen Hochschule Berlin; Dez. 1915 Mitglied der Wissenschaftliche Kommission im preußischen Kriegsministerium; Kommissar des Kriegsministeriums bei der Kriegschemikalien AG, der Verteilungsstelle für Weißblech und einigen Textil- bzw. Papierorganisationen; Okt. 1916 Leiter der statistischen Abteilung in der Chefsektion (Z.R.O) der Kriegsrohstoffabteilung; 1920 Honorar-Professor für Volkswirtschaftslehre an der Universität Frankfurt.

[116] Zusammensetzung der Kommission: Schr. PKM/WK an Moellendorff vom 1. Nov. 1916, BAK, NL 158 Moellendorff, Nr. 11. Diese promovierten Mitglieder waren etwa Diehl, Vorsitzender des Vereins Deutscher Chemiker, Feitelberg, volkswirtschaftlicher Syndikus der Handelskammer Berlin, oder Petersilie, Mitglied des Statistischen Landesamts. Nach Angaben Heckers, Rathenau, S. 254, ging die Wissenschaftliche Kommission auf eine Anregung Rathenaus zurück.

[117] Goebel, Rohstoffwirtschaft, S. 5, Anm. 2; Geschäftsverteilung vom 1. Okt. 1916, RFM 21.01, Nr. A 2848, Bl. 84v. Zu den Mitgliedern kamen noch 15 Hilfsarbeiter. Schr. PKM/WK an Moellendorff vom 1. Nov. 1916, BAK, NL 158 Moellendorff, Nr. 11.

[118] Wiedenfeld, Wirtschaft, S. 50.

Bereiche erstellte. Am deutlichsten faßbar wird dies in den Diskussionen über das Hindenburg-Programm und seine Ausführung[119].

Drittens läßt sich eine "Militarisierung" beobachten. Damit versuchte man, die Probleme, welche die von Zivilisten geprägte Personalstruktur der Kriegsrohstoffabteilung aufwarf, zu lösen. Nicht nur, daß ein Zivilist die neue Abteilung leitete, die direkt dem Kriegsminister unterstellt war, sondern auch, daß er seine Mitarbeiter aus zivilen Kreisen rekrutierte, forderte Kritik heraus. Ein Großteil des Personals kam aus der Wirtschaft, und zwar im wesentlichen aus den Firmen, die von der Kriegsrohstoffabteilung kontrolliert werden sollten[120]. Sowohl der Reichstag als auch die Militärs wandten sich gegen eine Bewirtschaftung durch Industrielle, die doch nur Interessenvertreter seien, und nicht durch Militärs, die "von jedem Interessenten als völlig unparteiisch anerkannt werden"[121]. Kriegsministerium und Kriegsrohstoffabteilung versuchten auf verschiedenen Wegen, dieser Kritik zu begegnen. Zu Anfang gab man Rathenau einen Oberst bei, der alle Entscheidungen durch seine Unterschrift bestätigte, um so den militärischen Charakter der neuen Behörde zu wahren[122]. Dies reichte nicht aus, weshalb Rathenau als seinen Nachfolger einen Militär, Major Joseph Koeth[123] auswählte. Auch wenn die Anfeindungen als Zivilist für Rathenau

---

[119] Z.B.: BA-MA Freiburg, N 46/115 Groener, passim; hier wie auch in anderen Akten zeigt sich, daß die Kommission auch vorher schon in dieser Richtung aktiv war. Vgl. z.B. ebd., Bl. 47; Wiedenfeld, Streng vertraulich, Mai 1916, BAAP, RK 07.01, Nr. 2422, Bl. 34ff.

[120] Requirierungsbasis Rathenaus war zunächst die Elektroindustrie, wie die Besetzung mit Richard Troeger (Sektion M) und Wichard von Moellendorff (Sektion Ch I) von der Allgemeinen Elektricitäts-Gesellschaft sowie Nürnberg (Sektion VI, Kautschuk) von Siemens & Halske bestätigt. Rathenau, Tagebuch, S. 187. Daneben kamen aber auch Vertreter anderer Branchen zum Zuge, etwa Schönbach (Sektion W I, Kämmerei, Wolle), Inhaber einer Woll-Großhandlung und Vorsitzender der Vereinigung des Wollhandels. Burchardt, Quelle, S. 83f.

[121] Schr. Erzberger an Falkenhayn vom 8. Dez. 1914, Schr. Generalintendant des Heeres von Schoeler an PKM vom 19. Febr. 1915, BA-MA Freiburg, RH 8/v.918; Zitat Schr. von Schoeler. Ähnliches berichtete Böttinger über eine Unterredung mit einem Mitglied des Kriegsministeriums. Schr. Böttinger an Duisberg vom 1. Okt. 1914, Bayer-Archiv, 201/3, vgl. unten S. 62 und Anm. 140.

[122] Zusammenstellung für den Vorstand der SSW vom 2. Sept. 1914, SAA 4/Lk 133 Wilhelm von Siemens. Unter Oberst Oehme scheint die Zusammenarbeit nicht reibungslos funktioniert zu haben, erst Oberst Dahlmann "beschränkte sich auf die rein formalen Dinge und ließ im wesentlichen Rathenau ganz freie Hand". Wiedenfeld, Streng vertraulich, Mai 1916, BAAP, RK 07.01, Nr. 2422, Bl. 34.

[123] Josef Koeth (1870-1936): Dienst in der bayerischen Armee; 1899 Wechsel nach Preußen; 1909 Tätigkeit im Allgemeinen Kriegsdepartement des Kriegsministeriums; Rückkehr dorthin nach kurzem Einsatz im Feld im November 1914; 1915-1918 Leiter

selbst nicht ausschlaggebend für seinen Rücktritt waren[124], erwies sich der Wechsel an der Spitze für die Kriegsrohstoffabteilung und ihre Arbeit doch von entscheidender Bedeutung. Max von der Porten[125] beispielsweise, Leiter der Metallmeldestelle und Kommissar der Kriegsmetall AG, wertete den Rücktritt Rathenaus nach Abschluß des Aufbaus als klug mit der bezeichnenden Begründung, daß die Kriegsrohstoffabteilung erst unter Koeth "den ihr gebührenden Platz innerhalb und außerhalb des [preußischen Kriegs]Ministeriums" erhielt[126]. Koeth bemühte sich seinerseits darum, beim Personal und im Aufbau der Kriegsrohstoffabteilung den militärischen Charakter stärker zur Geltung zu bringen. Wichtigster Schritt dazu war die Einrichtung der Chefsektion (Z), die den Wirtschaftsplan ausarbeitete, Gesetzesentwürfe, Verträge und andere Rechtsfragen prüfte und die übrigen Sektionen kontrollierte, indem sie den laufenden Geschäftsverkehr vollzog sowie Mitarbeiter für besondere Aufträge des Chefs abstellte. Die wachsende Bedeutung dieser Sektion zeigt sich in dem steten Ausbau, den sie im Laufe des Krieges erlebte. Damit schuf sich Koeth eine Art Stab, eine in militärischen Institutionen übliche Einrichtung[127]. Allerdings ließ sich das Ziel, diese Sektion nur mit Militärs zu besetzen, offensicht-

---

der Kriegsrohstoffabteilung; November 1918-April 1919 Leiter des Reichsamts für wirtschaftliche Demobilmachung; Oktober-November 1923 Tätigkeit im Reichswirtschaftsministerium.

[124] Über die Gründe für den Rücktritt Rathenaus haben seine Biographen viel gestritten. Hecker hat überzeugend dargelegt, daß Rathenau die Hoffnung hegte, im Dezember 1914 als Staatssekretär des Reichsschatzamts berufen zu werden, was sich aber mit der Ernennung Karl Helfferichs zerschlug. Eine Zusammenarbeit mit seinem Erzrivalen, die als Leiter der Kriegsrohstoffabteilung unausweichlich war, erschien Rathenau nach dieser Zurücksetzung nicht tragbar. Hecker, Rathenau, S. 255ff.

[125] Max von der Porten: Generaldirektor der Otavi-Gesellschaft; Mitarbeiter der Metallgesellschaft; 1915 Leiter der Metallmeldestelle und Kommissar des Kriegsministeriums bei der Kriegsmetall AG; November 1918 Leiter der Gruppe Metalle im Reichsamt für wirtschaftliche Demobilmachung; 1921 Direktor der Vereinigten Aluminium-Werke AG.

[126] Zitat: von der Porten, Metallwirtschaft, S. 165; Hecker, Rathenau, S. 250; Manuskript Sering, Sicherung von Rohstoffen, S. 5, BAK, NL 210 Sering, Nr. 99; Wiedenfeld, Streng vertraulich, Mai 1916, BAAP, RK 07.01, Nr. 2422, Bl. 34. Auch Rathenau selbst wies als Entgegnung auf Vorwürfe gegen die Kriegsrohstoffabteilung darauf hin, daß der künftige Leiter ein "erfahrener Offizier" sei. Schr. KRA an PKM vom 19. März 1915, BA-MA Freiburg, RH 8/v.918,

[127] Vgl. vor allem Geschäftsverteilung der KRA vom Okt. 1916, RFM 21.01, Nr. A 2848, Bl. 64v, 65 und vom 1. Mai 1917, BAAP, KEZ 87.25, Nr. 64, Bl. 281ff. Sering interpretierte dies gar als Wechsel von einer kollegialen zu einer zentralistischen Leitung. Manuskript Sering, Sicherung von Rohstoffen, S. 2, BAK, NL 210 Sering, Nr. 99; vgl. auch Geschäftsverteilung der KRA vom Okt. 1916, RFM 21.01, Nr. A 2848, Bl. 64v, 65; Wiedenfeld, Streng vertraulich, Mai 1916, BAAP, RK 07.01, Nr. 2422, Bl. 36.

lich nur begrenzt verwirklichen. Zwar waren bei der Gründung alle Mitglieder bis auf einen aktive Militärs von hohem Rang, aber mit dem Ausbau kamen weitere Zivilisten in die Sektion, wenn auch dieses Mal nicht aus der Wirtschaft, sondern aus der Wissenschaft[128]. Beim übrigen Personal versuchte man, mit dem Hinweis auf ein Patent als Reserveoffizier oder auf Garnisonsdiensttauglichkeit den "Makel" des Zivilisten zu beseitigen, doch dürfte dieses Kriterium bei der Einstellung nur eine untergeordnete Rolle gespielt haben[129]. Denn auch Koeth besetzte wichtige Posten mit Leuten aus der Wirtschaft, z.B. wählte er für die neue Sektion Eisen zunächst Alfons Horten, der von der Thyssen AG kam, später dann Franz Burgers von der Gelsenkirchener Bergwerks AG als Referenten aus; Hermann Schmitz von der Metallgesellschaft wurde als Leiter der Sektion Chemikalien 1917 durch Carl Adolf Clemm, Vorstandsmitglied des Vereins Chemischer Fabriken Mannheim, abgelöst[130].

Wie ordnete sich diese militärisch-zivile Behörde, die schon im Sommer 1915 mit über 200 Mitarbeitern die Größe der meisten preußischen Ministerien

---

[128] Wiedenfeld, Streng vertraulich, Mai 1916, BAAP, RK 07.01, Nr. 2422, Bl. 36; Geschäftsverteilung der KRA vom Okt. 1916, BAAP, RFM 21.01, Nr. A 2848, Bl. 64v, 65 und Mai 1917, BAAP, KEZ 87.25, Nr. 64, Bl. 281v, 282. Im Mai 1917 waren immerhin schon 8 Zivile in den insgesamt 14 Leitungspositionen der Chefsektion sowie 13 weitere als Zuarbeiter zu finden.

[129] Wiedenfeld, Streng vertraulich, Mai 1916, BAAP, RK 07.01, Nr. 2422, Bl. 36f.

[130] Geschäftsverteilung der KRA vom Okt. 1916, BAAP, RFM 21.01, Nr. A 2848, Bl. 70, 71v und Mai 1917, BAAP, KEZ 87.25, Nr. 64, Bl. 288, 289v. Alfons Horten (1876-nach 1935): 1903 Bergassessor in der Königlichen Berginspektion Heinitz/Saar; 1907 Bergwerksdirektor Thyssensche Bergverwaltung Metz; 1911-1913 Vorstandsmitglied Stahlwerk Thyssen AG; Aug. 1914 Schutzverwaltung Metz; Juni 1916 Leiter Sektion E der Kriegsrohstoffabteilung; Okt. 1916-Juli 1917 Schutzverwaltung Metz; 1917/18 Formulierung mehrerer Denkschriften für den Reichstagsabgeordneten Mayer, welche die Politik der Kriegsrohstoffabteilung gegenüber der Eisen- und Stahlindustrie kritisch beleuchteten; 1919 Leiter des Reichsabwicklungsamts im Reichsfinanzministerium; 1920 Stadtbaurat im Magistrat Berlin; 1924 Vorstand AG für landwirtschaftliche Intensivkultur Berlin; 1935 Ruhestand Berlin. Horten ist allerdings kaum als Interessenvertreter zu betrachten. Zum einen strengte er kurz vor seiner kriegswirtschaftlichen Tätigkeit einen Prozeß gegen die Thyssen AG an, da er seine Kündigung nicht akzeptierte. Zum anderen führte er selbst seine Ablösung als Sektionsleiter, die schon im Oktober 1916 erfolgte, auf das Unbehagen der Schwerindustriellen an seiner Politik zurück. Denkschrift Horten o.D., BA-MA Freiburg, N 415/8 Mentzel, Bl. 77ff.; vgl. auch Archiv der Thyssen AG, Personalkartei. Zu Schmitz vgl. Heine, Verstand, S. 128ff. (Die Charakterisierung auf S. 129 als "Reichskommissar für die chemische Produktion in der Kriegsrohstoff-Abteilung" ist etwas irreführend. Schmitz war Leiter der Sektion Ch. Zur Institution der Reichskommissare vgl. unten, S. 353ff.) Zur Ernennung Burgers vgl. Schr. EZ an RdI vom 29. Jan. 1917, BAAP, EZ 87.10, Nr. 27. Zu Clemm vgl. Reichshandbuch, Bd. 1, S. 272.

übertraf[131], in die bestehenden Strukturen ein, welche Aufgaben nahm sie wahr? Die Rohstoffbewirtschaftung hatte den ganzen Krieg über mit einem Grundproblem zu kämpfen, mit der Vielfalt von nebeneinander bestehenden Zuständigkeiten, deren Grenzen alles andere als genau abgesteckt waren. Schon im Frieden prägten Rivalitäten und ungeklärte Kompetenzverhältnisse die Beziehungen zwischen preußischem Kriegsministerium, Reichsmarineamt, Generalstab, Militärkabinett und Marinekabinett, die der Kaiser als oberster Befehlshaber nicht einmal ansatzweise auszugleichen vermochte[132]. Der Krieg verstärkte die Problematik, weil es neue Aufgaben wahrzunehmen galt und weitere Institutionen in diesen Machtkampf eingriffen. Die Kriegsrohstoffabteilung mußte sich also nicht nur innerhalb des preußischen Kriegsministeriums ihren Platz erobern, sondern sich zudem in den Konflikten dieses Ministeriums mit den übrigen militärischen Instanzen behaupten. Insgesamt lassen sich vier Konfliktebenen ausmachen: erstens das Verhältnis zwischen Kriegsrohstoffabteilung und Beschaffungsstellen, d.h. vor allem der preußischen Feldzeugmeisterei, zweitens die Auseinandersetzung des Kriegsministeriums mit der Obersten Heeresleitung, drittens die Beziehung zu den Militärbefehlshabern und viertens die Relation Preußens zu den anderen Königreichen.

Das Verhältnis von Kriegsrohstoffabteilung und Kriegsministerium zu den Beschaffungsstellen war zentral für die Rohstoffversorgung. Das preußische Kriegsministerium bestand zu Kriegsbeginn aus fünf Departements, dessen wichtigste Abteilung neben dem Zentraldepartement das Allgemeine Kriegsdepartement war, das nicht nur die Waffengattungen betreute, sondern auch die Fabrikenabteilung unter sich hatte[133]. Dieses Departement wurde bis 1918 erheblich ausgebaut, unter anderem kamen im Frühsommer 1915 eine Abteilung für Aus- und Einfuhr (A 8) und im November 1916 die Chemische Abteilung (A 10) hinzu[134].

---

[131] Vortrag Philippi im Ausbildungskursus für Revisoren, Berlin 1915, S. 6, HStAS, M 1/6, Nr. 1364.

[132] Deist, Kaiser, S. 6ff.; ders., Armee, S. 23f. Wie vielschichtig diese Befehlsstrukturen waren und welche Möglichkeiten sie für einzelne Akteure gerade dadurch offenhielten, zeigt beispielsweise Afflerbach in seiner Analyse des Verhältnisses von Falkenhayn zum Kaiser. Afflerbach, Falkenhayn, S. 235ff., 452f. Leider gibt es kaum systematische Studien zu diesem Komplex. Das Handbuch zur deutschen Militärgeschichte, S. 59ff. und S. 218ff., bleibt weitgehend deskriptiv; der Sammelband Der Erste Weltkrieg thematisiert diese Frage nicht.

[133] Dazu und zum folgenden Handbuch zur deutschen Militärgeschichte, S. 64f., 221ff.; Dieckmann, Behördenorganisation, Anlage 2: Gliederung des preußischen Kriegsministeriums, S. 87ff.

[134] Heymann, Rechtsformen, S. 28; A 8: Eingabe VdEStI an RK vom 19. Juni 1915, BAK, R 13I/183, Bl. 208; Vfg. stellvertretendes Generalkommando Münster vom 23.

Das Beschaffungswesen im Ersten Weltkrieg war eine komplizierte Angelegenheit, denn es gab weder eine reichsweite Zentralstelle noch eine funktionierende Koordination zwischen den verschiedenen Institutionen, was zur Folge hatte, daß die Beschaffer in Konkurrenz miteinander traten. Damit bestand die Gefahr von Preissteigerung, Fehlallokation und Ressourcenverschwendung. An Beschaffungsinstitutionen sind zum einen das Reichsmarineamt für die Flotte und das Eisenbahnzentralamt für den Transport zu nennen, zum anderen die preußische Feldzeugmeisterei und das Ingenieur-Komitee, die für den Nachschub des Heeres an Waffen und Munition zuständig waren. Bayern, Sachsen und Württemberg besaßen darüber hinaus eigene Beschaffungsstellen. Die Initiative des preußischen Kriegsministers von 1916 brachte nur eine teilweise Vereinheitlichung, denn das im September geschaffene Waffen- und Munitionsbeschaffungsamt führte zwar die preußischen Institutionen für die Heeresversorgung zusammen, die Flotte und die Eisenbahnen blieben aber ebenso eigenständig wie die übrigen Kriegsministerien. Letztere entsandten allerdings Vertreter in das neue Amt, so daß eine gewisse Abstimmung der Beschaffungspolitik möglich war[135]. In die Bewirtschaftung der Rohstoffe mischten sich die preußischen Behörden am stärksten ein, weshalb ihr Verhältnis zu Kriegsministerium und Kriegsrohstoffabteilung im Mittelpunkt stehen soll.

Der preußischen Feldzeugmeisterei unterstanden die "Technischen Institute", d.h. die staatlichen Rüstungsbetriebe. Sie erhielt Produktionsanweisungen von den Waffenabteilungen des Allgemeinen Kriegsdepartements, war aber weder ein Organ des preußischen Kriegsministeriums noch dem Minister untergeordnet[136]. Ähnlich eigenständig hielt sich das Ingenieur-Komitee, das in Friedenszeiten eine reine Konstruktions- und Prüfungsstelle gewesen war und erst mit dem Beginn des Stellungskrieges die Funktion einer Beschaffungsstelle für Pioniergerät, Nahkampfwaffen, Stellungsbaustoffe u.a. übernahm. Diese Behörde unterstand weder der Feldzeugmeisterei noch dem Kriegsministerium, sondern der Generalinspektion des Ingenieur- und Pionierkorps, einer der ober-

---

Juni 1915, RWWA, Abt. 20-345-16; A 10: Ausgangspunkt war das "Büro Haber", das im Dezember 1914 der Fabrikenabteilung angegliedert wurde. Dieckmann, Behördenorganisation, Anlage 2: Gliederung des preußischen Kriegsministeriums, S. 88; Haber, Cloud, S. 139. Einzelheiten zur Organisation. Ebd., S. 140f. Daß das Büro Haber die Keimzelle der Sektion Chemikalien der Kriegsrohstoffabteilung war, trifft nicht zu. Feldman, Armee, S. 60.

[135] Vfg. KM vom 30. Sept. 1916, BHStA-KA, MKr. 14165, Prod. 5; Verhandlung im Kaisersaale des Königlich preußischen Kriegsministeriums am 16. Sept. 1916, BHStA-KA, MKr. 14192, zu Prod. 12; Feldman, Armee, S. 139, 144; Heymann, Rechtsformen, S. 28.

[136] Die preußische Feldzeugmeisterei war 1898 als Immediatstelle eingerichtet worden. Handbuch zur deutschen Militärgeschichte, S. 74, 186f.

sten militärischen Heimatbehörden[137]. Das Waffen- und Munitionsbeschaffungsamt löste im September 1916 die Feldzeugmeisterei ab und übernahm die wichtigsten - wenngleich nicht alle - Funktionen des Ingenieur-Komitees, blieb aber zunächst vom Kriegsministerium unabhängig. Im November 1916 wurde es dem neuen Kriegsamt untergeordnet und erhielt damit den gleichen Rang wie die Kriegsrohstoffabteilung. Leiter des Waffen- und Munitionsbeschaffungsamts wurde Generalmajor Karl Coupette[138], bisher Leiter des Technischen Instituts der Artillerie. Ihm unterstanden ein Stab sowie acht Abteilungen, von denen die wichtigsten die Zentralabteilung und die drei Inspektionen waren, die die Leitung der staatlichen Rüstungsfabriken innehatten[139].

Die Kriegsrohstoffabteilung hatte es nicht leicht, sich in die bestehenden Strukturen einzugliedern. Erhebliche Widerstände und prinzipielle Bedenken gegen die von einem Zivilisten geleitete neue Behörde und ihre Politik gab es von seiten der Feldzeugmeisterei. Der Vorsitzende des Aufsichtsrats der Farbenfabriken vorm. Friedrich Bayer berichtete z.B.: "Major Gieb hat nämlich die Fabrikations-Abteilung [=Fabrikenabteilung B 5 im preußischen Kriegsministerium] unter sich und äußerte sich sehr scharf gegen das Vorgehen der Rohstoffabteilung und war sehr aufgebracht über sie. Er bestritt deren Notwendigkeit, vor allem aber die Richtigkeit deren Vorgehens. ... Es scheint mir, dass die Herren sich auf die Füsse getreten fühlen und dass schon scharfe Auseinandersetzungen vorgekommen sind"[140]. Aber auch praktische Probleme der Abgrenzung von Aufgaben erschwerten die Zusammenarbeit, denn da sich Bewirtschaftung und Beschaffung kaum von einander trennen ließen, kam es immer wieder zu Überschneidungen[141]. Die Frage nach dem Erfolg bei diesem

---

[137] Weitere Heimatbehörden waren z.B. der stellvertretende Generalstab der Armee sowie die Inspektionen der Flieger-, Luftschiffer- und Kraftfahrtruppen. Dieckmann, Behördenorganisation, S. 18, 20ff.; Bericht Hauptmann Dr. Büsselberg vom Sept. 1916, an Chef des KA am 16. Jan. 1917, vom Sept. 1916, BA-MA Freiburg, N 46/120 Groener, Bl. 18ff.

[138] Karl Coupette (1855-1929): 1879 preußischer Offizier; 1898 Tätigkeit in der Feldzeugmeisterei; 1914 Inspekteur der Technischen Institute der Artillerie; Sept. 1916-Dez. 1918 Leiter des Waffen- und Munitionsbeschaffungsamts.

[139] Organisationsplan Kriegsamt, Beilage 2 zu Kriegsamt. Amtliche Mitteilungen und Nachrichten vom 20. Dez. 1916, GStAM, Rep. 77, tit. 332^{r}, Nr. 247, Bd. 1, Bl. 9v, 10; Dieckmann, Behördenorganisation, S. 25f.; Feldman, Armee, S. 144.

[140] Schr. Böttinger an Duisberg vom 1. Okt. 1914, Bayer-Archiv, 201/3.

[141] Stellwaag, Grundzüge der behördlichen Eisenbewirtschaftung in Deutschland, 1918, BAAP, KEZ 87.25, Nr. 107, Bl. 112 versuchte die unterschiedlichen Aufgaben in der Weise zu präzisieren, daß die Kriegsrohstoffabteilung die Grundlagen herstellen sollte, auf denen die Beschaffungsstellen die konkreten Lieferverträge abzuschließen habe; doch hatte das in der Praxis, wie die folgenden Ausführungen zeigen, keine allzu große Relevanz.

Ringen um Zuständigkeit läßt sich nicht einheitlich beantworten. Man muß vielmehr die einzelnen Rohstoffgruppen unterscheiden. Die Führung konnte sich die Kriegsrohstoffabteilung am ehesten noch bei den Nichteisenmetallen bewahren. Hier gelang es ihr sowohl bei der Beschaffung als auch bei der Verteilung frühzeitig, ihren Führungsanspruch durchzusetzen[142]. Sie ging sogar weiter und versuchte, die Feldzeugmeisterei zu kontrollieren. Zunächst bemühte sie sich darum, daß sich die Beschaffungsstelle Zuteilunganträge auf Metalle in einzelnen Fällen vor ihrer Ausführung von ihr genehmigen lassen mußte[143]. Schließlich übernahm sie die Aufsicht über das Zuweisungsamt der Metallmeldestelle, das die Einhaltung der Kontingente durch die Beschaffungsstellen überpüfte und zur entscheidenden Instanz der Metallverteilung avancierte[144]. Allerdings ließen sich die Beschaffungsstellen nicht gänzlich unterordnen. Sie sicherten sich von Anfang an Mitspracherechte bei der Verteilung von Metallen. Der Bedarf wurde nicht ohne sie festgesetzt. Die danach bestimmten Kontingente verwalteten die Stellen selbst, und in alle Kommissionen und Ämter, die mit der Metallverteilung betraut waren, entsandten sie ihre Vertreter[145]. Seit Anfang 1915 hielten die beteiligten Behörden monatlich Sparmetallsitzungen zur Absprache der Politik mit der Industrie ab, in denen der Chef der Feldzeugmeisterei bzw. des Waffen- und Munitionsbeschaffungsamts den Vorsitz führte[146].

---

[142] Sie gab z.B. der Schätzungs- und Verteilungskommission der Kriegsmetall AG schon im November 1914 die Anweisung, daß allen Aufträgen, die sie befürwortete, der Vorrang vor den anderen zu gegeben sei. Schr. KRA an Römhild vom 2. Nov. 1914, GStAM, Rep. 120 C VIII 1, Nr. 84, Adh. 13^{M}, Bd. 1, Bl. 77. Zur Beschaffung vgl. unten S. 193ff., insbesondere die Verträge zur Produktionssteigerung von Aluminium und Kupfer.

[143] Dies forderte sie z.B. beim Ausbau eines Geschoßwerkes der Gutehoffnungshütte im August 1915. Die Feldzeugmeisterei sicherte dem Werk dagegen zu, daß eine solche Kontrolle nicht durchgeführt werde. Reisebericht Neubecker über den Besuch bei KRA und FM am 13. Aug. 1915 vom 17. Aug. 1915, Haniel-Archiv, Nr. 3001008/7, Bl. 47.

[144] Mitt. an alle Abt. der KMA vom 2. Nov. 1917, BAAP, KMA 87.37, Nr. 46, Bl. 38; Schr. Kloeppel an Direktorium Bayer vom 5. Juli 1917, Bayer-Archiv, 201/38, Bd. 1; Vortrag Troeger bei der Sitzung der Metall-Revisoren am 2./3. Aug. 1917, S. 10f., BHStA-KA, Mkr. 17286.

[145] Verfügung der KRA vom Juli 1915, Vortrag Troeger vor Revisoren vom 2./3. Aug. 1917, S. 9, BHStA-KA, MKr. 17286; Prot. Sitz. des ZA, z.B. vom 15. Nov. 1915, BAAP, KMA 87.37, Nr. 97/3, Bl. 89, 91; ähnlich NSchr. Sitz. des ZA vom 15. Apr. 1916, BAAP, KMA 87.37, Nr. 37, Bl. 189f.; Römermann, Mittel, S. 92ff.; Goebel, Rohstoffwirtschaft, S. 100f.

[146] Vortrag Troeger bei der Sitzung der Metall-Revisoren am 2./3. Aug. 1917, S. 11, BHStA-KA, MKr. 17286; Prot. 70.-79. Sparmetallsitz. vom 27. Nov. 1917-10. Sept. 1918, GStAM, Rep. 120 C VIII 1, Nr. 84, Adh. 13^3, Bl. 1ff. Häufig war die Anzahl von

Die Bewirtschaftung von Eisen und Stahl zeigt eher ein Patt zwischen beiden Institutionen. Bis in den Sommer 1916 hielten zunächst die Beschaffungsstellen unangefochten die Stellung. Es gab wenig Eingriffe in diesem Bereich, und wenn, dann war die Feldzeugmeisterei dafür zuständig[147]. Die Roheisen-Verteilungsstelle zeigt die Veränderungen deutlich: Von der Feldzeugmeisterei Anfang 1915 errichtet und bei ihr ansässig, übernahm die Kriegsrohstoffabteilung sie im Juni 1916 in ihre neue Sektion Eisen[148]. Größeres Gewicht erhielt die Abteilung vor allem mit der Durchführung des Hindenburg-Programms. Koeth war Mentor und Organisator der Rohstahlausgleichsstelle, die Bedarf und Angebot aufeinander abstimmen sollte. Diese Stelle, bei der Kriegsrohstoffabteilung angesiedelt, war ähnlich konzipiert wie das Zuweisungsamt für Metalle; eine ihrer wichtigsten Aufgaben bestand in der Entscheidung über die Höhe der für die Beschaffungsstellen eingeführten Kontingente[149]. Ebenso kontrollierte die Kriegsrohstoffabteilung verschiedene Bereiche in der Verteilung von Roheisen und Eisenerzen[150]. Im März 1917 wurden auch für die Verwendung von Eisen und Stahl monatliche Sitzungen zwischen Behörden und Industrie eingeführt, deren Leitung Koeth innehatte[151]. Konnte die Kriegsrohstoffabteilung also einerseits ihren Aktionsbereich ausweiten, mußte sie andererseits auch bestehende Grenzen akzeptieren. Verfügungen über die Verteilung von Aufträgen

---

Mitarbeitern des Waffen- und Munitionsbeschaffungsamts größer als die der Kriegsrohstoffabteilung.

[147] Z.B. wurde eine Klage über mangelhafte Rohstoffversorgung der Geschoßfabriken im Frühjahr 1915 von der Feldzeugmeisterei bearbeitet. Schr. Geschoßverteilungsstelle Spandau an GHH vom 26. Apr. 1915, Haniel-Archiv, Nr. 3001008/1, Bl. 74f.; Cron, Kriegseisenwirtschaft, S. 3, 7ff.

[148] Cron, Kriegseisenwirtschaft, S. 15ff.; Cron, Organisation, S. 39ff.

[149] Unterstützt wurde Koeth dabei von seinem neuen Mitarbeiter Hermann Fischer, dem Leiter des Kommissariats der Eisenzentrale. Prot. der Sitz. über die Bewirtschaftung von Eisen vom 14. und 21. Sept. 1916, BAAP, KEZ 87.25, Nr. 1, Bl. 52, 183ff., 154ff.; Prot. Sitz. des DStB vom 19. Dez. 1916, BAAP, KEZ 87.25, Nr. 77, Bl. 112ff.; Sitz. vom 19. Jan. 1917 über Organisationsfragen in der Eisenindustrie, BAAP, KEZ 87.25, Nr. 78, Bl. 5; Römermann, Mittel, S. 102; Cron, Kriegseisenwirtschaft, S. 39. Zu Fischer vgl. unten Anm. 286, S. 96. Allerdings gab es solche Kontingente in der Praxis nur "für bestimmte marktgängige Produkte". Stellwaag, Grundzüge der behördlichen Eisenbewirtschaftung in Deutschland, 1918, BAAP, KEZ 87.25, Nr. 107, Bl. 123.

[150] Schr. KRA an Beauftragten des PKM Boersch vom 21. Okt. 1918, BAAP, EZ 87.10, Nr. 388; vgl. auch die Versandzahlen der Ilseder Hütte 1916 an die einzelnen Werke, BAAP, EZ 87.10, Nr. 387, Bl. 26f.; Schr. KRA an REV vom 31. Dez. 1917, Schriftwechsel REV-Krupp vom Jan.-Febr. 1918, HA Krupp, WA 4/1792, Bl. 1ff.; Erze und Roheisen, Unterlagen zur Denkschrift "Die Firma Krupp im Weltkriege", HA Krupp, WA 7f 1087, S. 24.

[151] Bericht Major Weigel über die am 1. März 1917 in der K.R.A. stattgefundenen Monatssitzung über Eisen und Stahl, BHStA-KA, MKr. 17291.

und Rohstoffen waren, wie andere reglementierende Maßnahmen auch, mit den Beschaffungsstellen abzusprechen[152]. Die Rohstahlausgleichsstelle überwachte zwar die Kontingente, über deren Höhe verhandelte sie aber mit den Beschaffungsstellen[153]. Letztere bestimmten außerdem allein über die weitere Verteilung der Kontingente an die Firmen[154]. Ebenso mußten Waffen- und Munitionsbeschaffungsamt und Reichsmarineamt in der Entscheidung über die Preise von Eisen und Stahl berücksichtigt werden[155]. Daß auch hierbei erhebliches Konflikpotential existierte, zeigt der - wenig erfolgreiche - Versuch einer Koordination durch eine Kommission, die alle 14 Tage zusammentreten sollte[156].

Bei der dritten Gruppe, den chemischen Rohstoffen, besaßen eindeutig die Beschaffungsstellen den Vorrang. Zunächst konnte sich die Kriegsrohstoffabteilung noch als federführende Behörde in der Beschaffung von Stickstoff, vor allem beim Auf- und Ausbau der Fabriken behaupten. Doch auch hier meldete die Feldzeugmeisterei ihre Ansprüche auf Mitsprache an; in anderen Bereichen, besonders in der Schwefel- und Schwefelsäurenerzeugung setzte sie sich damit schon 1915 durch oder war zumindest gleichberechtigt an den Verhandlungen mit den Firmen beteiligt[157]. Daß es hier zu erheblichen Konflikten kam, belegt die Einrichtung einer eigenen Kommission, in der beide Stellen ihre Interessen aufeinander abstimmen sollten[158]. Ähnliche Entwicklungen lassen sich in der

---

[152] Z.B. Schriftwechsel KEZ-FM vom 26. Okt.-9. Nov. 1916, BAAP, EZ 87.10, Nr. 16. Außerdem meldete auch die Oberste Heeresleitung Mitsprachewünsche an. Bericht Fieth über die Sitzung der RAS am 2. Dez. 1916, BHStA-KA, MKr. 13056, Prod. 26; Schr. KRA an BKM vom 1. März 1917 und Anlage: Dringlichkeitsliste für Lieferung von Eisen und Stahl, BHStA-KA, MKr. 13056, Prod. 166f.

[153] [Aufgaben der] Rohstahl-Ausgleichsstelle (Kommissar Kriegshilfsreferent Gerhardt) o.D., BAAP, KEZ 87.25, Nr. 2, Bl. 247; Stellwaag, Grundzüge der behördlichen Eisenbewirtschaftung in Deutschland, 1918, BAAP, KEZ 87.25, Nr. 107, Bl. 121ff.

[154] Sitzungsberichte des Vorstandes des VdEh, Mannesmann-Archiv, P 8/25/73, passim; Römermann, Mittel, S. 102.

[155] Schr. Wumba an KRA, EZ und RAS vom 7. 0kt. 1916, Schr. VdEh an Thomasstahlwerke vom 13. Okt. 1916, Mannesmann-Archiv, P 8/25/72; Schr. Wumba an VdEh vom 27. Mai 1917, Mannesmann-Archiv, P 8/25/73.

[156] Daran sollten auch die zivilen Stellen beteiligt werden. Z.B. NSchr. Besprechung am 7. März über Preisfragen, BAAP, KEZ 87.25, Nr. 106/1, Bl. 109; NSchr. Besprechung mit Beschaffungsstellen am 30. Aug. 1918, BAAP, KEZ 87.25, Nr. 106/1, Bl. 16ff.

[157] KRA: Prot. 16. der AR-Sitz. der KCA vom 14. Juni 1915, BAAP, KCA 87.29, Nr. 10, Bl. 100f.; FM: Z.B. Schr. FM an Bayer vom 21. Okt. 1915, Bayer-Archiv, 201/5.1; Oleum-Vertrag vom 23. Aug. 1916, Hoechst-Archiv, 4 (Weltkrieg I).

[158] Prot. Allgemeine Salpeter-Neuanlagen vom 3. Okt. 1916, Bayer-Archiv, 201/6.3, Bd. 4.

Verteilung feststellen. Bei der Festsetzung von Preisen besaßen die Beschaffungsstellen erhebliche Mitspracherechte, sowohl gegenüber den Firmen als auch den Kriegsgesellschaften[159]. Ebenso dominant waren sie in der Kontingentierung von Mengen. Die Beschaffungsstellen beherrschten nicht nur den Bereich der Kriegslieferungen, sondern mischten sich auch in die Verteilung von Rohstoffen für die Friedensproduktion ein[160]. Der Vorrang der Feldzeugmeisterei vor der Kriegsrohstoffabteilung war klar geregelt, indem erstere die Anordnungen traf und letztere lediglich ihr Einverständnis erklärte[161]. Im Herbst 1916 kam der institutionell verankerte Durchbruch der Beschaffungsstellen, denn die Kriegsrohstoffabteilung verlor jegliche Kompetenz über Schwefel, Stickstoff und einige andere für die Munitionsproduktion wichtige chemische Rohstoffe an das neue Waffen- und Munitionsbeschaffungsamt[162]. Damit gelangten die Beauftragten und Kommissare für rüstungswichtige chemische Betriebe ebenso unter die Aufsicht des neuen Amtes[163] wie das Ende 1916

---

[159] Firmen: Z.B. Anlage zum 15. Prot. der AR-Sitz. der KCA vom 21. Mai 1915, BAAP, KCA 87.29, Nr. 10, Bl. 92; Kriegsgesellschaften: Schr. KRA an das stellvertretende Generalkommando Dresden vom 4. Juni 1915; Schr. KCA an KRA vom 25. Juni 1915, BAAP, KCA 87.29, Nr. 72, Bl. 7, 86.

[160] Sie gaben den Firmen monatlich vor, welche Mengen Pulver und Sprengstoff sie herstellen sollten, wiesen die Kriegsgesellschaften an, die notwendigen Rohstoffe zu liefern und bestimmten, ob und wenn ja, wieviele Chemikalien an andere Werke abgegeben werden mußten. Schr. FM an Bayer vom 17. Nov. 1915, Bayer-Archiv, 201/5.1; Schr. FM an Bayer vom 21. Febr. 1916, Bayer-Archiv, 201/6.2, Bd. 3; Schr. FM an Bayer vom 28. Aug. 1915, Bayer-Archiv, 201/5.1; Schr. Kloeppel an Direktorium Bayer vom 5. Juli 1917, Bayer-Archiv, 201/38, Bd. 1 u.ö; Weisungsbefugnis der Feldzeugmeisterei: NSchr. der Besprechung vom 13. Sept. 1916 in Leverkusen, Bayer-Archiv, 201/6.3, Bd. 5. Wesentlich seltener gab es Anweisungen der Kriegsrohstoffabteilung: Z.B. Schr. KCA an Hoechst vom 9. März 1915, Hoechst-Archiv, 18/1/14; etwas häufiger waren sie bei privater Produktion: Z.B. Schr. KCA an Gesellschafter vom 23. Nov. 1914, Bayer-Archiv, 201/6.2, Bd. 3.

[161] Schr. KRA an Hoechst vom 10. Nov. 1915, Schr. FM an Hoechst vom 25. Dez. 1915, Hoechst-Archiv, 18/1/12; Schr. KRA an KCA vom 26. Okt. 1916, BAAP, KCA 87.29, Nr. 276, Bl. 189f.

[162] Lediglich die Beschaffung von Schwefelkiesen verblieb in der Kompetenz der Kriegsrohstoffabteilung. Die Verteilung für Kriegs- und Friedensbedarf besorgte ebenfalls das neue Amt. Vorläufige NSchr. der Besprechung vom 26. Sept. 1916, BHStA-KA, MKr. 14165, Prod. 1; Schr. PKM an Bayer vom 18. Sept. 1916, Schr. Wumba an Bayer vom 5. Dez. 1916, Bayer-Archiv, 201/6.2, Bd. 1.

[163] Schr. PKM an Bayer vom 18. Sept. 1916, Schr. Wumba an Bayer vom 5. Dez. 1916, Bayer-Archiv, 201/6.2, Bd. 1; Nebenanlage 14a. zu Vfg. KA vom 28. Febr. 1917, BA-MA Freiburg, N 46/115 Groener, Bl. 66. Der Kriegsrohstoffabteilung unterstanden die Beauftragten für die übrigen Fabrikationszweige. Ebd., Bl. 68.

eingerichtete Reichskommissariat für Stickstoff[164]. Darüber hinaus mußte die Kriegsrohstoffabteilung sich damit abfinden, daß eine weitere Behörde innerhalb des Kriegsministeriums, die Chemische Abteilung, Kompetenzansprüche in Beschaffung und Verteilung einiger chemischer Rohstoffe erhob und durchsetzte[165].

Die zweite Konfliktebene führt uns in die höchsten militärischen Ränge, wenn wir den Kompetenzstreitigkeiten zwischen dem preußischen Kriegsministerium und dem Generalstab - erst ab Oktober 1914 gebrauchte man den Begriff Oberste Heeresleitung - in der Rohstoffwirtschaft nachgehen. Die schon im Kaiserreich angelegte Rivalität beider Institutionen wurde in den ersten zwei Kriegsjahren weitgehend entschärft. Dies lag daran, daß der Kriegsminister mit dem Chef des Generalstabes eng zusammenarbeitete, sei es in strategischen und politischen, sei es in logistischen und personellen Fragen. Von September 1914 bis Mitte Januar 1915 hatte Erich von Falkenhayn beide Funktionen in Personalunion inne, doch auch sein Nachfolger als Kriegsminister, Adolf Wild von Hohenborn, pflegte den engen Kontakt weiter. Für die Umsetzung der Entscheidungen sorgte der stellvertretende Kriegsminister in Berlin. Auch diese Kooperation funktionierte zwar nicht völlig frei von Reibungen, aber ohne gravierende Mängel[166]. Mit dem Antritt der dritten Obersten Heeresleitung unter Hindenburg und Ludendorff am 29. August 1916 verschlechterte sich das Verhältnis. Die Konflikte entzündeten sich in erster Linie an der Wirtschafts- und Sozialpolitik des Kriegsministeriums, denn die neue Militärführung sah nicht mehr nur die strategische Kriegführung als ihre Aufgabe an, sondern auch die

---

[164] Als Kommissar wurde Julius Bueb, bisher Referent für Stickstoff im Waffen- und Munitionsbeschaffungsamt, eingesetzt. Vfg. KA vom 6. u. 19. Dez. 1916, HStAS, M 1/6, Nr. 1260, Bl. 20 u. Nr. 1261, Bl. 14f. Zu Bueb vgl. unten Anm. 192, S. 205f. Selbstverständlich leitete das Waffen- und Munitionsbeschaffungsamt auch die seit März 1917 monatlich stattfindenden Pulver- und Sprengstoffsitzungen. HStAS, M 1/9, Nr. 70, AZ III.1.1.6.G3.

[165] RSchr. Wumba vom 29. Nov. 1916, BAAP, KCA 87.29, Nr. 130, Bl. 136f.; Erläuterungen zur Bekanntmachung betr. Beschlagnahme, Bestandserhebung und Höchstpreise für Salzsäure o.D. [1917], BAAP, KCA 87.29, Nr. 21, Bl. 26 Ausführende Organe waren die stellvertretenden Generalkommandos; konkrete Beispiele für Eingriffe: Schr. Bayer an SSW vom 6. Aug. 1918, Bayer-Archiv, 201/6.2, Bd. 3; Schriftwechsel Agfa-Wumba-PKM/A 10 vom Februar 1917, BAAP, KSK 87.38, Nr. 4, Bl. 245f.; Schr. Kloeppel an Direktorium Bayer vom 3. Juli 1917, Bayer-Archiv, 201/38, Bd. 1.

[166] Feldman, Armee, S. 49ff.; Hecker, Rathenau, S. 228f., 253; Wie sich diese Zusammenarbeit im einzelnen gestaltete, zeigt Afflerbach am Beispiel einer Initiative zur "Arbeiterfrage" vom Juni 1915, mit der Falkenhayn den Konflikt zwischen Rüstungsindustrie und Armee um Arbeitskräfte und Soldaten lösen wollte. Afflerbach, Falkenhayn, S. 318ff.

Organisation der sog. "Heimatfront". Diese neue Haltung schlug sich in der Formulierung des Hindenburg-Programms nieder, das die bisherige Planung für die Waffen- und Munitionsproduktion des Kriegsministeriums desavouierte und die Kriegswirtschaft insgesamt in neue Bahnen zu lenken suchte[167]. Hindenburg und Ludendorff stützten sich dabei auf die Operations-Abteilung II des Generalstabes des Feldheeres, geführt von Major Max Bauer. Sie hatte sich ursprünglich mit der Versorgung der schweren Artillerie und der Festungen beschäftigt, mischte sich nunmehr aber in kriegswirtschaftliche Fragen aller Art ein[168].

Kristallisationspunkte der Auseinandersetzungen waren zum einen das Hilfsdienstgesetz, zum anderen, und das interessiert in unserem Zusammenhang besonders, die Gründung des Kriegsamts im November 1916. Die Oberste Heeresleitung machte sich Forderungen aus der Industrie nach einer zentralen kriegswirtschaftlichen Leitung zu eigen[169]. Sie setzte sich für die Schaffung einer neuen Behörde ein, die von den bisher für die Kriegswirtschaft verantwortlichen Stellen, d.h. vor allem vom preußischen Kriegsministerium, völlig unabhängig sein sollte; einzig die Oberste Heeresleitung sollte über dem Amt stehen[170]. Obwohl das preußische Kriegsministerium grundsätzlich eine Zentralisierung der Entscheidungen begrüßte, leistete es gegen die eigene Entmachtung erheblichen Widerstand, worin es vom Reichskanzler unterstützt wurde. Verschieden waren auch die Vorstellungen über den Geltungsbereich des neuen Amtes. Während das Kriegsministerium lediglich die Zentralisierung der Beschaffung in den Blick genommen hatte, schwebte der Obersten Heeresleitung eine Art "Wirtschaftsdiktator" vor, der über Rohstoffe und Rüstungsfabrikate ebenso entscheiden sollte wie über Lebensmittel[171].

Das Ergebnis war ein Kompromiß. Das Kriegsministerium setzte die Errichtung des Kriegsamts innerhalb seines Herrschaftsbereiches durch. Der Chef des neuen Amtes wurde stellvertretender Kriegsminister, der Kriegsminister delegierte alle kriegswirtschaftlichen Kompetenzen an ihn, blieb aber formal

---

[167] Ludendorff, Urkunden, S. 63-65; Mai, Kriegswirtschaft, S. 189ff. Zur weitgehend erforschten Vorgeschichte und weiteren Auseinandersetzung um dieses Programm und seine Folgen zwischen preußischem Kriegsministerium, Oberster Heeresleitung, den zivilen Ressorts und Vertretern der Industrie vgl. Feldman, Armee, S. 136ff.; Armeson, Warfare, S. 28ff.; Mai, Kriegswirtschaft, S. 165ff.

[168] Deist, Einleitung, S. LVf., LXV. Ein weiterer Bereich, in den die Oberste Heeresleitung zunehmend eingriff, war die Zensur, was hier nicht weiter zur Debatte steht.

[169] Feldman, Armee, S. 156.

[170] Schr. Hindenburg an RK vom 10. Okt. 1916, in: Militär und Innenpolitik, Nr. 191, S. 498f.

[171] Feldman, Armee, S. 138f., 156; Hardach, Weltkrieg, S. 73f.

übergeordnet. Diese komplizierte Konstruktion von Eigenständigkeit und Eingliederung in bestehende Verantwortlichkeitsstrukturen erleichterte die Bewirtschaftung nur bedingt. Auch der Tätigkeitsbereich wurde begrenzt auf Rohstoffe, Waffen und Munition sowie die damit zusammenhängende Zuweisung von Arbeitern. Die Nahrungsmittelversorgung blieb dem Kriegsernährungsamt vorbehalten. Konkret bedeutete dies die Unterstellung von Kriegsrohstoffabteilung und Arbeits- und Ersatzdepartement aus dem Kriegsministerium sowie des bisher eigenständigen Waffen- und Munitionsbeschaffungsamts unter das Kriegsamt[172]. Die Oberste Heeresleitung dagegen erreichte personelle Zugeständnisse: Chef des Kriegsamts wurde ihr Vertrauensmann Wilhelm Groener, der aus ihrer Sicht widerspenstige Kriegsminister Adolf Wild von Hohenborn wurde durch Hermann von Stein abgelöst[173].

In den Akten finden sich wenig Hinweise auf das konkrete Verhältnis zwischen Kriegsrohstoffabteilung und Kriegsamt. Groener deutete in seinen Lebenserinnerungen zwar an, daß er Probleme mit Koeth gehabt habe, doch bieten die überlieferten Quellen hier keinen tieferen Einblick in Art, Umfang und Gründe dieses Konflikts[174]. Auf die Existenz derartiger Reibungen gibt es jedoch Hinweise, z.B. eine Eingabe der Elektroindustrie an Groener, in der die Firmen über zu geringe Aluminiumzuteilungen klagten. Die Entschiedenheit, mit der die Kriegsrohstoffabteilung die Vorwürfe zurückwies - Koeth zeichnete das Schreiben persönlich - und die Schärfe der Diktion dürften darauf zurückzuführen sein, daß die Firmen über seinen Vorgesetzten Druck auf Koeth ausüben wollten[175]. Die konkreten Auseinandersetzungen fanden vielmehr zwischen den prinzipiell gleichgeordneten Institutionen Kriegsrohstoffabteilung und Waffen- und Munitionsbeschaffungsamt statt, wie sie oben schon dargestellt wurden.

Drittens mußte sich das Kriegsministerium mit den Militärbefehlshabern auseinandersetzen, die mit der Verhängung des Kriegszustandes vom 31. Juli 1914 die exekutive Gewalt übernahmen. Die stellvertretenden Generalkommandos, Gouverneure größerer Festungen und Festungskommandanten, 62 im ganzen Reich, erhielten damit sowohl Weisungsbefugnis gegenüber den Zivilbehörden

---

[172] Feldman, Armee, S. 155f., 160, 164f.; Fenske, Verwaltung, S. 888f.; Kabinettsordre zur Errichtung des KA vom 1. Nov. 1916, in: Militär und Innenpolitik, Nr. 196, S. 508f.

[173] Armeson, Warfare, S. 49, 54.

[174] Groener, Lebenserinnerungen, Anm. S. 352. Groener führt als Gründe zum einen ihre "sehr entgegengesetzten Naturen", zum anderen den Widerstand Koeths gegen eine Beschränkung der Selbständigkeit seiner Abteilung an. Auch Hardach, Weltkrieg, S. 74, geht nicht ins Detail.

[175] Eingabe von fünf Elektrofirmen an den Chef des KA vom 18. Jan. 1917, SAA 11/Lg 758 Henrich; Schr. KRA an SSW vom 26. Febr. 1918, SAA 11/Lg 758 Henrich.

als auch ein selbständiges Verordnungs- und Verfügungsrecht[176]. Ursprünglich für die Kontrolle der Öffentlichkeit und für den Nachschub der Truppen zuständig, stellte sich sehr schnell heraus, daß Eingriffe der militärischen Stellen in die wirtschaftlichen Abläufe vor Ort erforderlich waren, um die Versorgung der Bevölkerung wie der Truppen sicherzustellen. Die Zuführung von Rohstoffen war davon ebenso betroffen wie die Zuweisung von Arbeitskräften und die Gestaltung der Lohn- und Arbeitsverhältnisse[177].

Zum Problem wurden diese Rechte deshalb, weil die Militärbefehlshaber nur dem Kaiser unterstellt waren. Der Kaiser aber machte von seiner Kommandogewalt kaum Gebrauch, so daß jeder Militärbefehlshaber "ein in seiner Machtfülle kaum mehr beschränkter Diktator" war. Das preußische Kriegsministerium war lediglich befugt, Empfehlungen auszusprechen, nicht aber Weisungen zu erteilen[178]. Damit befand es sich in einem Dilemma: Einerseits mußte es nach einer Unterordnung dieser Instanzen streben, um eine einheitliche Bewirtschaftung zu gewährleisten, andererseits bedeutete diese Unterordnung einen Eingriff in die kaiserliche Prärogative, den gerade der Kriegsminister als "Wahrer der Kommandogewalt seines Herrn" verhindern mußte. Dieser Situation entsprechen die zwei Tendenzen, die man in der Politik des Kriegsministeriums ausmachen kann. Auf der einen Seite stehen die - erfolglosen - Versuche, die stellvertretenden Generalkommandos auf die Ausübung der vollziehenden Gewalt zu beschränken. Ebenso ist hier die Praxis zu nennen, über die Empfehlungen in einer, wie man es nennen könnte, Richtlinienkompetenz eine eindeutige Vorrangstellung zu erringen, was in weiten Teilen erfolgreich war[179]. Ganz deutlich war dies bei der Beschlagnahme zu sehen, die zunächst eine Domäne der Militärbefehlshaber war. Erst im Sommer 1915 setzte das Ministerium für sich ein eigenständiges Recht auf Beschlagnahme durch[180]. Doch dabei blieb es nicht stehen. In der Folgezeit bemühten sich Ministerium und Kriegsrohstoffabteilung um die Vereinheitlichung des Vorgehens bei der Beschlagnahme, z.B. über die Ausbildung von Revisoren, welche die Rohstoffbestände bei den Firmen über-

[176] Stellvertretende Generalkommandos gab es 21. Huber, Verfassungsgeschichte, Bd. 5, S. 42, 45f.; Fenske, Verwaltung, S. 872f.; Deist, Institution, S. 223ff.

[177] Deist, Einleitung, S. XLIff.; Huber, Verfassungsgeschichte, Bd. 5, S. 46f.

[178] Im Krieg gegen Frankreich 1870/71 hatte nicht nur der Kaiser, sondern auch der Reichskanzler Direktiven für die Militärbefehlshaber ausgegeben, was 1914 undenkbar war. Näheres dazu bei Deist, Institution, S. 224ff.; Zitat: ebd., S. 227; vgl. auch Huber, Verfassungsgeschichte, Bd. 5, S. 50f.

[179] Das Reichsgericht bestätigte jedoch mehrfach ein eigenständiges Verordnungsrecht über die Ausführung von Gesetzen hinaus. Deist, Institution, S. 231ff.; Zitat ebd., S. 238; Deist, Einleitung, S. XLVIf.

[180] Bekanntmachung über die Sicherstellung von Kriegsbedarf vom 24. Juni 1915, RGBl., 1915, S. 357ff.

prüften[181]. Allerdings, und dies läßt die Grenzen der Eigenständigkeit sichtbar werden, mußte die Kriegsrohstoffabteilung alle Beschlagnahmeverfügungen über die stellvertretenden Generalkommandos erlassen, nicht nur, um sicherzustellen, daß die betroffenen Firmen die Verfügungen anerkannten[182], sondern auch wegen des Widerstands der Bundesstaaten[183]. Darauf weist auch die Tatsache hin, daß Revisoren für ihre Kontrolle von Firmen eines Auftrags des stellvertretenden Generalkommandos bedurften, eine Anweisung der Kriegsrohstoffabteilung genügte nicht[184]. Dies alles zeigt, daß die in der Kriegswirtschaft beschäftigten Zivilisten, auch im Kompetenzbereich des Kriegsministeriums, eben nicht dieselbe Autorität besaßen wie die Mitarbeiter der eingesessenen Militärinstitutionen.

Auf der anderen Seite steht das Bemühen des preußischen Kriegsministeriums, keine gesetzliche Beschränkung der Rechte der Militärbefehlshaber zuzulassen. Dies ist in der Debatte um eine neue gesetzliche Grundlage für Beschlagnahmen im Frühsommer 1915 klar zu sehen. Das Ministerium setzte sich vehement dafür ein, keinerlei Zweifel an der Rechtmäßigkeit der bisherigen Maßnahmen der Militärbehörden aufkommen zu lassen, obwohl genau diese Zweifel Anlaß der ganzen Gesetzesinitiative waren, wie übrigens die Stellung-

---

[181] Schr. PKM an das stellvertretende Generalkommando Stuttgart vom 30. Juni 1915, HStAS, M 1/6, Nr. 1354; Schr. KRA an BKM vom 6. Apr. 1916, BHStA-KA, MKr. 12921, Prod. 80. Demselben Zweck dienten die späteren regelmäßigen Besprechungen mit den Revisoren. Z.B. NSchr. Besprechung der Referenten für Rohstoffe bei den Kriegsamtstellen am 15. Mai 1917 in der Kriegsrohstoffabteilung, HStAS, M 1/6, Nr. 1366, Bl. 154; Bericht über Besprechung am 7. u. 9. Febr. 1918 im Kriegsamt, Berlin, HStAS, M 1/6, Nr. 1261, Bl. 64ff.

[182] Schr. stellvertretendes Generalkommando III. AK an BKM vom 14. Juli 1916, BHStA-KA, MKr. 12975, Prod. 132. Ein interner Bericht über die Kriegsrohstoffabteilung betonte, daß die Verfügungen ihrer Sektion BSt auf den stellvertretenden Generalkommandos beruhten. Wiedenfeld, Streng vertraulich, Mai 1916, BAAP, RK 07.01, Nr. 2422, Bl. 36f.

[183] Z.B. Schr. KA an KA-Stellen vom 13. Febr. 1917, Beschlagnahmevfg. der KA-Stelle Kiel vom 26. Febr. 1917, BA-MA Freiburg, RM 31/v.1007, Bl. 13f.; Schr. PKM an KMA vom 6. Juni 1918, BAAP, KMA 87.37, Nr. 41, Bl. 421f.

[184] Anlage 15 der KRA zu Vfg. KA vom 28. Febr. 1917, BA-MA Freiburg, N 46/115 Groener, Bl. 67. Ähnlich erging es auch den Kriegsgesellschaften, die im Auftrag der Kriegsrohstoffabteilung Erhebungen über Rohstoffbestände lediglich vermittels der stellvertretenden Generalkommandos vornehmen konnten; nur deren militärische Autorität legitimierte derartige Eingriffe in die private Sphäre. Maßnahmen betr. Gips, Besprechung KCA mit Geheimrat Mente vom 9. Febr. 1917, BAAP, KCA 87.29, Nr. 21, Bl. 66.

nahme des Reichsmarineamts eindeutig hervorhob[185]. Ähnliche Überlegungen dürften das Kriegsministerium dazu bewegt haben, die Einrichtung einer Kontroll- und Beschwerdestelle über die Militärbefehlshaber, die das Zentrum im Oktober 1916 im Reichstag forderte, abzulehnen. Seiner Meinung nach rührte das Vorhaben an die Grundfesten der Stellung des Militärs im Staat. Die Stelle wurde zwar in Gestalt eines Obermilitärbefehlshabers geschaffen, kam aber nicht in dem vom Reichstag intendierten Sinne zur Geltung. Denn der preußische Kriegsminister, der mit dieser Aufgabe betraut wurde, rückte die Beschwerden in den Vordergrund, verzichtete aber auf die für eine effektive Kontrolle notwendige Durchsetzung der verbindlichen Weisungsbefugnis. Letztere wurde erst im Oktober 1918 institutionalisiert und konnte kaum mehr wirksam werden[186].

Man kann diese beiden Tendenzen innerhalb des Kriegsministeriums genauer lokalisieren: Während der Kriegsminister und seine Berater sich für die Eigenständigkeit der Militärbefehlshaber auf der Ebene der Gesetzgebung einsetzten, bemühten sich die mit der Bewirtschaftung direkt befaßten Abteilungen um die gegenteilige Entwicklung, nämlich die Unterordnung unter ihre Weisungen.

Nur begrenzter Erfolg war dem Vorstoß der Obersten Heeresleitung gegen die Selbständigkeit der Militärbefehlshaber im Rahmen der Errichtung des Kriegsamts beschieden. Groener hatte sich die Unterordnung der stellvertretenden Generalkommandos als Voraussetzung für seine Amtsübernahme ausbedungen und erhielt Weisungsbefugnis in allen kriegswirtschaftlichen Fragen[187]. Dennoch mußte er schon Anfang Februar 1917 die Einbindung seiner Kriegsamtstellen in die stellvertretenden Generalkommandos verfügen, da die zunächst vorgesehene Konstruktion der Angliederung mit selbständigem Vorgehen im Verkehr mit der Industrie zu große Reibungen erzeugte. Sowohl die

---

[185] Vgl. dazu verschiedene Aktenstücke in BAAP, RFM 21.01, Nr. A 2843, Bl. 99, 122ff., 140v, 151; ebd., Nr. A 2844, Bl. 18f., 22ff. Darüber hinaus war das preußische Kriegsministerium darauf bedacht, die Autorität der Militärbefehlshaber nach außen, d.h. den Unternehmern gegenüber nicht zu gefährden. Zur Stellungnahme des Reichsmarineamts: BAAP, RFM 21.01, Nr. A 2843, Bl. 174, sowie der zivilen Behörden: Ebd., Bl. 126ff., 144, 171ff.

[186] Deist, Institution, S. 237ff.; Schudnagies, Kriegs- oder Belagerungszustand, S. 198ff., 215ff.; vgl. Huber, Verfassungsgeschichte, Bd. 5, S. 51f., der die zentralisierende Wirkung stärker betont.

[187] NSchr. Besprechung beim bayer. Kriegsamt am 6. Dez. 1916, BHStA-KA, MKr. 14192, Prod. 77; Groener, Lebenserinnerungen, S. 354; vgl. Huber, Verfassungsgeschichte, Bd. 5, S. 91; Feldman, Armee, S. 165; Dieckmann, Behördenorganisation, S. 50. Die Initiative ging nicht nur von Groener, sondern auch von Batocki, dem Leiter des Kriegsernährungsamts, aus, der vor allem die Lebensmittelpolitik der stellvertretenden Generalkommandos im Auge hatte. Feldman, Armee, S. 156.

Kriegsrohstoffabteilung als auch das Waffen- und Munitionsbeschaffungsamt betonten trotzdem ihre Weisungsbefugnis in ihren Kompetenzbereichen gegenüber den Kriegsamtstellen: Diese "haben also nicht selbständig neue Anordnungen im Aufgabengebiet der K.R.A. zu geben, sondern zu bewirken, daß die von der K.R.A. gestellten Aufgaben durchgeführt werden"[188]. Das Verhältnis zwischen beiden Institutionen blieb schwierig, zumal die Kriegsamtstellen sowohl als Organe des Kriegsamts als auch der stellvertretenden Generalkommandos tätig sein sollten[189].

Die vierte Konfliktebene zwischen preußischen Kriegsministerium einerseits und den bayerischen, sächsischen und württembergischen Kriegsministerien andererseits hatte insgesamt die geringsten Auswirkungen auf die Bewirtschaftung. Die Rivalitäten hatten schon vor 1914 verhindert, daß ein militärisches Reichsamt errichtet wurde; auch im Krieg gab es kaum institutionell verankerte Änderungen[190]. Einzig die Ausdehnung der neu errichteten Kriegsrohstoffabteilung auf das gesamte Reich stieß zunächst auf keinen Widerspruch. Insgesamt aber läßt sich im Laufe des Krieges eher eine Verschärfung der Abgrenzung erkennen als eine Abmilderung. So widersetzten sich die übrigen Ministerien zäh der Ausdehnung des Geltungsbereichs des Kriegsamts auf das gesamte Reich unter Hinweis auf die Verankerung im preußischen Kriegsministerium[191]. Mit diesem Argument pochte z.B. auch Bayern darauf, einen Vertreter ins Kriegsamt zu entsenden und nicht mehr, wie seinerzeit bei der Kriegsrohstoffabteilung, darauf zu verzichten[192]. Gegen Ende des Krieges finden sich verein-

---

[188] Anlage 14 des Wumba und 15 der KRA zu Vfg. PKM/KA vom 28. Febr. 1917, BA-MA Freiburg, N 46/115 Groener, Bl. 65, 67.

[189] Vfg des KA vom 9. Febr. 1917, BA-MA, RM 31/v.1007, Bl. 8ff. Welche Probleme sich bei der Abgrenzung und Koordination beider Stellen stellten, zeigen z.B. die "Richtlinien für die Tätigkeit der Kriegsamtstellen und Kriegsamtnebenstellen" des Kriegsamts vom 28. Febr. 1917, BA-MA, N 46/115 Groener, Bl. 2ff., sehr deutlich, ebenso die Vfg. des stellvertretenden Generalkommandos des VII. AKs vom 1. Apr. 1917, RWWA, Abt. 20-324-9; vgl. dazu Dieckmann, Behördenorganisation, S. 54ff., sowie Feldman, Armee, S. 238ff.

[190] Deist, Institution, S. 225f., weist darauf hin, daß vor dem Krieg weniger die Bundesstaaten als vielmehr der Kaiser, der Bundesrat und das preußische Kriegsministerium eine reichsweite Regelung hemmten.

[191] Schr. BKM an Staatsministerium des Königlichen Hauses und des Äußern vom 18. Nov. 1916, BHStA-KA, MKr. 14172, Prod. 4; NSchr. zur Besprechung beim bayer. Kriegsamt am 6. Dez. 1916, BHStA-KA, MKr. 14192, Prod. 77 u.ö.; Schr. WKM an stellvertretendes Generalkommando Stuttgart vom 29. Nov. 1916, HStAS, M 1/6, Nr. 1261, Bl. 4.

[192] KA: Absendung eines Beauftragten des BKM beim preußischen Kriegsamt. Den Posten übernahm Hauptmann Friedrich Müller, der ein Büro mit mindestens einem Hilfsoffizier, Major Weigel, in Berlin unterhielt. Vgl. Nachlaß Müller im BHStA-KA,

zelte Vorstöße, eigenständige Verfügungen zu treffen und die Anordnungen aus Berlin zu mißachten; sie konnten sich aber nicht durchsetzen[193]. In der Praxis hatten diese Rangeleien kein allzu großes Gewicht. Die Instanzenwege verlängerten sich zwar, da Erlasse, Verordnungen und Verfügungen des preußischen Ministeriums über die übrigen Ministerien weitergeleitet werden mußten, doch lassen sich im Bereich der Rohstoffbewirtschaftung keine Einsprüche oder Widerstände erkennen, die darauf hindeuten würden, daß die Einbindung der bundesstaatlichen Kriegsministerien mehr als eine Formalie war[194].

Fassen wir die Ergebnisse zusammen: Die Kriegsrohstoffabteilung wuchs im Laufe des Krieges zu einer der größten Abteilungen innerhalb des gesamten Behördenapparates an und war eine der wichtigsten Instanzen in der Rohstoffwirtschaft. Sie zog aber keineswegs alle zentralen Lenkungs- und Entscheidungsfunktionen an sich, wie die Initiatoren dies beabsichtigt hatten. Zunächst einmal brachte die Tatsache, daß die Kriegsrohstoffabteilung vor allem Zivilisten beschäftigte, Autoritätsmängel mit sich, die nur langsam abgebaut werden konnten. Größtes Hemmnis war jedoch der Anspruch der Beschaffungsstellen auf Mitsprache und Führung in der Rohstoffwirtschaft, die sich genau wie die Kriegsrohstoffabteilung personell und organisatorisch ausdehnten. Sie gewannen die Oberhand in der Bewirtschaftung von Chemikalien und behaupteten weitreichende Mitspracherechte für Eisen, Stahl und Nichteisenmetalle. Dazu kamen die Auseinandersetzungen zwischen preußischem Kriegsministerium und Oberster Heeresleitung, die sich mit dem Hindenburg-Programm und der Errichtung des Kriegsamts in die Bewirtschaftung einschaltete und damit den Aktionsradius der Kriegsrohstoffabteilung einschränkte. Als Problem von letztlich geringerer Bedeutung erwiesen sich die stellvertretenden Generalkommandos. Auch wenn ihre Mitsprache im Prinzip nicht angetastet wurde, fügten sich die Militärbefehlshaber den Anweisungen der Kriegsrohstoffabteilung und der übrigen Abteilungen des preußischen Kriegsministeriums in der Praxis der Bewirtschaftung weitgehend.

Fragt man nach einer Institution, die als Leiterin der Kriegswirtschaft gelten kann, so trifft dies am ehesten für die Kriegsrohstoffabteilung zu. Sie übte diese Funktion aber keineswegs in einem streng hierarchischen Sinne aus, wie man

---

MKr. 17268-17338; Verzicht bei KRA: Schr. BKM an WKM vom 7. Mai 1915, Schr. SKM an BKM vom 10. Juni 1915, HStAS, M 1/6, Nr. 1353, Bl. 5f., 151.

[193] Antrag K1 [des bayerischen KA] vom Okt. 1918, Stellung K1 vom 7. Nov. 1918, BHStA-KA, MKr. 13018.

[194] Vgl. z.B. für Württemberg: HStAS, M 1/9, Bü. 204 u. 219, Bd. 1; M 1/6, Nr. 1365, Bl. 65ff. und für Bayern: BHStA-KA, MKr. 12921, z.B. Prod. 39, 52, 59, 12922, Prod. 195a u. 12927, Prod. zu 107. Schon Rathenau ging auf die Wünsche der Bundesstaaten besonders ein und verhinderte damit grundlegende Konflikte. Hecker, Rathenau, S. 227.

dies von einer militärischen Instanz erwarten würde. Ihre Stellung glich höchstens der eines Primus inter pares. Und auch als solcher geriet die Abteilung immer wieder in Bedrängnis.

4. Einbindung wirtschaftlicher Interessenvertreter

In der Literatur finden sich vereinzelte Hinweise auf die Einbindung von Industrie und Handel in die Rohstoffbewirtschaftung, die aber wenig detaillierte Informationen bieten. Zunkel etwa bemerkt die Bedeutung von Kartellen und Syndikaten, Blaich hebt die Stellung des Kriegsausschusses der deutschen Industrie hervor[195]. Die folgenden Ausführungen sollen näher beleuchten, worin die Aufgaben der Wirtschaftsvertreter bestanden, in welchem Ausmaß sie tatsächlich Exekutivbefugnisse ausübten, um so auszuloten, ob und, wenn ja, wieweit sie stärkeren Einfluß auf staatliche Entscheidungen nahmen als in der Vorkriegszeit. Im ersten Abschnitt werden die Organisationen der Wirtschaft und ihr Entwicklungsstand beim Ausbruch des Krieges kurz skizziert. Im Mittelpunkt stehen zweitens alle die Funktionen, welche die Behörden im Krieg an Wirtschaftsvertreter delegierten. Die staatlichen Instanzen knüpften dabei zum Teil an schon vor dem Krieg entwickelte Gepflogenheiten an, zum Teil lenkten sie die Zusammenarbeit in neue Bahnen. Im dritten Abschnitt schließlich rückt die Sicht der Unternehmer auf die Veränderungen der Kriegswirtschaft und ihres Verhältnisses zu den staatlichen Stellen in den Vordergrund.

Ein Charakteristikum der Wirtschaftsentwicklung im Kaiserreich war die Konzentration, d.h. das Wachstum des "Leistungsanteils der oberen Betriebs- bzw. Unternehmensgrößenklassen gegenüber den kleineren Größenklassen" und eine damit verbundene Ballung von Macht und Herrschaft in der Hand relativ weniger Unternehmer[196]. Für unsere Fragestellung sind vor allem die Zusammenschlüsse von Unternehmen in Form von Kartellen und Syndikaten von Bedeutung, weil sie in der Kriegswirtschaft eine Reihe von Aufgaben übernahmen. Deshalb soll im folgenden kurz erläutert werden, welchen Stand die Konzentration in den einzelnen hier untersuchten Branchen 1914 erreicht hatte[197].

---

[195] Zunkel, Industrie, S. 25; Blaich, Staat, S. 52ff.

[196] Gunzert, Konzentration, S. 87ff.; Zitat: ebd., S. 95; Arndt/Ollenburg, Begriff, S. 3ff.

[197] Kartelle werden hier als Absprachen zwischen selbständig bleibenden Unternehmungen über ihr Marktverhalten (Preise, Produktionsmengen, Lieferbedingungen) verstanden. Syndikate gingen über solche Absprachen hinaus, da die Firmen einen bestimmten Bereich, meist den Absatz der Produkte, einer eigens dafür gebildeten Vereinigung übergaben und damit auf einen Teil ihrer Unternehmensentscheidungen

Beginnen wir mit der Eisen- und Stahlindustrie, in der die Absprachen für Vorprodukte und Halbfabrikate eine wichtige Rolle spielten. Zu nennen wären hier der Roheisenverband (REV, August 1910), eine GmbH, und der Stahlwerksverband (SWV, Februar 1904), eine AG, die beide den Absatz der beteiligten Firmen organisierten. Grundlage waren Vereinbarungen über Preise und Mengen. Während der Roheisenverband als "der geschlossenste und am besten organisierte industrielle Verband überhaupt" galt[198], war der Stahlwerksverband nur ein Teilzusammenschluß, sowohl was die Produkte als auch was die Produzenten anging[199].

Auch die Hersteller chemischer Produkte trafen schon sehr früh Marktabsprachen. Hier herrschten Konventionen für einzelne Chemikalien, z.B. bestimmte Farben[200], Schwefelsäure oder Sulfat, vor. Sie regulierten die gegenseitige Lizensierung von Verfahren sowie Preise und Mengen, um die vorzeitige Entwertung neu entwickelter Verfahren durch einen Preiskampf zu verhindern. Syndikate gingen teilweise aus solchen Konventionen hervor, etwa bei Salzsäure; teilweise einigten sich die beteiligten Firmen gleich auf eine gemeinsame Absatzorganisation, so bei Soda, Ammoniak und Benzol[201].

---

verzichteten. Vgl. Reinhardt, Unternehmenszusammenschlüsse, in: Handwörterbuch der Wirtschaftswissenschaften, Bd. 10 (1959), S. 550; Liefmann, Syndikat, in: Handwörterbuch der Staatswissenschaften, Bd. 7 (1911), S. 1057f.; Maschke, Grundzüge, S. 5; Arndt/Ollenburg, Begriff, S. 7f.; Ambrosius, Entwicklung, S. 154.

[198] Feldman/Homburg, Industrie, S. 34. Ähnliches hatte auch schon Paul Ufermann gesagt. Vgl. Zitat bei Holzschuher, Hintergründe, S. 64. Zur Entwicklung des Roheisenverband vgl. Holzschuher, Hintergründe, S. 63f.

[199] An Produkten erfaßte er nur die sogenannten A-Produkte, d.h. vor allem Halbfabrikate; an Produzenten blieben die reinen Werke und die Siemens-Martin-Werke weitgehend ausgeschlossen. Damit erreichte der Stahlwerksverband zwar die preisliche Bindung von 80-85% der A-Produkte, aber nur etwa eines Drittels der gesamten Stahlproduktion Bogner, Wandlungen, S. 19; Schlaghecke, Preissteigerung, S. 9; Feldman, Iron, S. 32f. Für die B-Produkte gab es zwar Mengenfestlegungen, aber keine festen Preise. Blaich, Kartell- und Monopolpolitik, S. 152ff.; Maschke, Grundzüge, S. 26; Holzschuher, Hintergründe, S. 63f., 80f.

[200] Maschke, Grundzüge, S. 19; Schiffmann, Revolution, S. 32f.; Wagenführ, Kartelle, S. 239; Plumpe, I.G. Farbenindustrie AG, S. 44; Haber, Industry 1900-1930, S. 125. Kritisch zur Wirksamkeit dieser Absprachen und Konventionen, aber nur mit wenig aussagekräftigen Belegen, äußert sich Leutner, Industrieunternehmen, S. 77, 196f.

[201] Zu den Marktabsprachen in der chemischen Industrie gibt es bisher keine eigenständigen Forschungen, weshalb hier wenig über Umfang, Bedingungen, Dauer und Mitgliedschaften gesagt werden kann. In der Literatur zur Entwicklung dieser Branche gibt es nur verstreute Hinweise auf dieses Phänomen, etwa Haber, Industry 1900-1930, S. 114. Eine gute Grundlage für die Untersuchung dieser Art von Konzentration bieten Firmenschriften, die für diese Arbeit nur in Einzelfällen ausgewertet werden konnten.

In der Teerfarbenindustrie gab es über die Bildung von Syndikaten und Kartellen hinaus schon 1903/04 eine intensive Diskussion über eine andere Form der Konzentration, nämlich die Fusion der großen Firmen, die Carl Duisberg, Generaldirektor der Farbenfabriken vorm. Friedrich Bayer, anregte[202]. In der Folge bildeten sich zwei Interessengemeinschaften, die einen Gewinnausgleich vornahmen, zum einen der seit Januar 1905 bestehende "Dreibund" zwischen der AG für Anilinfabrikation, der Badischen Anilin- und Sodafabrik und den Farbenfabriken vorm. Friedrich Bayer. Zum anderen schlossen sich 1906/08 die Farbwerke vorm. Meister Lucius und Brüning, Leopold Cassella & Co und Kalle & Co zum "Dreierverband"[203] zusammen[204].

Den Vorstellungen Duisbergs von 1903/04 kam die Pulver- und Sprengstoffindustrie schon vor Kriegsbeginn recht nahe. Sie hatte einen hohen Finanzbedarf für Innovationen, weshalb der Konzentrationsprozeß hier schnelle Fortschritte machte. Mit der Entwicklung neuer Sprengstoffe ging in den 1880er Jahren eine Verringerung der Zahl der Betriebe durch Fusionen einher. Die übriggebliebenen Unternehmen trafen zunächst Vereinbarungen über Preise und Mengen, bald auch über einen Gewinnausgleich. 1889 schlossen dann die Produzenten von Pulver und Dynamit, die bis dahin getrennte Absprachen getroffen hatten, einen General-Vertrag ab, der zunächst bis 1925 laufen sollte, 1911 aber bis 1961 verlängert wurde. Darüber hinaus gab es schon vor dem Krieg eine enge Verflechtung über den Austausch von Aktien und gegenseitige Mitgliedschaft in Vorständen und Aufsichtsräten[205].

In der Metallindustrie findet sich ein hoher Kartellierungsgrad in den metallfördernden Industrien sowie in den ersten Verarbeitungsstufen. Vor allem die

---

Vgl. z.B. E. Matthes & Weber, S. 58ff., 89ff., 145ff.; 100 Jahre Kunheim, S. 40 oder 100 Jahre Chemische Fabrik Kalk, S. 37, 55. Das einzige Syndikat in der chemischen Industrie, mit dem sich die Forschung schon etwas näher beschäftigt hat, ist das Kalisyndikat, das 1910 unter staatlicher Beteiligung aufgrund eines Gesetzes zustande kam, und deshalb aus wirtschaftspolitischer Perspektive großes Interesse weckte. Blaich, Kartell- und Monopolpolitik, S. 159ff.; Holzschuher, Hintergründe, S. 88ff.; Wagenführ, Kartelle, S. 53f.; Maschke, Grundzüge, S. 22.

[202] Die Denkschrift ist abgedruckt bei Treue, Duisbergs Denkschrift.

[203] Angegliedert waren überdies die Chemischen Fabriken vorm. Weiler-ter Meer und Wülfing, Dahl & Co.

[204] Plumpe, I.G. Farbenindustrie AG, S. 48f.; Haber, Industry 1900-1930, S. 124ff.; zur Form der Interessengemeinschaft vgl. Reinhardt, Unternehmenszusammenschlüsse in: Handwörterbuch der Sozialwissenschaften, Bd. 10 (1959), S. 550.

[205] Holzschuher, Hintergründe, S. 98ff.; Wagenführ, Kartelle, S. 230ff. Zur Verflechtung über Aktien, Aufsichtsräte und Vorstände gibt es keine Untersuchungen. Vgl. die Einträge bei den beteiligten Firmen im Handbuch der Deutschen Aktien-Gesellschaften, z.B. Bd. 1913/14, Bd. 2, passim.

Kupfer-, Messing-, Zink- und Nickelindustrie traf eine Reihe von Marktabsprachen, zum Teil handelte es sich um relativ lose Preiskonventionen oder regional begrenzte Abkommen, zum Teil um straffe, das ganze Reich erfassende Verkaufsorganisationen[206]. In den metallverbrauchenden Industrien gab es dagegen kaum Kartelle oder Syndikate[207]. In der Elektroindustrie besaßen vielmehr Fusionen eine Schlüsselposition in der Unternehmenspolitik. Der Markt wurde hier, ähnlich wie jener der Farbenindustrie, durch zwei Unternehmensblöcke beherrscht; zum einen die mit der Allgemeinen Elektricitäts-Gesellschaft verbundenen Firmen, zum anderen die Mitglieder der Siemens-Gruppe[208].

Wirtschaftliche Entwicklungen wurden und werden nicht nur von den Kräften des Marktes und einzelner Unternehmen, sondern auch von politischen Entscheidungen bestimmt. Deshalb lassen sich immer Formen der Artikulation und Vertretung von wirtschaftlichen Interessen auf der politischen Ebene finden. Im Kaiserreich übernahmen die freien Verbände diese Funktion. In der Industrie bildeten sich zum einen eine Reihe von Fach- und Regionalverbänden, deren Bedeutung in den einzelnen Branchen unterschiedlich war. Zu den einflußreichsten Organisationen gehörten die Verbände der Eisen- und Stahlindustrie, etwa der Verein deutscher Eisen- und Stahlindustrieller (VdEStI), insbesondere seine Nordwestliche Gruppe[209]. Ebenfalls wichtig, aber keineswegs beherrschend war der Verein zur Wahrung der Interessen der chemischen Industrie (Chemieverein)[210]. Den geringsten Organisationsgrad wies die Metallbranche auf. Es gab zwar einige Verbände; sie stellten aber weder eine weitgehende Vertretung der Unternehmen dieses Zweiges dar, noch konnten sie größeren Einfluß auf wirtschafts- und sozialpolitische Entscheidungen nehmen[211]. Zum anderen repräsentierten 1914 die beiden Spitzenverbände, der

---

[206] Liefmann, Kartelle, S. 16; Wagenführ, Kartelle, S. 107f.

[207] Eißfeldt, Kartellierung, S. 46-108; kritisch zu den dort genannten Zahlen an Kartellen: Fischer/Czada, Wandlungen, S. 152f.; vgl. auch Wagenführ, Kartelle, S. 143ff.

[208] Eißfeldt, Kartellierung, S. 19ff.; Czada, Elektroindustrie, S. 43ff.; Feldenkirchen, Concentration, S. 131.

[209] Diese Gruppe erfaßte die großen Unternehmen der Berg- und Hüttenindustrie an der Ruhr. Andere Verbände waren z.B. der Verein deutscher Eisenhüttenleute (VdEh) oder der Verein zur Wahrung der gemeinsamen wirtschaftlichen Interessen in Rheinland- und Westfalen (Langnamverein). Vgl. Stegmann, Unternehmerverbände, in: Handwörterbuch der Wirtschaftswissenschaften, Bd. 8 (1980), S. 155ff.

[210] Verein zur Wahrung der Interessen der chemischen Industrie, Kapitel, S. 1ff.; Ullmann, Bund, S. 20ff. u.ö.

[211] An Verbänden wären der Verein Deutscher Maschinenbauanstalten (VDMA), der Verein zur Wahrung gemeinsamer Wirtschaftsinteressen der deutschen Elektrotechnik oder der Verband Berliner Metallindustrieller, ein Arbeitgeberverband, zu nennen. Vgl.

Centralverband Deutscher Industrieller zur Beförderung und Wahrung nationaler Arbeit (CDI) und der Bund der Industriellen (BdI), weite Teile der deutschen Industrie. Einen Zusammenschluß beider verhinderten wirtschaftliche und politische Differenzen, die schwerer wogen als der Wille zur Integration[212].

Der mit dieser Expansion verbundene Funktionszuwachs der Verbände stand in engem Zusammenhang mit der Ausweitung des staatlichen Einflusses auf wirtschaftliche Entwicklungen. Die Behörden waren darum bemüht, die Betroffenen in ihre Entscheidungsfindung einzubeziehen; sie konnten damit zudem einen Teil ihres Informationsbedarfs befriedigen. Die Verbände ihrerseits strebten eine Mitsprache an der Wirtschafts- und Sozialpolitik an. Sie erwarben eine bedeutende Stellung im Herrschaftsgefüge des Kaiserreichs, denn sie galten als sachverständige Berater und waren als politischer Faktor nicht zu übergehen[213].

Somit standen von seiten der Wirtschaft eine Reihe von Organisationen zur Verfügung, die die staatlichen Stellen für die Umstellung auf die Rüstungsproduktion nutzen konnten. Auch die Militärs, die, wie gezeigt wurde, kriegswirtschaftliche Entscheidungen weitgehend beherrschten, wollten die Interessenvertreter nicht zu Befehlsempfängern degradieren. Sie führten deshalb die Tradition der zivilen Behörden mit diesen zusammen fort und verfolgten eine intensive Politik der Einbindung, die auf drei Ebenen nachgezeichnet werden soll. Erstens werden die Bereiche abgesteckt, in denen die Unternehmer Entscheidungen trafen, also eigenständig Exekutivbefugnisse ausübten. Zweitens, und das machte das Schwergewicht aus, sind die Politikfelder zu untersuchen, in denen Industrievertreter zur Vorbereitung von Entscheidungen herangezogen wurden. Drittens schließlich ist zu fragen, wo die Wirtschaft lediglich mit der Durchführung von Entscheidungen betraut wurde.

Sieht man sich die Maßnahmen zur Bewirtschaftung näher an, stellt man fest, daß staatliche Stellen, sowohl zivile als auch militärische, erst versuchten, den Weg über Interessenorganisationen der Wirtschaft zu nehmen, bevor sie Verordnungen erließen. Der Wille, reglementierend einzugreifen, war - entgegen den Klagen der Wirtschaft über den "heiligen Bürokratius" - eher schwach ausgeprägt. Nur wenn sich diese Arrangements innerhalb der Industrie und des Handels nicht bewährten, griffen die Behörden ein. Sie übertrugen den wirtschaftlichen Organisationen also zunächst Exekutivbefugnisse, machten sehr

---

Feldman, Industrieverbände, S. 137ff.; Ullmann, Bund, S. 204; Barth, Elektro-Großindustrie, S. 366ff.

212 Ullmann, Interessenverbände, S. 77ff.; Feldman, Interest group, S. 166; Stegmann, Hugenberg, S. 364f.

213 Ullmann, Interessenverbände, S. 71; zur Ausbildung des Interventionsstaates im 19. Jahrhundert generell vgl. Gall, Ausbildung, bes. S. 562ff.

weitreichende Zugeständnisse an die Unternehmen und gaben ihnen vor allem immer wieder die Möglichkeit zur Mitbestimmung, bevor sie Zwang ausübten.

Am deutlichsten ausgeprägt war diese Tendenz in der Eisen- und Stahlindustrie, wie das Beispiel der Verteilung von Aufträgen für Geschoßstahl auf die einzelnen Werke zeigt. Zunächst mischten sich die Beschaffungsstellen überhaupt nicht in diesen Bereich ein, sondern überließen das den bestehenden Verkaufsvereinigungen. Als es Klagen seitens der Gießereien über mangelnde Belieferung durch die Produzenten gab, legte die Feldzeugmeisterei zwar ein Kontingent fest, beauftragte aber wiederum den Roheisenverband mit der Sicherstellung, was ebensowenig funktionierte. Erst mit der Errichtung einer Verteilungsstelle, die im übrigen sowohl die Verbände der Verbraucher als auch der Produzenten einbezog, und genauen Anweisungen, wie die Zuteilungen zu kürzen waren, erreichte die Feldzeugmeisterei die Durchsetzung ihrer Prioritäten[214].

Ähnlich war es um die Verteilung der Aufträge für die übrigen Eisen- und Stahlfabrikate bestellt. Zunächst völlig frei von Reglementierungen entsandte das preußische Kriegsministerium im April 1915, auf eigenen Wunsch der Industrie, einen Beauftragten zum Roheisenverband, um die Verteilung zu überwachen. Dazu erhielt er die Befugnis zu entscheiden, welche Aufträge zuerst bearbeitet werden sollten, falls mehr Güter in Auftrag gegeben wurden als produziert werden konnten[215]. Der Beschluß des Kriegsministeriums, mit dieser Aufgabe Florian Klöckner zu betrauen, ist als Übertragung von Entscheidungsbefugnissen an die Industrie zu werten, denn Klöckner war bis 1917 Mitinhaber der Firma Klöckner & Co und Aufsichts- bzw. Verwaltungsratsmitglied in verschiedenen Werken zur Verhüttung und Weiterverarbeitung von Eisen und Stahl[216]. Allerdings arbeitete Klöckner eng mit der Kriegsrohstoffabteilung zusammen. Er führte in ihrem Auftrag Verhandlungen mit den Werken und setzte sich auch gegen deren Widerstand immer wieder für die Belange der

---

[214] Schr. Geschoßverteilungsstelle Spandau an GHH vom 26. Apr. 1915, Haniel-Archiv, Nr. 3001008/1, Bl. 74. Eine ähnliche Konstruktion band die schon vor dem Krieg gegründete Ferromangangemeinschaft in die Verteilung von Mangan ein. Cron, Kriegseisenwirtschaft, S. 10f.; vgl. auch Unterlagen über Erze und Roheisen zur Denkschrift "Die Firma Krupp im Weltkriege", S. 13, HA Krupp, WA 7f 1087.

[215] Cron, Kriegseisenwirtschaft, S. 8f. Die große Bedeutung Klöckners wird z.B. im Bericht Fieth [BKM] über die Besprechung in KRA, Sekt. E vom 15. Nov. 1916 deutlich, BHStA-KA, MKr. 13056.

[216] Adreßbuch Directoren 1915, S. 553; die Politik dieser Werke bestimmte allerdings nicht Florian, sondern sein Bruder, Kommerzienrat Peter Klöckner, der den Konzern auch in den Interessenverbänden und in den Verhandlungen mit den Behörden vertrat. Vgl. Klöckner-Archiv, bes. I/39 (Florian Klöckner).

staatlichen Stellen ein[217]. Damit rückte das Kriegsministerium als Auftraggeber stärker in den Vordergrund, und der Beauftragte näherte sich dem Status einer Behörde bzw. einer Abteilung in einer Behörde an[218]. Nach der Neuorganisation der Eisenbewirtschaftung im Herbst 1916 wurden Kontingente für die Beschaffungsstellen eingeführt. Die Auftragsverteilung übernahm wiederum eine Vereinigung der Industriellen, der neugegründete Deutsche Stahlbund. Auch hier erwies es sich als notwendig, daß eine staatliche Instanz, die Rohstahlausgleichsstelle, die Anweisungen dazu erteilte und über das Ausmaß notwendiger Kürzungen entschied[219]. Die Klagen über Probleme mit der Ausführung der Aufträge blieben bestehen, deshalb schaltete sich die Kriegsrohstoffabteilung im Oktober 1917 über die Bildung einer Kommission zusätzlich ein[220].

Betrachtet man die kriegswirtschaftlichen Maßnahmen insgesamt, gab es eine Reihe von Bereichen vor allem in der Verteilung von Rohstoffen, in denen Interessen- und Verkaufsverbände Exekutivbefugnisse ausübten, was ihre Stellung innerhalb der einzelnen Industriezweige erheblich stärkte. Beispielsweise sorgte der Verein deutscher Eisen- und Stahlindustrieller für die Belieferung der Werke mit Schrott, bevor im Herbst 1916 die Eisenzentrale gegründet wurde[221]. Ähnlich erhielt die Vereinigung Deutscher Edelstahlwerke im November 1915 das Recht, Importe, die sie der Kriegsmetall AG gemeldet hatte, nach einem von der Vereinigung ausgearbeiteten Schlüssel auf die Werke zu verteilen[222]. Die Preispolitik bietet ein ähnliches Bild. Es gab zwar eine Reihe von Höchstpreisen, die die Entscheidungsfreiheit der Unternehmer beschränkten, aber eine große Anzahl von Waren blieb frei von solchen Regle-

---

[217] Z.B. Schr. RAS an BdKM Klöckner vom 10. Juli 1918, BAAP, Beauftragter des KM beim Deutschen Stahlbund 87.07, Nr. 12; Schr. BdKM Klöckner an RAS vom 9. März 1917, BAAP, RAS 87.72, Nr. 8.

[218] Z.B. Schr. Fischer an Klöckner vom 22. Aug. 1916, BAAP, EZ 87.10, Nr. 32 sowie weitere Schreiben zwischen beiden, ebd., passim. Die enge Anbindung an die Kriegsrohstoffabteilung wird vor allem in den letzten beiden Kriegsjahren deutlich faßbar, etwa an seiner Position in den Preisverhandlungen. Z.B. Prot. Vögler über Sitz. in KRA am 27. Juli 1918, Archiv der Thyssen AG, FWH/910-02.

[219] Prot. Sitz. DStB vom 19. Dez. 1916, Archiv der Thyssen AG, A/654/2; Schr. RAS an SWV, verlesen in Sitz. des SWV am 18. Jan. 1917, Haniel-Archiv, Nr. 3000030/11A, Bl. 15f.

[220] Die Kommission war mit jeweils drei Mitgliedern des Stahlbundes und der Kriegsrohstoffabteilung besetzt und stand unter dem Vorsitz des Beauftragten des Kriegsministeriums Klöckner. Bekanntmachung betr. Erzeugung von Kriegsmaterial durch Eisen- und Stahlwerke vom Okt. 1917, BAAP, KEZ 87.25, Nr. 96, Bl. 177f.

[221] Prot. der Hauptvorstandssitz. des VdEStI vom 11. Okt. 1915, BAK, R 13I/146, Bl. 139ff.

[222] Boettcher, Rechtsgrundlagen, Kap. Preisgestaltung, S. 23.

mentierungen. Hier behielten Syndikate, die meist schon in Friedenszeiten bestanden hatten, die Entscheidung über die Preise der Produzenten. Eine große Bedeutung hatte diese Regelung in der Eisen- und Stahlindustrie[223]. Ähnlich eigenständig handelten Syndikate für chemische Rohstoffe[224]. Weniger Freiraum besaßen dagegen Vereinigungen für Metalle, auch wenn die von ihnen vertriebenen Produkte nicht höchstpreisgebunden waren. Beispielsweise setzte auch der Zinkhüttenverband die Preise eigenständig fest, doch griffen die Behörden ein, als es Konflikte zwischen Produzenten und Konsumenten gab[225].

Industrie und Handel begrüßten die Einbindung im wesentlichen[226]. Dahinter stand das Streben, staatliche Eingriffe abzuwehren und statt dessen die Interessen- und Verkaufsverbände als geeignete Vermittler zwischen staatlichen und industriellen Bedürfnissen zu propagieren. Der Kriegsausschuß der deutschen Industrie und der Verein zur Wahrung der Interessen der chemischen Industrie wandten sich im Sommer 1917 gegen Bemühungen, einen Reichskommissar für die Verteilung von Soda einzusetzen, den staatlichen Zugriff also wesentlich zu verschärfen. Sie argumentierten, daß eine Organisation der beteiligten Industrieunternehmen genüge, um die von den Behörden angestrebte Verteilung von Soda sicherzustellen: "Eine Bindung und Überwachung der Industrie durch dazu bestellte Reichskommissare könnte lediglich dort gut geheißen werden, wo

---

[223] Prot. Sitz. der Hauptvers. des REV, 1914-1918, Archiv der Thyssen AG, FWH 860-12, 13, 14, 15; Prot. SWV, Bd. I, 1913-1917, Haniel-Archiv, Nr. 30019322/12, passim.

[224] Hier ist zum einen das Syndikat deutscher Sodafabriken zu nennen. Vgl. verschiedene Schriftwechsel bis Mai 1916, BAAP, RdI 15.01, Nr. 18761/18762, passim. Zum anderen bietet die Deutsche Benzolvereinigung ein Beispiel, die die Bewirtschaftung von Toluol regelte. Vgl. Ausarbeitung: Toluol, Stickstoff, Schwefel, Glycerin, o.V., Dez. 1916, BAAP, KCA 87.29, Nr. 64, Bl. 1; Bericht über Chemikalien, Dr. Diehl (PKM/WK) vom 3. Dez. 1916, BA-MA Freiburg, N 46/125 Groener, Bl. 55.

[225] Mitt. PMHG an PMdI vom 6. Sept. 1915, GStAM, Rep. 77, tit. 332[r], Nr. 128, Bd. 1, Bl. 120. Auch in die Preisfestsetzungen für Blei durch eine Konvention von Bleiproduzenten mischte sich die Kriegsrohstoffabteilung ein. Schr. KMA an von der Porten vom 18. Aug. 1916, BAAP, KMA 87.37, Nr. 245, Bl. 60.

[226] Z.B. der Verein deutscher Eisen- und Stahlindustrieller. Vgl. Prot. der Hauptvorstandssitz. des VdEStI vom 11. Okt. 1915, BAK, R 13I/146, Bl. 139ff.; Prot. der Hauptvorstandssitz. des VdEStI vom 17. Febr. 1915, BAK, R 13I/143, Bl. 143. Auf der anderen Seite gab es auch Widerstand, zumindest gegen die konkrete Betrauung mit Kontrollaufgaben. Vgl. Schriftwechsel HK Duisburg-KRA und HK Duisburg-Industrielle vom März 1915, RWWA, 20-366-7; Schriftwechsel HK Duisburg-Wumba vom März 1918, RWWA, 20-356-6.

das Fehlen von Fabrikantenverbänden die Einigung in dem von der Regierung erwünschten Sinne verhindert oder erschwert"[227].

Die zweite Ebene der Zusammenarbeit zwischen Staat und Wirtschaft umfaßte den weiten Bereich der Vorbereitung von Entscheidungen, eine schon in Friedenszeiten geübte Praxis. Allerdings machten erst die kriegswirtschaftlichen Eingriffe dieses Vorgehen zum Standard. Institutionalisiert wurde es zwar nur selten, darauf wird im einzelnen noch einzugehen sein, aber es gab im Krieg praktisch keine Maßnahme, die ohne vorherige Absprache mit den Betroffenen erfolgt wäre. Ein Motiv dafür war die Sicherung des sozialen Friedens, die sowohl zivile als auch militärische Behörden auf ihre Fahnen schrieben. Die Beteiligung an der Entscheidungsfindung sollte Konflikte im Vorfeld ausräumen[228]. Zudem bestand ein effektiver Informationsbedarf, den die staatlichen Stellen anderweitig nur schwer decken konnten. Diese beiden Aspekte waren entscheidend für die Vielzahl von Gutachten und Besprechungen, zu denen die Behörden die Industrievertreter aufforderten.

Eine wichtige Position nahm hier neben den schon bestehenden Verbänden und einzelnen Unternehmern der im Krieg geschaffene Zusammenschluß der industriellen Verbände, der Kriegsausschuß der deutschen Industrie, ein[229]. Um trotzdem ein unabhängiges Urteil fällen zu können, bemühten sich die Behörden

---

[227] Schr. KrAdI an RdI vom 17. Juli 1917, BAAP, RdI 15.01, Nr. 18768, Bl. 30ff.; Zitat ebd., Bl. 30; vgl. auch Schr. Chemieverein an RdI vom 21. Juli 1917, BAAP, RdI 15.01, Nr. 18768, Bl. 32f.

[228] Das Reichsamt des Innern betonte etwa 1914, daß die mit der Höchstpreisverordnung einzuführenden Preise "mit Vertretern aller beteiligten Gruppen ... eingehend erörtert und durch Übereinstimmung der Beteiligten festgelegt worden" seien. Begründung zum Entwurf einer Verordnung über Höchstpreise für Kupfer vom Dez. 1914, RFM 21.01, Nr. A 2843, Bl. 22v. Ähnlich argumentierte auch das preußische Kriegsministerium. Schr. PKM an RdI vom Nov. 1914, GStAM, Rep. 120 C VIII 1, Nr. 84, Adh. 22, Bd. 1, Bl. 43; Prot. Eisen-Sitz. vom 21. Sept. 1916, BAAP, KEZ 87.25, Nr. 1, Bl. 170; Entwurf Prot. der Hauptvorstandssitz. des VdEStI vom 24. Sept. 1917, BAK, R 13I/91, Bl. 53.

[229] Er beriet die Behörden etwa in den klassischen Bereichen des Außenhandels und der Wirtschaftspolitik, beteiligte sich aber im Auftrag des Reichsamts des Innern auch an der Zwangsverwaltung ausländischer Unternehmen. Gutsche, Beziehungen, S. 261, 264. Vgl. auch Eingabe KrAdI an RK vom 7. Jan. 1916 sowie verschiedene Druckschriften zur Regelung der handelspolitischen Verhältnisse, Bayer-Archiv, 201/4; RSchr. KrAdI vom 8. Jan. 1916, BAK, R 13I/185, Bl. 176ff. So sollten die Geschäftsführer des Kriegsausschusses der deutschen Industrie als Vertreter der gesamten Industrie täglich mit einem Offizier der Kriegsrohstoffabteilung konferieren, "um gemeinsam die jeweilig vorliegenden Anfragen und Beschwerden zu bearbeiten". Schr. KrAdI an Mitglieder vom 12. Febr. 1915, Haniel-Archiv, Nr. 300193008/3, Bl. 30. Es ist allerdings offen, ob das tatsächlich realisiert wurde. Zu den Gutachten vgl. unten S. 86f.

durchaus darum, Gutachten verschiedener Interessenvertreter einzuholen. Z.B. erkundete das Reichsamt des Innern beim Syndikat deutscher Sodafabriken, beim Verein zur Wahrung der Interessen der chemischen Industrie und beim Kriegsausschuß der Seifen- und Stearinfabriken, welche Möglichkeiten zur Einbeziehung chemischer Firmen in die Produktion von Soda beständen[230]. Allerdings läßt sich in allen Branchen ein gewisses Übergewicht der Produzentenverbände gegenüber den Verbrauchervereinigungen feststellen, und zwar vor allem in der Eisen- und Stahlindustrie sowie bei den Chemikalien[231].

Als Informationsquelle dienten Unternehmen und Verbände für alle Behörden und Kriegsgesellschaften insbesondere dann, wenn es um die Stellenbesetzung von Organisationen oder Firmen unter staatlicher Leitung ging. Hier wandten sich stellvertretende Generalkommandos, Kriegsamt, Kriegsrohstoffabteilung und Kriegsgesellschaften an Wirtschaftsvertreter, nicht nur, um sich geeignete Personen nennen zu lassen, sondern auch, um Beurteilungen über eventuelle Mitarbeiter einzuholen[232].

Nicht zu vergessen war der Informations- und Argumentationsbedarf der Behörden gegenüber dem Reichstag, der sich im letzten Kriegsjahr verstärkt in wirtschaftspolitische Fragen einmischte. In diesen Auseinandersetzungen berief sich die Exekutive immer wieder auf Gutachten und Besprechungen mit den

---

[230] Vgl. Schr. RdI an die drei Institutionen vom 8. Mai 1916, BAAP, RdI 15.01, Nr. 18762, Bl. 326. Ähnlich agierte die Kriegschemikalien AG. Schr. KCA an Bayer vom 23. Febr. 1917, BAAP, KCA 87.29, Nr. 290, Bl. 11. Dasselbe läßt sich für den Beauftragten des Kriegsministeriums beim Roheisenverband sagen. Schr. Vereinigung deutscher Edelstahlwerke an BdKM vom 30. Dez. 1917, BAAP, KEZ 87.25, Nr. 96, Bl. 195ff.

[231] Z.B. wurde der Gießereiverband an vertraulichen Verhandlungen mit dem Reichswirtschaftsamt zu Fragen der Übergangswirtschaft nicht beteiligt. Schriftwechsel Gießereiverband-Beukenberg vom 16./18. Sept. 1918, Mannesmann-Archiv, P 2/25/01.3, Bl. 201ff. Ebenso scheiterten Versuche, das Reichsamt des Innern für Interventionen zugunsten der Sodaverbraucher zu gewinnen, immer wieder. Vgl. verschiedene Schriftwechsel bis Mai 1916, BAAP, RdI 15.01, Nr. 18761/18762, passim sowie unten, S. 362.

[232] Stellvertretende Generalkommandos: Schr. stv. GK Münster an Beukenberg vom 7. Dez. 1916, Mannesmann-Archiv, P 2/25/01.3, Bl. 57; Schr. VdEh an beteiligte Werke vom 1. Aug. 1917, Mannesmann-Archiv, P 8/25/73. Kriegsamt: Schr. KA/Techn. Stab an Duisberg vom 10. Okt. 1918, Bayer-Archiv, 201/6.2, Bd. 2. Kriegsrohstoffabteilung: Schr. KRA an Plieninger vom 10. Febr. 1917, BAAP, KSK 87.38, Nr. 2; Tel. Fischer an Beukenberg vom 28. Nov. 1916, Mannesmann-Archiv, P 2/25/01, Bl. 232; Sachverständige für Beutepreise: Schr. VdEStI an Mitglieder vom 31. März 1915, BAK, R 13I/182, Bl. 43. Kriegsgesellschaften: Schr. KCA an Hoechst vom 5. Aug. 1916, Hoechst-Archiv, 18/1/20.

Verbänden[233]. So fand beispielsweise eine Stellungnahme des Direktors der Deutsch-Luxemburgischen Bergwerks- und Hütten-AG weitgehende Berücksichtigung in der amtlichen Erwiderung der Kriegsrohstoffabteilung auf Vorwürfe des Reichstages gegen ihre Preispolitik[234]. Nur selten trat die industriefreundliche Haltung der Kriegsrohstoffabteilung so offen zutage wie bei dem folgenden Fall, der vermutlich mit diesen Vorwürfen in Zusammenhang stand. Ein Mitarbeiter der Sektion Eisen der Kriegsrohstoffabteilung übersandte seinen Entwurf einer Denkschrift über die Preispolitik der Behörde an den Direktor des Schiffbaustahlkontors Glitz mit der Bitte um argumentative Anregungen. Zweck der Denkschrift war der Nachweis, daß die Höchstpreise ihre Funktion erfüllt und die Erhöhungen die Preise nur an die Selbstkosten angeglichen hätten[235].

Neben der Lieferung von Informationen für kriegswirtschaftliche Entscheidungen nutzten die Behörden die Interessenverbände, um Reglementierungen bei den Betroffenen bekannt zu machen. Zentrale Bedeutung erhielt hier der Kriegsausschuß der deutschen Industrie, dessen regelmäßig erscheinendes Organ vorwiegend diesem Zweck diente[236], aber auch die Branchenverbände wurden damit betraut[237].

Diese Form der Einbindung in die Entscheidungsfindung gründete nicht nur in den Bedürfnissen der Behörden, sondern kam auch den Wirtschaftsvertretern entgegen. Sie gab ihnen die Möglichkeit, ihre Interessen einzubringen, indem sie ihre Sicht der Dinge darstellten. Gleichzeitig war es für die Industriellen wichtig, über das informiert zu werden, was die Behörden beabsichtigten, um nötigenfalls intervenieren zu können. An dieser Stelle soll nicht herausgearbeitet werden, in welchen konkreten Fällen die Einflußnahme von Interessenvertre-

---

[233] Z.B. Prot. der Hauptvorstandssitz. des VdEStI vom 6. März 1918, BAK, R 13I/91, Bl. 16v.

[234] Vortragsnotizen des Bergassessors Koska o.D., BA-MA Freiburg, N 415/8 Mentzel, Bl. 68.

[235] Vertrauliches Schr. Raabe, Sekt. E der KRA, an Glitz vom 15. Juni 1918, Haniel-Archiv, Nr. 3000030/11b, Bl. 140.

[236] Mitteilungen des Kriegsausschusses der deutschen Industrie, Berlin 1914-1918. Diesem Zweck diente ebenso ein "Wegweiser durch die Deutsche Kriegswirtschaft", der seinen Mitgliedern den Umgang mit den Behörden erleichtern sollte. Bayer-Archiv, 201/4.

[237] Z.B. in der Eisen- und Stahlindustrie. RSchr. Nordwestliche Gruppe VdEStI vom 19. Jan. 1917, Haniel-Archiv, Nr. 3001071/7a, Bl. 223. Vor allem der Deutsche Stahlbund wurde hierfür herangezogen, entweder in seinen Sitzungen, Prot. DStB vom 18. Jan. 1917, Haniel-Archiv, Nr. 3000030/11A, Bl. 14, oder in Rundschreiben an seine Mitglieder. RSchr. Nr. 31 vom 6. Febr. 1917, Mannesmann-Archiv, P 2/25/01.4, Bl. 180f.

tern zu dieser oder jener Maßnahme der Regierung führte. Dies wird in den beiden Teilen zu Beschaffung und Verteilung untersucht werden. Hier kommt es vielmehr darauf an aufzuzeigen, welche Möglichkeiten die Industrie erhielt, um ihren Einfluß geltend zu machen. Dabei kamen einzelne Unternehmer ebenso zum Zuge wie alteingesessene Verbände und Syndikate, die ihre Kontakte zur Bürokratie schon vor Kriegsausbruch intensiv gepflegt hatten. Ein Beispiel dafür ist etwa der Austausch, den Goldkuhle, Ministerialdirektor im Reichsamt des Innern, und Beukenberg, Generaldirektor der Phoenix AG für Bergbau und Hüttenbetrieb und Vorsitzender der Nordwestlichen Gruppe des Vereins deutscher Eisen- und Stahlindustrieller, über die Auswirkungen des Krieges auf die Ruhrindustrie führten[238]. Wenig Aufmerksamkeit von seiten der Behörden erhielten dagegen die Handelskammern, die als Auskunftsorgane ebenfalls in Frage kamen. Zwar sollten sie zunächst für die Vergabe von Kriegsaufträgen an Firmen herangezogen werden[239]. Doch mußten sie sich schließlich damit begnügen, Auskünfte über Betriebe des Bezirks zu erteilen, und auch hier nutzte die Heeresverwaltung andere Quellen, z.B. die Gewerbeinspektoren[240].

Nachdem die Motivationen beider Seiten für eine Zusammenarbeit geklärt wurden, soll im folgenden anhand einiger Beispiele erläutert werden, wie sich diese Einbindung praktisch vollzog. Prinzipiell lassen sich zwei Wege unterscheiden, mit denen Industrie und Handel in die Vorbereitung von Entscheidungen einbezogen wurden. Erstens ist die Mitgestaltung von Verordnungen über die Abgabe von Gutachten oder die Teilnahme an Besprechungen zu nennen. Dies war eine schon in Friedenszeiten geübte Praxis, die aber im Krieg ausgedehnt wurde, weil wesentlich mehr Eingriffe durch die Behörden als im Frieden erfolgten. Standard wurde die Mitsprache etwa beim Erlaß von Höchstpreisverordnungen. Beispielsweise forderte das preußische Ministerium für Handel und Gewerbe von den Handelsfirmen direkt Gutachten über die Vorschläge der Kriegsmetall AG zu den Höchstpreisen für Metalle an[241]. Auch das preußische

---

[238] Schriftwechsel Goldkuhle-Beukenberg vom Aug. 1914, Mannesmann-Archiv, P 2/25/01.3, Bl. 1ff.; zu den Verbänden und Syndikaten vgl. unten, S. 263ff. (Ausfuhr) und S. 278, 285f., 300 (Preise).

[239] Schr. KRA an BKM vom 14. Okt. 1914, BHStA-KA, MKr. 12921, Prod. 110; Akte Militärlieferungen, 1914, RWWA 20-355-1 u. 20-355-2.

[240] Bericht Hauptmann Dr. Büsselberg über das Beschaffungs- und Lieferungswesen, verfaßt im Sept. 1916, an Chef des KA am 16. Jan. 1917, BA-MA Freiburg, N 46/120 Groener, Bl. 43ff., 84f.; Schriftwechsel über Beschaffungen auf Anforderung des PKM, Jan.-Dez. 1916, HStAS, M 1/9, Bü 125, Bd. 1 u. 2; Vfg. PKM vom 1. Mai 1915, HStAS, M 1/9 Bü 93, AZ III 1.1.6.a.8, Bd. 1, Bl. 43.

[241] Schr. M.M.Warburg & Co an Römhild, PMHG vom 10. Dez. 1914, GStAM, Rep. 120 C VIII 1, Nr. 84, Adh. 19, Bd. 1, Bl. 66ff.

Kriegsministerium hörte vor seiner Entscheidung die "Vertreter(n) verschiedener großer Einfuhrgesellschaften" bzw. die Produzenten[242]. Die Vorbereitung der Neuregelung der Schwefelsäurepreise übertrugen die zuständigen Stellen einer "aus den Kreisen der Industrie zusammengesetzten Kommission", deren Vorschläge genehmigt wurden[243]. Auch hierbei läßt sich eine Bevorzugung der Produzenten feststellen, wenn die Anträge von Verbrauchern auf die Festsetzung von Höchstpreisen von den Erzeugern begutachtet wurden[244]. Am stärksten war die Stellung der Eisen- und Stahlindustrie, wo der Deutsche Stahlbund die Höchstpreise für Eisen und Stahl ausarbeitete, die vom preußischen Kriegsministerium genehmigt werden mußten, dann aber als "Preisliste des Deutschen Stahlbundes" veröffentlicht wurden. Weitere wichtige Bereiche waren Ein- und Ausfuhr sowie die Übergangs- bzw. Nachkriegswirtschaft[245].

Zweitens muß die Beteiligung an neuen Organisationen beleuchtet werden. Hier beschritten die Behörden im Krieg neue Wege, wenn sie solche Institutionen von Wirtschaftsvertretern errichten oder ihnen eine dominante Stellung zukommen ließen. Charakteristisch für diese Einrichtungen, die es vor allem im Zusammenhang mit der Verteilung von Rohstoffen für die Friedensproduktion gab, war, daß sich die Behörden die letzte Genehmigung vorbehielten. Die Wirtschaftsvertreter konnten dabei unter Umständen großen Einfluß auf die

---

[242] Schr. PKM an RdI vom Nov. 1914, GStAM, Rep. 120 C VIII 1, Nr. 84, Adh. 22, Bd. 1, Bl. 43, Zitat ebd.; Erläuterungen zur Bekanntmachung betr. Beschlagnahme, Bestandserhebung und Höchstpreise für Salzsäure o.D. [1917], BAAP, KCA 87.29, Nr. 21, Bl. 25.

[243] Denkschrift über die Neuregelung der Preise für Schwefelsäure und Oleum vom 10. Mai 1918, S. 1, Bayer-Archiv, 201/6.3, Bd. 5. Auch für die Nachkriegszeit sollte ein Ausschuß von Herstellern und Verbrauchern über die weitere Gestaltung der Preispolitik mitentscheiden. Prot. SVK der KCA vom 21. Febr. 1918, BAAP, KCA 87.29, Nr. 68, Bl. 203.

[244] Schr. KCA an RdI vom 18. Febr. 1916, Schr. RdI an Glashüttenwerk Phönix vom 22. Febr. 1916, BAAP, RdI 15.01, Nr. 18761, Bl. 342ff. Vgl. auch das Gutachten des Syndikats deutscher Sodafabriken über Höchstpreise für Soda vom Mai 1916, BAAP, RdI 15.01, Nr. 18763, Bl. 84f. Ähnliches legt die Klage eines Metallverarbeiters nahe, der sich bei den Festsetzungen der Höchstpreise übergangen fühlte. Schr. C. Heckmann an KMA vom 30. Nov. 1914, BAAP, KMA 87.37, Nr. 97/1, Bl. 246.

[245] Bekanntmachung betr. Höchstpreise für Eisen und Stahl vom 20. Juni 1917, GStAM, Rep. 77, tit. 332[r], Nr. 128, Bd. 3, Bl. 95. Nicht institutionalisiert gelang ähnliches auch dem Syndikat deutscher Sodafabriken: Das Syndikat legte in einer Eingabe für die Erhöhung der Preise gleich einen Entwurf für die Änderung der Bekanntmachung über Sodapreise vor, den das Reichsamt des Innern genehmigte und weiterleitete. Schr. Sodasyndikat an RdI vom 6. Sept. 1917, BAAP, RdI 15.01, Nr. 18768, Bl. 224ff.; Schr. RdI an Sodasyndikat vom 11. Sept. 1917, BAAP, RdI 15.01, Nr. 18768, Bl. 227.

Entscheidungen erlangen, doch handelte es sich hier um die Vorbereitung von Entscheidungen, nicht um die eigenständige Ausübung von Exekutivbefugnissen.

An erster Stelle sind hier die Zentralstellen der Ausfuhrbewilligungen zu nennen, die von den industriellen Interessenverbänden schon kurz nach Kriegsausbruch initiiert wurden. Sie vertraten damit zum einen ein Anliegen ihrer Mitglieder, zum anderen sahen sie darin eine Möglichkeit zur Erweiterung ihres Tätigkeitsbereichs und zur Festigung ihrer Organisationen[246]. Das Reichsamt des Innern gliederte die neuen Stellen den Verbänden an; als "Vertrauensmänner", die die Leitung innehatten, wurden meist deren Geschäftsführer bestimmt[247]. Damit gelang es den industriellen Verbänden mehrheitlich, den Handel auszuschließen, was besonders deutlich in der chemischen Industrie zutage trat[248]. Der Schwerpunkt der Tätigkeit lag in der Sammlung und Bearbeitung der Ausfuhranträge, die das Reichsamt des Innern genehmigte[249]. Die Zentralstellen wiederum griffen auf die Angaben der Verkaufsverbände zurück, so daß diese eine entscheidende Rolle für die Verteilung der Ausfuhraufträge auf die Werke spielten[250]. Mit der Einführung von Ausfuhrkontingenten übernahmen die Zentralstellen die Aufgabe, die Anteile der einzelnen Unternehmer

---

[246] Prot. der Hauptvorstandssitz. des VdEStI vom 17. Febr. 1915, BAK, R 13I/143, Bl. 143f.; Gutsche, Beziehungen, S. 262.

[247] Leiter der chemischen Stelle wurde Oscar Horney, Generalsekretär des Vereins zur Wahrung der Interessen der chemischen Industrie. Für die Eisen- und Stahlindustrie übernahm Reichert, Geschäftsführer des Vereins deutscher Eisen- und Stahlindustrieller diesen Posten. Vgl. allgemein die Liste in der 2. Ausg. der Kriegsorganisationen vom Juni 1916, BAAP, RdI 15.01, Nr. 18826, Bl. 107. Darüber hinaus wurden auch Unternehmer bzw. Leiter von Verkaufsverbänden als Vertrauensmänner eingesetzt, z.B. Direktor Fritz Lob in der Zentralstelle für Zink und Zinkwaren oder Karl Gerwin, Leiter des Stahlwerksverbandes, für Stabeisen.

[248] Bericht Hess über Ausfuhr von Teerfarbenstoffen für die Direktoriums-Sitz. vom 15. Sept. 1914, Bayer-Archiv, Prot. Direktoriums-Sitz. Der chemische Großhandel konnte seine Positionen nicht einbringen. Rede Reifkogel auf der Gründungsversammlung der Norddeutschen Vereinigung der am Großhandel mit Chemikalien, Drogen, Farben und einschlägigen Rohstoffen beteiligten Firmen vom 11. Mai 1916, RWWA Köln, Abt. 20, Nr. 350-6.

[249] Bericht Hess über Ausfuhr von Teerfarbenstoffen für die Direktoriums-Sitz. vom 15. Sept. 1914, Bayer-Archiv, Prot. Direktoriums-Sitz; Schr. Zentralstelle für Ausfuhrbewilligung für Eisen- und Stahlerzeugnisse vom 4. Nov. 1914, Haniel-Archiv, Nr. 3001007/0, Bl. 193.

[250] Mit den Verkaufsverbänden waren Stahlwerksverband, Roheisenverband und Schiffbaustahlkontor gemeint. Zusammenstellung der Zentralstelle für Ausfuhrbewilligung der Eisen- und Stahlindustrie o.D., BAAP, KEZ 87.25, Nr. 152, Bl. 168; Schr. Phoenix an Fischer vom 5. Febr. 1917, BAAP, KEZ 87.25, Nr. 152, Bl. 99.

festzulegen[251]. Wie weitreichend diese Stellen mittels der Vorbereitung letztlich auf die behördlichen Entscheidungen Einfluß nehmen konnten, zeigt eine Aufstellung der Zentralstelle der Ausfuhrbewilligungen für Eisen- und Stahlerzeugnisse, nach der das Reichsamt des Innern von November 1914 bis November 1915 insgesamt nur 470 von knapp 47400 Anträgen, die die Zentralstelle befürwortet hatte, ablehnte[252].

Eine zweite wichtige Institution stellten die Vertrauensmänner dar. Sie verteilten die Kontingente, die für die Friedensproduktion freigegeben wurden. Zu diesem Zweck bearbeiteten sie die Bedarfsmeldungen der Firmen, prüften, ob die benötigten Rohstoffe für die Rüstungsproduktion verwendbar waren, und leiteten die Anträge dann an die zuständigen Stellen weiter[253]. Eine Sonderstellung nahmen die großen Farbenfabriken ein. Sie regelten die Verteilung ihrer Kontingente auf die einzelnen Firmen selbständig[254]. Für einige Rohstoffe, vor allem chemische, standen über den Vertrauensmännern eigene Verteilungsstellen. Die Verbände, die diese Organisationen leiteten, entwarfen die Statuten, besetzten die Posten der Vertrauensmänner, stellten einen Verteilungsplan auf, der von der aufsichtführenden Behörde genehmigt werden mußte, und trugen Sorge für dessen Durchführung[255]. In der Eisen- und Stahlindustrie übernahmen

---

[251] Zentralstelle für Ausfuhrbewilligung für Eisen- und Stahlerzeugnisse: Die Ausfuhr von Fein- und Mittelblechen im Kriege, 1917, S. 13, 15, Mannesmann-Archiv, P 2/25/01.4.

[252] Die Reduktion von mehr als 60 000 auf 47 400 nahm die Zentralstelle selbst vor. Übersicht über die Tätigkeit der Zentralstellen [Nov. 1914-Nov. 1915], BAK, R 13I/111, Bl. 33; vgl. auch Entwurf einleitender Bericht des Vorsitzenden für die Hauptversammlung des VdEStI am 9. Dez. 1915, BAK, R 13I/110, Bl. 114.

[253] Chemikalien: Ausarbeitung über die Organisation der KCA von 1917, BAAP, KCA 87.29, Nr. 3, Bl. 2f.; Schr. KCA an KRA vom 16. Aug. 1915, Bayer-Archiv, 201/6.2, Bd. 2; Schr. Bayer an KCA, Abt. Freigabe vom 11. März 1916, BAAP, KCA 87.29, Nr. 290, Bl. 81; Prot. der SVK der KCA, BAAP, KCA 87.29, Nr. 68, Unterlagen für die Beratungen der Schätzungs- und Verteilungskommission, ebd., Nr. 71; Antrag Vietts, des Vertrauensmanns für Schwefel im östlichen Teil des Reiches, an die SVK der KCA vom 17. Sept. 1915, BAAP, KCA 87.29, Nr. 18, Bl. 488.

[254] Prot. über die Besprechung der Farbenfabriken am 18. Febr. 1916, Hoechst-Archiv 18/1/14.

[255] Organisation der Tätigkeit des [Chemie]Vereins Juni 1917, Bayer-Archiv 201/3. Die Verteilungsstellen waren für Sulfat, Soda, Leim (Reichsamt des Innern) sowie Quecksilber, Chromsalz und Eisenfreigabe (Kriegsministerium) zuständig. Entwurf Statuten: Schr. Kloeppel an Direktorium Bayer vom 23. Apr. 1917, Bayer-Archiv 201/38, Bd. 1; Vertrauensmänner z.B. vom Verein Deutscher Emaillierwerke: Schr. RdI an Generaldirektor S. Winkler vom 11. Mai 1916, BAAP, RdI 15.01, Nr. 18762, Bl. 383; vgl. dazu ebd., Bl. 432; Nr. 18363, Bl. 275; Nr. 18764, Bl. 143ff. Zur Tätigkeit der Zentralstelle für Sodaverteilung gibt es eine dichte Überlieferung. BAAP, RdI 15.01,

zum einen die von den Fachverbänden organisierten "Vertrauensstellen für Eisenlieferung" diese Aufgabe[256]. Zum anderen wurden Verkaufsvereinigungen mit der Vorbereitung solcher Entscheidungen betraut. Unter der Aufsicht des Kommissariats der Eisenzentrale kümmerten sich Schrotthandelsgesellschaften, der Roheisenverband und die Gießereiverbände um die Beschaffung und Verteilung von Schrott und Gußbruch[257].

Ebenfalls zu dieser Kategorie zählen die Ausschüsse, die zur Still- und Zusammenlegung von Betrieben im Rahmen des Hindenburg-Programms gebildet wurden. Über die Arbeit dieser Ausschüsse, vor allem in den hier bearbeiteten Branchen, die im wesentlichen als kriegswichtig galten, gibt es nur wenig Material. So wissen wir z.B., daß sich die großen Berliner Firmen an den Stillegungen in der Berliner Metallbranche beteiligten, nicht aber, wie diese Mitarbeit im einzelnen aussah[258]. Am besten ist die Überlieferung noch bei der Textilindustrie. Die von Verbänden ausgearbeiteten Listen über die stillzulegenden Betriebe wurden oft ohne Änderung von den Behörden genehmigt[259]. Über die Verteilung von Entschädigungen im Rahmen von Entschädigungsgemeinschaften entschied die Industrie selbst, denn es gab keine behördlichen Richtlinien[260].

Nur selten nahm die Einbindung in die Entscheidungsfindung institutionelle Formen an. Die Möglichkeit, Beiräte zu bilden, in denen die betroffenen Wirtschaftsvertreter ihre Vorstellungen regelmäßig einbringen konnten, wurde schon

---

Nr. 18761-18768, passim. Zur Genehmigung durch die Behörden vgl. auch Schr. Dr. Zellner an Dr. Oppenheim vom 11. Jan. 1917, BAAP, KCA 87.29, Nr. 290, Bl. 128.

[256] Römermann, Mittel, S. 101f. Für die Verteilung der seit Oktober 1916 monatlich festgesetzten Ausfuhrkontingente waren die Zentralstellen für Ausfuhrbewilligung zuständig. Zentralstelle der Ausfuhrbewilligungen für Eisen- und Stahlerzeugnisse: Die Ausfuhr von Fein- und Mittelblechen im Kriege, 1917, S. 13, 15, Mannesmann-Archiv P 2/25/01.4.

[257] Müller, Kriegsrohstoffbewirtschaftung, S. 109, Anm. 2; NSchr. Sitz. betr. Gußbruch-Organisation am 30. März 1917, BAAP, KEZ 87.25, Nr. 2, Bl. 12f.

[258] Die Kriegsamtstelle Berlin bat Deutsch (Allgemeine Elektricitäts-Gesellschaft), Haller (Siemens-Schuckert-Werke) und Borsig (Borsig Werke AG) um ihre Mitarbeit. NSchr. Besprechung in der Kriegsamtstelle Berlin am 4. Juli 1917, SAA, 4/Lk 27 Wilhelm v. Siemens.

[259] Verzeichnis der weiterarbeitenden und stillgelegten Kammgarnspinnereien vom 8. März 1917, Anlage zu Schr. der KRA Nr. 1295 o.D., BA-MA Freiburg, RH 60/v.22. Zur starken Stellung der Verbände in der Baumwollindustrie vgl. Wiegmann, Textilindustrie, S. 42ff.

[260] Zusammenfassung A II e,1 "Still- und Zusammenlegungen" [verfaßt von einer wissenschaftlichen Kommission in den dreißiger Jahren], S. 8, BA-MA Freiburg, RH 60/v. 9.

im Kaiserreich genutzt. Hier wäre vor allem der Wirtschaftliche Ausschuß zu nennen, der 1897 beim Reichsamt des Innern gegründet wurde, um handelspolitische Maßnahmen vorzubereiten und zu begutachten[261]. Solche Institutionen waren aber eher die Ausnahme denn die Regel. Im Krieg legten sich insbesondere die militärischen Stellen Beiräte zu, um sich für ihre neuen wirtschaftspolitischen Aufgaben sachkundig beraten zu lassen, und werteten damit diese Institution auf. Das bekannteste Beispiel ist das Waffen- und Munitionsbeschaffungsamt, bei dessen Gründung der Beirat, der aus zahlreichen Industriellen bestehen sollte, eine wichtige Rolle spielte[262].

Die Bedeutung dieser Beiräte ist aber schwer einzuschätzen, denn über ihre Tätigkeit gibt es kaum Materialien. Einerseits fühlten sich führende Wirtschaftsvertreter brüskiert, wenn sie nicht beteiligt wurden, wie der Ärger Carl Friedrich von Siemens' über den Ausschluß der Elektroindustrie aus dem Beirat des Kriegsamts deutlich macht[263]. Auch auf die Organisation der zivilen Behörden scheinen die Beiräte Einfluß gehabt zu haben, denn neben der Tradition des Wirtschaftlichen Ausschusses dürfte diese Form der institutionalisierten Mitsprache ausschlaggebend für die Errichtung von Fachausschüssen im Reichswirtschaftsamt gewesen sein[264]. Andererseits sprechen gewichtige Argumente für eine relativ begrenzte Wirkung. So konnten sich diese Beiräte selten tatsächlich als regelmäßig tagende und Entscheidungen beeinflussende Gremien etablieren[265]. Nachweisbar ist auch, daß die Eisen- und Stahlindustriellen eine nur beratende Tätigkeit in der Rohstahlausgleichsstelle explizit ablehnten[266].

---

[261] Facius, Wirtschaft, S. 74f.

[262] Erste Sitz. des Beirats des M.B.A. am 26. Sept. 1916, Bayer-Archiv, 201/6.1. Selbst kleinere Einheiten, wie das kurz danach errichtete Reichskommissariat für Stickstoff oder die Zivilverwaltung für die besetzten Gebiete in Metz hatten einen Beirat. Schr. Wumba an BASF vom 2. Jan. 1917, BASF, A 18/40, Schr. Zivilverwaltung Metz an Krupp vom 14. März 1916, HA Krupp, WA 77/V 810.

[263] Sitzungsprot. des KrAdeI vom 18. Jan. 1917, SAA 11/Lb 62 Haller.

[264] Für diese Ausschüsse wurde immer ein Obmann aus der jeweiligen Branche ernannt.

[265] Der Beirat des Waffen- und Munitionsbeschaffungsamts tagte nur selten. Vgl. folgende Prot.: 2. Sitz. am 15. Okt. 1916, BAK, NL 158 Moellendorff, Nr. 124; Sitz. des Beirat des Waffen- und Munitionsbeschaffungsamts am 10. Dez. 1916, HStAS, M 1/9, Nr. 70, AZ III.1.1.6.G3; Sitz. Beirat am 26. Jan. 1917, Bayer-Archiv, 201/6.1. Nach Schr. KA/Wumba an BKM vom 31. Dez. 1916 fanden Sitzungen nach Bedürfnis statt. BHStA-KA, MKr. 14165, Prod. 39. Vgl. auch verschiedene Unterlagen zur Gründung und Tätigkeit dieses Beirats vom 19. Sept. 1916- 26. Jan. 1917, Bayer-Archiv, 201/6.2, Bd. 1. Vgl. dazu auch die wenigen Angaben bei Plumpe, I.G. Farbenindustrie, S. 90f. Gelungen ist diese Institutionalisierung lediglich der chemischen Industrie, die aus dem Beirat des Waffen- und Munitionsbeschaffungsamts heraus monatliche Sitzungen mit

Bleibt noch die dritte Ebene zu betrachten, die Durchführung von Entscheidungen. In diesem Rahmen hatten die Wirtschaftsvertreter die geringsten Einwirkungsmöglichkeiten, denn die Richtlinien für das Vorgehen legten die staatlichen Stellen fest. Der Ermessensspielraum blieb dabei begrenzt. Dies traf etwa für die Beschlagnahme von Chemikalien oder die freiwillige Abgabe von Sparmetallen zu, die durch Obmänner bzw. Vertrauensmänner aus den betroffenen Industrien ausgeführt wurde[267]. Ähnlich untergeordnet war die Stellung der Wirtschaftsvertreter in der Metallverteilung, im Gegensatz zu den Entwicklungen in den beiden anderen Branchen. Sehr deutlich trat dies bei Aluminium hervor. Zu Beginn des Krieges konnte sich die Aluminium-Einkaufs-Vereinigung, eine Organisation der großen Verbraucher, die Entscheidungsbefugnis über die Verteilung dieses Metalls sichern. Im Januar 1915 mußten die Unternehmer dies der Aluminium-Verteilungs-Kommission überlassen, in der sie aber mit mehreren Vertretern weitreichende Einflußmöglichkeiten besaßen[268]. Im Juni 1915 wurde dann zunächst die Vertrauenskommission, später das Zuweisungsamt bei der Metallmeldestelle mit der Verteilung von Aluminium betraut. In dieser von den Behörden dominierten Instanz besaßen weder die Einkaufsvereinigung noch andere Industrievertretern einen besonderen Status[269].

Bemerkenswert ist für die Einbindung auf allen drei Ebenen die Tatsache, daß insbesondere die militärischen Behörden den Zusammenschluß der Werke in Form von Syndikaten förderten. Sie zogen es im allgemeinen vor, nur mit einer Organisation zu verhandeln, während die Möglichkeit, aus der Konkurrenz der Firmen Vorteile für die eigene Position schöpfen zu können und damit

---

den zuständigen Behörden über den Stand der Pulverfertigung abhielt. Prot. 1.-20. Sitz. über den Stand der Pulverfertigung, 3. März 1917-4. Okt. 1918, HStAS, M 1/9, Nr. 70, AZ III.1.1.6.G3.

[266] Entwurf Prot. Eisen-Sitz. vom 21. Sept. 1916, BAAP, KEZ 87.25, Nr. 1, Bl. 181f.

[267] Chemische Industrie: Prot. SVK der KCA vom 18. Juni 1915, BAAP, KCA 87.29, Nr. 68, Bl. 90f., 104; Sparmetallabgabe: Vortrag von der Porten bei der Sitzung der Metall-Revisoren am 2./3. Aug. 1917, S. 15, BHStA-KA, MKr. 17286.

[268] Vertrag zwischen KMA und AEV vom Dez. 1914, BAAP, KMA 87.37, Nr. 486, Bl. 5; Entwurf Regelung des Aluminium-Geschäftes zwischen AEV und KMA o.D., BAAP, KMA 87.37, Nr. 97/1, Bl. 143. Vgl. z.B. auch Prot. der Aluminium-Verteilungs-Kommission vom 15. Jan. 1915, BAAP, KMA 87.37, Nr. 38, Bl. 26: Hier standen drei Behördenvertretern in den Kommissionen acht Industriellen gegenüber; den Vorsitz führte ebenfalls ein Firmeninhaber. Müller, Kriegsrohstoffbewirtschaftung, S. 60. Zur Aluminium-Einkaufs-Vereinigung vgl. unten, Anm. 69, S. 128.

[269] Schr. PKM an PMHG vom 11. Juni 1915, GStAM, Rep. 120 C VIII 1, Nr. 84, Adh. 13^{M}, Bd. 1, Bl. 222; Prot. Nr. 25 der SVK der KMA vom 10. Juli 1915, BAAP, KMA 87.37, Nr. 101, Bl. 97f. Offiziell besaßen Industrie und Banken jeweils einen Vertreter. Z.B. NSchr. der Sitz. des ZA vom 15. Apr. 1916, BAAP, KMA 87.37, Nr., Bl. 189f.: Hier standen 37 Behördenvertretern drei Industrielle gegenüber.

die Marktmacht als wichtigster Nachfrager auszunutzen, selten zur Debatte stand. Beispielsweise bemühte sich die Kriegsrohstoffabteilung immer wieder, einen Zusammenschluß von Rohstahlproduzenten und -verbrauchern zu fördern. Dies begann schon im Frühjahr 1915[270], doch erst die Drohung mit der Beschlagnahme von Eisen und Stahl im Oktober 1916 führte zu einer Einigung der Industriellen. Allerdings war der daraus hervorgehende Deutsche Stahlbund kein Syndikat im eigentlichen Sinne, eher ein weiterer Interessenverband[271]. Seit November 1916 trieb die Kriegsrohstoffabteilung dann den Ausbau des 1904 gegründeten Stahlwerksverbandes voran. Zunächst übertrug sie ihm den Verkauf von Stabeisen, dem wichtigsten B-Produkt, worüber die Werke vorher direkt mit den Beschaffungsstellen verhandelt hatten[272]. Seit Frühjahr 1917 förderte sie generell den Zusammenschluß aller Produzenten von B-Produkten[273]. Einen Teilerfolg konnte sie im Sommer 1917 mit dem Anschluß der Siemens-Martin-Werke an den Stahlwerksverband erreichen[274].

Man darf jedoch aus dieser forcierten Einbindung von Wirtschaftsvertretern in die Bewirtschaftung nicht schließen, daß die Beteiligten kein Bewußtsein von den Problemen hatten, die mit einer solchen Verflechtung verbunden waren. Es waren keineswegs nur Wissenschaftler, die betonten, daß Leute aus der Wirtschaft prinzipiell nie ihrer "Interessenteneigenschaften" enthoben seien und deshalb davor warnten, sie mit Entscheidungsbefugnissen auszustatten[275]. Es gab immerhin einige, wenn auch wenige Versuche der Behörden, von den

---

[270] Wiedenfeld, Organisation, S. 52. Er verteidigte das Vorgehen der Kriegsrohstoffabteilung, indem er den Wettbewerb vor allem beim Stabeisen als "für die KRA ... unbequem und sogar störend" charakterisierte, ohne diese "Störung" weiter zu erklären. Vgl. auch Vertragsentwurf Deutscher Stahlbund Mai 1915 (Nr. 2), BAAP, KEZ 87.25, Nr. 77, Bl. 167-180 sowie Entwurf Nr. 1 vom 1. Jan. 1915, Haniel-Archiv, Nr. 3000035/1, Bl. 105-115.

[271] RSchr. KRA Nr. 17 Metalle vom 27. Dez. 1916, HStAS, M 1/6, Nr. 1365, Bl. 98f.; Wiedenfeld, Organisation, S. 52ff.

[272] RSchr. SWV Nr. 90 an die Mitgl. des Stabeisen-Ausfuhr-Verbandes vom Sept. 1916, Archiv der Thyssen AG, A/654/2.

[273] Vgl. Haniel-Archiv, Nr. 3000035/2b, 3000035/0, 3000035/1, 3000035/2a, passim; Feldman, Iron, S. 67ff.

[274] Bericht über die Besprechung am 21. Juni 1917 betr. Zusammenschluß der noch außenstehenden Werke in den Stahlwerksverband, BAAP, KEZ 87.25, Nr. 79, Bl. 5ff. Ähnlich betrieb die Kriegsrohstoffabteilung die Bildung neuer Schrotthandelsgesellschaften. Müller, Kriegsrohstoffbewirtschaftung, S. 109, Anm. 2.

[275] Denkschrift Levy u.a. an RSchA vom 12. Dez. 1914, BAAP, RFM 21.01, Nr. A 2843, Bl. 71f.; Zitat ebd., Bl. 71. Unterzeichner dieser Denkschrift waren von Schmoller, Sering, Herkner, Francke und Levy, führende Vertreter des Vereins für Socialpolitik.

bestehenden Verbänden unabhängige Organisationen aufzubauen. Dazu gehörten die Metallberatungs- und Verteilungsstellen, die für die Einsparung und den Ersatz von knappen Metallen zuständig waren. Wie eng die Grenzen für solche Alleingänge vor allem in der Eisen- und Stahlindustrie gezogen waren, zeigt der erfolgreiche Widerstand des Vereins deutscher Eisenhüttenleute, der solche eigenständigen Institutionen verhinderte und statt dessen erreichte, daß er mit dieser Aufgabe betraut wurde[276]. In der Auseinandersetzung um die Ausfuhrabgabe für Eisen und Stahl Mitte 1916 führten Kriegsrohstoffabteilung und Kommissariat der Eisenzentrale aus, "dass es bedenklich sei, die Verbände ausschließlich mit der Ausfuhr zu betrauen und ihr Monopol durch die Erhebung der Steuer noch zu stärken, indem man die Steuerhandhabung in deren Hände lege"[277]. Auf eine kritische Distanz gegen Industrielle als Berater in Behörden läßt der Hinweis schließen, daß Kurt Sorge, Direktor der Fried. Krupp AG und Chef des Technischen Stabes im Kriegsamt, "als Nicht-Beamter einen schweren Stand, namentlich General Coupette gegenüber [habe], der sich nicht gern in seinen Kram darein reden lässt"[278]. Auch die Kriegsrohstoffabteilung erkannte sehr wohl, daß "ungeschönte" Auskünfte z.B. in der Frage nach Selbstkosten von den Verbänden nur zu erwarten waren, wenn man sie unter Druck setzte, etwa mittels einer Vereidigung[279]. Doch wogen die Bedenken insgesamt nicht so schwer, daß sie die Einbindung prinzipiell in Frage stellten; es fehlten dafür praktikable Alternativen.

Auf der anderen Seite gab es auch auf der Unternehmerseite sehr wohl eine Sensibilität für die problematischen Seiten dieser engen Zusammenarbeit. Ein Vertreter der Eisen- und Stahlindustrie gab etwa zu: "Die Männer aus dem praktischen Leben sind immer mehr oder weniger Interessenten und infolgedessen in der Beurteilung der Dinge nicht sachlich"[280]. Schon ein Jahr zuvor hatte der Geschäftsführer des Vereins deutscher Eisen- und Stahlindustrieller die Mitarbeit von Industriellen in den Behörden skeptisch betrachtet: "Die Industrie hat ja von jeher den Wunsch gehabt, möglichst viele Industrieleute, die mit unseren Verhältnissen vertraut sind, in den Beamtenkörper zu senden. M[eine] H[erren], ich weiss nicht, ob man diese Ansicht nicht reformieren muss. Mir

---

[276] RSchr. VdEh an Hüttenwerke vom 17. Aug. 1915, Haniel-Archiv, Nr. 30242/37.

[277] Aktennotiz über Besprechung Reg.-Rat Mathis mit Rittmeister Fischer und Bergassessor Horten am 29. Juli 1916, BAAP, KEZ 87.25, Nr. 152, Bl. 207.

[278] Schr. Reusch an Wieland vom 19. Dez. 1916, Haniel-Archiv, Nr. 30019390/29.

[279] Prot. Klemme über Sitz. des SWV vom 5. Sept. 1918, Haniel-Archiv, Nr. 3000030/11b, Bl. 169. Es ging dabei um den Wunsch der Behörden, die Selbstkosten der Unternehmen einwandfrei ermitteln zu können, die als Grundlage für die Preisfestsetzung dienen sollten.

[280] Schr. Reusch an Wiedemeyer vom 24. Nov. 1916, Haniel-Archiv, Nr. 300193008/3.

kommt es fast so vor, dass neben einer ganz geringen Anzahl recht tüchtiger Vertreter, die jetzt eine hervorragende Rolle spielen, doch die grosse Mehrheit durchaus sich nicht eignet und sich durchaus nicht auf die Schwierigkeiten des bureaukratischen Betriebes einspielen kann. So ergibt sich denn, dass ein Zweifel über die Notwendigkeit einer Aenderung des jetzigen Verhältnisses wohl nirgends besteht"[281].

Der Informationsfluß, der bisher aus der Sicht der Behörden geschildert wurde, war keineswegs einseitig; es handelte sich vielmehr um einen Austausch. Bezeichnend ist etwa ein Ausspruch von Hermann Schmitz, Referent für Chemikalien in der Kriegsrohstoffabteilung, der Franz Oppenheim, Generaldirektor der AG für Anilinfabrikation und Vertrauensmann für Stickstoff, "als Briefträger zwischen den Behörden und den Firmen der I[nteressen]-G[emeinschaft]" bezeichnete[282]. Diesen Austausch von der Seite der Industriellen zu beleuchten, ist Ziel der folgenden Ausführungen.

Mehr als in der Vorkriegszeit bemühten sich die Firmen selbst darum, in Berlin bei den Reichs- und preußischen Behörden präsent zu sein. So richteten die Farbenfabriken vorm. Friedrich Bayer ein eigenes Büro in Berlin ein. Welche große Bedeutung sie diesen Kontakten zumaßen, zeigt die Besetzung dieses Büros mit einem Vorstandsmitglied[283]. Auch die Interessenverbände hielten engen Kontakt mit Behördenvertretern, indem sie diese z.B. zu ihren Hauptversammlungen einluden[284]. Dasselbe gilt für Verkaufsverbände und einzelne Industrielle. Bayer pflegte gute Beziehungen zu dem Referenten für Sprengstoffe in Feldzeugmeisterei und Waffen- und Munitionsbeschaffungsamt, Garke, Thyssen zu dem stellvertretenden Generalkommando Münster[285]. Besondere Aufmerksamkeit erhielten die in den Behörden tätigen Unternehmer, etwa

281 Prot. der Hauptvorstandssitz. des VdEStI vom 9. Dez. 1915, BAK, R 13I/147, Bl. 372.

282 Schr. Schmitz an Vorstand Bayer vom 12. Sept. 1916, Bayer-Archiv, 201/5.4.

283 Schr. Kloeppel an Direktorium Bayer Apr. 1917-Nov. 1919, Bayer-Archiv, 201/38, Bd. 1 u. 2. Ähnliches taten die Mannesmann-Röhrenwerke AG Anfang 1917. Schr. Eich an Steinthal vom 2. Febr. 1917, Mannesmann-Archiv, M 11.085, Bd. 28, Bl. 180h; Kocka, Klassengesellschaft, S. 148.

284 Z.B. 37. Prot. der Hauptversammlung des Chemievereins vom 25. März 1916, BAAP, RdI 15.01, Nr. 18764, Bl. 245ff.; Schr. PMHG an Regierungspräsident Düsseldorf vom 6. Apr. 1918 (Vertreter PMHG bei Hauptversammlung des VdEh am 14. Apr.), GStAM, Rep. 120 C VIII 1, Nr. 65, Bd. 6, Bl. 307.

285 Bayer: Schr. Duisberg an Garke vom 14. Dez. 1917, Persönlich! Bayer-Archiv, 201/6.2, Bd. 2; vgl. auch Briefe Garkes an Böttinger von 1916-1918, Bayer-Archiv, AS Duisberg (Dank für verschiedene Lebensmittel). Thyssen: Verschiedene Schr. Meng an F. Thyssen von Aug. 1916-Mai 1917, Archiv der Thyssen AG A/717/2.

Hermann Fischer[286], der Leiter des Kommissariats der Eisenzentrale, der seinerseits aus seiner Tätigkeit als Mitinhaber der Direction der Disconto-Gesellschaft zahlreiche Unternehmer kannte[287].

Wenn es um konkrete Interessenwahrung ging, standen den Unternehmen mehrere Mittel zur Verfügung. Erstens, und das überlagerte sich stark mit dem Informationsbedarf der Behörden, verfaßten sie Eingaben und führten Verhandlungen mit den zuständigen Stellen, um Einfluß auf wirtschaftspolitische Entscheidungen zu nehmen. Diesen schon im Kaiserreich üblichen Weg beschritten vor allem die Interessenorganisationen, selbstverständlich aber auch einzelne Unternehmer. Syndikate und Verbände waren hierbei gleichermaßen aktiv. Man kann jedoch eine Art Arbeitsteilung feststellen. Die Verkaufsorganisationen für die hier behandelten Rohstoffe engagierten sich hauptsächlich auf dem Gebiet der Preispolitik. Im Unterschied zu Friedenszeiten standen jetzt weniger syndikatsinterne Konflikte im Mittelpunkt als vielmehr Auseinandersetzungen mit der Regierung[288]. Die Interessenverbände nahmen sich dagegen stärker Fragen der Ausfuhr, der Beschlagnahme und der Nachkriegswirtschaft an[289]. In diesem Bereich ist auch der Schwerpunkt der Tätigkeit des Kriegsausschusses der deutschen Industrie zu sehen. Er selbst sah sich zwar als Informations-

---

[286] Hermann Fischer: Dr. jur; Rechtsanwalt; seit 1912 Vorstandsmitglied im A. Schaaffhausen'schen Bankverein; 1914-1919 Mitinhaber der Direction der Disconto-Gesellschaft; Mitglied in zahlreichen Aufsichtsräten (z.B. Allgemeine Elektricitäts-Gesellschaft, Deutsch-Luxemburgische Bergwerks- und Hütten AG oder Gelsenkirchener Bergwerks AG); Juni 1916-Nov.1918 Tätigkeit in KRA, ab Sept. 1916 als Leiter des Kommissariats des Eisenzentrale; 1918-1919 Tätigkeit im Reichsamt für wirtschaftliche Demobilmachung; 1919 Wechsel vom Vorstand in den Aufsichtsrat der Direction der Disconto-Gesellschaft; Mitglied des Reichstages; 1922 Präsident des Hansa-Bundes.

[287] Schr. VdEh an EZ vom 16. März 1918, BAAP, KEZ 87.25, Nr. 88, Bl. 16f (Teilnahme an Hauptversammlung und nachfolgendem Mittagessen).

[288] Allgemein: Prot. Sitz. des Hauptvorstandes des VdEStI vom 21. Juni 1917, BAK, R 13I/151, Bl. 42. Einzelne Rohstoffe: Metalle: Schr. Verkaufsstelle des Kupferblech-Syndikats GmbH an RdI vom 23. Febr. 1915, BAAP, KMA 87.37, Nr. 97/2, Bl. 49ff.; Chemikalien: Schr. Sodasyndikat an RdI vom 4. Dez. 1916, BAAP, RdI 15.01, Nr. 18765, Bl. 157ff.; Schr. Sodasyndikat an RdI vom 26. Mai 1917, BAAP, RdI 15.01, Nr. 18767, Bl. 24ff u.ö.; Eisen und Stahl: Z.B. Bericht Verlohr über die Sitz. des REV am 27. Okt. 1916, Archiv der Thyssen AG, A/655/1; Prot. Hauptversammlungen REV vom 29. Nov. und 19. Dez. 1916, Archiv der Thyssen AG, FWH/860-13 u.ö.

[289] Einen guten Überblick vermittelt z.B. die Schrift "Die Tätigkeit des Vereins deutscher Eisen- und Stahlindustrieller aus den Berichten über die Hauptvorstandssitzungen und Mitgliederversammlungen des Hauptvereins. Vom Mai 1913 bis Juni 1924". BAK, R 13I/8, Bl. 178ff., der u.a. eine Liste der verfaßten Denkschriften und Eingaben beiliegt.

vermittler zwischen Angebot und Nachfrage für Rüstungsgüter[290], doch gibt es bisher kaum Quellen, die dies bestätigen würden. Im Umkreis der hier untersuchten Branchen und Firmen blieb seine Arbeit im Rahmen der Tätigkeit eines Interessenverbandes[291]. Dies gilt beispielsweise für sein Engagement in den Diskussionen um einen wirtschaftlichen Generalstab[292], um die Abwehr eines Reichskommissars für Soda[293], um die Preisprüfungsstellen[294], um die Lieferbedingungen des Waffen- und Munitionsbeschaffungsamts[295] oder um die Nachkriegswirtschaft[296].

Zweitens nutzten die einzelnen Unternehmen die Möglichkeit, ihre Interessen durch vorherige Absprache gegenüber den Behörden wirksam zu vertreten. Am weitesten brachten es dabei die Farbenfabriken, denn sie formalisierten ihre Absprachen im August 1915 bzw. 1916 mit der Gründung der "Interessengemeinschaft der deutschen Teerfabriken"[297]. Gab es zunächst nur einen Austausch über die Bedingungen für Heeresverträge zwischen den schon

---

[290] Druckschrift "Das militärische Lieferungswesen", Kriegsausschuß der deutschen Industrie vom 4. Apr. 1915, RWWA, 20-356-2.

[291] Beispielsweise bündelte er Beschwerden der Unternehmen und versuchte, bestimmte Vorgehensweisen der Behörden zu verändern. Dagegen gibt es keine Unterlagen darüber, daß etwa die Heeresverwaltung Aufträge über ihn verteilte. Vgl. z.B. Schriftwechsel KrAdI-GHH vom Aug. 1914-Nov. 1915, Haniel-Archiv, Nr. 3001007/1, passim; darauf zielten wohl auch die regelmäßigen Besprechungen, die die Geschäftsführer des Ausschusses mit einem Offizier der Kriegsrohstoffabteilung abhalten sollten, Schr. KrAdI an Mitglieder vom 12. Febr. 1915, Haniel-Archiv, Nr. 300193008/3, Bl. 30. (Ähnlich: Schr. VdEStI an seine Gruppen vom 22. Febr. 1915, BAK, R 13I/182, Bl. 115f.) Ob die Untersuchung von Quellen auf städtischer Ebene ein anderes Bild ergeben würden, kann hier nicht entschieden werden.

[292] Mitt. KrAdI an die Mitgl. des CDI und BdI vom 1. Nov. 1916, Haniel-Archiv, Nr. 300193008/3.

[293] Schr. KrAdI an RdI vom 17. Juli 1917, BAAP, RdI 15.01, Nr. 18768, Bl. 30f.

[294] RSchr. KrAdI an die Mitglieder des CDI und BdI vom 20. März 1918, Bayer-Archiv, 201/4.

[295] Entschließung des KrAdI o.D., BAAP, RWM 31.01, Nr. 3411, Bl. 15f.

[296] Denkschrift des KrAdI über die Rohstoffversorgung nach dem Friedensschluß vom Sept. 1916, BAAP, RK 07.01, Nr. 2427, Bl. 12ff.

[297] Im August 1915 schlossen sich Dreibund und Dreierverband zum Sechsbund zusammen; ein Jahr später traten die Chemische Fabrik Griesheim-Elektron und die Chemischen Fabriken vorm. Weiler-ter Meer hinzu. Diese Interessengemeinschaft wurde später als "Kleine I.G." bekannt. Plumpe, I.G. Farbenindustrie, S. 97f.; Treue, Denkschrift, S. 198.

bestehenden Firmenverbänden[298], so erfolgte danach eine rege Korrespondenz zwischen allen beteiligten Firmen[299]. Vor Besprechungen mit Behörden stimmten sich die Firmen über ihr Vorgehen untereinander ab[300]. Ebenso gingen Farben- und Sprengstoffabriken gemeinsam vor, wenn auch eher in einzelnen Fällen[301]. Insgesamt gelang es den staatlichen Stellen daher selten, die Unternehmen gegeneinander auszuspielen, auch wenn sie dies immer wieder versuchten[302].

In der Elektroindustrie hatte die Wahrung der gemeinsamen Interessen gegenüber dem Staat ähnliche Wirkungen, wenn auch der entstehende Zusammenschluß nur lose war. In unregelmäßigen Abständen tagten einige Großfirmen der Elektroindustrie, um sich in ihrem Umgang mit den Behörden abzusprechen. Die staatlichen Stellen erkannten dies an, denn sie "verhandelten grundsätzliche Dinge stets mit der Gesamtheit dieser Firmen"[303]. Darüber hinaus gab es auch hier Absprachen z.B. über Produktionsverträge[304].

---

[298] Z.B. im Dreierverband: Schreiben BASF an Bayer vom 30. Nov. 1914, Schr. Bayer an BASF vom 16. Jan. 1915, Bayer-Archiv, 201/6.3, Bd. 4; Schr. BASF an Bayer vom 21. Jan. 1915, Bayer-Archiv, 201/6.2, Bd. 3.

[299] Dieser Austausch beschränkte sich nicht auf Produktionsverträge: Schr. Agfa an BASF vom 20. Sept. 1916, BASF, A18/40 (Salpetersäure), verschiedene Schr. Juli 1916-1918, Hoechst-Archiv, 18/1/21, passim (Salpeter); Schr. Bayer an IG-Firmen vom 7. Juni 1916, Bayer-Archiv, 201/6.3, Bd. 5 u.ö. (Schwefelsäure), sondern umfaßte auch die Herausgabe technischer Informationen: Schr. BASF an Agfa und Bayer vom 29. März 1916, Bayer-Archiv, 201/5.1.

[300] Besprechung im Waffen- und Munitionsbeschaffungsamt über das Gipsverfahren der Metallbank am 16. Aug. 1917, Bayer-Archiv, 201/6.3, Bd. 5; Schr. Kloeppel an Direktorium Bayer vom 10. Apr. 1918, Bayer-Archiv, 201/38, Bd. 1.

[301] Schr. Duisberg an Aufschläger vom 13. Aug. 1918, Bayer-Archiv, 201/6.2, Bd. 1.

[302] Schr. Duisberg an Böttinger vom 4. März 1916, Bayer-Archiv, AS Duisberg; vgl. dazu auch Plumpe, I.G. Farbenindustrie, S. 93.

[303] 5 Jahre Kriegswirtschaft ... [Bericht SSW], Knoll vom 31. Mai 1922, S. 12, SAA 50/Ld 216. Es handelte sich um Allgemeine Elektricitäts-Gesellschaft, Bergmann Elektrizitätswerke AG, Brown, Boveri & Co, Maffei-Schwartzkopff-Werke und Siemens-Schuckert-Werke.

[304] Verschiedene Unterlagen zur Gründung des Innwerks, März-Mai 1917, SAA 11/Lb 59 Haller, passim. Gegenseitige Übermittlung von Schr. AEG bzw. SSW an FM/Wumba vom Okt. 1914 betr. Ammonpulverfabriken: SAA 50/Lg 12, passim. Ein weiteres Beispiel bietet die Stellungnahme zu den Möglichkeiten, Kupfer durch Aluminium zu ersetzen. Schr. RKÜ an Haller vom 23. Mai 1917 und Antwort vom 14. Juni 1917, SAA 11/Lb 324 Haller; Vertrauliche Notiz Henrich vom 6. Mai 1916, SAA 11/Lg 758 Henrich.

In der Eisen- und Stahlindustrie bestanden derartige Strukturen schon vor dem Krieg. Abstimmungen des Vorgehens vor Besprechungen waren daher üblich. Zusätzlich etablierte sich über die Verbände ein reger Austausch über behördliche Reglementierungen. Beispielsweise empfahl der Stahlwerksverband seinen Mitgliedern, auf nachträgliche Vorbehalte der Beschaffungsstellen für die Lieferungsverträge "nicht ohne Weiteres einzugehen, sondern sich zunächst ablehnend zu verhalten, um zu einer möglichst einheitlichen Behandlung der Angelegenheit zu gelangen"[305]. Über die Branchen hinaus wurde der Kriegsausschuß der deutschen Industrie als Koordinations- und Informationsgremium für die Betroffenen aktiv. Als etwa der Ausschuß darüber informiert wurde, daß die Behörden Angaben über die Selbstkosten verlangten, startete er sofort eine Umfrage bei seinen Mitgliedern, um alle Gegenmaßnahmen zu koordinieren[306].

Wenn es auch immer wieder Fälle gab, in denen der Informationsaustausch nicht funktionierte[307] - schließlich waren die Firmen ja auch Konkurrenten[308] - bleibt doch festzuhalten, daß insgesamt die Unternehmen mit diesem Vorgehen den Spielraum der Behörden, Differenzen zwischen den Industriellen zu ihren Gunsten auszunutzen, erheblich einschränkten. Die Notwendigkeit, sich mit den staatlichen Anforderungen auseinanderzusetzen, ließ gemeinsame Interessen stärker in den Vordergrund rücken als in Friedenszeiten, wo diese Herausforderung nicht in einem solchen Ausmaß bestand.

Die dritte Möglichkeit, Interessen durchzusetzen, bot sich dann, wenn Industrievertreter in einzelne Behörden berufen wurden. Eines der bekanntesten Beispiele für diese neue, erst im Krieg praktizierte Einbindung ist die Übertra-

---

[305] Schr. SWV an Mitgl. vom 29. Juni 1918, Haniel-Archiv, Nr. 300035/7, Bl. 101. Absprache vor den Preisverhandlungen mit der Kriegsrohstoffabteilung: Prot. Sitz. des Hauptvorstandes des VdEStI vom 21. Juni 1917, BAK, R 13I/151, Bl. 42. Ähnlich: RSchr. Nordwestliche Gruppe VdEStI an Stahl- und Walzwerke vom 24. Sept. 1918, Haniel-Archiv, Nr. 3001071/7a, Bl. 34ff.

[306] RSchr. KrAdI vom 2. Sept. 1916, RWWA, 20-355-3. Einem ähnlichen Zweck dienten die Informationen über das Kriegssteuergesetz, das Mitte 1916 im Reichstag verhandelt wurde. Sonderausgabe der Mitteilungen des Kriegsausschusses der deutschen Industrie vom 20. Juni 1916, Bayer-Archiv, 201/4.

[307] Z.B. setzte die Kriegsrohstoffabteilung einen hohen Kaufpreis für schwedische Erze durch. Unterlagen über Käufe der Kriegsrohstoffabteilung von Erzen, Nov. 1917-Juli 1918, Haniel-Archiv, Nr. 300006/17, passim. Oder sie erhielt von einigen Werken Angaben zu den Selbstkosten. NSchr. (Gerwin, SWV) über Besprechung am 18. Aug. betr. Preismaßnahmen in der KRA vom 21. Aug. 1916, Haniel-Archiv, Nr. 30019322/12.

[308] Beispiele für Zwistigkeiten zwischen Bayer und Hoechst bzw. Griesheim: Schr. Duisberg an Böttinger vom 15. März 1915, Bayer-Archiv, 201/6.3, Bd. 5 oder Schr. Duisberg an Böttinger vom 4. März 1916, Bayer-Archiv, AS Duisberg.

gung der Leitung des Technischen Stabes des Chefs des Kriegsamts an Kurt Sorge, Vorstandsmitglied der Fried. Krupp AG. Sorge selbst war sich seiner zwiespältigen Position durchaus bewußt. Er versuchte sehr wohl, in den Diskussionen innerhalb des Kriegsamts die Interessen der Fried. Krupp AG zu vertreten, betonte aber, daß er "als immerhin befangene Partei" eine gewisse Zurückhaltung üben müsse[309]. Dennoch gab er seine Informationen an die Firma weiter. Z.B. teilte er Vielhaber "streng vertraulich natürlich, aber immerhin zu einer Benutzung des wesentlichen Inhalts in der praktischen Bearbeitung dieser Frage" mit, wie sich das Kriegsamt zu der Behandlung der wirtschaftsfriedlichen Arbeiter stellte[310].

Ebenso nutzten die Unternehmen, die Mitarbeiter in die Kriegsgesellschaften entsandt hatten, diese Kontakte, um Informationen zu erhalten[311]. Nicht immer blieb es bei Mitteilungen, die Industriellen nahmen auch konkret Einfluß, wenn sie die Gelegenheit dazu erhielten. Klar und deutlich ist dies an einem Fall nachzuvollziehen, in dem deutsche Firmen mit Hilfe des deutschen Generalgouvernements in Brüssel ein belgisches Unternehmen aus der Ausfuhr von Stahlwaren nach Holland ausschalteten[312]. Die deutschen Interessenten, die Fried. Krupp AG und der Bochumer Verein, hatten aus zwei Gründen Erfolg. Erstens sprachen sie ihr Vorgehen untereinander ab. Zweitens waren sich die Behörden in Brüssel und Berlin darüber einig, "dass das belgische Wirtschaftsleben während des Krieges ausschließlich nach den Interessen der deutschen Wirtschaft zu regulieren sei"[313]. Vor allem die zweite Voraussetzung, daß die Behörden ihre Interessen als identisch mit denen der Wirtschaft betrachteten, war im Reich nur selten gegeben, so daß sich hier kaum derartig eindeutige Vorgänge von Beeinflussung finden.

Fassen wir die Ergebnisse im Hinblick auf die eingangs gestellten Fragen zusammen. Erstens lagen die Aufgaben, die den Interessenvertretern übertragen wurden, vor allem im Bereich der Verteilung von Rohstoffen für die Friedens-,

---

[309] Schr. Sorge an Vielhaber vom 26. Febr. 1917, HA Krupp, WA 4/1391, Bl. 175.

[310] Schr. Sorge an Vielhaber vom 26. Febr. 1917, HA Krupp, WA 4/1391, Bl. 177; verschiedene Mitt. Sorges an Krupp vom Jan. 1917 u.ö., HA Krupp, FAH 4 E 58b, passim; Schr. Sorge an Krupp von Bohlen und Halbach vom 11. u. 20. März 1917, HA Krupp, FAH 4 C 73b, Bl. 191ff., 187ff.

[311] Prot. Direktoriums-Sitz. Bayer vom 27. Sept. 1914, Bayer-Archiv, Prot. Direktoriums-Sitz; Schr. Kloeppel an Direktorium Bayer vom 13. Apr. 1917, Bayer-Archiv, 201/38, Bd. 1. Schriftwechsel Metallgesellschaft-Busemann von Aug.-Nov. 1914, Historisches Archiv der Metallgesellschaft, Juristisches Büro, k8 (Mappe KMA), passim; für die späteren Kriegsjahre sind keine derartigen Quellen überliefert.

[312] HA Krupp, WA 4/1521.

[313] Schr. Bruhn an Schreiber vom 22. Febr. 1916, HA Krupp, WA 4/1521, Bl. 23.

weniger für die Rüstungsproduktion, und zwar sowohl in der Mengenkontingentierung als auch in der Preisbildung. Auf die Beschaffung nahmen sie dagegen, wie die zivilen Behörden auch, nur indirekt über die Beratung von Verordnungen und Gesetzen Einfluß.

Zweitens erhielten die Vertreter von Industrie und Handel insgesamt eher wenig eigenständige Exekutivbefugnisse. Vielmehr lag der Schwerpunkt ihrer Einbindung in der Vorbereitung von Entscheidungen. Allerdings lassen sich hier charakteristische Unterschiede bei den einzelnen Branchen feststellen. Die Eisen- und Stahlindustrie konnte sich die größten Freiräume in ihren unternehmerischen Entscheidungen bewahren und am stärksten staatliche Eingriffe durch die Einschaltung der eigenen Interessenorganisationen abwehren. Die chemische Industrie machte ihren Einfluß schwerpunktmäßig in dem weiten Feld der Entscheidungsvorbereitung geltend. In den dort gegebenen Grenzen konnten die Industrievertreter recht frei agieren. Am schwächsten war die Position der Metallindustrie. Sie wurde mehr als die beiden anderen Branchen auf die Durchführung von Maßnahmen beschränkt, deren Richtlinien die Behörden bestimmten und vorgaben; der Bereich selbständiger Entscheidungen war dagegen recht klein.

Drittens kann man festhalten, daß der Einfluß, den die Wirtschaft auf staatliche Entscheidungen nahm, im Krieg erheblich zunahm. Zum einen expandierte die Einbindung über traditionelle Einflußkanäle wie die Abgabe von Gutachten und die Teilnahme an Besprechungen und Beiräten. Zum anderen konnten Vertreter der Wirtschaft, und das war eine Errungenschaft des Krieges, mit der Errichtung und Gestaltung neuer Organisationen einen enormen Funktionszuwachs verbuchen. Hier fanden sich wichtige Potentiale für die Durchsetzung wirtschaftlicher Interessen auch ohne die formale Übertragung von Entscheidungsbefugnissen.

Darüber hinaus lassen sich für die Beziehung zwischen Staat und Wirtschaft insgesamt zwei gegenläufige Tendenzen erkennen. Auf der einen Seite war der Wille der staatlichen Stellen, Industrie und Handel Aufgaben in der Bewirtschaftung zu übertragen, sehr stark, wurde aber im Laufe des Krieges abgeschwächt. Ein Grund dafür war die Unfähigkeit der Interessenvertreter, ihre Konflikte allein zu lösen; statt dessen griffen sie immer wieder auf die Behörden als Schiedsrichter zurück. Eine weitere Ursache lag in der Erkenntnis, daß, wenn die Interessen von Staat und Wirtschaft divergierten, nur die Anwendung von Zwang Erfolg für die staatliche Durchsetzung versprach. Auf der anderen Seite behielten sich die Behörden in den meisten Fällen ein Genehmigungsrecht vor und waren wenig geneigt, die Industrievertreter formal mit Entscheidungsrechten auszustatten, ihnen also volle Exekutivbefugnisse zu übertragen. Auch dies änderte sich im Laufe des Krieges vor allem durch die praktische Handhabung. Die staatlichen Stellen nutzten das Genehmigungsrecht kaum zu eigenständiger Gestaltung, sondern akzeptierten die Vorschläge der Interessenvertreter weitgehend und boten der Wirtschaft damit große Einflußmöglichkeiten.

Typisch für das Beziehungsgeflecht zwischen zivilen Behörden, Militärs und Wirtschaftsvertretern insgesamt waren also Konkurrenzverhältnisse. Sie entstanden ebenso durch Rivalitäten innerhalb des militärischen Apparats wie durch den Kampf um Einflußsphären zwischen Militärs, zivilen Stellen und Unternehmern. Hier läßt sich also - neben tiefgreifenden Differenzen - eine Kontinuitätslinie zur Kriegswirtschaft im Zweiten Weltkrieg ziehen, für die trotz Führerprinzip und Hitlerzentrismus polykratische Strukturen charakteristisch waren[314].

---

[314] Vgl. Herbst, Der Totale Krieg, S. 111ff.; Müller, Mobilisierung, S. 364ff., bes. S. 390f.

II. Kriegsgesellschaften als neue Institutionen

Im Mittelpunkt dieses Teils stehen die Kriegsgesellschaften. Näher untersucht wird zunächst die Gründung und die damit verbundene Auseinandersetzung zwischen Wirtschaftsvertretern und Kriegsrohstoffabteilung um Zweck und Gestaltung der neuen Organisationen. Dann werden die Strukturen, die sich innerhalb der Gesellschaften ausbildeten, beschrieben. Zuletzt sollen Zuständigkeiten und Befugnisse, welche die Gesellschaften gegenüber den Unternehmen und den Behörden ausübten, analysiert werden[1].

1. Gründung

Kurze Zeit nach Errichtung der Kriegsrohstoffabteilung entwickelten Rathenau und seine Mitarbeiter die Idee, neue Organisationen zu schaffen, um die anstehenden Aufgaben der Bewirtschaftung besser bewältigen zu können. Damit waren die Kriegsgesellschaften geboren. Sie wurden nach und nach für verschiedene knapp werdende Rohstoffe gegründet. Als erste trat die Kriegsmetall Aktiengesellschaft am 2. September 1914 ins Leben. Ihr folgte am 28. September 1914 die Kriegschemikalien Aktiengesellschaft. Danach wurden weitere Gesellschaften vor allem im Textilbereich gebildet[2]. Organisationen zur Bewirtschaftung von Eisen und Stahl schuf man erst in der Folge des Hindenburg-Programms im Herbst 1916. Sie differierten sowohl in ihrer Struktur als auch in der Art der Gründung erheblich von den Aktiengesellschaften zu Beginn des Krieges, weshalb sie gesondert dargestellt werden[3].

---

1 Kaum aussagekräftige Materialien gibt es über die Beziehung der Gesellschaften zu den Finanzbehörden und zu den Banken, die Aufschluß über die Finanzierung der Geschäfte geben könnten. Das Wenige, das in den Akten zu finden war, wurde in den Kapiteln über Beschaffung, Verteilungs- und Kontrollmechanismen eingearbeitet.

2 Rathenau, Rohstoffversorgung, S. 27ff.; Gründungsbericht KMA vom 2. Sept. 1914, BAAP, KMA 87.37, Nr. 1, Bl. 18ff.; Gründungsbericht KCA vom 28. Sept. 1914, BAAP, KCA 87.29, Nr. 7, Bl. 1ff.

3 Notarielle Ausfertigung der Statuten der EZ vom 30. Sept. 1916, BAAP, KEZ 87.25, Nr. 1, Bl. 214ff.; vgl. unten S. 110ff.

Untersuchungsgegenstände sind Initiative, Zweck und Reaktionen von seiten der Industrie sowie des Handels auf die Kriegsgesellschaften.

Die Initiative zur Gründung der Kriegsgesellschaften ging von Rathenau aus. Er rief eine Reihe führender Industrieller zu Besprechungen zusammen, an deren Ende der Gründungsbeschluß für die Kriegsmetall AG und die Kriegschemikalien AG stand[4]. Dem Leiter der Kriegsrohstoffabteilung war sehr daran gelegen, die Bildung dieser Gesellschaften als Initiative der Firmen und nicht der Behörde erscheinen zu lassen. Auf tatkräftige Unterstützung konnte er allerdings nur bei seiner eigenen Firma rechnen; die übrigen Industrievertreter zeigten kein Interesse an den neuen Gesellschaften. Aus diesem Grund versandte die Allgemeine Elektricitäts-Gesellschaft die Einladungsschreiben für die Kriegsmetall AG, nachdem es Rathenau und Heinrich Peierls[5] gelungen war, einen Vorstoß für ein gemeinsames Vorgehen der Berliner Messingwerke in der Frage von Heeres- und Friedensaufträgen in ihrem Sinne umzufunktionieren[6]. Selbst bei der Gründung der Kriegschemikalien AG, die nur auf Widerstand stieß, trat die Kriegsrohstoffabteilung offiziell nicht in Erscheinung[7]. Keine große Rolle spielten die zivilen Behörden. Weder das Reichsamt des Innern

---

[4] KMA: Hier fanden Ende August mehrere Sitzungen statt. Akten-Notiz Natalis vom 27. Aug. 1914, SAA 4/Lk 26 Wilhelm von Siemens; KCA: Hier begannen die Verhandlungen Mitte September. Besprechung am 17. Sept. 1914, Punktationen zu Direktoriums-Sitz. Nr. 100, Bayer-Archiv. Ein erster Aufruf von seiten der Kriegsrohstoffabteilung war ebenfalls schon Ende Aug. 1914 erfolgt. Eintragung 27. Aug. 1914 im Tagebuch Moellendorffs, abgedruckt in: Burchardt, Quelle, S. 84.

[5] Heinrich Peierls: 1888 Eintritt in die Allgemeine Elektricitäts-Gesellschaft, 1901 kaufmännischer Direktor des Kabelwerks Oberspree, 1908-1919 stv. Vorstandsmitglied, 1919-1929 ordentliches Vorstandsmitglied und kaufmännischer Leiter der Fabriken-Oberleitung, 1929 Aufsichtsratsmitglied; Aufsichtsratsmitglied in verschiedenen Firmen der Metallindustrie; stv. Vorsitzender des Verbandes Berliner Metallindustrieller; seit 1918 Vorsitzender der Elektrolytkupfernotiz e.V.; 1923 Dr. rer. pol. h.c. Frankfurt/M. 1914-1922 Vorsitzender des Aufsichtsrats der KMA; 1914 Mitglied der Schätzungs- und Verteilungskommission der KCA; Aug. 1915 stv. Vorsitzender des Metall-Konsortiums; Okt. 1915 stv. Vorsitzender der Metall-Vereinigung-GmbH; Mitglied im Kautschuk-Konsortium.

[6] Initiator war Aron Hirsch, Vertreter des Metallhandels und der Metallverarbeitung. Schriftwechsel Aron Hirsch-Heinrich Peierls vom 24.-26. Aug. 1914, BAAP, KMA 87.37, Nr. 1, Bl. 249ff.; Einladungsschr. KMA von Ende Aug. 1914, BAAP, KMA 87.37, Nr. 1, Bl. 247f.; Boettcher, Rechtsgrundlagen, Kap. Privatorganisationen, S. 1.

[7] Die Gesellschaft selbst versandte die Einladungen, Einladungsschr. KCA von Ende Sept. 1914, BAAP, KCA 87.29, Nr. 4, Bl. 11f. Vermutlich übernahm Franz Oppenheim von der AG für Anilinfabrikation eine ähnliche Rolle, wie sie Heinrich Peierls in der Kriegsmetall AG innehatte. Schr. WASAG an Oppenheim vom 22. Sept. 1914, BAAP, KCA 87.29, Nr. 4, Bl. 17f.

noch das preußische Ministerium für Handel und Gewerbe wurden zu den vorbereitenden Verhandlungen herangezogen. Ebensowenig hatten Interessenverbände - es wäre vor allem der Verein zur Wahrung der Interessen der chemischen Industrie in Betracht gekommen - Anteil an der Gründung[8].

Die Firmen setzten dem Projekt Rathenaus zunächst ihren gesammelten Widerstand entgegen, denn aus ihrer Sicht bestand kein Interesse an der Bildung von Kriegsgesellschaften. Gründe gab es dafür genügend, sowohl in der Metallbranche als auch in der chemischen Industrie: Erstens fürchteten kleinere Firmen eine Instrumentalisierung der neuen Organisationen für die Geschäftspolitik der Großen, um in neue Bereiche vorzudringen. Generell waren die Vorbehalte gegen eine mögliche Preisgabe von Geschäftsgeheimnissen an die Konkurrenz sehr groß[9]. Zweitens fürchteten die Unternehmer, Verluste aus risikoreichen Einkäufen tragen zu müssen. Trotz wiederholter Forderung aller Firmen gelang es nicht, irgendeine Garantie zu erlangen, daß der Staat eventuelle Verluste übernehmen würde[10]. Drittens verursachten die nicht abschätzbaren Eingriffe in die Dispositionsfreiheit der Unternehmen das größte Unbehagen[11]. Am stärksten waren davon die Handelsunternehmen betroffen, da die Kriegsgesellschaften im Grunde ihre Vermittlerrolle zwischen Produzenten und Verbrauchern von Rohstoffen einnehmen oder zumindest eine scharfe Kontrolle über diesen Bereich ausüben sollten. Die Metallgesellschaft erklärte sich daher nur zur Mitarbeit bereit gegen eine Versicherung der Kriegsrohstoffabteilung, "dass der Kriegsmetall nichts ferner läge, als sich etwa an die Stelle des bisherigen Metallhandels setzen zu wollen"[12]. Doch Rathenau und seine Mitarbeiter verstanden es, sich die Sorge der Industriellen um die Benachteili-

---

8 Das preußische Ministerium für Handel und Gewerbe hat erst auf Nachfrage vom 31. Aug. eine Mitteilung des preußischen Kriegsministeriums am 2. Sept. erhalten, nachdem die Gründung schon erfolgt war. GStAM, Rep. 120 C VIII, 1, Nr. 84, Adh. 13^{M}, Bd. 1, Bl. 3. In den Akten des Reichsamts des Innern fanden sich keine Hinweise auf eine Beteiligung an den Gründungsverhandlungen. Vgl. zudem Schr. Haeuser an Goldschmidt vom 5. Okt. 1914, Hoechst-Archiv, 18/1/14.

9 Schr. A. Auerbach an KRA vom 4. Sept. 1914, BAAP, KMA 87.37, Nr. 242, Bl. 51f.; Schr. Aron Hirsch an Steinthal vom 28. Okt. 1914, ebd., Nr. 97/1, Bl. 104f.

10 Akten-Notiz Natalis vom 27. Aug. 1914, S. 4ff., SAA 4/Lk 26 Wilhelm von Siemens; Schr. Böttinger an Duisberg vom 1. Okt. 1914, Bayer-Archiv, AS Duisberg; Antwort Duisberg vom 3. Okt. 1914, Bayer-Archiv, 201/3.

11 Akten-Notiz Natalis vom 27. Aug. 1914, S. 4, SAA 4/Lk 26 Wilhelm von Siemens; Schr. Heddernheimer Kupferwerk und Süddeutsche Kabelwerke AG an die KMA vom 1. Sept. 1914, BAAP, KMA 87.37, Nr. 1, Bl. 172ff.

12 Schr. Direktion der MG an KMA vom 24. Dez. 1914 im Zusammenhang mit dem Vorhaben der KMA, die Verteilung der gesamten deutschen Kupferproduktion übernehmen zu wollen, BAAP, KMA 87.37, Nr. 97/1, Bl. 330.

gung bei der Auftrags- bzw. Rohstoffzuteilung im besonderen und um den Verlust ihres Einflusses auf kriegswirtschaftliche Entscheidungen im allgemeinen zunutze zu machen und ihre Zustimmung zu gewinnen[13]. Allein die Fried. Krupp AG konnte es sich leisten, die damit verbundenen Einschränkungen nicht auf sich nehmen zu müssen und auf eine Beteiligung zu verzichten[14]. Auf der anderen Seite gab es eine Reihe von Unternehmen, die eine Beteiligung trotz Einladung ablehnten und sich damit den Verpflichtungen entzogen, weil sie in Erwartung eines kurzen Krieges kein Interesse an der Erzeugung von Rüstungsgütern hatten[15].

Die Auswahl der Industriellen für die Vorverhandlungen läßt für beide Gesellschaften bestimmte Muster erkennen. Beteiligt waren in erster Linie die großen, finanzkräftigen Unternehmen, die dann auch die Hauptanteile übernahmen. Für die Kriegsmetall AG waren dies die Allgemeine Elektricitäts-Gesellschaft, die Siemens-Schuckert-Werke und die Metallgesellschaft[16]. Bei der Kriegschemikalien AG sind zum einen die Farbenfabriken vorm. Friedrich Bayer, die Badische Anilin- und Sodafabrik, die AG für Anilinfabrikation und die Chemische Fabrik Griesheim-Elektron zu nennen, zum anderen die Dynamit AG vorm. Alfred Nobel[17]. Bemerkenswert ist in beiden Fällen die Teilnahme eines kleineren Unternehmens, das seinen Sitz in Berlin hatte, was darauf hindeutet, daß der Standort Berlin eine gewisse Rolle spielte[18].

---

[13] Chemische Industrie: Schr. Bayer an Agfa und BASF vom 19. Sept. 1914, Schr. Duisberg an Haeuser vom 19. Sept. 1914, Bayer-Archiv, 201/3; Schr. WASAG an Oppenheim vom 22. Sept. 1914, BAAP, KCA 87.29, Nr. 4, Bl. 17f.; Metallindustrie: Nicht nur Natalis sah sich "in den Zwangskurs gesetzt", die Eingriffe akzeptieren zu müssen oder der Gefahr der Beschlagnahme von Vorräten und eines Ausschlusses bei der Verteilung von Kriegsaufträgen ausgesetzt zu sein. Akten-Notiz Natalis vom 27. Aug. 1914, S. 4, SAA 4/Lk 26 Wilhelm von Siemens.

[14] Schr. Direktorium Krupp an Rathenau vom 26. Sept. 1914, BAAP, KMA 87.37, Nr. 10, Bl. 32. Die Firma genoß das einzigartige Privileg, daß ihre Bestellungen mit denen der staatlichen Beschaffungsstellen gleichgestellt waren. Schr. KMA an Krupp vom 24. Nov. 1914, BAAP, KMA 87.37, Nr. 486, Bl. 2.

[15] Verschiedene Schr., z.B. Georg von Giesche's Erben, Breslau oder AG für Zink-Industrie, Oberhausen an KCA, BAAP, KCA 87.29, Nr. 4, Bl. 47ff.

[16] Akten-Notiz Natalis vom 27. Aug. 1914, S. 1, SAA 4/Lk 26 Wilhelm von Siemens. Die beiden anderen Großen der Elektroindustrie, Bergmann-Elektrizitätswerke AG und Felten & Guilleaume Carlswerk AG, waren mit den Siemens-Schuckert-Werken bzw. der Allgemeinen Elektricitäts-Gesellschaft eng verbunden.

[17] Punktationen zu Direktoriums-Sitz. Nr. 100 vom 18. Sept. 1914, Bayer-Archiv.

[18] Bei der Kriegsmetall AG handelte es sich um Dr. Cassirer & Co, Charlottenburg, bei der Kriegschemikalien AG um Kunheim & Co, Berlin.

Der Organisationsgrad war vor allem in der Kriegschemikalien AG von Bedeutung. Der Vertreter der Dynamit AG vorm. Alfred Nobel fungierte zugleich als Sprecher des Generalkartells der Pulver- und Sprengstoffabriken[19]. Die Mitglieder des Dreierverbandes, den die Farbwerke vorm. Meister Lucius und Brüning führten, wurden zu den Besprechungen eingeladen, nahmen aber nicht teil. Allerdings informierten sie sich über den Gang der Verhandlungen[20]. Die Besprechungen selbst dominierte der Dreibund, ebenso wie die Kommission, die die Satzung entwerfen und die Gründung vorbereiten sollte[21].

Von den Branchen her gesehen beherrschten die Elektroindustrie, der größte Metallverbraucher, und der Metallhandel, z.T. mit Verarbeitungswerken verbunden, die Gründung der Kriegsmetall AG[22]. In der Kriegschemikalien AG übernahm die Farbenindustrie diesen Part. Zwar zeigten ihre Vertreter "zunächst keine Lust und Neigung, sich an der in Aussicht genommenen Aktiengesellschaft zu beteiligen", sahen dann aber in einer Teilnahme die einzige Möglichkeit, Einfluß auf die Verteilung vor allem von Salpeter zu nehmen, den sie für die Farbenproduktion dringend benötigten. Daß dieses Kalkül richtig war, läßt sich an der Zusage Rathenaus ablesen, zusätzlich aufgebrachten Salpeter für die Farbenindustrie, nicht für die Landwirtschaft freizustellen[23]. Damit ist die dritte Branche angesprochen, die sich nach den Vorstellungen der Kriegsrohstoffabteilung beteiligen sollte, die Düngemittelindustrie. Ob Firmenvertreter nicht eingeladen wurden oder ob sie eine Teilnahme verweigerten, läßt sich nicht mehr feststellen; jedenfalls blieben sie den Vorbesprechungen fern. Eine Ausnahme bildeten die Produzenten von schwefel-

---

19 Das erklärt, daß das größte Unternehmen der Sprengstoffindustrie, die Vereinigten Köln-Rottweiler Pulverfabriken, nicht eigens vertreten war.

20 Tel. Hoechst an KRA o.D., Tel. Hoechst an Haeuser vom 14, Sept. 1914, Hoechst-Archiv, 18/1/14; Schr. Haeuser an Duisberg vom 21. Sept. 1914, Bayer-Archiv, 201/3. Zu den Verbänden der Farbenindustrie vgl. oben, S. 77.

21 Dieser Kommission gehörten Duisberg (Farbenfabriken vorm. Friedrich Bayer & Co), Oppenheim (AG für Anilinfabrikation) und Frentzel (Kunheim & Co) an. Punktationen zu Direktoriums-Sitz. Nr. 100 vom 18. Sept. 1914, Bayer-Archiv.

22 Außer den oben schon genannten Firmen ist hier Aron Hirsch& Sohn, Halberstadt (Metallhandel) zu erwähnen, dessen Tochterunternehmen Hirsch, Kupfer- & Messingwerke AG, Berlin, zu den Metallverarbeitern zählte.

23 Zitat: Schr. Bayer an Agfa und BASF vom 19. Sept. 1914, Bayer-Archiv, 201/3; vgl. auch Schr. Duisberg an Haeuser vom 19. Sept. 1914, telefonische Mitt. an Ludwigshafen vom 21. Sept. 1914, Bayer-Archiv, 201/3; Prot. Engere Kommission des AR der BASF vom 20. Okt. 1914, BASF, C 10, Protokolle.

saurem Ammoniak, dessen Bedeutung als Düngemittel schon vor dem Weltkrieg erheblich angewachsen war[24].

Diese Muster zeigten sich immer noch in den Einladungsschreiben für die Gründungsveranstaltungen der Gesellschaften, obwohl sie dem Anspruch auf eine einigermaßen ausgewogene Zusammensetzung näher kamen. Bei den elf Unterzeichnern der Kriegsmetall AG kamen eine Reihe von Metallverarbeitern sowie ein Bankenvertreter hinzu[25]. Für die Kriegschemikalien AG warben acht Farbenproduzenten; dazu gesellten sich drei Sprengstoffirmen und immerhin zwei Düngemittelhersteller[26]. Die starke Stellung der Farbenfirmen - nicht nur der in die Verhandlungen einbezogene Dreibund, sondern auch der Dreierverband unterzeichneten das Einladungsschreiben - ist auf ihren hohen Organisationsgrad zurückzuführen. Kontakte zwischen den beiden Gruppierungen gab es schon länger, die, wenn es sich um gemeinsame Interessen der gesamten Farbenindustrie handelte, sofort aktiviert wurden. Daß die Sprengstoffirmen, die einen wesentlich höheren Organisationsgrad aufwiesen, in der Einladung keine so herausragende Rolle spielten, hatte zwei Gründe. Zum einen mußte die Sprengstoffindustrie weniger Sorge um ihre Rohstoffversorgung haben, da sie ohnehin Kriegsgüter herstellte. Das war bei den Farbenwerken zu diesem Zeitpunkt noch anders; ihnen ging es vor allem darum, sich Rohstoffe für die Farbenproduktion zu sichern, die zu Beginn des Krieges überwiegend dem zivilen Bedarf zuzurechnen war. Zum anderen stellte das Generalkartell auch ohne die Beteiligung aller Firmen die Vertretung seiner Interessen sicher, da es eine intensivere Form des Zusammenschlusses darstellte als die Interessengemeinschaften der Farbenindustrie[27].

Unterschiedliche Behandlung seitens der Kriegsrohstoffabteilung widerfuhr den Handelsunternehmen in beiden Branchen. Während die Metallhändler eine

---

[24] Mitglieder Vorbesprechung: Punktationen zu Direktoriums-Sitz. Nr. 100 vom 18. Sept. 1914, Bayer-Archiv; zur Düngemittelindustrie vgl. Eucken, Stickstoffversorgung, S. 38ff., 56ff., 64, 78ff. Keinerlei Berücksichtigung fanden die großen Salpeterhändler, die Produktionsstätten in Übersee besaßen, ebensowenig die Kohlezechen oder die Phosphat- und Mischdüngerproduzenten.

[25] Einladungsschr. KMA von Ende Aug. 1914, BAAP, KMA 87.37, Nr. 1, Bl. 247f.

[26] Einladungsschr. KCA von Ende Sept. 1914, BAAP, KCA 87.29, Nr. 4, Bl. 12. Die Badische Anilin- und Sodafabrik zählt in dieser Auswertung zu den Farbenfabriken; sie könnte auch bei den Düngemittelherstellern verbucht werden, was jedoch keine grundlegende Änderung bewirken würde. Ebenfalls zu den Unterzeichnern zählte die Saccharin Fabrik AG, Magdeburg, die in keine dieser Rubriken gehörte.

[27] Plumpe, I.G. Farbenindustrie, S. 65, 68f. Die ersten Verträge der Farbenfirmen mit dem preußischen Kriegsministerium zur Produktion von Rüstungsgütern wurden zwischen Dezember 1914 und Juli 1915 abgeschlossen. Vgl. unten Anm. 150, S. 196.

so starke Stellung besaßen, daß sie nicht übergangen werden konnten[28], mußte der Chemikaliengroßhandel seine nahezu vollständige Ausgrenzung hinnehmen. Diese Haltung war nur durchsetzbar, weil im Gegensatz zu den Metallen die wichtigen chemischen Rohstoffe zu einem großen Teil von Firmen in Deutschland produziert wurden und daher eine Einbeziehung der Industrie ausreichte, um die Versorgung der Kriegsproduktion zu gewährleisten[29].

Auseinandersetzungen gab es nicht nur um die Gründung der Kriegsgesellschaften, sondern auch um ihre Ausgestaltung. Kriegsrohstoffabteilung und Industrie stritten sich erstens über die Aufgaben der Kriegsgesellschaften, zweitens über die Organisationsform und drittens um das Risiko. Die Kriegsrohstoffabteilung stellte von vorneherein klar, daß Erfassung und Verteilung aller, auch der bei den Firmen lagernden Metallvorräte ebenso Aufgabe sein sollte wie die Erwerbung neuer Metallmengen, wobei sie vor allem die besetzten Gebiete ins Auge faßte. Die Gesellschaften sollten sowohl die Preise bestimmen als auch für "eine gerechte Ausgleichung unter den verschiedenen Rüstungsfirmen" Sorge tragen[30]. Rathenau hielt also sehr weitgehende Eingriffe für notwendig. Er setzte sich damit durch, wie die umfassende Formulierung des "Gegenstandes des Unternehmens" in den Satzungen der Kriegsgesellschaften belegt[31].

---

[28] Die beiden großen Kupferhäuser Deutschlands, die Metallgesellschaft und Aron Hirsch & Sohn wurden an den Vorverhandlungen beteiligt. Die Einladung zur Gründung berücksichtigte darüber hinaus auch das kleinere Unternehmen N. Levy & Co, Berlin.

[29] Stellungnahme der KRA zu einer Eingabe der Chemikalien-Großhändler, Anlage zu Schr. KRA an RdI vom 20. Dez. 1915, BAAP, RdI 15.01, Nr. 18761, Bl. 250. Offiziell postulierte die Kriegsrohstoffabteilung, daß nur eine Ausschaltung die Sicherstellung der Heeresinteressen gewährleisten könne. Warum diese Gefahr gerade bei den Chemikalien, nicht aber bei anderen Rohstoffen, etwa den Metallen, bestand, wurde nicht weiter erläutert.

[30] Zitat: Schr. PKM und PMHG an RSchA vom 6. Sept. 1914, GStAM, Rep. 120 C VIII, 1, Nr. 84, Adh. 13^{M}, Bd. 1, Bl. 10; vgl. Zusammenstellung des Vorstands der SSW vom 2. Sept. 1914, S. 4f., SAA 4/Lk 133 Wilhelm von Siemens; Akten-Notiz Natalis vom 27. Aug. 1914, S. 2ff., SAA 4/Lk 26 Wilhelm von Siemens. Ähnlich gestalteten sich die Verhandlungen in der chemischen Industrie, wenn hier auch die Beschaffung größeres Gewicht gegenüber der Verteilung erhielt, Punktationen zu Direktoriums-Sitz. Nr. 100, Bayer-Archiv; Einladungsschr. KCA vom Ende Sept. 1914, BAAP, KCA 87.29, Nr. 4, Bl. 11.

[31] In § 2 des Gesellschaftsvertrags der Kriegsmetall AG vom 3. Sept. 1914, BAAP, KMA 87.37, Nr. 1, Bl. 23, heißt es: "Gegenstand des Unternehmens ist die Beschaffung, Verteilung und Verwertung von Metallen und Metall-Fabrikaten, soweit sie zur Sicherstellung des industriellen Bedarfes für Heer und Marine erforderlich sind". Die gleichen

Die Industriellen favorisierten eine Organisation in Form einer staatlichen Verwaltungsstelle. Offensichtlich schätzten die Firmen Gefahren, die von den Interventionen einer solchen Behörde ausgingen, geringer ein als die finanziellen Risiken einer Beteiligung an einer "Kriegschemikalienbank"[32]. Rathenau bestand jedoch auf der Gründung einer Aktiengesellschaft. Er betrachtete sie als die geeignete Form für eine flexible Durchführung der notwendigen Maßnahmen vor allem für die Beschaffung. Die Kenntnisse des Marktes, die die Aktionäre besaßen, sollten die Handlungsfähigkeit der Gesellschaften auf diesem Gebiet gewährleisten[33].

Die dritte Kontroverse drehte sich um die Frage, inwieweit die Unternehmen das finanzielle Risiko der vorgesehenen Geschäfte übernehmen sollten. Rathenau verfolgte zunächst das Ziel, das Risiko der Ein- und Verkäufe von der Kriegsrohstoffabteilung abzuwälzen, wie der Plan, die Kriegsmetall AG mit einem Kapital von 20 Mio. M auszustatten, zeigt[34]. Die Wirtschaftsvertreter dagegen taten alles, um dies zu vermeiden[35]. Der geschlossene Kompromiß fiel eher zugunsten der Industrie aus: Die Unternehmen mußten sich zwar beteiligen ohne eine Garantie des Staates, eventuelle Verluste zu übernehmen. Das Aktienkapital betrug aber nur noch 6 Mio. M, und die Anteile waren lediglich zu 25% einzuzahlen[36].

Unter ganz anderen Vorzeichen erfolgte im Herbst 1916 die Gründung der Organisationen für die Eisenbewirtschaftung. Die erhöhten Anforderungen im Zusammenhang mit dem Hindenburg-Programm führten zu Engpässen bei den Eisen- und Stahllieferungen und riefen die staatlichen Stellen auf den Plan. In den sogenannten Eisen-Sitzungen vom 14. und 21. September 1916 verhandelten sie mit einer Reihe von Industriellen um Maßnahmen zur Behebung der

---

Formulierungen stehen im Gesellschaftsvertrag der Kriegschemikalien AG vom 23. Sept. 1914. BAAP, KCA 87.29, Nr. 4, Bl. 81.

32 Punktationen zu Direktoriums-Sitz. Nr. 100, Bayer-Archiv.

33 Einführungsvortrag Philippi im Ausbildungskursus für Revisoren, Berlin 1915, S. 8, HStAS, M 1/6, Nr. 1364; Presse-Notiz vom Nov. 1916, BAAP, KMA 87.37, Nr. 127, Bl. 28.

34 Boettcher, Rechtsgrundlagen, Kap. Privatorganisationen, S. 2. Auf das Motiv, am Anfang des Krieges mit Aktiengesellschaften "Garanten für Risikoverluste" seitens des Staates zu schaffen zu wollen, verweist auch Bruck, Kriegsunternehmung, S. 567.

35 KMA: Akten-Notiz Natalis vom 27. Aug. 1914, S. 5f., SAA 4/Lk 26 Wilhelm von Siemens; KCA: Schr. Böttinger an Duisberg vom 1. Okt. 1914, Bayer-Archiv, 201/3.

36 Satzung KMA, § 3,4, BAAP, KMA 87.37, Nr. 1, Bl. 23. Genauso ging die Kriegsrohstoffabteilung bei der Kriegschemikalien AG vor. Satzung KCA, § 3,4, BAAP, KCA 87.29, Nr. 4, Bl. 81.

Mißstände[37]. Auch wenn sich einige Entwicklungen ähnlich gestalteten, bestand ein grundlegender Unterschied zur Situation im Herbst 1914: Die Eisen- und Stahlindustrie war weitaus erfolgreicher in der Abwehr staatlicher Reglementierung. Grund dafür war ihre gute Position im Herrschaftsgefüge des Kaiserreichs.

Die Initiative ging auch hier von der Kriegsrohstoffabteilung aus, die im großen und ganzen die Federführung in den Verhandlungen behielt, doch mußten zahlreiche andere Behörden berücksichtigt werden. Nicht nur die zivilen Ressorts, allen voran die preußischen Ministerien für öffentliche Arbeiten bzw. für Handel und Gewerbe, sondern auch die Feldzeugmeisterei, andere Abteilungen des Kriegsministeriums und das Reichsmarineamt nahmen an den Besprechungen teil[38]. Weiterhin gab es, ebenfalls im Unterschied zum Herbst 1914, Bemühungen der Industrievertreter, ihre Vorstellungen über eine Neuordnung der Kriegswirtschaft beim preußischen Kriegsministerium einbringen zu können, so daß sich beide Initiativen überschnitten[39].

Versucht man, die Konzepte der Behörden zu systematisieren und ihre Tragweite auszuloten, lassen sich zwei Entwürfe zur Aufgabenstellung der neuen Organisationen herausarbeiten. Es gab erstens den Plan, die Eisenzentrale zu einer zentralen Beschaffungsstelle für den gesamten Inlandsbedarf an Eisen und Stahl zu machen. Beschaffung betraf in diesem Zusammenhang nicht nur Rohstoffe, sondern auch Halb- und Fertigfabrikate, die sowohl für die Rüstungs- als auch für die Friedensproduktion gebraucht wurden. Im Klartext hätte dies die Ausschaltung der zahlreichen militärischen Beschaffungsstellen einerseits und die Kontrolle aller noch möglichen zivilen Geschäfte der Unternehmen andererseits bedeutet. Dieses Konzept dürfte wenig Befürworter gehabt haben. Es hatte überdies so gut wie keine Realisierungschancen, zumal mit

---

[37] Prot. Eisen-Sitz. vom 14. u. 21. Sept. 1916, BAAP, KEZ 87.25, Nr. 1, Bl. 52, 183ff., 155; Feldman, Iron, S. 58; zum Hindenburg-Programm vgl. Feldman, Armee, S. 134ff.

[38] Anwesenheitslisten zu den Eisen-Sitz. vom 14. u. 21. Sept. 1916, BAAP, KEZ 87.25, Nr. 1, Bl. 52, 154. Die Feldzeugmeisterei hatte schon im März 1916 einen Vorstoß zur Bewirtschaftung von Ferrosilizium, einem wichtigen Hilfsstoff für die Stahlherstellung, mitgetragen, der jedoch ohne Ergebnisse blieb. Besprechung der Fz. am 31.3.1916 betr. Eisenbewirtschaftung, BAAP, KEZ 87.25, Nr. 107, Bl. 163ff.

[39] Tel. Krupp von Bohlen und Halbach an Wild von Hohenborn vom 21. Aug. 1916, Antwort vom 22. Aug. 1916, HA Krupp, FAH 4 E 58b. Neben den schon erwähnten Eisen-Sitzungen sei hier auch auf die Sitzung unter Leitung des Kriegsministers Wild von Hohenborn mit Vertretern aller kriegswichtigen Branchen am 16. Sept. 1916 hingewiesen. Prot. Sorge über diese Sitz., HA Krupp, FAH, 4 E 58b, Bl. 140ff., sowie Prot. des PKM, BHStA-KA, MKr. 14192, Prod. zu 12 und die Darstellung bei Feldman, Armee, S. 144ff.

vehementem Widerstand nicht nur der Industrie, sondern auch der Beschaffungsstellen zu rechnen war[40].

Der zweite, von der Kriegsrohstoffabteilung favorisierte Plan sah drei Aufgabenfelder für die Eisenzentrale vor: erstens die Zuteilung von Rohstoffen (Erze, Mangan, Silizium, Kalk, feuerfeste Steine), zweitens die Steigerung der Erz- und Ferrosiliziumförderung und drittens die Beschaffung von Mangan und Schrott aus dem Ausland sowie die Kontrolle des inländischen Schrottmarktes. Damit wäre die Eisenzentrale das entscheidende Organ für die Beschaffung und Zuteilung von Rohstoffen für die Eisen- und Stahlindustrie geworden, wie die Kriegsgesellschaften in den anderen Branchen auch[41]. Diese neue Organisation sollte auch die Bedarfsmeldungen der Beschaffungsstellen erhalten und damit die Produktion des Kriegsbedarfs von der Erzeugerseite her sicherstellen. Ergänzend dazu war eine Behörde mit dem Namen Rohstahlausgleichsstelle geplant, um die Sicherstellung von der Verbraucherseite her zu gewährleisten. Es war vorgesehen, sie über die Priorität bzw. die Zulässigkeit der Aufträge sowohl aller Beschaffungsstellen als auch der zivilen Auftraggeber entscheiden zu lassen, um damit das von den Zeitgenossen vielzitierte Dringlichkeitsproblem zu lösen. Erst wenn diese Entscheidung gefallen war, sollte die Eisenzentrale ihre Dispositionen über die Rohstoffe treffen[42]. Durchgesetzt hat sich auch diese Konzeption nur in Teilen. Die Eisenzentrale beschränkte sich im wesentlichen auf die Organisation der Schrottbeschaffung. Für die Bewirtschaftung von Mangan wurde eine eigene Gesellschaft gegründet. Auf die Beschaffung und Verteilung von Erzen nahm keine dieser Stellen einen Einfluß. Dagegen verteilte der Roheisenverband weiterhin - wenn auch unter der Aufsicht des Beauftragten des Kriegsministeriums - die Aufträge auf die Firmen[43].

Ein Grund für die geringe Durchsetzungsfähigkeit der Behörden lag im starken und effizienten Widerstand der Industriellen. Doch bevor dieses

---

[40] Notiz vom 21. Aug. 1916, BAAP, KEZ 87.25, Nr. 1, Bl. 187.

[41] Hschr. Entwurf für "Geschäftsverteilung" o.D. [vor Okt. 1916], BAAP, EZ 87.10, Nr. 16.

[42] Entwurf Prot. Eisen-Sitzung vom 21. Sept. 1916, BAAP, KEZ 87.25, Nr. 1, Bl. 172ff. Ob dieses Konzept in der Praxis durchführbar war, ist allerdings zweifelhaft, zumal Kompetenzüberschneidungen geradezu vorprogrammiert waren.

[43] Stellwaag, Grundzüge der behördlichen Eisenbewirtschaftung in Deutschland, 1918, BAAP, KEZ 87.25, Nr. 107, Bl. 115f., 117f. Auf den Rückzug der Kriegsrohstoffabteilung weisen zudem die wesentlich vageren Formulierungen in der gedruckten Geschäftsverteilung der Kriegsrohstoffabteilung vom Oktober 1916 im Vergleich zum handschriftlichen Entwurf hin. Geschäftsverteilung der KRA vom Okt. 1916, BAAP, RFM 21.01, Nr. A 2848, Bl. 72. Ebensowenig erfolgte eine Präzisierung in den Statuten der Eisenzentrale. Notarielle Ausfertigung vom 30. Sept. 1916, BAAP, KEZ 87.25, Nr. 1, Bl. 214ff.

Phänomen näher untersucht wird, soll zum Vergleich mit den anderen beiden Branchen kurz dargelegt werden, welche Industrievertreter an den Verhandlungen mit der Kriegsrohstoffabteilung beteiligt wurden. Bei der Auswahl zeichnete sich einerseits, wie im Herbst 1914 auch, die Bedeutung der Größe der Unternehmen ab. Zehn Firmen nahmen an den Beratungen teil, sechs davon lagen, zusammen mit den Elektrokonzernen, 1913 an der Spitze der großen Unternehmen, drei weitere gehörten zum Mittelfeld der 50 bzw. 100 größten Unternehmen[44]. Andererseits erwies sich der Organisationsgrad in drei Hinsichten als wichtig. Erstens wurden überwiegend die gemischten Werke, also die vertikal konzentrierten Unternehmen herangezogen; die "Nur-Verarbeiter" waren nicht vertreten, ebensowenig der Eisenhandel. Zweitens nahmen die Geschäftsführer der drei wichtigsten Syndikate der Eisen- und Stahlindustrie an den Besprechungen teil. Sie erhielten zudem die Satzungsentwürfe der Eisenzentrale zur Stellungnahme, weil die Kriegsrohstoffabteilung sie für eine Beteiligung gewinnen wollte. Damit kam die horizontale Konzentration zum Tragen[45]. Drittens meldeten sich auch, anders als im Herbst 1914, die Interessenverbände, vor allem der Verein deutscher Eisen- und Stahlindustrieller, zu Wort[46]. Darüber hinaus lassen sich regionale und produktionsspezifische Kriterien für die Auswahl ausmachen. Nicht allein die rheinisch-westfälische Industrie, sondern auch die oberschlesischen und saarländischen Produzenten wurden berücksichtigt, ebenso der einzige größere Förderer von Eisenerzen in Deutschland, die Ilseder Hütte.

Die Eisen- und Stahlindustrie reagierte auf den Vorstoß der staatlichen Stellen mit der gleichen Strategie wie die Wirtschaftsvertreter im Herbst 1914. Zunächst setzte sie den Vorstellungen der Behörden ihren vereinten Widerstand entgegen, um neue Organisationen gänzlich zu verhindern. Die Industriellen argumentierten, Ursache der Mißstände wäre nicht eine mangelhafte Verteilung von Aufträgen oder von Rohstoffen, sondern die "Arbeiterfrage" sowie die

---

[44] Feldenkirchen, Concentration, Tab. II, S. 144. Zieht man die Zusammenstellung von Kocka/Siegrist, Industrieunternehmen, heran, so führten vier dieser Unternehmen die Liste an.

[45] Es waren dies der Roheisenverband (Arthur Klotzbach), der Stahlwerksverband (Karl Gerwin) und das Schiffbaustahlkontor (Erich Glitz). Allerdings war von vorneherein deutlich, daß das Reich eine klare Majorität in der neuen Organisation besitzen würde, was das Interesse der Syndikate stark verminderte. Schr. KRA an Vors. SWV, REV und Schiffbaustahlkontor vom Sept. 1916, BAAP, KEZ 87.25, Nr. 1, Bl. 95f. Die Syndikate sollten sich mit jeweils 10 000 Mark beteiligen, das Reich wollte 90 000 M aufbringen. Entwurf Statuten EZ o.D., BAAP, KEZ 87.25, Nr. 1, Bl. 135ff.

[46] Zwar nicht mit ihren Geschäftsführern, sondern nur mit den Vorsitzenden. Dokumentation, S. 22, 28, 39, 54.

Uneinheitlichkeit des Beschaffungswesens[47]. Dahinter stand, ähnlich wie bei den Handelsunternehmen der Metallbranche, die Sorge, daß die Verkaufstätigkeit der Syndikate beschnitten würde. Eine solche Form der staatlichen Intervention lehnten die Unternehmer nicht nur prinzipiell ab; darüber hinaus vermuteten sie fiskalische Motive hinter einer neuen Organisation: Gewinne aus dem Verkauf sollten dem Staat zufließen[48]. Als jedoch deutlich wurde, daß die Industrievertreter die Eisenzentrale nicht verhindern konnten, zielten sie darauf ab, ihre Einflußmöglichkeiten möglichst weitreichend geltend zu machen[49]. An der Übernahme irgendwelcher finanzieller Risiken hatten die Industriellen ebensowenig Interesse wie 1914, obwohl diese bei der Eisenzentrale wesentlich geringer waren. Der Roheisenverband, der sich schließlich beteiligte, konnte überdies eine Versicherung des Reichsschatzamts erhalten, daß ihm daraus keine Verluste erwachsen würden[50].

Die Behörden gingen mit der Diskussion eines industriellen Beirats in der Eisenbewirtschaftung neue Wege, um die Wirtschaft am Entscheidungsprozeß zu beteiligen. Sowohl Koeth, Chef der Kriegsrohstoffabteilung, als auch Coupette, Chef der Feldzeugmeisterei und danach des Waffen- und Munitionsbeschaffungsamts, setzten sich für einen solchen Beirat ein. Koeth war zunächst bereit, den Industriellen nicht nur die Möglichkeit zu gutachtlichen Stellungnahmen, sondern ein Widerspruchsrecht in wichtigen Fragen einzuräumen[51]. Dies muß auf Widerstand gestoßen sein, denn in der danach vorliegenden

---

[47] Sitz. über die Gründung einer Eisen-Zentrale am 14. Sept. 1916, BAAP, KEZ 87.25, Nr. 1, Bl. 184ff.; Prot. Eisen-Sitz. vom 21. Sept. 1916, ebd., Bl. 156ff.

[48] Schr. Bodenhausen an Fischer vom 18. Sept. 1916, BAAP, KEZ 87.25, Nr. 1, Bl. 91ff.

[49] Sitz. über die Gründung einer Eisen-Zentrale am 14. Sept. 1916, BAAP, KEZ 87.25, Nr. 1, Bl. 186.

[50] Schr. REV an Fischer vom 2. Okt. 1916, BAAP, KEZ 87.25, Nr. 1, Bl. 85ff. Allerdings war dies keine förmliche Garantie für die Übernahme von Verlusten wie sie die Statuten zunächst noch vorsahen. Entwurf Statuten EZ o.D., BAAP, KEZ 87.25, Nr. 1, Bl. 138. Diese sagte das Reichsschatzamt erst im März 1917 zu, als es auch mit der Kriegsmetall AG entsprechende Vereinbarungen traf. NSchr. über Vereinbarung zwischen KRA und EZ/MnG wegen Verrechnung vom 22. März 1917, BAAP, KEZ 87.25, Nr. 69, Bl. 85. Das Risiko des Roheisenverbands war nicht übermäßig groß, denn er brachte nur ein Viertel des Gesellschaftskapitals von 120 000,- M auf. Drei Viertel übernahm das Reich. Gesellschaftsvertrag EZ vom 30. Sept. 1914, § 4, BAAP, KEZ 87.25, Nr. 1, Bl. 215.

[51] Entwurf Statuten EZ o.D., BAAP, KEZ 87.25, Nr. 1, Bl. 135ff.; Prot. über die Gründung einer Eisen-Zentrale am 14. Sept. 1916, BAAP, KEZ 87.25, Nr. 1, Bl. 183; Entwurf Prot. Eisen-Sitzung vom 21. Sept. 1916, BAAP, KEZ 87.25, Nr. 1, Bl. 175.

Fassung der Satzung waren solche Rechte nicht mehr vorgesehen[52]. Ob die Streichung des Vetorechts auf die Intervention des Kriegsministers Wild von Hohenborn zurückzuführen war, ist nicht eindeutig festzustellen. Er hatte sich jedenfalls in einer Sitzung Mitte September 1916 gegen derartige Gremien ausgesprochen und demgegenüber betont, daß das Kriegsministerium die einzig neutrale Instanz sei, die in Interessenkonflikten zwischen Heer und Industrie entscheiden könne und müsse[53]. Die Industrievertreter zogen daraufhin ihre Bereitschaft zur Mitarbeit in einem Beirat zurück[54].

Fassen wir die Entwicklungen unter dem Aspekt der Veränderungen zwischen Herbst 1914 und 1916 einerseits sowie der Unterschiede und Gemeinsamkeiten zwischen den Branchen andererseits zusammen, ergibt sich folgendes Bild: Die Kriegsgesellschaften waren immer Kinder der Kriegsrohstoffabteilung, die auf heftigen Widerstand bei den betroffenen Wirtschaftsvertretern stießen. Letztere hatten weder Interesse an Eingriffen in ihre Entscheidungen noch an der Übernahme unkalkulierbarer Risiken. Doch auf der anderen Seite stand die Gefahr der Ausgrenzung bei der Verteilung von Rohstoffen und Kriegsaufträgen, was die Entscheidung für das Nachgeben im Herbst 1914 bestimmte. Dieser Widerstand engte den Handlungsspielraum für die Gestaltung der Kriegsgesellschaften schon zu Beginn des Krieges erheblich ein. Zwar gelang es der Kriegsrohstoffabteilung, das Aufgabenfeld weit und umfassend zu definieren. Gleichzeitig konnten die Industriellen aber bindende Verpflichtungen verhindern und das übernommene Risiko wesentlich kleiner halten als von der Behörde geplant. Noch geringere Spielräume mußte die Abteilung im Herbst 1916 in der Auseinandersetzung mit der Eisen- und Stahlindustrie hinnehmen. Pläne, die Eisenzentrale zur Zentralinstanz für Beschaffung und Verteilung von Stahl und Eisen zu machen, hatten keinerlei Realisierungschance. Ebenso mußte die Kriegsrohstoffabteilung von ihrer demgegenüber schon

---

52 Genaugenommen handelte es sich um zwei Beiräte. Den ersten und größeren schlug Koeth am 14. September mit folgender Besetzung vor: W. Beukenberg, E. von Bodenhausen, E. Hilger, E. Kirdorf, P. Klöckner, Meier [W. Meyer?], P. Reusch, L. Röchling, E. Schrödter, H. Timme und A. Thyssen. Dieser konstitutierte sich am 21. Sept. 1916. Der zweite und kleinere Beirat sollte aus P. Klöckner, E. Hilger, W. Meyer und P. Reusch bestehen, tauchte aber schon in den Statuten nicht mehr auf. Entwurf Schr. KRA vom Sept. 1916, BAAP, KEZ 87.25, Nr. 1, Bl. 97. Statuten-Entwurf EZ o.D., BAAP, KEZ 87.25, Nr. 1, Bl. 136f.; Notarielle Ausfertigung Statuten vom 30. Sept. 1916, BAAP, KEZ 87.25, Nr. 1, Bl. 214ff.

53 Prot. Sorge über Sitz. am 16. Sept. 1916, HA Krupp, FAH, 4 E 58b, Bl. 142. Sorge hielt die Äußerung Wilds fest, daß das Kriegsministerium diese "schwierige Aufgabe auf sich nehmen (müsse), hier den Prellbock zwischen den Gegensätzen zu bilden".

54 Entwurf Prot. Eisen-Sitzung vom 21. Sept. 1916, BAAP, KEZ 87.25, Nr. 1, Bl. 172ff.

reduzierten Vorstellung, zumindest die Rohstoffe für Eisen und Stahl zentral zu bewirtschaften, Abstriche machen.

Man kann generell festhalten, daß einerseits die staatlichen Stellen nur begrenzte Möglichkeiten besaßen, die Unternehmen zur Mitarbeit zu zwingen, sie waren vielmehr auf deren freiwillige Mitwirkung angewiesen. Andererseits hatten die Wirtschaftsvertreter größere Chanchen für die Durchsetzung ihrer Vorstellungen, wenn es ihnen gelang, mit Hilfe verschiedener Organisationen, sowohl Interessenverbände als auch Kartelle und Syndikate wären hier zu nennen, ihre Interessen zu bündeln.

2. Organisationsstrukturen

Nach der Betrachtung der Gründung ist nun zunächst zu fragen, wie sich die Gesellschaften selbst zusammensetzten, warum einzelne Firmen beteiligt wurden oder nicht und welche Mehrheitsverhältnisse sich etablierten. Im Anschluß daran wird der organisatorische Aufbau der Gesellschaften analysiert. Ausgehend von den Satzungen werden die Besonderheiten dieser Form der Kriegswirtschaftsorganisation herausgearbeitet und ihre Entwicklung im Laufe des Krieges untersucht. Ebenso wird die personelle Besetzung der Entscheidungsgremien in den Blick genommen. Insgesamt stehen damit die Möglichkeiten der Unternehmen und der staatlichen Instanzen im Mittelpunkt, Einfluß auf die Entscheidungen der Gesellschaften zu nehmen.

Die Vorverhandlungen um die Gründung der beiden Kriegsgesellschaften hatten einerseits die Vertreter der Elektroindustrie und des Metallhandels, andererseits der Farbenindustrie dominiert. Kaum eine Rolle spielten die Metallverarbeiter bzw. die Düngemittelproduzenten. Die überwiegende Mehrheit stellten zudem die großen, finanzkräftigen Unternehmen ihrer Branche. In der Kriegschemikalien AG hatte zudem der Organisationsgrad große Bedeutung. Etwas abgeschwächt zeigten sich diese Muster auch bei den Unterzeichnern der Einladungsschreiben für die Gründungsveranstaltung. Um zu klären, ob die endgültige Zusammensetzung der Gesellschaften davon ebenfalls geprägt wurde oder ob es weiteren Firmen gelang, Fuß zu fassen. werden folgende Indikatoren überprüft: Was produzierten die Aktionäre? Wie groß waren sie, gemessen an ihrem Aktienkapital? Wie hoch war der Grad der Verflechtung in Kartellen oder Konzernen?[55] Ausgangspunkt sind Mitgliederlisten der Kriegschemikalien AG und Kriegsmetall AG, die nach den Akten der Gesellschaften

[55] Diese Untersuchung beschränkt sich auf die als Aktiengesellschaften organisierten Kriegsgesellschaften.

zusammengestellt wurden. Die sich darin widerspiegelnde Verteilung ist zudem mit der vor allem von der Kriegsrohstoffabteilung bestimmten Planung zu vergleichen, wie sie sich in den Einladungsschreiben niederschlug. Wir beginnen mit der Kriegschemikalien AG (vgl. Tabelle 1, S. 118ff.), weil für ihre 28 Mitglieder fast durchgängig alle drei Indikatoren zu ermitteln waren[56].

Nach den Produkten kann man die chemischen Unternehmen in Hersteller von Farbstoffen, Sprengstoffen, Schwerchemikalien und Düngemittel - insbesondere stickstoffhaltige Dünger - unterteilen[57]. Die Bedeutung der Sprengstoffe für den Kriegsbedarf ist klar, doch ebenso wichtig waren Schwerchemikalien als Ausgangsstoffe für die Produktion von Munition. Dazu gehörten Schwefel- und Salpeterverbindungen ebenso wie Benzol und Toluol. Düngemittel brauchte man, um die Ernährung sicherzustellen. Im Unterschied zu den Vorverhandlungen erhielten in der Kriegschemikalien AG selbst die Firmen der Sprengstoffindustrie mit über 43%[58] den größten Teil der Aktien. Ziemlich nahe kam ihr die Farbenindustrie, deren Firmen zugleich mehrheitlich Schwerchemikalien produzierten, mit Anteilen von zusammen 40%. Die Düngemittelhersteller, die zunächst außen vor geblieben waren, holten mit 14% auf, blieben aber weit hinter den anderen Gruppen zurück.

Die Größe der Firmen bestimmte die Mitgliederstruktur, wie schon die Vorverhandlungen, stark. 45% der Aktien hielten Unternehmen mit einem Kapital über 15 Mio. M; zieht man die Grenze bei 10 Mio. M, lag der Anteil bei über 50%. Drei von insgesamt vier chemischen Firmen, die vor Kriegsausbruch in der Spitzenregion der 50 größten Unternehmen rangierten, zählten zu den Großaktionären der neuen Gesellschaft[59]. Zieht man allerdings die Liste der 100 größten Unternehmen heran, so relativiert sich dieser Eindruck etwas.

Nur acht von siebzehn Firmen fanden sich in der Kriegsgesellschaft wieder. Nicht berücksichtigt wurde die Sparte der Düngemittelhersteller oder -händler[60].

---

[56] Die folgenden Aussagen sind, soweit nicht anders vermerkt, dieser Liste der Aktionäre entnommen.

[57] Stickstoff vor allem in Form von Ammoniak. Viele Firmen waren in mindestens zwei dieser Gruppen tätig; insbesondere Schwerchemikalien stellten viele Fabriken als Rohstoffe für ihre jeweilige Produktpalette selbst her.

[58] Diese und die folgenden Zahlen über Aktienanteile nach Produkten können sich zu mehr als 100% addieren, weil die meisten Firmen in mehr als einer Sparte tätig waren.

[59] Feldenkirchen, Concentration, Tab. II, S. 144.

[60] Kocka/Siegrist, Industrieunternehmen, S. 111.

Tabelle 1: **Mitglieder der Kriegschemikalien AG**

Name der Firma	**Anteile an KCA in M**	**Aufsichtsrats-Mitglied**	**Vorstands-Mitglied**	**Kapital in Mio. M**	**Produkte**
1. Gründungsmitglieder					
Badische Anilin- und Sodafabrik, Ludwigshafen	400 000	ja	nein	54,0	Farben; Schwerchemikalien; Stickstoff
Leopold Cassella & Co, Frankfurt/M	400 000	ja	nein	20,0	Farben
Dynamit AG vorm. Alfred Nobel & Co, Hamburg	400 000	ja	ja	12,0	Sprengstoffe
Farbenfabriken vorm. Friedrich Bayer & Co, Leverkusen	400 000	ja[a]	nein	54,0	Farben; Schwerchemikalien
Farbwerke vorm. Meister Lucius und Brüning, Hoechst a.M.	400 000	ja	nein	50,0	Farben
Vereinigte Köln-Rottweiler Pulverfabriken, Berlin	400 000	ja[b]	nein	16,5	Sprengstoffe
Westfälisch-Anhaltische Sprengstoff AG, Berlin	400 000	ja	nein	4,0	Sprengstoffe
Chemische Fabrik Griesheim-Elektron, Frankfurt/M	300 000	ja	nein	16,0	Schwerchemikalien; Farben
Rheinisch-Westfälische Sprengstoff AG, Berlin	300 000	ja	nein	6,5	Sprengstoffe
Sprengstoff AG Carbonit, Hamburg	300 000	ja	ja	3,0	Sprengstoffe

Name der Firma	Anteile an KCA in M	Aufsichtsrats-Mitglied	Vorstands-Mitglied	Kapital in Mio. M	Produkte
Wolff & Co, Commandit-Gesellschaft auf Actien, Walsrode	300 000	ja	nein	1,4	Sprengstoffe
AG für Anilinfabrikation, Berlin	200 000	ja	ja	19,8	Farben
Deutsche Sprengstoff-AG, Hamburg	200 000	ja	nein	1,2	Sprengstoffe
Rheinische Dynamit-Fabrik, Köln	200 000	ja	nein	1,2	Sprengstoffe
Saccharin Fabrik AG vorm. Fahlberg, List & Co, Magdeburg	200 000	nein	nein	3,0	Schwerchemikalien
AG der Chemischen Produktenfabrik Pommerensdorf, Stettin	100 000	nein	nein	6,8	Düngemittel
Chemische Fabrik Kalk GmbH, Köln	100 000	nein	nein	6,0	Schwerchemikalien; Düngemittel
Kalle & Co AG, Biebrich	100 000	nein	nein	6,0	Farben
Kunheim & Co, Berlin	100 000	ja	nein	?	Schwerchemikalien; Stickstoff
Chemische Fabriken vorm. Weiler-ter Meer, Uerdingen	100 000	ja	nein	8,0	Farben; Schwerchemikalien;
Silesia, Verein Chemischer Fabriken, Breslau	100 000	nein	nein	5,64	Düngemittel; Farben
Sprengstoffwerke Dr. R. Nahnsen & Co AG, Hamburg	100 000	nein	ja	3,5	Sprengstoffe

Fortsetzung von Tabelle 1

Name der Firma	**Anteile an KCA in M**	**Aufsichtsrats-Mitglied**	**Vorstands-Mitglied**	**Kapital in Mio. M**	**Produkte**
Verein Chemischer Fabriken, Mannheim	100 000	ja	nein	5,2	Schwerchemikalien; Düngemittel
Wülfing, Dahl & Co, Barmen	100 000	ja	nein	1,0	Farben
Zellstoffabrik Waldhof, Mannheim	100 000	nein	nein	32,0	Zellstoff
Chemische Fabrik AG vorm. Moritz Milch & Co, Posen	50 000	ja	nein	5,8	Düngemittel; Schwerchemikalien
2. Spätere Mitglieder					
Th. Goldschmidt AG, Essen	100 000	ja	nein	15,0	Schwerchemikalien
Oberschlesische AG für Fabrikation von Lignose, Schiesswollfabrik für Heer und Marine, Kruppamühle	50 000	ja	nein	1,4	Sprengstoffe

Quellen: Verschiedene Listen Aktionäre, Aufsichtsrats- und Vorstandsmitglieder, BAAP, KCA, 87.29, Nr. 7, Bl. 4ff, 24ff., 35, 3843; Nr. 4, Bl. 72f., 85f.; Nr. 10, Bl. 260v, 304; Nr. 11, Bl. 172ff.; BAAP, RKG 89.05, Nr. 157; Auskünfte Regional- und Werksarchive.

[a] Die Firma entsandte 2 Mitglieder in den Aufsichtrat der Kriegschemikalien AG.

[b] Die Firma entsandte 2 Mitglieder in den Aufsichtrat der Kriegschemikalien AG.

Daß die Größe allein nicht den Ausschlag gab, legt die Betrachtung zweier Einzelfälle nahe. Die Th. Goldschmidt AG blieb trotz eines Kapitals von 15 Mio. M nicht nur von den Verhandlungen, sondern auch von der Gründung der Kriegschemikalien AG ausgeschlossen. Sie wurde Anfang 1915 zwar aufgenommen, konnte aber keinen so großen Anteil erwerben, wie sie dies gern getan hätte[61]. Überhaupt keine Berücksichtigung fand die Rütgerswerke AG, die mit 22,5 Mio. M Nominalkapital nicht gerade klein war[62].

Sehr klar zeichnet sich das Übergewicht von Syndikaten und Kartellen in der Kriegschemikalien AG ab. Knapp fünf Sechstel der Beteiligungen, darunter alle großen Aktienanteile, befanden sich in der Hand von Firmen, die einem Zusammenschluß angehörten. Die Vorherrschaft hielten die beiden Verbände der Farbenindustrie und das Generalkartell der Sprengstoffirmen. Sie stellten sicher, daß auch die ihnen angeschlossenen kleinen Unternehmen größere Anteile zeichnen konnten[63]. Allerdings zeigt die Ablehnung des Aufnahmeantrags der Deutschen Ammoniak-Verkaufs-Vereinigung, daß auch das Vorhandensein eines Syndikats, das immerhin nahezu alle deutschen Stickstoffproduzenten vereinte, keine Garantie für eine Mitgliedschaft darstellte[64].

Im Vergleich zu den Vorverhandlungen konnte die Düngemittelindustrie sich stärker engagieren, aber sie erreichte keine Gleichberechtigung etwa mit der

---

[61] Allerdings kam man dem Unternehmen entgegen, indem Karl Goldschmidt im August 1915 in den Aufsichtsrat gewählt wurde. Schriftwechsel Haeuser-Goldschmidt 2./5. Okt. 1914, Hoechst-Archiv, 18/1/14; 5. und 9. Prot. der AR-Sitz. der KCA am 29. Okt. 1914, 12. Jan. 1915; BAAP, KCA 87.29, Nr. 10, Bl. 27, 47; Prot. der a.o. Generalversammlung vom 20. Aug. 1915, BAAP, KCA 87.29, Nr. 7, Bl. 30v.

[62] Zur Stellung der Rütgerswerke AG: Handbuch der Deutschen Aktien-Gesellschaften, 1914/15, Bd. 1, S. 1442ff.; Antrag auf Aufnahme: Schriftwechsel Rütgerswerke AG-KCA vom Dez. 1914, BAAP, KCA 87.29, Nr. 5, Bl. 129ff.; 9. und 11. Prot. der AR-Sitz. KCA vom 12. Jan. und 12. Febr. 1915, BAAP, KCA 87.29, Nr. 10, Bl. 47, 57; Schr. KCA an Bayer vom 29. Dez. 1914, Antwort Bayer vom 5. Jan. 1915, Anträge auf Beitritt mit dem Vermerk: abgelehnt o.D., Bayer-Archiv, 201/3. Gar nicht zur Diskussion stand die Deutsche Solvay-Werke AG, die 1913 zu den 50 größten Unternehmen zählte. Feldenkirchen, Concentration, Tab. II, S. 144.

[63] Mehrere sehr kleine Firmen hielten Anteile von 300 000 bzw. 400 000 M. Tabelle 1, S. 118f.; Handbuch der Deutschen Aktien-Gesellschaften, 1914/15, Bd. 1,2, S. 1503ff.

[64] Antrag auf Beitritt der DAVV, Bochum mit dem Vermerk: abgelehnt, o.D. [nach 28. Jan. 1915], Bayer-Archiv, 201/3. Die Deutsche Ammoniak-Verkaufs-Vereinigung hatte zunächst vorwiegend die Hersteller von Nebenprodukten, also Kohlezechen, erfaßt. Kurz vor Kriegsausbruch war aber auch die Badische Anilin- und Sodafabrik, die Stickstoff aus Luft herstellte, der Vereinigung beigetreten. Eucken, Stickstoffversorgung, S. 79.

Sprengstoffindustrie. Ihrer Produktion wurde also geringere Priorität eingeräumt. Benachteiligt blieben auch die kleineren und nicht syndizierten Firmen. Zumindest letzteres war von den Initiatoren nicht gewollt. Unter den Firmen, die eine Beteiligung an der Kriegschemikalien AG ablehnten, befanden sich eine Reihe, die große Aktienanteile übernehmen sollten, aber keinem Zusammenschluß angehörten[65]. Das prägende Element in der Struktur der Kriegschemikalien AG, die Dominanz der Farben- und Sprengstoffindustrie, läßt sich dadurch erklären, daß für ihre Beteiligung nicht nur ein, sondern zwei Faktoren sprachen. Die Farbenproduzenten zeichneten sich durch erhebliche Größe und die Existenz zweier Verbände aus, während für die Sprengstoffindustrie ihre kriegswichtige Produktion und ihre intensive Verflechtung ausschlaggebend waren.

Für die Kriegsmetall AG ist es schwieriger, Aussagen über die Zusammensetzung zu machen, weil sich eine Reihe von Angaben über ihre 32 Mitglieder nicht ermitteln ließ, wie die folgende Tabelle (vgl. Tabelle 2, S. 123ff.) zeigt[66].

Am deutlichsten läßt sich die Aktienverteilung nach Sparten erkennen[67]. Man kann die Unternehmen der Metallindustrie grob den Sparten Gewinnung oder Förderung, Verarbeitung, Verbrauch von und Handel mit Metallen zuordnen. Unter die - an der Kriegsmetall AG beteiligten - Verbraucher fallen Elektrofirmen, Hersteller von Maschinen und Motoren sowie Produzenten von Kriegsbedarf. Im Vergleich zu den Vorverhandlungen gewannen die Metallverarbeiter erheblich an Bedeutung. Sie verfügten über ca. 47% der Aktien, rechnet man die Unternehmen der Elektroindustrie, die vornehmlich für den eigenen Bedarf produzierten und so eine eigene Gruppe ausmachten, nicht mit[68]. Neu in den Kreis der Aktionäre kamen die Produzenten von Kriegsbedarf mit ca. 17%. Es handelte sich dabei vor allem um Hersteller von Munition und Patronen, weniger von Waffen. Damit sind wir bei der Gruppe der Verbraucher angelangt,

---

[65] Liste zur Beteiligung o.D., BAAP, KCA 87.29, Nr. 4, Bl. 72f.

[66] Eine Ursache dafür dürfte in der Tatsache liegen, daß die Firmen dieser Branche häufiger Gesellschaftsformen gewählt hatten, die keinerlei Veröffentlichungspflicht von Unternehmensdaten erforderte. Bei den Metallhandelsfirmen war beispielsweise die Offene Handelsgesellschaft weit verbreitet. Ebenso fanden sich vergleichsweise wenig Hinweise, vor allem zur finanziellen Basis der Unternehmen, in Festschriften und Archiven.

[67] Diese und die folgenden Zahlen über Aktienanteile nach Produkten können sich zu mehr als 100% addieren, weil die meisten Firmen in mehr als einer Sparte tätig waren.

[68] Mit der Elektroindustrie zusammen hielten die Verarbeiter 68%.

Tabelle 2: **Mitglieder der Kriegsmetall AG**

Name der Firma	**Anteil an KMA in M**	**Aufsichtsrats-Mitglied**	**Vorstands-Mitglied**	**Kapital in Mio M**	**Sparte**
1. Gründungsmitglieder					
Allgemeine Elektricitäts-Gesellschaft, Berlin	355 000	ja	nein	155,0	Elektroind.; Verarbeitung
Basse & Selve, Altena i.W.	355 000	ja	nein	? [a]	Verarbeitung (Nickel); Kriegsbedarf; Maschinenbau
Beer, Sondheimer & Co, Frankfurt M.	355 000	ja	nein	?	Handel (Zink, Blei, Eisenerze)
Bergmann-Elektrizitätswerke AG, Berlin	355 000	ja	nein	52,0	Elektroind.; Verarbeitung
Metallgesellschaft AG, Frankfurt/M	355 000	ja	nein	18,0	Handel (Kupfer); Gewinnung
Siemens-Schuckert-Werke GmbH, Siemensstadt	355 000	ja	nein	90,0	Elektroind.; Verarbeitung
Vereinigte Deutsche Nickelwerke AG vorm. Westfälisches Nickelwalzwerk Fleitmann, Witte & Co, Schwerte i.W.	355 000	ja	nein	9,0	Verarbeitung (Messing, Kupfer)
M.M. Warburg & Co, Hamburg	355 000	ja	nein	?[b]	Banken

Fortsetzung von Tabelle 2

Name der Firma	**Anteil an KMA in M**	**Aufsichtsrats-Mitglied**	**Vorstands-Mitglied**	**Kapital in Mio M**	**Sparte**
Wieland & Co, Ulm	355 000	ja	nein	?[c]	Verarbeitung (Messing; Kupfer)
Chemische Fabrik Hönningen und vorm. Messingwerk Reinickendorf R. Seidel AG, Berlin u. Hönningen	170 000	ja	nein	7,5	Verarbeitung; Gewinnung
Felten & Guilleaume Carlswerk AG, Mühlheim	170 000	ja	nein	55,0	Elektroind.; Verarbeitung
Aron Hirsch & Sohn, Halberstadt	170 000	ja	ja	?	Handel (Kupfer)
Hirsch, Kupfer- & Messingwerke AG, Halberstadt, später Berlin	170 000	ja	ja	10,0	Verarbeitung; Kriegsbedarf
Polte Armaturen- und Patronenfabrik, Magdeburg-Sudenburg	170 000	nein	nein	?	Kriegsbedarf
Dr. Cassirer & Co, Charlottenburg	85 000	ja	nein	?	Verarbeitung
Deutsche Messingwerke Carl Eveking, Niederschöneweide	85 000	nein	nein	?	Verarbeitung
Th. Goldschmidt AG, Essen	85 000	ja	nein	15,0	Gewinnung; Verarbeitung
Hüttenwerk Niederschöneweide AG vorm. I.F. Ginsberg, Niederschöneweide	85 000	nein	nein	1,55	Gewinnung; Verarbeitung

Name der Firma	**Anteil an KMA in M**	**Aufsichtsrats-Mitglied**	**Vorstands-Mitglied**	**Kapital in Mio M**	**Sparte**
Hüttenwerke C. Wilhelm Kayser & Co AG, Berlin	85 000	nein	nein	4,0	Gewinnung
Kupferwerke Deutschland, Oberschöneweide	85 000	nein	nein	2,25	Verarbeitung
N. Levy & Co, Berlin	85 000	ja	nein	?	Handel (Kupfer)
Ludw. Loewe & Co AG, Berlin	85 000	nein	nein	7,5	Maschinenbau
2. Spätere Mitglieder					
Dr. Geitner's Argentanfabrik F.A. Lange, Auerhammer b. Aue i.S.	170 000	ja	nein	?[d]	Verarbeitung; Kriegsbedarf
C. Heckmann AG, Duisburg	170 000	ja	nein	10,0	Verarbeitung (Kupfer); Kriegsbedarf
Heddernheimer Kupferwerk und Süddeutsche Kabelwerke AG, Frankfurt/M	170 000	ja	nein	9,0	Verarbeitung (Kupfer)
Mansfeld'sche Kupferschieferbauende Gewerkschaft, Eisleben	170 000	ja	nein	43,0[e]	Gewinnung
Carl Berg AG, Eveking i.W.	85 000	nein	nein	3,0	Verarbeitung (Messing)
Kabelwerk Duisburg	85 000	nein	nein	3,0	Verarbeitung
Lüdenscheider Metallwerke AG vorm. Fischer & Basse, Lüdenscheid	85 000	nein	nein	2,7	Verarbeitung; Elektroind.
Sächsische Metallwarenfabrik August Wellner Söhne AG, Aue i.Sa.	85 000	nein	nein	5,0	Verarbeitung

Fortsetzung von Tabelle 2

Name der Firma	Anteil an KMA in M	Aufsichtsrats-Mitglied	Vorstands-Mitglied	Kapital in Mio M	Sparte
Westfälische Kupfer- & Messingwerke AG vorm. Caspar Noell, Lüdenscheid	85 000	nein	nein	3,0	Verarbeitung
Wolf, Netter & Jacobi, Berlin	85 000	nein	nein	?	Handel; Verarbeitung

Quellen: Verschiedene Listen der Aktionäre der KMA, BAAP, KMA 87.37, Nr. 1, Bl. 12f., 18ff., 25ff.; Nr. 10, Bl. 7f.; Nr. 22, Bl. 20f.; verschiedene Listen der Aufsichtsrats- und Vorstandsmitglieder, ebd., Nr. 23, Bl, 111; Nr. 20, Bl. 46; Nr. 21, Bl. 53; Nr. 182, Bl. 14; Nr. 22, Bl. 26; Auskünfte regionale Archive und Werksarchive; Firmenfestschriften.

[a] Keine Angaben zu Vermögen oder Kapital; Zahl der Mitarbeiter 1911: ca. 3500; Arbeitsleistung der Maschinen 1911: ca. 9500 PS. Basse & Selve, Festschrift, S. 15.

[b] Keine Angaben zu Vermögen oder Kapital; Bilanz 1913: Bilanzsumme ca. 118 Mio. M, Gewinn ca. 5,2 Mio M, Verlust ca. 2,8 Mio. M. Rosenbaum/Sherman, Bankhaus, S. 135, Abb. S. 129v.

[c] Keine Angaben zu Vermögen oder Kapital; Schätzung Gesellschaftsvermögen Juni 1914: 15 Mio. M. Auskunft Archiv Wieland-Werke AG. Metallwerke Ulm.

[d] Keine Angaben zu Vermögen oder Kapital; Zahl der Mitarbeiter 1908: ca. 2000; Arbeitsleistung der Maschinen 1908: ca. 2950 PS. Auskunft Archiv Auerhammer Metallwerk GmbH Aue i.S.

[e] Angabe von 1907. Kocka/Siegrist, Industrieunternehmen, S. 108.

die schon in den Verhandlungen eine wichtige Rolle gespielt hatte. Sie behielt diese Position, indem sie knapp 41% der Aktien erwarb. Wichtig ist jedoch, daß sich gerade diese Sparte, wie die Nennung der Produzenten von Kriegsbedarf schon andeutete, stark auffächerte. Die Elektroindustrie, die entscheidendes Gewicht in den Beratungen bewiesen hatte, festigte ihre Stellung durch die Übernahme der meisten großen Anteile an der Kriegsmetall AG. Sie konnte aber die Gesellschaft nicht beherrschen, da sie nur 22% der Aktien auf sich vereinigte. Wenig beteiligt wurde, wie sich schon vor der Gründung abzeichnete, der Maschinenbau mit 7%. Ähnliches wie für die Elektroindustrie galt für die großen Handelsunternehmen, die insgesamt über etwa 18% der Anteile verfügten.

Die Bedeutung der beiden anderen Faktoren, Größe und Verflechtung, läßt sich aufgrund der mangelhaften Quellenlage nur grob skizzieren. Deutlich ist auch hier das Gewicht der Größe der Firmen. Doch ähnlich wie bei der Kriegschemikalien AG war sie nicht immer ausschlaggebend. Die Mansfeld'sche Kupferschieferbauende Gewerkschaft mit einem Kapital von 43 Mio. M, zudem der größte Förderer von Kupfer im Deutschen Reich, wurde erst spät und nur mit einer kleineren Summe beteiligt. Kaum einbezogen wurden die kapitalkräftigen Unternehmen des Maschinenbaus. Die Rolle der Verflechtung läßt sich ansatzweise in der Position der Elektroindustrie erkennen. Ihre führenden Unternehmen bestimmten die Beratungen und bewirkten, daß ihre jeweiligen Partner als Großaktionäre in die Kriegsgesellschaft eingebunden wurden. Aber, wie schon erwähnt, begründeten die 22% der Aktien keine Dominanz. Ähnliches gilt für den Handel, der ebenfalls über ca. 22% der Anteile verfügte, rechnet man die Unternehmen aus Gewinnung und Verarbeitung hinzu, mit denen er kooperierte. Im Vergleich zur Kriegschemikalien AG ergibt sich mit über 40% eine nur begrenzte Herrschaft der zusammengeschlossenen Unternehmen.

Auch bei der Kriegsmetall AG gibt es einiges Material über Anfragen und Einladungen zu einer Beteiligung. Daraus geht hervor, daß die Waffenhersteller vermehrt herangezogen werden sollten. Damit wäre gleichzeitig die Präsenz der Großen erhöht worden. Dies scheiterte jedoch am mangelnden Interesse der Rüstungsfirmen. Weder die Fried. Krupp AG noch die Deutschen Waffen- und Munitionsfabriken oder die Rheinische Metallwaaren- und Maschinenfabrik konnten als Großaktionäre gewonnen werden. Ihre Vorräte und ihre Beziehungen zu den militärischen Beschaffungsstellen schienen genügend Sicherheit für ihre Produktion zu bieten, so daß eine Einengung der Dispositionsfreiheit durch eine Gesellschaft, deren Bedeutung sich erst noch erweisen mußte, aus ihrer Sicht nicht notwendig war. Zudem war eine intensivere Teilnahme bestehender

Syndikate geplant, was sich aus der Einladung fast aller Mitglieder der Aluminium-Einkaufs-Vereinigung ablesen läßt[69].

Faßt man die Ergebnisse zusammen, so gewannen die Verarbeiter und die Unternehmen der Gewinnung einen erheblich größeren Einfluß in der Kriegsmetall AG, als aufgrund der Verhandlungen zu erwarten war, ebenso die Produzenten von Kriegsbedarf. Insgesamt spiegelte diese Kriegsgesellschaft die starke Differenzierung der Branche wider, was insbesondere im Vergleich mit der Kriegschemikalien AG auffällt.

In welchem organisatorischen Rahmen agierten die beteiligten Unternehmen und welche Einflußmöglichkeiten auf die Geschäfte der Kriegsgesellschaften hatten sie? Die Satzungen orientierten sich auf der einen Seite an den Bestimmungen des Handelsgesetzbuches für Aktiengesellschaften. Dazu gehörten vor allem die Artikel über Vorstand, Aufsichtsrat und Generalversammlung. Der Vorstand wurde vom Aufsichtsrat ernannt und war an dessen Weisungen gebunden. Die Einberufung der Generalversammlung und ihre Kompetenzen sowie der Modus der Beschlußfassung in den einzelnen Gremien entsprachen dem Üblichen: Berichterstattung von Vorstand und Aufsichtsrat über die Geschäftsführung sowie deren Entlastung, Genehmigung der Bilanz, Wahl des Aufsichtsrates und Beschluß von Satzungsänderungen. Kontrollfunktionen oder gar Mitbestimmung konkreter Geschäfte oblagen dieser Versammlung nicht. Darüber hinaus gab es Bestimmungen über die Liquidation der Gesellschaften[70].

Auf der anderen Seite standen einige für den Charakter der Gesellschaften zentrale Bestimmungen, die sie eindeutig aus der Welt der privaten Aktiengesellschaften heraushoben. Dabei handelt es sich zum einen um die Unterstellung unter mindestens einen Kommissar der Behörden, zum anderen um die Einrichtung einer Schätzungs- und Verteilungskommission. Die Kommissare hatten ein Vetorecht gegen alle Beschlüsse des Aufsichtsrates, die sich auf Beschaffung, Verteilung oder Verwertung von Rohstoffen bezogen. Aufheben konnte diesen

---

[69] Einladungsschreiben KMA von Ende Aug. 1914 und Antworten, BAAP, KMA 87.37, Nr. 1, Bl. 169ff.; Schr. Krupp an Rathenau vom 26. Sept. 1914, BAAP, KMA 87.37, Nr. 10, Bl. 32. Mitglieder der Aluminium-Einkaufs-Vereinigung waren Basse & Selve, Carl Berg AG, Julius & August Erbslöh, Th. Goldschmidt AG, Felten & Guilleaume Carlswerk AG, Fried. Krupp AG, Vereinigte Deutsche Nickelwerke AG vorm. Westfälisches Nickelwalzwerk Fleitmann, Witte & Co, die um eine Beteiligung gebeten wurden. Einladungsschreiben für die KMA, BAAP, KMA 87.37, Nr. 1, Bl. 212ff. Die zwei Ausnahmen betrafen das Grusonwerk der Fried. Krupp AG und Wilhelm Berg. Vgl. Müller, Kriegsrohstoffbewirtschaftung, S. 59.

[70] Gesellschaftsvertrag KMA vom 3. Sept. 1914, BAAP, KMA 87.37, Nr. 1, Bl. 23f.; Gesellschaftsvertrag KCA vom 23. Sept. 1914, BAAP, KCA 87.29, Nr. 4, Bl. 81f. Ähnliche Bestimmungen finden sich auch bei der Eisenzentrale. Notarielle Ausfertigung der Statuten der EZ vom 30. Sept. 1916, BAAP, KEZ 87.25, Nr. 1, Bl. 214ff.

Einspruch lediglich der Reichskanzler. Eine stärkere Stellung besaß der Kommissar des Kriegsministeriums bei der Eisenzentrale. Er überwachte direkt die laufende Geschäftsführung, so daß kein Abschluß ohne seine Genehmigung getätigt werden konnte[71].

Ein weitgefaßter Kreis von Aufgaben wurde den Schätzungs- und Verteilungskommissionen zugewiesen. Sie sollten den Ausgleich zwischen Kriegs- und Friedensindustrie, ebenso zwischen Besitzern und Verbrauchern von Rohstoffbeständen bewerkstelligen. Damit legten die Gründer die Umsetzung der neuen Prioritäten für die Produktion in die Hand der industriellen Selbstverwaltung, auch wenn sich die Behörden die endgültige Genehmigung der Maßnahmen vorbehielten[72].

Wer wurde nun konkret mit einer solchen Aufgaben- und Machtfülle ausgestattet? Ein Teil der Mitglieder kam von außerhalb der Kriegsgesellschaften[73]. Über die Mitgliedschaft sicherten sich zunächst die Banken ein Mitspracherecht in diesen neuen Entscheidungsinstanzen. Max Steinthal, Mitglied des Aufsichtsrats und vorher langjähriger Vorstand der Deutschen Bank, führte den Vorsitz der Schätzungs- und Verteilungskommission der Kriegsmetall AG. Eduard Mosler, Geschäftsinhaber der Direction der Disconto-Gesellschaft, wurde stellvertretender Vorsitzender an entsprechender Stelle der Kriegschemikalien AG[74].

Auch der Vorsitz in der Schätzungs- und Verteilungskommission für Chemikalien wurde einem Externen anvertraut. Eduard Arnhold entwickelte sich bald zum wichtigsten Mann in der Kommission[75]. Weitere Mitglieder waren Hugo

---

[71] Gesellschaftsvertrag KMA vom 3. Sept. 1914, § 9, BAAP, KMA 87.37, Nr. 1, Bl. 23v; Gesellschaftsvertrag KCA vom 23. Sept. 1914, § 9, BAAP, KCA 87.29, Nr. 4, Bl. 81v; Notarielle Ausfertigung der Statuten der EZ vom 30. Sept. 1916, §§ 8-10, 14, BAAP, KEZ 87.25, Nr. 1, Bl. 215ff. Zur Ausgestaltung und Ausübung dieser Befugnisse vgl. unten S. 356ff.

[72] Geschäftsordnung der SVK der KMA und KCA, BAAP, KCA 87.29, Nr. 68, Bl. 13; dass. mit dem Vermerk "Definitiv", BAAP, KMA 87.37, Nr. 97/3, Bl. 1.

[73] Liste Mitglieder SVK der KMA: 1. Prot. AR-Sitz. der KMA vom 2. Sept. 1914, BAAP, KMA 87.37, Nr. 37, Bl. 111; Listen Mitglieder SVK der KCA: Gesellschaftsvertrag der KCA vom 23. Sept. 1914, § 13, BAAP, KCA 87.29, Nr. 4, Bl. 82; Liste o.D., BAAP, KCA 87.29, Nr. 70, Bl. 14; 40. Prot. der AR-Sitz. der KCA vom 22. März 1918, BAAP, KCA 87.29, Nr. 10, Bl. 277.

[74] Adreßbuch Directoren (1915), S. 1097, 758; Schmidt, Männer, S. 94, 64.

[75] Eduard Arnhold: Inhaber der Kohlen-Großhandelsfirma Caesar Wollheim; zahlreiche Aufsichtsratsmandate, zum Teil auch Vorsitz, u.a. in den Deutschen Waffen- und Munitionsfabriken, der AG für Anilinfabrikation, der Dresdner Bank und der Allgemeinen Elektricitäts-Gesellschaft; Mitglied im Börsenausschuß des Reichsamts des Inneren; Korrespondenzen u.a. mit Carl Duisberg und Gustav Krupp von Bohlen und Halbach.

Natalis (Siemens-Schuckert-Werke), der aber schon im Januar von dem Chemiker Karl Engler (Professor an der Technischen Hochschule Karlsruhe) abgelöst wurde. Als Stellvertreter fungierten Fritz Haber (Chemiker, Direktor des Kaiser-Wilhelm-Instituts Dahlem), P. Herz (Firma S. Herz, Berlin) sowie Heinrich Peierls (Direktor des Kabelwerks Oberspree der Allgemeinen Elektricitäts-Gesellschaft; Vorsitzender des Aufsichtsrats der Kriegsmetall AG). Lediglich Engler, der Mitglied im Aufsichtsrat der Badischen Anilin- und Sodafabrik war, und Herz, der bei einer Generalversammlung eine Mitgliedsfirma vertrat, könnte man eventuell als Beauftragte der Aktionäre betrachten. Damit dominierten nicht die Aktionäre, sondern Experten von außerhalb diese Schätzungs- und Verteilungskommission. Mitglieder des Aufsichtsrats selbst nahmen zwar oft an den Beratungen teil, aber nur in der Funktion von "Sachverständigen"[76]. Darüber hinaus wohnten Vertreter verschiedener Behörden den Sitzungen bei[77], teilweise auch der Vorstand der Kriegschemikalien AG sowie einzelne Abteilungsleiter[78].

Einen anderen Weg ging die Schätzungs- und Verteilungskommission bei der Kriegsmetall AG. Hier zählte mit Steinthal lediglich der Vorsitzende nicht zum Kreis der Aktionäre, die übrigen Mitglieder gehörten aber alle der Gesellschaft an. Aron Hirsch (Aron Hirsch & Sohn), Norbert Levy (N. Levy & Co) sowie Hugo Natalis (Siemens-Schuckert-Werke) waren zugleich Aufsichtsratsmitglieder. Einzig Carl Leopold Netter (Wolf, Netter & Jacoby) besaß keine weitere Funktion in einem Gesellschaftorgan. Auch die Stellvertreter waren allesamt im Aufsichtsrat: Theodor Berliner (Bergmann-Elektrizitätswerke AG), Hugo Cassirer (Dr. Cassirer & Co) und August Erhardt (Chemische Fabrik Hönningen und vorm. Messingwerk R. Seidel)[79]. Damit konnten sich, wie bei der Gründung der Kriegsmetall AG auch, der Metallgroßhandel und die Elektroindustrie als wichtigste Gruppen in der Schätzungs- und Verteilungskommission durchsetzen.

---

[76] Z.B. 5. u. 8. Prot. der SVK der KCA vom 9. u. 28. Nov. 1914: BAAP, KCA 87.29, Nr. 68, Bl. 28, 39. Seit Okt. 1916 nahmen zudem die Vertrauensmänner diese Funktion wahr. Ebd., Bl. 146.

[77] Z.B. 2. Prot. der SVK der KCA vom 15. Okt. 1914, BAAP, KCA 87.29, Nr. 68, Bl. 14, u.ö.; Prot. Sitz. betr. Salzsäure, 1917-1919, BAAP, KCA 87.29, Nr. 69, passim. Zu diesen Vertretern kann man auch Haber rechnen, der ab Dezember 1914 die spätere Chemische Abteilung im preußischen Kriegsministerium leitete und vorher schon als Vermittler zwischen Industrie und militärischen Stellen tätig gewesen war.

[78] Z.B. 28. Prot. der SVK der KCA vom 17. Okt. 1916: BAAP, KCA 87.29, Nr. 68, Bl. 146.

[79] 1. Prot. AR-Sitz. der KMA vom 2. Sept. 1914, BAAP, KMA 87.37, Nr. 37, Bl. 111. Das von Netter vertretene Unternehmen trat der Kriegsmetall AG offiziell erst im Oktober 1914 bei.

Doch die großen Erwartungen von einer zentralen Clearingstelle für die Verteilung von Rohstoffen machten schnell einer Ernüchterung Platz, denn bis zum Frühjahr 1915 wurden die Funktionen der Schätzungs- und Verteilungskommissionen durch die Behörden stark begrenzt. Die Kommission der Kriegsmetall AG löste sich Mitte 1915 deshalb auf. Bei der Kriegschemikalien AG schlug sich diese Abwertung in der zurückgehenden Häufigkeit der Sitzungen nieder. Tagten sie zunächst etwa in vierzehntägigem Abstand, manchmal auch noch öfters, spielte sich ab Februar 1915 ein monatlicher Rhythmus ein, der Ende 1915 durch einen zweimonatigen Turnus abgelöst und bis zur Auflösung der Kommission 1920 beibehalten wurde[80]. Dadurch veränderte sich das Gewicht der Kommission innerhalb der Gesellschaft. Konkurrierte die Schätzungs- und Verteilungskommission in der Anfangszeit noch mit dem Aufsichtsrat um den Vorrang im Entscheidungsprozeß[81], entwickelte sie bald eine andere Strategie zur Einflußnahme. Beschlüsse über Preisfestsetzungen und Verteilung der Friedenskontingente, teilweise aber auch Beschaffung von Rohstoffen, z.B. Umarbeitungsverträge für Salpeter, faßte der Aufsichtsrat beziehungsweise der Vorstand. Doch die Kommission etablierte sich als Forum, in dem Probleme beraten und wichtige Vorentscheidungen getroffen wurden, gerade weil an ihren Sitzungen häufig nicht nur die eigentlichen Mitglieder, sondern auch eine Reihe von Industriellen und Behördenvertretern teilnahmen[82]. Dies gilt ebenso für die Sondersitzungen, die die Schätzungs- und Verteilungskommission zwischen Juli 1917 und Januar 1919 für Salzsäure abhielt[83]. Neben der Schätzungs- und Verteilungskommission gab es eine Reihe weiterer Kommissionen, die als Beratungs- und Koordinationsgremien fungierten, aber nicht in der Satzung der Gesellschaften vorgesehen waren. In der Kriegsmetall AG sind hier die Technische Kommission und die Arbeitskommission zu nennen, die in bestimmten Fragen der Schätzungs- und Verteilungskommission zuarbeiten und zwischen Direktoren und Aufsichtsrat vermitteln sollten. Darüber hinaus gab es eine Elektrotechnische Kommission, die eher zur Klärung verfahrenstechnischer Fragen gedacht war. Die meisten Kommissionen im Metallbereich agierten

---

[80] Prot. der SVK der KCA, BAAP, KCA 87.29, Nr. 68. Zur Begrenzung der Kompetenzen der Kriegsgesellschaften generell vgl. Kap. II.3, S. 146ff.

[81] Beispielsweise gab der Aufsichtsrat die Preisvorschläge der Kommission nach einer "lebhaften Erörterung" zur erneuten Beratung zurück. 7. Prot. der AR-Sitz. der KCA vom 11. Dez. 1914, BAAP, KCA 87.29, Nr. 10, Bl. 41.

[82] Prot. der SVK der KCA, BAAP, KCA 87.29, Nr. 68.

[83] Prot. der SVK der KCA betr. Salzsäure, Juli 1917-Jan. 1919, BAAP, KCA 87.29, Nr. 69, passim.

nicht allzu lange, spätestens seit Mitte 1915 hörte man kaum mehr etwas von ihnen[84].

Beständiger waren diese Institutionen für verschiedene Chemikalien. Hier standen ebenfalls weniger finanzielle oder organisatorische Entscheidungen im Vordergrund, sondern eher praktische Probleme bei neu eingeführten Produktionsprozessen. Zu erwähnen sind die Ende September 1914 errichteten Kommissionen für Schwefelkies und Schwefelsäure[85] sowie für Salpeter und Salpetersäure[86], weiterhin die im August 1915 gebildete Kommission für Kieserit und Gips[87]. Ihre Aufgabe bestand in der Beratung der Firmen, welche die entsprechenden Produkte herstellen wollten. Auch wenn die Kriegschemikalien AG die Bildung initiiert hatte, entwickelten sich die Kommissionen zu relativ eigenständigen Einheiten. Ein klares Übergewicht hatten die Großunternehmen der Farbenindustrie in den beiden ersten Organisationen, aber auch die Sprengstoff- und Düngemittelhersteller waren vertreten. Darüber hinaus arbeiteten die Industriellen eng mit bekannten Chemikern zusammen, vor allem dort, wo es um die Entwicklung neuer Verfahren ging.

Die organisatorischen Neuerungen in den Kriegsgesellschaften erwiesen sich also nur beschränkt als überlebensfähig und gewannen keineswegs den Einfluß,

---

[84] Prot. Arbeitskommission Nr. 1-12 vom 9. Sept.-17. Nov. 1914, Prot. Technische Kommission Nr. 1-5 vom 14. Okt. 1914-12. März 1915, BAAP, KMA 87.37, Nr. 37, passim; vgl. auch Demeter, Kriegsmetall-AG, S. 11ff.

[85] Mitglieder waren Henry Theodor von Böttinger (Farbenfabriken vorm. Friedrich Bayer & Co), Carl Duttenhofer (Vereinigte Köln-Rottweiler Pulverfabriken), Adolf Haeuser (Farbwerke vorm. Meister Lucius und Brüning), Robert Hüttenmüller (Badische Anilin- und Sodafabrik), Edmund ter Meer (Chemische Fabriken vorm. Weiler-ter Meer), Franz Oppenheim (AG für Anilinfabrikation) und Edmund Pietrkowski (Chemische Fabrik AG vorm. Moritz Milch & Co); im Februar 1915 kam Adolf Otto Viett von der Saccharin Fabrik AG vorm. Fahlberg, List & Co dazu. 1. und 11. Prot. AR-Sitz. der KCA vom 28. Sept. 1914 u. 12. Febr. 1915, BAAP, KCA 87.29, Nr. 10, Bl. 2.

[86] Mitglieder waren Carl Duisberg (Farbenfabriken vorm. Friedrich Bayer & Co), Emil Fischer (Direktor des Chemischen Instituts der Universität Berlin), Adolf Haeuser, Robert Hüttenmüller und Franz Oppenheim. 1. Prot. AR-Sitz. der KCA vom 28. Sept. 1914, BAAP, KCA 87.29, Nr. 10, Bl. 2.

[87] Mitglieder waren Emil Fischer, Theodor Plieninger (Chemische Fabrik Griesheim-Elektron), Karl Müller (Professor an der Technischen Hochschule Karlsruhe; Vorstandsvorsitzender der Badischen Anilin- und Sodafabrik), Franz Fischer (Professor; Direktor des Kaiser-Wilhelm-Instituts für Kohlenforschung, Mühlheim) August Klages (Saccharin Fabrik AG vorm. Fahlberg, List & Co). 18. Prot. der AR-Sitz. der KCA vom 20. Aug. 1915, BAAP, KCA 87.29, Nr. 10, Bl. 127f. Es gab seit Juli 1915 auch eine Kommission für die Verwertung des Bisulfates unter dem Vorsitz von Emil Fischer: Vgl. Prot. vom 21. Juli 1915, BAAP, KCA 87.29, Nr. 10, Bl. 104ff.

der ihnen zu Beginn verheißen worden war. Wie stand es nun mit den Organen, die jede gewöhnliche Aktiengesellschaft besaß? Welche Funktionen nahmen Aufsichtsrat und Vorstand wahr? Wie waren sie zusammengesetzt? Unterschieden sie sich darin von kommerziellen Gesellschaften?

Der Aufsichtsrat einer Aktiengesellschaft, der seit 1870 zur Kontrolle neben den Vorstand gestellt wurde, konnte prinzipiell in zwei Richtungen tätig werden: Entweder er überwachte durch Rechnungslegung und Buchhaltungsprüfung das kaufmännische Verhalten der Geschäftsleitung, oder er übernahm einen Teil der Unternehmerfunktionen neben dem Vorstand, der die Geschäfte führte[88]. Die Satzungen der Kriegsgesellschaften, die als Aktiengesellschaften gegründet wurden, sahen einen starken Aufsichtsrat vor. Er sollte die Geschäftspolitik des Vorstandes aktiv mitbestimmen, nicht nur kontrollieren. Dies war im Interesse der Aktionäre, denn so hatten die Unternehmen Möglichkeiten zur Einflußnahme. Dasselbe galt für die Behörden, weil nur unter dieser Bedingung die staatliche Überwachung durch Kommissare, deren Vetorecht sich gegen Beschlüsse des Aufsichtsrates wandte, Sinn machte[89]. Diese Konzeption schien sich zu Beginn des Krieges zunächst durchzusetzen, wie die alle vierzehn Tage stattfindenden Sitzungen belegen. In dieser Zeit war der Aufsichtsrat das zentrale Organ der Kriegsgesellschaften, denn erstens diente er als Diskussionsforum für anstehende Entscheidungen, und zweitens bestimmte er zusammen mit dem Vorstand maßgeblich die Geschäfte[90].

Daher erklärt sich das rege Interesse der Aktionäre an der Übernahme von Aufsichtsratsmandaten bei der Gründung der Kriegsgesellschaften. In der Kriegsmetall AG[91] entsandte der Metallhandel fünf Vertreter. Die Elektroindustrie besaß zwar nur vier Delegierte, stellte aber den Vorsitzenden. Damit übernahmen die beiden Gruppen die Führung des aus dreizehn Mitgliedern bestehenden Aufsichtsrats. Im Laufe des Krieges gewannen die Metallverarbeiter eine hervorragende Stellung mit neun Mitgliedern, während an der Gründung der neuen Gesellschaft nur drei teilgenommen hatten. Zwei davon vertraten Firmen, die schon vor dem Krieg in der Rüstungsproduktion tätig gewesen waren. Die Förderer von Metallen konnten dagegen nur ein Mitglied stellen,

---

88 Horn, Unternehmensorganisation, S. 143ff., 151f.

89 Der Vorstand wurde nicht nur vom Aufsichtsrat bestellt und abberufen, sondern war an dessen Weisungen gebunden. Gesellschaftsvertrag KMA vom 3. Sept. 1914, § 7, BAAP, KMA 87.37, Nr. 1, Bl. 23v.

90 Prot. AR-Sitz. der KMA, BAAP, KMA 87.37, Nr. 52; Prot. AR-Sitz. der KCA, BAAP, KCA 87.29, Nr. 10.

91 Vgl. Tabelle 3, S. 134f.

trotz der zahlreicher werdenden Projekte zur Gewinnung heimischer Metalle. Dazu gesellte sich ein Bankenvertreter[92].

Tabelle 3: **Mitglieder des Aufsichtsrats der Kriegsmetall AG**

Ashoff, Wilhelm (Eintritt Sept. 1914) Basse & Selve, Altena i.W.
Berliner, Theodor (Eintritt Sept. 1914, Austritt Okt. 1915) Bergmann-Elektrizitätswerke AG, Berlin (Gen.-Dir.); (bis 1912: Siemens-Schuckert-Werke)
Berthold, Paul (Eintritt Febr. 1916) Bergmann-Elektrizitätswerke AG, Berlin (Dir.)
Bokemeyer, Heinz (Eintritt Apr. 1919) General-Bevollmächtigter Dr. Geitner's Argentanfabrik F.A. Lange, Auerhammer b. Aue i.S.; Kupferhammer Grünthal (Dir.)
Cassirer, Hugo Dr. (Eintritt Sept. 1914) Dr. Cassirer & Co, Charlottenburg
Erhardt, August (Eintritt Sept. 1914) Chem. Fabrik Hönningen, vorm. Messingwerk Reinickendorf R. Seidel AG, Berlin
Goldschmidt, Karl Dr. (Eintritt März 1915) Th. Goldschmidt AG, Essen (Dir.)
Herberg, Karl von der (Eintritt Sept. 1914) Felten & Guilleaume Carlswerk AG, Mühlheim (Dir.); Kupferwerke Deutschland, Oberschöneweide (AR-Vors.)
Hirsch, Aron (Eintritt Sept. 1914) Aron Hirsch & Sohn, Halberstadt (Dir.); Hirsch, Kupfer- & Messingwerke AG, Berlin (Gen.-Dir.)
Hirsch, Siegfried (Eintritt Juni 1916) Aron Hirsch & Sohn, Halberstadt (Dir.); Hirsch, Kupfer- & Messingwerke AG, Berlin (AR); Hüttenwerke C. Wilhelm Kayser & Co AG, Berlin (AR)
Kurrer, Otto (Eintritt Apr. 1919) Mansfeld'sche Kupferschieferbauende Gewerkschaft, Eisleben (Dir.)
Landsberg, Heinrich (Eintritt Mai 1915) Heddernheimer Kupferwerk und Süddeutsche Kabelwerke AG, Frankfurt/M (Gen.-Dir.); Vereinigte Deutsche Nickelwerke AG vorm. Westfälisches Nickelwalzwerk Fleitmann, Witte & Co, Schwerte i.W. (AR)

[92] In dieser Auswertung fehlt Christoph Seiler, der sich nicht zuordnen ließ. Als Herkunftsfirma nennen die Quellen Joh. Balth. Stieber & Sohn, Nürnberg, die aber kein Mitglied der Kriegsmetall AG war.

Lange, F. Albert (Eintritt Mai 1915, Austritt Frühjahr 1918)
Dr. Geitner's Argentanfabrik F.A. Lange, Auerhammer b. Aue i.S.

Levy, Norbert (Eintritt Sept. 1914)
N. Levy & Co, Berlin

Merwitz, Emil (Eintritt Mai 1915)
C. Heckmann AG, Duisburg (Gen.-Dir.)

Natalis, Hugo (Eintritt Sept., Austritt Dez. 1914)
Siemens-Schuckert-Werke, Berlin (Dir.); Chem. Fabrik Hönningen u. vorm. Messingwerk Reinickendorf R. Seidel AG, Berlin (AR)

Peierls, Heinrich (Eintritt Sept. 1914)
Allgemeine Elektricitäts-Gesellschaft, Berlin (stv. Dir.)

Schwarz, Georg (Eintritt Sept.1914)
Metallgesellschaft AG, Frankfurt/M (Dir.)

Seiler, Christoph (Eintritt Mai 1915)
Joh. Balth. Stieber & Sohn, Nürnberg (?)

Terbrüggen, Wilhelm (Eintritt Mai 1915)
Vereinigte Deutsche Nickelwalzwerke AG vorm. Westfälisches Nickelwalzwerk Fleitmann, Witte & Co, Schwerte i.W. (Dir.)

Thewes, Richard (Eintritt Sept. 1914, Austritt Frühjahr 1918)
Mansfeld'sche Kupferschieferbauende Gewerkschaft, Eisleben

Warburg, Fritz Moritz Dr. (Eintritt Sept. 1914)
M.M. Warburg & Co, Hamburg (Dir.)

Werner, Richard (Eintritt März 1915)
Siemens-Schuckert-Werke, Berlin (Dir.)

Wieland, Philipp (Eintritt Sept. 1914)
Wieland & Co, Ulm (Mitinh., Dir.)

Wreschner, Leo (Eintritt Sept. 1914)
Beer, Sondheimer & Co, Frankfurt/M

Abkürzungen: AR: Mitglied im Aufsichtsrat der Herkunftsfirma
AR-Vors.: Vorsitzender des Aufsichtsrats der Herkunftsfirma
Dir.: Direktor der Herkunftsfirma
Gen.-Dir.: Generaldirektor der Herkunftsfirma

Quellen: Listen der Aufsichtsratsmitglieder der KMA, BAAP, KMA 87.37, Nr. 1, Bl. 26; Nr. 2, Bl. 1; Nr. 20, Bl. 46; Nr. 21, Bl. 53; Nr. 22, Bl. 26; Nr. 52, passim.; Handbuch der Deutschen Aktien-Gesellschaften, 1914/15; Adreßbuch Directoren.

Während sich in der Kriegsmetall AG im Laufe der Zeit doch einige Änderungen abzeichneten, bestätigten sich im Aufsichtsrat der Kriegschemikalien AG[93] die Verhältnisse, die schon mit der Gründung geschaffen worden waren. Die Farbenindustrie führte mit acht Vertretern eindeutig, danach folgte mit drei Vertretern die Sprengstoffindustrie; sie stellte auch den Vorsitzenden. Später erhielten beide Gruppen jeweils ein weiteres Mitglied. Die Rohstoffhersteller, die nicht selbst in der Farbenproduktion aktiv waren, hatten bei der Gründung lediglich einen, 1915 insgesamt drei Repräsentanten. Die Interessen der Düngemittelproduzenten vertraten im ersten Aufsichtsrat nur zwei Stickstoffhersteller, die übrigen wurden erst im August 1915 bzw. März 1916 berücksichtigt. Zusätzlich zu den Delegierten der Aktionäre wurde der Chemiker Emil Fischer gleich zu Beginn in den Aufsichtsrat aufgenommen.

Tabelle 4: **Mitglieder des Aufsichtsrats der Kriegschemikalien AG**

Aufschläger, Gustav Adolf Dr. (Eintritt Sept. 1914) Dynamit AG vorm. Alfred Nobel & Co, Hamburg (Gen.-Dir.); Sprecher des Generalkartells der Pulver- und Sprengstoffabriken
Baum, Fritz Dr. (Eintritt Aug. 1915) Wülfing, Dahl & Co AG, Barmen
Böttinger, Henry Theodor von (Eintritt Sept. 1914) Farbenfabriken vorm. Friedrich Bayer & Co, Leverkusen (AR-Vors.)
Duisberg, Carl Prof. Dr. (Eintritt Sept. 1914) Farbenfabriken vorm. Friedrich Bayer & Co, Leverkusen (Gen.-Dir.)
Duttenhofer, Carl (Eintritt Sept. 1914) Vereinigte Köln-Rottweiler Pulverfabriken, Berlin (Dir.); Deutsche Waffen- und Munitionsfabriken, Wolff & Co, Walsrode, Waffenfabrik Mauser AG, Oberndorf, Daimler-Motoren-Gesellschaft (Mitgl. AR)
Fischer, Emil Prof. Dr. (Eintritt Sept. 1914) Wissenschaftler
Frank, Rudolf Dr. (Eintritt Aug. 1915) Verein Chemischer Fabriken, Mannheim
Frentzel, Otto Dr. (Eintritt Sept. 1914, Austritt 1918) Kunheim & Co, Berlin (Teilhaber)
Goldschmidt, Karl Dr. (Eintritt Aug. 1915) Th. Goldschmidt AG, Essen (Dir.)

[93] Vgl. Tabelle 4, S. 136f.

Haeuser, Adolf Dr. (Eintritt Sept. 1914)
Farbwerke vorm. Meister Lucius und Brüning, Hoechst (Dir.); AG für Stickstoffdünger, Knapsack (AR)

Hüttenmüller, Robert (Eintritt Sept. 1914)
Badische Anilin- und Sodafabrik, Ludwigshafen (Dir.)

Kunheim, Erich Dr. (Eintritt März 1919)
Kunheim & Co, Berlin (Inhaber); A. Schaaffhausen'scher Bankverein (AR)

Landmann, Wilhelm (Eintritt Sept. 1914)
Westfälisch-Anhaltische Sprengstoff AG, Berlin (Gen.-Dir.)

ter Meer, Edmund, Dr. (Eintritt Sept. 1914)
Chemische Fabriken vorm. Weiler-ter Meer, Uerdingen (Dir.)

Oppenheim, Franz Dr. (Eintritt Sept. 1914)
AG für Anilinfabrikation, Berlin (Gen.-Dir.); Grube Auguste Victoria (Dir.); Dresdner Bank, Berlin (AR)

Pietrkowski, Edmund Dr. (Eintritt März 1916)
Chemische Fabrik AG vorm. Moritz Milch & Co, Posen (Gen.-Dir.)

Plieninger, Theodor (Eintritt Sept. 1914)
Chemische Fabrik Griesheim-Elektron, Frankfurt/M (Gen.-Dir.)

Schroetter, Otto Frh. von (Eintritt Aug. 1915)
Oberschlesische AG für Fabrikation von Lignose, Schießwollfabrik für Heer und Marine, Kruppamühle (Gen.-Dir.)

Weinberg, Carl von (Eintritt Sept. 1914)
Leopold Cassella & Co, Frankfurt/M (Dir.)

Abkürzungen: AR: Mitglied im Aufsichtsrat der Herkunftsfirma
AR-Vors.: Vorsitzender des Aufsichtsrats der Herkunftsfirma
Dir.: Direktor der Herkunftsfirma
Gen.-Dir.: Generaldirektor der Herkunftsfirma

Quellen: Listen der Aufsichtsratsmitglieder der KCA, BAAP, KCA, 87.29, Nr. 7, Bl. 7, 30v, 31, 42v, 84; Nr. 11, Bl. 26; Nr. 10, passim; Handbuch der Deutschen Aktien-Gesellschaften, 1914/15; Adreßbuch Directoren.

Der Aufsichtsrat erfüllte in beiden Gesellschaften die in ihn gesetzten Hoffnungen nicht. Er blieb zwar als Beratungsgremium für bedeutende Geschäfte wichtig, verlor aber an Gewicht gegenüber anderen Institutionen. Mit seinem zweimonatigen Tagungsrhythmus - bei der Kriegsmetall AG lagen zeitweise drei oder vier Monate zwischen den einzelnen Sitzungen - ließ sich eine kontinuierliche und detaillierte Beratung und Besprechung aller anstehenden

Projekte nicht realisieren[94]. Seine zweite Aufgabe, die Kontrolle des Vorstandes, rückte deutlich aus seinem Blickfeld. Klar faßbar ist dies bei der Kriegschemikalien AG. Zunächst bestimmten die Anweisungen des Aufsichtsrates, der ja sehr häufig zusammentrat, die Geschäfte der Gesellschaft. Doch schon im November 1914 beschloß der Aufsichtsrat, "den Vorstand allgemein zu ermächtigen, alle in Frage kommenden Produkte zu kaufen, ohne zuvor in den Aufsichtsratssitzungen darüber verhandeln zu müssen. Schwefelkies wird hiervon ausgenommen"[95]. Im August 1915 fiel dann auch diese Einschränkung. Der Vorstand wurde ermächtigt, "Abschlüsse auf Schwefelkiese für das erste Halbjahr 1916 zu tätigen". Zudem erhielt er das Recht, eigenmächtig die Prokura zu erteilen[96]. Damit trat der Aufsichtsrat einen Großteil seiner Unternehmer- und Kontrollfunktionen ab. Er beschränkte sich darauf, den Bericht des Vorstandes zu hören und dessen Entscheidungen zu genehmigen. Widersprüche in Form eines Vetos gegen derart getroffene Maßnahmen gab es nicht[97].

Die zivilen Behörden versuchten diese Tendenz aufzuhalten. Im August 1916 einigten sie sich mit der Kriegsrohstoffabteilung auf neue Grundsätze und Richtlinien für die Aufsicht über die Kriegsgesellschaften, um die Rolle der Aufsichtsräte wiederum zu stärken. Sie sollten mindestens einmal im Monat tagen, Unterkommissionen für besondere Aufgaben bilden und Mitglieder zur ständigen Überwachung der Vorstände delegieren. Überdies war vorgesehen, die buchhalterische Kontrolle durch eigenes Personal zu intensivieren. Die Kriegsrohstoffabteilung forderte regelmäßige Berichte über diese Kontrolltätigkeit[98].

In der Praxis hatte dieser Vorstoß keine großen Wirkungen. Der Aufsichtsrat der Kriegschemikalien AG setzte lediglich einen Bilanz-Prüfungs-Ausschuß ein[99]. Der Aufsichtsrat der Kriegsmetall AG richtete zwar einen besonderen

---

94 Lediglich wenn die Wahl des neuen Aufsichtsrates anstand, wurden zusätzliche Sitzungen dazwischen geschoben. Prot. AR-Sitz. der KMA, BAAP, KMA 87.37, Nr. 52. Die Kriegschemikalien AG blieb dagegen bis Ende 1915 noch bei ihrem Monatsrhythmus; danach tagte der Aufsichtsrat auch hier alle zwei Monate. Prot. AR-Sitz. der KCA, BAAP, KCA 87.29, Nr. 10.

95 6. Prot. AR-Sitz. der KCA vom 11. Nov. 1914, BAAP, KCA 87.29, Nr. 10, Bl. 34.

96 18. Prot. der AR-Sitz. der KCA vom 20. Aug. 1915, BAAP, KCA 87.29, Nr. 10, Bl. 124ff.; Zitat ebd., Bl. 127.

97 Prot. AR-Sitz. der KCA, BAAP, KCA 87.29, Nr. 10; Prot. AR-Sitz. der KMA, BAAP, KMA 87.37, Nr. 52.

98 Anlage zu Schr. KRA an RdI vom August 1916, BAAP, RdI 15.01, Nr. 18826, Bl. 155f.

99 30. u. 40. Prot. AR-Sitz. der KCA vom 20. Dez. 1916 und vom 22. März 1918, BAAP, KCA 87.29, Nr. 10, Bl. 230, 273v.

Ausschuß für die ständige Überwachung des Vorstandes ein, der sich zunächst auch verstärkt in die Geschäfte einmischte. Dies war aber nicht von Dauer, so daß die Initiative von Reichsschatzamt und Rechnungshof weitgehend im Sande verlief[100].

Die Aufsichtsräte nahmen in den Kriegsgesellschaften also nicht die Unternehmer- und Kontrollfunktionen wahr, die ihnen zugedacht waren. Vielmehr bestimmten die Vorstände in wachsendem Ausmaß die Geschäfte der Gesellschaften. Sie waren im allgemeinen kollegial organisiert. Einen Vorsitzenden oder Generaldirektor gab es nicht. Der Versuch des Reichskommissars für Stickstoffwirtschaft, der im Dezember 1916 "den Eindruck gewonnen [hatte], dass es dort [=in der Kriegschemikalien AG, R.R.] an einem eigentlich [sic!] Kopf fehlt" und deshalb den Vorstand der Kriegschemikalien AG in ein hierarchisch gegliedertes Organ verwandeln wollte, scheiterte[101]. Auch in der Kriegsmetall AG stießen solche Vorschläge auf wenig Gegenliebe[102]. Nur in der Eisenzentrale gab es quasi einen Generaldirektor, den geschäftsführenden Kommissar des Kriegsministeriums[103].

Der Umfang der Vorstände divergierte in den einzelnen Kriegsgesellschaften. Die Kriegsmetall AG war von Anfang an die größte Gesellschaft. Sie hatte vier Direktoren, zwei ordentliche und zwei stellvertretende. Diese Unterteilung wurde bald aufgehoben, so daß alle vier Mitglieder gleichberechtigt waren[104]. Im Laufe des Krieges vergrößerte sich der Vorstand auf sieben ordentliche Mitglieder und einen Stellvertreter[105]. Dies war eine Reaktion auf die Ausdehnung der Gesellschaft, die von 17 Abteilungen im Herbst 1915 auf 25 im Früh-

---

[100] NSchr. über eine Besprechung [Mitglieder AR und Vorstand] vom 25. Aug. 1916, BAAP, KMA 87.37, Nr. 72, Bl. 13; NSchr. Nr. 2 Besprechung am 1. Sept. 1916 zwischen dem Vorsitzenden des Aufsichtsrats und seinem Stellvertreter und dem Vorstand, BAAP, KMA 87.37, Nr. 62, Bl. 17f.; Prot. Nr. 1 der kleinen Kommission des AR vom 4. Okt. 1916, BAAP, KMA 87.37, Nr. 72, Bl. 8ff. Vgl. auch die Aktennotiz vom 5. Okt. 1916, die Werner über die Sitzung der "Kleinen Kommission" am 4. Okt. 1916 verfaßt hat. SAA 11/Lg 747 Henrich. Weitere Protokolle sind nicht überliefert.

[101] Schr. Bueb an Aufschläger vom 12. Dez. 1916, Zitat ebd. Bueb suchte für diesen Vorschlag die Unterstützung Duisbergs und Plieningers zu gewinnen, hatte aber wohl keinen Erfolg. Antwort Aufschläger vom 14. Dez. 1916, Bayer-Archiv, 201/3.

[102] Ein Kandidat für die Erweiterung des Vorstandes wurde abgelehnt, weil er den Vorsitz beanspruchte. Prot. Direktions-Sitz. vom 27. Juni, 3. u. 16. Juli 1918, BAAP, KMA 87.37, Nr. 40, Bl. 14, 17ff.

[103] Gesellschaftsvertrag EZ vom 30. Sept. 1916, § 10, BAAP, KEZ 87.25, Nr. 1, Bl. 216.

[104] 2. Ausg. Verzeichnis der Kriegswirtschaftsorganisationen vom Juni 1916, BAAP, RdI 15.01, Nr. 18826, Bl. 110.

[105] Vorstandsmitglieder im Frühjahr 1918, BAAP, RWM 31.01, Nr. 4083.

jahr 1917 wuchs. Deren Arbeitsgebiet erstreckte sich entweder auf einzelne Metalle, z.B. die Abteilung N auf Nickel, Antimon und Blei oder die Abteilungen KE und KV auf Kupfereinkauf und Kupferzuweisung, oder auf bestimmte Tätigkeiten, beispielsweise die Abteilung A auf Abrechnungen oder die Abteilung U auf Umarbeitungen. Der Zuwachs erfolgte vor allem durch die Bewirtschaftung weiterer Metalle, z.B. Stahlhärtungsmetalle in der Abteilung S. Den Direktoren unterstanden jeweils mehrere Abteilungen, für deren Geschäfte sie verantwortlich zeichneten[106].

Zu ihrer Information liefen täglich alle eingehenden Behördenschreiben bei den Direktoren um, bevor sie an die zuständigen Sachbearbeiter weitergingen. Darüber hinaus gab es tägliche Postberichte vom Sekretariat und den einzelnen Abteilungen[107]. Eine institutionalisierte Koordination erfolgte seit März 1916 in regelmäßigen, meist zweimal in der Woche stattfindenden Besprechungen. Ein Jahr später wurden die Termine vermehrt, so daß die Direktoren an fünf Tagen in der Woche Gelegenheit hatten, sich auszutauschen und gegenseitig zu informieren[108].

Die Entwicklung in der Kriegschemikalien AG verlief nicht so geradlinig, doch war auch hier die Erweiterung das charakteristische Merkmal. Bei der Gründung wurden zunächst nur zwei Vorstandsmitglieder bestellt, die im Dezember 1914 einen Stellvertreter erhielten. Zwischen August 1915 und Juni 1916 gab es mehrere Ein- und Austritte, an deren Ende wieder zwei Vorstandsmitglieder, nun aber unterstützt von drei Stellvertretern, standen. Die beiden führenden Direktoren hatten keine abgegrenzte Zuständigkeit, sondern betreuten alle Geschäfte. Dagegen waren die drei Stellvertreter jeweils für bestimmte Rohstoffe und die entsprechenden Abteilungen verantwortlich. Auch hier wurden die wichtigsten Chemikalien, Salpeter, Schwefel und Glycerin, in

---

[106] Übersicht über die organisatorische Einteilung der KMA o.D. [Antwort auf Schr. KRA an KMA vom 28. Sept. 1915], BAAP, KMA 87.37, Nr. 3, Bl. 105ff.; Übersicht über die Abteilungen der KMA vom 22. Febr. 1917, BAAP, KMA 87.37, Nr. 3, Bl. 81ff.; Demeter, Kriegsmetall-AG, S. 33ff.

[107] Denkschrift über die Organisation der KMA o.D. [vermutlich Anfang 1918], BAAP, KMA 87.37, Nr.3, Bl. 48ff. Heute sind lediglich die Direktions-Postberichte von Mai-Aug. 1918 für Direktor Flatow vorhanden. BAAP, KMA 87.37, Nr. 41. Die Mehrzahl dieser Berichte kam überhaupt nicht ins Reichsarchiv. Demeter, Kriegsmetall-AG, S. 24f.

[108] Prot. Direktions-Sitzungen der KMA, 14. März 1916-11. Juli 1919, BAAP, KMA 87.37, Nr. 40. Zweimal wöchentlich: ebd., Bl. 207. Ab März 1917 dreimal wöchentlich und zweimal gemeinsames Frühstück: ebd., Bl. 122. Diese Protokolle wurden wie die des Aufsichtsrates gedruckt, enthielten aber anders als letztere auch Hinweise auf Auseinandersetzungen, da sie nur für einen beschränkten Kreis bestimmt waren. Vgl. auch Demeter, Kriegsmetall-AG, S. 10f.

eigenen Abteilungen verwaltet; darüber hinaus gab es zentrale Arbeitsbereiche für Buchhaltung, Rechts- und Personalfragen[109]. Im August 1917 stiegen die Stellvertreter zu ordentlichen Vorstandsmitgliedern auf. Anfang 1918 trat ein weiteres Mitglied ein[110].

Die kleinste Gesellschaft war die Eisenzentrale. Ihr Vorstand setzte sich aus nur zwei Mitgliedern zusammen, über deren Tätigkeit wenig bekannt ist[111]. Der eigentliche Entscheidungsträger war das Kommissariat der Eisenzentrale[112].

Wie waren diese Vorstände der Kriegsgesellschaften, die die Entscheidungen wesentlich prägten, im einzelnen zusammengesetzt? In der Gründungsphase engagierten sich sowohl in der Kriegsmetall AG[113] als auch in der Kriegschemikalien AG[114] insbesondere die Unternehmen, die sich von der neuen Organisationsform am ehesten in ihrem Spielraum eingeengt sahen. Die sonst so einflußreiche Elektroindustrie hielt sich gänzlich zurück, während der Metallhandel auf der einen Seite, die Farbenindustrie auf der anderen Seite die Vorstandsposten besetzten, um ihren Einfluß auf die Gesellschaft zu sichern. Zudem entsandte die Sprengstoffindustrie einen hochrangigen Vertreter in das neue Gremium. 1915 ließ dieses Interesse jedoch merklich nach, wie der Austritt von Siegfried Hirsch aus dem Vorstand der Kriegsmetall AG im Mai und von Franz Florian Richter aus der Kriegschemikalien AG im Dezember zeigt. Lediglich die Farbenindustrie verstärkte ihre Position. Die Sprengstoffirmen begnügten sich

---

[109] Organisationsplan der KCA vom 1. Febr. 1917, HStAS, M 1/9, Bü 204, Bl. 176.

[110] Verschiedene Prot. AR-Sitz., BAAP, KCA 87.29, Nr. 7, Bl. 24, 35v, 38; BAAP, KCA 87.29, Nr. 10, Bl. 260v, 279.

[111] Direktoren waren Berthold Levy, vor seiner Berufung Direktor der Hahn'schen Werke AG, Berlin, und Richard Weygand von der Firma Weygand, Berlin. Schr. Fischer an Lueck vom 16. Sept. 1916, BAAP, KEZ 87.25, Nr. 1, Bl. 38, 46, 94; Handbuch der Deutschen Aktien-Gesellschaften, 1913/14, Bd. 1, S. 1062; Cron, Kriegseisenwirtschaft, S. 24.

[112] Gesellschaftsvertrag EZ vom 30. Sept. 1916, §§ 8, 10, BAAP, KEZ 87.25, Nr. 1, Bl. 215v, 216. Sein Leiter, Hermann Fischer, kam als Mitinhaber der Direction der Disconto-Gesellschaft aus dem Bankgewerbe (vgl. oben, Anm. 286, S. 96). An dieser Stelle müßte man die Mitarbeiter des Kommissariats auf ihre Herkunft näher untersuchen, da sie die Politik der Gesellschaft prägten. Leider waren nur ihre Namen zu ermitteln. Es handelte sich um Robert Otto Gerhardt, den Stellvertreter Fischers und Leiter der Rohstahlausgleichsstelle, und Alfred von Gompertz, verantwortlich für juristische Angelegenheiten und ab 1918 Stellvertreter Fischers. Weiterhin sind zu nennen der Kaufmann und Jurist Hans Poensgen, zuständig für Personalien sowie Tag, Leiter der Abteilung für Schrott und Späne. Vgl. Vfg. KRA vom 29. Sept. 1916, BAAP, EZ 87.10, Nr. 16.

[113] Vgl. Tabelle 5, S. 142f.

[114] Vgl. Tabelle 6, S. 144f.

mit der Delegation eines Mitglieds aus den niedrigeren Rängen. Vom Rückzug der Großen profitierten die metallverarbeitenden Firmen. In der Kriegschemikalien AG rückten Kaufleute aus den unterschiedlichsten Branchen nach. Bemerkenswert ist hier der Eintritt eines Angestellten der Metallgesellschaft AG, die in der Kriegszeit in die Massenproduktion von Chemikalien, insbesondere Schwefelsäure, einstieg. Im Laufe des Krieges wechselten zudem Mitarbeiter der Behörden, insbesondere der Kriegsrohstoffabteilung, in die Kriegsgesellschaften[115]. Das nachlassende Interesse der Aktionäre bot jedoch keine Chance für die Entsendung von regionalen Vertretern, etwa der sächsischen chemischen Industrie, in den Vorstand[116].

Tabelle 5: **Mitglieder des Vorstands der Kriegsmetall AG**

Berolzheimer, Fritz Dr. (Eintritt Frühjahr 1918, Austritt nach Apr. 1919) 1894 Rechtsanwalt; seit 1901 publizistisch tätig (Verfasser rechts- und wirtschaftsphilosophischer Schriften)[117]
Bredt, Gustav (Eintritt Juni 1915, Austritt nach Apr. 1919) März 1915 Prokurist in der Kriegsmetall AG[118]
Busemann, Ernst Dr. (Eintritt Sept. 1914, Austritt nach Apr. 1919) 1903 Eintritt in die Metallgesellschaft AG, Frankfurt/M; seit 1907 Mitglied des Aufsichtsrats der Norddeutschen Affinerie, Hamburg; 1908 Direktor der Usine de Désargentation, Hoboken (Metallgesellschaft AG); 1919 Vorstandsmitglied, 1930 Vorstandsvorsitzender der Deutschen Gold- und Silberscheideanstalt, Frankfurt/M; 1922 Mitglied im Aufsichtsratsausschuß der I.G. Farbenindustrie AG; 1922-1927 gleichzeitig Vorstandsmitglied der Metallbank und Metallurgischen Gesellschaft AG, Frankfurt/M[119].

---

[115] In der Kriegsmetall AG kam mit Vogelstein schon zu Beginn ein Vertreter der Wissenschaft, der aber - anders als in der Kriegsrohstoffabteilung - eine Ausnahme blieb.

[116] Im Februar 1916 initiierte ein sächsischer Landtagsabgeordneter die Aufnahme eines sächsischen Industriellen, Guido Roth. Der Aufsichtsrat der Kriegschemikalien AG lehnte diesen Antrag ab. 23. Prot. AR-Sitz. der KCA vom 18. Febr. 1916, BAAP, KCA 87.29, Nr. 10, Bl. 177f.

[117] Wer ist's? (1922), S. 104.

[118] 4. Prot. AR-Sitz. der KMA vom 10. März 1915, BAAP, KMA 87.37, Nr. 52, Bl. 8.

[119] Achinger, Merton, S. 404; Deutsche Wirtschaftsführer, Sp. 361, Reichshandbuch, Bd. 1, S. 251; Fünfzig Jahre Metallgesellschaft, S. 172; Personalkartei HA Metallgesellschaft.

Flatow, Richard M. (Eintritt Juni 1915 nach Apr. 1919)
vor Juli 1915 stv. Direktor der Orenstein & Koppel-Arthur Koppel AG, Berlin; Mitglied im Aufsichtsrat der Maschinenfabrik Montana AG[120].

Görbitz, Max Edler von (Eintritt Frühjahr 1918 nach Apr. 1919)
vor 1914 stv. Vorstandsmitglied der Optischen Anstalt C.P. Goerz AG, Berlin; vor 1916-1917 Mitarbeiter in der Sektion Z der Kriegsrohstoffabteilung (Bergwerksangelegenheiten auf dem Balkan)[121]

Hirsch, Siegfried (Eintritt Sept. 1914, Austritt Mai 1915)
Teilhaber der Fa. Aron Hirsch & Sohn, Berlin und Halberstadt; Mitglied im Aufsichtsrat der Hirsch, Kupfer- & Messingwerke AG, Berlin sowie der Hüttenwerke C. Wilhelm Kayser & Co AG, Berlin[122].

Maass, Walther H. (Eintritt Frühjahr 1918 nach Apr. 1919)
Nov. 1916 Prokurist in der Kriegsmetall AG[123]

Simon, Ernst (Eintritt Juli 1917 nach Apr. 1919)
1899 Eintritt in die Metallgesellschaft AG, Frankfurt/M; Direktor der Cie des Minerais Lüttich (verbunden mit der Metallgesellschaft AG); Aug. 1915 Prokurist in der Kriegsmetall AG; 1919 stv., 1928 ordentliches Vorstandsmitglied der Metallgesellschaft AG, Frankfurt/M[124].

Strauß, Felix (Eintritt Sept. 1914, Austritt Juni 1915)
Nach Juni 1915 vermutlich Tätigkeit in der Deutschen Bank, Berlin[125].

Vogelstein, Theodor Dr. (Eintritt Sept. 1914, Austritt nach Apr. 1919)
1901 Dr. rer. oec Freiburg; 1910 Privatdozent für Nationalökonomie München; Engagement im Verein für Socialpolitik; Forschung zu Monopol-, Kartell- und Finanzfragen; vor 1914 Aufgabe der Dozentur für Tätigkeit in der Wirtschaft; 1919 Mitinhaber des Bankhauses C. Kretschmar, Berlin[126].

---

[120] Schr. KMA an Berliner vom 23. Mai u. 4. Juni 1915, BAAP, KMA 87.37, Nr. 72, Bl. 7, 5; vgl. ebd., Nr. 37, Bl. 101 u. Nr. 3, Bl. 112ff.; Adreßbuch Directoren 1915, S. 266. Orenstein & Koppel war ein großes Maschinenunternehmen, das nicht an der Kriegsmetall AG beteiligt war.

[121] Handbuch der Deutschen Aktiengesellschaften, 1914/15, Bd. 1,2, S. 1226; Adreßbuch Directoren 1913, S. 329; Geschäftsverteilung KRA vom Okt. 1916, BAAP, RFM 21.01, Nr. A 2848, Bl. 66; dass. Mai 1917, BAAP, KEZ 87.25, Nr. 64, Bl. 282.

[122] Deutsche Wirtschaftsführer, Sp. 927; Adreßbuch Directoren 1915, S. 112.

[123] 12. Prot. AR-Sitz. der KMA vom 29. Nov. 1916, BAAP, KMA 87.37, Nr. 52, Bl. 23.

[124] Fünfzig Jahre Metallgesellschaft, S. 217, 279, 301; 6. u. 15. Prot. AR-Sitz. der KMA vom 13. Aug. 1915 u. 6. Juli 1917, BAAP, KMA 87.37, Nr. 52, Bl. 12, 28.

[125] Schr. KMA an Strauß vom 31. März 1916, BAAP, KMA 87.37, Nr. 37, Bl. 101; ebd., Nr. 90, Bl. 58. Gall u.a., Deutsche Bank, erwähnt ihn nicht.

[126] Reichshandbuch, Bd. 2, S. 1953; Krüger, Nationalökonomen, S. 112.

Tabelle 6: **Mitglieder des Vorstands der Kriegschemikalien AG**

Berliner, Ernst (Eintritt Dez. 1914, Austritt Frühjahr 1920) Kaufmann; 1920 Vorstandsmitglied der Palästina-Bank, später Westbank AG, Frankfurt/M[127]
Born, Andries (Eintritt Sept. 1914, Austritt März 1919) Kaufmann; 1906 Prokurist der Deutschen Teerprodukte-Vereinigung, Berlin; 1913 Eintritt Farbenfabriken vorm. Friedrich Bayer. Leverkusen; 1914 in deren Auftrag Leiter der Usine de Produit Chimique de Schoonaerde, später auch der Zeche Auguste Victoria; 1919 stv. Direktor Farbenfabriken vorm. Friedrich Bayer. Leverkusen; 1926 stv. Vorstandsmitglied der I.G. Farbenindustrie AG; 1929 Vorstandsmitglied der Dynamit AG vorm. Alfred Nobel, Hamburg[128]
Erlanger, Richard (Eintritt März 1916, Austritt Jan. 1919) vor 1914 Cie des Minerais, Lüttich (verbunden mit der Metallgesellschaft AG); Aug. 1915 Prokurist in der Kriegschemikalien AG; Okt. 1919 stv. Direktor der Rawack & Grünfeld AG, Charlottenburg; 1928 stv., 1929 ordentliches Vorstandsmitglied der Metallgesellschaft AG, Frankfurt/M[129]
Lotterhos, Georg Dr. (Eintritt Frühjahr 1918, Austritt Jan. 1919) Anwalt; 1917 Referent im Waffen- und Munitionsbeschaffungsamt; 1919 Referent im Reichswirtschaftsamt[130]
Marquardt, Carl Friedrich Emil (Eintritt März 1916, Austritt Jan. 1919) vor Kriegsausbruch Prokurist in der Dynamit AG vorm. Alfred Nobel, Hamburg; Sept. 1914 Prokurist in der Kriegschemikalien AG[131]

[127] 8. u. 18. Prot AR-Sitz. der KCA vom 11. Dez. 1914 u. 20. Aug. 1915, BAAP, KCA 87.29, Nr. 7, Bl. 26, 35v; Schr. KCA an Kriminalpolizei Berlin vom 17. Sept. 1920, BAAP, KCA 87.29, Nr. 76, Bl. 391; Deutsche Wirtschaftsführer, Sp. 167.

[128] Heine, Verstand, S. 68f.; verschiedene Prot. AR-Sitz. der KCA, BAAP, KCA 87.29, Nr. 10, Bl. 1, 104, 308v.

[129] Fünfzig Jahre Metallgesellschaft, S. 135, 231, 279; Deutsche Wirtschaftsführer, Sp. 563; 25. Prot AR-Sitz. der KCA vom 31. März 1916, BAAP, KCA 87.29, Nr. 7, Bl. 38; vgl. auch ebd., Nr. 18, Bl. 72.

[130] KCA: Prot. der Gen.-vers. der KCA vom 16. März 1918, BAAP, KCA 87.29, Nr. 11, Bl. 172; Mitt. Kloeppel an Direktorium Bayer vom 25. Apr. 1918, Bayer-Archiv, 201/38, Bd. 1; 42. Prot. AR-Sitz. der KCA vom 25. Apr. 1918, BAAP, KCA 87.29, Nr. 10, Bl. 279; 39. Prot. der SVK der KCA vom 22. Juni 1918, BAAP, KCA 87.29, Nr. 68, Bl. 189; Anwalt: Handbuch für das Deutsche Reich (1918), S. 240; Wumba: 2. Prot. der SVK der KCA betr. Salzsäure vom 17. Aug. 1917, BAAP, KCA 87.29, Nr. 69, Bl. 63; RWA: 12. Prot. der SVK der KCA betr. Salzsäure vom 17. Jan. 1919, BAAP, KCA 87.29, Nr. 69, Bl. 1, 6.

[131] Handbuch der Deutschen Aktien-Gesellschaften, 1914/15, Bd. 1,2, S. 1510; 1. Prot AR-Sitz. der KCA vom 29. Sept. 1914, BAAP, KCA 87.29, Nr. 7, Bl. 24.

Moellendorff, Wichard von (Eintritt Aug. 1915, Austritt März 1916)
1901 Studium Maschinenbau; 1906 Dipl.-Ing. Allgemeine Elektricitäts-Gesellschaft; Aug. 1914 Leiter der Sektion Ch der Kriegsrohstoffabteilung; Apr. 1916 Reichskommissar für Kalkstickstoff; 1916 Referent im technischen Stab des Waffen- und Munitionsbeschaffungsamts; Febr. 1918 Professor für Nationalökonomie TH Hannover; Nov. 1918-Juli 1919 Untersstaatssekretär im Reichswirtschaftsamt; ab 1919 Berater und Mitglied des Aufsichtsrats der I.G. Farbenindustrie AG[132]

Oppenheim, Kurt Dr. (Eintritt März 1916, Austritt Jan. 1919)
Sohn von Franz Oppenheim; Studium Chemie; 1913 Eintritt in die AG für Anilinfabrikation, Berlin; Sept. 1914 Prokurist in der Kriegschemikalien AG; 1916 Geschäftsführer der Protol GmbH; 1919 stv., 1921 ordentliches Vorstandsmitglied der AG für Anilinfabrikation, Berlin; 1926-1930 Vorstandsmitglied der I.G. Farbenindustrie AG[133]

Ostermann, Walter (Eintritt Jan. 1919)
Juni 1917 Prokurist in der Kriegschemikalien AG[134]

Richter, Florian Franz (Eintritt Sept. 1914, Austritt Dez. 1915)
1913-1926 Direktor der Dynamit AG vorm. Alfred Nobel, Hamburg; Mitglied, z.T. Vorsitzender im Aufsichtsrat verschiedener Sprengstoffirmen des Generalkartells; ab 1926 Mitglied im Aufsichtsrat der Dynamit AG vorm. Alfred Nobel[135]

Stadthagen, Georg Dr. (Eintritt Jan. 1919)
Rechtsanwalt; Sept. 1915 juristischer Beirat der Kriegschemikalien AG[136]

Die als Aktiengesellschaften gegründeten Kriegsgesellschaften zeigen unterschiedliche Beteiligungsstrukturen. Die Kriegschemikalien AG wurde eindeutig von Sprengstoff- und Farbenindustrie beherrscht. Sie hatten jeweils mindestens 40% der Aktien, stellten einen großen Anteil der Aufsichtsräte bzw. dessen Vorsitz und entsandten mehr Mitglieder in den Vorstand als alle anderen Sparten. Die Farbenhersteller hatten zudem großen Anteil an den verschiedenen während des Krieges gebildeten Kommissionen. Wichtige Faktoren für dieses

[132] Schr. Aufschläger an Moellendorff vom 13. Aug. 1915, BAK, NL 158 Moellendorff, Nr. 110; 18. Prot. AR-Sitz. der KCA vom 20. Aug. 1915, BAAP, KCA 87.29, Nr. 7, Bl. 35; Neue Deutsche Biographie, Bd. 17, S. 632; Braun, Konservatismus; Schmid, Moellendorff.

[133] Heine, Verstand, S. 116f. (Heine unterscheidet nicht zwischen der Tätigkeit als Prokurist und dem Eintritt in den Vorstand); 1. u. 25. Prot AR-Sitz. der KCA vom 29. Sept. 1914 u. 31. März 1916, BAAP, KCA 87.29, Nr. 7, Bl. 24, 38.

[134] 35. u. 46. Prot. AR-Sitz. der KCA vom 22. Juni 1917 u. 28. Jan. 1919, BAAP, KCA 87.29, Nr. 10, Bl. 253, 304.

[135] Deutsche Wirtschaftsführer, Sp. 1817; Reichshandbuch, Bd. 2, S. 1524.

[136] 46. Prot. AR-Sitz. der KCA vom 28. Jan. 1919, BAAP, KCA 87.29, Nr. 10, Bl. 304; vgl. auch ebd., Nr. 18, Bl. 249.

große Gewicht waren zum einen die Verflechtung innerhalb der Firmen, zum anderen ihre Finanzkraft. Darüber hinaus übten bei der Kriegschemikalien AG bekannte Chemiker wichtige Funktionen aus, nicht nur durch ihre Teilnahme am Aufsichtsrat, sondern vor allem auch in den Kommissionen.

In der Kriegsmetall AG dagegen herrschten keine klaren Mehrheitsverhältnisse. Einen sehr großen Teil der Aktien besaßen zwar die Metallverarbeiter, doch im Aufsichtsrat waren sie erst ab 1915/16 entsprechend vertreten und in den Vorstand entsandten sie keine Mitglieder. Dort hatte vielmehr der Metallhandel das Sagen, der vor allem zu Beginn die meisten Direktoren stellte. Die Elektroindustrie als einziger Metallverbraucher spielte nur im Aufsichtsrat eine wichtige Rolle, denn sie hatte den Vorsitz inne. Ebensowenig lassen sich Größe oder Verflechtung als eindeutige Faktoren für die Beteiligung an der Gesellschaft ausmachen. Die großen Rüstungsfirmen hatten eine Teilnahme verweigert; andere große Firmen, vor allem aus dem Maschinenbau wurden nicht gefragt. Die Verflechtung war nur bei der Elektroindustrie von Bedeutung.

Die Organisationsstrukturen der Gesellschaften selbst unterschieden sich nicht so stark von denen anderer Aktiengesellschaften, wie dies bei der Gründung zunächst vorgesehen war. Die Schätzungs- und Verteilungskommissionen übernahmen nicht die ihnen zugedachte Schlüsselposition als Ausgleichsstellen zwischen Kriegs- und Friedensindustrie auf der einen und zwischen Produzenten und Verbrauchern auf der anderen Seite. Bei der Kriegsmetall AG löste sie sich vielmehr nach einem halben Jahr auf, bei der Kriegschemikalien AG war sie zwar den ganzen Krieg über tätig, behauptete aber nur ein beschränktes Arbeitsfeld und diente neben dem Aufsichtsrat als Diskussionsgremium. Der Aufsichtsrat nahm die ihm zugedachten Unternehmerfunktionen nur in der ersten Zeit wahr; ab 1915 begann sein Rückzug. Er überließ dem Vorstand mehr und mehr die Entscheidungen über die Geschäfte. Besonders deutlich ausgeprägt war dies bei der Kriegsmetall AG. Auf die Vorstände nahmen die Mitgliedsfirmen nur zu Beginn des Krieges Einfluß. Danach kamen neue Direktoren zum großen Teil von außerhalb. Insgesamt läßt sich also konstatieren, daß die an den Kriegsgesellschaften beteiligten Firmen von ihrem Mitspracherecht immer weniger Gebrauch machten. Welche Bedeutung das hatte, kann man erst einschätzen, wenn man die Kompetenzen kennt, die die Gesellschaften wahrnahmen.

3. Kompetenzen

Beschaffung und Verteilung von Rohstoffen waren die entscheidenden Aufgaben, die die Kriegsgesellschaften nach den Vorstellungen ihrer Initiatoren übernehmen sollten. Damit wurden sie zu zentralen Clearingstellen erklärt, ohne deren Beteiligung keine wichtige Produktionsentscheidung mehr getroffen werden konnte. Ob die Kriegsgesellschaften diesen an sie gestellten Anspruch erfüllten und welchen Einfluß sie damit auf die Gestaltung der Kriegswirtschaft nehmen konnten, hing wesentlich von den Kompetenzen ab, die ihnen zugebilligt wurden. Um sie auszuloten, müssen zum einen die Befugnisse, die die Kriegsgesellschaften gegenüber den Unternehmen ausübten, in den Blick genommen werden. Zum anderen ist zu untersuchen, in welchem Ausmaß die Behörden den Aktionsradius der Gesellschaften bestimmten.

Nach den Vorstellungen Rathenaus sollte es Aufgabe der Kriegsgesellschaften sein, "den Zufluß der Rohstoffe in einer Hand zusammenzufassen und seine Bewegung so zu leiten, daß jede Produktionsstätte nach Maßgabe ihrer behördlichen Aufträge zu festgesetzten Preisen und Bedingungen mit Material versorgt wird"[137]. Diese weitreichenden Kompetenzen gegenüber den Unternehmen hatten die Kriegsgesellschaften im Auge, wenn sie Anspruch auf ein Monopol für den Erwerb in- und ausländischer Rohstoffe erhoben. Die Firmen sollten zwar weiterhin tätig werden, denn sie besaßen die notwendigen Kenntnisse des Marktes und die Kontakte zu den Geschäftspartnern im In- und Ausland, aber sie sollten dies nur im Auftrag der Gesellschaften tun[138].

Die Industrie- und Handelsvertreter nahmen solche Vorstöße nicht widerspruchslos hin. Sie verweigerten die Preisgabe von Informationen, sei es für die Prüfung von Freigabeanträgen, sei es für die Kontrolle von Preisen, mit dem Hinweis auf die Wahrung von Geschäftsgeheimnissen. "Private" Gesellschaften, die zudem eine Reihe von Mitarbeitern der Konkurrenz beschäftigten, hatten ihrer Ansicht nach kein Recht, solche Auskünfte einzufordern[139]. Generell versuchten die Firmen immer wieder, Weisungen von Kriegsgesellschaften möglichst nicht zu befolgen, und zwar nicht nur zu Beginn ihrer Tätigkeit, sondern den ganzen Krieg über. Neben der einfachen Weigerung stand häufig

---

[137] Rathenau, Rohstoffversorgung, S. 29.

[138] KMA: Zusammenstellung vom 2. Sept. 1914, SAA 4/Lk 133 Werner v. Siemens, S. 5; 14. Prot. der SVK der KMA vom 18. Dez. 1914 u. Schr. der Metallgesellschaft an KMA vom 24. Dez. 1914, BAAP, KMA 87.37, Nr. 97/1, Bl. 299, 330ff. KCA: Schr. KCA an Bayer vom 13. Nov. 1914, Bayer-Archiv, 201/3; 8. Prot. der SVK der KCA vom 28. Nov. 1914, BAAP, KCA 87.29, Nr. 68, Bl. 40f., 47.

[139] Schr. RdI an PKM vom 16. Aug. 1915, BAAP, KCA 87.29, Nr. 18, Bl. 312f.; Entwurf Schr. Fischer an KRA, Sekt. E vom 31. Juli 1917, BAAP, EZ 87.10, Nr. 15. Solche Vorbehalte bestanden teilweise auch gegenüber der Kriegsrohstoffabteilung. Erst der Erlaß der Bekanntmachung über Auskunftspflicht im Juli 1917 brachte hier Abhilfe. Vgl. dazu unten, S. 168f.

der Versuch, durch Einschaltung einer Behörde die Anordnungen der Gesellschaften außer Kraft zu setzen[140].

Bei diesem Tauziehen zwischen Kriegsgesellschaften und Unternehmen gewannen klar die letzteren. Zwar konnten die Gesellschaften zu Beginn des Krieges in einigen Bereichen eigenständig agieren. Sie traten als Verhandlungsführer auf, um zwischen Industrie und Behörden zu vermitteln[141]. Ebenso gelang es ihnen, Einfluß auf Eingriffe in unternehmerische Dispositionen zu nehmen, ohne behördliche Befugnisse zu besitzen, indem sie etwa bei der Beschlagnahme die für die Entscheidung wichtigen Unterlagen zusammenstellten[142]. Bei einigen Rohstoffen führte die wachsende Knappheit im weiteren Verlauf des Krieges dazu, daß die Firmen sich Anordnungen der Kriegsgesellschaften fügten. Z.B. schloß die Fried. Krupp AG in der zweiten Kriegshälfte Verträge mit der Kriegsmetall AG für ihre Versorgung mit Chromerz ab und mußte sich damit abfinden, daß sie nur noch einen Teil der von ihr umgearbeitenen Erze behalten durfte[143].

Dennoch konnten die Unternehmen ihre Unabhängigkeit von den Kriegsgesellschaften in beträchtlichem Maße bewahren. Dies wurde schon in den Satzungen deutlich. Weder enthielten sie eine bindende Verpflichtung der Aktionäre, Rohstoffe der Gesellschaften nur zu Kriegszwecken zu verwenden, obwohl Rathenau sich sehr vehement dafür eingesetzt hatte, noch wurde eine Bestimmung diskutiert, daß die Gesellschaft in irgendeiner Weise über Bestände der Aktionäre verfügen konnte. Das einzige Zugeständnis der Unter-

140 Schr. Hoechst an KCA vom 11. März 1915, Hoechst-Archiv, 18/1/14; Schr. KCA an Hoechst vom 9. März 1915, ebd. Vgl. auch unten, S. 253f.

141 Z.B. bei der Festsetzung von Vertragspreisen für Schwefelsäure: 10. Prot. der AR-Sitz. der KCA vom 28. Jan. 1915, BAAP, KCA 87.29, Nr. 10, Bl. 52; Prot. Quincke über die Besprechung der SO_3-Fabrikanten vom 11. Febr. 1915, Bayer-Archiv, 201/3. Weitere Bereiche: Schr. Born an Hoechst vom 12. Febr. 1915, Hoechst-Archiv, 18/1/14; Schr. Hoechst, BASF, Bayer, Weiler ter Meer, Verein chemischer Fabriken an KRA vom 17. Apr. 1915, Bayer-Archiv, 201/3.

142 5. Prot. der SVK der KCA vom 9. Nov. 1914, BAAP, KCA 87.29, Nr. 68, Bl. 28f.; Schr. KRA an KCA vom 26. Sept. 1914, Bayer-Archiv, 201/3; 5. Prot. AR-Sitz. der KCA vom 29. Okt. 1914, BAAP, KCA 87.29, Nr. 10, Bl. 25; vgl. auch BAAP, KCA 87.29, Nr. 41 u. 42. Ähnliches galt für die KMA, vgl. Die Organisation der KMA [um Anfang 1918], BAAP, KMA 87.37, Nr. 3, Bl. 38.

143 Vertrag Krupp-KMA vom 8. Dez. 1916, HA Krupp, WA 4/2244; Einzelausarbeitung für Erze und Roheisen zur Denkschrift "Die Firma Krupp im Weltkriege", S. 19ff., HA Krupp, WA 7 f 1087.

nehmer bestand in der Verpflichtung, der Gesellschaft Auskunft über ihre Bestände zu erteilen[144].

War somit der Spielraum gegenüber den eigenen Mitgliedern schon begrenzt, erwiesen sich die Eingriffsmöglichkeiten gegen Unternehmen generell als gering, vor allem in den Bereichen, in denen es keine behördlichen Reglementierungen gab, sondern allein die Übernahme von Marktfunktionen durch die Kriegsgesellschaften die Sicherung staatlicher Bedürfnisse garantieren sollte. Insbesondere ein Monopol beim Erwerb in- und ausländischer Rohstoffe entpuppte sich schnell als Illusion. Kriegsmetall und Kriegschemikalien AG konnten sich zwar neben den Firmen behaupten und im Laufe der Zeit mehr Anteile an den Geschäften gewinnen als am Anfang. Doch wurden sie weder zu den einzigen Beschaffern von Rohstoffen noch nahmen sie entscheidenden Einfluß auf die Geschäftstätigkeit der Unternehmen.

Betrachten wir als Beispiel die Kriegsmetall AG. Die Verhandlungen mit der Schweizer Aluminium-Industrie AG Neuhausen, dem wichtigsten Produzenten, führte die Aluminium-Einkaufs-Vereinigung, ein schon vor dem Krieg gegründeter Zusammenschluß der großen Verbraucher[145]. Im Juli 1915 errichtete die Kriegsrohstoffabteilung auf Anregung Walther Rathenaus das Metall-Konsortium (MK), um die Metallimporte zu finanzieren, die angesichts der Blockade immer risikoreicher wurden. Damit entstand für die Kriegsmetall AG ein neuer, sehr einflußreicher Konkurrent. Nicht nur, daß das Konsortium selbst über die Vergabe der importierten Metalle und über die Preise entschied. Die Kriegsmetall AG etablierte sich vielmehr nur als ein möglicher Verkaufspartner

---

[144] Akten-Notiz Natalis vom 27. Aug. 1914, S. 2ff., SAA 4/Lk 26 Wilhelm von Siemens; Gesellschaftsvertrag der KMA vom 2. Sept. 1914, BAAP, KMA 87.37, Nr. 1, Bl. 23f. In § 5 wurde lediglich das Recht des preußischen Kriegsministeriums auf beschränkte Zuteilung für privatindustrielle Zwecke festgehalten. Ebd. In den Statuten der Eisenzentrale finden sich überhaupt keine Bestimmungen, die der Gesellschaft Rechte gegenüber den Unternehmern einräumten. Gesellschaftsvertrag der Eisenzentrale vom 30. Sept. 1916, BAAP, KEZ 87.25, Nr. 1, Bl. 214-218.

[145] Zu den Mitgliedern der Aluminium-Einkaufs-Vereinigung vgl. oben, Anm. 69, S. 128 und allgemein Müller, Kriegsrohstoffbewirtschaftung, S. 59. Zur Aluminiumversorgung aus dem Ausland vgl. BAAP, KMA 87.37, Nr. 486. Ähnliches galt für andere Metalle. Vgl. z.B. Zusammenstellung über Kupfer-Käufe vom 14. Okt. 1914, BAAP, KMA 87.37, Nr. 97/1, Bl. 58; Aktennotiz Vogelstein vom 12. Jan. 1917, BAAP, KMA 87.37, Nr. 32, Bl. 156. Noch ausgeprägter war die Situation bei der Versorgung der Eisen- und Stahlindustrie, z.B. mit Eisenerzen. Vgl. etwa Schriftwechsel Reusch-Sonnenschein 1915-1917, Haniel-Archiv, Nr. 30019390/39 sowie Plücker, Eisenerzbergbau, S. 238ff. Dies und das folgende gegen Bruck, der den Kriegsunternehmungen generell seit der Wende 1914/15 attestiert, daß sie das alleinige Monopol zum Ankauf bestimmter Erzeugnisse besaßen oder zumindest die Mittel dazu. Bruck, Kriegsunternehmung, S. 564.

neben privaten Interessenten[146]. Ebenso konnten die Unternehmen selbständig Verträge mit deutschen Werken abschließen, um importierte Rohstoffe raffinieren und walzen zu lassen, genau wie die Kriegsmetall AG dies tat[147]. Wie weit die Gesellschaft von einer Monopolstellung entfernt war, zeigt eine Vereinbarung von 1916, nach welcher der Verein deutscher Metallhändler sich lediglich erbot, seinen Mitgliedern die Lieferung an die Kriegsmetall AG zu empfehlen. Der Gesellschaft standen jedoch keinerlei bindende Verpflichtung, geschweige denn Sanktionsmöglichkeiten gegen lieferungsunwillige Firmen zur Verfügung[148].

Die Gründe für diese Entwicklung lagen zum einen, wie schon dargestellt, im Widerstand der Unternehmen gegen eine Ausdehnung des Kompetenzbereichs der Kriegsgesellschaften. Zum anderen aber war dafür die Beschneidung von seiten der Behörden, allen voran der Kriegsrohstoffabteilung, verantwortlich, die seit 1915 immer mehr an Bedeutung gewann. Denn dadurch verloren die Gesellschaften die Autorität, die für eine Reglementierung notwendig gewesen wäre.

Rathenau hatte im Herbst 1914 zunächst ganz andere Vorstellungen von der Position der Kriegsgesellschaften nicht nur den Unternehmen, sondern auch den Behörden gegenüber. Er sah in ihnen "eine Selbstverwaltung der Industrie, und zwar im größten Umfang". Das bedeutete nicht nur, daß sich die Unternehmen selbst beschränken und den Gesellschaften Kompetenzen und Entscheidungen über wirtschaftliche Dispositionen abtreten sollten, sondern auch, daß sie die ihnen übertragenen Aufgaben weitgehend in Eigenregie, ohne staatliche Gängelung, durchführen sollten. In dieser Form waren die Kriegsgesellschaften als

---

146 Zum Metall-Konsortium vgl. Statut des MK vom 29. Juli 1915 u. die dazugehörige Aktennotiz o.D., BAAP, RWA 31.01, Nr. 4146, Bl. 49ff. sowie BAAP, KMA 87.37, Nr. 298 u. 299. Der geringe Stellenwert der Kriegsmetall AG zeigte sich etwa im März 1916, als die Gesellschaft, wie alle anderen außenstehenden Metallverbraucher auch, vom Verkauf bei bestimmten Metallsendungen gänzlich ausgeschlossen wurde. Schr. Metall-Vereinigung an KMA vom 30. März 1916, BAAP, KMA 87.37, Nr. 299, Bl. 43.

147 Prot. Besprechung im Kabelwerk [der SSW] am 2. Nov. 1915, SAA 11/Lg 747 Henrich; 5 Jahre Kriegswirtschaft ... [Bericht SSW], Knoll vom 31. Mai 1922, S. 60, SAA 50/Ld 216. Ähnlich die Lage bei den Chemikalien: Die Produzenten chemischer Rohstoffe verkauften an private Abnehmer genauso wie an die Kriegschemikalien AG. Vgl. z.B. Schriftwechsel FM-Bayer vom 8. u. 23. Febr. 1916, Schr. KCA an Bayer vom 15. Febr. 1916, Bayer-Archiv, 201/3.

148 Vereinbarung mit dem Verein deutscher Metallhändler o.D. [März/Apr. 1916], BAAP, KMA 87.37, Nr. 238, Bl. 1f. Lediglich in den Besonderen Bedingungen für Einkauf und Lieferung von Sparmetallen vom 2. März 1916, die die Kriegsrohstoffabteilung verfügte, fand sich eine solche Verpflichtung; Sanktionsmöglichkeiten waren keine vorgesehen. BAAP, KMA 87.37, Nr. 332, Bl. 2ff.

Modelle einer neuen Wirtschaftsordnung nach dem Krieg gedacht[149]. Ein Beispiel für diesen Einsatz der Gesellschaften bietet die Diskussion um die Metallhöchstpreise Ende 1914. Die Kriegsrohstoffabteilung beauftragte die Kriegsmetall AG mit den Verhandlungen und der Ausarbeitung von Tarifen; die Gesellschaft konnte ihre Vorstellungen den Wirtschaftsvertretern wie den Behörden gegenüber weitgehend durchsetzen[150]. Die Ausübung einer solchen Scharnierfunktion zwischen Industrie und staatlichen Instanzen war eine Ausnahme, die nur in den ersten Kriegsmonaten möglich war.

Mindestens ab Frühjahr 1915, z.T. noch eher, wird vielmehr deutlich, daß die staatlichen Stellen beabsichtigten, künftig nicht nur eine oberflächliche Kontrolle über die weitgehend selbständig agierenden Kriegsgesellschaften auszuüben, sondern deren Tätigkeit in wesentlichen Bereichen mitzubestimmen. Um die Handlungsspielräume zu beschränken, wandten die Behörden im wesentlichen drei Mittel an. Erstens übertrugen sie Aufgaben, die zunächst die Kriegsgesellschaften wahrgenommen hatten, an andere kriegswirtschaftliche Organisationen. Zweitens gab es eine Reihe von Kompetenzen, die die Gesellschaften nicht alleine ausübten, sondern die gleichzeitig von anderen Stellen beansprucht wurden. Drittens beließ es vor allem die Kriegsrohstoffabteilung nicht dabei, ihr Genehmigungsrecht als reine Formalie zu betrachten. Sie nutzte es vielmehr in vielfältiger Weise, um die Geschäftspolitik der Kriegsgesellschaften aktiv mitzugestalten.

Paradebeispiel für die Behandlung der Kriegsgesellschaften nach dem Motto "divide et impera" ist die Kriegsmetall AG. Schon im Januar 1915 wurde eine eigene Stelle innerhalb der Kriegsrohstoffabteilung geschaffen, die Metallmeldestelle; sie sammelte die Bestandsmeldungen der Unternehmen, wertete sie aus und bestimmte auf dieser Grundlage, wo Beschlagnahmen stattfinden sollten[151]. Ab Juli 1915 entschied sie zudem über die Zuweisung von Metallen, nachdem die ursprünglich mit dieser Aufgabe betraute Schätzungs- und Verteilungskommission der Kriegsmetall AG schon Ende 1914 durch eine "Vertrauenskommission", abgelöst worden war, in der die Behörden die Mehr-

---

[149] Zitat: Rathenau, Rohstoffversorgung, S. 27; vgl. Michalka, Kriegsrohstoffbewirtschaftung, S. 490ff.

[150] Schr. KMA an KRA vom 7. Nov. 1914, BAAP, KMA 87.37, Nr. 242, Bl. 120f.; Schr. KMA an Römhild, PMHG vom 28. Nov. 1914, GStAM, Rep. 120 C VIII 1, Nr. 84, Adh. 19, Bd. 1, Bl. 38ff: Vorschläge über Höchstpreise und Entwurf einer Verordnung.

[151] BAAP, MMSt 87.52, Nr. 13; Zusammenstellung über Aufbau der MMSt o.D., BAAP, KMA 87.37, Nr. 322, Bl. 2; Schr. KMA an MMSt vom 23. Aug. 1916, BAAP, KMA 87.37, Nr. 229, Bl. 6 u.ö.; Demeter, Kriegsmetall-AG, S. 19; Boettcher, Rechtsgrundlagen, Kap. Staatliche Organisationen, S. 7ff.

heit stellten[152]. Mit der Einrichtung der Metallmobilmachungsstelle im April 1915, zuständig für Beschlagnahme und Enteignung von Metallen in Haushaltsgegenständen, der sog. Metallmobilmachung, wurde die Kriegsmetall AG in einem weiteren Arbeitsbereich auf die Geschäftsabwicklung beschränkt. Die Stelle verhandelte mit den Besitzern der zu beschlagnahmenden Rohstoffe, und die Kriegsmetall AG trug nicht mehr in allen Fällen das finanzielle Risiko[153]. Im August 1915 schließlich verlor sie die Verteilung von Metallen für Friedenszwecke an die Metallfreigabestelle beim Reichsamt des Innern[154]. Die Gesellschaft faßte das Ergebnis dieser Entwicklung im August 1915 in der Feststellung zusammen, daß sie "die Verantwortung für die Bereitstellung und Verteilung der Metalle nicht mehr .. tragen" könne[155]. Auch bei den Chemikalien lassen sich solche Entwicklungen feststellen, wenn etwa die Kriegssäuren-Kommission alle Aufgaben der Kriegschemikalien AG für Säuren übernahm[156].

Der zweite Weg, die Kompetenzen der Kriegsgesellschaften gleichzeitig von anderen Stellen ausüben zu lassen, findet sich vor allem in der Bewirtschaftung chemischer Rohstoffe. Hier wurde frühzeitig militärischer von privatem Bedarf getrennt. Regelungskompetenzen erhielt die Kriegschemikalien AG bzw. ihre Schätzungs- und Verteilungskommission nur für den privaten Bereich[157]. Den

---

[152] Prot. der SVK der KMA: BAAP, KMA 87.37, Nr.97/1 u. 101; Schr. KRA an KMA vom 5. Febr. 1915, BAAP, KMA 87.37, Nr. 243, Bl. 113.

[153] Schr. MMSt an KMA vom 2. März 1916, BAAP, KMA 87.37, Nr. 256, Bl. 43; Schr. KRA an KMA vom 19. Apr. 1915, BAAP, KMA 87.37, Nr. 322, Bl. 105. Das Verhältnis zwischen Kriegsmetall AG und Metallmobilmachungsstelle war nicht ungetrübt, wie eine Klage Vogelsteins gegenüber Flatow vom 9. Apr. 1918 belegt. BAAP, KMA 87.37, Nr. 30, Bl. 1.

[154] Schr. RdI an PKM vom 16. Aug. 1915, BAAP, KCA 87.29, Nr. 18, Bl. 312f.; Geschäftsverteilung der MFSt o.D., BAAP, KMA 87.37, Nr. 317, Bl. 11.

[155] Prot. 6. AR-Sitz. der KMA vom 13. Aug. 1915, BAAP, KMA 87.37, Nr. 37, Bl. 102. Dies bekräftigte der Aufsichtsrat im Herbst 1916 erneut, als die Kriegsrohstoffabteilung versuchte, ihm die Aufsicht über die Tätigkeit der Gesellschaft zuzuweisen. Prot. der AR-Sitz. der KMA vom 12. Sept. 1916, BAAP, KMA 87.37, Nr. 52, Bl. 21.

[156] Generell dazu: BAAP, KSK 87.38; Beispiele: Schriftwechsel KCA-KSK vom 22./27. Mai 1915 oder Schriftwechsel Cassella-KCA-KSK vom Apr. 1915, BAAP, KSK 87.38, Nr. 10. Z.T. entzog man der Kriegsgesellschaft auch die Zuständigkeit für bestimmte Rohstoffe, z.B. mit der Einrichtung der Zentralstelle für Ätzkalien und Soda; diese Stelle erhielt dann etwa das Recht auf Beschlagnahme. Bekanntmachung betr. Ausführungsbestimmungen zur Verordnung über Ätzkalien und Soda, vom 17. Okt. 1917, RGBl., 1917, S. 903.

[157] Später wurde die Institution von Vertrauensmännern eingeführt, die die Arbeit der Schätzungs- und Verteilungskommission unterstützten. Tätigkeitsbericht der KCA vom

militärischen Bedarf stellten vor allem die Feldzeugmeisterei, ab Herbst 1916 das Waffen- und Munitionsbeschaffungsamt fest. Sie, nicht die Kriegschemikalien AG erteilten daher die Aufträge für die Herstellung staatlich subventionierter Rohstoffe und legten die Preise dafür fest[158]. Ebenso entschieden sie über die Zuteilung von Rohstoffen für die Produktion von Sprengstoffen. Die Kriegschemikalien AG führte diese Verteilung nur noch aus; ihre Schätzungs- und Verteilungskommission war hieran überhaupt nicht beteiligt[159]. Duisberg brachte das im September 1915 auf den Punkt: "Doch ist uns der Salpeterkorb von der Feldzeugmeisterei und dem Kriegsministerium hoch gehangen worden und wir können ohne deren Genehmigung nichts machen"[160].

Auch aus der Eisenbewirtschaftung lassen sich derartige Beispiele anführen. In vielen Bereichen besaß nicht nur die Eisenzentrale bestimmte Rechte und Befugnisse, sondern ebenso die Verkaufsverbände der Industrie, vor allem Roheisenverband und Stahlwerksverband[161]. Darüber hinaus trug der Beauftragte des preußischen Kriegsministeriums zunächst beim Roheisenverband, später auch beim Deutschen Stahlbund, Klöckner, für die Koordination zwischen Industrie und Behörden Sorge[162].

Die Nutzung des Genehmigungsrechtes zur Mitgestaltung der Geschäftspolitik der Kriegsgesellschaften läßt sich gut in der Subvention inländischer Rohstofferzeugung beobachten. Hier bildete sich eine klare Arbeitsteilung heraus, bei der die Kriegsgesellschaften die Vorbereitungen übernahmen, während die Kriegsrohstoffabteilung die Entscheidungen traf. Die Kriegsmetall AG beispielsweise führte die Verhandlungen mit den Firmen zunächst selbständig. Waren sie aber so weit gediehen, daß die Verträge aufgesetzt wurden, erfolgte

---

5. Jan. 1920, BAAP, KCA 87.29, Nr. 1, Bl. 4; 1. Prot. der SVK der KCA vom 6. Okt. 1914, ebd., Nr. 68, Bl. 10.

158 Z.B. Schriftwechsel FM-Bayer vom 8./23. Febr. 1916, Schr. KCA an Bayer vom 15. Febr. 1916, Bayer-Archiv, 201/3.

159 Bedarf: Besprechung über Sprengstoffbeschaffung am 18. Dez. 1914, GStAM, Rep. 120 C VIII, 1, Nr. 84, Adh. 13C, Bd. 2, Bl. 68ff.; Verteilung: 21. Prot. AR der KCA vom 20. Nov. 1915, BAAP, KCA 87.29, Nr. 10, Bl. 158f.; Bericht KCA über Freigabeperiode Juli/August 1916, ebd., Nr. 71, Bl. 19; verschiedene Schr. IK an Bayer, Bayer-Archiv, 201/6.2, Bd. 2 u. 3; Salpeterverteilung Nov. 1916, BAAP, KCA 87.29, Nr. 276.

160 Duisberg an Böttinger vom 30. Sept. 1915, Bayer-Archiv, AS Duisberg.

161 Bekanntmachung betr. Enteignung von Eisen und Stahl vom 20. Aug. [1917], BAAP, KEZ 87.25, Nr. 107, Bl. 141; Schr. EZ an KRA vom 5. Nov. 1917, BAAP, EZ 87.10, Nr. 77; Beispiele für die Verkaufsverbände: Schr. KEZ an KRA vom 12. Febr. 1917, BAAP, EZ 87.10, Nr. 16; Schr. RAS an KRA vom 3. Febr. 1917, BAAP, EZ 87.10, Nr. 116.

162 Vgl. oben, S. 80f.

dies in enger Absprache mit der Kriegsrohstoffabteilung. In Konfliktfällen machte die Behörde von ihrer Weisungsbefugnis Gebrauch. So verfügte sie etwa den Fortgang der Molybdänförderung in Werdenfels und die Auszahlung von Geldern durch die Kriegsmetall AG, obwohl letztere mehrfach auf die Unwirtschaftlichkeit dieses Projektes hingewiesen und Sanktionen gegen die Gewerkschaft bzw. Einstellung des Betriebes gefordert hatte[163].

In einigen wichtigen Fällen gingen die Behörden weiter: Die Kriegsgesellschaften wurden an der Aushandlung der Bedingungen mit der Industrie als Institution gar nicht mehr beteiligt. Die Sitzungen des Aufsichtsrats der Gesellschaften wurden zwar als Gesprächsforum genutzt, über die Verträge verhandelten jedoch die Behörden mit den Industriellen. Die Kriegsgesellschaften wurden lediglich mit der Durchführung betraut. Beispiele hierfür bieten neben einer Reihe von kleineren Projekten der Ausbau der Schwefelsäuren- und der Stickstoffkapazitäten[164] sowie der großen Aluminiumanlagen[165].

Stark ausgeprägt war dieser Trend in der Eisenbewirtschaftung. Die Eisenzentrale mußte sich mit der schärfsten Form der Kontrolle durch die Kriegsrohstoffabteilung abfinden, denn ihr Kommissar führte die Geschäfte selbst. Doch damit nicht genug: Die Verhandlungen mit der Industrie um die Preispolitik beispielsweise bestritt nicht nur der Kommissar der Eisenzentrale Fischer. Vielmehr war immer auch der Chef der Kriegsrohstoffabteilung, Koeth, beteiligt[166].

Wie reagierten die Kriegsgesellschaften selbst auf diese unterschiedlichen Vorstellungen über ihre Aufgaben und Kompetenzen? Die Aktionäre, deren wichtigstes Forum der Aufsichtsrat darstellte, bemühten sich, das wurde schon bei den Satzungen der Gesellschaften deutlich, eher um eine Begrenzung des Aktionsradius' der Gesellschaften. Die Direktorien dagegen begannen bald, sich

---

[163] Prot. Nr. 1, Kleine Kommission des AR [der KMA] vom 4. Okt. 1916, BAAP, KMA 87.37, Nr. 72, Bl. 9; Prot. Nr. 70 Direktions-Sitz. KMA vom 20. März 1917, BAAP, KMA 87.37, Nr. 40, Bl. 118; Prot. Nr. 78 vom 17. Apr. 1917, ebd., Bl. 110; Prot. Nr. 81 vom 25. Apr. 1917, ebd., Bl. 106. Ähnlich bestand die Kriegsrohstoffabteilung auf einer Unterstützung der Förderung von Wolfram und erteilte der Kriegsmetall AG entsprechende Weisung. Schr. KMA an von der Porten vom 2. März 1916, BAAP, KMA 87.37, Nr. 245, Bl. 339f.; Zit. ebd., Bl. 340.

[164] Z.B. Prot. Mann über AR-Sitz. der KCA vom 28. Jan. 1915, Bayer-Archiv, 201/3; Prot. der AR-Sitz. der KCA vom 29. Sept., 12. Okt. 1914, 28. Jan. und 14. Juni 1915, BAAP, KCA 87.29, Nr. 10, Bl. 5, 12, 51, 100f.; vgl. dazu auch Kap. III.4., S. 193ff.

[165] Vgl. zu diesem Komplex BAAP, KMA 87.37, Nr. 456 u. 494 sowie Kap. III.4., S. 193ff.

[166] Z.B. Prot. Verhandlungen in der KRA am 25. Nov. 1916, Mannesmann-Archiv, P 2/25/01.4, Bl. 158ff.; Prot. Vögler über Sitz. in KRA am 27. Juli 1918, Archiv der Thyssen AG, FWH/910-02.

von diesen Vorstellungen zu emanzipieren. Sie zielten sowohl gegenüber den Unternehmen als auch gegenüber den Behörden auf eine möglichst eigenständige Stellung ab, was noch keine Aussagen über die konkrete Politik zuläßt. Allerdings waren ihre Vorstöße in diese Richtung kaum von Erfolg gekrönt. Auch hier bietet die Kriegsmetall AG einige gute Beispiele. Im November 1914 sprach sich ihr Vorstand, in Übereinstimmung mit den Aktionären, noch gegen "eine Monopolisierung des gesamten Importgeschäftes" aus, obwohl sich die Gesellschaft ansonsten durchaus bemühte, ein Monopol für die Beschaffung zu erlangen[167]. Mitte 1915 dagegen hatte der Vorstand seine Position geändert und plädierte für eine Zentralisierung des Einfuhrgeschäftes in der Hand der Gesellschaft. Zu diesem Zweck forderte er die Übertragung der Ausfuhrbewilligungen mit der Begründung, daß "ihre [=der Kriegsmetall AG, R.R.] Interessen mit denen des Staates völlig identisch" seien, ohne damit durchdringen zu können[168]. In dieselbe Richtung weisen die Proteste des Leiters der Abteilung Freigabe in der Kriegsmetall AG, die er mit Hinweis auf die erfolgreiche und problemlose Bearbeitung von Freigaben durch die Kriegschemikalien AG gegen die Errichtung der Metallfreigabestelle vorbrachte[169]. Und noch Anfang 1918 klagte Vogelstein, der für Aluminium zuständige Direktor der Kriegsmetall AG, erbittert darüber, daß das Reichsschatzamt die Kriegsmetall AG aus den Verhandlungen um die Aluminiumwerke seit 1916 ausgeschlossen hatte[170].

In der Verteilung von Kompetenzen zwischen Unternehmen, Kriegsgesellschaften und Behörden zeichnen sich so im wesentlichen zwei Entwicklungen ab. Zum einen setzte sich Rathenau, der erste Chef der Kriegsrohstoffabteilung dafür ein, die Gesellschaften mit großen Vollmachten gegenüber den Unternehmen auszustatten. Die Vertreter von Handel und Industrie widersetzten sich zäh allen Bemühungen zur Einschränkung ihrer wirtschaftlichen Entscheidungsfreiheit. Die Auseinandersetzung ging zugunsten der Wirtschaft aus: Die Kriegsgesellschaften konnten nur begrenzte Kompetenzen gegenüber den Unternehmen ausüben. Zum anderen lassen sich bei der Abgrenzung von den militärischen und zivilen Behörden zwei Phasen ausmachen. Die Ausgangslage der Gesellschaften im Herbst 1914 war weitgehend offen, sie konnten und mußten sich ihre Stellung erst noch erarbeiten. Im Frühjahr 1915 begann jedoch

---

[167] Schr. KMA an Römhild, PMHG vom 28. Nov. 1914, GStAM, Rep. 120 C VIII 1, Nr. 84, Adh. 19, Bd. 1, Bl. 44; vgl. oben, S. 147.

[168] Denkschrift der KMA vom 21. Juni 1915, GStAM, Rep. 120 C VIII 1, Nr. 84, Adh. 13^{M}, Bd. 1, Bl. 244ff.; Zitat ebd.; Vortrag Troeger für Revisoren am 2./3. Aug. 1917, S. 7f., BHStA-KA, MKr. 17286.

[169] Auch sie blieben fruchtlos. Schr. Sasserath an Direktion der KMA vom 3. Juli 1915, BAAP, KMA 87.37, Nr. 126, Bl. 1ff.

[170] Schr. KMA an von der Porten vom 21. Jan. 1918, BAAP, KMA 87.37, Nr. 249, Bl. 74ff.

der Prozeß der Unterordnung der Kriegsgesellschaften unter die Behörde, ihre Instrumentalisierung als Ausführungsorgane. Die Vorstände unternahmen zwar einige Anläufe, sich dagegen zur Wehr zu setzen, doch konnten sie nicht verhindern, daß ihrer Selbständigkeit relativ enge Grenzen gesetzt wurden. Das Hindenburg-Programm und die damit einhergehende Neuorganisation der Bewirtschaftung stellte in dieser Beziehung keine einschneidende Zäsur dar.

Die Gesellschaften entwickelten sich nicht zu eigenständigen Vermittlern zwischen Wirtschaft und Staat, sondern zu Instrumenten der Behörden, um die Unternehmen in ihre Planungen einzubinden. Sie nahmen also eine ganze Reihe von Funktionen in der Beschaffung und Verteilung von Rohstoffen wahr, in denen sie den Unternehmen als Behörde gegenübertraten. Dabei standen sie aber klar unter der Aufsicht der staatlichen Stellen, die sich ihrerseits nicht allein auf die Zuarbeit jeweils einer Kriegsgesellschaft beschränkten, sondern auch andere Organisationen heranzogen. Welche Schlußfolgerungen ergeben sich daraus für die Einflußmöglichkeiten der Kriegsgesellschaften in der Kriegswirtschaft? Auf der einen Seite konnten sie kein Monopol für die Vertretung wirtschaftlicher Sachverständigkeit in der Kriegswirtschaft erlangen und waren deshalb nur in beschränktem Maße dazu in der Lage, Einfluß auf die Wirtschaftspolitik der Behörden zu nehmen. Auf der anderen Seite waren sie kein verlängerter Arm der Unternehmen, denn diese bemühten sich im Gegenteil erfolgreich darum, die Zuständigkeiten der Gesellschaften zu begrenzen. Welche Politik die Gesellschaften im einzelnen verfolgten, wird für die einzelnen Bereiche der Bewirtschaftung in den folgenden Teilen genauer untersucht werden.

III. Beschaffung von Rohstoffen

Im Mittelpunkt des dritten Teils stehen die Maßnahmen zur Rohstoffbeschaffung und die Politik, die militärische und zivile Behörden, Kriegsgesellschaften und Wirtschaftsvertreter in den anstehenden Entscheidungen verfolgten. In den Beschaffungswegen läßt sich ein wachsender Grad staatlicher Einmischung feststellen. Erstens ist der reguläre Kauf von Gütern im In- und Ausland auf den noch zugänglichen Märkten zu betrachten. Zweitens wird die Einführung der Melde- und Auskunftspflicht vorgestellt, welche die Sammlung statistischer Daten ermöglichte und damit eine unentbehrliche Grundlage für jeglichen planerischen Zugriff auf die Wirtschaft darstellt. Das dritte und vierte Kapitel beschäftigen sich dann mit konkreten Interventionen in die wirtschaftliche Entscheidungsfreiheit einzelner Unternehmen. Zum einen rückt die Beschlagnahme von Rohstoffvorräten in den Mittelpunkt, welche die Herstellung einzelner Produkte sofort und unmittelbar beeinflußte. Zum anderen kommt die eher langfristig ausgerichtete Produktionsförderung in den Blick. Subventionen für die Errichtung oder den Ausbau von Produktionsanlagen eröffneten einen Eingriff in die Kapazitäten und damit in den allgemeinen Produktionsprozeß, die zum Teil über den Krieg hinausreichten. Sie boten mehr Konfliktstoff als die kurzfristigen, eindeutig auf die Kriegszeit begrenzten Eingriffe. Ziel ist es, anhand dieser Maßnahmen Grenzen und Möglichkeiten staatlicher Eingriffe in den Produktionsprozeß aufzuzeigen und der Frage nachzugehen, wer die Risiken und die aus den Maßnahmen erwachsenden Kosten übernahm.

1. Kauf in- und ausländischer Rohstoffe

Zu Beginn des Krieges war der reguläre Kauf von Rohstoffen eine der wichtigsten Beschaffungsmethoden, doch verlor er mit der Verschärfung der Alliierten Blockade und der "totalen Mobilisierung" der Wirtschaft für die Kriegsproduktion insgesamt recht schnell an Bedeutung. Importe wurden immer schwieriger, sowohl für die Firmen als auch für die Kriegsgesellschaften. Kriegswichtige im Inland hergestellte Rohstoffe wurden mehr und mehr reglementiert und damit dem freien Markt entzogen, vor allem wenn es sich um subventionierte Güter handelte. Im folgenden soll zum einen erläutert werden, wie sich in den einzelnen Branchen die Bedingungen für diese beiden

Beschaffungswege veränderten, zum anderen der Frage nachgegangen werden, wie Unternehmen und Behörden darauf reagierten.

Zum besseren Verständnis sollen die Zuständigkeiten kurz rekapituliert werden, die für diesen Beschaffungsbereich von Bedeutung waren. Die Kriegsgesellschaften konnten ihren zunächst erhobenen Anspruch auf ein Beschaffungsmonopol für den käuflichen Erwerb von Rohstoffen trotz einiger Anfangserfolge nicht durchsetzen. Sie etablierten sich lediglich als ein, wenn auch nicht unbedeutender, Marktteilnehmer neben anderen[1]. Sie mußten sich wie die Unternehmen vor allem für den Import von Waren zunehmend einer behördlichen Aufsicht unterstellen, weil die Fragen der Devisen, der Beziehungen zu den ausländischen Staaten generell sowie der Kompensationsgeschäfte im besonderen immer wichtiger wurden und eine Zentralisierung der Entscheidungen erforderten. Allerdings blieb die Federführung zwischen militärischen und zivilen Behörden umstritten. Deshalb waren beide Instanzen am relativ unabhängigen Reichskommissariat für Ein- und Ausfuhrbewilligungen beteiligt, das im Februar 1916 eingerichtet wurde. Außerdem entsandten die Militärbehörden eigene Aufkäufer in die neutralen Staaten[2].

Wie haben sich diese allgemeinen Entwicklungen auf die Rohstoffbeschaffung der einzelnen Branchen ausgewirkt? Die größte Bedeutung behielten Importe für die Eisen- und Stahlindustrie. Hier blieben auch die Eingriffe seitens Behörden und Kriegsgesellschaften am geringsten. Die Versorgung z.B. mit Chromerzen oder Kupfer verfolgten die Firmen weiterhin eigenständig, indem sie ausländische Vorkommen untersuchten und auf schon vor dem Krieg geschlossene Lieferverträge zurückgriffen[3]. Hier führte die wachsende Knappheit seit 1916 allerdings zur Unterordnung der Firmen unter die Anweisungen der Kriegsgesellschaften. Dies galt für Chromerze, für welche die Kriegsmetall AG zuständig war, aber auch für Schrott und Ferrosilizium, die in den Kompetenzbereich der Eisenzentrale fielen[4].

---

[1] Vgl. oben, S. 148.

[2] Facius, Wirtschaft, S. 110, Anm. 244; NSchr. Sitz. in A.Z. am 19. Aug. 1915, BAAP, KCA 87.29, Nr. 18, Bl. 395. Vgl. oben, S. 42ff.

[3] Chromerzgruben in der Türkei: Briefwechsel Krupp von Bohlen und Halbach-Foerster, HA Krupp, FAH 4 C 254. Kupfer: Briefwechsel Arthur Krupp-Ehrensberg 1916 und A. Krupp-Mittenberger Kupfer AG Wien 1915, HA Krupp, FAH 3 B 110; Einzelbearbeitung der kaufmännischen Abteilungen zur Denkschrift "Die Firma Krupp im Weltkriege", HA Krupp, S. 16f., WA 7 f 1102.

[4] Chromerz: Vertrag Krupp-KMA vom 8. Dez. 1916, HA Krupp, WA 4/2244; vgl. auch oben, S. 148. Schrott und Ferrosilizium: Schr. EZ an RSchM vom 27. Nov. 1920, BAAP, KEZ 87.25, Nr. 107, Bl. 5f.

Am Bezug der Eisenerze zeigt sich sehr deutlich, daß die Selbständigkeit der Werke charakteristisch für die gesamte Kriegszeit war. Sie verhandelten wie in Friedenszeiten mit in- und ausländischen Lieferanten und bemühten sich um die Beteiligung an Gruben[5]. Von den Behörden wurden die Unternehmen in ihren Beschaffungsbemühungen eher gefördert denn beschränkt. Immer wenn es Probleme mit Lieferungen gab, bemühten sich die zivilen Behörden darum, gemeinsam mit den Industriellen Lösungsmöglichkeiten zu finden. Auch die Kriegsrohstoffabteilung unterstützte die Unternehmen, z.B. Anfang 1917 beim Bezug von Erzen aus der Steiermark. Die Werke blieben in engem Kontakt mit der Militärbehörde, die, wenn die Firmenvertreter dies für opportun erachteten, Druck auf die österreichischen Behörden ausübten[6]. Der einzige Bereich, in dem die zivilen und militärischen Behörden intervenierten, war die Transportfrage[7].

Dagegen blieben Versuche der Behörden, in die Dispositionen der Unternehmen einzugreifen, eher selten. Im August 1914 wollte das Reichsamt des Innern zwar die Ausnahmetarife für Eisenerzlieferungen vermindern, ließ davon aber nach Vorsprache einiger Industrieller davon ab[8]. Ebensowenig Erfolg hatte die Kriegsrohstoffabteilung Ende 1915. Sie forderte die Einschränkung schwedischer Erzimporte, da der Verlust für die Handelsbilanz groß sei, während bessere Kompensationsgeschäfte mit anderen Staaten möglich seien. Diesen Vorstoß wiesen der Roheisenverband und die ihm angeschlossenen Werke

---

[5] Vgl. Schriftwechsel Reusch-Sonnenschein 1915-1917, z.B. Vertrags-Entwurf der Witkowitzer Gewerkschaft vom 3. Mai und Bestätigung der GHH vom 13. Mai 1916, Haniel-Archiv, Nr. 30019390/39; AR-Prot. Fried. Krupp AG vom 27. Nov. 1916, 16. Apr. 1917 u. 18. Dez. 1917, HA Krupp, WA 41/2-185; Plücker, Eisenerzbergbau, S. 238ff. Wichtigster Handelspartner war schon vor dem Krieg Skandinavien. Ebd., S. 215-219, 228. Im August 1915 vermerkte der Verein deutscher Eisenhüttenleute, daß nach anfänglicher Krise der Erzbezug der Werke nunmehr gesichert sei. Anlage 2 zu Vorstandssitz. des VdEh vom 31. Aug. 1915, Mannesmann-Archiv, P 8/25/71.

[6] Unterstützung des Reichsamts des Innern: Prot. der Hauptvorstandssitz. des VdEStI, BAK, R 13I/85-92, 142-155, passim; Erze aus der Steiermark: Schriftwechsel Reusch-KRA Dez. 1916-Mai 1917, Haniel-Archiv, Nr. 300193006/29. Erfolg hatte diese Aktion nicht, da die Förderung Österreichs für den eigenen Bedarf kaum ausreichte.

[7] Schriftwechsel Goldkuhle-Beukenberg vom Aug. 1914, Mannesmann-Archiv, P 2/25/01; Schr. Phoenix an Lulea-Gemeinschaft vom 29. März 1917, Archiv der Thyssen AG, A/687/2, das über die Errichtung einer Dispositionszentrale für Erztransporte berichtet.

[8] Schr. Goldkuhle an Beukenberg vom 23. Aug. 1914, Mannesmann-Archiv, P 2/25/01.3, Bl. 10ff.; verschiedene RSchr. Nordwestliche Gruppe des VdEStI vom Juli 1914-Febr. 1915, Haniel-Archiv, Nr. 3001071/6c, passim.

entschieden zurück[9]. Eine relativ spektakuläre Intervention gab es seitens der Kriegsrohstoffabteilung und der Eisenzentrale. Im Frühjahr 1918 kaufte die Kriegsgesellschaft einen nicht unbedeutenden Posten von 200 000 t Eisenerzen in Schweden, den sie dann bei den Werken unterzubringen suchte. Die Industriellen erfuhren erst nach Abschluß des Geschäftes davon und waren darüber höchst verärgert. Der Grund dafür dürfte weniger in der vorgebrachten Klage gelegen haben, daß die Behörde viel zu hohe Preise bezahlt hätte, als vielmehr in der Einmischung selbst. Die Kriegsrohstoffabteilung, vertreten von Koeth und Fischer, setzte schließlich durch, daß die Unternehmen die Erze übernahmen, allerdings zu dem Preis, den die Werke zu zahlen bereit waren. Diese verständigten sich darauf, daß der Erzhandel der Behörde "wieder aus der Hand genommen werden muß". Ob die Kriegsrohstoffabteilung sich den Wünschen der Industriellen entsprechend verpflichtete, künftig keine derartigen Geschäfte mehr zu tätigen, ist nicht sicher. Aber da sich keine weiteren Hinweise auf solche Aktivitäten fanden, dürfte dieser Fall einmalig oder zumindest nicht sehr häufig gewesen sein[10].

Nicht ganz so unabhängig wie bei den Importen waren die Eisen- und Stahlwerke bei der inländischen Rohstoffbeschaffung. Sie führten zwar auch hier eine Reihe von Verhandlungen mit ihren Lieferanten selbständig, ohne Einschaltung von Behörden oder Kriegsgesellschaften[11]. Es gab aber Beschränkungen, vor allem in der zweiten Hälfte des Krieges. Mit der Beschlagnahme von Mangan verminderten sich die Möglichkeiten der Unternehmen, eigenständige Abschlüsse zu tätigen, erheblich[12]. Die Edelstahlwerke mußten nach einer Vereinbarung mit der Kriegsrohstoffabteilung alle Offerten über Wolfram an die Kriegsmetall AG weitermelden. Die Gesellschaft kaufte die Rohstoffe und überließ sie dem Verband der Edelstahlwerke, der im Gegenzug die Verteilung übernahm[13].

---

[9] Schriftwechsel Phoenix-REV vom Dez. 1915, Mannesmann-Archiv, P 2/25/01.4, Bl. 2ff.

[10] Verschiedene Aktennotizen Mai-Juli 1918, Haniel-Archiv, Nr. 300006/17, passim.

[11] Schr. Eich an Steinthal vom 23. Sept. 1915, Mannesmann-Archiv, M 11.084, Bl. 26, Bl. 227; Schr. Eich an Steinthal vom 4. Dez. 1916, Mannesmann-Archiv, M 11.085, Bd. 28, Bl. 87ff.; Vorstandssitz. Phoenix vom 8. Dez. 1918, Mannesmann-Archiv, P 1/25/24.3, Bl. 52.

[12] Einzelbearbeitung in bezug auf Erze und Roheisen zur Denkschrift "Die Firma Krupp im Weltkriege", S. 14ff., 23ff., HA Krupp, WA 7 f 1087; AR-Prot. Fried. Krupp AG vom 15. Mai 1916, HA Krupp, WA 41/2-185.

[13] Boettcher, Rechtsgrundlagen, Kap. Preisgestaltung, S. 23.

Die meisten chemischen Rohstoffe wurden bald im Inland produziert, vor allem die für die Munitionsherstellung zentrale Salpetersäure, die aus der Luft, nicht mehr aus ihren Salzen, dem Salpeter, gewonnen wurde. Der Kriegschemikalien AG gelang zwar der Import einiger Mengen an Kalksalpeter aus Skandinavien, der aber im Vergleich zu den im Land hergestellten Mengen gering blieb[14]. Nur für wenige Chemikalien behielten Einfuhren eine gewisse Relevanz. Auch hier war die Kriegsgesellschaft nur ein Marktteilnehmer neben anderen. Der Kriegschemikalien AG oblag zwar die Einfuhr von Schwefelkies, Kalksalpeter und Chlorat[15], doch tätigten die chemischen Firmen schon im Herbst 1914 selbständige Käufe, an denen die Gesellschaft nicht beteiligt war[16].

Wichtig blieb diese Beschaffungsquelle vor allem für Schwefelkies, zu dessen Entwicklung es einige Zahlen gibt. Die Einfuhr verminderte sich ab 1916 auf knapp 100 000 t, nachdem sie 1914/15 noch ca. 145 000 t betragen hatte, blieb dann aber immerhin in dieser Höhe bestehen. 1918 stieg der Zustrom sogar wieder auf 116 000 t an. Die Quellen veränderten sich dabei. Kam bis 1916 der Löwenanteil aus Norwegen, wurden in den letzten beiden Jahren neben Schweden die verbündeten bzw. besiegten Staaten wichtig, allen voran Serbien, gefolgt von Österreich-Ungarn[17]. Die Bedeutung dieser Mengen wird klar, wenn man sie mit den Produktionszahlen der Meggener Kiesgruben vergleicht, die den Heeresbedarf weitgehend deckten. In den monatlichen Bestandsmeldungen der Kriegschemikalien AG, die ab August 1915 überliefert sind, waren beide Posten mit über 65 000 t monatlich noch gleich. Die Meggener Fördermengen stiegen auf ca. 100 000 t im Monat, dennoch machten die Importe bis Frühjahr 1916 immer noch etwa die Hälfte der Inlandsproduktion, dann etwa ein Drittel der monatlichen Bestände der Gesellschaft aus. Ab Oktober 1916 sanken sie zwischen 10 000 und 18 000 t monatlich, was nur

---

[14] 29., 38. u. 39. Prot. der AR-Sitz. der KCA vom 19. Okt. 1916, 21. Dez. 1917 u. 22. Febr. 1918, BAAP, KCA 87.29, Nr. 10, Bl. 216, 267, 271.

[15] Schwefelkies: Schr. Abt. Schwefel an Buchhaltung vom 28. Aug. 1917, BAAP, KCA 87.29, Nr. 19, Bl. 38; verschiedene Schr. Hoechst an KCA ab Okt. 1914, Hoechst-Archiv, 18/1/14. Kalksalpeter: Prot. der AR-Sitz. der KCA vom 19. Okt. 1916, 21. Dez. 1917 u. 22. Febr. 1918, BAAP, KCA 87.29, Nr. 10, Bl. 216, 267, 271. Chlorat: Schr. KCA an PMHG vom 14. Mai 1915, GStAM, Rep. 120 C VIII 1, Nr. 84, Adh. 13 C, Bd. 2, Bl. 143.

[16] Z.B. Farbenfabriken vorm. Friedrich Bayer: Punktationen zur Direktoriums-Sitz. vom 16. Okt., Prot. Direktoriums-Sitz. vom 23. Okt. 1914, Bayer-Archiv. Ähnlich die Badische Anilin- und Sodafabrik: Schr. Vorstand BASF an Engler vom 25. Nov. 1914, BASF, C 10 Briefwechsel 1914-1916. Z.B. kaufte und verkaufte die Kriegschemikalien AG nur Salpetersäure aus den neuen Fabriken. 15. Prot. der AR-Sitz. der KCA vom 21. Mai 1915, BAAP, KCA 87.29, Nr. 10, Bl. 90.

[17] Bewirtschaftung von Schwefelkies während des Krieges o.D., BAAP, KCA 87.29, Nr. 111, Bl. 7.

noch ein Zehntel von Meggen bedeutete, stiegen aber ab Frühjahr 1918 wieder auf 30-37 000 t an[18]. Auch bei diesen Importen zeigte sich, daß die Kriegschemikalien AG kein Einkaufsmonopol errichten konnte, denn die Verträge schlossen die großen Erzhandelsfirmen weitgehend selbständig ab[19].

Die inländische Produktion an Schwefelkiesen wurde zum großen Teil beschlagnahmt. Die übrigen Mengen, die in den letzten beiden Kriegsjahren für die Friedensindustrie wichtiger wurden, kaufte die Kriegschemikalien AG ab Februar 1917 allein an[20]. Bei anderen Chemikalien verhandelten Produzenten und Verbraucher direkt über die Lieferverträge[21], oder die Behörden, insbesondere die Feldzeugmeisterei, schalteten sich in die Beschaffung ein[22]. Bei einigen Stoffen, z.B. Zinkblende, fanden die Lieferungen zwischen Herstellern und Verbrauchern unter Aufsicht der Kriegschemikalien AG statt. Das bedeutete, daß die Gesellschaft eingriff, wenn es zu keiner Einigung zwischen beiden Parteien kam[23].

Für die Metallbeschaffung verloren die Importe am schnellsten an Bedeutung, obwohl sie vor dem Krieg etwa 90% des Bedarfs gedeckt hatten. Da davon der größte Teil aus den USA gekommen war, konnte die Blockade große Wirkung entfalten[24]. Auch wenn sich einige neue Lieferanten in den neutralen europäischen Staaten fanden, blieb die Zahl der Geschäfte insgesamt gering. Doch auch hier gab es keine Zentralisierung. Die Kriegsmetall AG, das im Juni 1915 gegründete Metall-Konsortium und die Unternehmen selbst waren hier

---

[18] Berichte KCA an FM vom Aug. 1915-Okt. 1918, BAAP, KCA 87.29, Nr. 84.

[19] Bewirtschaftung von Schwefelkies während des Krieges o.D., BAAP, KCA 87.29, Nr. 111, Bl. 8.

[20] Ebd., Bl. 9f.

[21] Schr. KCA an VdEStI vom 6. Jan. 1915, BAK, R 13I/182, Bl. 191f.; Schr. Vorstand BASF an Engler vom 25. Nov. 1914, BASF, C 10 Briefwechsel 1914-1916; Schr. der Kgl. Bayerischen Gesandtschaft Berlin an RdI vom 23. Okt. 1916, BAAP, RdI 15.01, Nr. 18765, Bl. 31, vgl. auch Bl. 102f. Dies galt auch für Soda. Ein Vorschlag der Abteilung A 8 des preußischen Kriegsministeriums, die gesamte Produktion von Soda durch die Kriegschemikalien AG aufkaufen und weiterverteilen zu lassen, wurde von der Vertretern der übrigen Behörden abgelehnt. Aufzeichnung über das Ergebnis der Besprechung betr. Sodapreise in der KCA vom 12. Febr. 1918, BAK, NL 158 Moellendorff, Nr. 144.

[22] Duisberg an Böttinger vom 30. Sept. 1915, Bayer-Archiv, AS Duisberg. Vgl. Schriftwechsel FM-Bayer vom 8./23. Febr. 1916, Schr. KCA an Bayer vom 15. Febr. 1916, Bayer-Archiv, 201/3.

[23] Bericht über Zinkblende o.D., BAAP, KCA 87.29, Nr. 111, Bl. 13ff.

[24] Bericht über die Bewirtschaftung von Metallen o.D. [Mai 1919], BAAP, KMA 87.37, Nr. 278, Bl. 6ff.

gleichermaßen aktiv[25]. Ähnliches galt für die Raffinierung und Walzung von Metallen, die im Reich vorgenommen wurde. Die Firmen konnten selbständig Verträge mit deutschen Werken abschließen, genau wie die Kriegsmetall AG dies tat[26]. Teilweise sprachen die Firmen solche Aktivitäten, z.B. zur Gewinnung von Kupfererzen zur Umarbeitung, auch mit der Kriegsgesellschaft ab[27].

In allen drei Branchen führte die Existenz der verschiedenen Marktteilnehmer zur Konkurrenz. Diese hatte, da es sich hier um freie Märkte handelte, den erheblichen Nachteil, daß die Preise für die deutschen Nachfrager stiegen[28]. Einzige Lösungsmöglichkeit für dieses Problem war eine Zentralisierung, die sich in verschiedenen Varianten findet. Keine Chance bekam der Vorschlag der Kriegsmetall AG, die Gesellschaft zur zentralen Einfuhrstelle zu machen. Ebenso erging es der Initiative der Kriegsrohstoffabteilung vom Herbst 1917, ein Handelsverbot für Roheisen einzuführen. Gegen die Beschränkung des Einfuhrgeschäftes auf von der Behörde bestimmte Händler, darunter auch der Roheisenverband, setzten sich die zivilen Behörden und die Handelskammern erfolgreich zur Wehr. Die Berliner Kammer vor allem wies eine solche Maßnahme prinzipiell zurück und sprach sich insbesondere gegen eine Kontrolle des Roheisenverbands über den Verbrauch aus[29].

Die häufigste Form der Zentralisierung war die, daß sich die betroffenen Unternehmen zusammenschlossen. Damit konnten sie zugleich das Transportrisiko, das vor allem bei Importen entstand, besser verteilen. Diese Tendenz läßt sich vor allem in der Eisen- und Stahlindustrie feststellen. Hier verhandelten vom Frühjahr 1915 bis zum Herbst 1917 zunächst die rheinischen Werke - später wurden auch die oberschlesischen Unternehmen einbezogen - untereinander über Preise, Kurse, Sortenverteilung, Abnahmemenge und Transport-

---

[25] Zusammenstellung über Kupfer-Käufe vom 14. Okt. 1914, BAAP, KMA 87.37, Nr. 97/1, Bl. 58; Aktennotiz Vogelstein vom 12. Jan. 1917, BAAP, KMA 87.37, Nr. 32, Bl. 156; vgl. auch oben, S. 155. Zum Metall-Konsortium vgl. BAAP, KMA 87.37, Nr. 298-300.

[26] Prot. Besprechung im Kabelwerk [der SSW] am 2. Nov. 1915, NSchr. über Besprechung zwischen Busse [Mansfeld] und Haller [SSW] vom 3. Nov. 1915, SAA 11/Lg 747 Henrich; 5 Jahre Kriegswirtschaft ... [Bericht SSW], Knoll vom 31. Mai 1922, S. 60f., SAA 50/Ld 216.

[27] Aktennotiz Haller vom 12. Mai 1915, SAA 11/Lg 747 Henrich; vgl. dazu auch Kap. III.4., S. 193ff.

[28] Schr. Kloeppel an Direktorium Bayer vom 30. Juni u. 17. Juli 1917, Bayer-Archiv, 201/38, Bd. 1; Denkschrift der KMA vom 21. Juni 1915, GStAM, Rep. 120 C VIII 1, Nr. 84, Adh. 13^{M}, Bd. 1, Bl. 244ff.

[29] Schr. KRA an RdI vom 28. Sept. 1917, Schr. RdI an KA vom 15. Okt. 1917, Schr. der HK Berlin an PMHG vom 31. Okt. 1917, GStAM, Rep. 120 C VIII 1, Nr. 84, Adh. 13, Bd. 25, Bl. 225, 261, 265ff.

wege. Nach erfolgter Einigung trafen sie mit den schwedischen Erzlieferanten entsprechende Abkommen. Von den Behörden wurde nur das Reichsschatzamt konsultiert, da Finanzierungsfragen die Devisenwirtschaft des Reiches berührten. Aber auch dies erfolgte erst nach Abschluß der Verhandlungen mit den Lieferanten[30]. Im Frühjahr 1917 diskutierte der Roheisenverband aus ähnlichen Gründen über die Bildung einer Einkaufsgemeinschaft für phosphorarme Erze. Der Zusammenschluß scheiterte jedoch, da zuerst die Fried. Krupp AG und in der Folge die Gutehoffnungshütte sich nicht verpflichten wollten, auf alle selbständigen Einkäufe zu verzichten. Offenbar sahen sie in einer solchen Organisation nicht genügend Vorteile, um partiell ihre Selbständigkeit aufzugeben[31].

Die Behörden und Kriegsgesellschaften förderten diesen Weg der Zentralisierung. In den meisten Fällen regten sie Zusammenschlüsse der Unternehmen an. Zur Sicherstellung der Versorgung mit Schrott bediente sich die Eisenzentrale des Handels. Er sollte den Schrott ankaufen und nach den Vorgaben der Gesellschaft für Preise und Verwendung an die Werke weiterverkaufen. Zur Koordination und besseren Kontrolle bestand die Eisenzentrale aber darauf, daß die Händler sich für die Versorgung bestimmter Teile des Reiches zusammenschlossen. Im Osten gab es eine entsprechende Organisation schon; im Westen und Süden wurde sie auf diese Initiative hin geschaffen[32]. Bei den Metallen weist die Vereinbarung der Kriegsmetall AG mit der Vereinigung der Metallhändler in eine solche Richtung. In gewisser Weise läßt sich auch die Bildung des Metall-Konsortiums in diese Entwicklung einordnen, da auch sie einen Zusammenschluß beförderte. Hauptzweck war dort allerdings nicht die Vereinheitlichung und bessere Kontrolle der Beschaffung, sondern eine Verteilung des Risikos. Die Form des Konsortiums ließ den Unternehmen überdies

---

[30] NL Reusch zum Bezug schwedischer Erze, Haniel-Archiv, Nr. 300193006/21, passim; Plücker stellt fest, daß zum Teil alle westdeutschen Werke, zum Teil nur die Dortmunder Werke unter der Führung der Deutsch-Luxemburgische Bergwerks- und Hütten-AG sich zusammenschlossen für die Verhandlungen mit den schwedischen Erzlieferanten. Nach Kriegsende lösten sich diese Gemeinschaften wieder auf, und die Unternehmen kehrten zu ihren früheren Speditionen zurück. Plücker, Eisenerzbergbau, S. 238ff.

[31] NSchr. Besprechung vom 5. Febr. 1916, Vermerk Wenzel über diese Besprechung, Entwurf Satzungen o.D., Archiv der Thyssen AG, A/687/2; NSchr. Sitz. vom 19. Febr. u. 10. März 1916, Schr. Klotzbach an Hochofenwerke vom 18. Apr. 1916, Archiv der Thyssen AG, FWH/860-13.

[32] Schr. EZ an RSchM vom 27. Nov. 1920, BAAP, KEZ 87.25, Nr. 107, Bl. 4f.; Schr. Schrotthandels GmbH an HK Duisburg vom 23. Febr. 1917, RWWA, Abt. 20-350-9; "A II d, 2: Schrotterfassung", Zusammenstellung des Reichsarchivs, BA-MA Freiburg, RH 60/v.9.

mehr Spielraum[33]. Nur für einzelne Waren errichteten die Behörden Austauschkommissionen, die die Nachfrage bündeln und damit die Preise möglichst niedrig halten sollten. Das bedeutete, daß Unternehmen und Kriegsgesellschaften ihre Auslandsgeschäfte über diese Kommissionen abwickeln mußten[34].

Auch die Beschaffung durch die Produzenten selbst sollte nach den Vorstellungen von Kriegsrohstoffabteilung und Kriegsgesellschaften stärker konzentriert erfolgen, wie das Beispiel der Chromerzgesellschaft zeigt. Im März 1917 regte die Kriegsmetall AG ein Zusammengehen der Verbraucher von Chromerzen aus der chemischen wie aus der Eisen- und Stahlindustrie an, um eine Preiserhöhung durch die Einschaltung des Handels zu verhindern. Grundlage war die Ausbeutung eines Erzvorkommens in der Türkei, das den Gebr. Röchling gehörte. Sowohl Kriegsrohstoffabteilung als auch Kriegsmetall AG drängten die Verbraucher zum Zusammenschluß, doch diese lehnten ab. Das Risiko und vor allem der Preis, den Röchling je geförderte Tonne Erz verlangte, erschien ihnen zu hoch[35]. Ein weiterer Vorstoß des Reichskommissars für Übergangswirtschaft vom Herbst 1917 in die gleiche Richtung blieb erfolglos[36].

Betrachten wir die Entwicklungen beim Kauf von Rohstoffen im Überblick, können wir festhalten, daß dieser Beschaffungsweg zwar generell im Vergleich zu den übrigen Möglichkeiten der Beschlagnahme und der Produktionsförderung an Bedeutung verlor, vor allem für Kupfer, Aluminium und Stickstoff. Allerdings behielt er für einzelne Rohstoffe, vor allem Eisenerze und Schwefelkies dennoch den ganzen Krieg über einen gewissen Stellenwert. Reglementierung fand nur insoweit statt, als die Kriegsgesellschaften anstelle der Unternehmen mit dieser Aufgabe betraut wurden. Es gelang ihnen aber in keiner der hier behandelten Branchen, ihren Monopolanspruch durchsetzen. Sie erreichten zwar einen erheblichen Anteil am Handel, die Unternehmen behaupteten ihre Selbständigkeit aber weitgehend. Das daraus resultierende Problem der Konkurrenz versuchten die Beteiligten vor allem durch Zusammenschluß der Unternehmen zu lösen, vornehmlich in der Eisen- und Stahlindustrie. Diese Tendenz zur Konzentration wurde von Behörden und Kriegsgesellschaften grundsätzlich gefördert.

---

[33] Vereinbarung mit dem Verein deutscher Metallhändler o.D. [März/Apr. 1916], BAAP, KMA 87.37, Nr. 238, Bl. 1f.

[34] Denkschrift der KMA vom 21. Juni 1915, GStAM, Rep. 120 C VIII 1, Nr. 84, Adh. 13^{M}, Bd. 1, Bl. 244ff.; NSchr. Sitz. in A.Z. am 19. Aug. 1915, BAAP, KCA 87.29, Nr. 18, Bl. 395.

[35] Schr. Nottmeyer an Reusch vom 5. März 1917, Haniel-Archiv, Nr. 300193006/10.

[36] Schr. RKÜ an Beukenberg vom 26. Nov. 1917, Schr. Beukenberg an Schwartzkopf vom 17. Okt. 1918, Mannesmann-Archiv, P 2/25/01.2.

2. Melde- und Auskunftspflicht

Präzise Kenntnisse über die Struktur und den Bedarf der Wirtschaft, über die vorhandenen Ressourcen und die von den Militärs gebrauchten Mengen sind ausschlaggebend für die Realisierung von Prioritätsentscheidungen. Die zuständigen Stellen, vor allem innerhalb des preußischen Kriegsministeriums, wußten sehr wohl um diesen Zusammenhang zwischen Statistik und Planung. Welche gesetzlichen Grundlagen die Behörden schufen, um den Bedarf an Daten zu befriedigen, und wie sie umgesetzt wurden, soll im folgenden dargestellt werden.

Bei Kriegausbruch, das wurde schon bei der Darstellung der vorbereitenden Maßnahmen im ersten Teil deutlich, gab es wenige rechtlich abgesicherte Möglichkeiten für die Behörden, Auskünfte über firmeninterne Daten zu verlangen. Angaben über vorrätige oder produzierte Mengen an Rohstoffen, Halb- oder Fertigfabrikaten galten als Geschäftsgeheimnisse. Die Statistik war zwar schon eine etablierte Institution. Das "Kaiserliche Statistische Amt" hatte seine Tätigkeitsfelder seit 1872 beständig ausgedehnt. Aber die Produktionsstatistik war "im ganzen noch ungenügend ausgebildet"; das galt sowohl für die Landwirtschaft als auch für die Industrie. Eine gesetzlich verankerte Pflicht, an der Erhebung solcher Informationen mitzuarbeiten, galt im Frieden als unzulässiges Eindringen des Staates in die Privatsphäre des Unternehmers und Bürgers. Deshalb scheiterten die verschiedenen Anläufe zur statistischen Erfassung im Rahmen der wirtschaftlichen Kriegsvorbereitung nicht nur an der Kostenfrage, sondern auch am Widerstand der Betroffenen gegen eine solch weitgehende staatliche Intervention. Unterstützt wurde dieser Widerstand von den Bundesstaaten, die eine reichsweite Erhebung als Vorstoß in ihren Kompetenzbereich ablehnten[37]. So mußte die Kriegsrohstoffabteilung für ihre erste Umfrage Mitte August 1914 bei ca. 900 Firmen über Art der benötigten Rohstoffe, Bestände und Verbrauch an die "vaterländische Hilfsbereitschaft" appellieren und konnte nur hoffen, daß sich alle Firmen beteiligten, ebenso daß ihre Angaben richtig waren. Überprüfungen kamen nicht in Frage, geschweige denn Sanktionen[38].

Nur die stellvertretenden Generalkommandos besaßen das Recht, aufgrund des Belagerungszustandsgesetzes Vorratserhebungen bei Unternehmern und Händlern zu veranlassen. Sie machten von diesem Recht vor allem zu Beginn des Krieges Gebrauch, oft im Zusammenhang mit der Beschlagnahme der jeweiligen Gütermengen. Solche Erhebungen blieben allerdings begrenzt auf

---

[37] Lexis, Statistik I, S. 830ff.; Zitat ebd., S. 830; Zahn, Statistik II, S. 832ff.; Burchardt, Friedenswirtschaft, S. 191ff., 203f., 229ff.; Heymann, Rechtsformen, S. 82; vgl. oben, S. 28ff.

[38] Kriegs-Rohstoff-Abteilung, S. 4; Demeter, Kriegsmetall-AG, S. 5f.

den Bereich des Armeekorps und waren schon aus diesem Grunde für eine zentrale Bewirtschaftung durch die Kriegsrohstoffabteilung nur bedingt brauchbar. Dazu kam, daß das preußische Kriegsministerium keine Weisungsbefugnis gegenüber den Militärbefehlshabern besaß. Damit konnte man keine regelmäßigen, detaillierten und in allen Teilen des Reiches gleichermaßen durchgeführte statistischen Erhebungen erreichen, die unabdingbar für eine umfassende Bewirtschaftung waren. Deshalb bemühte sich das Kriegsministerium frühzeitig darum, eine vom Belagerungszustandsgesetz unabhängige Grundlage für Datensammlungen zu schaffen. Dagegen leisteten insbesondere die zivilen Behörden Widerstand, der die Militärbehörde aber nicht davon abhielt, im Laufe des Krieges ihre Position gegenüber den Unternehmen erheblich zu stärken[39].

Ein erster Schritt in diese Richtung war die Bundesratsverordnung vom 24. August 1914, die den Landeszentralbehörden, also auch dem preußischen Kriegsministerium erlaubte, Unternehmer, Händler und öffentlich-rechtliche Körperschaften zur Auskunft heranzuziehen[40]. Die Notwendigkeit, jeden Besitzer von Vorräten einzeln ansprechen zu müssen, erwies sich schnell als sehr hinderlich für die genaue Ermittlung der tatsächlich vorhandenen Bestände. Deshalb verpflichtete eine erweiterte Verordnung des Bundesrats vom Februar 1915 Inhaber von Vorräten zur Meldung aufgrund öffentlicher Bekanntmachung und legte Strafen bei Zuwiderhandlung fest. Zudem räumte sie den ermittelnden Beamten die Befugnis ein, Vorratsräume zu untersuchen und Einsicht in die Bücher zu nehmen "zur Ermittlung richtiger Angaben". Andererseits blieb aber der Kreis von möglichen Fragen strikt vorgegeben, "jedes weitere Eindringen in die Vermögensverhältnisse ist unstatthaft"[41].

Auf der Grundlage dieses Gesetzes erließ die Kriegsrohstoffabteilung eine Reihe von Verwaltungsanordnungen, die für verschiedene Stoffe und Stoffgruppen eine Pflicht zur regelmäßigen Bestansdmeldung festlegten. Allerdings wurden die einzelnen Branchen unterschiedlich behandelt. Die Bestände an Metallen und Chemikalien interessierten die Behörde sehr früh und recht

---

[39] Schr. RdI an PMHG am 27. Dez. 1914 GStAM, Rep. 120 C VIII 1, Nr. 84, Adh. 22, Bd. 1, Bl. 39. Solche Aktionen lassen sich auch in späterer Zeit finden. Z.B. Schr. stellvertretendes Generalkommando Posen an KCA vom 4. Okt. 1916, BAAP, KCA 87.29, Nr. 276, Bl. 211. Vgl. Heymann, Rechtsformen, S. 79f.; Koeth, Kriegsrohstoffbewirtschaftung, S. 225ff.

[40] Bekanntmachung über Vorratserhebungen vom 24. Aug. 1914, RGBl., 1914, S. 382f. Die Regelung galt zunächst vor allen Dingen für Lebensmittel, wurde aber am 15. Okt. 1914 auf Kriegsbedarf generell ausgedehnt. Ebd., S. 440; vgl. Heymann, Rechtsformen, S. 54f.

[41] RGBl., 1915, S. 54f.; Zitate ebd., §§ 4 u. 3, S. 55; vgl. Heymann, Rechtsformen, S. 54f.

umfassend[42], während die Eisen- und Stahlindustrie weitgehend unbehelligt von derartigen Anforderungen blieb. Auch nach dem Einsetzen der Bewirtschaftung, die das Ziel hatte, einen Wirtschaftsplan aufzustellen, wurde hier nur schrittweise und für einzelne Produkte eine Meldepflicht angeordnet[43].

Die Militärbehörde versuchte in der Folgezeit, ihre Zugriffsmöglichkeit auf firmeninterne, aber für die Kriegswirtschaft wichtige Daten zu verbessern. Nach einem vergeblichen Vorstoß im Sommer 1915, den immerhin das Reichsjustizamt unterstützt hatte, setzte das preußische Kriegsministerium im September 1915 gegen den erheblichen Widerstand der zivilen Stellen durch, daß Firmen vor dem Reichsschiedsgericht für Kriegswirtschaft Auskunft darüber geben mußten, zu welchen Preisen die betreffenden Gegenstände erworben bzw. hergestellt wurden. Zweck war die bessere Ermittlung des "angemessenen Gewinns"[44]. Im Oktober 1915 forderte das Kriegsministerium die Aufnahme der Vorschrift, Lagerbücher führen zu müssen. Die Bestimmung zielte darauf ab, Auskünfte in Zukunft besser auf ihre Richtigkeit überprüfen zu können[45].

Eine grundsätzliche Neuorientierung erreichte das Kriegsministerium erst im Juli 1917 mit der Bekanntmachung über Auskunftspflicht. Erweitert wurde die Art der Auskünfte, die sich nunmehr generell auf "wirtschaftliche Verhältnisse" beziehen konnten. Sie waren nicht mehr begrenzt auf Vorräte, sondern erstreckten sich ausdrücklich auf "Leistungen und Leistungsfähigkeit von Unternehmungen oder Betrieben". Bekräftigt wurden das Durchsuchungsrecht und das Recht zur Einsichtnahme in die Geschäftsbücher für die mit den Ermittlungen

---

[42] Z.B. Bekanntmachung Metalle vom 1. Apr. 1915, BAAP, MMSt 87.52, Nr. 13; Bekanntmachung Chemikalien vom 1. Juli 1915, BAAP, KCA 87.29, Nr. 1, Bl. 127; vgl. Denkschrift Abt. III a,b des stellvertretenden Generalkommandos XIII. AK von 1918, HStAS, M 77/6, Bd. 36, Bl. 17.

[43] Vfg. KRA vom 25. Nov. 1916 betr. Bestandserhebung von Halbzeug und Walzeisen, BHStA-KA, MKr, 13056, Prod. zu 28a; Bekanntmachung Stab-, Form- und Moniereisen vom 18. Okt. 1917, HStAS, M 1/6 Nr. 1366, Bl. 248ff.

[44] Das Reichsamt des Innern sah darin einen zu großen Eingriff in die Geschäftsgeheimnisse der Unternehmen, ein Nachteil, der durch die zu erwartenden Vorteile nicht aufgewogen würde. Schr. RdI an PMdI vom 14. Juli 1915, GStAM, Rep. 77, tit. 332[r], Nr. 131, Bl. 67f.; weiterer Schriftwechsel zu dieser Frage zwischen Reichsämtern und preußischen Ministerien vom Juli/Aug. 1915, ebd., Bl. 72-94; Erweiterung der Bekanntmachung über Vorratserhebungen vom 3. Sept. 1915, RGBl., 1915, S. 549. Das Reichsschiedsgericht für Kriegswirtschaft war zuständig für die Festsetzung des Übernahmepreises bei Beschlagnahmen und Enteignung. Vgl. unten, S. 177.

[45] Entwurf zur Erweiterung der Bekanntmachung über Vorratserhebung vom 2. Febr. 1915, vorgelegt durch das PKM am 4. Okt. 1915, BAAP, RK 07.01, Nr. 2418, Bl. 104ff.; Schr. Vizepräsident des Staatsministeriums an PKM vom 21. Okt. 1915, BAAP, RK 07.01, Nr. 2419, Bl. 13; vgl. auch GStAM, Rep. 77, tit. 332[r], Nr. 131, Bl. 104-110.

Beauftragten. Im Unterschied zu den bisherigen Gesetzen erhielt auch der Reichskanzler die Befugnis, Auskünfte zu verlangen, was als ein Versuch des Reichsamts des Innern zu werten ist, seinen - gegenüber den Ansprüchen des Kriegsministeriums mäßigenden - Einfluß geltend zu machen[46]. Hinter dieser neuen Verordnung stand die Notwendigkeit, angesichts der sich verschlechternden Rohstoffsituation in der Folge des Hindenburg-Programms mehr Daten zu erheben, um eine Planung sinnvoll durchführen zu können. Damit war die Kriegsrohstoffabteilung nicht mehr auf den guten Willen der Unternehmen angewiesen, sondern hatte die Grundlage für ein umfassendes Informations- und Kontrollsystem durch die Behörden geschaffen[47].

Die Änderung dieser Verordnung vom April 1918 verschärfte die staatlichen Kontrollmöglichkeiten nochmals, indem sie die Einsichtnahme in Unterlagen zur Preisberechnung vorsah. Treibende Kraft für diese Erweiterung war der Reichstag, der eine straffere Überwachung von Betrieben forderte, die für den Heeresbedarf produzierten. Anlaß dazu boten die schweren Vorwürfe gegen die Praxis der Preisabsprachen für Rüstungsgüter zwischen Heeresverwaltung und der Daimler-Motoren-Gesellschaft, die zu einer öffentlichen Debatte über Kriegsgewinne von Unternehmen und mangelnder Kontrolle seitens der Behörden geführt hatten[48].

Hiergegen legten die Industriellen vehementen Protest ein. In einer Eingabe an den Reichstag warnte der Kriegsausschuß der deutschen Industrie eindringlich vor den aus seiner Sicht bestehenden Gefahren einer so allgemeinen und weitreichenden Kontrolle und forderte erhebliche Beschränkungen. Er richtete seinen Widerstand zum einen gegen die Vermehrung der Zahl der Behörden, die Auskünfte verlangen konnten. Diese "Verallgemeinerung" diene lediglich dazu, "einer staatssocialistischen Wirtschafts-Auffassung" Vorschub zu leisten. Zum anderen stellten Kalkulationen und technische Verfahren Geschäftsgeheimnisse dar, die geschützt werden müßten[49].

---

[46] RGBl., 1917, S. 604ff.; Zitat ebd., § 1, S. 605; Heymann, Rechtsformen, S. 54f., 81.

[47] Schr. Fischer an KRA, Sekt. E vom 25. Apr. 1917, BAAP, EZ 87.10, Nr. 16; Schr. Fischer an KRA, Sekt. E vom 31. Juli 1917, ebd., Nr. 15.

[48] Mai, Kriegswirtschaft, S. 73ff.; zu den Vorstößen des Reichstages vgl. Kap. V.3., S. 367ff.

[49] Schr. KrAdI an Mitgl. des CDI und BdI vom 20. März 1918, Bayer-Archiv, 201/4. Zur Sicherung verlangte der Kriegsausschuß eine Beschränkung auf die Fälle, in denen ein begründeter Verdacht des Verstoßes gegen gesetzliche Bestimmungen vorliege sowie die Einrichtung einer übergeordneten Beschwerdestelle mit aufschiebender Wirkung. Ebd.

Alle diese Vorstöße änderten jedoch wenig an der neuen Fassung der Verordnung. De iure hatten die staatlichen Instanzen mit dieser Gestaltung der Auskunftspflicht, wenn auch erst nach längerem Ringen, die Möglichkeit zu einer weitreichenden Kontrolle der Industrie geschaffen, sowohl was Produktion und Vorräte als auch Preise und Lieferungen betraf. Hinter dieser Ausgestaltung stand weniger die planerische Notwendigkeit der Datenerhebung als vielmehr die Schaffung von Kontrollinstrumenten. Sie sollten einen Beitrag zum Ausgleich sozialer Spannungen liefern, indem nicht nur die Bevölkerung, sondern auch die Unternehmer unter straffe staatliche Aufsicht gestellt wurden[50].

In der Durchführung der verschiedenen eben vorgestellten Gesetze zur Meldepflicht zeigen sich zwei Tendenzen, die die Struktur der Kriegswirtschaft prägten. Zum einen wird der Dualismus zwischen militärischen und zivilen Behörden hier faßbar. Die Ermittlung von Daten wurde während des ganzen Krieges als tendenziell unerlaubter Eingriff des Staates in die Privatsphäre gewertet, der nur durch den Rückgriff auf die militärische Gewalt legalisiert und legitimiert werden konnte. Diese Meinung vertraten nicht nur betroffene Unternehmer, sondern auch ein Mitarbeiter des preußischen Ministeriums für Handel und Gewerbe, wenn er noch im Februar 1917 feststellte, daß eine Erhebung amtlichen Charakters auch von Zivilbehörden nur unter Vermittlung der stellvertretenden Generalkommandos durchzuführen sei[51].

Zum anderen zeigte sich bei der Meldepflicht die Tendenz, die Kompetenzen der Kriegsgesellschaften zu beschneiden. Zu Beginn des Krieges erschienen sie als geeignete Stellen zur statistischen Erfassung. Kriegsmetall und Kriegschemikalien AG behielten sich schon in ihrer Satzung vor, für die Dauer des Krieges von ihren Gesellschaftern jederzeit Auskünfte über Bestandsmengen einzuholen[52]. In der Kriegschemikalien AG wurde eine eigene Statistikabteilung eingerichtet, die bis zum Ende des Krieges auf ca. 30 Mitarbeiter anwuchs und erhebliche Datenmengen zu bewältigen hatte[53]. Diese Gesellschaft hatte am wenigsten unter dem Entzug von Kompetenzen zu leiden.

---

[50] RBGl., 1918, S. 187; Heymann, Rechtsformen, S. 81f. Zur Anwendung dieser Instrumente vgl. Kap. V., S. 356ff.

[51] Maßnahmen betr. Gips, Besprechung KCA mit Geheimrat Mente vom 9. Febr. 1917, BAAP, KCA 87.29, Nr. 21, Bl. 66.

[52] Gesellschaftsvertrag KMA vom 3. Sept. 1914, § 5, BAAP, KMA 87.37, Nr. 1, Bl. 23, Gesellschaftsvertrag KCA vom 23. Sept. 1914, § 5, BAAP, KCA 87.29, Nr. 4, Bl. 81.

[53] Bericht über die Tätigkeit der [KCA] vom 5. Jan. 1920, BAAP, KCA 87.29, Nr. 1, Bl. 8ff. Die dort erfaßten Daten stiegen ebenso beständig wie die Zahl der befragten Firmen - die Kriegschemikalien AG spricht in ihrem Bericht von 22 000. Die

In der Metallwirtschaft zog dagegen die Kriegsrohstoffabteilung diese Aufgabe an sich. Schon im Januar 1915 wurde eine eigene Stelle geschaffen, die Metallmeldestelle, die die Meldungen auswertete und über Auslegungsfragen entschied[54]. Dieselbe Tendenz läßt sich in der Eisenbewirtschaftung beobachten. Hier übernahm die Sektion E bei der Kriegsrohstoffabteilung von vorneherein die Sammlung der Daten, sowohl die der Erzeugung wie die der Ablieferung an die Beschaffungsstellen und andere Verbraucher. Zur Mitarbeit herangezogen wurde lediglich die Rohstahlausgleichsstelle, ebenfalls eine Unterabteilung der Militärbehörde. Die Eisenzentrale hatte mit diesem Bereich nichts zu tun, ebensowenig der Deutsche Stahlbund[55]. Noch im Juli 1917 machte ein Schreiben Fischers, des Leiters des Kommissariats der Eisenzentrale, deutlich, daß nach der neuen Bekanntmachung über Auskunftspflicht nur die Kriegsrohstoffabteilung Auskünfte über die wirtschaftlichen Verhältnisse verlangen konnte. Wenn aber das Kommissariat der Eisenzentrale oder die Rohstahlausgleichsstelle derartige Aufgaben übernehmen würden, was Fischer vorschlug, mußte eine offizielle Übertragung dieser Befugnisse erfolgen[56].

Auch im chemischen Bereich gab es Beschränkungen. Zwar sammelte die Kriegschemikalien AG den ganzen Krieg über Daten und wertete sie aus, doch blieb sie nicht die einzige Institution mit dieser Funktion. Insbesondere im Rahmen der Förderung der Rohstoffproduktion, die gerade bei den Chemikalien erhebliche Bedeutung gewann, mußten die Firmen ihre Angaben teilweise parallel bei den Beschaffungsstellen machen[57]. Über die regelmäßig abzugeben-

---

Kriegsmetall AG besaß zwar auch eine Abteilung Statistik; sie war jedoch nur für die Erfassung der Bewegungen von Metallrohstoffen innerhalb der Gesellschaft zuständig. Diese Abteilung sandte ihrerseits monatliche Berichte an die Kriegsrohstoffabteilung. Aktennotiz vom 14. Juni 1917, BAAP, KMA 87.37, Nr., 35, Bl. 4ff.

[54] BAAP, MMSt 87.52, Nr. 13; Demeter, Kriegsmetall-AG, S. 19; Boettcher, Rechtsgrundlagen, Kap. Staatliche Organisationen, S. 7ff.

[55] Vfg. KRA vom 25. Nov. 1916, BAAP, RAS 87.72, Nr. 55; Schr. KRA an sämtliche Walzwerke vom 5. Jan. 1918, BAAP, RAS 87.72., Nr. 51, Bl. 1. Beteiligung RAS: Schr. RAS an sämtliche Grobblech-Walzwerke vom 4. Okt. 1917, BAAP, BdKM beim DStB 87.07, Nr. 2; Schr. KRA an RAS vom 1. März 1918, BAAP, RAS 87.72, Nr. 51, Bl. 10ff.

[56] Entwurf Schr. Fischer an KRA, Sekt. E vom 31. Juli 1917, BAAP, EZ 87.10, Nr. 15.

[57] NSchr. über die Verhandlung mit der Kommission für die Festsetzung neuer Säurepreise vom 16. Nov. 1917, BAAP, KCA 87.29, Nr. 146, Bl. 54f. Diese doppelte Erfassung führte nicht immer zu besseren Ergebnissen: Im April 1918 beklagte sich das Waffen- und Munitionsbeschaffungsamt über unterschiedliche Produktionsangaben der Firmen bei beiden Stellen und gab daher neue Anweisungen über die Meldemodalitäten. Schr. Wumba an die Salpeterproduzenten vom 19. Febr. 1918, Bayer-Archiv, 201/6.2, Bd. 3.

den Produktionsmeldungen an die Kriegschemikalien AG hinaus forderte die Feldzeugmeisterei beispielsweise detaillierte Auskünfte über den Rohstoffverbrauch bei der Sprengstoffproduktion, die auf eine höchstmögliche Ausnutzung der Rohstoffe abzielte[58].

Anders sah dies mit den Unternehmen aus, die von den Kriegsgesellschaften gefördert wurden. Hier gelangten die monatlichen Berichte über den Betrieb inklusive der Daten über Förderungsmengen an die zuständige Gesellschaft, so etwa bei der Ilseder Hütte an die Eisenzentrale[59]. Ähnlich verhielt es sich bei der Kriegschemikalien AG, die die zweimonatlichen Meldungen der Zinkblendeabröster sammelte[60]. Ebenso hatte die Kriegsmetall AG die Aufgabe, die Produktion subventionierter Betriebe zu überwachen, aber auch hierbei gab es bezeichnenderweise Kompetenzüberschneidungen mit der Metallmeldestelle[61].

Die Auskunftspflicht bestimmte, daß alle Verwahrer von Vorräten monatlich Angaben über eben diese Vorräte zu machen hatten. Interessierten zunächst nur die Mengen, die zu einem bestimmten Zeitpunkt vorhanden waren, wurden bald detailliertere Meldebögen ausgearbeitet, die eine genaue Aufgliederung der Stoffarten enthielten und Angaben über das Woher, Wohin und Warum der Zu- und Abgänge einforderten[62]. Für die Firmen hatte diese Meldepflicht, insbesondere nach der Einführung von Lagerbüchern, zum Teil erhebliche innerbetriebliche Umstellungen zur Folge[63].

---

[58] Schr. FM an Bayer vom 21. Febr. 1916, Bayer-Archiv, 201/5.4. Die Zahlen für Kunstsalpeter mußten beispielsweise täglich gemeldet werden. Schr. Wumba an Bayer vom 5. Apr. 1917, Bayer-Archiv, 201/6.3, Bd. 4. Im allgemeinen reichten jedoch monatliche Meldungen aus. Vgl. verschiedene Tel. KCA an Hoechst vom Juli 1915, Hoechst-Archiv, 18/1/14.

[59] BAAP, EZ 87.10, Nr. 387, 388.

[60] Bericht über Zinkblende o.D., BAAP, KCA 87.29, Nr. 111, Bl. 14.

[61] KMA: Monatsberichte der KMA, GStAM, Rep. 120 C VIII 1, Nr. 84, Adh. 13^{M}, Bd. 1 u. 2, passim; Bericht der Abt. U der KMA vom 17. Febr. 1916, BAAP, KMA 87.37, Nr. 44, Bl. 16ff.; MMSt: Geschäftsverteilung MMSt o.D., Abt. Hüttenkontrolle, BAAP, KMA 87.37, Nr. 322, Bl. 2v; BAAP, MMSt 87.52, Nr. 2, passim.

[62] Bericht über Tätigkeit der [KCA] vom 5. Jan. 1920, BAAP, KCA 87.29, Nr. 1, Bl. 6ff.; Meldeformulare der Firmen für die KCA vom Jan. 1916 BAK, NL 158 Moellendorff, Nr. 112; 5 Jahre Kriegswirtschaft ... [Bericht SSW], Knoll vom 31. Mai 1922, S. 35f., SAA 50/Ld 216; Meldebogen über die monatliche Ablieferung von Fertigfabrikaten der Walzwerke und Begleitschr. KRA vom 5. Jan. 1918, BAAP, RAS 87.72., Nr. 51, Bl. 1, 10ff. Ähnliche Bögen gab es für die Produktion.

[63] 5 Jahre Kriegswirtschaft ... [Bericht SSW], Knoll vom 31. Mai 1922, S. 35ff., SAA 50/Ld 216; Aktennotiz Haller vom 5. Febr. 1915, SAA 4/Lf 533 Carl F. v. Siemens; Bericht Abt. M der GHH über die wichtigsten Gechäftsvorgänge vom 1. Apr. bis 30. Sept. 1915, Haniel-Archiv, Nr. 3000/43, Bl. 1ff.

Die Unternehmen waren - wie kaum anders zu erwarten - von der Auskunftspflicht, die nach und nach eine Kontrolle über ihre Produktion, ihre Verfahren und vor allem über ihre Preisberechnungen ermöglichte, keineswegs angetan. Sie taten daher ihr Bestes, um so wenig Informationen als möglich herausgeben zu müssen. Oft war die erste Reaktion auf eine Anforderung von Daten Verweigerung, auch wenn klar war, daß das auf Dauer nicht durchzuhalten war. Darauf lassen die recht zahlreichen Mahnungen schließen, die nicht nur von den Kriegsgesellschaften, sondern auch von den Behörden mit ihrer größeren Autorität ausgesprochen wurden, ebenso die Klagen über mangelhaft ausgefüllte Formulare[64]. In dieselbe Richtung weist das Verhalten einzelner Firmen. Die Badische Anilin- und Sodafabrik lehnte es unter Verweis auf das Fabrikationsgeheimnis ab, Angaben zu der Frage nach den bei der Sprengstoffproduktion entstehenden Mengen an Abfallsäuren zu machen, obwohl sie wußte, daß "wir uns der Aufgabe der gewünschten Zahlen wohl nicht entziehen können"[65]. Der Vorstandsvorsitzende der Daimler-Motoren-Gesellschaft wies eine Prüfung der Kalkulationen zurück, da er eine Preisgabe von Geschäftsinterna an Personen, die im Frieden bei der Konkurrenz tätig waren, nicht verantworten könne[66].

Insgesamt kann man festhalten, daß im Laufe des Krieges die Notwendigkeit von Eingriffen in die Unternehmenssphäre zur Kontrolle der Bewirtschaftung von den Behörden erkannt wurde, wobei das - militärische - Kriegsministerium eine stärkere Neigung zu solchen Interventionen bewies als das - zivile - Reichsamt des Innern. Dessen Widerstand gründete im wesentlichen auf prinzipiellen Bedenken, vor allem wegen einer möglichen Präjudizierung für die Nachkriegswirtschaft. Daher dauerte der Prozeß der Schaffung der rechtlichen Grundlagen sehr lange. Nach dessen Abschluß war jedoch das Instrumentarium für ein weitgreifendes Kontrollsystem vorhanden. In der Praxis blieben diese Eingriffe jedoch begrenzt, zum einen wegen des Widerstands der Unternehmer, zum anderen aber auch wegen des mangelnden Willens der militärischen Behörden, ihre Anfragen mit Zwangsmaßnahmen durchzusetzen.

---

64 Schr. Bayer an KCA vom 11. März 1916, BAAP, KCA 87.29, Nr. 290, Bl. 81; Schr. Wumba an Bayer vom 5. Apr. 1917, Bayer-Archiv, 201/6.3; Schr. KRA an Militärbefehlshaber vom 14. Dez. 1915, Pressenotiz vom 28. Apr. 1916, BHStA-KA, MKr. 12975, Prod. 25 zu 88.

65 Schr. BASF an Agfa und Bayer vom 29. März 1916, Bayer-Archiv, 201/5.1.

66 Mai, Kriegswirtschaft, S. 75. Auf diese Argumentation griff auch der Kriegsausschuß der deutschen Industrie im Frühjahr 1918 zurück. Schr. KrAdI an Mitgl. des CDI und BdI vom 20. März 1918, Bayer-Archiv, 201/4.

3. Beschlagnahme und Enteignung

Beschlagnahmen, Enteignungen, Requisitionen hatte es in früheren Kriegen schon gegeben, um die Versorgung der Truppen mit Nahrungsmitteln sicherzustellen. Für die Anforderung, eine hochgradig arbeitsteilige Industriewirtschaft mit großen Mengen an Rohstoffen zu versorgen, reichten diese Mittel jedoch nicht aus. Rathenau bezeichnete die Schaffung eines adäquaten Instrumentariums als die erste große Aufgabe, die die Kriegsrohstoffabteilung nach ihrer Gründung in Angriff nahm und mit der Einführung der "Kriegsbeschlagnahme" löste. Ob diese als "Grundbegriff, der es .. ermöglichte, den wirtschaftlichen Kreislauf umzugestalten"[67], zu betrachten ist, wird Gegenstand der folgenden Ausführungen sein.

Zuerst muß der Begriff der Beschlagnahme von dem der Enteignung abgegrenzt werden. Charakteristische Wirkung der Beschlagnahme war die Beschränkung der Verfügungsgewalt. Das bedeutete, daß die Bestände zwar in den Lagern der Firmen verblieben, die Behörden aber Anweisungen erteilen konnten, wie die Güter weiterverwendet werden sollten; freigegeben waren die Rohstoffe für Kriegslieferungen. Nicht bewirkt wurde eine Eigentumsübertragung an den Staat oder an eine ihn repräsentierende Stelle, dazu war eigens eine Enteignungsverfügung notwendig. Lehmann bezeichnete deshalb die Beschlagnahme als provisorische, die Enteignung dagegen als eine endgültige Verfügung[68].

Eine weitere Unterscheidung bestand zwischen Beschlagnahmen in den besetzten Gebieten und im Reichsgebiet, weil sie auf jeweils anderen rechtlichen Grundlagen beruhten. Während in Belgien oder Polen diese Maßnahme aus der Besatzung abgeleitet wurde, mußten für das Inland eigens gesetzliche Bestimmungen geschaffen werden[69]. Für die Fragestellung dieser Arbeit sind vor allem die Vorgänge im Reich von Interesse, denn die damit verbundenen Auseinandersetzungen geben Aufschluß über zwei wichtige Aspekte. Zum einen ist zu klären, inwieweit Militärbehörden, zivile Instanzen und Kriegsgesellschaften die Beschlagnahme nutzten, um tatsächlich in den Produktionsprozeß und die Unternehmensentscheidungen einzugreifen. Zum anderen stellt sich die

---

[67] Rathenau, Rohstoffversorgung, S. 23; vgl. Heymann, Rechtsformen, S. 44f., und Huber, Verfassungsgeschichte, Bd. 5, S. 78, der der Beschlagnahme ebenfalls eine Schlüsselstellung innerhalb der staatlichen Planung und Lenkung des Wirtschaftsprozesses im Ersten Weltkrieg zuweist.

[68] Lehmann, Kriegsbeschlagnahme, S. 5ff.; Rathenau, Rohstoffversorgung, S. 23f. Für die Enteignung wurde auch der Begriff der Requisition verwendet. Vgl. z.B. Mitt. an sämtliche Abt. der KMA vom 17. Sept. 1915, BAAP, KMA 87.37, Nr. 46, Bl. 278f.

[69] Lehmann, Kriegsbeschlagnahme, S. 2, 80ff.; Heymann, Rechtsformen, S. 123ff.

Frage, ob sie in ihrem gegebenen Rahmen diese Beschaffungsmaßnahme und die damit verbundene Intervention eher förderten oder blockierten. Hier interessiert allein die Funktion, Rohstoffe für die Produktion von Kriegsbedarf zur Verfügung zu stellen, nicht die Aufgabe, die der Beschlagnahme als Sanktion zukam[70]. Dazu werden zuerst die gesetzlichen Grundlagen, dann die Handhabung und Bedeutung dieser Maßnahme in der Praxis der Kriegswirtschaft und schließlich die Grundsätze für die Entschädigungsregelungen näher beleuchtet.

a) Gesetzliche Grundlage

Die Behörden hatten zu Beginn des Krieges drei Möglichkeiten, Waren zu beschlagnahmen oder zu enteignen. Als Rechtsgrundlage galt erstens das Kriegsleistungsgesetz von 1873. Es gab den Gemeinden das Recht, alle Staatsbürger zu Leistungen für die Sicherung der Heeresbedürfnisse heranzuziehen. Der Zugriff über die Gemeinden erwies sich aber schnell als unpraktikabel, sowohl bei der Beschaffung der Güter als auch bei der Zahlung von Entschädigungen[71].

Deshalb griff man zweitens auf das Belagerungszustandsgesetz von 1851 zurück, das die Militärbefehlshaber mit Verfügungs- und Verordnungsbefugnissen ausstattete. Damit Beschlagnahmen von großem Ausmaß zu legitimieren, stieß an die Grenzen der Interpretationsfähigkeit des Gesetzes. Überdies monierten die Juristen, daß keinerlei Einspruchsmöglichkeiten gegen derartige Maßnahmen existieren. Neben diesen rechtlichen gab es auch praktische Probleme. So bot das Gesetz keine Regelungen für eine Entschädigung. Ebenso verhinderte die Begrenzung auf das Armeekorps und die Eigenständigkeit der Militärbefehlshaber, daß diese Beschaffungsmöglichkeit einheitlich und zentral gesteuert werden konnte[72].

---

[70] Vgl. dazu unten, S. 386ff.

[71] Preußisches Kriegsleistungsgesetz vom 11. Mai 1851, mit einigen Modifikationen vom Reich übernommen im Gesetz vom 13. Juni 1873, RGBl., 1873, S. 129ff.; Heymann, Rechtsformen, S. 42f. Ähnliches gab es z.B. auch in Österreich.

[72] Belagerungszustandsgesetz vom 4. Juni 1851, das nach Art. 68 der Reichsverfassung für das Reichsgebiet galt. Dokumente, Bd. 1, Nr. 199, S. 527ff., sowie Bd. 2, Nr. 261, S. 400; Heymann, Rechtsformen, S. 47ff.; Waldecker, Kriegsenteignung, S. 10. Lehmann sprach gar von einer "Vergewaltigung des BelZG [=Belagerungszustandsgesetz]". Lehmann, Kriegsbeschlagnahme, S. 26; vgl. ebd., S. 24ff. Zur Unsicherheit der Militär- und Zivilbehörden über die Anwendbarkeit von Kriegsleistungsgesetz und Belagerungszustandsgesetz vgl. z.B. Schr. RMA an RdI vom 2. Jan. 1915 und die Stellungnahme des RJA vom 10. Febr. 1915, BAAP, RFM 21.01, Nr. A 2843, Bl.

Drittens gab das Ermächtigungsgesetz dem Bundesrat weitreichende Kompetenzen zur Regelung der Kriegswirtschaft, die er an die Landeszentralbehörden, z.B. an das preußische Kriegsministerium, delegieren konnte. Hierauf stützte die Kriegsrohstoffabteilung ihre ersten Anordnungen zur Beschlagnahme von Metallen und Chemikalien[73]. Schon Zeitgenossen werteten diese Auslegung des Ermächtigungsgesetzes als "recht weitherzig". Zudem setzte ein solches Vorgehen voraus, daß der Reichstag sich auf Dauer jeglicher Mitsprache enthielt und zwischen zivilen und militärischen Stellen Einvernehmen herrschte[74]. Gerade letzteres war kaum zu erwarten, nachdem schon Ende August 1914 das Reichsamt des Innern und das preußische Ministerium für Handel und Gewerbe den Antrag der Kriegsrohstoffabteilung zu Fall gebracht hatten, per Bundesratsverordnung einzelne Metalle zu beschlagnahmen[75]. Um ihr Vorgehen zusätzlich zu legitimieren, erließ die Kriegsrohstoffabteilung sowohl die allgemeinen als auch die Einzelbeschlagnahmen durch die Militärbefehlshaber. Erst deren Einschaltung machte die Verfügungen rechtskräftig[76].

Die Probleme angesichts der ungeklärten Rechtslage machten eine neue Regelung der Zuständigkeiten erforderlich. Obwohl die Diskussion darum schon im Januar 1915 begann, wurde eine entsprechende Bundesratsverordnung erst am 24. Juni 1915 erlassen. Sie erteilte den Kriegsministerien und dem Reichsmarineamt die Befugnis zu Beschlagnahme und Enteignung, während die Militärbefehlshaber in ihren Rechten bestätigt wurden. Einzelverfügung oder allgemeine Bekanntmachung waren beidermaßen zugelassen. Wurden Waren beschlagnahmt, konnte der Besitzer nur mit Zustimmung der Behörden darüber verfügen. Der Preis für enteignete Gegenstände sollte von einem Schiedsgericht festgesetzt werden, und zwar unter Berücksichtigung des Friedenspreises und eines angemessenen Gewinns. Für Zuwiderhandlung gegen diese Bestim-

---

141ff.; Stellungnahme des Stellvertreters des Reichskanzlers vom 10. März 1915, BAAP, RFM 21.01, Nr. A 2843, Bl. 171ff.

73 Metalle: Verordnung KRA vom 1. Apr. 1915, BAAP, MMSt 87.52, Nr. 13. Chemikalien: Bericht über die Tätigkeit der [KCA] vom 5. Jan. 1920, BAAP, KCA 87.29, Nr. 1, Bl. 6f.

74 Heymann, Rechtsformen, S. 50f.; Zitat ebd., S. 51. Lehmann hielt dagegen 1916 noch fest daß die "Diktatur des Bundesrates" allgemein anerkannt sei. Lehmann, Kriegsbeschlagnahme, S. 23f.

75 Tagebuch Moellendorff, Eintragungen zum 17., 18., 19. u. 24. Aug. 1914, abgedruckt in: Burchardt, Quelle, S. 80ff.

76 Z.B. Bekanntmachung betr. Bestandsmeldung und Beschlagnahme von Metallen vom 31. Jan. 1915, GStAM, Rep. 77, tit. 332^{r}, Nr. 128, Bd. 1, Bl. 17 Schr. PKM an PMHG vom 6. Okt. 1914, GStAM, Rep. 120 C VIII 1, Nr. 84, Adh. 13, Bd. 2, Bl. 86ff.; Denkschrift der Abteilungen der stv. Intendantur beim stellvertretenden Generalkommando XIII. AK, 1918, HStAS, M 77/2, Bd. 56, Bl. 44.

mungen wurden Geldstrafen bis 10 000 M oder Gefängnis bis zu einem Jahr festgesetzt[77].

Die im ersten Teil dieser Arbeit angesprochenen Konflikte innerhalb der Behörden schlugen sich in der Auseinandersetzung um diese Verordnung nieder. Ein wichtiger Streitpunkt zwischen militärischen und zivilen Stellen war die Frage, ob die bisher erfolgten Beschlagnahmen durch die Militärbefehlshaber ausdrücklich sanktioniert werden sollten oder nicht. Das preußische Kriegsministerium widersetzte sich einem solchen Passus, der die Rechtmäßigkeit dieser Maßnahmen bezweifelte, während die zivilen Behörden, unterstützt vom Reichsmarineamt, dies zur Klärung der Situation forderten. Ursache dieser Auseinandersetzung war die unterschiedliche Interpretation der Rechtslage. Das Kriegsministerium ging davon aus, daß die Militärbehörden aufgrund des Belagerungszustandes ganz allgemein das Recht zur Beschlagnahme hätten, und lediglich das Recht der Kriegsministerien und des Reichsmarineamts zusätzlich festgeschrieben werden müßten. Dagegen argumentierte das Reichsamt des Innern, daß für Beschlagnahmen das Kriegsleistungsgesetz maßgeblich sei, wonach die Militärstellen allein über die Zivilbehörden requirieren könnten. In der endgültigen Fassung setzte sich das Kriegsministerium durch[78].

Die Auseinandersetzung zwischen Militärs und zivilen Ressort hatte einen weiteren Schauplatz. Im Falle einer Enteignung stellte die neue Verordnung ein Schiedsgerichtsverfahren in Aussicht, wenn Behörden und Besitzer sich nicht über den Übernahmepreis einigen konnten. Dies regelte der Bundesrat mit einer Anordnung vom Juli 1915. Das damit beauftragte Reichsschiedsgericht für Kriegsbedarf (RSchG) entschied auf Antrag der enteignenden Behörde oder des Besitzers über die endgültige Preisfestsetzung. Kriegsgesellschaften und Militärbehörden stellten die Ermittlungsunterlagen für das Verfahren bereit.

---

[77] Bekanntmachung über die Sicherstellung von Kriegsbedarf vom 24. Juni 1915, RGBl., 1915, S. 357ff. In der Folgezeit gab es eine Reihe von kleineren Änderungen, aber die Substanz des Gesetzes vom Juni 1915 blieb unberührt. Darauf weist auch die Tatsache hin, daß die zivilen Ressorts die Anträge des Kriegsministeriums kaum beanstandeten. Vgl. dazu GStAM, Rep. 120 C VIII 1, Nr. 84, Adh. 13, Bl. 108ff., 122, 181ff. sowie Bekanntmachung über die Sicherstellung von Kriegsbedarf in der Fassung vom 26. Apr. 1917, Kriegsbuch 5 (1917), S. 544ff.

[78] Das Reichsschatzamt akzeptierte die Argumentation des Kriegsministeriums. Vgl. die verschiedenen Stellungnahmen in BAAP, RFM 21.01, Nr. A 2843, Bl. 99, 122ff., 126ff., 137, 140v, 144, 151, 171ff., 174 u. Nr. A 2844, Bl. 18f., 22ff., 65ff., sowie in GStAM, Rep. 77, tit. 332^r, Nr. 131, passim; Bekanntmachung über die Sicherstellung von Kriegsbedarf vom 24. Juni 1915, § 8, RGBl., 1915, S. 359. Zur Auseinandersetzung zwischen zivilen und militärischen Behörden vgl. Kap. I.2., S. 40ff.

Das Gericht konnte im Bedarfsfall aber auch auf andere Informationsquellen zurückgreifen[79].

Das Reichsschiedsgericht stärkte von seiner Konzeption her eher die Position der zivilen Seite, was in der Zusammensetzung deutlich wird. Der Reichskanzler ernannte den Vorsitzenden und berief die vier Beisitzer auf Vorschlag des Deutschen Handelstags und der örtlichen Handelskammern[80]. Die Kriegsrohstoffabteilung konnte allerdings über Gutachten und andere Materialien ihren Einfluß geltend machen. Darüber hinaus legte die Abteilung großen Wert darauf, durch das Reichsschiedsgericht vollständig und rechtzeitig über die Verhandlungsgegenstände unterrichtet zu werden und bestand auf einer Vertretung, wenn sie es für notwendig hielt[81].

Das Gericht bemühte sich indes erfolgreich um seine Unabhängigkeit von der Militärbehörde. Beide vereinbarten im September 1915 zwar, daß Abschätzungsurkunden der Kriegsgesellschaften die Grundlage für Urteile des Gerichts bieten sollten. In der Praxis behielt sich das Reichsschiedsgericht jedoch das Recht der Entscheidung nach freiem Ermessen vor, wenn die Angaben der Gesellschaften und der Eigentümer voneinander abwichen. Die Gutachten von behördlicher Seite waren also nicht bindend. Vielmehr orientierte sich das Gericht an entsprechenden sachverständigen Äußerungen seiner Beisitzer aus dem kaufmännischen Bereich[82]. Einen anderen Konflikt, der mit der Enteignung als Sanktion zusammenhing, konnte das Reichsschiedsgericht ebenso für sich entscheiden. Im Januar 1918 setzte es seine Zuständigkeit auch in den Fällen durch, in denen die Waren enteignet wurden, weil ihre Eigentümer gegen die Höchstpreisgesetze verstoßen hatten[83].

---

[79] Anordnung für das Verfahren vor dem Reichsschiedsgericht für Kriegsbedarf vom 22. Juli 1915, RGBl., 1915, S. 469-473; NSchr. vom 11. Sept. 1915, abgedruckt in: Dhein, Verfahren, S. 187.

[80] Anordnung für das Verfahren vor dem RSchG, § 2, RGBl., 1915, S. 469; Lehmann, Begriff, S. 182. So wurde z.B. Max Haller, Direktor bei den Siemens-Schuckert-Werken, auf Anraten der Handelskammer Berlin von Mai 1916-Aug. 1918 mehrfach als Beisitzer berufen. In dieser Eigenschaft erstellte er eine Reihe von Gutachten für die Festsetzung von Übernahmepreisen, vor allem bei Motoren, Generatoren und anderen elektrischen Maschinen. Seine Informationen über Friedens- und Marktpreise beschaffte er sich bei verschiedenen Abteilungen seiner Firma. SAA 11/Lb 326 Haller.

[81] Anordnung für das Verfahren vor dem RSchG, § 5, 9 u. 11, RGBl., S. 471f.; Vfg. des RSchG vom 19. Jan. u. vom 14. Febr. 1918, abgedruckt in: Dhein, Verfahren, S. 221, 224; vgl. auch Schr. RSchG an KRA vom 27. Apr. 1918, ebd., S. 225f.

[82] Dhein, Verfahren, S. 36, 45; Lehmann, Begriff, S. 182.

[83] In diesen Fällen hatte laut Verordnung die oberste Landeszentralbehörde das Recht, Preise festzusetzen. NSchr. vom 3. Jan. 1918, abgedruckt in: Dhein, Verfahren,

b) Handhabung

Die größte Bedeutung hatte die Beschlagnahme für die Metallbeschaffung, vor allem ist hier die sogenannte Metallmobilmachung zu nennen, wofür eine eigene Stelle bei der Kriegsrohstoffabteilung, die Metallmobilmachungsstelle, eingerichtet wurde. Sie zielte auf die Sammlung von Metallen in Fertigwaren aller Art, Haushaltsgegenständen, Kupferdächern, Tür- und Fenstergriffen, die eingeschmolzen und der Industrie als Rohstoff zugeführt wurden[84]. Insbesondere Kupfer war Gegenstand dieser Aktivitäten. Das Ziel der monatlichen Sammlung lag im November 1915 bei 3500 t, im April 1916 bei 2000 t Kupfer, womit die Lager der Kriegsmetall AG wieder aufgefüllt werden sollten[85].

Bei den wichtigsten chemischen Substanzen, Stickstoff und Schwefel, spielte die Beschlagnahme vor allem zu Anfang des Krieges eine Rolle. Treibende Kraft waren sowohl die Kriegsrohstoffabteilung als auch die Kriegschemikalien AG, die die großen Bestände der Norgesalpeter-Verkaufsgesellschaft trotz der Einwände ihrer Aufsichtsratsmitglieder wegen des zu großen finanziellen Risikos übernahm[86]. Danach sind die überlieferten Beschlagnahme- und Enteignungsfälle eher geringfügig, weil seit Frühjahr 1915 Stickstoff und andere Chemikalien im wesentlichen im Auftrag der Militärbehörden in Deutschland produziert wurden und daher eine Beschlagnahme oder Enteignung nicht mehr notwendig war[87]. Bedeutung behielt die Requirierung lediglich in den besetzten

S. 182f.; Beschluß der Vollversammlung vom 17. Apr. 1917, abgedruckt in: Dhein, Verfahren, S. 237; vgl. ebd., S. 10ff., 20f., 27; Änderung der Bekanntmachung über die Sicherstellung von Kriegsbedarf vom 17. Jan. 1918, Kriegsbuch 7 (1918), S. 862.

84 Schr. RdI an RK vom 24. Juni 1915, BAAP, RK 07.01, Nr. 2417/1, Bl. 296ff.; Mitteilung PKM an RK vom 11. Aug. 1915, BAAP, RK 07.01, Nr. 2417/2, Bl. 256; Schr. Preußisches Ministerium für öffentliche Arbeiten an Staatsministerium vom 12. Sept. 1915, BAAP, RK 07.01, Nr. 2418, Bl. 45.

85 Schr. KRA an MMobSt vom 11. März 1916, BAAP, KMA 87.37, Nr. 244, Bl. 111. Inwieweit dieses Ziel erreicht wurde und welche Mengen insgesamt mobil gemacht wurden, ist aus den Quellen nicht ersichtlich.

86 Schr. KRA an KCA vom 26. Sept. 1914, Schr. KCA an KRA vom 1. Okt. 1914, Schr. Böttinger an Duisberg vom 4. Okt. 1914, Bayer-Archiv, 201/3; Schriftwechsel Boldt-KCA-Norgesalpeter-Verkaufs-Gesellschaft vom 29. Dez. 1914-8. Jan. 1915, GStAM, Rep. 120 C VIII 1, Nr. 84, Adh. 13 C, Bd. 2, Bl. 41ff.

87 Z.B. Schr. KRA an KCA vom 4. und 29. Juni 1915, BAAP, KCA 87.29, Nr. 73, Bl. 155, 14. Vgl. die in diesen Akten überlieferten Fälle insgesamt sowie BAAP, KCA 87.29, Nr. 294.

Gebieten, vor allem bei Schwefelkies. Doch auch hier finden sich Spitzenwerte von 67 500 t nur im Jahr 1915, danach fielen sie auf jährlich 5-6000 t[88].

Interessant sind die Ausnahmen von Beschlagnahmen, die die Kriegsrohstoffabteilung gestattete, denn sie sind ein Hinweis darauf, welche Prioritäten die Militärbehörde in ihrer Bewirtschaftungspolitik setzte. Bis 1915 befürwortete sie etwa die Freigabe von chemischen Rohstoffen quasi als Belohnung für deren Einfuhr aus dem Ausland. Ein ähnliches Vorgehen gab es bei Kupfer. Doch wehrte die Abteilung Vorstöße seitens der Industrie ab, aus dieser Handhabung ein Recht abzuleiten und betonte dagegen, daß prinzipiell alle Einfuhren bis zur Freigabe als beschlagnahmt galten. Mit einer solchen Praxis stellte die Behörde die Beschäftigung der Friedensindustrie auf dieselbe Stufe wie die Sicherung des Kriegsbedarfs[89].

Kaum von Bedeutung war dieser Beschaffungsweg für die Produzenten von Eisen und Stahl. Die Kriegsrohstoffabteilung verhängte lediglich Mitte 1917 im Zusammenhang mit der Beschränkung der Neubauten von Kriegsanlagen eine Beschlagnahme für Stab-, Form- und Moniereisen[90].

Entscheidend für Erfolg oder Mißerfolg von Beschlagnahmen waren die Reaktion der Wirtschaft. Sie bestand meistens in Ablehnung und passivem Widerstand. Die Unternehmen nutzten alle Möglichkeiten, um konkrete Maßnahmen abzuwenden. Dazu gehörte der Hinweis auf die Verwendung für Kriegszwecke ebenso wie die schlichte Verweigerung. Letztere war vor allem im ersten Kriegsjahr häufig zu verzeichnen. Hier mußten sich die Behörden mit Sanktionen, wie etwa den Revisionen durch die stellvertretenden Generalkommandos, erst Respekt verschaffen[91]. Als Gründe führten die Unternehmen zum einen ins Feld, daß die Beschaffung durch die Einschaltung der Kriegsgesellschaften langsamer vonstatten ginge und durch eine Verhinderung der Einfuhr

---

88 Bewirtschaftung von Schwefelkies während des Krieges [Anf. 1919], BAAP, KCA 87.29, Nr. 111, Bl. 10.

89 Schr. KCA an KRA vom 1. Okt. 1914, Bayer-Archiv, 201/3; Zweites Blatt der Erläuterungen zur Beschlagnahme-Vfg. Ch I 1./8.15.KRA vom 1. Dez. 1915, BAAP, RdI 15.01, Nr. 18761, Bl. 262; Aktennotiz Haller vom 30. Sept. 1915, SAA 11/Lg 747 Henrich.

90 HStAS, M 1/6, Nr. 1366, Bl. 4f.

91 Schr. Sprengstoffwerke Nahnsen an KRA vom 27. Mai 1916, BAAP, KCA 87.29, Nr. 73, Bl. 72ff.; Vortrag Philippi bei der Sitzung der Metall-Revisoren vom 2./3. Aug. 1917, BHStA-KA, MKr. 17286. Zu den Revisionen durch die stellvertretenden Generalkommandos vgl. unten, S. 340ff.

die Rohstoffe verteuert werde. Zum anderen wollte man den Konkurrenten in den Gesellschaften keine Geschäftsgeheimnisse preisgeben[92].

Ebenso bemühten sich die Industrievertreter in den Verhandlungen, die die Kriegsrohstoffabteilung vor Inkrafttreten neuer Beschlagnahme- oder Enteignungsverordnungen führte, ihren Einfluß geltend zu machen. Ein Vertreter der Kriegsmetall AG beschrieb dies folgendermaßen: "Im allgemeinen trat bei den anwesenden Vertretern der Chromfarben- und Chromgerbungs-Industrie das auch sonst bei bevorstehenden Requisitionen beobachtete Bestreben hervor, bei der requirierenden Behörde den Anschein zu erwecken, als ob Menge und Zustand des Requisitionsobjekts die Bereitstellung für die Landesverteidigungsinteressen nicht lohnend erscheinen liessen"[93]. Ähnliches gilt für die Eisen- und Stahlindustrie. Der Verein deutscher Eisen- und Stahlindustrieller konnte im Frühjahr 1915 erfolgreich die Beschlagnahme von Alteisen abwenden. Seine Strategie bestand darin, die Maßnahme auf andere Gruppen abzuwälzen. Wenn überhaupt, dann sollten nur Einzelbeschlagnahmen zugelassen werden, die vornehmlich bei - im Verband kaum vertretenen - Händlern vorzunehmen seien[94].

Großer Widerstand gegen die Bewirtschaftung im allgemeinen und die Beschlagnahme im besonderen kam vom Handel. Vertreter des Großhandels in Chemikalien stellten im Oktober 1915 in einer Eingabe an das Reichsamt des Innern die Nachteile der derzeitigen Regelung für ihr Gewerbe dar und forderten Abhilfe. Hinsichtlich der Beschlagnahme traten sie für allgemeine, im ganzen Reich geltende Verfügungen ein, ebenso für eine Begrenzung der Frist, innerhalb derer die beschlagnahmten Waren übernommen oder freigegeben werden müßten. Zudem sollte der Einstandspreis plus Gewinn für solche Waren bezahlt werden[95]. Die Kriegsrohstoffabteilung wies alle Vorwürfe zurück. Bei der Beschaffung von Waren aus dem Ausland lägen genügend Betätigungs-

[92] Schr. Firma Lippmann Bloch an KRA vom 21. Juni 1915, BAAP, KCA 87.29, Nr. 73, Bl. 62ff.

[93] Protokoll der Sitz. vom 4. Nov. 1915, BAAP, KMA 87.37, Nr. 38, Bl. 7. So behauptete etwa Plieninger in dieser Sitzung, es gebe nur unwesentliche Chrombestände, was er aber zurücknahm, als von der Porten ihm gegenteilige Zahlen aus den Chrombestandsmeldungen entgegenhielt. Ebd., Bl. 6.

[94] Tel. Sächsische Gußstahlfabrik an FM vom 5. Febr. 1915, BAK, R I/85, Bl. 103; Schr. Grau an Reichert vom 1. März 1915, ebd., Bl. 92f.; Notizen zur Sitz. vom 4. März 1915, ebd., Bl. 97, 101; Prot. Sitz. des Hauptvorstandes des VdEStI vom 2. Juli 1915, ebd., Bl. 5ff.; vgl. auch NSchr. Vorstandssitz. der Nordwestlichen Gruppe des VdEStI vom 25. Febr. 1915, in der energischer Widerstand gegen eine derartige Maßnahme beschlossen wurde. Mannesmann-Archiv, P 8/25/26.2.

[95] Eingabe von Vertretern des Großhandels in Chemikalien und ähnlichen Artikeln an das RdI vom Okt. 1915, BAAP, RdI 15.01, Nr. 18761, Bl. 220ff.

möglichkeiten für den Handel und im übrigen "mussten die sonst berechtigten Interessen des Handelsstandes an der Erhaltung seiner Kundschaft und der Wahrung seiner Geschäftsgeheimnisse zurückstehen"[96].

Auch später ist Kritik aus diesem Bereich zu finden, die aber ebensowenig zu einer grundlegenden Änderung der Politik der Kriegsrohstoffabteilung führte. So beklagte der Zentralverband des Deutschen Großhandels zum einen, daß die Entschädigungen zu niedrig seien, da sie keine Gewinne und nicht einmal alle Kosten erstatteten. Zum anderen forderte er Abhilfe dagegen, daß die Kriegsgesellschaften die beschlagnahmten Waren häufig mit großen zeitlichen Versäumnissen bezahlten. Die Behörde sagte lediglich zu, entsprechende Verfahrensänderungen für die Zahlung durchzuführen[97].

Am Anfang des Krieges gab es auch Befürworter von Beschlagnahmen unter den Wirtschaftsvertretern. Sie erkannten die Notwendigkeit dieser allgemeinen Bewirtschaftungsmaßnahme an und förderten ihre Durchsetzung. Zu finden waren sie in der Großindustrie. So votierte etwa Theodor Berliner, Generaldirektor der Bergmann-Elektrizitätswerke AG, dafür, eine allgemeine Beschlagnahme für Metalle unter Leitung des preußischen Kriegsministeriums durchzuführen, um alle Vorräte und Bestände genau erfassen zu können. Diese Maßnahme war für ihn unverzichtbarer Teil einer umfassenden Bewirtschaftung, die durch eine "Deklarationspflicht" aller Besitzer und durch die Mitteilung aller Aufträge der Beschaffungsstellen ergänzt werden sollte, so daß Angebot und Nachfrage erfaßt und auf einander abgestimmt werden könnten. Den Einwand eines Vertreters des Kriegsministeriums, daß weder für eine Beschlagnahme noch für eine Meldepflicht eine gesetzliche Grundlage vorhanden sei, ließ Berliner nicht gelten[98].

Auch Duisberg, Generaldirektor der Farbenfabriken vorm. Friedrich Bayer, befürwortete im chemischen Bereich die Beschlagnahme von Norgesalpeter "unter allen Umständen"[99]. Umstritten blieb dort lediglich die Frage, ob die Kriegsrohstoffabteilung oder die Kriegschemikalien AG die Bestände übernehmen sollte, und zwar wegen der zu erwartenden Kosten. Hier setzte sich Duisberg gegen ein Engagement der Kriegsgesellschaft wegen des zu großen

---

[96] Schr. KRA an Firma Friedr. Wachs vom 20. Dez. 1915, BAAP, RdI 15.01, Nr. 18761, Bl. 250. Auf die Frage der Entschädigung ging die Kriegsrohstoffabteilung gar nicht ein.

[97] Eingabe des Zentralverbandes des Deutschen Großhandels an die KRA vom 27. Dez. 1917, Antwort KRA vom 7. Jan. 1918, BAAP, RWM 31.01, Nr. 7733, Bl. 7ff., 11.

[98] Memorandum vom 14. Okt. 1914, BAAP, KMA 87.37, Nr. 97/1, Bl. 67ff.

[99] Schr. Duisberg an KCA vom 3. Okt. 1914, Bayer-Archiv, 201/3.

Risikos ein, während es der Regierung "doch ganz gleichgültig sein kann, ob sie später mit einem wenn auch noch so grossen Defizit abschneidet"[100].

Eine dritte Variante unternehmerischer Reaktionen waren die vereinzelt vorkommenden Versuche, Beschlagnahmen zur Verbesserung der eigenen Versorgung mit Rohstoffen zu nutzen. Die Farbenfabriken vorm. Friedrich Bayer traten z.B. für eine allgemeine Beschlagnahme von Schwefelkies ein, um die Farbenproduktion aufrecht zu erhalten. Die Kriegschemikalien AG beschloß, einen entsprechenden Antrag bei der Kriegsrohstoffabteilung zu stellen. Die Beschlagnahme trat zum 1. Juli 1915 in Kraft[101]. In der Eisen- und Stahlindustrie versuchten Firmen, z.B. die Friedrich Wilhelms-Hütte in Mühlheim, die Kriegsrohstoffabteilung zur Beschlagnahme von Vorräten bei Konkurrenzfirmen zu bewegen, um diese Rohstoffe für eigene Kriegslieferungen zu erhalten. Die Militärbehörde lehnte ein solches Vorgehen ab, denn Beschlagnahmen könnten "zu Gunsten eines Einzelnen prinzipiell nicht durchgeführt werden"[102].

Nicht nur die konkreten Beschlagnahmen und die Reaktion der Unternehmer darauf verdienen nähere Betrachtung, sondern auch die Politik, die Behörden und Kriegsgesellschaften trieben. Gegenüber den Unternehmen nutzten Kriegsrohstoffabteilung und Kriegsgesellschaften beispielsweise die Drohung mit Beschlagnahmen und Enteignungen, um unwillige Vorratsbesitzer zur Abgabe ihrer Rohstoffe zu bewegen. Dies galt vor allem, wenn sich beide Seiten über den Preis nicht einig werden konnten[103]. Am deutlichsten zeigt sich diese Entwicklung in der Metallwirtschaft. Schon im Juni 1915, vermutlich im Zusammenhang mit dem Erlaß der Bekanntmachung über die Sicherstellung von Kriegsbedarf, brachte die Androhung einer allgemeinen Enteignung durch die Kriegsmetall AG die Berliner Metallfirmen dazu, eine Stelle für die

[100] Schr. Duisberg an Böttinger vom 3. Okt. 1914, Bayer-Archiv, 201/3.

[101] Prot. und Punktationen Direktions-Sitz. vom 13. Apr. u. 25. Mai 1915, Bayer-Archiv; Schr. KCA an PMHG vom 27. Mai 1915, GStAM, Rep. 120 C VIII 1, Nr. 84, Adh. 22, Bd. 1, Bl. 150. Schon im Nov. 1914 war über die Frage der Beschlagnahme von Schwefelkies beraten worden. 5. Prot. der SVK der KCA vom 9. Nov. 1914, BAAP, KCA 87.29, Nr. 68, Bl. 28f.

[102] Schr. PKM an Friedrich Wilhelms-Hütte vom 31. Dez. 1914 Archiv der Thyssen AG, FWH/910-00; Zitat ebd.; Antwort Friedrich Wilhelms-Hütte vom 13. Febr. 1915, ebd.

[103] Z.B. Schr. KRA an KCA vom 4. Juni 1915, BAAP, KCA 87.29, Nr. 73, Bl. 155; dass. vom 14. Okt. 1916, BAAP, KCA 87.29, Nr. 276, Bl. 210. Die Kriegsmetall AG wollte nicht nur die betroffenen Vorräte, sondern auch an anderen Orten lagernde Zinnbestände requirieren lassen, um eine Wiederholung der Vorgänge zu vermeiden. Sie zog den Enteignungsantrag zurück, als das Unternehmen einlenkte. Schr. KMA an von der Porten vom 10., 13. u. 16. Nov. 1917, BAAP, KMA 87.37, Nr. 248, Bl. 369ff.

freiwillige Abgabe von Metallen einzurichten. Die Unternehmer erhofften sich davon bessere Bedingungen, insbesondere bei der Preisfestsetzung, denn eine Anrufung des Reichsschiedsgerichts ließ ihrer Meinung nach keine schnelle Erledigung erwarten. Die Abgabestelle erzielte nach Angaben der Kriegsgesellschaft "außerordentlich gute Erfolge" und diente als Vorbild für Übereinkünfte mit anderen Verbänden[104]. Auch später führten Kriegsmetall AG, Metallmeldestelle und Metallmobilmachungsstelle diese Politik fort, indem sie Requisitionen für den Fall ins Auge faßten, daß Verhandlungen mit Verbänden und Firmenvertretern der Metallindustrie über die Herausgabe von Kupfer- und Messingfabrikaten ergebnislos verliefen[105].

Gegenüber der Eisen- und Stahlindustrie bemühte sich die Kriegsrohstoffabteilung zwar auch um eine solche Politik, hatte damit aber wenig Erfolg. Die Ausgangslage war hier eine andere, da es nicht um die Beschlagnahme konkreter Vorräte ging, sondern immer um die Drohung mit einer gesetzlichen Maßnahme, die bei Metallen und Chemikalien schon frühzeitig eingeführt worden war. Der erste Vorstoß galt der Beschlagnahme von Roheisen, weil die Gießereien sich über mangelhafte Lieferungen beschwerten. Der Widerstand des Roheisenverbands verhinderte jedoch ein Eingreifen der Militärbehörden[106]. Das Kriegsministerium bestand nicht auf der Beschlagnahme, so daß man davon ausgehen kann, daß zwar eine Bereitschaft zur Androhung von Sanktionen vorhanden war, nicht aber der Wille, diese bei starkem Widerstand auch durchzusetzen.

Den zweiten Anlauf unternahm die Feldzeugmeisterei ebenfalls im Februar 1915, als sie beim preußischen Kriegsministerium aufgrund der Klage eines Produzenten von Geschoßstahl beantragte, Alteisen zu beschlagnahmen. Dies wurde schon von der Kriegsrohstoffabteilung abgeschwächt, indem sie lediglich eine Bestandsaufnahme in Aussicht nahm. Der starke Widerstand der Industrievertreter, vor allem des Vereins deutscher Eisen- und Stahlindustrieller, führte

---

[104] Prot. der Versammlung der Metallindustriellen Berlins am 28. Juni 1915, BAAP, KMA 87.37, Nr. 38, Bl. 63f.; Die Organisation der KMA [um Anfang 1918], BAAP, KMA 87.37, Nr. 3, Bl. 37; Zitat ebd.

[105] Monatsbericht der KMA für Febr. 1917, GStAM, Rep. 120 C VIII 1, Nr. 84, Adh. 13^{M}, Bd. 2, Bl. 167f.; Bericht über eine Sitz. des KrAdI in der KMA am 10. Mai 1917, Vortrag von der Porten für Revisoren am 2./3. Aug. 1917, S. 16, BHStA-KA, MKr. 17286.

[106] Prot. Sitz. der Kriegskommission [des REV] vom 2. Febr. 1915; Prot. Sitz. der Hauptversammlung des REV vom 27. Apr.-24. Sept. 1915, Archiv der Thyssen AG, FWH/860-12.

schließlich dazu, eine Reglementierung der Alteisenversorgung insgesamt fallen zu lassen[107].

In den späteren Kriegsjahren gibt es keine Hinweise auf derartige Maßnahmen mehr. Obwohl sich die Klagen der Verbraucher über unzureichende Lieferungen in der Folge des Hindenburg-Programms häuften, nahm die Kriegsrohstoffabteilung eine Beschlagnahme von Eisen und Stahl nicht in Aussicht. Ihr Argument war, daß es dadurch zu weiteren Verzögerungen in der Lieferung käme und die tatsächliche Ursache, nämlich die zu geringe Produktion, nicht beseitigt würde. Statt dessen sollte der Zusammenschluß der Erzeuger im Deutschen Stahlbund und die Verpflichtung, Aufträge nur bei Vorlage einer eidesstattlichen Erklärung des Verbrauchers zu übernehmen, ausreichen, um die Versorgung mit Eisen und Stahl sicherzustellen[108].

Damit akzeptierten die Militärbehörden bei der Eisen- und Stahlindustrie die Argumentation, die die Wirtschaftsvertreter immer anführten und die bei anderen Rohstoffen von den zivilen Behörden in den Entscheidungsprozeß eingebracht wurden. So betonte das preußische Ministerium für Handel und Gewerbe im Frühjahr 1915, daß keine Waren zurückgehalten würden, sondern daß eine tatsächliche Knappheit bestehe. Diese könne auch durch eine Beschlagnahme, wie die Militärbehörden sie forderte, nicht behoben werde. Der einzige Effekt sei eine Verminderung der Produktion. Aufgrund dieser völlig unterschiedlichen Einschätzung der wirtschaftlichen Lage lehnte das Ministerium durchgreifende Interventionsmaßnahmen ab und schlug statt dessen einen ganz anderen Lösungsweg vor, nämlich die Beratung mit den Verbänden der betroffenen Industriezweige[109].

Das Kriegsministerium machte mit der Beschlagnahme aber nicht nur Politik gegenüber den Unternehmen, sondern auch gegenüber den stellvertretenden Generalkommandos und den Kriegsgesellschaften. Die Kriegsrohstoffabteilung erreichte eine weitgehende Vereinheitlichung des Vorgehens und eine wenn auch begrenzte Führung über die Militärbefehlshaber. Zu dieser Begrenzung trugen nicht zuletzt die traditionellen Abteilungen des Kriegsministeriums bei, welche die Stellung des Militärs prinzipiell nicht beschränken lassen wollten,

---

[107] Tel. Sächsische Gußstahlfabrik an FM vom 5. Febr. 1915, BAK, R I/85, Bl. 103; Notizen zur Sitz. des Hauptvorstandes des VdEStI vom 4. März 1915, ebd., Bl. 97, 101; Prot. Sitz. des Hauptvorstandes des VdEStI vom 2. Juli 1915, ebd., Bl. 5ff. Zur Reaktion des Vereins deutscher Eisen- und Stahlindustrieller vgl. oben, S. 181.

[108] [Bericht KEZ] vom 1. Febr. 1917, BAAP, KEZ 87.25, Nr. 99, Bl. 84ff.; RSchr. KRA Nr. 17 Metalle vom 22. Dez. 1916, HStAS, M 1/6, Nr. 1365, Bl. 98.

[109] Schr. FM an PKM und Stellungnahme des PKM vom 5. Febr. 1915, Entwurf Schr. PMHG an PKM vom 3. März 1915, Schr. PKM an PMHG vom 15. Mai 1915, GStAM, Rep. 120 C VIII 1, Nr. 84, Adh. 19, Bd. 1, Bl. 140f., 142f., 180.

schon gar nicht durch die neu geschaffene Kriegsrohstoffabteilung, aber ebensowenig durch das Kriegsamt[110].

Die Kriegsgesellschaften besaßen von der gesetzlichen Seite her keine behördlichen Befugnisse zu Beschlagnahme oder Enteignung, sondern hatten lediglich das Recht, entsprechende Anträge bei der Kriegsrohstoffabteilung zu stellen. Aber da sie die Unterlagen für diese Maßnahmen bereitstellten, besaßen sie einen Spielraum, dessen Grenzen sich erst in der Praxis erweisen mußten. Zu Anfang des Krieges konnten die Gesellschaften weitgehend selbständig agieren, wie das Beispiel der Kriegschemikalien AG zeigt. Sie ermittelte die Daten über die vorhandenen Vorräte und die für Kriegslieferungen benötigten Mengen und legte damit fest, "in welcher Weise der Heeresbedarf bis Oktober 1915 sicher gestellt wird". Auf dieser Grundlage entschied die Kriegsrohstoffabteilung über vorzunehmende Beschlagnahmen[111].

Seit Anfang 1915 verschoben sich die Gewichte zugunsten der Militärbehörde. Wie in anderen Bereichen auch blieben die Kriegsgesellschaften erstens nicht die einzigen Stellen, die Kompetenzen ausübten. Am frühesten setzte diese Entwicklung in der Metallbewirtschaftung ein. Im Januar 1915 entstand die Metallmeldestelle (MMSt) mit einer eigenen Abteilung für Requisitionen und im April 1915 übernahm die Metallmobilmachungsstelle die Sammlung von Metallen aus Haushaltsgegenständen[112]. Bei den Chemikalien erhielt im Oktober 1917 die Zentralstelle für Ätzkalien und Soda, die dem Reichskanzler unterstellt war, die Berechtigung, diese beiden Stoffe "für die kriegswirtschaftlichen Bedürfnisse in Anspruch zu nehmen"[113]. Auch in der Eisenbewirtschaftung lassen sich ähnliche Entwicklungen feststellen. Hier waren ohnehin zwei Stellen, Eisenzentrale und Rohstahlausgleichsstelle, vorschlagsberechtigt. Darüber hinaus konnten Stahlwerksverband und Roh-

---

[110] Vgl. oben, S. 69ff.

[111] So war es bei Schwefelkies: 5. Prot. der SVK der KCA vom 9. Nov. 1914, BAAP, KCA 87.29, Nr. 68, Bl. 28f.; Zitat ebd., Bl. 29 und bei Salpeter: Schr. KRA an KCA vom 26. Sept. 1914, Bayer-Archiv, 201/3; 5. der Prot. AR-Sitz. der KCA vom 29. Okt. 1914, BAAP, KCA 87.29, Nr. 10, Bl. 25, vorgesehen. Vgl. auch BAAP, KCA 87.29, Nr. 41 u. 42. Ähnliches galt für die KMA. Vgl. Die Organisation der KMA o.D. [um Anfang 1918], BAAP, KMA 87.37, Nr. 3, Bl. 38; Schr. KA an WKM vom 30. Jan. 1917, HStAS, M 1/9, Bü. 219, Bd. 1.

[112] Metallmeldestelle: Zusammenstellung über Aufbau der MMSt o.D., BAAP, KMA 87.37, Nr. 322, Bl. 2; Metallmobilmachungsstelle: Schr. KRA an KMA vom 19. Apr. 1915, BAAP, KMA 87.37, Nr. 322, Bl. 105; vgl. oben, S. 151f.

[113] Bekanntmachung betr. Ausführungsbestimmungen zur Verordnung über Ätzkalien und Soda vom 17. Okt. 1917, RGBl., 1917, S. 903; Zitat ebd. Wer sich dieser Anordnung widersetzte, konnte mit Gefängnis bis zu sechs Monaten oder Geldstrafe bis zu 10 000,- M bestraft werden.

eisenverband entsprechende Anträge stellen. Zudem beauftragte die Kriegsrohstoffabteilung diese beiden Syndikate damit, Stellungnahmen zu Beschlagnahmefällen abzugeben[114]. Ebenfalls von Bedeutung war der Beauftragte des Kriegsministeriums, Florian Klöckner[115].

Zweitens verstärkte die Kriegsrohstoffabteilung die Kontrolle über die Durchführung der Beschlagnahme. So wies sie z.B. 1916 die Kriegschemikalien AG in jedem Einzelfall an, die Übernahmepreise an die Besitzer auszuzahlen und sicherte sich auf diese Art das Recht, die Preise zu überprüfen[116]. Schon im Juni 1915 hatte sie nach der Beschwerde eines Salpeterbesitzers eine Liste aller anhängigen Enteignungsverfahren angefordert, um eine schnellere Erledigung überwachen zu können[117]. Noch 1919 betonte das preußische Kriegsministerium die Notwendigkeit von Kontrollbefugnissen gegenüber den Kriegsgesellschaften, da es gegenüber dem Rechnungshof für die Verrechnung zwischen Kriegsgesellschaften und Enteigneten verantwortlich sei[118].

Die Kontrolle nicht verlieren, das wollte die Kriegsrohstoffabteilung auch nicht im Verfahren vor dem Reichsschiedsgericht für Kriegsbedarf. Sie setzte sich zwar dafür ein, daß die Kriegsgesellschaften als Beteiligte betrachtet und daher zu allen Verhandlungen zugezogen wurden[119]. Gleichzeitig hatten sie aber keine Berechtigung, das Gericht selbst anzurufen, sondern konnten dies nur über die Behörde tun. Der Kontakt zwischen den Kriegsgesellschaften, die die

---

[114] Schr. EZ an RAS vom 30. Juli 1917, BAAP, EZ 87.10, Nr. 85; Schr. EZ an KRA vom 8. Dez. 1917, BAAP, EZ 87.10, Nr. 13; Schr. RAS an KRA vom 3. Febr. 1917, BAAP, EZ 87.10, Nr. 116; [Notiz] Betr. Enteignung von Eisen und Stahl vom 20. Aug. [1917], BAAP, KEZ 87.25, Nr. 107, Bl. 141. Anträge des Stahlwerksverbands liefen aber über das Kommissariat der Eisenzentrale, so daß eine Koordination möglich war. Schr. KEZ an KRA vom 12. Febr. 1917, BAAP, EZ 87.10, Nr. 16; Schr. EZ an KRA vom 5. Nov. 1917, BAAP, EZ 87.10, Nr. 77.

[115] Schr. EZ an KRA vom 23. Juli 1917, BAAP, EZ 87.10, Nr. 77; Schr. BdkM beim REV an RAS vom 22. Mai 1917, BAAP, EZ 87.10, Nr. 116. Zu Klöckner vgl. oben, S. 80f.

[116] Schr. KRA an KCA vom 2. Okt. 1916, BAAP, KCA 87.29, Nr. 276, Bl. 240; Schr. KCA an KRA vom 19. Dez. 1916, BAAP, KCA 87.29, Nr. 276, Bl. 36.

[117] Schr. KRA an KCA vom 29. Juni 1915, BAAP, KCA 87.29, Nr. 73, Bl. 14.

[118] Schr. PKM an PMHG vom 8. Mai 1919, GStAM, Rep. 120 C VIII 1, Nr. 84, Adh. 13^{M}, Bd. 3, Bl. 115.

[119] Schr. KRA an RSchG vom 20. Aug. 1915, abgedruckt in: Dhein, Verfahren, S. 218. Das Reichsschiedsgericht stimmte dem zu. Antwort RSchG vom 25. Aug. 1915, ebd., S. 219.

Unterlagen für die Ermittlungen zusammenstellten, und dem Reichsschiedsgericht lief nur über die Kriegsrohstoffabteilung[120].

Drittens verloren die Kriegsgesellschaften mit der Einführung allgemeiner Beschlagnahmeverfügungen an Einflußmöglichkeiten. Sie konnten zwar auch hier Anträge stellen, doch da die Kriegsrohstoffabteilung darüber nicht alleine entschied, sondern die preußischen und Reichsressorts befragen mußte, war keineswegs sicher, daß die Anträge auch akzeptiert wurden[121]. Obwohl in der Eisenbewirtschaftung Einzelverfügungen vorherrschten, machten die zuständigen Abteilungen des preußischen Kriegsministeriums ihren Einfluß geltend. Sie klärten in Besprechungen mit der Eisenzentrale, wo die benötigten Mengen beschafft werden konnten und ob dazu eine Beschlagnahme oder Enteignung nötig war[122]. Nur die Durchführung solcher Maßnahmen oblag dann der Gesellschaft[123].

Dennoch verblieben den Kriegsgesellschaften einige Befugnisse, die sie selbständig ausübten. Dazu gehörte, daß sie mit den Interessenten über den Übernahmepreis verhandelten. Gab es keine Einigung, und kam der Fall dann vor das Reichsschiedsgericht, lieferten die Gesellschaften sogenannte Abschätzungsurkunden, d.h. Schätzungen über den Wert der Waren[124]. Bei Eisen und Stahl wurden mit dieser Aufgabe nicht nur die Eisenzentrale, sondern auch die Syndikate, vor allem Stahlwerksverband und Roheisenverband, betraut[125]. Weiterhin brachten die Gesellschaften die beschlagnahmten Materialien aus den besetzten Gebieten nach Deutschland, sorgten für ihre Verteilung und wickelten die Zahlungen an die Besitzer ab. Kontrolliert wurden diese Tätigkeiten von der

---

[120] NSchr. vom 11. Sept. 1915, Schriftwechsel KRA-RSchG zwischen 1. Dez. 1915 und 20. Jan. 1916, abgedruckt in: Dhein, Verfahren, S. 187ff.; vgl. ebd., S. 31, 36, 43f.; Schr. KRA an KCA vom 10. Nov. 1916, BAAP, KCA 87.29, Nr. 276, Bl. 146f.; [Aktennotiz KCA o.D., um Nov. 1916,] BAAP, KCA 87.29, Nr. 20, Bl. 57f.; Schr. KRA an EZ vom 15. Juni 1917, BAAP, EZ 87.10, Nr. 114.

[121] Schr. KMA an von der Porten vom 14. Juni 1915, BAAP, KMA 87.37, Nr. 245, Bl. 421ff.; Schr. KCA an KRA vom 8. Juli 1915, BAAP, KCA 87.29, Nr. 42, Bl. 74f.; Schr. KCA an KRA vom 24. Aug. 1915, BAAP, KCA 87.29, Nr. 43, Bl. 212.

[122] BAAP, EZ 87.10, Nr. 114-117; z.B. Prot. Besprechung am 20. Febr. 1918, BAAP, EZ 87.10, Nr. 117.

[123] Schr. EZ an Firma vorm. Fischer vom 13. Apr. 1918, BAAP, EZ 87.10, Nr. 117.

[124] BAAP, KCA 87.29, Nr. 294; Mitt. an sämtliche Abt. der KMA vom 17. Sept. 1915, BAAP, KMA 87.37, Nr. 46, Bl. 278f. Im Bereich der Metallmobilmachung war dies z.T. Aufgabe der Metallmobilmachungsstelle.

[125] SWV: Schr. KEZ an KRA vom 12. Febr. 1917, BAAP, EZ 87.10, Nr. 16. REV: Schr. RAS an KRA vom 3. Febr. 1917, BAAP, EZ 87.10, Nr. 116.

Kriegsrohstoffabteilung, die eine besondere Buchungsstelle zur Verrechnung mit den Kriegsgesellschaften einrichtete[126].

c) Grundsätze der Entschädigungsregelung

Mit Beschlagnahme und Enteignung wurden im wesentlichen zwei Ziele verfolgt, die teilweise miteinander konkurrierten. Auf der einen Seite stand die Beschaffung von Waren, die für die Kriegsproduktion sichergestellt werden sollten. Auf der anderen Seite durften die Kosten für diese Beschaffung aber nicht zu hoch ausfallen[127]. In der Praxis führte diese doppelte Ausrichtung auf Bedarfssicherung und Preisbegrenzung zu erheblichen Konflikten.

Bei Beschlagnahme und Enteignung äußerte sich dieser Konflikt in der Festsetzung der Übernahmepreise. Hier gab es immer wieder Auseinandersetzungen darüber, ob die Einstands- oder die Friedenspreise maßgeblich sein sollten. Dahinter standen zwei auch in der Produktionsförderung und in der Preispolitik immer wieder diskutierte Alternativen. Erstens konnte man argumentieren, daß die Preise einen Anreiz liefern müßten, um knappe Waren zu beschaffen. Damit wurde aber eine Preissteigerung nicht nur sanktioniert, sondern gefördert. Zweitens gab es die Möglichkeit, im Interesse der Reichsfinanzen und einer gerechten Verteilung der Opfer für die Kriegführung, die Preise und damit implizit auch die Gewinne zu beschränken. In dieser Diskussion, die den ganzen Krieg über währte, entwickelte sich ein Gegensatz zwischen zivilen Behörden und Reichsschiedsgericht einerseits, die als Verfechter der ersten Alternative den Einstandspreis favorisierten, und preußischem Kriegsministerium und Kriegsgesellschaften andererseits, die für den Friedenspreis eintraten.

Zutage trat dieser Gegensatz schon in der Auseinandersetzung um die Bekanntmachung über die Sicherstellung von Kriegsbedarf. Das Kriegsministerium setzte sich dafür ein, den Übernahmepreis bei Enteignungen an den Friedenspreis zu binden, rückte also den Aspekt der Begrenzung der Preise und Gewinne stärker in den Vordergrund, als das Reichsamt des Innern dies in

---

[126] Bericht des PKM an Rechnungshof vom 4. Mai 1915, BAAP, RFM 21.01, Nr. A 2844, Bl. 34ff.; verschiedene Schr. zur Beschlagnahme von Stahlspindeln Okt.-Dez. 1917, BAAP, EZ 87.10, Nr. 115; verschiedene Schr. EZ an Wumba vom Herbst 1917, BAAP, EZ 87.10, Nr. 16 u. 80; Schriftwechsel EZ mit RMA und Phoenix AG für Bergbau und Hüttenbetrieb Febr.-Mai 1917, BAAP, EZ 87.10, Nr. 114.

[127] Dies machte schon das Reichsamt des Innern in seiner ersten Äußerung zur Bekanntmachung über die Sicherstellung von Kriegsbedarf deutlich. Schr. RdI an RSchA vom 31. Jan. 1915, BAAP, RFM 21.01, Nr. A 2843, Bl. 92ff.; Zitat ebd., Bl. 92; Begründung in: Anlage zum Schr. RdI an RSchA vom 31. Jan. 1915, ebd., Bl. 99f.

seinem Entwurf tat. Ganz klar stellte es sich gegen eine Vergütung von entgangenem Gewinn und Zinsverlusten für die bisher erfolgten Beschlagnahmen. Unterstützt wurde die Militärbehörde vom Reichsmarineamt[128]. Dagegen wandten sich das preußische Ministerium für Handel und Gewerbe und das Reichsschatzamt, die eine Ausnutzung der Kriegskonjunktur zur Erzielung höherer Gewinne als völlig berechtigt ansahen[129]. Einziger von allen Ressorts akzeptierter Ausnahmefall waren importierte Güter. In der endgültigen Fassung der Bekanntmachung setzten sich die zivilen Behörden mit ihrer Ansicht durch. Der Friedenspreis sollte lediglich berücksichtigt werden, d.h. schon das Gesetz ließ einen Spielraum für höhere Preise zu[130].

Die Kriegsgesellschaften unterstützten das Kriegsministerium mit ihrer konkreten Beschlagnahmepraxis. Vor allem Kriegsmetall AG und Kriegschemikalien AG bemühten sich immer wieder um eine restriktive, an den Friedenspreisen orientierte Preispolitik; die Eisenzentrale war hier weniger erfolgreich. Sie konnte nur eine Begrenzung auf die Selbstkosten erreichen, die aber immer noch niedriger lagen als die aktuellen Marktpreise[131].

Im Gegensatz dazu machte das Reichsschiedsgericht im Laufe des Krieges immer häufiger von seinem Ermessensspielraum Gebrauch und erkannte auch bei nicht eingeführten Gegenständen die aktuellen Beschaffungskosten als Grundlage an. Gesetzlich fixiert wurde diese Veränderung während des Krieges jedoch nicht[132]. Die Kriegsrohstoffabteilung versuchte zwar, das Gericht durch

---

[128] Entwurf des PKM vom 19. Febr. 1915, § 2, BAAP, RFM 21.01, Nr. A 2843, Bl. 139f.; Äußerung PKM vom 31. März 1915, BAAP, RFM 21.01, Nr. A 2844, Bl. 20; Äußerung v. Tirpitz' vom 11. März 1915, BAAP, RFM 21.01, Nr. A 2843, Bl. 174.

[129] Votum PMHG vom 2. März 1915, Votum Staatsminister Helfferich vom 9. März 1915, BAAP, RFM 21.01, Nr. A 2843, Bl. 144, 150. Das Reichsamt des Innern hatte schon Ende Januar für diese Lösung plädiert. Begründung in: Anlage zum Schr. RdI an RSchA vom 31. Jan. 1915, BAAP, RFM 21.01, Nr. A 2843, Bl. 101.

[130] Entwurf des RdI vom 28. Apr. 1915, § 8, BAAP, RFM 21.01, Nr. A 2844, Bl. 23; Bekanntmachung über die Sicherstellung von Kriegsbedarf vom 24. Juni 1915, § 2, RGBl., 1915, S. 357.

[131] Notiz Bruck vom 22. Jan. 1916, BAAP, KMA 87.37, Nr. 229, Bl. 17; Prot. der Versammlung der Metallindustriellen Berlins vom 28. Juni 1915, BAAP, KMA 87.37, Nr. 38, Bl. 64. Schr. KRA an KCA vom 10. Nov. 1916, BAAP, KCA 87.29, Nr. 276, Bl. 147; Schr. Kalisalzwerke Aschersleben an RSchG vom 5. Juni 1918, BAAP, KCA 87.29, Nr. 279, Bl. 63f. Schr. Mansfeld an EZ vom 16. Febr. 1917 und Notiz EZ dazu vom 3. Apr. 1917, BAAP, EZ 87.10, Nr. 116.

[132] Zusammenstellung der Entscheidungen des RSchG vom Juni 1917-Juni 1918, SAA 11/Lb 326 Haller; Schr. RSchG an KCA vom 3. Aug. 1918, BAAP, KCA 87.29, Nr. 279, Bl. 62ff.; [Aktennotiz KCA o.D., um Nov. 1916], BAAP, KCA 87.29, Nr. 20, Bl. 57f. 1916 teilte der Präsident des Reichsschiedsgerichts dem Vertreter der Kriegs-

die Gutachten der Kriegsgesellschaften zur Einhaltung der Friedenspreise zu bewegen, doch ließ es sich nicht an diese Preisvorgaben binden[133]. Damit wurde das Reichsschiedsgericht nicht zum Instrument einer Preiskontrolle durch die Behörden und damit zur Begrenzung der Inflation.

Begrenzte Unterstützung erteilte die Schiedsstelle den Bemühungen der Militärbehörden, die Preise für Importwaren zu stabilisieren. Sie nahm die Preise, welche die Beschaffungsstellen für solche Güter bezahlte, als Maßstab. Unter diese Preise zu gehen mit dem Ziel, das Preisniveau insgesamt zu senken, lehnte das Reichsschiedsgericht dagegen als unbillig ab. Auf der anderen Seite wehrte das Gericht Versuche von Firmen, entgangene Gewinne zu erhalten, ebenfalls ab. Das Reichsschiedsgericht verstand sich selbst weniger als Kontroll- denn als Schlichtungsinstanz[134].

Ebenso umstritten zwischen Kriegsrohstoffabteilung und der Schiedsstelle war die Frage der Verzinsungspflicht für enteignete Gegenstände. Die Militärbehörde versuchte immer wieder, die Zahlung von Zinsen abzulehnen. Letztlich mußte sie aber dem Reichsschiedsgericht nachgeben, das eine solche Verpflichtung in seinen Entscheiden sehr früh feststellte und darin vom Reichsjustizamt unterstützt wurde[135]. Erst nach dem Krieg sollte diese Praxis durch eine Gesetzesnovelle bestätigt werden[136].

In der Ausbildung der Beschlagnahme und ihrer Handhabung lassen sich in bezug auf das Verhältnis zwischen zivilen und militärischen Behörden zwei konkurrierende Entwicklungen erkennen. Zum einen stärkten die gesetzlichen

---

metall AG in einer Besprechung mit, daß die Berücksichtigung des Friedenspreises eine Kann-Bestimmung sei. Das Gericht trage daher bei Enteignungen nach dem Kriegsausbruch "im allgemeinen den höheren Gestehungspreisen Rechnung". Notiz Bruck vom 8. Aug. 1916, BAAP, KMA 87.37, Nr. 229, Bl. 8; Beschlüsse der Vollversammlung vom 17. Apr. 1917 u. 19. März 1918, abgedruckt in: Dhein, Verfahren, S. 238f., 244; Grundsätze des RSchG, zusammengestellt in: Lehmann, Begriff, S. 216; vgl. auch Waldecker, Kriegsenteignung, S. 115, 126ff.

[133] Schr. KRA an KCA vom 10. Nov. 1916, BAAP, KCA 87.29, Nr. 276, Bl. 147; Waldecker, Kriegsenteignung, S. 126ff.

[134] Grundsätze des RSchG, zusammengestellt in: Lehmann, Begriff, S. 217f.; Notiz Bruck vom 22. Jan. 1916, BAAP, KMA 87.37, Nr. 229, Bl. 18f.

[135] Schr. RSchG an KA vom 29. März 1917, Antwort KA/KRA vom 22. Juni 1917, abgedruckt in: Dhein, Verfahren, S. 200f.; RSchr. KRA an alle Kriegsgesellschaften vom 30. Juli 1917, BAAP, KCA 87.29, Nr. 19, Bl. 43; vgl. auch Dhein, Verfahren, S. 137. Erst im Jan. 1918 gestand die Kriegsrohstoffabteilung in einer Vereinbarung zu, das Verfahren des Reichsschiedsgericht praktisch anzuerkennen, hielt aber gleichwohl den prinzipiellen Widerstand aufrecht. Vfg. RSchG vom 28. Jan.1918, abgedruckt in: Dhein, Verfahren, S. 202.

[136] Waldecker, Kriegsenteignung, S. 129f.

Grundlagen der Beschlagnahme und Enteignung die Position des Militärs im Krieg erheblich. Das Kriegsministerium schuf sich ein originäres Beschlagnahme- und Enteignungsrecht, während die zivilen Stellen davon ausgegrenzt wurden. Die Position der Militärbefehlshaber schränkten die neuen Gesetze nicht wesentlich ein. Ihre Rechte wurden ausdrücklich bestätigt, wenn sie auch Konkurrenz von den Militärbehörden erhielten. Beschwerde- oder Einspruchsmöglichkeiten gegen Beschlagnahmemaßnahmen als solche wurden in keiner Form während des Krieges diskutiert. Die Einführung einer Verantwortlichkeit des Militärs stand damit nicht zur Debatte. Der einzige Gegenstand, über den gestritten werden konnte, war der für beschlagnahmte oder enteignete Güter zu zahlende Preis.

Zum anderen ließ die Handhabung dieser Maßnahme den zivilen Stellen einigen Spielraum, in dem sie ihre Vorstellungen durchsetzen konnten. So wehrten sie etliche Vorhaben über Beschlagnahmen ab. Die Errichtung des Reichsschiedsgericht für Kriegsbedarf als juristischer Schiedsstelle stärkte die Position der zivilen Instanzen prinzipiell. In seiner Praxis orientierte sich das Gericht an privatwirtschaftlichen Grundsätzen, wie sie die zivilen Behörden in ihrer Politik ebenfalls vertraten. Die Kriegsrohstoffabteilung schloß sich solchen Argumentationen nur gegenüber der Eisen- und Stahlindustrie an. Hier zeigte sich, daß es auch bei den Militärbehörden bei großem Widerstand keine Bereitschaft zur Konfrontation gab.

Die Kriegsgesellschaften hatten ursprünglich einen relativ großen Spielraum, den die Kriegsrohstoffabteilung aber durch die Begrenzung von Befugnissen und den Ausbau ihrer Kontrollen systematisch beschränkte und sie damit zu Ausführungsorganen machte. Innerhalb dieser Grenzen unterstützten die Gesellschaften die restriktive Politik der Militärbehörden gegenüber den Unternehmen. Von Anfang an nutzten sie Beschlagnahme und Enteignung als Druckmittel, um die Beschaffung zu fördern. Desgleichen bemühten sie sich um eine Senkung der Übernahmepreise, sowohl in ihren Verhandlungen mit den Besitzern von Rohstoffen als auch in der Auseinandersetzung mit dem Reichsschiedsgericht.

Beschlagnahme und Enteignung griffen tief in die Dispositionsfreiheit der Unternehmen ein und rüttelten an marktwirtschaftlichen Prinzipien. Militärbehörden und Kriegsgesellschaften erkannten zwar das Recht der Unternehmen nicht nur auf Entschädigung, sondern auf reguläre Bezahlung der beschlagnahmten Güter an. Doch auf der anderen Seite strebten sie eine Beschränkung von Preisen und Gewinnen an und forcierten den Einsatz dieser Beschaffungsmittel. Die Einmischung in die Entscheidung, wie hoch Gewinne sein durften, stellte eine schwerwiegendere Intervention dar als die mangelnden Beschwerdemöglichkeiten der Unternehmen gegen Beschlagnahmeanordnungen der Militärs, was die Juristen als einen erheblichen Eingriff in die Privatwirtschaft betrachteten[137].

Die Auseinandersetzung um die Preise beschlagnahmter Güter hat eine weitere Dimension, denn in diesem Fall setzten sich Kriegsrohstoffabteilung und Kriegsgesellschaften im Konflikt zwischen Bedarfssicherung und Preisbegrenzung für letzteres ein. Damit entschieden sie sich für eine Verminderung der Kriegskosten und eine von der Öffentlichkeit geforderte Kontrolle der Unternehmen. Die beiden Institutionen hatten aber nur begrenzten Erfolg, nicht zuletzt deshalb, weil die zivilen Stellen und das Reichsschiedsgericht sich dagegen wehrten, den Unternehmen die Preissteigerungen aufzubürden.

4. Produktionsförderung

Die Steigerung der inländischen Rohstoffproduktion wurde schon im Herbst 1914, vermehrt ab Frühjahr 1915 ein wichtiger Bestandteil der Beschaffungspolitik[138]. Die dazu getroffenen Maßnahmen erforderten im Unterschied zu den bisher vorgestellten Beschaffungswegen langfristig wirksame Investitionsentscheidungen, welche die Produktionskapazitäten beeinflußten und damit über den Krieg hinausreichten. Der Finanzbedarf war überdies so groß, daß staatliche Subventionen notwendig waren, um die Anlagen errichten zu können. Dies berührte zwei unterschiedliche staatliche Interessen. Auf der einen Seite stand die Sicherung der Rohstoffzufuhr für die Kriegsproduktion, die immer größere Mengen anforderte. Auf der anderen Seite rückte die Frage der Finanzierbarkeit solcher Maßnahmen im Laufe des Krieges stärker in den Blick. Inwieweit diese und andere Interessen in den Verhandlungen um die Produktionsförderung zum Tragen kamen, soll in den folgenden Abschnitten untersucht werden. Ausgangspunkt ist ein Überblick über die Projekte in den einzelnen Branchen und über die Institutionen, die für die Vereinbarungen zuständig waren. Im Mittelpunkt stehen dann die Finanzierung, die Festsetzung der Preise und die Regelung des Absatzes. Die Frage, ob und in welchem Umfang Behörden und Kriegsgesellschaften die Unternehmen im Rahmen der Produktionsförderung

137 Maßgebend für diese Einschätzung war das Fehlen jeglicher Möglichkeit, die Anordnungen der Kriegsministerien und Militärbefehlshaber zu überprüfen. Vgl. z.B. Heymann, Rechtsformen, S. 53.

138 Koeth, Kriegsrohstoffbewirtschaftung, S. 226ff.

kontrollierten, wird nicht hier, sondern in dem Kapitel über Kontrollmechanismen erörtert[139].

a) Projekte

Im Bereich der Metallbewirtschaftung wurden schwerpunktmäßig die Herstellung von Kupfer und von dessen Ersatzstoffen, insbesondere Aluminium subventioniert. Daneben förderten Kriegsmetall AG und Kriegsrohstoffabteilung auch die Produktion anderer Metalle, vor allem Molybdän und Wolfram, die für die Stahlhärtung gebraucht wurden. Beim Kupfer konzentrierten sich die Versuche zur Produktionssteigerung auf die Verarbeitung von Roh- zu Raffinade- und Elektrolytkupfer. Hier führten die zuständigen Stellen zwischen Januar und Juni 1915 Verhandlungen mit den Produzenten[140]. Weiterhin betrieben sie die Erforschung und Aufschließung neuer Kupfererzvorkommen[141].

Seit dem Frühsommer 1915 interessierte sich das preußische Kriegsministerium für die Erzeugung von Aluminium. Dieses Metall erwies sich als geeigneter Ersatz für Kupfer und war, im Gegensatz zu diesem, im Inland herstellbar. So wurde am 15. Mai 1915 ein Abkommen mit der Chemischen Fabrik Griesheim-Elektron sowie der Metallbank und Metallurgischen Gesellschaft getroffen, die schon in den Jahren 1906-1908 erste gebrauchsfertige Verfahren entwickelt hatten. Zwischen Dezember 1915 und April 1916 wurden die Aluminiumfabriken in Rummelsburg, Horrem und Bitterfeld in Betrieb genommen[142].

---

139 Vgl. Kap. V., unten S. 348ff.; zur Bedeutung von Sanktionen in den Projekten zur Produktionsförderung insbesondere Kap. V.4., unten S. 374ff. und 382ff.

140 Vertrag KMA-Hüttenwerke C. Wilhelm Kayser & Co AG vom 1. Febr. 1915, Vertrag KMA-Hüttenwerk Niederschöneweide AG vorm. I.F. Ginsberg o.D., Vertrag KMA-Norddeutsche Affinerie vom 1./2. Febr. 1915, BAAP, KMA 87.37, Nr. 238, Bl. 47ff.; Vertrag KMA-Hirsch, Kupfer- & Messingwerke AG vom 1. Juni 1916, BAAP, KMA 87.37, Nr. 428, Bl. 1ff.; Schr. KMA an KRA vom 28. Juni 1915, BAAP, KMA 87.37, Nr. 416, Bl. 2f.

141 Schlesien: Abkommen KMA mit SSW vom 17. Juni 1915, SAA 4/Lf 805 Carl Friedrich v. Siemens. Nahe: Vfg. der KRA und des RSchA vom Okt. 1915, Febr. u. 2. März 1916, BAAP, KMA 87.37, Nr. 171, Bl. 4. Darüber hinaus gab es Projekte in der Türkei und auf dem Balkan.

142 Pistor, Vorarbeiten zu "100 Jahre Griesheim", 1925, S. 212ff., Hoechst-Archiv, (C/2/3/g); Fünfzig Jahre Metallgesellschaft, S. 121f.; Vfg. der KRA vom 2. Dez. 1915, BAAP, KMA 87.37, Nr. 171, Bl. 4; Vertrag KMA-Griesheim/MB/MG vom 1. März 1917/9. u. 13. März 1916 für Bitterfeld, BAAP, KMA 87.37, Nr. 463, Bl. 1-13; dass.

Anfang 1916 setzte eine neue Phase im Ausbau der Aluminiumproduktion ein, die zum einen durch den stark steigenden Bedarf der Heeresverwaltung, zum anderen durch die nach dem Krieg erwarteten Schwierigkeiten in der Kupferbeschaffung ausgelöst wurde[143]. Neben die Erweiterung der schon bestehenden Fabriken, die von den beiden oben genannten Unternehmen betrieben wurden, trat im Mai 1916 die Kontaktaufnahme mit den Gebr. Giulini Chemische Werke und dem Rheinisch-Westfälischen Elektricitätswerk. Beide Firmen beteiligten sich im Juli 1916 an der Gründung der Erftwerk AG (EW) in Grevenbroich[144].

Im Februar 1916 begannen auf Initiative der beiden Elektrofirmen die Verhandlungen des preußischen Kriegsministeriums mit den Gebr. Giulini Chemische Werke, den Siemens-Schuckert-Werken und der Allgemeinen Elektricitäts-Gesellschaft, die zur Gründung des Innwerks, Bayerische Aluminium-AG (IW) im April 1917 führten[145]. Dieses Werk sollte von vorneherein nicht für den Kriegsbedarf produzieren, sondern war ganz auf die Versorgung der Friedenswirtschaft abgestellt. Darin lag auch der Grund für die Beteiligung der Elektroindustrie, die sich ihren Einfluß sichern wollte angesichts so tiefgreifender Änderungen in ihrer Branche, wie sie die Planungen der Regierung zum weitgehenden Ersatz von Kupfer durch Aluminium darstellten[146]. Das Hindenburg-Programm brachte im September 1916 weitere Neubauten und Erweiterungen sowohl bei der Erftwerk AG als auch bei den Fabriken in Bitterfeld, Horrem und Rummelsburg. Die drei letztgenannten Anlagen wurden im

vom 1. März 1917/15. Sept. 1916 für Horrem und Rummelsburg, BAAP, KMA 87.37, Nr. 467, Bl. 1-18.

143 Schr. PKM an RSchA vom 30. März 1916, GStAM, Rep. 120 C VIII 1, Nr. 84, Adh. 13, Bl. 138ff.

144 Verträge EW vom 3./13. Juli 1916, ACDP I-220, Nr. 201/3. Verhandlungsführer für das Rheinisch-Westfälische Elektricitätswerk war dessen Aufsichtsratsvorsitzender Hugo Stinnes.

145 Schr. Deutsch an Helfferich vom 29. Apr. 1916, SAA 11/Lb 59 Haller. Die Verhandlungen im Frühjahr hatte das preußische Kriegsministerium "einschlafen lassen". Schr. Rathenau an Carl Friedrich v. Siemens vom 1. März 1917, SAA 11/Lb 59 Haller; Verträge IW vom 27. Apr. 1917, SAA 11/Lb 71 u. 71a Haller.

146 Schr. Carl Friedrich von Siemens an Berthold vom 13. Nov. 1916, SAA 4/Lf 514 Carl Friedrich v. Siemens, 1913-1916. Vgl. zum Gesamtzusammenhang der Gründung des Innwerks: "Umstellung von Kupfer auf Aluminium", Anlage zu NSchr. vom 31. Okt. 1916, an C.F. von Siemens geschickt am 23. Nov. 1916, SAA 11/Lb 59 Haller.

April 1917 zur Vereinigten Aluminium-Werke AG (VAW) zusammengeschlossen[147].

An chemischen Rohstoffen wurden schwerpunktmäßig Stickstoff und Schwefel gefördert. Salpetersäure benötigte sowohl die Sprengstoff- als auch die Düngemittelindustrie. Zu ihrer Herstellung gab es im wesentlichen zwei Verfahren. Erstens gewann man Salpetersäure aus der Zersetzung von Nitraten mit Schwefelsäure. Wichtigster Rohstoff dafür war Natriumnitrat, auch als Natron- oder Chilesalpeter bekannt. Dieser mußte aus Übersee importiert werden und war aufgrund der alliierten Blockade knapp[148]. Der zweite Weg führte über die Zersetzung von Ammoniak zu der begehrten Säure. Das dafür nötige Ausgangsprodukt fiel zum einen bei der Verarbeitung von Steinkohle zu Koks an. Zum anderen konnte es synthetisch hergestellt werden, entweder aus der Luft (Haber-Bosch-Verfahren) oder aus Cyanamiden vor allem aus Calciumcyanamid, auch Kalkstickstoff genannt (Frank-Caro-Verfahren). Für diese zu Kriegsbeginn noch neuen Verfahren gab es erst wenige Anlagen[149].

Zur Sicherung der Stickstoffversorgung förderte der Staat zum einen die Herstellung der Ausgangsstoffe. Das preußische Kriegsministerium trat im Oktober 1914 an die großen Chemieunternehmen heran und gelangte zwischen Dezember 1914 und Juli 1915 zu Vertragsabschlüssen über Natronsalpeter mit der Badischen Anilin- und Sodafabrik, den Farbwerken vorm. Meister Lucius und Brüning, den Farbenfabriken vorm. Friedrich Bayer, der Chemischen Fabrik Griesheim-Elektron sowie der AG für Anilinfabrikation[150]. Zum anderen konkurrierten die Produzenten von synthetischem Ammoniak aus der Luft und aus Kalkstickstoff um staatliche Unterstützung. Die Behörden entschieden sich zunächst für Kalkstickstoff und gründeten die Bayerischen Stickstoffwerke AG,

---

[147] Aktenvermerk der KRA vom 18. Okt. 1916, BAAP, KMA 87.37, Nr. 456, Bl. 9f.; Syndikats- und Gesellschaftsvertrag VAW vom 14. und 21. Apr. 1917, BAAP, RKG 89.05, Nr. 191.

[148] Natronsalpeter konnte auch synthetisch gewonnen werden. Im Frieden gab es dafür jedoch noch kein konkurrenzfähiges Verfahren. Art. "Natriumnitrat", in: Enzyklopädie, Bd. 8, S. 446f.

[149] Sowohl Kalkstickstoff als auch schwefelsaures Ammoniak dienten in Friedenszeiten vorzugsweise als Düngemittel. Art. "Salpetersäure" und "Ammoniak", in: Enzyklopädie, Bd. 9, S. 639ff., u. Bd. 1, S. 360ff.; Rasch, Geschichte, S. 64ff.

[150] Schr. Vorstand an AR der BASF vom 18. Dez. 1914, BASF, C 10, Briefwechsel, 1914-1916; Vertrag Hoechst-KRA vom 11. Jan./12. März 1915, § 2, Hoechst-Archiv, 18/1/12; Vertrag Bayer-KRA vom 15. Jan./12. März 1915, Bayer-Archiv, 201/9; Vertrag Griesheim-KRA vom 20. Jan./11. März 1915, BASF, B4/2481; Vertrag Agfa-KRA vom 5./21. Juli 1915, BASF, B4/2482.

Abt. Reichswerke[151]. Ende 1915 begann eine Umorientierung, die zur massiven Förderung des vorwiegend von der Badischen Anilin- und Sodafabrik aus Luft praktizierten Verfahrens führte, nach dem Ammoniak aus der Luft gewonnen wurde[152]. Darüber hinaus unterstützten die Militärbehörden die Weiterverarbeitung von Stickstoff zu Salpetersäure[153]. Aufgrund des Hindenburg-Programms vom Herbst 1916 erfolgte auch hier eine enorme Ausdehnung aller Produktionskapazitäten[154].

Schwefelsäure war ebenso zentral, denn sie wurde für die Erzeugung von Salpetersäure, Sprengstoffen und Ammoniak gebraucht. Wichtigster Lieferant war Schwefelkies, der zum großen Teil importiert wurde. Nur etwa 20% des Bedarfs wurden im Inland gewonnen, im wesentlichen in der Schwefelkiesgrube in Meggen[155]. Die Anforderungen der Heeresverwaltung wurden zunächst durch die Beschlagnahme und Steigerung der Produktion in Meggen gedeckt. Doch der ständig wachsende militärische und zivile Bedarf machte die Suche nach neuen Quellen unerläßlich. Auch hier griffen die Behörden auf zwei Ebenen ein. Erstens förderten sie die Herstellung von Schwefel aus einheimischen Rohstoffen, vor allem aus Gips und Kieserit. Dazu wurden Ende 1915 zunächst

---

[151] Denkschrift Knapsack/BStW vom 12. Okt. 1914, GStAM, 2.2.1, Nr. 27870, Bl. 19ff.; Vertragsentwurf Deutsche Bank/BStW, am 15. Dez. 1914 bei PMLw eingereicht, GStAM, 2.2.1, Nr. 27870, Bl. 38ff.; Vertrag RSchA-BStW vom 5. März 1915, BAAP, RKG 89.05, Nr. 156; Haber, Industry 1900-1930, S. 200f.

[152] Damit begann der Bau und Ausbau in Merseburg. Verträge BASF-RSchA vom 19./28. Apr. 1916, BASF, B4/966; Plumpe, I.G. Farbenindustrie, S. 73ff.; Haber, Industry 1900-1930, S. 202f. Vorher schon hatte die Badische Anilin- und Sodafabrik Abmachungen mit dem preußischen Ministerium für Landwirtschaft getroffen, die sich im wesentlichen auf den Ausbau ihrer schon vorhandenen Fabrik in Oppau bezogen. Vertrag BASF-PMLw/PFM vom 1./24. März 1915, BASF, B4/966; Plumpe, I.G. Farbenindustrie, S. 70ff.

[153] Vertrag KRA-Hoechst vom 29. Sept./2. Okt. 1915, Hoechst-Archiv, 18/1/13; Vertrag KRA-Bayer vom 13. Juni/13. Juli 1917, Bayer-Archiv, 201/9.

[154] I. Zusatzvertrag RSchA-BStW vom 11./2. Mai 1916, BAAP, RKG 89.05, Nr. 156; Schr. BStW an PKM vom 17. Nov. 1916, BHStA-KA, MKr. 14172, zu Prod. 29; Vertrag BASF-RSchA vom 1./14. Dez. 1916, BASF, B4/966. 1917/18 wurden die Merseburger Anlagen der Badischen Anilin- und Sodafabrik weiter ausgebaut. Prot. Engere Kommission des AR der BASF Nr. 47 vom 30. Apr. 1917, BASF, C 10, Protokolle; BAK, NL 158 Moellendorff, Nr. 104, passim; BASF, A18/33a, passim; Plumpe, I.G. Farbenindustrie, S. 81ff.

[155] Die deutsche Produktion betrug ca. 17 000 t monatlich bei einem Verbrauch von etwa 120 000 t. [Denkschrift Duisberg] "Die Versorgung Deutschlands mit Schwefel und Schwefelsäure während des Krieges 1914, 1915 u. 1916", S. 1ff., Bayer-Archiv, 201/6.3, Bd. 5.

Großversuche unterstützt[156]. Im Mai 1916 verhandelten die Firmen des sogenannten Sechsbundes dann mit der Heeresverwaltung über den Bau von entsprechenden Anlagen[157]. Eine andere Versuchsreihe, die ab 1917 forciert wurde und ebenfalls zur industriellen Fertigung gelangte, war die Produktion von Schwefel aus Hochofenschlacke[158]. Zweitens betrieben die Behörden den Ausbau von Anlagen zur Herstellung von Schwefelsäuren selbst. Schon im Januar 1915 war über die Ausweitung der Produktion von Schwefelsäuren beraten worden, da sich hier schon sehr früh ein weit größerer Bedarf abzeichnete, als die bisher vorhandenen Kapazitäten befriedigen konnten[159].

Im Bereich von Eisen und Stahl gab es nur wenig solcher Förderungsprojekte. Das wichtigste war der Ausbau der Ilseder Hütte (IH), in der statt 1 Mio. t jährlich 8-10 Mio. t Eisenerz gewonnen werden sollten. Das Erz wurde nicht nur wie in Friedenszeiten dort verhüttet, sondern auch an andere Hüttenwerke verkauft[160].

Die Rolle der beteiligten Akteure in den Vertragsverhandlungen kann man nur richtig einschätzen, wenn man die Verteilung der Kompetenzen für diesen

---

[156] Schr. E. Fischer an Duisberg vom 9. Nov. 1915, Antwort Duisberg vom 10. Nov. 1915, Bayer-Archiv, 201/6.3, Bd. 4. Zur Entwicklung der Verfahren Rasch, Geschichte, S. 68ff.

[157] Schr. Agfa an IG-Firmen vom 25. Mai 1916, Hoechst-Archiv, 18/1/14; [Denkschrift Duisberg] "Die Versorgung Deutschlands mit Schwefel und Schwefelsäure während des Krieges 1914, 1915 u. 1916", S. 9, Bayer-Archiv, 201/6.3, Bd. 5. Der Sechsbund entstand im August 1915 aus dem Zusammenschluß von Dreibund (BASF, Bayer, Agfa) und Dreierverband (Hoechst, Cassella, Kalle). Plumpe, I.G. Farbenindustrie, S. 47f., 97f.

[158] Hieran war z.B. die Gutehoffnungshütte im Herbst 1917 beteiligt. Vgl. Schriftwechsel Reusch-Duisberg vom Okt. 1917, Bayer-Archiv, 201/6.3, Bd. 5; Akten der GHH zur Gewinnung von Schwefel aus Hochofenschlacke, 1917-1919, Haniel-Archiv, Nr. 300193005/6, 302101/11.

[159] Prot. Mann über AR-Sitz. der KCA vom 28. Jan. 1915, Prot. Quincke über Besprechung der SO_3 Fabrikanten in Berlin am 11. Febr. 1915, Bayer-Archiv, 201/3; Schr. MB/MG an KCA vom 25. Nov. 1916, HA Metallgesellschaft, Juristisches Büro, k12; Vertrag Wumba-MB/MG vom 1./5. Juni 1918, BAAP, KCA 87.29, Nr. 117, Bl. 28ff. Zu den Verhandlungen vgl. HA Metallgesellschaft, Juristisches Büro, k12.

[160] Zunächst belief sich die Forderung des preußischen Kriegsministeriums auf 10-12 Mio. t. Treue, Ilseder Hütte, S. 133. Vertrag vom 17. Jan. 1918, BAK, R 2, Nr. 1254, Bl. 91-97. Darüber hinaus gab es ein weiteres Projekt beim Rheinisch-Westfälischen Elektricitätswerk, das die Eisenzentrale ebenfalls mit insgesamt ca. 15 Mio. M förderte. Verzeichnis der laufenden Verträge der Eisenzentrale GmbH und Manganerzgesellschaft mbH vom 8. Okt. 1918, BAAP, KEZ 87.25, Nr. 2, Bl. 101ff. Da es dazu aber kaum Verhandlungsunterlagen gibt, konzentrieren wir uns auf die Subvention der Ilseder Hütte, die gut dokumentiert ist.

Bereich kennt. Drei Konfliktebenen traten deutlich zutage. Erstens gelang es den militärischen Behörden, das zivile Reichsschatzamt in einer Reihe von Projekten aus den Verhandlungen auszuschalten. Zweitens ordneten sich die Behörden die Kriegsgesellschaften unter und setzten deren Selbständigkeit enge Grenzen. Damit waren die Gesellschaften je länger der Krieg dauerte desto weniger Instrumente der Unternehmer zur Durchsetzung ihrer Interessen. Drittens blieb die militärische Zuständigkeit aufgesplittet auf Kriegsrohstoffabteilung einerseits und Beschaffungsstellen andererseits[161].

Die Mehrzahl der Vertragsverhandlungen führten Kriegsrohstoffabteilung und Feldzeugmeisterei eigenständig. Dem Reichsschatzamt wurden die Verträge meist sehr spät, zum Teil erst nach der rechtsverbindlichen Unterzeichnung, zur Genehmigung vorgelegt. Die Finanzbehörde protestierte immer wieder heftig gegen diese Ausgrenzung und forderte ihre rechtzeitige Einbeziehung in alle Geschäfte, die vom Reich finanziert werden sollten[162]. Es gab auch einige Fälle, in denen das Reichsschatzamt versuchte, eigene Vorstellungen durchzusetzen[163]. Doch die Regel war die Erteilung der Genehmigungen ohne eigene Forderungen, nachdem Kriegsrohstoffabteilung und Kriegsgesellschaften die Bedingungen mit den Firmen ausgehandelt hatten[164]. Dies galt gleichermaßen für die Subvention von Kupfer und Aluminium, - zumindest bis zum Frühjahr 1916 -, dann von Salpeter und Schwefel und nicht zuletzt von den Eisenerzen der Ilseder Hütte. Erst nach Kriegsende konnte das Reichsschatzamt seinen Führungsanspruch in diesen Fragen durchsetzen[165].

Allerdings gelang es den zivilen Behörden in zwei Produktionsbereichen, nämlich Stickstoff und Aluminium, Mitspracherechte geltend zu machen. Entscheidend dafür war die Bedeutung, die diesen Projekten für die Nachkriegszeit

---

[161] Vgl. oben, S. 48ff., 151ff. und 59ff.

[162] Stellungnahme RSchA zum Vertrag über die Errichtung einer Salpeteranlage vom 5. Juni 1915, RFM 21.01, Nr. A 2844, Bl. 85f.; Zitat ebd., Bl. 85v. Schr. RSchA an KEZ vom 9. Nov. 1916, BAAP, KEZ 87.25, Nr. 1, Bl. 78; NSchr. Versammlung Kriegsgesellschaften und Abrechnungsstellen am 22. Aug. 1917, BAAP, KMA 87.37, Nr. 39, Bl. 5f.

[163] So etwa die Möglichkeit für eine spätere Reichsbeteiligung in den Verhandlungen um die Kupferausbeutung an der Nahe oder die Erhöhung der Rückzahlungsquote bei der Gewinnung von Elektrolytzinn. Postbericht Abt. U vom 8. Apr. [1916], BAAP, KMA 87.37, Nr. 60, Bl. 77; Schr. RSchA an PKM vom 6. Mai 1916, BAAP, KMA 87.37, Nr. 256, Bl. 13f.

[164] Beispielhaft: verschiedene Schr. von 1916-1918, BAAP, KMA 87.37, Nr. 256, Bl. 13, 19, 58, 74, 109 sowie Nr. 257, Bl. 72ff.

[165] Im Frühsommer 1919 lehnte das Amt etwa eine Erhöhung des Kredits für die Molybdänproduktion ab. Schr. RSchA an KMA vom 26. Mai 1919, BAAP, KMA 87.37, Nr. 257, Bl. 65.

zugedacht wurden: Die deutsche Wirtschaft sollte von der Einfuhr zentraler Rohstoffe unabhängig gemacht werden. Zudem hoffte das Reich auf neue Einkünfte durch Absatzmonopole. Daß solche Ziele Vorrang vor der Funktion für die Kriegsproduktion haben sollten, zeigte sich in der Übernahme der Federführung durch die zivilen Behörden.

Zuerst gelang dies beim Ausbau der Stickstoffkapazitäten, und zwar sowohl bei den Bayerischen Stickstoffwerken, die Kalkstickstoff produzierten, als auch bei der Ammoniaksynthese der Badischen Anilin- und Sodafabrik. Die Inititative für den Ausbau der Kalkstickstoffherstellung ergriff das preußische Ministerium für Landwirtschaft, weil es hier eine Möglichkeit sah, den Engpaß in der Versorgung der Landwirtschaft mit Düngemitteln zu überwinden. Eine Auseinandersetzung über dieses Projekt entspann sich zunächst in Preußen, vor allem zwischen dem Landwirtschafts- und dem Innenministerium, also zwischen zivilen Behörden[166]. Im Januar 1915 fand dann ein Wechsel in der Federführung statt, nachdem das preußische Finanzministerium angesichts der Bedeutung und Größe dieses Projektes auf einer Einbeziehung der Reichsbehörden bestanden hatte[167].

Ähnliches läßt sich für die Verhandlungen um die Ammoniakproduktion, die nicht nur für Sprengstoffe, sondern auch für die Landwirtschaft gebraucht wurde, feststellen. Die Badische Anilin- und Sodafabrik hatte zwar immer mit mehreren Stellen zu tun, doch die verbindlichen Entscheidungen behielt sich das Reichsschatzamt vor, was auch die Kriegsrohstoffabteilung akzeptierte[168]. Obwohl sich nach dem Hindenburg-Programm die Oberste Heeresleitung in diese Fragen einschaltete und der dem Waffen- und Munitionsbeschaffungsamt zugeordnete Reichskommissar für Stickstoff die Federführung übernahm, konnte das Reichsschatzamt bei den Erweiterungsprojekten seine Vorstellungen

---

[166] Schr. Gwinner an Wahnschaffe vom 24. Dez. 1914, BAAP, RK 07.01, Nr. 2466/1, Bl. 27; Schr. Gwinner an Valentini vom 11. Jan. 1915, GStAM, 2.2.1, Nr. 27870, Bl. 16ff.; Sitz. des preußischen Staatsministeriums am 31. Dez. 1914 u. am 18. Jan. 1915, GStAM, Rep. 90[a], Abt. B III 2.b., Nr. 6, Bd. 163, Bl. 309ff. u. Bd. 164, Bl. 52ff.

[167] Votum des PFM in der Sitz. des preußischen Staatsministeriums am 31. Dez. 1914, GStAM, Rep. 90[a], Abt. B III 2.b., Nr. 6, Bd. 163, Bl. 311f. Die Kalkstickstoffproduzenten schlossen ihre Verträge mit dem Reichsschatzamt ab. Vertrag RSchA-BStW vom 5. März 1915, BAAP, RKG 89.05, Nr. 156; I. Zusatzvertrag RSchA-BStW vom 11./2. Mai 1916, BAAP, RKG 89.05, Nr. 156.

[168] Telefonische Nachricht KRA an BASF vom 29. Aug. 1916, BASF, A18/40. Die Finanzbehörde war denn auch der Vertragspartner der Badischen Anilin- und Sodafabrik bei den Ammoniakverträgen: Vertrag BASF-RSchA vom 19./28. Apr. 1916, BASF, B4/966. Zu den Verhandlungen im Frühjahr 1916 mit Kriegsrohstoffabteilung und Reichsschatzamt vgl. BASF, A18/32a; Plumpe, I.G. Farbenindustrie, S. 71ff.

sehr wohl einbringen, wie die Verhandlungen im April 1917 und auch im Juni/Juli 1918 belegen[169].

Zum anderen setzte die Finanzbehörde im Frühjahr 1916 erfolgreich ihren Führungsanspruch in der Aluminiumfrage durch. Ausschlaggebend für die Intervention war die Ausdehnung der Planungen auf die Friedenszeit und die damit verbundenen Implikationen[170]. Das preußische Kriegsministerium bemühte sich zwar darum, seine Forderungen weiterhin einzubringen, z.B. nach einer möglichst großen Unabhängigkeit der Aluminiumgesellschaften von den Unternehmen, mit denen die Anlagen betrieben wurden[171]. In den Verhandlungen mit der Industrie spielte das Ministerium aber keine wichtige Rolle mehr. Zur Schlüsselfigur wurde hier vielmehr der Vertreter des Reichsschatzamts, Gustav Lueck[172]. Diese Auseinandersetzung zwischen zivilem und militärischem Bereich liefert einen klaren Beweis für die Dominanz militärischer Entscheidungsinstanzen, so lange die militärische Behörde, hier die Kriegsrohstoffabteilung, glaubhaft machen konnte, daß die Sicherstellung des Heeresbedarfs vorrangig betroffen war. Wurden aber Fragen berührt, denen man auch für der Zeit nach dem Krieg Bedeutung zumaß, so konnten die zivilen Stellen ihren Anspruch auf Zuständigkeit geltend machen.

Die zweite Konfliktebene betraf das Verhältnis zwischen Millitärbehörden und Kriegsgesellschaften, die erfolgreich in die zweite Reihe verwiesen wurden, vor allem von der Kriegsrohstoffabteilung. Zwischen beiden Institutionen bildete sich eine klare Arbeitsteilung heraus, bei der die Gesellschaften die

---

[169] Federführung Militärs: Besprechung Stickstofffrage am 30. Nov. 1917, BAK, NL 158 Moellendorff, Nr. 125; Plumpe, I.G. Farbenindustrie, S. 80f. Erfolgreiche Einmischung des Reichsschatzamts: Aktenbeleg über die Stickstoffverhandlungen mit der BASF vom Apr. 1917, BAK, NL 158 Moellendorff, Nr. 104; Schr. BASF an RSchA vom 1. Juni 1918 u.ö. bis zum Vollzug des Vertrages durch die Badische Anilin- und Sodafabrik und das Reichsschatzamt am 19./22. Juli 1918, BASF, A18/33a; Schr. Vorstand an AR der BASF vom 17. Juni 1918, BASF, C 10, Briefwechsel, 1917-1920.

[170] Konkrete Einwände brachte das Reichsschatzamt gegen eine Verzinsung der von der Industrie einzubringenden Kapitalien vor. Schr. KRA an RSchA vom 19. Mai 1916, GStAM, Rep. 120 C VIII 1, Nr. 84, Adh. 13, Bl. 152ff.; Schr. Rathenau an Carl Friedrich v. Siemens vom 1. März 1917, SAA 11/Lb 59 Haller.

[171] Schr. KRA an RSchA vom 19. Mai 1916, GStAM, Rep. 120 C VIII 1, Nr. 84, Adh. 13, Bl. 153f.

[172] Gustav Lueck: 1914 Kommissarischer Hilfsarbeiter im Reichsschatzamt; Nov. 1915 Referent für Metallfragen der Finanzbehörde bei der Kriegsrohstoffabteilung; Mai 1916 Kommissar des Reichsschatzamts bei der Kriegschemikalien AG; 1916/17 Verhandlungsführer für Aluminium; Sept. 1916 Kommissar des Reichsschatzamts bei der Eisenzentrale; Jan. 1918 Vortragender Rat in Abt. I des Reichsschatzamts; Sept. 1918 Vorstandsmitglied der Erftwerk AG.

Vorbereitungen übernahmen, die Kriegsrohstoffabteilung sich aber ihr Entscheidungsrecht bewahrte und die Zustimmung keineswegs als Formalie handhabte. Dies zeigt sich z.B. deutlich bei der Kriegsmetall AG. Sie führte die Vorverhandlungen mit den Firmen zunächst selbständig. Waren diese abgeschlossen, setzten sie die Verträge in enger Absprache mit der Kriegsrohstoffabteilung auf. Deren Sektion Metalle prüfte die Entwürfe und sandte sie, zum Teil mit Änderungswünschen versehen, zurück[173]. In Konfliktfällen machte die Behörde von ihrer Weisungsbefugnis Gebrauch. Sie verfügte den Fortgang nicht nur der Molybdänförderung in Werdenfels, sondern auch der Erzeugung von Wolfram trotz des Widerspruchs der Kriegsmetall AG[174].

Ähnlich gestalteten sich die Verhältnisse zwischen der Kriegsmetall AG und der Kriegsrohstoffabteilung in der Aluminiumerzeugung. Die Kriegsgesellschaft organisierte seit Kriegsbeginn die Versorgung der Schweizer Aluminium-Industrie AG mit deutscher Tonerde; im Gegenzug erhielt sie einen Großteil des daraus gefertigten Aluminiums[175]. Beim Aufbau der deutschen Produktion 1915 handelte die Kriegsgesellschaft, auch hier in enger Zusammenarbeit mit der Kriegsrohstoffabteilung, die Verträge mit der Chemischen Fabrik Griesheim-Elektron und der Metallbank und Metallurgischen Gesellschaft aus[176]. Mit der Ausweitung der Produktion 1916 und der damit einhergehenden Einschaltung des Reichsschatzamts änderte sich allerdings die Konstellation. Die Kriegsmetall AG wurde aus den Verhandlungen über die Errichtung der großen Aluminiumwerke ausgeschlossen, lediglich an der Durchführung der Bauten beteiligt[177] und mit der Vereinbarung von Lieferverträgen in Absprache

---

[173] 3. Prot. der AR-Sitz. der KMA vom 13. Jan. 1915, BAAP, KMA 87.37, Nr. 52, Bl. 6; Schriftwechsel KMA-KRA betr. Kupferförderung zwischen 22. Jan. und 26. März 1915, BAAP, KMA 87.37, Nr. 238, Bl. 32-71; Schriftwechsel betr. verschiedene Metallverträge zwischen Jan. 1917 und Apr. 1918, BAAP, KMA 87.37, Nr. 256, passim.

[174] Molybdän: Prot. Nr. 1, Kleine Kommission des AR [der KMA] vom 4. Okt. 1916, BAAP, KMA 87.37, Nr. 72, Bl. 9; Prot. Nr. 70 Direktions-Sitz. KMA vom 20. März 1917, BAAP, KMA 87.37, Nr. 40, Bl. 118, dass. Nr. 78 vom 17. Apr. 1917, ebd., Bl. 110, dass. Nr. 81 vom 25. Apr. 1917, ebd., Bl. 106. Wolfram: Schr. KMA an von der Porten vom 2. März 1916, BAAP, KMA 87.37, Nr. 245, Bl. 339f.

[175] Bericht der Abt. FZ der KMA vom 17. Febr. 1916, BAAP, KMA 87.37, Nr. 44, Bl. 27f.

[176] Entwurf Vertrag KMA-Griesheim/MB/MG vom 12. Nov. 1915, BAAP, KMA 87.37, Nr. 455, Bl. 99-120; Vertrag vom 15. Sept. 1916/1. März 1917, BAAP, KMA 87.37, Nr. 467, Bl. 1-18. Zur Zusammenarbeit vgl. z.B. Aktenvermerk über Besprechung KRA und KMA am 13. Mai 1916, BAAP, KMA 87.37, Nr. 455, Bl. 92ff.

[177] Entwurf AR-Prot. der Sitz. vom 10. Mai 1916, BAAP, KMA 87.37, Nr. 60, Bl. 3; Schr. KMA an von der Porten vom 21. Jan. 1918, BAAP, KMA 87.37, Nr. 249, Bl. 74ff.; Prot. Nr. 38, Direktions-Sitz. der KMA vom 5. Okt. 1916, BAAP, KMA 87.37,

mit der Kriegsrohstoffabteilung betraut[178]. Der Gesellschaft blieb dabei nur wenig Spielraum, da die Vorgaben in bezug auf die Finanzierung zwischen dem Reichsschatzamt und den Firmen bestimmt worden waren[179].

Die Kriegschemikalien AG wurde ebenso in die Entscheidungsfindung der Kriegsrohstoffabteilung eingebunden. Ihre Beteiligung variierte in den einzelnen Produktionsbereichen. Am stärksten konnte sie sich in der Beschaffung von Schwefelkiesen engagieren. Sie war zuständig für die von der Heeresverwaltung beschlagnahmten Schwefelkiesgruben in Meggen und schloß auch mit anderen Gruben Verträge über die Abnahme der Produktion[180]. Sie handelte, in Absprache mit Kriegsrohstoffabteilung und Feldzeugmeisterei, die Konditionen für die Versuche zur Gewinnung von Schwefel aus Gips sowie für die entsprechenden Anlagen aus, nachdem sie die verschiedenen Verfahren schon geprüft hatte[181]. Allerdings dürfte beim Bau der Anlagen die Kriegsrohstoffabteilung doch die wesentliche Rolle gespielt haben, wie der Auftrag der Firmen an zwei Vertreter nahelegt, die allgemeinen Vertragsbedingungen nicht nur mit Emil Fischer, dem Leiter der Chemischen Abteilung im preußischen Kriegsministerium, sondern auch mit Hermann Schmitz, dem Sektionsleiter für Chemikalien in der Kriegsrohstoffabteilung, auszuhandeln[182].

Nr. 40, Bl. 155; Arbeitsverteilung o.D. und Aktenvermerk der KRA vom 18. Okt. 1916, BAAP, KMA 87.37, Nr. 456, Bl. 36, 9ff.

178 Schr. KRA an KMA vom 30. März 1918, BAAP, KMA 87.37, Nr. 494, Bl. 293ff.; Schr. KMA an KRA vom 8. Nov. 1918, BAAP, KMA 87.37, Nr. 494, Bl. 66; Schr. KMA an EW vom 21. Febr. 1919, BAAP, KMA 87.37, Nr. 494, Bl. 23.

179 Entwurf AR-Prot. der Sitz. vom 10. Mai 1916, BAAP, KMA 87.37, Nr. 60, Bl. 3. Etwas verschnupft über diese Ausschaltung vermerkte die Kriegsmetall AG lediglich, daß ihr mit der Übernahme der Durchführung keinerlei finanzielles Risiko erwachsen sollte. Ebd.

180 So etwa Vertrag KCA-Gewerkschaft Sachtleben vom 8. Apr. 1915, BAAP, KCA 87.29, Nr. 45, Bl. 6ff.; BAAP, KCA 87.29, Nr. 191, passim.

181 19. Prot. der AR-Sitz. der KCA vom 21. Sept. 1915, BAAP, KCA 87.29, Nr. 10, Bl. 135f.; Schwefel-Sitz. am 8. Dez. 1916, protokolliert von Reisenegger, Hoechst-Archiv, 18/1/20; Schr. E. Fischer an Duisberg vom 9. Nov. 1915; Antwort Duisberg vom 10. Nov. 1915, Bayer-Archiv, 201/6.3, Bd. 4; Vertragsentwurf Bayer-KCA, am 15. Nov. 1915 bei Moellendorff eingegangen, BAK, NL 158 Moellendorff, Nr. 114; Abschrift Schr. Norddeutsche Hütte AG an FM vom 1. Juli 1915, BAAP, KCA 87.29, Nr. 18, Bl. 308.

182 Diese beiden waren mit der Forderung nach dem Bau einer entsprechenden Anlage an die Firmen herangetreten. Prot. Quincke über Besprechung in Leverkusen am 3. Juni 1916, Bayer-Archiv, 201/6.3, Bd. 5; Punktationen Direktoriums-Sitz. Bayer vom 23. Mai u. 20. Juni 1916, Bayer-Archiv.

Früher als die Kriegsmetall AG wurde die Kriegschemikalien AG aus wichtigen Projekten ausgegrenzt. Der Aufsichtsrat der Gesellschaft besprach zwar den Ausbau der Schwefelsäuren- wie auch der Stickstoffkapazitäten. Die konkreten Bestimmungen vereinbarten die Firmen aber im wesentlichen mit den Militärbehörden[183]. Die Funktion der Kriegschemikalien AG bei der Herstellung von Salpeter war darauf beschränkt, regelmäßig die Daten über die monatliche Produktion an die Kriegsrohstoffabteilung weiterzuleiten, wo die Angaben in die weitere Planung eingingen. Wie die Unterordnung als ausführendes Organ konkret aussah, wird bei einer Vereinbarung mit der Deutschen Ammoniak-Verkaufs-Vereinigung deutlich. Hier teilte die Behörde der Kriegschemikalien AG die Bestimmungen mit, die sie für die Lieferung von Ammoniakwasser festgelegt hatte, mit dem Auftrag, die Baukosten zu überprüfen und darüber an die Kriegsrohstoffabteilung zu berichten[184].

Am deutlichsten war die Unterordnung bei der Eisenzentrale zu sehen. Der gesamte Schriftverkehr zwischen der Kriegsgesellschaft und den Behörden lief über das Kommissariat der Eisenzentrale. Der Kommissar des Kriegsministeriums mußte alle Geschäfte genehmigen und tat dies nur nach gründlicher Prüfung[185].

Die dritte Konfliktebene bestand innerhalb der Militärbehörden selbst zwischen Kriegsrohstoffabteilung und den Beschaffungsstellen. Die Verteilung der Gewichte entwickelte sich in den drei Branchen unterschiedlich. In der Metallförderung ebenso wie bei den Eisenerzen war die Kriegsrohstoffabteilung

---

[183] Schwefel: Prot. Mann über AR-Sitz. der KCA vom 28. Jan. 1915, Bayer-Archiv, 201/3; z.B. Bayer: Prot. Direktoriums-Sitz. vom 2. März 1915, Bayer-Archiv; Schr. Bayer an IG-Firmen vom 29. Juli 1916, Hoechst-Archiv, 18/1/21; Vertragsentwurf, Anlage zu Schr. Duisberg an Oppenheim vom 14. Sept. 1916, Bayer-Archiv, 201/6.3, Bd. 5. Stickstoff: 2. Prot. der AR-Sitz. der KCA vom 29. Sept. und 4. Prot. der AR-Sitz. vom 12. Okt. 1914, 10. Prot. der AR-Sitz. vom 28. Jan. und 16. Prot. AR-Sitz. vom 14. Juni 1915, BAAP, KCA 87.29, Nr. 10, Bl. 5, 12, 51, 100f.; Schr. Aufschläger an Fischer vom 13. Okt. 1914, BAAP, KCA 87.29, Nr. 10, Bl. 21. Dasselbe gilt auch für die Verträge zwischen den Chemischen Werken Lothringen und dem preußischen Kriegsministerium. BASF, A19/30, passim.

[184] Daten zur Salpeterproduktion: Anfragen der KCA z.B. bei Hoechst für 1915 u. 1916, Hoechst-Archiv, 18/1/12, 18/1/14; Bericht über die Tätigkeit der [KCA] vom 5. Jan. 1920, BAAP, KCA 87.29, Nr. 1, Bl. 15ff. Dasselbe für Ammoniakwasser: Schr. KRA an KCA vom 7. Okt. 1916, BAAP, KCA 87.29, Nr. 276, Bl. 235f. Ähnlich arbeitete die Kriegschemikalien AG auch mit dem Waffen- und Munitionsbeschaffungsamt zusammen: Übersendung des Vertrags mit der Gewerkschaft Lothringen über die Erweiterung der Produktion an Ammoniumnitrat vom 1. Sept. 1918, BAAP, KCA 87.29, Nr. 279, Bl. 10ff.

[185] Schr. KEZ an KRA vom 23. Febr. 1918, BAAP, KEZ 87.25, Nr. 2, Bl. 153; BAK, R 2, Nr. 1254, passim.

unbestritten die führende militärische Stelle. Bei der Subvention von Chemikalien zeichnete sich zu Beginn des Krieges eine eher gleichgewichtige Verteilung ab, während ab 1916, spätestens nach dem Hindenburg-Programm, die Beschaffungsstellen die Führung übernahmen. Ihr starkes Engagement rührte daher, daß die Versorgung mit Stickstoff und Salpeter existentiell für die Beschaffung vor allem von Munition war[186].

Die Verhandlungen um den Ausbau der Kapazitäten für synthetischen Salpeter 1915 und deren Betrieb führte im wesentlichen die Kriegsrohstoffabteilung, doch mischte sich die Feldzeugmeisterei hier schon in die Überwachung der Bauten[187]. An der Unterstützung der Verfahren zur künstlichen Gewinnung von Schwefel 1915/16 waren beide Behörden noch gleichermaßen beteiligt[188]. Schon von Anfang an bestimmte dagegen die Feldzeugmeisterei die Abkommen zur Schwefelsäurenerzeugung. Sie schloß 1915 die Verträge über Oleumlieferungen ab und kümmerte sich um deren Ausführung[189]. Auch hier gab es in einigen Fällen eine Zusammenarbeit beider Institutionen, so etwa im Sommer 1916, als es um eine Erhöhung der Produktion um 8000 t monatlich ging, die die Feldzeugmeisterei gefordert hatte[190]. Die Abschlüsse tätigte jedoch immer die Beschaffungsstelle[191].

Bei der Stickstoffherstellung ging die Kompetenz im Dezember 1916 auf das Waffen- und Munitionsbeschaffungsamt über. Damit gab die Kriegsrohstoffabteilung ihre Führung in der Salpeterproduktion ab. In der Beschaffungsstelle wurde die Zentrale für die Bewirtschaftung des Stickstoffes eingerichtet, deren Leiter Julius Bueb[192] zum Reichskommissar für Stickstoff ernannt wurde[193]. In

[186] Vgl. oben, S. 62ff.

[187] 16. Prot. der AR-Sitz. der KCA vom 14. Juni 1915, BAAP, KCA 87.29, Nr. 10, Bl. 100f.

[188] Punktationen der Direktoriums-Sitz. Bayer vom 9. Juni 1916, Bayer-Archiv; Besprechung über das Gipsverfahren der Metallbank am 16. Aug. 1917 zwischen Firmen und Wumba, Bayer-Archiv, 201/6.3, Bd. 5.

[189] Als Oleum bezeichnet man rauchende Schwefelsäure. Schr. FM an Bayer vom 21. Okt. 1915, Bayer-Archiv, 201/5.1. Die Feldzeugmeisterei sollte z.B. die Mehrkosten für die Ausdehnung der Anlagen übernehmen. Schr. KCA an FM vom 12. u. 31. Aug. 1915, BAAP, KCA 87.29, Nr. 18, Bl. 175ff.

[190] Schr. Bayer an IG-Firmen vom 29. Juli 1916, Hoechst-Archiv, 18/1/21.

[191] Oleum-Vertrag vom 23. Aug. 1916, Hoechst-Archiv, 4 (Weltkrieg I); Vertrag Bayer-Wumba vom 22. Febr./29. Jan. 1917, Bayer-Archiv, 201/9.

[192] Julius Bueb (1865-1944): Chemiker, 1887 Dr. phil.; Tätigkeit in Deutscher Continental-Gasgesellschaft Dessau; 1914 Kriegsteilnehmer; 1916 Referent in Abt. AZ(S) des preußischen Kriegsministeriums; Sept. 1916 Referent im Waffen- und Munitionsbeschaffungsamt; Dez. 1916 Reichskommissar für Stickstoff; Nov. 1918 stv. Vorstandsmitglied der Badischen Anilin- und Sodafabrik (Direktor Ammoniakwerke Merseburg);

dieser Funktion übernahm er die Verhandlungen um den Ausbau der Merseburger Ammoniakanlagen mit der Badischen Anilin- und Sodafabrik ab Februar 1917 und trat hier in Konkurrenz mit dem Reichsschatzamt. Aber auch die übrigen Verträge, deren Vorläufer die Kriegsrohstoffabteilung vereinbart hatte, schloß nun das Waffen- und Munitionsbeschaffungsamt ab[194]. Auf Konflikte weist die Einrichtung einer Kommission zur Absprache zwischen beiden Stellen hin[195]. Ähnlich verhielt es sich mit den Schwefelsäuren, wo beispielsweise im Herbst 1917 das Waffen- und Munitionsbeschaffungsamt die Federführung in den Verhandlungen mit der Gutehoffnungshütte inne hatte[196].

b) Finanzierung

Die Verträge zur Produktionsförderung und die Verhandlungen darum sind geeignet, Auskunft über die Frage nach der Interessenlage und der Durchsetzungsfähigkeit der beteiligten Parteien zu geben, denn sie legten die Bedingungen für Subventionen fest. Aus Sicht der Firmen galt es, sich gegen drei der mit diesen Produktionsanlagen verbundenen Risiken abzusichern. Erstens sollten die Kosten gering gehalten und, sofern es sich um reine Kriegsanlagen handelte, am besten noch während des Krieges abgeschrieben werden, um das Investitionsrisiko zu begrenzen. Zweitens mußte der Absatz gesichert werden, und zwar für den Fall der Beendigung des Krieges, bevor oder während die vereinbarten Mengen produziert und abgenommen waren. Es galt zudem darauf zu achten, Überkapazitäten für die Nachkriegszeit zu vermeiden. Drittens wollten die Unternehmen das Produktionsrisiko abwälzen, so daß ungenügende Lieferungen

1919 Generaldirektor des Stickstoffsyndikats; 1926-1929 Vorstandsmitglied der I.G. Farbenindustrie AG. Vgl. auch Heine, Verstand, S. 75f.

193 RSchr. KA vom 6. und 19. Dez. 1916, HStAS, M 1/6, Nr. 1260, Bl. 20 u. Nr. 1261, Bl. 14f.; Bekanntmachung über Stickstoff vom 18. Jan. 1917, RGBl., 1917, S. 59.

194 Vgl. oben, S. 200. Beispiele für Anschlußverträge: Vertrag Chemische Werke Lothringen-Wumba vom 28. Nov. 1916/10. Jan. 1917, BASF, A19/30 oder Vertrag Bayer-Wumba vom 23. Juni/13. Juli 1917, Bayer-Archiv, 201/6.3, Bd. 4.

195 Nitschmann, ein Mitarbeiter der Kriegsrohstoffabteilung, gab in einer Sitzung mit Industrievertretern "Kollision zwischen den beiden Stellen, F.Z. [Feldzeugmeisterei] und K.R.A. [Kriegsrohstoffabteilung] zu", ohne diese näher zu spezifizieren. Prot. Allgemeine Salpeter-Neuanlagen vom 3. Okt. 1916, Bayer-Archiv, 201/6.3, Bd. 4.

196 Es handelte sich um ein Verfahren zur Schwefelgewinnung aus Hochofenschlacke. Haniel-Archiv, Nr. 300193005/6, 302101/11. Beteiligte Kriegsgesellschaft war hier die Protol-Gesellschaft, mit der die Gutehoffnungshütte den Vertrag abschließen sollte.

aufgrund von technischen Problemen oder Versorgungsschwierigkeiten nicht zu ihren Lasten gingen[197].

Die Behörden hatten anders gelagerte Interessen. Ihnen war an der möglichst schnellen Fertigstellung der Anlagen gelegen, um den ständig wachsenden Bedarf befriedigen zu können. Im Konflikt damit stand das Ziel, die Kosten zu begrenzen, da auch die staatlichen Finanzquellen nicht unerschöpflich waren. Das bedeutete, Sicherheiten für die Rückzahlung von Krediten bzw. für eine erfolgreiche und rentable Produktion zu schaffen und die Preise für die Produkte niedrig zu halten. Schließlich stellte eine Abnahmegarantie bei Kriegsende erhebliche finanzielle Anforderungen. Es wird zu fragen sein, welche Institutionen diese Interessen jeweils vertraten und wie sich der Konflikt in den Verhandlungen niederschlug. Zu diesem Zweck konzentrieren wir uns auf die Vereinbarungen über die Finanzierung, über die Festsetzung der Preise und über die Regelung des Absatzes. Ziel ist es, zu einer differenzierten Einschätzung der Politik von Behörden, Kriegsgesellschaften und Unternehmen zu gelangen.

Das Reich konnte Produktionssteigerungen entweder mit Darlehen oder Zuschüssen finanzieren; eine weitere Möglichkeit stellte die staatliche Beteiligung dar. Anlagen, die nur für die Kriegsproduktion gedacht waren, im folgenden als Kriegsanlagen bezeichnet, erhielten in der ersten Hälfte des Krieges eine bevorzugte Behandlung. Sie wurden vor allem, zum Teil sogar ausschließlich, mit Zuschüssen finanziert. Eine der ersten Förderungen dieser Art war die Sicherstellung von Salpeter für die Herstellung von Munition durch die Kriegsrohstoffabteilung[198]. Den Ausschlag für diese Finanzierung gab die Überlegung, daß die geforderten Anlagen nach dem Krieg nicht mehr benutzt werden könnten. Dem entsprach die Klausel in den Verträgen, nach der die Firmen die Zuschüsse zurückbezahlen müßten, wenn sie die Anlagen nach Friedensschluß weiterbetreiben wollten.

In den Verhandlungen wurde die Höhe des Zuschusses weitgehend einheitlich auf 0,75-0,8 Mio. M je 1 000 kg Salpeter festgelegt, da "jede Mehrbe-

---

[197] Vgl. zu Konventionalstrafen und Entschädigungsregelung auch unten, S. 374ff.

[198] Entsprechende Verträge wurden abgeschlossen mit der Badischen Anilin- und Sodafabrik: Schr. Vorstand an AR der BASF vom 18. Dez. 1914, BASF, C10, Briefwechsel 1914-1916, mit den Farbwerken vorm. Meister Lucius und Brüning: Vertrag Hoechst-KRA vom 11. Jan./12. März 1915, Hoechst-Archiv, 18/1/12, mit den Farbenfabriken vorm. Friedrich Bayer: Vertrag Bayer-KRA vom 15. Jan./12. März 1915, § 3, Bayer-Archiv, 201/9, mit der Chemischen Fabrik Griesheim-Elektron: Vertrag Griesheim-KRA vom 20. Jan./11. März 1915, BASF, B4/2481, sowie, etwas später, mit der AG für Anilinfabrikation: Vertrag Agfa-KRA vom 5./21. Juli 1915, BASF, B4/2482. Die weiteren Ausführungen beziehen sich auf diese Verträge, falls keine anderen Angaben gemacht werden.

willigung an eine der Firmen den bittersten Widerspruch der anderen finden würde"[199]. Die AG für Anilinfabrikation erhielt einen höheren Satz, doch verknüpfte die Kriegsrohstoffabteilung damit die zusätzliche Bedingung, daß die Fabrik auch nach Kriegsende für weitere zehn Jahre in Bereitschaft gehalten wurde, was z.B. die Farbenfabriken vorm. Friedrich Bayer strikt ablehnten[200].

Ähnliche Zusammenhänge bestanden in der ersten Phase beim Ausbau der Kupfer- und Aluminiumkapazitäten, der ebenfalls von der Kriegsrohstoffabteilung geleitet wurde. Anfang 1915 übernahm die Kriegsmetall AG die Kosten für die Erweiterung bis zu einer festgelegten Höhe[201]. Im Fall der erfolgreichen Produktionsaufnahme führte die Gesellschaft einen festgelegten Satz der Verkaufserlöse an das Reich ab. Somit mußten die Konsumenten die Rückzahlung finanzieren. Sollten die erzeugten Mengen allerdings nicht ausreichen, um über diese Abgabe die Darlehen zurückzuzahlen, mußten die Kriegsmetall AG bzw. das Reich die Kosten tragen[202]. Auch hier wurde der für die Firmen sehr günstige Finanzierungsmodus damit begründet, daß die zusätzlichen Kapazitäten nach dem Krieg nicht auszulasten seien[203].

Nach demselben Muster übernahm die Kriegsmetall AG 1915/16 die Baukosten für die Aluminiumanlagen in Horrem, Rummelsburg und Bitterfeld in Höhe von maximal 10,6 Mio. M[204]. Im Unterschied zur Kupferproduktion

---

[199] Schr. Haber an Hoechst vom 23. Nov. 1914, Hoechst-Archiv, 18/1/12; Zitat ebd.; [Moellendorff:] Tätigkeitsbericht über Kriegschemikalien, Ergänzungen zu dem am 26. Jan. 1916 in der KRA vorgetragenen Referat, S. 7ff., BAK, NL 158 Moellendorff, Nr. 102; Schr. Duisberg an Haber vom 16. Nov. 1914, Bayer-Archiv, 201/6.2, Bd. 3.

[200] Vertrag Agfa-KRA vom 5./21. Juli 1915, BASF, B4/2482; Schr. Duisberg an Kloeppel vom 7. März 1917, Bayer-Archiv, 201/6.3, Bd. 4.

[201] BAAP, KMA 87.37, Nr. 238, § 1,2, Bl. 67 (Norddeutsche Affinerie), 62 (Hüttenwerk Niederschöneweide AG vorm. I.F. Ginsberg), 47 (Hüttenwerke C. Wilhelm Kayser & Co AG); Schr. KMA an KRA vom 22. Jan. 1915, BAAP, KMA 87.37, Nr. 238, Bl. 44f. Genauso war auch der Vertrag mit der Hirsch, Kupfer- & Messingwerke AG vom 1. Juni 1915 gestaltet. BAAP, KMA 87.37, Nr. 428, Bl. 1f.

[202] Die Kriegsmetall AG schlug 12,- M je 100 kg produzierten Kupfers auf die Verkaufspreise. Schr. KRA an KMA vom 26. März 1915, BAAP, KMA 87.37, Nr. 238, Bl. 32f.

[203] Schr. KMA an KRA vom 22. Jan. 1915, BAAP, KMA 87.37, Nr. 238, Bl. 44. Das einzige finanzielle Zugeständnis der Produzenten bestand darin, daß sie die Löhne für die Umarbeitung auf Elektrolyt- bzw. Raffinadekupfer auf die Hälfte der sonst üblichen Tarife senkten. Ebd.

[204] Vertrag Bitterfeld vom 1. März 1917 u. 9./13. März 1916, § 3, BAAP, KMA 87.37, Nr. 463, Bl. 5; Vertrag Horrem und Rummelsburg vom 1. März 1917/15. Sept. 1916, § 3, 6, BAAP, KMA 87.37, Nr. 467, Bl. 2, 5.

waren diese Gelder aber von vorneherein als verlorene Zuschüsse gedacht[205]. In anderen Bereichen jedoch sollten die Unternehmen selbst bei erfolgreicher Produktion zur Finanzierung herangezogen werden, so etwa bei der Erzförderung an der Nahe[206].

An den Kosten der Anlagen, die nicht nur im Krieg, sondern auch im Frieden zu nutzen waren, im folgenden kurz Friedensanlagen genannt, mußten sich die Firmen dagegen auf jeden Fall beteiligen. Dies machen die Verhandlungen um die Steigerung der Schwefelerzeugung mit Militärbehörden und Kriegschemikalien AG deutlich. Schon bei den Versuchsanlagen für Schwefel aus Gips übernahmen die beiden beteiligten Unternehmen die Hälfte bzw. zwei Drittel der Kosten[207]. Eine Ausnahme machten die Farbenfabriken vorm. Friedrich Bayer. Hier wollte die Kriegschemikalien AG die gesamten Kosten tragen, forderte dafür aber einen Gewinnverzicht der Firma. Im Gegensatz zu den Verträgen, die die militärischen Behörden abschlossen, steht die Begründung der Kriegschemikalien AG für ihr Engagement. Nicht obwohl, sondern gerade weil dieses Verfahren für die Friedenszeit brauchbar erschien, lag eine Beteiligung des Reiches im Interesse der Allgemeinheit[208].

Die neuen Verfahren erwiesen sich bald als praktikabel und, in unserem Zusammenhang wichtig, sie versprachen, auch für die Nachkriegszeit verwend-

---

[205] Aufstellung KMA über Beteiligungen an Unternehmungen o.D., BAAP, KMA 87.37, Nr. 171, Bl. 4.

[206] So mußten die Betreiber im Fall der Produktionsaufnahme 8,3% des Preises als Amortisation abführen. Dies sollte allerdings nur solange gelten, bis die Hälfte des Darlehens zurückgezahlt sein würde. Vertrag KMA-Abresch und Konsorten vom 8. März 1916, § 8-10, BAAP, KMA 87.37, Nr. 238, Bl. 6f. Die Erzerschließung an der Nahe wurde für das Reich ein Verlustgeschäft, denn die Produktion wurde nicht aufgenommen. Aufstellung der KMA über Beteiligungen an Unternehmungen o.D., BAAP, KMA 87.37, Nr. 171, Bl. 4.

[207] 13. Prot. der SVK der KCA vom 22. Febr. 1915, BAAP, KCA 87.29, Nr. 68, Bl. 65f.; Aktennotiz über Sitzung zur Bildung einer Versuchsgesellschaft für das Studium der Schwefelsäuregewinnung aus Gips vom 19. Aug. 1915, BAAP, KCA 87.29, Nr. 18, Bl. 39ff.

[208] Vertragsentwurf Bayer-KCA, § 1, 3, am 15. Nov. 1915 bei Moellendorff eingegangen, BAK, NL 158 Moellendorff, Nr. 114; Schr. Duisberg an E. Fischer vom 10. Nov. 1915, Bayer-Archiv, 201/6.3, Bd. 4. Angesichts dieser Vertragsbedingungen erscheint die Aussage Duisbergs in seiner Denkschrift von 1916, daß das in Leverkusen entwickelte Verfahren zur Herstellung von Schwefel aus Gips so günstig sei, daß man "keine staatliche Subvention nötig und deshalb eine solche nicht verlangt [habe]" eher Wunsch denn Wirklichkeit gewesen zu sein. [Denkschrift Duisberg] "Die Versorgung Deutschlands mit Schwefel und Schwefelsäure während des Krieges 1914, 1915 u. 1916", S. 13, Bayer-Archiv, 201/6.3, Bd. 5.

bar und wirtschaftlich zu sein[209]. Bei den nachfolgenden Verhandlungen um die Errichtung von Großanlagen versuchte die Industrie, möglichst die gesamten Kosten auf den Staat abzuwälzen, konnte sich damit aber nicht durchsetzen. So erhielten die Farbenfabriken vorm. Friedrich Bayer nur die Hälfte der Kosten ersetzt und mußten selbst je 1 Mio. M pro Ofen übernehmen, was die Firmenvertreter als äußerstes Zugeständnis angesehen hatten[210]. Die volle Finanzierung ihrer Anlage in Neckarzimmern durch den Fiskus im Herbst 1916 erreichte die Badische Anilin- und Sodafabrik nur, weil sie auf ein Recht zur Eigennutzung verzichtete[211].

Im Laufe des Krieges verwischte sich diese Unterscheidung. Auf der einen Seite übernahm der Fiskus ab 1916 auch bei Friedensanlagen alle Kosten, die durch Erhöhung von Löhnen sowie Preisen für Rohmaterialien und Energie anfielen. Beispielsweise sicherte das Reich beim Ausbau der Merseburger Ammoniakanlage auf Drängen der Badischen Anilin- und Sodafabrik im Herbst 1916 zu, die gesamten Kosten durch ein verzinsliches Darlehen von 52 Mio. M und außerdem kriegsbedingte Mehrkosten, die auf 12 Mio. M geschätzt wurden, mittels eines verlorenen Zuschusses zu finanzieren[212]. Auch die Aluminiumproduktion unterstützte der Fiskus in dieser Weise ausdrücklich mit der Begründung, daß Verteuerungen aufgrund des Krieges nicht den Firmen angelastet werden dürften[213].

---

[209] [Denkschrift Duisberg] "Die Versorgung Deutschlands mit Schwefel und Schwefelsäure während des Krieges 1914, 1915 u. 1916", S. 10ff., Bayer-Archiv, 201/6.3, Bd. 5.

[210] Schr. Hoechst an Haeuser vom 5. Juni 1916, Hoechst-Archiv, 18/1/14; Prot. Sitz. in der Kalchemie vom 6. Juni 1916, Bayer-Archiv, 201/6.3, Bd. 5; Vertrags-Entwurf, § 3, Anlage zum Schr. Agfa an IG-Firmen vom 25. Mai 1916, Hoechst-Archiv, 18/1/14; Schr. Bayer an IG-Firmen vom 7. Juni 1916, Bayer-Archiv, 201/6.3, Bd. 5; Vertrag Bayer-Wumba vom 22. Febr./29. Jan. 1917, § 6, Bayer-Archiv, 201/9.

[211] Prot. Engere Kommission des AR der BASF Nr. 46 vom 27. Okt. 1916, BASF, C10, Protokolle; Memo Esfabrik [=Schwefelfabrik] Neckarzimmern vom 28. Mai 1918, BASF, B4/1968.

[212] Vertrag BASF-RSchA vom 19./28. Apr. 1916, BASF, B4/966; Plumpe, I.G. Farbenindustrie, S. 75. Die Badische Anilin- und Sodafabrik hatte damit ihre Forderungen im wesentlichen durchgesetzt; sie mußte lediglich auf die Zinsfreiheit des Darlehens verzichten. Bericht der Stickstoffabt. der BASF für Hüttenmüller vom 8. Febr. 1916, BASF, A18/32a. Allerdings mußte sie auch eine staatliche Gewinnbeteiligung von 25% akzeptieren. Vgl. unten S. 212ff.

[213] Erweiterungsvertrag EW vom 6./17. März 1917, BAAP, RKG 89.05, Nr. 211.

Auf der anderen Seite mußten sich die Firmen auch an Kriegsanlagen stärker beteiligen[214]. Der Vertrag der Farbwerke vorm. Meister Lucius und Brüning mit der Feldzeugmeisterei vom August 1916 hielt zwar ausdrücklich fest, daß das Reich die Kosten für die Neubauten tragen würde, da eine Verwertung im Frieden nicht möglich sei. De facto gab der Fiskus jedoch keinen Zuschuß, sondern ein Darlehen, das mit der Aufnahme der Produktion in monatlichen Raten zurückbezahlt werden sollte, und dies sogar mit einer 5%igen Verzinsung[215].

Eine etwas andere Interessenlage bestand beim Ausbau der Ilseder Hütte. Die Kriegsrohstoffabteilung war auch 1916/17 noch bereit, die gesamten Kosten zu übernehmen, weil es sich um eine reine Kriegsanlage handelte. Sie stellte allerdings die zusätzliche Bedingung, daß die Anlagen nach Kriegsende dem Reich zur Verfügung stehen müßten[216]. Nicht nur dies war problematisch für die Betreiber der Hütte, sondern auch die Abnahmeverpflichtungen, welche die Behörden vorsahen, um die Kosten zu decken. Die Kriegsrohstoffabteilung wollte keinen verlorenen Zuschuß geben, sondern ein Darlehen, das die Verbraucher, ähnlich wie bei den Kupferverträgen, mittels einer Abgabe aus den Verkaufserlösen zurückzahlen sollten. Deshalb war sie daran interessiert, daß die übrigen Stahlwerke feste Liefermengen mit der Ilseder Hütte vereinbarten[217].

Dagegen protestierten die Unternehmensvertreter heftig. Sie wollten sich ihre Verkaufspolitik nicht vorschreiben lassen, schon gar nicht im Frieden. Wie wichtig ihnen diese Freiheit bei der Verfügung über die geförderten Erze war, zeigt ihre Bereitschaft, ein Fünftel der Kosten zu übernehmen[218]. Eine entsprechende Aufteilung wurde im Vertrag dann auch festgeschrieben. Andere Vorstellungen als die Militärbehörde verfolgte dagegen das Finanzressort. Es

---

[214] Schr. Bayer an IG-Firmen vom 29. Juli 1916, Hoechst-Archiv, 18/1/21; Prot. Direktoriums-Sitz. vom 2. März 1915, Bayer-Archiv; Äußerung Plieninger in der AR-Sitz. der KCA vom 28. Jan. 1915, Prot. Mann über diese Sitz., Bayer-Archiv, 201/3.

[215] Oleum-Vertrag (Hoechst) vom 23. Aug. 1916, § 5 u. 7, Hoechst-Archiv, 4 (Weltkrieg I).

[216] Schr. Boersch [Beauftragter des Kriegsministeriums bei der IH] an KRA vom 23. Nov. 1916, BAAP, EZ 87.10, Nr. 381, Bl. 28; Prot. Sitz. 19. Jan. 1917, BAAP, KEZ 87.25, Nr. 78, Bl. 15; Schr. IH an EZ vom 10. Jan. 1917, BAK, R 2, Nr. 1254, Bl. 31ff.; Vertragsentwurf EZ-IH § 8, Anlage zu Schr. KEZ an RSchA vom 29. Jan. 1917, BAK, R 2, Nr. 1254, Bl. 8.

[217] Vertragsentwurf EZ-IH § 5, Anlage zu Schr. KEZ an RSchA vom 29. Jan. 1917, BAK, R 2, Nr. 1254, Bl. 6.

[218] Treue, Ilseder Hütte, S. 133f.; Denkschrift zu einem Vertrage, Anlage zu Schr. KEZ an RSchA vom 15. Jan. 1917, BAK, R 2, Nr. 1254, Bl. 26f.; Schr. Boersch an KEZ vom 24. Febr. 1917, BAAP, EZ 87.10, Nr. 381, Bl. 69f.

forderte eine Selbstbeteiligung in Höhe von zwei Fünftel, konnte sich damit aber nicht durchsetzen[219].

Eine andere Perspektive eröffnet der Blick auf die Finanzierung der Projekte, in denen das Reichsschatzamt die Verhandlungsführung übernahm. Sowohl bei den Stickstoff- als auch bei den Aluminiumfabriken konzentrierte die Behörde ihr Bemühen darauf, staatliche Beteiligungen durchzusetzen, um das Reich an den in der Nachkriegszeit erwarteten Gewinnen partizipieren zu lassen. Dabei war sie, gemessen an dem langfristigen Engagement, zu weitreichenden Zugeständnissen an die Firmen bereit.

Erfolg hatte das Reichsschatzamt zuerst bei der Produktion von Kalkstickstoff. Nach ergebnislosen Verhandlungen mit den Bayerischen Stickstoffwerken und der Deutschen Bank wurde ein Weg beschritten, den das preußische Finanzministerium im Dezember 1914 noch abgelehnt hatte, nämlich Errichtung und Betrieb neuer Werke durch die Bayerischen Stickstoffwerke, aber auf Rechnung des Reiches. Mit dem Vertrag vom 5. März 1915 wurde das Reich Eigentümer der gesamten Werke. Das Unternehmen erhielt für die Ausführung der Bauten eine Vergütung in Höhe von 7,5% der Kosten und für die Betriebsführung neben einer gut dotierten Lizenzgebühr 25% des Gewinns[220].

Eine wichtige Rolle spielte die staatliche Beteiligung auch in der Politik des Reichsschatzamts gegenüber der Badischen Anilin- und Sodafabrik. Allerdings drehten sich die Diskussionen bei der Ammoniakherstellung im wesentlichen um eine Gewinnbeteiligung. Die Errichtung einer Anlage auf Rechnung des Reiches wehrte das Unternehmen frühzeitig ab[221]. Die Behörde setzte im

---

[219] Anmerkungen zum Vertragsentwurf EZ-IH § 3, Anlage zu Schr. KEZ an RSchA vom 29. Jan. 1917, BAK, R 2, Nr. 1254, Bl. 5; Verzeichnis laufende Verträge der EZ vom 8. Okt. 1918, BAAP, KEZ 87.25, Nr. 2, Bl. 101.

[220] Die Lizenzgebühr betrug 2,5 Pfg/kg Stickstoff. Vertrag RSchA-BStW vom 5. März 1915, § 4, 8 u. 9, BAAP, RKG 89.05, Nr. 156. Dieselben Vereinbarungen wurden für die Erweiterungsanlagen getroffen. I. Zusatzvertrag RSchA-BStW vom 11./2. Mai 1916, § 4 u. 6, BAAP, RKG 89.05, Nr. 156. Den Ausbau der Kapazitäten anderer Unternehmen für Kalkstickstoff unterstützte das Reichsschatzamt durch die Vergabe verzinslicher Darlehen, z.B. den Ausbau der Lonza-Werke in Waldshut. Vertragsentwurf RSchA-Lonza vom 27. Febr. 1915, BAAP, RJM 30.01, Nr. 8064, Bl. 12ff.

[221] Diese Forderung wurde vom Reichsschatzamt nur im April 1915 und im Oktober 1916 erhoben, angesichts des Widerstandes der Firma aber sofort wieder fallen gelassen. Prot. Engere Kommission des AR der BASF Nr. 43 vom 16. Apr. 1915, BASF, C10, Protokolle; Plumpe, I.G. Farbenindustrie, S. 80. Daß die Badische Anilin- und Sodafabrik großen Wert auf ihre Unabhängigkeit bezüglich der unternehmerischen Entscheidungen legte, beweist auch die Tatsache, daß sie für den Ausbau der Oppauer Anlage im Oktober 1915 bewußt auf staatliche Darlehen verzichtete, um keine Beschränkungen im

Frühjahr 1916 eine solche Gewinnbeteiligung in Höhe von 25% durch. Dafür kam das Reich dem Unternehmen bei der Finanzierung und der Abnahme entgegen[222].

Im Rahmen der Erweiterung der Ammoniakanlage Merseburg brachte der neue Staatssekretär des Reichsschatzamts von Roedern im Oktober 1916 die Frage einer intensiveren staatlichen Einbindung in die Verhandlungen ein. Das Reich sollte nicht nur an den Gewinnen, sondern auch an der Organisation des Absatzes beteiligt werden. Unterstützt wurde er von Helfferich, seinem Vorgänger, der nunmehr in seiner Funktion als Stellvertreter des Reichskanzlers an den Verhandlungen teilnahm. Beide drängten angesichts der hohen Investitionen des Reiches auf eine Beteiligung an den Erträgen. Diese erheblichen Eingriffe konnte die Badische Anilin- und Sodafabrik jedoch abwehren; sie gestand lediglich eine beschränkte Gewinnbeteiligung zu, wie sie die Kriegsrohstoffabteilung gefordert hatte. Für die staatlichen Finanzierungshilfen, insgesamt 180 Mio. M, wurde eine 10%ige Amortisationsrate vereinbart[223]. In den Verhandlungen im April 1917 wurde die Beteiligungsfrage unter Führung des Reichskommissars für Stickstoff nochmals aufgeworfen, ohne aber Verbesserungen für das Reich zu erzielen[224]. Dennoch hingen derartige Ansprüche des Staates in der ganzen Zeit über der Badischen Anilin- und Sodafabrik wie ein Damoklesschwert. Im Herbst 1917 verzichteten die Verantwortlichen des Unternehmens auf eine Revision der Verträge für eine weitere Vergrößerung

---

Verkauf akzeptieren zu müssen. Erst im Apr. 1917 verhandelte sie mit dem Reich über dessen Beteiligung an den Erweiterungskosten. Prot. Engere Kommission des AR der BASF Nr. 44 vom 25. Okt. 1915 und Nr. 47 vom 30. Apr. 1917, BASF, C10, Protokolle.

[222] Die Gewinnbeteiligung war begrenzt. Sie galt nur solange, bis der verlorene Zuschuß von 12 Mio. M amortisiert war, höchstens aber 10 Jahre. Schr. Vorstand an Vors. des AR der BASF Glaser vom 11. Apr. 1916, BASF, C10, Briefwechsel 1914-1916; Plumpe, I.G. Farbenindustrie, S. 76.

[223] Vertrag BASF-RSchA vom 1./14. Dez. 1916, BASF, B4/966; Vormerkung über die Verhandlung in der KRA am 8. Aug. 1916, BASF, A18/32a; Prot. Engere Kommission des AR der BASF Nr. 46 vom 27. Okt. 1916, BASF, C10, Protokolle; Plumpe, I.G. Farbenindustrie, S. S. 78ff. Die Zahlung der Amortisation sollte erst nach Erreichung der vollen Betriebsleistung beginnen.

[224] Prot. Engere Kommission des AR der BASF Nr. 47 vom 30. Apr. 1917; BASF, C10, Protokolle. Ebenfalls beteiligt war Moellendorff, Reichskommissar für Kalkstickstoff. BAK, NL 158 Moellendorff, Nr. 104, passim; Plumpe, I.G. Farbenindustrie, S. 81f.

Merseburgs, "weil wir ein zwangsweises Eingreifen des Reiches mit seinen für uns nicht übersehbaren Folgen zu vermeiden wünschen"[225].

Bei der Aluminiumproduktion, die nach der Stickstoffförderung die höchsten Subventionen im Ersten Weltkrieg erhielt, drängte das Reichsschatzamt ebenfalls auf eine staatliche Beteiligung und bot dafür eine großzügige Finanzierung. Für die Vereinigte Aluminium-Werke AG wurden 125 Mio. M, für die Erftwerk AG 35 Mio. M und für das Innwerk 40 Mio. M veranschlagt. Davon übernahm das Reich jeweils den Löwenanteil in Form von meist zinslosen Darlehen, Stammaktien oder Teilschuldverschreibungen. Deren Rückzahlung, das setzten die Firmen durch, stand immer ganz am Ende bei der Verwendung des Reingewinns, nach Ausschüttung von Dividenden und Zinsen für Genußscheine[226]. Dazu kam das Angebot weiterer Darlehen, zum Teil auch von verlorenen Zuschüssen, für mögliche Kostenerhöhungen aufgrund kriegsbedingter Lohn- und Preissteigerungen[227].

Im Gegenzug gestanden die Unternehmen eine staatliche Beteiligung an den neuen Aktiengesellschaften zu, in Höhe von 50% bei der Vereinigten Aluminium-Werke AG und von 33% bei der Erftwerk AG[228]. Das bedeutete nicht nur Beteiligung am Gewinn der Gesellschaften, sondern auch Einflußnahme auf die Betriebsführung. Die Industrievertreter machten aus ihrer "prinzipiellen Abneigung gegen eine Beteiligung des Staates an industriellen Unternehmungen"

---

[225] Prot. Engere Kommission des AR der BASF Nr. 48 vom 2. Nov. 1917, BASF, C10, Protokolle.

[226] Syndikatsvertrag VAW vom 14. Apr. 1917, § 3, Gesellschaftsvertrag vom 21. Apr. 1917, § 31, BAAP, RKG 89.05, Nr. 191. Die Reihenfolge der Gewinnverwendung ging auf entsprechende Bestrebungen der Chemischen Fabrik Griesheim-Elektron zurück. Prot. Nr. 46 des AR Griesheim vom 16. Dez. 1916, Hoechst-Archiv, S. 64f. Aktien-Syndikatsvertrag EW vom 3./13. Juli 1916, § 4, Gesellschaftsvertrag vom 1. Sept. 1916, § 11, ACDP I-220, Nr. 201/3; Syndikatsvertrag IW, § 1 und Gesellschaftsvertrag vom 27. Apr. 1917, § 32, SAA 11/Lb 71 Haller.

[227] Aktien-Syndikatsvertrag EW vom 3./13. Juli 1916, § 4, ACDP I-220, Nr. 201/3; Erweiterungsvertrag EW vom 6./17. März 1917, BAAP, RKG 89.05, Nr. 211; Syndikatsvertrag VAW vom 14. Apr. 1917, § 3, BAAP, RKG 89.05, Nr. 191.

[228] Syndikatsvertrag VAW vom 14. Apr. 1917, § 2, BAAP, RKG 89.05, Nr. 191. Aktien-Syndikatsvertrag EW vom 3./13. Juli 1916, § 1, Gesellschaftsvertrag vom 1. Sept. 1916, § 5, ACDP I-220, Nr. 201/3. Beim Innwerk war der staatliche Anteil etwas höher, da neben dem Reich (4 Mio. M) auch der bayerische Staat 1,2 Mio. M des Aktienkapitals von 13,2 Mio. M übernahm. Gesellschaftsvertrag IW vom 27. Apr. 1917, § 5, SAA 11/Lb 71 Haller; Aktennotiz Haller vom 22. März 1917, SAA 11/Lb 59 Haller.

keinen Hehl[229]. Wenn schon, dann sollte das Reich das gesamte Risiko für die Aluminiumproduktion in und nach dem Krieg, das die Unternehmer viel höher einschätzten als das Reichsschatzamt, einschließlich der Finanzierung übernehmen und Werke auf eigene Rechnung bauen und betreiben lassen wie bei der Kalkstickstoffproduktion[230]. Da die Industrie damit jedoch nicht durchdringen konnte, versuchte sie mit weitgehendem Erfolg, zumindest die Finanzierungslasten im wesentlichen auf das Reich abzuwälzen und die staatliche Einflußnahme im Aufsichtsrat möglichst zu beschränken[231].

Fragt man nach den Ursachen für diese insgesamt überaus günstigen Bedingungen aus Sicht der Aluminiumfirmen, stößt man nicht nur auf den dringenden Bedarf an Metallen und auf den starken Willen der Behörde zur Durchsetzung von Beteiligungen, sondern auch auf die industriefreundliche Haltung des wichtigsten Verhandlungsführers des Reichsschatzamts, Gustav Lueck. Im November 1916 vertrat Lueck gegenüber den Firmen genau wie Helfferich im Frühjahr 1916 noch die Ansicht, daß das Reich keine verlorenen Zuschüsse zu leisten bereit sei, solch eine Finanzierung käme höchstens für Kriegsanlagen in Frage[232]. Im Januar 1917 betonte Lueck dann aber in seinem Bericht für von Roedern, daß die Verträge für die Vereinigte Aluminium-Werke AG notfalls mit verlorenem Zuschuß abgeschlossen werden müßten, da die Firmen angesichts der Dringlichkeit des Projektes keine weiteren Zugeständnisse machen würden[233]. Gleichzeitig trat er für die Vorstellungen der Chemischen Fabrik Griesheim-Elektron und der Metallbank und Metallurgischen Gesellschaft bezüglich des Werts der schon bestehenden Anlagen ein. Ihnen wurden 14,4 Mio. M auf ihren Aktienanteil angerechnet, obwohl das Reichsschatzamt zunächst nur 11 Mio. M zugestehen wollte[234]. Sehr wohlwol-

---

[229] Notiz Zintgraff über Besprechung auf dem RSchA am 2. Nov. 1916, Hoechst-Archiv, 2/24/17; Zitat ebd.

[230] "Vereinigte Aluminium-Werke A.G.", A. Merton im Dez. 1916, Hoechst-Archiv, 2/24/17.

[231] An der Vereinigten Aluminium-Werke AG übernahmen die Firmen immerhin 25 Mio. M des Aktienkapitals. Das Reich kam ihnen sehr entgegen, indem sie die bestehenden Anlagen einbringen und damit etwa drei Fünftel ihres Anteils abgelten konnten. Dabei ist zu berücksichtigen, daß auch diese Anlagen mit erheblicher staatlicher Beteiligung errichtet worden waren. Gründungsbericht VAW vom 21. Apr. 1917, BAAP, RKG 89.05, Nr. 191.

[232] Notiz Zintgraff über Besprechung auf dem RSchA am 2. Nov. 1916, Hoechst-Archiv, 2/24/17; Schr. Deutsch an Helfferich vom 29. Apr. 1916; Prot. vertrauliche Sitz. am 18. Nov. 1916 [Direktoren der SSW], SAA 11/Lb 59 Haller.

[233] Vorlage Lueck für StS vom 18. Jan. 1917, BAAP, RKG 89.05, Nr. 191.

[234] Notiz Zintgraff über Besprechung auf dem RSchA am 2. Nov. 1916, Hoechst-Archiv, 2/24/17; Vorlage Lueck für StS vom 18. Jan. 1917, BAAP, RKG

lend zeigte sich Lueck gegenüber der Erftwerk AG. So gab er z.B. im Sept. 1917 recht detaillierte Hinweise an das Rheinisch-Westfälische Elektricitätswerk, wie der Antrag auf weitere Darlehen für die Erftwerk AG argumentativ auszugestalten sei und auf welchem Wege er beim Reichsschatzamt eingebracht werden sollte[235].

Eine staatliche Beteiligung an der Ilseder Hütte wurde ebenfalls diskutiert, aber erst nach Kriegsende. Im Januar 1919 schlug die Kriegsrohstoffabteilung diesen Weg als den geeignetsten vor, um die finanziellen Interessen des Reiches zu sichern[236]. Das Reichsschatzamt griff diese Anregung auf, was im Zuge der Sozialisierungsdebatte zu Verhandlungen um die Enteignung der Ilseder Hütte führte. Das Unternehmen versuchte dagegen, durch Rückzahlung der gesamten Zuschüsse der Eisenzentrale den Vertrag abzulösen[237].

In allen diesen Verhandlungen wurde eine Begrenzung der Kosten aus Rücksicht auf die Reichsfinanzen von den Behörden nicht thematisiert, weder von der militärischen Seite noch vom Reichsschatzamt. Einziger Verfechter einer solchen Kostendämpfungspolitik war eine der Kriegsgesellschaften, die Kriegsmetall AG. Sie setzte in einer Reihe von Verträgen durch, daß Kostenerhöhungen zu Lasten der Firmen gingen. Das war durchgängig der Fall bei der Kupferproduktion, wo es auch keine Überschreitungen gab[238]. Im Aluminiumbereich erreichte die Kriegsmetall AG dagegen nur im Bitterfelder Vertrag eine derartige Klausel. Das Ergebnis war, daß die Firmen für diese Anlage nicht mehr als die im Vertrag vorgesehenen Gelder benötigten. Für die gleichzeitig errichteten Fabriken in Horrem und Rummelsburg, wo es keine entsprechende Zahlungsverpflichtung der Unternehmen gab, reichten die vertraglichen Mittel nicht aus, und das Reich kam für die erhöhten Kosten mit einem verlorenen Zuschuß auf[239].

89.05, Nr. 191; Gründungsbericht VAW vom 21. Apr. 1917, BAAP, RKG 89.05, Nr. 191.

[235] Schr. Lueck an RWE vom 15. Sept. 1917, ACDP I-220, Nr. 120/4.

[236] Schr. KRA an RSchA vom 4. Jan. 1919, BAK, R 2, Nr. 1254, Bl. 123v.

[237] Vgl. BAK, R 2, Nr. 1255 sowie Treue, Ilseder Hütte, S. 134ff., und Treue, Geschichte, S. 452-467, der die Enteignungsdebatte aus Sicht der Ilseder Hütte darstellt.

[238] Kupferverträge: BAAP, KMA 87.37, Nr. 238, Bl. 47, 62, 67; BAAP, KMA 87.37, Nr. 428, Bl. 2. Verluste machte das Reich nicht. Vielmehr wurde die Rückzahlung aus dem Verkauf noch im Krieg abgeschlossen. Besondere Bemerkungen zu Nr. 4-9 in Aufstellung der KMA, BAAP, KMA 87.37, Nr. 171, Bl. 2f.

[239] Vertrag Bitterfeld vom 1. März 1917 u. 9./13. März 1916, § 3, BAAP, KMA 87.37, Nr. 463, Bl. 5. Zu den Kosten vgl. Aufwendungen für Kriegseinrichtungen für die Jahre 1915 & 1916, Hoechst-Archiv, 2/20/13; Aufstellung KMA über Beteiligungen an Unternehmungen o.D., BAAP, KMA 87.37, Nr. 171, Bl. 4.

Diese kostenbegrenzende Politik führte das Reichsschatzamt, das ab 1916 für die Aluminiumverträge verantwortlich war, nicht fort. In den Verträgen gab es keinerlei Anhaltspunkte mehr, daß die Firmen Erhöhungen zu tragen hätten[240]. Die tatsächlichen Kostensteigerungen, die aufgrund der kriegsbedingten Inflation sehr erheblich waren, gingen überall zu Lasten des Reiches. Ähnliches findet sich in der Ammoniakförderung, und auch die Kriegsrohstoffabteilung hatte in ihren Verträgen keine entsprechende Regelungen vorgesehen, weder zu Kriegsbeginn noch später[241]. Für die Kriegsrohstoffabteilung stand nicht nur in den Vertragsverhandlungen, sondern auch in der Durchführung der Subventionen die Sicherung der Kriegsbereitschaft im Vordergrund. Deshalb setzte sie sich über finanzielle Bedenken der Kriegsmetall AG hinweg und förderte auch verlustbringende Projekte, z.B. die Molybdänproduktion der Gewerkschaft Werdenfels[242].

c) Preisfestsetzung

In allen Verträgen zur Produktionsförderung wurden Vereinbarungen über die Preise der herzustellenden Güter getroffen. Behörden und Kriegsgesellschaften verbanden mit der Art der Finanzierung den Anspruch auf die Beeinflussung der einzelnen Preiskomponenten. Sie stritten mit den Firmen vor allem um den Gewinnsatz und um die Amortisationsrate, also um den Anteil des Preises, der für die Abschreibungen und die Tilgung der staatlichen Finanzierungshilfen vorgesehen war. In diesen Auseinandersetzungen standen zum einen hohe Preise als Produktionsanreize, zum anderen ein Gewinnverzicht zur Diskussion, der zu niedrigen Preisen führen sollte. Die erste Variante bot vor allem in den ersten Monaten des Krieges einen Ansatzpunkt für die Produktionsförderung. Allein die Abnahme zu relativ hohen Preisen ermöglichte eine

[240] Aktien-Syndikats- und Gesellschaftsvertrag EW, ACDP I-220, Nr. 201/3; Syndikats- und Gesellschaftsvertrag VAW, BAAP, RKG 89.05, Nr. 191; Syndikats- und Gesellschaftsvertrag IW, SAA 11/Lb 71 Haller.

[241] Zu den Ammoniakverträgen des Reichsschatzamts mit der Badischen Anilin- und Sodafabrik vgl. oben, Anm. 169, S. 201. Für die Kriegsrohstoffabteilung vgl. z.B. Verträge für Natronsalpeter Anfang 1915 oder Schwefelverträge im Sommer 1916. Siehe oben, Anm. 150, S. 196 und 153, S. 197. Auch bei den Beschaffungsstellen finden sich solche Klauseln nicht, z.B. in den Oleumverträgen 1916/17. Siehe oben, Anm. 159, S. 198.

[242] Prot. Nr. 1, Kleine Kommission des AR [der KMA] vom 4. Okt. 1916, BAAP, KMA 87.37, Nr. 72, Bl. 9; Prot. Nr. 70 Direktions-Sitz. KMA vom 20. März 1917, BAAP, KMA 87.37, Nr. 40, Bl. 118, dass. Nr. 78 vom 17. Apr. 1917, ebd., Bl. 110, dass. Nr. 81 vom 25. Apr. 1917, ebd., Bl. 106.

schnelle Amortisation der Anlagen bei den Firmen. Dabei trugen die Unternehmen eine größere Last, denn sie mußten die Gelder für den Ausbau und die Produktion vorstrecken und trugen das Risiko für einen Produktionsausfall. Andererseits übernahm die Kriegsgesellschaft die gesamte Produktion. Arbeiteten die Werke erfolgreich, hatten sie Aussicht auf hohe Gewinne, auch wenn sich die Preise nach bestimmten Fristen automatisch reduzierten.

Diese Förderungsmöglichkeit nutzte die Kriegsmetall AG mit Erfolg bei den Verträgen zur Erhöhung der Tonerdeproduktion im Frühjahr 1915[243]. Bis in den Herbst 1915 schloß auch die Kriegschemikalien AG solche Verträge ohne Darlehen oder Zuschüsse, aber mit einer Abnahmegarantie ab, allerdings nur mit kleineren Firmen[244]. Daß dies für die Firmen eine interessante Alternative darstellte, zeigen Angebote zur Salpetersäureproduktion bei der Kriegsrohstoffabteilung[245]. Zur Regel wurde diese Art der Finanzierung jedoch nicht. Schon seit dem Frühjahr 1915 wurde die Mehrzahl der Projekte mit staatlichen Mitteln direkt finanziert. In den folgenden Jahren geriet eine Förderung über Preisgarantien gänzlich aus der Diskussion, sowohl von seiten der Firmen als auch der Behörden.

Die Idee, durch hohe Preise die Produktion anzukurbeln, fand sich in den späteren Kriegsjahren in anderen Formen wieder. Zum einen nutzte das Waffen- und Munitionsbeschaffungsamt Prämien, um gezielt die Produktion zu steigern. Im Falle der Schwefelsäureanlagen der Metallbank und Metallurgischen Gesellschaft vereinbarte sie einen Gewinnzuschlag, der sich um ein bis zwei Viertel erhöhte, falls die Erzeugung die vereinbarte Menge überstieg[246]. Zum anderen fand sich dieser Ansatz in der Gewährung einer hohen Amortisationsrate. Während in den oben dargestellten Verträgen die Möglichkeit hoher Gewinne im Vordergrund gestanden hatte, sollte hier eine schnelle Abschreibung die Investitionsbereitschaft der Unternehmen fördern. Sehr gut sind wir über die Diskussionen um den Aluminiumpreis informiert, die im folgenden vorgestellt werden.

---

243 Bericht der Abt. H und FZ der KMA vom 17. Febr. 1916, BAAP, KMA 87.37, Nr. 44, Bl. 28; als Beispiel: Vertrag KMA-Giulini vom 20. März 1915 über die Lieferung von Tonerde, BAAP, KMA 87.37, Nr. 238, Bl. 24ff.

244 Vertrag KCA-Elektro-Nitrum-AG vom 9. Sept. 1915, BAAP, KCA 87.29, Nr. 18, Bl. 482ff.

245 Schr. Elektrochemische Werke Bitterfeld an PKM vom 14. Mai 1915, RFM 21.01, Nr. A 2844, Bl. 74.

246 Besprechung über Gips-Schwefelsäure der Metallbank und Metallurgischen Gesellschaft vom 9. Febr. 1918, BAAP, KCA 87.29, Nr. 119, Bl. 104; Vertrag Wumba-MB/MG § 4 vom 1./5. Juni 1918, BAAP, KCA 87.29, Nr. 117, Bl. 30.

Zu Beginn der Ausbauten im Rahmen des Hindenburg-Programms diskutierten die Firmen Preise für das zu fertigende Aluminium zwischen 2,- M und 3.- M/kg. Sie favorisierten eher niedrigere Preise, um eine Rentabilität nach dem Krieg im Vergleich zu den ausländischen Konkurrenten zu sichern[247]. Doch solche Überlegungen hatten keinen Bestand. Sehr schnell stieg der Aluminiumpreis, so daß er im Herbst 1917 bei 7,50 M/kg angelangt war[248].

Die Verhandlungen mit der Kriegsmetall AG um die Lieferverträge, in denen die Preise festgesetzt wurden, machen deutlich, daß das Reichsschatzamt sehr viel stärker als die Unternehmen an einer hohen Amortisationsrate interessiert war. Denn, argumentierte Lueck, mit einem hohen Preis konnte das Reich die investierten Summen und vor allem die für die Verteuerungen geleisteten Zuschüsse als außerordentliche Ausgaben im Reichshaushalt verbuchen. Dies bringe zwar keine finanzielle Entlastung, verhindere aber eine Diskussion im Parlament, das die oberste Finanzbehörde ohnehin schon wegen der hohen Subventionierung kritisiert hatte[249]. Daß Reichsschatzamt und Aluminiumfirmen schließlich an einem Strang zogen, macht eine Besprechung Luecks mit Industrievertretern im November 1917 deutlich, in der sich beide Parteien über einen möglichst hohen Preis einig waren. Die Vertreter der Erftwerk AG und der Vereinigten Aluminium-Werke AG wollten entsprechende Kalkulationen, die den Preis von 7,50 M/kg rechtfertigten, aufstellen, damit Lueck sie in die Verhandlungen mit preußischem Kriegsministerium und Kriegsmetall AG einbringen könne[250]. Die Finanzbehörde setzte sich schließlich mit ihren

---

[247] "Vereinigte Aluminium-Werke A.G.", A. Merton im Dez. 1916, Hoechst-Archiv, 2/24/17.

[248] Vermerk Lueck über eine Besprechung am 29. Nov. 1917, ACDP I-220, Nr. 120/4. Vogelstein hatte in seinem Schreiben von einem Preis von über 5,30 M ohne Amortisation gesprochen. Schr. KMA an von der Porten vom 21. Jan. 1918, BAAP, KMA 87.37, Nr. 249, Bl. 75. In der Erftwerk AG spielte dieser Gesichtspunkt im Jan. 1918 keine Rolle mehr. Übersicht über die Gestehungskosten für Aluminium nebst Erläuterungen o.D. [zu Verhandlungen mit KMA im Jan. 1918], ACDP I-220, Nr. 201/2. Hier übernahm vielmehr die Kriegsmetall AG diese Argumentation, wenn sie darauf hinwies, daß die Preisvorstellungen der Erftwerk AG die Konkurrenzfähigkeit des deutschen Aluminiums stark gefährdeten. Schr. KMA an von der Porten vom 21. Jan. 1918, BAAP, KMA 87.37, Nr. 249, Bl. 81.

[249] [Vermerk Vogelstein] über Besprechung mit Lueck am 8. Dez. 1917, BAAP, KMA 87.37, Nr. 466, Bl. 113; Vermerk Lueck über eine Besprechung am 29. Nov. 1917, ACDP I-220, Nr. 120/4.

[250] Vermerk Lueck über eine Besprechung am 29. Nov. 1917, ACDP I-220, Nr. 120/4. Auch hier versuchte Merton mit dem Hinweis auf die Konkurrenzfähigkeit mäßigend zu wirken, was zeigt, daß weniger die Firmen, als vielmehr das Reichsschatzamt die treibende Kraft für hohe Preise war. In der Folge erschien Luecks Preis von 7,50 M/kg gar als Mittelwert: Die Kriegsmetall AG bot 4,42 M/ kg, während die Erftwerk

Vorstellungen durch. Für die Vereinigte Aluminium-Werke AG wurde die Amortisationsrate im Januar 1918 auf 5,- M/kg festgesetzt[251]. Die Erftwerk AG forderte zunächst 2,50 M/kg und erhöhte im März auf 3,- M/kg, was schließlich von der Kriegsmetall AG zugestanden wurde[252].

Das Reichsschatzamt hatte sich damit beharrlich allen Argumenten widersetzt, welche die Kriegsmetall AG gegen eine solche Preisgestaltung anführte. Vogelstein, für Aluminium verantwortliches Vorstandsmitglied der Kriegsgesellschaft, beschreibt die Taktik Luecks aus seiner Sicht folgendermaßen: "Herr Lueck hatte die gute Absicht, - mutig wie die Bürokratie ist - die Verantwortung für die ganze Sache uns aufzuhalsen, indem er sagte, wir sollten den Antrag stellen, dass der hohe Preis gezahlt werde, und er wolle ihn dann unter ausdrücklicher Hervorhebung, dass auch er ihn sehr hoch finde, genehmigen, mit der Auflage, dass V.A.W. [=Vereinigte Aluminium-Werke AG] und E.W. [=Erftwerk AG] den über die normale im Statut vorgesehene Dividende ... hinausgehenden Gewinn einzig und allein zur Rückzahlung auf die Darlehen verwendeten"[253].

AG 6,29 M/ kg forderte, wobei zu beiden 2,50 M Amortisation hinzu kam. Entwurf Vertrag [KMA] vom 2. Jan. 1918, § 4, ACDP I-220, Nr. 201/3; Bemerkungen EW vom 5. Jan.1918 zu dem Vertrags-Entwurf der Kriegsmetall über die Al-lieferungen des Erftwerkes vom 2. Jan. 1918, ACDP I-220, Nr. 201/3. Ähnliches legt die Übereinstimmung zwischen Lueck und dem Vorstand der Erftwerk AG in der Beurteilung der wesentlichen Punkte des Entwurfs der Kriegsmetall AG vom 5. Jan. 1918 nahe. Vgl. ebd. mit Schr. Lueck an Stinnes vom 4. Jan. 1917 [sic! 1918], ACDP I-220, Nr. 201/3.

[251] NSchr. Falk [KMA] vom 5. Jan. 1918, BAAP, KMA 87.37, Nr. 473, Bl. 305; Liefervertrag 14. Juni/9. Okt. 1918, § 6, BAAP, KMA 87.37, Nr. 465, Bl. 13f. Zur Ablehnung der Verantwortung durch die Kriegsmetall AG vgl. auch Schr. KMA an von der Porten vom 21. Jan. 1918, BAAP, KMA 87.37, Nr. 249, Bl. 74ff.

[252] Entwurf Vertrag [KMA] vom 2. Jan. 1918, § 4, ACDP I-220, Nr. 201/3; Bemerkungen EW vom 5. Jan.1918 zu dem Vertrags-Entwurf der Kriegsmetall über die Al-lieferungen des Erftwerkes vom 2. Jan. 1918, ACDP I-220, Nr. 201/3; Ergänzung zum Prot. über AR-Sitz. des EW am 20. März 1918, ACDP I-220, Nr. 239/6; Schr. KMA an KRA vom 4. Juni 1918, BAAP, KMA 87.37, Nr. 494, Bl. 239; Al-Vertrags-Entwurf Kriegsmetall vom 20. Juli 1918, § 6, ACDP I-220, Nr. 120/3.

[253] [Vermerk Vogelstein] über Besprechung mit Lueck am 8. Dez. 1917, BAAP, KMA 87.37, Nr. 466, Bl. 113ff.; Zitat ebd., Bl. 114f. Nicht nur hier zeigte das Reichsschatzamt geringes Interesse an niedrigen Preisen. Lueck befürwortete z.B. auch einen Tonerdepreis für die Erftwerk AG, der um 20,- M über dem lag, den die Gebr. Giulini, Chemische Werke, von der Kriegsmetall AG erhielten. Schr. KMA an von der Porten vom 21. Jan. 1918, BAAP, KMA 87.37, Nr. 249, Bl. 82ff. Ähnliche Ausführungen hatte Vogelstein schon im Dez. 1917 gegenüber Lueck gemacht und die Vermutung geäußert, daß das Reichsschatzamt bereit sei zu zahlen, wenn die Kriegsmetall AG keinen Widerstand leiste. [Vermerk Vogelstein] über Besprechung mit Lueck am 8. Dez. 1917, BAAP, KMA 87.37, Nr. 466, Bl. 116ff.

Zeigte sich so insgesamt die Finanzbehörde bzw. ihr Vertreter Lueck sehr wohlwollend gegenüber den Aluminiumfirmen, galt dies in verstärktem Maße für die Erftwerk AG. Lueck pflegte einen regen Schriftwechsel mit dem Aufsichtsratsvorsitzenden Hugo Stinnes; er schrieb an ihn z.B. am 4. Jan. 1917 [sic! 1918]: "Sie werden es verständlich finden, wenn ich, weil ich gleichzeitig an gleichartigen Verhandlungen mit den V.A.W. [=Vereinigte Aluminium-Werke AG] beteiligt bin, nicht in der Lage bin, die Interessen des E.W. [=Erftwerk AG] in den Vordergrund zu rücken und sie mit dem Nachdruck zu vertreten, wie ich es wünschte. Ich möchte es aber nicht unterlassen, Ihnen meine Gedanken zu dem Vertragsentwurf [der KMA], insbesondere zu der im § 4 aufgestellten Formel [=Preisformel], zu entwickeln und Ihnen ergebenst anheimstellen, sie bei den Verhandlungen zu verwerten." Die dann folgenden "Gedanken" sind Argumente für die Durchsetzung der Position der Erftwerk AG in den Verhandlungen mit der Kriegsmetall AG[254].

Aber auch die Kriegsrohstoffabteilung bot der Kriegsmetall AG nur bedingte Unterstützung für ihre Politik gegenüber den Unternehmern. Zwar machte sich von der Porten, der Kommissar der Gesellschaft, für ihre Position stark. Er hielt Hugo Stinnes, dem Vertreter der Erftwerk AG, in den Verhandlungen über den Aluminiumpreis entgegen, daß weder Kriegsmetall AG noch Kriegsrohstoffabteilung dazu da seien, "einen Vertrag, nach welchem das Reichsschatzamt ein Darlehen an das Erftwerk gibt, in verschleierter Weise derart umzugestalten, daß aus dem Darlehen ein Geschenk wird"[255]. Die zuständige Sektion der Kriegsrohstoffabteilung verfügte jedoch im März 1918, den Forderungen der Erftwerk AG bezüglich der Amortisationsrate nachzugeben. Der Widerspruch der Kriegsmetall AG dagegen fruchtete nichts[256].

Bisher wurden die Verhandlungen näher beleuchtet, die - aus unterschiedlichen Gründen - zu hohen Preisen der subventionierten Güter führten. Es gab aber auch Bemühungen, die Preise zu begrenzen. Sie gingen von den Militärbehörden aus und waren zu Beginn des Krieges durchaus erfolgreich. In den

---

254 Schr. Lueck an Stinnes vom 4. Jan. 1917 [sic! 1918], ACDP I-220, Nr. 201/3; Zitat ebd. Lueck legte am 21. Aug. 1918 sein Amt als Vertreter des Reichsschatzamts im Aufsichtsrat nieder und wurde am 1. Sept. 1918 zum ordentlichen Vorstandsmitglied der Erftwerk AG. Schr. EW an Stinnes vom 17. Aug. 1918, Schr. Stinnes an Troeger vom 24. Aug. 1918, Schr. Vors. AR des EW an Vorstand EW vom 24. Aug. 1918, ACDP I-220, Nr. 120/3.

255 Prot. Besprechung vom 28. Sept. 1917, BAAP, KMA 87.37, Nr. 494, Bl. 397.

256 Schr. KRA an KMA vom 28. März 1918, BAAP, KMA 87.37, Nr. 494, Bl. 292. Die Kriegsmetall AG bat die Kriegsrohstoffabteilung um eine ausdrückliche Bestätigung, da sie 3,- M/kg "bisher als einen Schreibfehler angesehen" habe. Schr. KMA an KRA vom 4. Juni 1918, BAAP, KMA 87.37, Nr. 494, Bl. 239; Al-Vertrags-Entwurf Kriegsmetall vom 20. Juli 1918, § 6, ACDP I-220, Nr. 120/3.

unter ihrer Führung abgeschlossenen Verträgen setzten sie zunächst durch, daß sie überhaupt Einfluß auf die Preise nahmen, weil sich der Fiskus an den Kosten beteiligte. Ganz klar trat dies bei der Gewährung von Zuschüssen zutage. In den Oleumverträgen von 1916/17 besaßen die Firmen die Option, entweder die gesamten Baukosten selbst zu tragen und für das produzierte Oleum den geltenden Höchstpreis zu erhalten oder einen Zuschuß des Reiches über die Hälfte der Kosten in Anspruch zu nehmen. Taten sie dies, mußten sie ihren Preis aufschlüsseln. Die Anteile für Amortisation, Generalspesen und Gewinn wurden dann neben den Selbstkosten vertraglich festgelegt[257]. Die Feldzeugmeisterei setzte zeitweise allerdings andere Prioritäten. Im Vertrag mit den Farbwerken vorm. Meister Lucius und Brüning vom August 1916 gestand sie zu, Oleum zum Höchstpreis abzunehmen. Sie verzichtete also auf eine direkte Begrenzung des Gewinns und rückte die Steigerung der Produktion in den Vordergrund[258].

Zu Anfang des Krieges erreichte die Kriegsrohstoffabteilung, daß die Firmen als Gegenleistung für die Übernahme der Kosten in Form von verlorenen Zuschüssen auf die Gewährung eines Gewinns verzichteten. Die in den Verträgen vereinbarten Preise ersetzten nur die Selbstkosten, so etwa bei der Salpeterherstellung[259]. Daß die Firmen in der Festsetzung dieser Selbstkosten einen gewissen Spielraum besaßen, zeigen z.B. die Verhandlungen mit den Farbwerken vorm. Meister Lucius und Brüning. Diese Möglichkeiten auszunutzen war um so leichter, als die Kriegsrohstoffabteilung ein Recht auf die Prüfung dieser Kosten nicht geltend machte, weder bei den Verhandlungen noch in den Verträgen[260]. Andererseits zeigte sich die Behörde sehr reserviert

---

[257] Darüber hinaus mußten sie die Anlage auch im Frieden in betriebsfertigem Zustand erhalten. Vertragsentwurf, § 6 u. 7, Anlage zu Schr. Duisberg an Oppenheim vom 14. Sept. 1916, Bayer-Archiv, 201/6.3, Bd. 5; Vertrag Wumba-Bayer vom 22. Febr./29. Jan. 1917, § 6 u. 7, Bayer-Archiv, 201/9. Die Farbenfabriken vorm. Friedrich Bayer entschlossen sich schon früher für einen Zuschuß. Punktationen Direktoriums-Sitz. Bayer vom 20. Juni 1916, Bayer-Archiv. 1917 gab es erneut Überlegungen zum Verzicht auf den Zuschuß, da die tatsächliche Fabrikation sehr gute Gewinne zuließ. Auszug Punktationen der Direktoriums-Sitz. Bayer vom 30. Aug. 1917, Bayer-Archiv, 201/9. Verträge, in denen es um Darlehen ging, waren z.B. die Kupferverträge: BAAP, KMA 87.37, Nr. 238, Bl. 47-71, Nr. 428, Bl. 1-8.

[258] Oleum-Vertrag (Hoechst) vom 23. Aug. 1916, § 10, Hoechst-Archiv, 4 (Weltkrieg I).

[259] Z.B. die Badische Anilin- und Sodafabrik: Schr. Vorstand an AR der BASF vom 18. Dez. 1914, BASF, C10, Briefwechsel 1914-1916.

[260] Im Oktober 1914 lag das Angebot des Unternehmens noch bei 280,- M/t. Vereinbart wurden dann 330,- M/t. Sowohl die Kalkulation als auch der Vertrag legten einen Ammoniakpreis von 0,80 Pfg/kg zugrunde. Kalkulation Hoechst für Natronsalpeter aus Ammoniak vom 8. Okt. 1914; Schr. Hoechst an KRA vom 13. Okt. 1914; Vertrag

gegenüber Bemühungen zur Erhöhung des Preises aufgrund gestiegener Selbstkosten. Nur im Januar 1916 gestand sie beispielweise den Farbwerken vorm. Meister Lucius und Brüning eine Steigerung um 20,- M/t zu - das Unternehmen hatte 80,- M/t gefordert -, und dieser Preis galt noch im Dezember 1917[261].

Ähnlich koppelte die Kriegschemikalien AG die Finanzierung der Versuchsanlagen zur Herstellung von Schwefel aus Gips im Herbst 1915 mit dem Verzicht auf Gewinn und wurde darin von Moellendorff, dem Leiter der Sektion Ch, unterstützt. Dies galt solange, bis die Gewinne die Baukosten erreichten. Bei der chemischen Großindustrie stieß diese Vorstellung auf unterschiedliche Resonanz. Franz Oppenheim, Generaldirektor der AG für Anilinfabrikation und in verschiedenen Funktionen in die Bewirtschaftung von Chemikalien eingebunden[262], votierte für diesen Vertrag. Er wies auf das Ansehen der Interessengemeinschaft hin, "die als Trust mit nicht sehr günstigen Augen von verschiedenen Seiten angesehen wird" und der es guttun würde, "dem Publikum und den Behörden zu zeigen, dass eine I.-G. auch für die Allgemeinheit von Nutzen sein kann"[263]. Carl Duisberg, der Generaldirektor der Farbenfabriken vorm. Friedrich Bayer, gab dagegen "auf den guten Eindruck, den so etwas bei den Behörden machen würde, gar nichts [sic!]". Dennoch stimmte er den Vorschlägen schließlich zu, berief sich aber zum einen auf die Bewahrung von "Freiheit und Unabhängigkeit", zum anderen auf den Wunsch, die "zahllosen Mengen lästigen Gipses" endlich loszuwerden[264].

Später ließ sich eine solche Politik gegenüber den Unternehmen nicht mehr durchsetzen. Als im Sommer 1916 die Firmen der Interessengemeinschaft mit der Kriegsrohstoffabteilung um die Errichtung der Produktionsstätten für

---

Hoechst-KRA vom 11. Jan./12. März 1915, § 5, Hoechst-Archiv, 18/1/12. Die Farbenfabriken vorm. Friedrich Bayer und die AG für Anilinfabrikation produzierten dagegen zu einem niedrigeren Satz, nämlich 310,- M/t trotz höherer Ammoniakkosten (§ 5). Das war offensichtlich auf das Wirken Fritz Habers, Leiters der späteren Chemischen Abteilung im preußischen Kriegsministerium, zurückzuführen. Schr. Bayer an BASF vom 16. Jan. 1915, Bayer-Archiv, 201/6.3, Bd. 4.

261 Schr. Hoechst an KRA vom 30. Sept. 1915, Schr. KCA an Hoechst vom 31. Jan. 1916, Schr. Hoechst an KCA vom 15. Dez. 1917, Hoechst-Archiv, 18/1/12.

262 Oppenheim war Mitglied des Technischen Ausschusses der privaten Schwefelwirtschaft und Vertrauensmann für die Freigabe verschiedener chemischer Rohstoffe. Er nahm zudem in industriellen Vereinigungen eine Reihe von Aufgaben wahr (Schatzmeister des Vereins zur Wahrung der Interessen der chemischen Industrie und Vorsitzender der Berufsgenossenschaft der Chemischen Industrie).

263 Oppenheim untermauerte dies mit einer versteckten Drohung: Eine andere Fabrik könnte die Anlage ohne Staatszuschuß errichten. Schr. Oppenheim an Duisberg vom 30. Nov. 1915, Bayer-Archiv, AS Duisberg; Zitat ebd.

264 Schr. Duisberg an Oppenheim vom 4. Dez. 1915, Bayer-Archiv, AS Duisberg.

Schwefel verhandelten, lehnte Duisberg eine Produktion ohne Gewinn, wie die Militärbehörde sie für selbstverständlich hielt, kategorisch ab: "Einen solchen Vertrag macht die Industrie nicht mehr"[265]. Vielmehr griffen die Unternehmen den Vorschlag Moellendorffs auf, einen Zuschlag von 2 Pfg/kg zu gewähren[266]. Moellendorff beabsichtigte damit, einen "mässigen Preisanreiz" zur Steigerung der Produktion "gegen .. langfristige Zusage der Preiskonstanz" zu geben[267]. Hier war die Behörde also bereit, höhere Kosten für die Aufnahme der Produktion in Kauf zu nehmen. Der Gewinn erwies sich als recht hoch im Vergleich zu den Selbstkosten, die für das Gipstrockenverfahren nach den Ermittlungen der Farbenfabriken vorm. Friedrich Bayer im Juli 1917 weniger als 1 Pfg/kg Schwefel betrugen[268].

In den Aluminiumverträgen war von einem Gewinnverzicht nie die Rede. Zwar hatte die Kriegsrohstoffabteilung versucht, das Reichsschatzamt auf eine möglichst mäßige Preisgestaltung festzulegen, um "übermäßige(r) Gewinne" zu verhindern[269]. Doch fand sich in den Verträgen nichts davon. Ebensowenig fruchteten die Bemühungen der Kriegsmetall AG, in den Lieferverträgen auf eine Begrenzung der Gewinne hinzuwirken. Schon Anfang 1916 konnten die Chemische Fabrik Griesheim-Elektron und Metallbank und Metallurgische Gesellschaft viel von ihren Vorstellungen durchsetzen. Die Kriegsmetall AG wollte im März 1916 einen Gewinnsatz von nur 0,30 M/kg zugestehen, mußte sich dann aber mit 0,50 M/kg einverstanden erklären[270]. In den Vereinbarungen

---

[265] Antwort Duisbergs auf eine entsprechende Frage Schmitz' [KRA], Prot. Sitz. in Kalchemie am 6. Juni 1916, Bayer-Archiv, 201/6.3, Bd. 5. Der Entwurf der AG für Anilinfabrikation vom Mai 1916 hatte noch genau diese Konstruktion vorgesehen. Vertrags-Entwurf Agfa vom 25. Mai 1916, § 5, Hoechst-Archiv, 18/1/14. Das hat vermutlich mit der unterschiedlichen Haltung Oppenheims und Duisbergs zu tun, die sich im Nov. 1915 in den Verhandlungen der Farbenfabriken vorm. Friedrich Bayer mit der Kriegschemikalien AG um diese Anlagen gezeigt hatte.

[266] Prot. Sitz. in Kalchemie am 6. Juni 1916, Bayer-Archiv, 201/6.3, Bd. 5; Vertrags-Entwurf Bayer vom 7. Juni 1916, § 5, Bayer-Archiv, 201/6.3, Bd. 5.

[267] Gedankenfolge des Vortrages über "Kriegschemikalienwirtschaft" am 21. Jan. 1916, BAK, NL 158 Moellendorff, Nr. 111.

[268] Besprechung der Gestehungskosten der schwefligen Säure vom 27. Juli 1917, Bayer-Archiv, 201/6.3, Bd. 5. Der Satz betrug 0,84 M/100 kg; zwei weitere Verfahren waren mit 1,65 bzw. 2,50 M/100 kg weniger günstig. Ebd.

[269] Schr. KRA an RSchA vom 19. Mai 1916, GStAM, Rep. 120 C VIII 1, Nr. 84, Adh. 13, Bl. 153f.; Zitat ebd., Bl. 153.

[270] Schr. KMA an Griesheim vom 2. März 1916, BAAP, KMA 87.37, Nr. 467, Bl. 53; Vertrag Horrem und Rummelsburg vom 15. Sept. 1916/1. März 1917, § 22, BAAP, KMA 87.37, Nr. 467, Bl. 10. Die Gesamthöhe des Preises belief sich nach Angaben Vogelsteins auf 3,- M/kg. Schr. KMA an von der Porten vom 21. Jan. 1918, BAAP, KMA 87.37, Nr. 249, Bl. 75.

für das folgende Jahr erreichte die Kriegsgesellschaft für die Monate Mai-Dez. 1917 eine Beschränkung des Zuschlags auf 0,30 M/kg[271]. Beim Liefervertrag für 1918 waren dann die Firmen wieder am Zug, der Satz wurde auf 1,- M/kg erhöht[272].

Ähnliche Ergebnisse zeitigten die Verhandlungen der Kriegsmetall AG mit der Erftwerk AG über den Aluminiumpreis für 1918. Wesentlich für die Durchsetzung der Firmen war die Unterstützung durch das Reichsschatzamt, wie das letztgenannte Beispiel ganz deutlich zeigt. Die Kriegsmetall AG bot auch der Erftwerk AG 0,50 M/kg Gewinn, und der Vorstand stimmte diesem Satz zunächst zu. Erst der Aufsichtsratsvorsitzende Hugo Stinnes brachte nach entsprechenden Hinweisen von Lueck die Forderung nach 1,- M/kg ein[273].

Umgekehrt verliefen die Fronten in den Verhandlungen mit der Gutehoffnungshütte über die Schwefelherstellung. Hier gestand die Kriegsgesellschaft den sehr hohen Preis von 60,- M/100 kg zu, den das Waffen- und Munitionsbeschaffungsamt seinerseits ablehnte. Man einigte sich auf einen Kompromiß in Form eines gesplitteten Preis, der für die erste Hälfte der vereinbarten Produktionsmenge 60,- M/100 kg, für die zweite Hälfte 40,- M/100 kg betrug. Dies war für das Unternehmen günstiger, da es im Fall von Produktionsproblemen, wie sie bei einem neuen Verfahren relativ wahrscheinlich waren, sein Risiko mindern konnte[274].

Derartige Bemühungen um eine Einflußnahme auf die Zusammensetzung der Preise oder gar einen Nachweis darüber gab es bei den Verhandlungen, die das Reichsschatzamt alleine führte, nicht. Insbesondere gab es keine Versuche zu

---

[271] Jan.-Apr. 1917 waren es 0,50 M/kg. Vertrag über die Ablösung der alten Verträge zwischen KMA-Griesheim u. MB/MG vom 21. Apr. 1917, BAAP, KMA 87.37, Nr. 462, Bl. 14ff.; BAAP, KMA 87.37, Nr. 464, Bl. 1ff. Zusätzlich verpflichteten sich die Firmen, von ihrem Anteil am Reingewinn der Vereinigten Aluminium-Werke AG des Jahres 1917 einen festen Betrag an das Reich abzuführen.

[272] Vertragsentwurf KMA vom 10. Dez. 1917, § 5, BAAP, KMA 87.37, Nr. 473, Bl.348f.; NSchr. Falk [KMA] über Vertrags-Verhandlungen vom 5. Jan. 1918, BAAP, KMA 87.37, Nr. 473, Bl. 305; Liefervertrag vom 14. Juni/9. Okt. 1918, § 6, BAAP, KMA 87.37, Nr. 465, Bl. 13f.

[273] Entwurf Vertrag [KMA] vom 2. Jan. 1918, ACDP I-220, Nr. 201/3; Bemerkungen EW vom 5. Jan.1918 zu dem Vertrags-Entwurf der Kriegsmetall über die Al-lieferungen des Erftwerkes vom 2. Jan. 1918, Schr. Lueck an Stinnes vom 4. Jan. 1917 [sic! 1918], ACDP I-220, Nr. 201/3. Diesen höheren Satz akzeptierte die Kriegsmetall AG schon im März 1918. Schr. KMA an EW vom 20. März 1918, ACDP I-220, Nr. 120/2; vgl. oben S. 221.

[274] Bericht Holz über Verhandlungen im Wumba am 4./5. Dez. 1917, Haniel-Archiv, Nr. 302101/11; Bericht Holz über Reise zu Wumba vom 19. Dez. 1917, Haniel-Archiv, Nr. 300193005/6.

einer Begrenzung der Gewinne, wie z.B. die Verträge mit den Kalkstickstoffproduzenten oder mit der Badischen Anilin- und Sodafabrik zeigen[275].

d) Regelung des Absatzes

Die Regelung des Absatzes stellte besonders zu Anfang des Krieges einen wichtigen Streitpunkt in den Verhandlungen zwischen Unternehmen und Behörden dar. Sie diskutierten zwei Varianten, die sich an unterschiedlichen Interessen der Unternehmen orientierten. Erstens forderten die Firmen eine Abnahmegarantie für Produkte, die nur im Krieg hergestellt wurden. Diese sollte zudem für eine bestimmte Frist gelten, vor allem bei neuen Verfahren, so daß sich die Investitionen abschreiben ließen. Im Gegensatz dazu strebten die Unternehmen in den Bereichen, in denen sie auch im Frieden arbeiteten, danach, sich ihre Verfügungsfreiheit über ihre Produkte nicht beschränken zu lassen. Daraus ergab sich eine differenzierte Regelung der Abnahme, je nachdem, ob es sich um Kriegs- oder Friedensanlagen handelte.

Bei Kriegsanlagen erreichten die Firmen schnell, daß die Kriegsrohstoffabteilung und die Kriegsgesellschaften sich zur Abnahme der gesamten Produktion verpflichteten und damit überdies das Risiko trugen, wenn es Verzögerungen oder Ausfälle gab, so etwa bei den Salpeter- und den Kupferverträgen[276]. Auch noch im Frühjahr 1916 war die Übernahme der Produktion und damit des Absatzrisikos ein wichtiger Faktor in den Verhandlungsbedingungen der Badischen Anilin- und Sodafabrik, für die sie sogar bereit war, eine staatliche Gewinnbeteiligung von 25% zu akzeptieren[277].

Das Reichsschatzamt ließ sich für solche Garantien kaum gewinnen, denn im Unterschied zu den Militärbehörden sollten seine Verpflichtungen nicht auf die Kriegszeit begrenzt sein. In der Auseinandersetzung um den Ausbau von

---

[275] Kalkstickstoff: GStAM, 2.2.1, Nr. 27870; BAAP, RK 07.01, Nr. 2466/1, passim. Badische Anilin- und Sodafabrik: Anlage zu Schr. Vorstand an AR der BASF vom 18. Dez. 1914, BASF, C10, Briefwechsel 1914-1916.

[276] Salpeter: Schr. Vorstand an AR der BASF vom 18. Dez. 1914, BASF, C10, Briefwechsel 1914-1916; Vertrag Hoechst-KRA vom 11. Jan./12. März 1915, Hoechst-Archiv, 18/1/12. Kupfer: BAAP, KMA 87.37, Nr. 238, § 1, Bl. 67 (Norddeutsche Affinerie), Bl. 62 (Hüttenwerk Niederschöneweide AG vorm. I.F. Ginsberg), Bl. 47 (Hüttenwerke C. Wilhelm Kayser & Co AG).

[277] Bericht der Stickstoffabt. der BASF für Hüttenmüller vom 8. Febr. 1916, BASF, A18/32a; Schr. BASF an KRA vom 19. Apr. 1916, BASF, A18/32a; Schr. Vorstand an Vors. des AR der BASF Glaser vom 11. Apr. 1916, BASF, C10, Briefwechsel 1914-1916.

Kalkstickstoffanlagen bestand die wichtigste Forderung der Firmen in der Übernahme einer Absatzgarantie durch den Staat. Damit sollte das Risiko einer Überproduktion, das vor allem für die Nachkriegszeit gesehen wurde, auf den Staat abgewälzt werden. Die Unternehmervertreter verlangten zunächst 15, dann 6 Jahre[278]. Dagegen sprachen sich aber sowohl die preußische als auch die Reichsfinanzbehörde aus. Sie schätzten dieses Risiko sehr viel höher ein als die Firmen: einerseits weil der Kalkstickstoff schlechtere Eigenschaften als andere Düngemittel besaß, andererseits weil die Forderung nach einer Absatzgarantie auch von den Ammoniakproduzenten zu erwarten war, was den Umfang einer solchen Garantie wesentlich erhöhte[279].

Welche große Bedeutung die Unternehmen dieser Frage zumaßen, zeigen die Zugeständnisse, zu denen sie bereit waren. Die Stickstoffwerke räumten zuerst einen festen und, im Vergleich zur Friedenszeit, sehr niedrigen Preis ein, später sagten sie zudem eine Beteiligung von etwa 20% an den Kosten der Bauten zu[280]. Doch ließen sich die Standpunkte der Firmen und der Behörden nicht in Einklang bringen[281]. Für die Badische Anilin- und Sodafabrik dagegen war dieser Punkt zu Anfang des Krieges nicht so wichtig. Sie wollte nur eine solche Garantie für den Kalkstickstoff verhindern und legte ansonsten mehr Gewicht auf die Finanzierung[282].

---

[278] Schr. Gwinner an Wahnschaffe vom 24. Dez. 1914, BAAP, RK 07.01, Nr. 2466/1, Bl. 28, 30; Schr. Gwinner an Valentini vom 11. Jan. 1915, GStAM, 2.2.1, Nr. 27870, Bl. 17f.; Denkschrift Knapsack/BStW vom 12. Okt. 1914, GStAM, 2.2.1, Nr. 27870, Bl. 32; Vertragsentwurf Deutsche Bank/BStw, am 15. Dez. 1914 bei PMLw eingereicht, Vertrag Nr. 1, § 3, GStAM, 2.2.1, Nr. 27870, Bl. 40f.

[279] Sitz. des preußischen Staatsministeriums am 31. Dez. 1914, GStAM, Rep. 90[a], Abt. B III 2.b., Nr. 6, Bd. 163, Bl. 311ff.

[280] Denkschrift Knapsack/BStW vom 12. Okt. 1914, GStAM, 2.2.1, Nr. 27870, Bl. 27f.; Vertragsentwurf Deutsche Bank/BStW, am 15. Dez. 1914 bei PMLw eingereicht, Vertrag Nr. 1, § 2, 5 u. 6, GStAM, 2.2.1, Nr. 27870, Bl. 40, 41. In einer Sitzung im preußischen Ministerium für Landwirtschaft forderte Gwinner ausdrücklich eine staatliche Finanzierung, da das Risiko für die Industrie zu groß sei; Kosten dürften in diesem Falle keine Rolle spielen. Prot. Sitz. in PMLw am 20. Okt. 1914, BAAP, RK 07.01, Nr. 2466/1, Bl. 17f. Dies wurde vom preußischen Finanzministerium nicht in Frage gestellt. Sitz. des preußischen Staatsministeriums am 31. Dez. 1914, GStAM, Rep. 90[a], Abt. B III 2.b., Nr. 6, Bd. 163, Bl. 311v.

[281] Vertragsentwurf Deutsche Bank/BStW, am 15. Dez. 1914 bei PMLw eingereicht, Vertrag Nr. 1, GStAM, 2.2.1, Nr. 27870, Bl. 43ff.; Sitz. des preußischen Staatsministeriums am 31. Dez. 1914 und am 18. Jan. 1915, GStAM, Rep. 90[a], Abt. B III 2.b., Nr. 6, Bd. 163, Bl. 315f. und Bd. 164, Bl. 52, 54.

[282] Tel. BASF an RK vom 27. Jan. 1915, BAAP, RK 07.01, Nr. 2466/1, Bl. 66f. Zur Gegenüberstellung zu den Vorstellungen der Kalkstickstoffindustrie vgl. Sitz. des preußischen Staatsministeriums am 31. Dez. 1914, GStAM, Rep. 90[a], Abt. B III 2.b.,

Im Laufe des Krieges verloren Abnahmegarantien an Bedeutung, weil der Bedarf an den subventionierten Gütern erheblich wuchs, so daß die Behörden auch alle vereinbarten Mengen abnehmen konnten. Deshalb gab es seitens der Unternehmen eine gegenläufige Entwicklung, die den Blick auf die mit der Abnahmeregelung verbundene Lieferpflicht lenkt. Dies galt vor allem dann, wenn die Firmen ein Interesse an der zivilen Nutzung der Anlagen hatten und sie die Absatzchancen auf dem künftigen Friedensmarkt als gut einschätzten. In einem solchen Fall vereinbarten sie keine Verpflichtung, sondern lediglich ein Recht der Behörde auf Abnahme der Produktion[283].

Die Folgen der kriegsbedingten Absatzpolitik motivierten eindeutig die Position der Ilseder Hütte. Sie hatte schon vor dem Beschluß, ihre Produktion auszuweiten, aufgrund von Auflagen der Militärbehörden eine wachsende Menge Erze an die Eisen- und Stahlwerke im Reich verkaufen müssen, weil diese ihren Bedarf aus dem Ausland nur mehr schwer decken konnten. Problematisch daran war die Tatsache, daß es sich dabei um ihre Konkurrenten handelte[284]. Nach dem Hindenburg-Programm sollte sich die Hütte sogar dazu bereit erklären, ihre Existenzgrundlage an diese Konkurrenz zwangsweise zu verkaufen, denn eine "jede Million Tonnen Erzabgabe an andere Hüttenwerke bedeutet .. für die Ilseder Hütte eine Verkürzung ihrer Lebensdauer um je 1 Jahr"[285]. Doch genau dazu mußte sich das Unternehmen schließlich verpflichten. Die Lieferbedingungen konnte es nicht eigenständig bestimmen. Vielmehr sollten sie "im Einvernehmen mit EZ [=Eisenzentrale]" festgesetzt werden[286].

Mit Eingriffen viel weitergehender Art mußte sich die Stickstoffindustrie auseinandersetzen. Nachdem die Behörden zunächst eine Abnahmegarantie

---

Nr. 6, Bd. 163, Bl. 309f. Später war die Badische Anilin- und Sodafabrik durchaus an der Übernahme ihrer Produktion interessiert. Vgl. oben, S. 226.

[283] Beispielsweise bei den Oleumverträgen. Vertragsentwurf, § 5, Anlage zu Schr. Duisberg an Oppenheim vom 14. Sept. 1916, Bayer-Archiv, 201/6.3, Bd. 5; Vertrag Wumba-Bayer vom 22. Febr./29. Jan. 1917, § 5, Bayer-Archiv, 201/9. Die Badische Anilin- und Sodafabrik hielt in einer Übersicht über ihre Stickstoffverträge fest, daß es im Vertrag vom April 1916 keine ausdrückliche Lieferungsverpflichtung gab. Übersicht über Stickstoffverträge, BASF, B4/966.

[284] Denkschrift zu einem Vertrage, Anlage zu Schr. KEZ an RSchA vom 15. Jan. 1917, BAK, R 2, Nr. 1254, Bl. 29.

[285] Zitat nach: Treue, Ilseder Hütte, S. 133; vgl. Denkschrift zu einem Vertrage, Anlage zu Schr. KEZ an RSchA vom 15. Jan. 1917, BAK, R 2, Nr. 1254, Bl. 20ff.; Schr. IH an EZ vom 10. Jan. 1917, BAK, R 2, Nr. 1254, Bl. 32. Treue bezeichnet es als einen Hauptgrundsatz der Geschäftspolitik der Ilseder Hütte, die eigenen Erze nie zu verkaufen, sondern immer nur selbst zu verhütten. Treue, Ilseder Hütte, S. 129.

[286] Vertragsentwurf EZ-IH § 1, Anlage zu Schr. KEZ an RSchA vom 29. Jan. 1917, BAK, R 2, Nr. 1254, Bl. 4.

abgelehnt hatten, lancierte das Reichsschatzamt im Frühjahr 1915 das Projekt eines Handelsmonopols für Stickstoffdünger, daß heißt der Absatz sollte zusammengefaßt und staatlich reglementiert werden. Damit verband die Behörde drei Ziele: erstens den Schutz der heimischen Stickstoffindustrie vor der ausländischen Konkurrenz; zweitens die Sicherung der Unabhängigkeit des Deutschen Reiches in der Versorgung mit Stickstoff, für das Heer wie für die Landwirtschaft; und drittens die Schaffung einer neuen Einnahmequelle für das Reich. In diesem Zusammenhang standen die Bemühungen des Reichsschatzamts, die Badische Anilin- und Sodafabrik, nach dem Vorbild der Bayerischen Stickstoffwerke, eine Anlage auf Rechnung des Reiches erbauen und den Betrieb übernehmen zu lassen oder sich an einer neu zu errichtenden Ammoniakanlage zu beteiligen[287]. Das Stickstoffmonopol gedieh bis zur Vorlage eines Gesetzentwurfes im Reichstag, wurde dort aber abgewiesen[288].

Dennoch blieben solche Monopolbestrebungen in der Diskussion. Im Herbst 1916 forderte der Staatsekretär des Reichsschatzamts, den Stickstoffabsatz der Ammoniakanlagen in Merseburg gänzlich in die Hand des Reiches zu nehmen. Solche erheblichen Eingriffe in ihre Verfügungsrechte, die vor allem die Position auf dem Stickstoffmarkt der Nachkriegszeit beeinträchtigt hätte, konnte das Unternehmen jedoch abwehren[289]. Im Herbst 1917 befürwortete der Vorstand der Badischen Anilin- und Sodafabrik sogar eine beschränkte Gewinnbeteiligung des Reiches, weil damit "die Gefahr eines gesetzlichen Monopols so ziemlich beseitigt" sei[290].

Stellt man die Interessen der beteiligten Parteien und ihre Durchsetzungsfähigkeit einander gegenüber, so kommt man zu folgenden Ergebnissen. Das Reichsschatzamt war in einer Reihe von Subventionsprojekten nicht in der Lage, eine eigene Politik zu verfolgen, weil die Militärbehörden die Entscheidung an sich zogen. Die Finanzstelle versuchte zwar, die Firmen an den Kosten stärker zu beteiligen, doch hatte sie damit wenig Erfolg. In den Produktionsbereichen, in denen sie die Federführung innehatte, rückte dann aber ein anderes Ziel in den Vordergrund, nämlich eine staatliche Beteiligung an den neuen

---

[287] Prot. Engere Kommission des AR der BASF Nr. 43 vom 16. Apr. 1915, BASF, C10, Protokolle.

[288] Entwurf Ermächtigungsgesetz zur Einführung eines Stickstoff-Handelsmonopols vom 2. März 1915, weitergeleitet an Reichstag am 8. März 1915, GStAM, Rep. 77, tit. 332r, Nr. 125, Bl. 1ff.

[289] Vertrag BASF-RSchA vom 1./14. Dez. 1916, BASF, B4/966; Vormerkung über die Verhandlung in der KRA am 8. Aug. 1916, BASF, A18/32a; Prot. Engere Kommission des AR der BASF Nr. 46 vom 27. Okt. 1916, BASF, C10, Protokolle; Plumpe, I.G. Farbenindustrie, S. 78ff.

[290] Prot. Engere Kommission des AR der BASF Nr. 48 vom 2. Nov. 1917, BASF, C10, Protokolle.

Unternehmen. Dahinter stand die Erwartung, daß nicht nur im Krieg, sondern vor allem danach diese Produktionszweige große Gewinne erwirtschaften würden, über die das Reich seine Einnahmen erhöhen könnte. Ihr Ziel erreichte die Finanzbehörde sowohl beim Kalkstickstoff als auch beim Aluminium; in der Ammoniakproduktion der Badischen Anilin- und Sodafabrik kam sie dagegen nur teilweise zum Zug.

Um dies zu realisieren, war das Reichsschatzamt zu weitreichenden Zugeständnisse an die Firmen bereit in bezug auf die Finanzierung und die Übernahme von Kostensteigerungen. Deshalb machte die Behörde dort, wo das Reich beteiligt war, ihren Einfluß eher für hohe denn für niedrige Preise geltend, womit sie sich auch weitgehend durchsetzte. Beim Aluminium förderte die industriefreundliche Haltung des staatlichen Vertreters Lueck eine solche Politik erheblich.

Für die Militärbehörden stand die Sicherung des Heeresbedarfs im Vordergrund ihrer Aktivitäten. Sie bemühten sich aber von Anfang an darum, gleichzeitig die Kosten zu begrenzen. Sie verknüpften die finanzielle Unterstützung mit der Einflußnahme auf die Preisgestaltung und nicht nur mit militärisch wichtigen Forderungen, wie etwa der Errichtung von Bereitschaftsanlagen. Vor allem in den ersten beiden Kriegsjahren erreichten sie, daß im Gegenzug zur Gewährung von Zuschüssen keine Gewinne, sondern nur die Selbstkosten vergütet wurden. Weiterhin machten die Militärs bei neuen Verfahren und Anlagen, die auch für die Friedenszeit erfolgversprechend waren, eine Beteiligung der Firmen zur Bedingung und verhinderten damit, daß solche Neuerungen allein auf Kosten des Staates eingeführt wurden.

Mit zunehmender Dauer des Krieges schrumpfte der Spielraum der staatlichen Behörden. Die Sicherung des Heeresbedarfs erforderte mehr Zugeständnisse bei gleichzeitig wachsendem Widerstand der Industrie gegen die Beschränkung ihrer Gewinne und gegen die Übernahme des Investitionsrisikos. Dem beugten sich auch die Militärbehörden, indem sie Gewinne als Leistungsanreiz wieder in den Vordergrund rückten. Nur in einigen Fällen ab 1916 zeigte sich, daß die Beschaffungsstellen im Vergleich zur Kriegsrohstoffabteilung der Steigerung der Produktion größere Priorität einräumten als der Begrenzung von Kosten und der Niedrighaltung von Preisen.

Die Kriegsgesellschaften hatten von Anfang an nur einen untergeordnete Stellung bei der Aushandlung der Vertragsbedingungen. Sie agierten weitgehend im Auftrag der Kriegsrohstoffabteilung nach deren Vorstellungen. Dazu gehörte insbesondere bei den Kriegsanlagen die Übernahme des Produktionsrisikos durch Abnahmegarantien und günstige Finanzierung. Wichtig war hier zu Beginn des Krieges zudem die Gewährung hoher Preise als Alternative zu einer direkten Subvention. Die Kriegsgesellschaften, vor allem die Kriegsmetall AG, versuchten aber auch, Kosten- und Gewinnbegrenzungen gegen die

Unternehmen durchzusetzen. Sie verfolgten diese Ziele intensiver als die beteiligten Behörden und entschieden sich im Konfliktfall eher für Wirtschaftlichkeit als für die Sicherstellung des Heeresbedarfs. Sie hatten aber wenig Erfolgschancen, wenn die staatlichen Stellen ihnen ihre Unterstützung versagten, was mehrfach der Fall war.

Aus der Sicht der beteiligten Firmen ist die Bilanz insgesamt eher positiv. Auf der einen Seite konnten sie für Kriegsanlagen Zuschüsse und für einige Projekte, die nicht nur für den Krieg, sondern auch für die Friedenszeit neue wirtschaftliche Produktionsverfahren erwarten ließen, großzügige Darlehen erhalten. In vielen Fällen erlangten sie eine Abnahmegarantie für ihre Produkte, konnten aber die Errichtung von Monopolen abwenden. Seit 1916 stand die Gewährung von Gewinnen nicht mehr zur Disposition. Auf der anderen Seite stehen die Einführung staatlicher Beteiligung an wichtigen neuen Produktionszweigen und die Eingriffe der Behörden und Kriegsgesellschaften in die Preis- und Absatzpolitik, welche die Unternehmen aber im wesentlichen auf die Kriegszeit beschränken konnten.

IV. Verteilungsmechanismen

Die Frage nach den Verteilungsmechanismen berührt zuerst die Allokation von Rohstoffen. Wer bestimmte, welches Unternehmen Rohstoffe in welchen Mengen erhielt? Welche Kriterien gaben dafür den Ausschlag? Welche Rolle spielten die Behörden in diesem Entscheidungsprozeß? Um Antworten hierauf zu finden, muß in einem ersten Schritt untersucht werden, ob und wenn ja, in welcher Weise Rohstoffe kontingentiert und festgelegte Mengen einzelnen Produktionsbereichen zugewiesen wurden. Insbesondere die Produktion für die Ausfuhr und ihre Versorgung mit Rohstoffen lösten heftige Konflikte zwischen den Beteiligten aus. Die Fragen, welche Güter für den Export zugelassen wurden und wer über diese Zulassung entschied, sind daher Gegenstand des zweiten Kapitels. Auch im dritten Kapitel, das sich mit der Preisbildung auf dem Rohstoffsektor beschäftigt, geht es zuerst um die Grenzen und Möglichkeiten staatlicher Eingriffe. Gerade diese Auseinandersetzungen führen jedoch weiter. Zum einen stellten die Kontrahenten mit den Mechanismen der Preisbildung wirtschaftspolitische Prinzipien zur Diskussion, indem sie um den Einsatz von reglementierten Preisen anstelle von Marktpreisen stritten. Zum anderen ist die Preispolitik eng mit Verteilungspolitik im weiteren Sinne verknüpft, mit der Verteilung der Lasten kriegsbedingter Veränderungen im Wirtschaftsprozeß auf einzelne gesellschaftliche Gruppen. Vor allem für diesen Bereich ist zu klären, zu wessen Gunsten sich die Tätigkeit oder Untätigkeit staatlicher Stellen auswirkte, d.h. wer die Kosten für die gewählte Art der Allokation trug.

1. Zuweisung und Mengenkontingentierung

Betrachten wir zunächst die direkte Zuweisung von Rohstoffen, für die sich in der Praxis eine Fülle von Verfahren etablierten. Um einen Überblick zu erhalten, wird zunächst dargestellt, in welchen Formen Behörden und Kriegsgesellschaften in den einzelnen Branchen Einfluß auf die Verteilung der Mengen nahmen. Im Anschluß daran gehen wir den Grundsätzen bei der Vergabe von Rohstoffen nach, zum einen im Hinblick auf die Frage nach einer Bevorzugung von industriellen Interessen, zum anderen in bezug auf die Bereitschaft zu behördlichen Interventionen und deren Grenzen.

a) Formen der Einflußnahme auf die Verteilung

Eingriffe in die mengenmäßige Verteilung von Rohstoffen und deren Kontrolle erfolgten auf vielfältige Weise. Will man diese Vielfalt vom Ausmaß der staatlichen Intervention her systematisieren, kann man grundsätzlich zwei Formen unterscheiden. In einer ersten Stufe unterteilten die Behörden die Aufträge in einzelne Gruppen. Auswahlkriterium war die Notwendigkeit für die Befriedigung der militärischen Bedürfnisse. Hierbei standen sich zunächst Friedens- und Kriegsbedarf gegenüber; später wurde der Kriegsbedarf zusätzlich in mittelbare und unmittelbare Lieferungen untergliedert. Damit glichen die Behörden die angemeldeten Mengen mit dem Angebot, also den Vorräten, ab. Steuerungsmöglichkeiten bestanden über Umfang und Reihenfolge, in denen die verschiedenen Gruppen zu berücksichtigen waren. Hierher gehören Belegscheine ebenso wie Dringlichkeitsverfahren. Eine solche Art der Verteilung beschränkte vor allem die zivile Produktion. Die Beschaffungsstellen blieben in ihren Bestellungen frei von direkter Kontrolle. Dies änderte sich erst, wenn die Behörden in einer zweiten Stufe zusätzlich eine Obergrenze für den gesamten zu berücksichtigenden Bedarf - aufgrund der vorhandenen Rohstoffe - festsetzten. Alle Anforderungen, auch die militärischen, mußten sich zuerst auf ihre Legitimität prüfen lassen, bevor sie zur Verteilung zugelassen wurden. Das erfolgte mit Kontingenten und Bezugsscheinen, die einzelne Gruppen, im wesentlichen auch hier Friedens- und Kriegsbedarf, erhielten. Teilweise gab es auch eigene Kontingente z.B. für die Ausfuhr. Die Auftraggeber, seien es Beschaffungsstellen oder Firmen, mußten ihren Bedarf dann entsprechend den vorgegebenen Bezugsmengen einteilen. Handlungsspielraum ergab sich hier über die Festsetzung der Kontingentshöhe. Im folgenden soll erläutert werden, welche Formen für die einzelnen Branchen gewählt wurden.

Die Zuteilung von Metallen erfolgte in unterschiedlichem Maß für Kriegs- und Friedensbedarf. Angesichts der großen Knappheit wurden beide Gruppen Prüfungen unterworfen. Bis zum November 1915 klassifizierte die Kriegsmetall AG die Firmenaufträge, danach übernahm die Feldzeugmeisterei diese Aufgabe. Damit "kontrollierte" die Beschaffungsstelle ihre eigenen Aufträge[1]. Die Zuweisung auf der Grundlage dieser Prüfungen nahm zunächst die Schätzungs- und Verteilungskommission der Kriegsmetall AG vor, die aber schon Anfang 1915 von einer behördlich dominierten Kommission abgelöst wurde. Seit Juli 1915 glich das Zuweisungsamt bei der Metallmeldestelle, angesiedelt bei der

[1] Entwurf Vfg. PKM vom 11. Juni 1915 betr. Zuteilung von Metallrohstoffen und Graphit, HStAS, M 1/6, Nr. 1353, Bl. 159ff.; 25. Prot. der SVK der KMA vom 10. Juli 1915, BAAP, KMA 87.37, Nr. 101, Bl. 97f.

Kriegsrohstoffabteilung, Angebot und Nachfrage untereinander aus[2]. Im August 1915 wurden die Anforderungen für Friedensbedarf ausgesondert. Über sie entschied künftig die Metallfreigabestelle, eine Abteilung des Reichsamts des Innern[3]. 1917 gab es zusätzlich Dringlichkeitsscheine für den Transport von Rohstoffen, die das Kriegsamt kontrollierte[4].

Schon ab Januar 1915 versuchten Kriegsrohstoffabteilung und Beschaffungsstellen, in 14tägigen Sparmetallsitzungen die Höhe des Gesamtbedarfs festzulegen. Diese Bedarfsgrenzen waren aber problematisch, weil sie häufig nicht mit den tatsächlich vorhandenen Mengen übereinstimmten[5]. Erst 1917 wurden jedoch Kontingente für die einzelnen Beschaffungsstellen, deren Umfang sie mit der Kriegsrohstoffabteilung aushandelten, in der Metallwirtschaft eingeführt[6]. Das Waffen- und Munitionsbeschaffungsamt stellte den Firmen daraufhin Bezugsscheine aus, die allein dazu berechtigten, Metalllieferungen anzufordern. Dieses neue System zog erhebliche Beschränkungen der Zuteilungen nach sich, gegen die die Unternehmen zwar bei der Militärbehörde protestierten, die sie aber nicht verhindern konnten[7].

Auch die Chemikalien wurden von Anfang an klassifiziert als Rohstoffe für Kriegs- oder Friedenslieferungen. Für erstere teilten die Beschaffungsstellen die entsprechenden Mengen an Rohstoffen zusammen mit den Aufträgen zu, das heißt sie wiesen die Kriegssäuren-Kommission oder die Kriegschemikalien AG zur Lieferung an. Grundsätzlich wurden die Kriegsaufträge bevorzugt behan-

---

[2] Zuteilung durch Schätzungs- und Verteilungskommission der KMA: Schr. KRA an Römhild vom 2. Nov. 1914, GStAM, Rep. 120 C VIII 1, Nr. 84, Adh. 13^{M}, Bd. 1, Bl. 77. Vertrauenskommission: Z.B. am 8. Jan. 1915, BAAP, KMA 87.37, Nr. 243, Bl. 224f. Zuweisungsamt: Z.B. am 15. Apr. 1916, BAAP, KMA 87.37, Nr. 37, Bl. 189ff.

[3] Schr. RdI an PKM vom 16. Aug. 1915, BAAP, KCA 87.29, Nr. 18, Bl. 312f.

[4] Mitteilung an Abt. D der KMA vom 3. Jan. 1917, Aktennotiz vom 16. Dez. 1916, BAAP, KMA 87.37, Nr. 46, Bl. 140, 142.

[5] Sitzungen: Vortrag Troeger vor Revisoren vom 2./3. Aug. 1917, S. 11, BHStA-KA, MKr. 17286. Mangelnde Abstimmung: Anfang 1916 mußte beispielsweise mehr als die Hälfte der Januar-Produktion an Elektrolytkupfer dafür verwendet werden, die Anforderungen vom Dezember 1915 zu befriedigen. Streng vertrauliche Notiz für Herrn Flatow vom 8. Jan. 1916, BAAP, KMA 87.37, Nr. 33, Bl. 104f.

[6] Auch die Metallfreigabestelle erhielt ein solches Kontingent. Vortrag Troeger vor Revisoren vom 2./3. Aug. 1917, S. 10, BHStA-KA, MKr. 17286; Schr. WKM an das stellvertretende Generalkommando Stuttgart vom 22. Okt. 1917, HStAS, M 1/6, Nr. 1366, Bl. 255ff.; Römermann, Mittel, S. 92ff.; Goebel, Rohstoffwirtschaft, S. 44f.

[7] Vorträge Troeger und von der Porten vor Revisoren vom 2./3. Aug. 1917, S. 10, 18f., BHStA-KA, MKr. 17286. Die Siemens-Schuckert-Werke z.B. beklagten eine Minderung der Lieferungen um 40%. Aktennotiz "Betrifft: Metallbeschaffung" vom 26. Mai 1917, SAA 11/Lg 758 Henrich.

delt; eine Prüfung von Anträgen fand nur selten statt. Doch auch hier trat der Fall ein, daß nicht genügend Rohstoffe vorhanden waren. Dann beschränkte die Feldzeugmeisterei kurzfristig die zuzuweisenden Mengen[8].

Viel eher unterlagen dagegen die Anträge auf Freigaben für die Friedensproduktion Kürzungen[9]. Nur für diesen Bereich wurden Kontingente eingeführt, deren Höhe die Schätzungs- und Verteilungskommission der Kriegschemikalien AG festlegte, immer für den Zeitraum von zwei Monaten[10]. Die Verteilung auf die Firmen nahmen Vertrauensmänner vor, die aus der Industrie kamen[11]. Davon ausgenommen war seit Mai 1916 die Zuweisung für Soda. Das Reichsamt des Innern richtete unter seiner Aufsicht die Zentralstelle für Sodaverteilung ein, die monatlich Anträge und Produktion verglich und dann die Kontingente festsetzte[12]. Einen Plan des Reichsamts des Innern und des preußischen Ministeriums für Handel und Gewerbe vom Juli 1917, einen mit großen Vollmachten ausgestatteten Reichskommissar mit der Verteilung von Soda zu betrauen, konnte die Industrie abwehren[13]. Wichtig ist festzuhalten, daß der Eigenverbrauch der chemischen Firmen, das heißt die Verwendung von

---

[8] Schätzungen [Schwefelbedarf] für September/Oktober 1916, BAAP, KCA 87.29, Nr. 71, Bl. 19; Schriftwechsel KCA-KSK vom 1.-8. Apr. 1915, BAAP, KSK 87.38, Nr. 10; Schr. FM an Bayer vom 28. Aug. 1915, Bayer-Archiv, 201/5.1; Schr. FM an Bayer vom 1. u. 6. März 1916, Bayer-Archiv, 201/6.2, Bd. 3; Schr. Wumba an KSK vom 17. Jan. 1917, BAAP, KSK 87.38, Nr. 4, Bl. 399; Schr. Kloeppel an Direktorium Bayer vom 5. Juli 1917, Bayer-Archiv, 201/38, Bd. 1; Römermann, Mittel, S. 111.

[9] BAAP, KCA 87.29, Nr. 290. Z.B. Antrag Bayer vom 2. Aug. 1916, ebd., Bl. 52; Schr. Kloeppel an Direktorium Bayer vom 2. Juli 1917, Bayer-Archiv, 201/38, Bd. 1; Verteilungsplan Ätznatron für Jan. 1918, BAK, NL 158 Moellendorff, Nr. 144. Dagegen volle Zuteilung Heeresbedarf: Schr. RdI an Zentralstelle für Sodaverteilung vom 26. Febr. 1917, BAAP, RdI 15.01, Nr. 18766, Bl. 38.

[10] Schr. KCA an KRA vom 16. Aug. 1915, Bayer-Archiv, 201/6.2, Bd. 2; Schr. Bayer an KCA, Abt. Freigabe vom 11. März 1916, BAAP, KCA 87.29, Nr. 290, Bl. 81; Prot. der SVK der KCA, BAAP, KCA 87.29, Nr. 68, Unterlagen für die Beratungen der Schätzungs- und Verteilungskommission, ebd., Nr. 71.

[11] Zu den Vertrauensmännern vgl. oben, S. 89f.; Prot. über die Besprechung der Farbenfabriken am 18. Febr. 1916, Hoechst-Archiv, 18/1/14; Schr. Bayer an Vertrauensmann vom 7. Okt. 1916, Schr. Dr. Zellner an Dr. Oppenheim vom 11. Jan. 1917, BAAP, KCA 87.29, Nr. 290, Bl. 37, 128.

[12] Schr. Verein deutscher Emaillierwerke an RdI vom 17. Mai 1916, BAAP, RdI 15.01, Nr. 18763, Bl. 103ff.; Schr. RdI an Zentralstelle für Sodaverteilung vom 26. Febr. 1917, BAAP, RdI 15.01, Nr. 18766, Bl. 38.

[13] Eingaben KrAdI und Chemieverein an RdI vom 17. u. 21. Juli 1917, BAAP, RdI 15.01, Nr. 18768, Bl. 30ff.; Schr. Kloeppel an Direktorium Bayer vom 13. Juli u. 1. Aug. 1917, Bayer-Archiv, 201/38, Bd. 1; vgl. unten, S. 355f.

Rohstoffen, die sie selbst herstellten, nicht reglementiert wurde[14]. Darüber hinaus machten die Beschaffungsstellen ihre Oberaufsicht geltend, indem sie kurzfristige Anordnungen zur Beschränkung von Friedensprodukten erteilten[15].

Im Bereich von Eisen und Stahl gab es bis zum Hindenburg-Programm keine behördlichen Reglementierungen. Beschaffungsstellen und Werke handelten die Aufträge frei miteinander aus. Seit Juni 1916 machten die Beschaffungsstellen lediglich regelmäßige Meldung über ihren Bedarf bei der neugegründeten Sektion Eisen der Kriegsrohstoffabteilung, was aber mit keinerlei Kontrolle verbunden war[16]. Eine Ausnahme gab es in der Versorgung der Geschoßfabriken mit Roheisen zur Erzeugung von Geschoßstahl. Hier entstand Anfang 1915 ein Engpaß, den die Feldzeugmeisterei mit der Einrichtung eines Kontingents behob. Die Verteilung auf die Firmen übernahm der Roheisenverband. Um die Kontrolle vor Ort zu verbessern, entsandte das Kriegsministerium mit Florian Klöckner einen Beauftragten zu diesem Verband[17].

Mit der Neuorganisation der Eisenbewirtschaftung im Herbst 1916 wurden auch hier Klassen gebildet, und zwar erstens für unmittelbare, zweitens für mittelbare Kriegslieferungen und drittens für Friedenslieferungen. Nur für die letzte Gruppe gab es eine Kontrolle über Bezugsscheine, die die Vertrauensmänner ausstellten[18]. Bei den Kriegslieferungen änderte sich wenig am bisher geübten Verfahren. Die Beschaffungsstellen vergaben ihre Aufträge

---

[14] Z.B. Soda: Die Badische Anilin- und Sodafabrik und die Farbwerke vorm. Meister Lucius und Brüning schlossen sich der Zentralstelle für Sodaverteilung an, nicht aber die Farbenfabriken vorm. Friedrich Bayer, die ihre gesamte Sodaerzeugung selbst verbrauchten. Schr. Griesheim an RdI vom 26. Juni 1916, BAAP, RdI 15.01, Nr. 18763, Bl. 442.

[15] Beispielsweise verbot die Feldzeugmeisterei im September 1916 die Verwendung von Schwefelsäure für Farben. NSchr. der Besprechung vom 13. Sept. 1916 in Leverkusen, Bayer-Archiv, 201/6.3, Bd. 5. Ebenso gab das Waffen- und Munitionsbeschaffungsamt im Februar 1917 Anweisungen für die Kürzung der Ammoniakzuweisungen an die Superphosphatindustrie. Notiz Dietz über Besuch in Berlin am 18. Mai 1917, Bayer-Archiv, 201/6.2, Bd. 3.

[16] Sie dienten nur der Weiterleitung an den Roheisenverband, der die Produktion veranlaßte. Zusammenfassende Aufstellung über die bisherige Tätigkeit der Eisen-Meldestelle vom 28. Sept. [1916], BAAP, KEZ 87.25, Nr. 107, Bl. 160f.; Bericht über die Besprechung in der KRA und mit dem Beauftragten des Kriegsministeriums vom 15. Nov. 1916, BHStA-KA, MKr. 13056.

[17] Schr. Geschoßverteilungsstelle Spandau an GHH vom 26. Apr. 1915, Haniel-Archiv, Nr. 3001008/1, Bl. 74f.; vgl. oben, S. 80f.; Cron, Kriegseisenwirtschaft, S. 7ff., 11.

[18] RSchr. Nr. 20 des DStB vom 1. Dez. 1916, BAAP, KEZ 87.25, Nr. 77, Bl. 126f.; Römermann, Mittel, S. 101f.

weiterhin "unmittelbar an die Industrie". Sie mußten lediglich der Eisenzentrale Meldung darüber machen. Um Rohstoffe dafür zu erhalten, genügte die Vorlage des Auftrags der Beschaffungsstellen bzw. eine eidesstattliche Erklärung des Herstellers. Der Versuch zur Einführung von amtlichen Bescheinigungen für Kriegslieferungen Mitte Oktober 1916 stellte nur ein kurzes Intermezzo dar[19].

Die Umsetzung des Hindenburg-Programms hatte bald erhebliche Produktionsengpässe zur Folge, so daß auch nicht mehr alle Kriegslieferungen der miteinander konkurrierenden Beschaffungsstellen ohne Verzug und in vollem Umfang ausgeführt werden konnten. Die Behörden versuchten zunächst, eine Lösung des Problems über eine amtliche Regelung der Dringlichkeit zu erreichen, wie die Industrie selbst forderte[20]. In der Praxis widersetzten sich die Werke aber jedem Ansatz zu einer solchen Regelung. So stieß die neu gebildete Rohstahlausgleichsstelle mit ihrem Versuch, ab November 1916 Aufträge zurückzustellen, auf erheblichen Widerstand. Deshalb nahm die Kriegsrohstoffabteilung ihre Anordnung im Februar 1917 weitgehend zurück[21]. Für das Fortbestehen der Schwierigkeiten spricht eine Verfügung der Kriegsrohstoffabteilung, die Ende 1917 wiederum die Abfolge von Aufträgen zu regeln versuchte[22].

Da die Festlegung der Dringlichkeit die Probleme nicht löste, richtete die Rohstahlausgleichsstelle Anfang 1917 Kontingente für die drei Klassen ein, die unter ihrer Oberaufsicht blieben. Die Verteilung übernahm sie aber nur für den Friedensbedarf. Die Beschaffungsstellen dagegen verwalteten die Kontingente für mittelbare und unmittelbare Kriegslieferungen, das heißt auch hier

---

[19] "Bericht über die Besprechung in der KRA, Sekt. E (Hauptmann Meier) und mit dem Beauftragten des Kriegsministeriums ... Hauptmann Klöckner" vom 15. Nov. 1916, BHStA-KA, MKr. 13056; Zitat ebd.; Schr. DStB an VdEStI vom 30. Okt. 1916, BAK, R 13I/90, Bl. 107.

[20] Sitz. über die Gründung einer Eisen-Zentrale am 14. Sept. 1916, BAAP, KEZ 87.25, Nr. 1, Bl. 183ff.; Prot. 6. Sitz. des Arbeitsausschusses des DStB vom 10. Nov. 1916, BAAP, KEZ 87.25, Nr. 77, Bl. 137v.

[21] Berichte aus der KRA, Sektion Eisen in den Amtlichen Mitteilungen des Kriegsamts Nr. 8 vom 20. Febr. 1917, GStAM, Rep. 77, tit. 332[r], Nr. 247, Bd. 1, Bl. 82; "Bericht über die Besprechung in der KRA, Sekt. E (Hauptmann Meier) und mit dem Beauftragten des Kriegsministeriums ... Hauptmann Klöckner" vom 15. Nov. 1916, BHStA-KA, MKr. 13056; Cron, Kriegseisenwirtschaft, S. 8f. Der Widerstand der Werke äußerte sich z.B. in Schadensersatzforderungen aufgrund der Produktionseinschränkungen. Schr. Phoenix Ruhrort an Hauptverwaltung vom 6. Jan. 1917, Mannesmann-Archiv, P 8/25/73.

[22] Bekanntmachung betr. Erzeugung Kriegsmaterial durch Eisen- und Stahlwerke vom Okt. 1917, veröffentlicht Mitte Nov. und Anfang Dez. 1917, BAAP, KEZ 87.25, Nr. 96, Bl. 177f.

"kontrollierten" sie sich, wie bei den Metallen, selbst. Von der Kontingentierung waren nur Rohstahl sowie "bestimmte marktgängige Produkte" betroffen[23].

Weitergehende Versuche zur Reglementierung stießen auf Widerstand in der Industrie. Im Februar 1917 führte das Waffen- und Munitionsbeschaffungsamt Bezugsscheine ein. Damit sollte sichergestellt werden, daß sich die Menge der produzierten Fabrikate an den Bedarfsvorgaben der Heeresverwaltung und nicht an der Gewinnspanne, die sich vor allem bei den Fabrikaten für die Waffenproduktion stark unterschieden, orientierte. Das Amt hielt zwar zunächst, unterstützt von der Leitung des Kriegsamts, an diesem Verfahren fest mit dem Hinweis, "daß eine Kontrolle nicht entbehrt werden kann"[24]. Doch letztlich mußte es nachgeben und auf die Bezugsscheine verzichten[25].

So blieb es alles in allem bei Dringlichkeitslisten mit drei Klassen, die nach Auftraggebern untergliedert waren, sowie gesonderten Produktgruppen innerhalb der Klassen. Die Anordnung wurde im Laufe der Zeit verändert, doch gab es darüber hinaus keine Kontrollen seitens der Beschaffungsstellen oder der Rohstahlausgleichsstelle[26]. Ergänzend dazu existierten Dringlichkeitsscheine für einzelne Werke. Ob sie aber die Verteilungsprobleme besser lösen konnten als Bezugsscheine oder Auftragsrückstellungen, ist fraglich[27].

---

[23] Was genau damit gemeint war, lassen die Quellen offen. Stellwaag, Grundzüge der behördlichen Eisenbewirtschaftung in Deutschland, 1918, BAAP, KEZ 87.25, Nr. 107, Bl. 110ff., hier Bl. 121ff.; Vortrag Gerhardt vor Revisoren am 2./3. Aug. 1917, S. 29ff., BHStA-KA, MKr. 17286. Ein weiteres Kontingent verwaltete die Rohstahlausgleichsstelle für die Ausfuhr. [Aufgaben der] Rohstahl-Ausgleichsstelle (Kommissar Kriegshilfsreferent Gerhardt) o.D., BAAP, KEZ 87.25, Nr. 2, Bl. 247; Cron, Kriegseisenwirtschaft, S. 39, Römermann, Mittel, S. 102.

[24] Es handelte sich zunächst nur um Preßblöckchen. Das Waffen- und Munitionsbeschaffungsamt wollte die Bezugsscheine aber auch auf andere Produkte ausdehnen. Zwischenbericht zum Stand des Hindenburg-Programms vom 1. Febr. 1917, Nachtrag, BAAP, KEZ 87.25, Nr. 99, Bl. 88; Kurzer Bericht über die Sitz. vom 1. März 1917 mit Vertretern der Eisen- und Stahlindustrie, BAAP, KEZ 87.25, Nr. 99, Bl. 67f.; Bericht Weigel, Hilfsoffizier des bayerischen Bevollmächtigten [beim KA], über die am 1. März 1917 in der KRA stattgefundenen Monatssitzung über Eisen und Stahl, S. 3f., 9f., BHStA-KA, MKr. 17291; Zitat ebd.; vgl. Römermann, Mittel, S. 102.

[25] Kriegsaufgaben des VdEh, 1917, S. 7, HA Krupp, WA 12/19. Das bestätigt auch eine Denkschrift o.V. [vermutlich Alfons Horten], o.D. mit Bemerkungen des Kommissariats der Eisenzentrale für Hauptmann Burgers. BAAP, KEZ 87.25, Nr. 96, Bl. 158, 172.

[26] Cron, Kriegseisenwirtschaft, S. 37, 39, 43, 75f. Änderungen gab es z.B. im März und August 1917 sowie Febr. 1918.

[27] Vortrag Gerhard vor Revisoren vom 2./3. Aug. 1917, S. 32, BHStA-KA, MKr. 17286; z.B.: Schr. EZ an RAS vom 28. Sept. u. 9. Nov. 1917, BAAP, EZ 87.10, Nr. 85;

Nur in wenigen Bereichen gab es konkrete Zuweisungen von Rohstoffen durch die Kriegsrohstoffabteilung. Sie verfügte über die Verteilung der Erze der Ilseder Hütte, deren Förderung mit starker staatlicher Beteiligung gesteigert wurde[28], und forderte die Abgabe von 1,5-2% der Roheisenproduktion für Lieferungen an Österreich[29]. Auf der anderen Seite standen dagegen von behördlichen Anordnungen weitgehend unberührte Versorgungsbereiche, etwa der Eigenverbrauch der gemischten Stahlwerke oder die Fortführung von Lieferabkommen aus der Vorkriegszeit[30].

Die Verteilung war, dies wurde deutlich, durch eine Fülle von zum Teil konkurrierenden Kompetenzen gekennzeichnet. Die Zuständigkeiten sollen deshalb kurz systematisiert werden, um die Handlungsspielräume der einzelnen Akteuren abzustecken. Im Mittelpunkt stehen zum einen die Kriegsgesellschaften, deren Befugnisse früh und weitgehend begrenzt wurden, zum anderen die Kriegsrohstoffabteilung, die in Konkurrenz mit Beschaffungsstellen und zivilen Behörden stand.

Die Kriegsgesellschaften sollten nach den Vorstellungen ihrer Initiatoren die gesamte Verteilung der Rohstoffe organisieren. Davon blieb in der Realität nur wenig übrig. Der Aktionsradius der für Verteilungsfragen zuständigen Schätzungs- und Verteilungskommissionen wurde sehr bald eingeschränkt, indem sie sukzessive Funktionen an verschiedene Behörden verloren. Die Kriegsmetall AG war davon am stärksten betroffen. Sie mußte ihre Funktionen schon ab Januar 1915 an die behördlich dominierte Vertrauenskommission abgeben. Das preußische Kriegsministerium hielt ausdrücklich fest, daß deren "Beschlüsse für die Verteilung der Metalle entscheidend sind"[31]. Vermutlich

---

Denkschrift o.V. [vermutlich Alfons Horten], o.D. mit Bemerkungen des Kommissariats der Eisenzentrale für Hauptmann Burgers, BAAP, KEZ 87.25, Nr. 96, Bl. 158, 172.

[28] Schr. KRA an Beauftragten des PKM Boersch vom 21. Okt. 1918, BAAP, EZ 87.10, Nr. 388. Vgl. auch die Versandzahlen der Ilseder Hütte von 1916, aufgegliedert nach den einzelnen Werken. BAAP, EZ 87.10, Nr. 387, Bl. 26f.

[29] Fried. Krupp AG: Schr. KRA an REV vom 31. Dez. 1917, Schriftwechsel REV-Krupp vom 2./11. Febr. 1918, HA Krupp, WA 4/1792, Bl. 2ff.; Vereinigte Königs- und Laurahütte AG: Müller, Kriegsrohstoffbewirtschaftung, S. 114.

[30] Eigenverbrauch: Denkschrift "Die Firma Krupp im Weltkriege", HA Krupp, FAH 4 E 10, Bd. 1, S. 113ff.; Ausarbeitung Erze zu dieser Denkschrift, HA Krupp, WA 7 f 1087, S. 9f. Fortführung bestehender Lieferverträge zwischen Produzenten und Verbrauchern: Lieferabkommen Mannesmann-Krupp, 1904-1925, HA Krupp, WA 77/V 2463.

[31] BAAP, KMA 87.37, Nr. 102; Schr. PKM an PMHG vom 19. Mai 1915, GStAM, Rep. 120 C VIII 1, Nr. 84, Adh. 13^{M}, Bd. 1, Bl. 211; Zitat ebd.; vgl. auch oben, S. 151f. Die Schätzungs- und Verteilungskommission der Kriegsmetall AG tagte im Juli 1915

standen die zahlreichen Beschwerden über die Bevorzugung der Aktionäre durch die Kriegsmetall AG hinter dieser Neuordnung[32]. Darüber hinaus machte die Kriegsrohstoffabteilung mit der Wahrnehmung ihres Weisungsrechtes frühzeitig deutlich, daß die Selbständigkeit der Kriegsmetall AG nur begrenzt sein sollte[33].

Das Reichsamt des Innern begründete die Errichtung der Metallfreigabestelle im August 1915 damit, daß sich die Firmen mit dem Hinweis auf Geschäftsgeheimnisse geweigert hatten, die zur Prüfung der Anträge notwendigen Unterlagen an die Kriegsmetall AG zu übermitteln[34]. Auch die Beschaffungsstellen schöpften aus den Kompetenzen der Kriegsmetall AG. Sie erhielten im November 1915 offiziell die Aufgabe, die Bedarfsanmeldungen der Firmen zu überprüfen[35]. Damit war die Kriegsmetall AG im Sommer 1915 lediglich auf die Durchführung behördlicher Anweisungen beschränkt.

Weniger rigoros verfuhr die Heeresverwaltung mit der Kriegschemikalien AG, deren Schätzungs- und Verteilungskommission den ganzen Krieg über tätig blieb. Der Anspruch auf die alleinige Zuständigkeit für die Deckung des gesamten Chemikalienbedarfs[36] blieb aber auch hier Fiktion. Ihr Wirkungskreis wurde auf die Zuteilung von Rohstoffen für die zivile Produktion begrenzt. Wichtige Kontrollfunktionen übte das preußische Ministerium für Handel und Gewerbe

---

zum letzten Mal. 25. Prot. der SVK der KMA vom 10. Juli 1915, BAAP, KMA 87.37, Nr. 101, Bl. 97f.

32 Müller, Kriegsrohstoffbewirtschaftung, S. 36f.

33 Sie verfügte, daß alle von ihr befürworteten Anträge Vorrang haben sollten, lehnte Freigabegesuche der Kriegsmetall AG ab, gab Kriterien für die Erstellung eines Gutachtens vor oder mischte sich in die Verhandlungen mit den Siemens-Schuckert-Werken. Schr. KRA an Römhild vom 2. Nov. 1914, GStAM, Rep. 120 C VIII 1, Nr. 84, Adh. 13^{M}, Bd. 1, Bl. 77; Schr. KRA an KMA vom 23. Juni 1915, BAAP, KMA 87.37, Nr. 90, Bl. 209; Schr. KRA an KMA vom 27. Jan. 1915, BAAP, KMA 87.37, Nr. 243, Bl. 56; Schr. KMA an KRA vom 17. Juni 1915, SAA 4/Lf 805 Carl Friedrich v. Siemens.

34 Schr. RdI an PKM vom 16. Aug. 1915, BAAP, KCA 87.29, Nr. 18, Bl. 312f.; Geschäftsverteilung der MFSt o.D., BAAP, KMA 87.37, Nr. 317, Bl. 11; Entwurf Vfg. PKM vom 11. Juni 1915 betr. Zuteilung von Metallrohstoffen und Graphit, HStAS, M 1/6, Nr. 1353, Bl. 159ff. Die Proteste des Leiters der Abteilung Freigabe in der Kriegsmetall AG, der auf die erfolgreiche und problemlose Bearbeitung von Freigaben durch die Kriegschemikalien AG hinwies, blieben fruchtlos. Schr. Sasserath an Direktion der KMA vom 3. Juli 1915, BAAP, KMA 87.37, Nr. 126, Bl. 1ff.

35 Die Entscheidung dafür war schon im Juni getroffen worden, das Verfahren selbst trat aber erst im November 1915 in Kraft. Entwurf PKM vom 11. Juni 1915, BAAP, KMA 87.37, Nr. 97/2, Bl. 140ff.; 25. Prot. der SVK der KMA vom 10. Juli 1915, BAAP, KMA 87.37, Nr. 101, Bl. 97f.

36 Schr. KCA an Bayer vom 13. Nov. 1914, Bayer-Archiv, 201/3.

aus. Darüber hinaus mußte die Kriegschemikalien AG, wie in anderen Aufgabenbereichen auch, seit Frühjahr 1915 einen Teil ihrer Kompetenzen an die Kriegssäuren-Kommission abtreten[37].

Die Entscheidungen über militärische Lieferungen trafen vor allem die Beschaffungsstellen. Die Kriegsgesellschaft konnte lediglich Vorschläge machen[38]. Einen etwas größeren Spielraum besaß die Gesellschaft in den Bereichen, wo die Kriegsrohstoffabteilung für die Verteilung zuständig war; hier führte sie die Verhandlungen mit den Firmen zum Teil selbständig[39].

Die Eisenzentrale, erst 1916 gegründet, hatte von Beginn an kaum Funktionen in der Verteilung von Rohstoffen. Das Schwergewicht ihrer Tätigkeit lag auf dem Gebiet der Beschaffung. Sie arbeitete lediglich in der Verwertung beschlagnahmter Rohstoffe, deren Menge gering war, mit der Kriegsrohstoffabteilung zusammen und nahm die Bedarfsmeldungen der Unternehmen entgegen. Die Aufgabe des Ausgleichs von Angebot und Nachfrage für die Eisen- und Stahlprodukte übernahm die Kriegsrohstoffabteilung mit ihren verschiedenen Abteilungen[40].

Diese starke Unterordnung der Kriegsgesellschaften brachte für die Bewirtschaftung insofern Probleme, als die Firmen deren Anweisungen nicht als endgültig ansahen und mit der Einschaltung von Behörden die Durchführung

---

[37] Prot. der SVK der KCA, BAAP, KCA 87.29, Nr. 68; Ausarbeitung über die Organisation der KCA von 1917, BAAP, KCA 87.29, Nr. 3, Bl. 2. Vgl. auch Schätzungen an Schwefelbedarf für Heeres- und Privatkreis für Sept./Okt. 1916, BAAP, KCA 87.29, Nr. 71, Bl. 19, und die Freigaben. Ebd., passim; zur Kriegssäuren-Kommission: BAAP, KSK 87.38, sowie oben, S. 152.

[38] Schr. KCA an FM vom 13. Sept. 1915, BAAP, KCA 87.29, Nr. 18, Bl. 168f.; Zitat ebd., Bl. 169. Das bei der Feldzeugmeisterei beheimatete Ingenieur-Komitee entschied auch über die Kriegschemikalien AG hinweg, z.B. mit einer Anordnung an die Farbenfabriken vorm. Friedrich Bayer, Natronsalpeter auszuliefern und nachträglich einen Erlaubnisschein dafür bei der Gesellschaft einzuholen. Schr. KCA an KRA vom 16. Aug. 1915, Bayer-Archiv, 201/6.2, Bd. 2.

[39] Schr. KCA an KRA vom 18. Okt. 1916, Antwort KRA vom 28. Okt. 1916, BAAP, KCA 87.29, Nr. 132, Bl. 74f., 62; Schr. Kloeppel an Direktorium Bayer vom 5. und 12. Apr. 1917, Bayer-Archiv, 201/38, Bd. 1.

[40] Dies waren vor allem die Rohstahlausgleichsstelle und das Kommissariat der Eisenzentrale. Prot. betr. Enteignung von Eisen und Stahl sowie Verwertung und Verwendung des Materials, o.D., BAAP, RAS 87.72, Nr. 32. Z.B. Schr. EZ an REV vom 3. Aug. 1917, BAAP, EZ 87.10, Nr. 85; "Bericht über die Besprechung in der KRA, Sekt. E (Hautpmann Meier) und mit dem Beauftragten des Kriegsministeriums ... Hauptmann Klöckner" vom 15. Nov. 1916, BHStA-KA, MKr. 13056; Stellwaag, Grundzüge der behördlichen Eisenbewirtschaftung in Deutschland, 1918, BAAP, KEZ 87.25, Nr. 107, Bl. 121ff.

verzögerten. Anfang 1915 akzeptierte die Dynamit AG vorm. Alfred Nobel eine Kürzung des Freigabeantrags nicht, sondern wandte sich an die vorgesetzte Kriegsrohstoffabteilung[41]. Noch im Juli 1917 weigerte sich ein Bremer Lager, Rohstoffe an die Farbenfabriken vorm. Friedrich Bayer nur auf telegraphische Anweisung der Kriegschemikalien AG und ohne einen "vom Kommissar des Kriegsamts unterzeichneten Freigabeschein" abzugeben[42].

Die Verteilung von Rohstoffen war, wie andere Bewirtschaftungsbereiche auch, geprägt von der Konkurrenz zwischen Kriegsrohstoffabteilung und Beschaffungsstellen. Weder bei den Nichteisenmetallen noch bei Eisen und Stahl konnte eine der beiden Institutionen ihre Führung durchsetzen. Die Kriegsrohstoffabteilung kontrollierte zwar das Zuweisungsamt der Metallmeldestelle ebenso wie die Rohstahlausgleichsstelle, die beide die Aufgabe hatten, Angebot und Nachfrage aufeinander abzustimmen. Deshalb waren diese Stellen auch zuständig für die Kontingente, die ab 1917 eingeführt wurden.

Auf der anderen Seite war gerade die Höhe der Kontingente Verhandlungssache, und die Beschaffungsstellen behielten weitgehend den Zugriff auf die Kriegslieferungen. Verschiedene Versuche der Kriegsrohstoffabteilung, ihren Konkurrenten zu kontrollieren, schlugen fehl. Es blieb dabei, daß die Kriegsrohstoffabteilung zwar eine Reihe von Entscheidungskompetenzen besaß, an dem gewichtigen Mitspracherecht der Beschaffungsstellen aber nicht vorbeikam[43]. Darüber hinaus bleibt festzuhalten, daß innerhalb der Kriegsrohstoffabteilung nicht nur die Rohstahlausgleichsstelle, sondern auch das Kommissariat der Eisenzentrale eine bedeutende Rolle spielte. In der Verteilung von Eisen und Stahl bestand eine enge Zusammenarbeit zwischen dessen Leiter Hermann Fischer und dem Chef der Kriegsrohstoffabteilung Koeth[44].

---

[41] Schr. Nobel an KRA vom 2. Jan. 1915, GStAM, Rep. 120 C VIII 1, Nr. 84, Adh. 13, Bd. 2, Bl. 25f. Die Farbenfabriken vorm. Friedrich Bayer formulierten ihre Freigabeanträge ebenfalls mit großer Selbstsicherheit. Schr. Bayer an KCA, Abt. Freigabe vom 11. März 1916, BAAP, KCA 87.29, Nr. 290, Bl. 81. Zur Haltung der Farbwerke vorm. Meister Lucius und Brüning vgl. unten S. 253f.

[42] Schr. Kloeppel an Direktorium Bayer vom 18. Juli 1917, Bayer-Archiv, 201/38, Bd. 1. Probleme mit den Firmen hatte auch die Kriegssäuren-Kommission. Im August 1915 schrieb sie an die Farbenfabriken vorm. Friedrich Bayer: "Ihre Mitteilung, dass August schon 700 Tonnen Oleum freigegeben, ist uns unverständlich, da von hier aus bisher keine Freigabe erfolgte. Erbitte Drahtantwort". Abschrift Tel. Plieninger [an Bayer] vom 17. Aug. 1915, Bayer-Archiv, 201/3.

[43] Vgl. oben, S. 236ff. und 62ff.

[44] Fischer nahm an den entscheidenden Besprechungen über die Neuordnung der Eisenbewirtschaftung teil, arbeitete Entwürfe von Verfügungen aus und machte Vorschläge für Änderungen, z.B. der Dringlichkeitsliste. Prot. der Sitz. über die Bewirtschaftung von Eisen vom 14. und 21. Sept. 1916, BAAP, KEZ 87.25, Nr. 1, Bl. 52,

Bei den Chemikalien dagegen beherrschten die Beschaffungsstellen weitgehend das Feld. Sie wiesen Kriegschemikalien AG und Kriegssäuren-Kommission an, die für die Munitionsaufträge notwendigen Rohstoffe zu liefern, und bestimmten, ob und wenn ja, wieviele Chemikalien die Firmen an andere Werke abgegeben mußten[45]. Die Beschaffungsstellen nahmen zudem ihre Rechte gegenüber den Kriegsgesellschaften sehr ernst und ließen ihnen wenig Freiraum[46]. In einigen Bereichen, vor allem bei der Verteilung von Chemikalien für die Friedensproduktion, konnte die Kriegsrohstoffabteilung Kompetenzen behaupten, sie hatte aber keine ausschließliche Weisungsbefugnis[47].

Die Führung des Kriegsamts, dem Kriegsrohstoffabteilung und Beschaffungsstellen seit November 1916 untergeordnet waren, mischte sich wenig in die Verteilung ein. Der einzige Bereich, in dem die vorgesetzte Stelle aktiv wurde, war das Transportwesen[48]. Generell erfolgte nur der Verkehr mit außenstehenden Institutionen, z.B. der Obersten Heeresleitung, über den Chef des Kriegsamts[49]. Dennoch versuchte die Industrie, über die Leitung des Kriegsamts

---

183ff., 154ff.; Schriftwechsel KEZ-FM vom 27. Okt.-9. Nov. 1916, BAAP, EZ 87.10, Nr. 16; Schr. KEZ an KRA vom 9. März 1917 und 11. Mai 1918, BAAP, EZ 87.10, Nr. 18.

45 Zuteilung Rohstoffe für Sprengstoffproduktion: Schr. FM an Bayer vom 17. Nov. 1915, Bayer-Archiv, 201/5.1; Schr. FM an Bayer vom 21. Febr. 1916, Bayer-Archiv, 201/6.2, Bd. 3 u.ö. Abgabe Rohstoffe: Schr. FM an Bayer vom 28. Aug. 1915, Bayer-Archiv, 201/5.1; Schr. Kloeppel an Direktorium Bayer vom 5. Juli 1917, Bayer-Archiv, 201/38, Bd. 1 u.ö. Wesentlich seltener gab es Anweisungen der Kriegsrohstoffabteilung: Schr. KCA an Hoechst vom 9. März 1915, Hoechst-Archiv, 18/1/14; Schr. Kloeppel an Direktorium Bayer vom 3. Juli 1917, Bayer-Archiv, 201/38, Bd. 1. Vgl. auch oben, S. 65ff.

46 Schriftwechsel KSK-Wumba vom 15. u. 16. Febr. 1917, BAAP, KSK 87.38, Nr. 4, Bl. 201, 199.

47 Schr. KCA an Gesellschafter vom 23. Nov. 1914, Bayer-Archiv, 201/6.2, Bd. 3; Schr. KCA an KRA vom 9. Apr. 1915, Antwort KRA vom 12. Apr. 1915, BAAP, KCA 87.29, Nr. 72, Bl. 234; Schr. KRA an KSK vom 28. Sept. 1916, Antwort KSK vom 4. Okt. 1916, BAAP, KSK 87.38, Nr. 1. Weisungsbefugnis der Feldzeugmeisterei: NSchr. der Besprechung vom 13. Sept. 1916 in Leverkusen, Bayer-Archiv, 201/6.3, Bd. 5.

48 Metalle: Mitt. vom 7. Dez. 1916, BAAP, KMA 87.37, Nr. 46, Bl. 147; Eisen und Stahl: Vfg. KA vom 27. Jan. 1917, Schr. BdKM bei der Ilseder Hütte an KEZ vom 3. Apr. 1917 und Antwort KEZ vom 5. Apr. 1917, BAAP, EZ 87.10, Nr. 384. Nach Angaben Gerhardts, des Leiters der Rohstahlausgleichsstelle, beschränkte sich die Zusammenarbeit mit den Kriegsamtstellen auf die Kontrolle von Lägern. Vortrag Gerhardt vor Revisoren am 2./3. Aug. 1917, S. 33f., BHStA-KA, MKr. 17286.

49 Z.B. eine Mitteilung über die Rohstahlproduktion, Schr. KRA an Chef des Generalstabes des Feldheeres vom 13. Okt. 1917, BAAP, KEZ 87.25, Nr. 99, Bl. 35.

Druck auf Kriegsrohstoffabteilung und Waffen- und Munitionsbeschaffungsamt auszuüben, wenn ihre Interessen dort nicht genügend gewahrt erschienen[50].

Die zivilen Stellen erreichten in der Chemikalien- und Metallwirtschaft relativ weitgehende Befugnisse, wenn es um Friedensbedarf ging. Das preußische Ministerium für Handel und Gewerbe erhielt, allerdings nur zusammen mit der Kriegsrohstoffabteilung, die Aufsicht über die Freigabe von Chemikalien[51]. Das Reichsamt des Innern konnte sich im August 1915 die Aufsicht über die Rohstoffvergabe von Metallen ebenso wie im Mai 1916 von Soda für Friedenslieferungen sichern[52]. Andererseits bleibt festzuhalten, daß Kriegsrohstoffabteilung und Beschaffungsstellen die insgesamt für Friedenszwecke freizugebenden Mengen bestimmten[53]. In der Versorgung mit Eisen und Stahlprodukten setzte die Militärbehörden dagegen ihren Führungsanspruch gegenüber den zivilen Ressorts im Sommer 1916 klar durch, auch auf die Ausführung der einzelnen Maßnahmen nahmen letztere nur wenig Einfluß[54].

Die Industrievertreter konnten sich und ihre Vorstellungen in die Entscheidungen über Verteilung von Rohstoffen in vielfältiger Weise einbringen. Zum einen gab es keine Verteilungsmaßnahme, die nicht durch Besprechungen mit betroffenen Industrievertretern vorbereitet worden wäre. Zum anderen übertrugen die Behörden den Interessenverbänden bestimmte Funktionen in der Verteilung. Dies betraf sowohl die Auftragsverteilung auf die Werke als auch die Zuweisung von Rohstoffen für die Friedensproduktion.

---

[50] Z.B. eine Eingabe der Siemens-Schuckert-Werke an Groener, worauf die Kriegsrohstoffabteilung sehr empfindlich reagierte. SSW an KA, Groener, vom 18. Jan. 1917, Schr. KRA an SSW vom 26. Febr. 1917, vgl. auch Aktennotiz Haller vom 2. Febr. 1917, SAA 11/Lg 758 Henrich.

[51] Ausarbeitung über die Organisation der KCA von 1917, BAAP, KCA 87.29, Nr. 3, Bl. 2; Römermann, Mittel, S. 110f. Z.B. Schr. Mente an Polenski vom 6. Okt. 1914, GStAM, Rep. 120 C VIII 1, Nr. 84, Adh. 13C, Bd. 1, Bl. 14ff. Vgl. auch Kap. I.2., S. 40ff.

[52] Vgl. oben, Anm. 3, S. 234 und Anm. 12, S. 235. Ähnliches gelang für Schwefel: Die Verwaltungsstelle für private Schwefelwirtschaft, die der Kriegschemikalien AG angegliedert war, stand ebenfalls unter der Aufsicht des Reichskanzlers. Bekanntmachung betr. die private Schwefelwirtschaft vom 13. Nov. 1915, RGBl., 1915, S. 761f.; Ausführungsbestimmungen dazu vom 14. Nov. 1915, Kriegsbuch 4 (1917), S. 585.

[53] Z.B. entschied die Kriegsrohstoffabteilung, welche Mengen von Rohstoffen, die Firmen importierten, für Friedenszwecke genutzt werden durften. Schr. Dihlmann an den Fachausschuß für Maschinenbau ... vom 28. Jan. 1916, SAA 11/Lb 273 Haller. Bei den Chemikalien waren hierfür vor allem die Beschaffungsstellen zuständig.

[54] Schr. KRA an PMHG vom 22. Juni 1916, GStAM, Rep. 120 C VIII 1, Nr. 65, Adh. 6, Bl. 97.

In der Verteilung von Eisen und Stahl gab es eine besonders starke Einbindung der Industrie. Zum Beauftragten des Kriegsministeriums beim Roheisenverband und Stahlbund wurde mit Florian Klöckner ein Industrieller bestellt. Er verfügte über weitreichende Kompetenzen, denn er war damit betraut, die Verteilung der Aufträge beim Roheisenverband zu kontrollieren. Überstiegen die Anforderungen die Produktionskapazitäten, so sollte er entscheiden, welche Aufträge zuerst zu bearbeiten waren. Nach der Errichtung des Stahlbundes übernahm er dort denselben Aufgabenbereich, nun unter der Anleitung der Rohstahlausgleichsstelle[55]. Im Gegensatz dazu zeigte sich in der Metallzuteilung ein deutlicher Trend zur Ausschaltung der Industrievertreter aus dem institutionalisierten Entscheidungsprozeß[56].

b) Verteilungspolitik

Standen bisher die formalen Handlungsspielräume der Akteure im Mittelpunkt, soll im folgenden untersucht werden, in welchem Umfang Behörden, Kriegsgesellschaften und Wirtschaftsvertreter in diesem Rahmen ihre Interessen einbringen konnten. Erstens ist danach zu fragen, ob bestimmte Unternehmen oder Unternehmensgruppen bei der Zuweisung von Rohstoffen bevorzugt behandelt wurden oder nicht. Zweitens steht die Bereitschaft der Behörden zu Interventionen zur Diskussion. Wann und aus welchen Gründen wurden Reglementierungen angeordnet? Wenn wir dem die Reaktionen der Industrie gegenüberstellen, können wir uns einem Urteil darüber nähern, wie durchsetzungsfähig die einzelnen Akteure waren[57].

Will man der Frage der Bevorzugung nachgehen, stößt man auf große Lücken in der Überlieferung. Verteilungslisten der zuständigen Stellen sind nur sporadisch vorhanden. Lediglich für Kupfer decken sie einen zusammen-

---

[55] Die Einsetzung erfolgte am 26. April 1915. "Bericht über die Besprechung in der KRA, Sekt. E (Hauptmann Meier) und mit dem Beauftragten des Kriegsministeriums ... Hauptmann Klöckner" vom 15. Nov. 1916, BHStA-KA, MKr. 13056; Berichte aus der KRA, Sektion Eisen in den Amtlichen Mitteilungen des Kriegsamts Nr. 8 vom 20. Febr. 1917, GStAM, Rep. 77, tit. 332[r], Nr. 247, Bd. 1, Bl. 82; vgl. BAAP, KEZ 87.25, Nr. 77, passim sowie BAAP, Beauftragter des KM beim DStB, 87.07; vgl. auch Cron, Kriegseisenwirtschaft, S. 8f.

[56] Vgl. oben, S. 92.

[57] Die für diese Frage ebenfalls zu berücksichtigende Bedeutung von Kontrollen und Sanktionen wird in Kap. V.1-4. nicht nur für die Verteilung, sondern für alle Bewirtschaftungsmaßnahmen abgehandelt. Vgl. unten, S. 320ff.

hängenden Zeitraum ab, doch dieser umfaßt gerade ein halbes Jahr[58]. Wertet man die zwar wenigen, aber immerhin vorhandenen Listen aus, zeigt sich eine Bevorzugung der Aktionäre der Kriegsmetall AG in zwei Hinsichten. Erstens erhielten sie den Großteil der zur Verfügung stehenden Kupfermengen, immer über 50%. Zudem beliefen sich ihre Zuteilungen meist auf mehr als 100 t. Daher machten sie ca. zwei Drittel der seit Mai 1915 eigens ausgewiesenen "Großverbraucher" aus. Betrachtet man zweitens die Differenzen zwischen geforderter und zugeteilter Menge, mußten in der Regel alle Firmen Kürzungen hinnehmen, doch fielen sie bei den Nichtaktionären tendenziell höher aus. Zu den solcherart Bevorzugten gehörten allerdings auch die großen Rüstungsbetriebe, die eine Beteiligung an der Kriegsmetall AG abgelehnt hatten[59].

Daß die Mitglieder der Kriegsmetall AG Vorteile genossen, was schon aufgrund der Einbindung und des damit verbundenen Informationsvorsprungs zu erwarten war, bestätigen die wenigen vorhandenen Quellen also. Sie sagen aber wenig über das Ausmaß der Bevorzugung. Denn was nahezu gänzlich fehlt, sind Aufstellungen der gesamten Bedarfsanforderungen, sowohl seitens der Firmen als auch seitens der Beschaffungsstellen. Daher ist quantitativ nicht zu ermitteln, wessen Bedarf aus welchen Gründen befriedigt oder beschnitten wurde und ob sich Veränderungen im Laufe des Krieges ergaben. Ebensowenig wissen wir über die Auftragsvergabe, die ja die erste und wichtigste Hürde für die Firmen darstellte[60]. Die Frage, ob die Bevorzugung auf der Ebene der Kriegsgesellschaften oder der Behörden, insbesondere der Beschaffungsstellen,

---

[58] Bedarfsanmeldungen und Zuteilungen von Kupfer, März-Aug. 1915, BAAP, KMA 87.37, Nr. 97/2, passim. Die Verteilung von Chemikalien auf die einzelnen Firmen ist kaum nachzuverfolgen. Hier sind nur vereinzelte Listen überliefert, z.B. Zusammenstellung der KSK, Gebiet I [= West] über Salpetersäure/Chilesalpeter für Juni 1915, Schr. KCA an KSK betr. Schwefelkies und Schwefel. Zuteilung für Juni, BAAP, KSK 87.38, Nr. 10. Aus dem Bereich von Eisen und Stahl gibt es keine derartigen Materialien. Vor der letzten Kassation des Bestandes der Kriegsgesellschaften im Zentralen Staatsarchiv Potsdam scheint es mehr Listen gegeben zu haben. Doch auch hierunter befanden sich offenbar keine durchgängigen für die gesamte Kriegszeit. Müller, Kriegsrohstoffbewirtschaftung, S. 38ff.

[59] BAAP, KMA 87.37, Nr. 97/2, Bl. 37, 82, 107ff., 123ff., 168ff., 175ff. Bei den Rüstungsbetrieben handelt es sich um die Fried. Krupp AG und die Dürener Metallwerke AG. Zu ihrer Beteiligung an der Kriegsmetall AG vgl. BAAP, KMA 87.37, Nr. 1, Bl. 226, 231. Müller macht diese Unterscheidung nicht, sondern wirft Mitglieder der Kriegsmetall AG und Großunternehmen in einen Topf. Ebensowenig erwähnt er, daß unter den in der Metallverteilung Bevorzugten nicht nur Großaktionäre der Kriegsgesellschaft waren, wie die Überschrift seines Kapitels nahelegt, sondern auch Firmen mit mittleren und kleinen Anteilen. Müller, Kriegsrohstoffbewirtschaftung, S. 38ff.

[60] Darüber gibt auch Müller, Kriegsrohstoffbewirtschaftung, S. 38ff., keine Auskunft.

stattfand, läßt sich somit nicht endgültig beantworten. An dieser Stelle kann daher lediglich der Versuch stehen, aus einzelnen Transaktionen heraus Schlaglichter auf die Praxis der Verteilung zu werfen und die dahinter stehenden Grundsätze grob zu skizzieren.

Die Betrachtung der einzelnen Institutionen ergibt kein einheitliches Bild. Schon die Kriegsgesellschaften verhielten sich unterschiedlich. Die Kriegschemikalien AG auf der einen Seite distanzierte sich eher von den Interessen ihrer Mitglieder, vor allem im ersten Kriegsjahr[61]. Später unterstützte sie jedoch öfters Anträge von Firmen, etwa zur Freigabe von Schwefelsäure für die Süßstoffproduktion, obwohl das Kriegsministerium diese Verwendung verboten hatte[62]. Förderung erfuhren generell die Großfirmen, wie das Urteil des Vertreters der Farbenfabriken vorm. Friedrich Bayer in Berlin, nahelegt[63]. In den nicht so seltenen Fällen aber, wo die Kriegschemikalien AG nach einer von Unternehmen und Aktionären unabhängigen Politik strebte, erwies sich ihr effektiver Handlungsspielraum als sehr begrenzt. Deshalb endeten z.B. Verhandlungen mit den Farbenfabriken vorm. Friedrich Bayer um eine verminderte Rohstoffzuweisung im April 1917 - wie vermutlich meistens - mit einem Kompromiß[64]. Die Bemühungen der Kriegssäuren-Kommission, dieselbe Firma zum Verzicht auf die Herstellung von Salpetersäure zu bewegen, um kleinere Werke nicht

---

[61] Bewilligung der Hälfte des Bedarfs für Dynamit AG vorm. Alfred Nobel: Schr. Nobel an KRA vom 2. Jan. 1915, Abschrift an PMHG, GStAM, Rep. 120 C VIII 1, Nr. 84, Adh. 13, Bd. 2, Bl. 25f. Ähnlich: Schr. KCA an KRA vom 9. Apr. 1915, BAAP, KCA 87.29, Nr. 72, Bl. 234. Klage über zu hohen Verbrauch der chemischen Großfirmen an Natronsalpeter: Schr. KCA an FM vom 13. Sept. 1915, BAAP, KCA 87.29, Nr. 18, Bl. 168f. Das Engagement der Kriegschemikalien AG gegen eine Trennung der Bewirtschaftung von Schwefel für den privaten und militärischen Bedarf war weniger durch das Interesse der Aktionäre als vielmehr durch das Streben nach Bewahrung ihrer eigenen Kompetenzen motiviert. Schr. KCA an PMHG vom 27. Mai 1915, GStAM, Rep. 120 C VIII 1, Nr. 84, Adh. 22, Bd. 1, Bl. 150f.

[62] Schr. KCA an KSK vom 8. Jan. 1917, BAAP, KSK 87.38, Nr. 4, Bl. 426.

[63] Schr. Kloeppel an Direktorium Bayer vom 18. Juli 1917, Bayer-Archiv, 201/38, Bd. 1. Die Farbenfabriken vorm. Friedrich Bayer konnten z.B. durch zusätzliche Informationen davon profitieren, zumal ein Mitglied des Vorstands der Kriegschemikalien AG aus ihren Reihen kam. Schr. Kloeppel an Direktorium Bayer vom 13. Apr. 1917, Bayer-Archiv, 201/38, Bd. 1.

[64] Die Farbenfabriken vorm. Friedrich Bayer verzichteten auf die Zuweisung von Ammonsulfat für Mai 1917 und erhielten dagegen eine höhere Zuteilung an Ammoniak. Schr. Kloeppel an Direktorium Bayer vom 5. und 12. Apr. 1917, Bayer-Archiv, 201/38, Bd. 1. Die starke Stellung dieser Firma zeigte sich im z.B. September 1917, als sie es ablehnte, Ersatzstoffe zu verwenden. Schr. Bayer an Vertrauensmann und KCA vom 12., 27. u. 28. Sept. 1916, BAAP, KCA 87.29, Nr. 290, Bl. 42f., 46.

stillegen zu müssen, verliefen ganz im Sande. Das Unternehmen konnte sich behaupten[65].

Die Kriegsmetall AG auf der anderen Seite unterstützte ihre Mitglieder in den ersten Monaten sehr stark. Sie sah es als "selbstverständlich" an, daß sie ihre Aktionäre in erster Reihe berücksichtigte, da sie schneller zu erreichen seien, und setzte dies auch in die Praxis um[66]. Seit Anfang 1915 begann sie, sich von diesen Interessen abzukoppeln. Das belegt die Auseinandersetzung mit der Metallgesellschaft, die ihr das Recht auf die Verteilung der deutschen Kupferproduktion abtreten mußte. Ebenso ist hier der Einsatz der Kriegsgesellschaft für die Verteilung von Aluminium durch die Vertrauenskommission anstelle der Aluminium-Verteilungskommission zu nennen, so daß die Verbraucher ihre starke Stellung verloren[67].

Bei den Behörden[68] sind ebenfalls unterschiedliche Tendenzen nach Branchen festzustellen. Für Chemikalien kommen vor allem die Beschaffungsstellen sowie die Chemische Abteilung des preußischen Kriegsministeriums in Betracht. Die Feldzeugmeisterei tendierte dazu, die Interessen der großen Firmen zu unterstützen. Aber sie verband dies mit Kontrollen. Kleinere Firmen

---

[65] Notiz Dietz über Besuch in Berlin am 18. Mai 1917, Bayer-Archiv, 201/6.2, Bd. 3. Die Kriegssäuren-Kommission neigte sonst eher zur Unterstützung der Großfirmen. Z.B. Schr. KSK an Wumba vom 5. Jan. 1917, BAAP, KSK 87.38, Nr. 4, Bl. 438.

[66] Schr. KMA an Sächsische Metallwaren-Fabrik A. Wellner, Aue, vom 24. Sept. 1914, BAAP, KMA 87.37, Nr. 10, Bl. 38; Zitat ebd. Dafür sprechen auch die Zugeständnisse an die Hirsch, Kupfer- & Messingwerke AG und an die Siemens-Schuckert-Werke. Schr. Hirsch, Kupfer- & Messingwerke AG an KMA vom 5. März 1915, BAAP, KMA 87.37, Nr. 97/2, Bl. 10ff.; Schr. SSW an KRA vom 11. Mai 1915, Schr. KMA an KRA vom 17. Juni 1915, SAA 4/Lf 805 Carl Friedrich v. Siemens. Vgl. auch Geschäftsordnung nach Demeter, Kriegsmetall-AG, S. 15, der unter Punkt 3 die Bevorzugung der Mitglieder aufführte. Ohne diese Punkt: Geschäftsordnung der SVK der KMA o.D., BAAP, KMA 87.37, Nr. 37, Bl. 2.

[67] Metallgesellschaft: 16. Prot. der SVK der KMA vom 5. Jan. 1915, BAAP, KMA 87.37, Nr. 101, Bl. 63; 3. Prot. der AR-Sitz. der KMA vom 13. Jan. 1915, BAAP, KMA 87.37, Nr. 52, Bl. 5. Aluminium: Schr. KMA an KRA vom 26. März 1915, BAAP, KMA 87.37, Nr. 486, Bl. 8. Daß diese Abkoppelung keine vollständige war, zeigt z.B. die Unterstützung eines Freigabeantrags der Allgemeinen Elektricitäts-Gesellschaft vom Sept. 1915 bei der Metallfreigabestelle. Schr. KMA an MFSt vom 30. Sept. 1915, BAAP, KMA 87.37, Nr. 317, Bl. 12.

[68] Die folgenden Aussagen zu den Behörden sind mit noch größerer Einschränkung zu betrachten als die zu den Kriegsgesellschaften, weil die Bestände des Kriegsministeriums nicht mehr vorhanden sind; deshalb sind wir angewiesen auf die Überlieferung in Unternehmen und Kriegsgesellschaften.

hatten dagegen wenig Chancen, ihre Wünsche durchzusetzen[69]. Allerdings mußten die chemischen Großunternehmen häufig gegenüber den staatlichen Munitionsfabriken zurückstehen[70]. Klare Position für die Interessen der Werke bezog die Chemische Abteilung des preußischen Kriegsministeriums, die sich der Beschwerden über mangelhafte Belieferung sofort annahm und im Sinne der Firmen intervenierte[71].

Die Verteilung von Metallen weist keine eindeutige Linie auf. Einerseits gibt es zahlreiche Hinweise auf die Bevorzugung von Großfirmen. Das bekannteste und von der Forschung immer wieder angeführte Beispiel ist die Gleichstellung der Anforderungen der Fried. Krupp AG mit denen der Beschaffungsstellen, was sich z.B. in ihrem Vorrang bei der Aluminiumverteilung äußerte. Doch kam die Heeresverwaltung keinem anderen Unternehmen derart weit entgegen[72]. Eher üblich war eine sehr wohlwollende Behandlung der Anträge von Großfirmen auf Metallzuteilungen, gerade auch für die Friedensproduktion, wie ein Mitarbeiter der Siemens-Schuckert-Werke im August 1918 feststellte[73].

---

[69] Schwefel-Sitz. am 8. Dez. 1916, Hoechst-Archiv, 18/1/20; Schr. KRA an verschiedene chemische Großfirmen vom 7. Okt. 1916, BAAP, KCA 87.29, Nr. 276, Bl. 234; Schr. FM an Bayer vom 1. u. 6. März 1916, Bayer-Archiv, 201/6.2, Bd. 3; Schr. Saline Lüneburg an PMHG vom 27. Sept. 1918, Antwort PMHG vom 29. Okt. 1918, Schr. Wumba an Saline Lüneburg vom 6. Mai 1918, GStAM, Rep. 120 C VIII 1, Nr. 84, Adh. 22, Bd. 2, Bl. 161ff., 169, 165ff. Zur Kompetenzverteilung vgl. oben, S. 62ff. Nach der Einschätzung Sorges herrschte im Waffen- und Munitionsbeschaffungsamt die Überzeugung, daß die Großfirmen ihre Interessen zu Lasten der kleinen Werke verträten und daher die kleineren bevorzugt werden müßten. Die Folge sei eine schlechtere Belieferung. Unterlagen zur Denkschrift "Die Firma Krupp im Weltkriege", Berufung Sorges ins Kriegsamt, S. 30f., HA Krupp, WA 7 f 1077.

[70] Z.B. Schriftwechsel KCA-KSK vom 1.-8. Apr. 1915, BAAP, KSK 87.38, Nr. 10; Schr. Kloeppel an Direktorium Bayer vom 5. Juli 1917, Bayer-Archiv, 201/38, Bd. 1.

[71] Schr. KSK an PKM, Chem. Abt. vom 31. Juli 1917, BAAP, KSK 87.38, Nr. 2; Schriftwechsel KSK-PKM, A 10, Kaiserliche Werft vom 29. Sept.-5. Okt. 1917, BAAP, KSK 87.38, Nr. 2; Tel. Kaiserliche Werft an Chem. Abt. des PKM vom 16. Okt. 1917, BAAP, KSK 87.38, Nr. 2.

[72] Die Reihenfolge der Deckung sah vor, die Fried. Krupp AG gleich nach den staatlichen Rüstungsfabriken zu versorgen und dann erst den Rest der Verbraucher. Schr. KMA an Krupp vom 24. Nov. 1914, Vertrag KMA-AEV vom Dez. 1914, BAAP, KMA 87.37, Nr. 486, Bl. 2, 5.

[73] Er sah im Entgegenkommen der zuständigen Behörden den entscheidenden Faktor für die Steigerung der Glühlampenproduktion. Aktennotiz vom 17. Aug. 1918, SAA 4/Lf 816 Carl Friedrich v. Siemens. Dafür spricht auch die Einschätzung einer Kommission des Reichsarchivs aus den dreißiger Jahren. Sie schränkt die generelle Aussage, daß die Großbetriebe bessere Bedingungen in der Kriegswirtschaft hatten als die kleineren, jedoch ein mit dem Hinweis darauf, daß in den Akten lediglich Beispielfälle

Auf der anderen Seite stehen nicht nur die Zurückweisung von Vorzugsbehandlungen, wie die Unternehmen sie forderten, etwa die Freigabe von Metallen ohne nähere Begründung durch die Deutsch-Luxemburgische Bergwerks- und Hütten-AG[74], sondern auch massive Eingriffe der Behörden in die Versorgung dieser Großbetriebe. So erhielt die Fried. Krupp AG ab 1916 erheblich weniger Erze aus dem Siegerland, nachdem die Kriegsrohstoffabteilung die Produktion beschlagnahmt hatte und die Verteilung bestimmte[75]. Ebenso mußten die Siemens-Schuckert-Werke im Mai 1917 mit der Hälfte der geforderten Kupfermengen auskommen und in den Munitionslieferungen eine drastische Senkung der Aufträge durch das Waffen- und Munitionsbeschaffungsamt hinnehmen. Für Juni 1917 fielen damit alle Metallzuweisungen aus[76].

Fraglich ist allerdings, ob die Behörden solche Kürzungen tatsächlich durchsetzen konnten. Es war genausogut möglich, daß es bei der verbalen Zurückweisungen blieb, die Zuweisung aber dennoch erfolgte - wie ein Beispiel von Anfang 1915 belegt - oder daß Kompromisse geschlossen wurden, wie zwischen Firmen und Kriegsgesellschaften[77]. Andere Vorgänge, in denen die Kriegsrohstoffabteilung die Anforderungen von Firmen zu beschränken versuchte, z.B. durch eine scharfe Kontrolle, gehen mehr auf das Konto der Rivalität mit den Beschaffungsstellen als auf die Sorge, Bevorzugungen zu vermeiden[78].

Interessant ist die Haltung der Industriellen, die mit behördlichen Funktionen ausgestattet waren, vor allem der Vertrauensmänner. Sie trugen einerseits Beschränkungen in der Versorgung der Werke mit, setzten sich andererseits

---

überliefert seien. Zusammenfassende Arbeiten der wissenschaftlichen Kommission/wehrtechnische Abt.: B II e, 1, BA-MA Freiburg, RH 60/v.8.

[74] Schriftwechsel KRA-Deutsch-Luxemburgische Bergwerks und Hütten-AG vom 6./27. Jan. u. 24./30. Juni/6. Juli 1915, Archiv der Thyssen AG, FWH/910-00.

[75] Erze und Roheisen, Unterlagen zur Denkschrift "Die Firma Krupp im Weltkriege", S. 24, HA Krupp, WA 7f 1087. Dafür blieb die Versorgung mit Eisenstein ohne Eingriffe. Ebd., S. 26.

[76] Aktennotiz "Betrifft: Metallbeschaffung" vom 26. Mai 1917, SAA 11/Lg 758 Henrich.

[77] Nur verbale Zurückweisung: Schr. MMSt an Hirsch, Kupfer- & Messingwerke AG vom 6. März 1915, BAAP, KMA 87.37, Nr. 97/2, Bl. 6; Kupferbedarfsanmeldungen pro 1. März 1915, BAAP, KMA 87.37, Nr. 97/2, Bl. 37. Zu den Kompromissen vgl. oben, Anm. 64, S. 247.

[78] So etwa der Widerstand der Kriegsrohstoffabteilung gegen die Forderungen der Gutehoffnungshütte nach Metallen für den Ausbau ihres Preßgeschoßwerkes. Reisebericht Neubecker über den Besuch bei KRA und FM am 13. Aug. 1915, vom 17. Aug. 1915, Haniel-Archiv, Nr. 3001008/7, Bl. 47.

aber häufig für die industriellen Interessen ein[79]. Dagegen bemühte sich beispielsweise der Mitarbeiter des Vertrauensmannes für Stickstoff, Dr. Zellner, eher um die Abwehr industrieller Wünsche. Er sprach sich etwa dafür aus, einen Antrag der Farbwerke vorm. Meister Lucius und Brüning auf Freigabe von Stickstoff außerhalb des Kontingents strikt abzulehnen, weil sonst "ein Präzedenzfall geschaffen [würde] und jede Farbstoff-Fabrik .. die gleiche Berücksichtigung von uns verlangen [könnte]"[80].

Ein etwas klareres Bild als zur Frage der Bevorzugung vermitteln die Quellen zur Bereitschaft der Behörden zu Interventionen. Wenden wir uns zunächst den reglementierenden Maßnahmen selbst zu, die im Laufe des Krieges ergriffen wurden. Es zeigt sich sehr deutlich einerseits der Widerwille seitens der Behörden, überhaupt einzugreifen, andererseits aber die Notwendigkeit dazu, weil die industrielle Selbstverwaltung nicht im Sinne der Heeresverwaltung funktionierte.

Bei der Verteilung von Chemikalien trat diese Tendenz im Bereich der Friedensproduktion deutlich hervor[81]. Im Frühjahr 1915 ordnete die Kriegsrohstoffabteilung die getrennte Bewirtschaftung von Schwefel für privaten und militärischen Bedarf an. Vorherige Aufrufe der Abteilung und der Kriegschemikalien AG an die Industrie, die Gewinnung von Schwefel aus heimischen Rohstoffen zu fördern, auch wenn der daraus gewonnene Rohstoff die Firmen wesentlich teurer zu stehen kam, waren ohne Erfolg geblieben. Nach der Trennung mußten die Firmen für ihren privaten Bedarf den im Inland hergestellten Schwefel verwenden. Aber auch diese Anordnungen allein genügten nicht, um die Zuteilung des Rohstoffs für die zivile Produktion zu regulieren. Deshalb wurde im November 1915 die Verwaltungsstelle für private Schwefelwirtschaft bei der Kriegschemikalien AG eingerichtet[82].

---

[79] Schr. Kloeppel an Direktorium Bayer vom 2. Juli 1917, Bayer-Archiv, 201/38, Bd. 1; Schr. Viett an SVK der KCA vom 17. Sept. 1915, BAAP, KCA 87.29, Nr. 18, Bl. 488; Kommentar Oppenheim zu Schr. Dr. Zellner an Dr. Oppenheim vom 11. Jan. 1917, BAAP, KCA 87.29, Nr. 290, Bl. 128.

[80] Schr. Dr. Zellner an Dr. Oppenheim vom 11. Jan. 1917, BAAP, KCA 87.29, Nr. 290, Bl. 128. Zellner nahm auch seine Überprüfungsrechte gegenüber den Firmen recht ernst. Schriftwechsel Hoechst-Vertrauensmann vom 27. Apr.-29. Mai 1916, BAAP, KCA 87.29, Nr. 290, Bl. 145ff. Über die Herkunft oder den weiteren Lebensweg Zellners waren keine Angaben zu finden.

[81] Übersichtstafel bei Römermann, Mittel, S. 111; Schr. RdI an Zentralstelle für Sodaverteilung vom 26. Febr. 1917, BAAP, RdI 15.01, Nr. 18766, Bl. 38; Verteilungsplan für Ätznatron für Jan. 1918, BAK, NL 158 Moellendorff, Nr. 144.

[82] Akten-Belege, BAAP, KCA 87.29, Nr. 229, Bl. 41ff., vor allem Denkschrift der KCA zur Begründung der Verwaltungsstelle für private Schwefelwirtschaft vom 6. Nov.

Am klarsten läßt sich die mangelnde Interventionsbereitschaft im Bereich von Eisen und Stahl beobachten. Ohne Drohung mit Zwangsmaßnahmen waren die Werke kaum bereit, den Anforderungen der Behörden nachzukommen. Nicht nur die Feldzeugmeisterei machte diese Erfahrung im Frühjahr 1915 mit der Stahlversorgung der Geschoßfabriken. Erst die Festlegung eines Kontingents und dessen Verwaltung durch die von der Feldzeugmeisterei kontrollierte Roheisen-Verteilungsstelle brachte Abhilfe. Initiator war der spätere Chef des Waffen- und Munitionsbeschaffungsamts, Karl Coupette[83].

Auch die Kriegsrohstoffabteilung mußte ähnliche Erfahrungen machen. Bei der Regelung der Eisenbewirtschaftung im Herbst 1916 betonte Koeth den Wunsch des Kriegsministeriums, die Industrie möglichst eigenständig handeln zu lassen. Nur für den Fall, daß die eigenverantwortliche Verteilung der Aufträge für Stahl durch die Industrie nicht funktionierte, behielt sich die Kriegsrohstoffabteilung Eingriffsrechte vor[84]. Davon mußte die Abteilung in der folgenden Zeit häufig Gebrauch machen, weil sich die Werke den Verteilungsanordnungen des Stahlbundes widersetzten. Ohne Sanktionsmöglichkeiten gegenüber ihren Mitgliedern war die industrielle Organisation auf die Androhung von Zwangsmaßnahmen durch die Kriegsrohstoffabteilung angewiesen[85].

Sehr früh nahmen die Behörden die Metallverteilung in die Hand, zunächst von Aluminium, dann von Metallen allgemein, ohne daß Industrie und Handel dies effektiv zu behindern vermochten. Dahinter standen, anders als in den übrigen Fällen, Klagen aus der Industrie, daß die Verteilung ungerecht sei, nicht die mangelhafte Ausführung der behördlichen Anordnung[86].

Eine recht große Neigung zur Reglementierung zeigten dagegen die Beschaffungsstellen beim Verbrauch von Chemikalien, vor allem ab 1916. Dafür sprechen die recht zahlreichen Verfügungen der Feldzeugmeisterei und des Waffen- und Munitionsbeschaffungsamts über den Rohstoffeinsatz in den Firmen. Beispielsweise mußten die Farbenfabriken vorm. Friedrich Bayer Säuren an andere Pulverhersteller abgeben und die Chemische Fabrik

---

1915, ebd., Bl. 44v; Bekanntmachung betr. die private Schwefelwirtschaft vom 13. Nov. 1915, RGBl., 1915, S. 761f.

83 Vgl. oben, S. 80ff.

84 Prot. Eisen-Sitz. vom 21. Sept. 1916, BAAP, KEZ 87.25, Nr. 1, Bl. 170ff.

85 Vgl. zum Widerstand der Werke und der mangelnden Sanktionsmöglichkeiten des Stahlbundes unten, S. 366f. Androhung von Zwang der Kriegsrohstoffabteilung: Sie sprach z.B. im Oktober 1917 von Maßnahmen, die ihr "einen grösseren Einfluss auf die Betriebspläne sichern" sollten. Schr. DStB an sämtliche Stahlwerke vom 20. Okt. 1917, BAAP, KEZ 87.25, Nr. 77, Bl. 23f. Über eine Realisierung solcher Zwangsmaßnahmen ist jedoch nichts überliefert.

86 Vgl. oben, S. 233f.

Griesheim-Elektron auf Lieferungen verzichten[87]. Auch bei der Friedensproduktion initiierte das Waffen- und Munitionsbeschaffungsamt verschiedentlich Verbrauchsverbote und -beschränkungen, worin es von der Kriegsrohstoffabteilung unterstützt wurde[88].

Stellenweise zeigte die Kriegsrohstoffabteilung ebenso einen starken Willen zur Intervention. Dies zeigt der von ihr favorisierte Plan für die Aufgabenfelder der neuen Organe zur Eisenbewirtschaftung vom Herbst 1916. Die Eisenzentrale erhielt weder die vorgesehene Aufgabe, den Werken Erze und andere Rohstoffe für die Eisen- und Stahlproduktion zuzuteilen, noch die Kontrolle über die Bedarfsmeldungen der Beschaffungsstellen. Die Rohstahlausgleichsstelle griff weniger als geplant in die Auftragsverteilung ein, hier blieb der Roheisenverband, also eine industrielle Organisation, weiter wichtig. Das Schwergewicht der Kontrolle lag wie bis dahin auch beim Beauftragten des Kriegsministeriums[89].

Daß die Firmen Widerstand gegen alle Formen behördlicher Interventionen leisteten, soweit sie dies konnten, verwundert nicht. Das Selbstbewußtsein, das sie dabei an den Tag legten, war beträchtlich, wie verschiedene Reaktionen chemischer Großbetriebe zeigen. Die Palette reichte von Beschwerden bei den Behörden gegen das Vorgehen der Kriegsgesellschaften[90] über Bitten um Unterstützung an die Oberste Heeresleitung gegen Verfügungen der Beschaffungsstellen[91] bis hin zur Zurückweisung von Anordnungen der Gesellschaften, die diese im Auftrag der Kriegsrohstoffabteilung erließen, wie etwa die Farbwerke vorm. Meister Lucius und Brüning: "Wir sind der Ansicht, dass die Herstellung von Munition wichtiger ist als die Ansammlung eines eisernen Bestandes ... Der Norge-Salpeter bildet in unseren Händen genau so einen

---

[87] Bayer: Schr. FM an Bayer vom 28. Aug. 1915, Bayer-Archiv, 201/5.1; Schr. Kloeppel an Direktorium Bayer vom 5. Juli 1917, Bayer-Archiv, 201/38, Bd. 1; Griesheim: Schriftwechsel KCA-KSK vom 1.-8. Apr. 1915, BAAP, KSK 87.38, Nr. 10.

[88] NSchr. der Besprechung vom 13. Sept. 1916 in Leverkusen, Bayer-Archiv, 201/6.3, Bd. 5; Schr. RdI an chemische Firmen vom 29. Apr. 1916, BAAP, RdI 15.01, Nr. 18762, Bl. 219; verschiedene Schr. Wolff & Co, Wumba, RdI, Zentralstelle für Sodaverteilung vom Febr./März 1917, BAAP, RdI 15.01, Nr. 18766, Bl. 36ff., 107f.; Schr. Wumba an RdI vom 25. Mai 1917, BAAP, RdI 15.01, Nr. 18767, Bl. 42ff.; Schr. KSK an Wumba vom 15. Febr. 1917, Antwort Wumba vom 16. Febr. 1917, BAAP, KSK 87.38, Nr. 4, Bl. 201, 199. Unterstützung Kriegsrohstoffabteilung: Schr. KRA an KSK vom 28. Sept. 1916, Antwort KSK vom 4. Okt. 1916, BAAP, KSK 87.38, Nr. 1.

[89] Vgl. oben, S. 112.

[90] Schr. Nobel an KRA vom 2. Jan. 1915, Abschrift an PMHG, GStAM, Rep. 120 C VIII 1, Nr. 84, Adh. 13, Bd. 2, Bl. 25f.

[91] Schr. FM an Bayer vom 25. Nov. 1915, Entwurf Antworttelegramm o.D., Schr. Duisberg an Bauer vom 13. Dez. 1915, Bayer-Archiv, 201/5.1.

eisernen Bestand für Kriegszwecke als in den Händen des Kriegsministeriums. Wir bitten Sie also auf die Lieferung der uns zugesagten Mengen ungeachtet der Verfügung des Kriegsministeriums Bedacht zu nehmen und sind unsererseits in dieser Hinsicht eventuell bereit, uns mit dem Kriegsministerium direkt in Verbindung zu setzen"[92].

In einigen Fällen organisierten die Verbände den Widerstand mit Erfolg, etwa gegen die Pläne des Reichsamts des Innern, einen Reichskommissar für Sodaverteilung zu bestellen[93]. Bei den Metallen sind hier nicht nur die erfolgreichen Versuche zur Sicherung der eigenen Rohstoffversorgung aufzuzählen, sondern auch die Ansprüche, welche die Industrievertreter anmeldeten. Beispielsweise forderten sie die Belieferung durch die Kupferproduzenten nach dem Stand der Vorkriegsverträge oder die Freigabe von 75% Kupfer aus den Importen für die zivile Produktion[94].

Sehr großen und in weiten Teilen erfolgreichen Widerstand legten die Eisen- und Stahlindustriellen an den Tag. Zum einen setzten sie den Behörden, die eine Reglementierung für nötig hielten, immer wieder das Argument entgegen, daß "Freiheit der Bewegung unerlässliche Vorbedingung" sei, um "die Industrie zu einer Höchstleistung zu befähigen"[95]. Dazu im Widerspruch stand die ebenso häufig zu findende Aufforderung an die Behörden, Entscheidungen zu über-

---

[92] Schr. KCA an Hoechst vom 9. März 1915, Zitat: Antwort Hoechst vom 11. März 1915, Hoechst-Archiv, 18/1/14; weitere Beispiele vgl. oben, S. 241f. Die starke Position zeigte sich auch gegenüber nichtpreußischen Stellen, wie ein Beispiel aus Württemberg zeigt: Die Chemische Fabrik Griesheim-Elektron entzog sich der Aufforderung, die württembergische Industrie stärker bei der Verteilung von Sauerstoff zu berücksichtigen, indem die Firma darauf verwies, daß der Rohstoff nur für dringendste Heereszwecke genutzt würde. Schr. Griesheim an WKM vom 16. Febr. 1917, Entwurf Antworttel. WKM o.D., HStAS, M 1/9, Bü. 204, Bl. 242ff.

[93] Eingaben KrAdI und Chemieverein an RdI vom 17. u. 21. Juli 1917, BAAP, RdI 15.01, Nr. 18768, Bl. 30ff.; Schr. Kloeppel an Direktorium Bayer vom 13. Juli u. 1. Aug. 1917, Bayer-Archiv, 201/38, Bd. 1; vgl. auch unten, S. 355f.

[94] Verschiedene Schr. Aron Hirschs vom März 1915, BAAP, KMA 87.37, Nr. 97/2, Bl. 4-14; Kupferbedarfsanmeldungen pro 1. März 1915, BAAP, KMA 87.37, Nr. 97/2, Bl. 37; Schr. Dihlmann an den Fachausschuß für Maschinenbau (...) vom 28. Jan. 1916, SAA 11/Lb 273 Haller.

[95] Prot. Eisen-Sitz. vom 21. Sept. 1916, BAAP, KEZ 87.25, Nr. 1, Bl. 174. Diesen Einwand der Industrie enthielt ein Protokoll der Sitzung, das am 12. Okt. 1916 in einem Rundschreiben versandt wurde, nicht mehr. Ebd. Bl. 181f. Ähnlich hatte auch der Kriegsausschuß der deutschen Industrie gegen den Reichskommissar für Soda argumentiert, indem er darauf hinwies, daß "die Erfahrungen dieses Krieges deutlich gezeigt [haben], daß, soweit die Verhältnisse dieses gestatten, eine ungebundene Produktion im ganzen die besten Erfolge hat". Eingabe KrAdI an RdI vom 17. Juli 1917, BAAP, RdI 15.01, Nr. 18768, Bl. 30.

nehmen, etwa hinsichtlich der Beschränkung von Aufträgen. Sie zielten wohl im wesentlichen darauf ab, die Verantwortung für Mängel in der Belieferung auf die Militärverwaltung abzuwälzen[96].

Zum anderen verweigerten die Industriellen ihre Mithilfe in der Praxis und sabotierten damit die Maßnahmen der Behörden, z.B. bei der Verteilung der Stahlaufträge durch den Deutschen Stahlbund. Entweder erschienen die Werke nicht zu den Sitzungen, oder sie verweigerten die Übernahme von Aufträgen. Die Folge war, daß der Stahlbund im März 1917 zunächst nur ein Fünftel, im Juli 1917 immerhin die Hälfte der Bestellungen unterbringen konnte[97]. Genau so erfolgreich blockierten die Unternehmen die Zurückstellung von Aufträgen[98] und die Einführung des Bezugsscheinsystems, und das, obwohl Kriegsrohstoffabteilung, Beschaffungsstellen und die Leitung des Kriegsamts sich energisch dafür einsetzten[99]. Ähnlich war es der Kriegsrohstoffabteilung schon vorher mit den amtlichen Bescheinigungen ergangen, die sie für Kriegslieferungen einführen wollte[100].

Die Analyse der Organisation und Politik der Verteilung zeigt, daß die Wirtschaftsvertreter insgesamt eine starke Position besaßen, die in den einzelnen Industriezweigen jedoch unterschiedlich ausgeprägt war. Industrie und Handel

---

96 Z.B. Sitz. über die Gründung einer Eisen-Zentrale am 14. Sept. 1916, BAAP, KEZ 87.25, Nr. 1, Bl. 186; Prot. 6. Sitz. des Arbeitsausschusses des DStB vom 10. Nov. 1916, BAAP, KEZ 87.25, Nr. 77, Bl. 137v.

97 Schr. DStB an sämtliche Stahlwerke vom 27. März, 5. Apr., 3. Juli u. 20. Okt. 1917, Schr. BdKM Klöckner an DStB vom 4. Apr. 1917 und an Stabeisenwerke vom 25. Jan. 1918, BAAP, KEZ 87.25, Nr. 77, Bl. 62ff., 39f., 23f., 15. Ähnlich: Schr. BdKM Klöckner an RAS vom 22. Juli 1918, BAAP, Beauftragter des KM beim DStB, 87.07, Nr. 11.

98 Einführung: Schriftwechsel KEZ-FM vom 27. Okt.-9. Nov. 1916, BAAP, EZ 87.10, Nr. 16; Prot. Sitz. des DStB vom 19. Dez. 1916, BAAP, KEZ 87.25, Nr. 77, Bl. 112ff.; Zurücknahme: Berichte aus der KRA, Sektion Eisen in den Amtlichen Mitteilungen des Kriegsamts Nr. 8 vom 20. Febr. 1917, GStAM, Rep. 77, tit. 332^{r}, Nr. 247, Bd. 1, Bl. 82.

99 Einführung: Zwischenbericht zum Stand des Hindenburg-Programms vom 1. Febr. 1917, Nachtrag, BAAP, KEZ 87.25, Nr. 99, Bl. 88. Hier machte Fischer den "passiven Widerstand" der Werke dafür verantwortlich, daß das System nicht funktionierte. Festhalten seitens des Kriegsamts: Bericht Weigel, Hilfsoffizier des bayerischen Bevollmächtigten [beim KA], über die am 1. März 1917 in der KRA stattgefundenen Monatssitzung über Eisen und Stahl, S. 3f., 9f., BHStA-KA, MKr. 17291. Abschaffung: Denkschrift o.V. [vermutlich Alfons Horten], o.D. mit Bemerkungen des Kommissariat der Eisenzentrale für Hauptmann Burgers, BAAP, KEZ 87.25, Nr. 96, Bl. 158, 172; Kriegsaufgaben des VdEh, 1917, S. 7, HA Krupp, WA 12/19.

100 Schr. DStB an VdEStI vom 30. Okt. 1916, BAK, R 13I/90, Bl. 107; vgl. auch ebd., Bl. 111, 123.

der Metallwirtschaft mußten die weitreichendsten Reglementierungen hinnehmen. Die Kriegsmetall AG konnte, selbst wenn sie es gewollt hätte, kaum als Vertreter industrieller Interessen auftreten, weil ihre Kompetenzen erheblich beschnitten wurden. Die Stellung der Firmen war hier, im Vergleich zu den übrigen Branchen am schwächsten, sowohl was ihre institutionelle Einbindung als auch die konkrete Verteilungspolitik betraf. Dennoch ist auch deutlich geworden, daß insbesondere die großen Firmen ihre Vorstellungen teilweise sehr wohl durchsetzen und auf wohlwollende Behandlung durch die Behörden rechnen konnten.

Die vor allem von den Beschaffungsstellen im chemischen Bereich ausgeübte Verfügungsgewalt brachte den Unternehmen eine Reihe von Beschränkungen, die zum Teil weit in ihre Dispositionsfreiheit eingriffen. Auf der anderen Seite konnten sie ihre Interessen im Einzelfall, sowohl gegenüber den Kriegsgesellschaften als auch gegenüber den Behörden, sehr gut verteidigen.

Am besten verstand es die Eisen- und Stahlindustrie, sich nicht nur konkreten Eingriffen, sondern allgemeinen behördlichen Reglementierungen zu widersetzen. Das führte zu einem relativ späten Eingreifen in diesen Bereich, und es erklärt die weitgehende Erfolglosigkeit der getroffenen Maßnahmen. Dies lag zum einen daran, daß die eingeschaltenen industriellen Organisationen kaum Sanktionsmöglichkeiten gegenüber ihren Mitgliedern besaßen. Deshalb konnte die ursprüngliche Absicht, Einfluß auf die Produktion zu nehmen, gerade durch solche "Selbstverwaltungskörper" nicht realisiert werden[101]. Zum anderen aber waren die Behörden letztlich stärker auf die Unternehmen angewiesen als umgekehrt. Das ist der Grund dafür, daß der Wille zur Regelung der Verteilung bei den Behörden nicht übermäßig stark ausgeprägt war.

Die starke Stellung der Unternehmen ist aber auch auf die Konkurrenz innerhalb der Behörden zurückzuführen. In der Metallwirtschaft hatte die Kriegsrohstoffabteilung den größten Einfluß, die Beschaffungsstellen dagegen in der Verteilung der Chemikalien, und bei Eisen und Stahl hielten sich die beiden in etwa die Waage. Insbesondere dieser Konflikt zwischen Kriegsrohstoffabteilung und Beschaffungsstellen brachte immer wieder Spielräume, die die Firmen für ihre Interessen auszunutzen verstanden. Die Industriellen waren vor allem dann erfolgreich, wenn es um die Abwehr oder die Verzögerung von regulierenden Maßnahmen ging.

---

[101] Dies gegen die Darstellung bei Wiedenfeld, Organisation, S. 49ff.

2. Ausfuhr

Das folgende Kapitel beschäftigt sich mit den Entscheidungen über die Produktion für den Export. Umstritten waren hierbei einerseits Ausfuhrverbote für einzelne Rohstoffe, andererseits die Einführung einer Ausfuhrabgabe. Daran lassen sich die Auseinandersetzungen zwischen militärischen und zivilen Behörden ebenso wie zwischen staatlichen Stellen und Industrie, also zwei zentrale Konflikte der Kriegswirtschaft deutlich verfolgen.

Bevor wir uns mit der Politik beschäftigen, sollen kurz die Handlungsspielräume der Akteure aufgezeigt werden. Der Konflikt zwischen militärischen und zivilen Behörden, darauf wurde in Teil I schon hingewiesen, durchzog die Ausfuhrpolitik des gesamten Krieges wie ein Leitmotiv. Das preußische Kriegsministerium erreichte in den ersten beiden Kriegsjahren zunächst weitreichende Mitspracherechte auf diesem traditionell dem Reichsamt des Innern vorbehaltenen Gebiet. Mit dem Hindenburg-Programm und dem Vorrang der Inlandsproduktion tauschten militärische und zivile Behörden die Rollen: Das Kriegsministerium übernahm weitgehend die Federführung, während das Reichsamt des Innern, später dann das Reichswirtschaftsamt sich darum bemühten, ihre Vorstellungen in die Entscheidungen einzubringen[102].

In den ersten Monaten des Krieges verschränkte sich diese Auseinandersetzung mit dem Kompetenzkonflikt, den das preußische Kriegsministerium mit den Militärbefehlshabern ausfocht. Im Frühsommer 1915 begannen die stellvertretenden Generalkommandos, Ausfuhrsendungen anzuhalten, obwohl sie vom Reichsamt des Innern genehmigt worden waren[103]. Ergebnis der vereinigten Klagen gegen ein solches Vorgehen von seiten der Industrie und des Reichsamts des Innern war lediglich, daß das Kriegsministerium die stellvertretenden Generalkommandos in ihre Schranken wies, sich selbst aber ein Genehmigungsrecht vorbehielt[104].

Eine starke Stellung in der Ausfuhrpolitik besaßen die von den industriellen Verbänden initiierten und getragenen Zentralstellen der Ausfuhrbewilli-

[102] Vgl. oben, S. 42ff.

[103] Vfg. des stellvertretenden Generalkommandos Münster vom 19. Mai 1915, Schr. des stellvertretenden Generalkommandos Karlsruhe an die Handelskammer Saarbrücken vom 10. Juni 1915, Abschriften als Anlagen zu Eingabe VdEStI an RK vom 19. Juni 1915, BAK, R 13I/183, Bl. 216, 217f.

[104] Zu den Protesten vgl. oben, S. 43. Reaktion des Kriegsministeriums: Erlasse des PKM vom 16. und 21. Juni 1915, BAAP, RK 07.01, Nr. 2417/2, Bl. 187ff., 190f.; Schr. PKM/AZ(A) an die stellvertretenden Generalkommandos vom 21. Juli 1915, Abschrift an RK, BAAP, RK 07.01, Nr. 2417/2, Bl. 185f.

gungen[105]. Kaum von Bedeutung waren dagegen die Kriegsgesellschaften. Für Aktivitäten der Kriegschemikalien AG in Ausfuhrfragen gibt es gar keine Anhaltspunkte. Die Kriegsmetall AG versuchte, ihre Position über die Sammlung der Ausfuhranträge, mit der sie zu Beginn des Krieges beauftragt war, hinaus auszudehnen und zur Zentralstelle für Ein- und Ausfuhr zu avancieren, was aber ohne Erfolg blieb[106]. Das Kriegsministerium plante zwar zunächst, die Eisenzentrale mit der der gesamten Eisen- und Stahlausfuhr zu betrauen, scheiterte damit aber am Widerstand des Reichsamts des Innern[107].

Die Ausfuhr unterlag von Kriegsbeginn an staatlicher Reglementierung. Ein wichtiger und während des ganzen Krieges immer wieder aktueller Streitpunkt waren daher Ausfuhrverbote und Ausnahmebewilligungen. Es lassen sich vier Phasen erkennen, die sich sowohl in bezug auf die Motive der Behörden als auch hinsichtlich der Reaktionen der Industrie unterschieden.

Der Ausbruch des Krieges markiert die erste Phase, die mit einem sofortigen Ausfuhrverbot für fast alle wichtigen Rohstoffe begann. Ziel war die Sicherstellung des deutschen Rüstungsbedarfs und die Unterbindung der Belieferung der Feinde[108]. Die Industrie wehrte sich gegen diese Verbote heftig, zumal sie mit einem kurzen Krieg rechnete und keineswegs bereit war, ihre Produktion vollständig oder auch nur weitgehend auf Kriegsmaterial umzustellen. Sehr deutlich trat dies bei den chemischen Unternehmen zutage, die einen Großteil ihrer Umsätze durch den Export, vor allem mit Teerfarben, erwirtschafteten. Deshalb bemühten sich die Vertreter der Industrie um einen schnellen Abbau der Ausfuhrbeschränkungen. Die Initiative ergriffen sowohl einzelne Firmenvertreter, etwa Böttinger, der Vorsitzende des Aufsichtsrates der Farbenfabriken vorm.

---

105 Vgl. oben, S. 88f.

106 Sie mußte ihre Kompetenzen vielmehr mit den Zentralstellen der Ausfuhrbewilligungen und mit der Metallfreigabestelle teilen. Schriftwechsel KMA-KRA vom Sept.-Nov. 1914, BAAP, KMA 87.37, Nr. 242, passim; Schr. KMA an Römhild vom 21. Juni 1915, GStAM, Rep. 120 C VIII 1, Nr. 84, Adh. 13^{M}, Bd. 1, Bl. 249; Bericht über die erste Sitz. der Ausfuhr-Kommission am 10. Mai 1918, BAAP, KMA 87.37, Nr. 41, Bl. 564.

107 Das Amt befürchtete bei einer starken staatlichen Kontrolle eine Verminderung der Ausfuhr. Dies war aber unerwünscht, sollte der Devisenkurs der Mark stabil bleiben. Vortrag Wiedenfeld bei der Sitzung der Metall-Revisoren am 2./3. Aug. 1917, S. 24, BHStA-KA, MKr. 17286.

108 Prot. Sitz. des Hauptvorstandes des VdEStI vom 17. Febr. 1915, Bericht Reichert, BAK, R 13I/143, Bl. 83.

Friedrich Bayer, als auch die Interessenverbände, z.B. der Kriegsausschuß der deutschen Industrie[109].

Unterstützt wurden sie vom Reichsamt des Innern, das insbesondere für eine Auflockerung dieser Verbote bei Eisen und Stahl eintrat. Es ging wie die Industrie davon aus, daß die Unternehmen die Ausfuhr brauchten, um ihr wirtschaftliches Überleben zu sichern[110]. Ergebnis war der sukzessive Abbau einer Reihe von Reglementierungen, sowohl für Teerfarben als auch für Eisen- und Stahlprodukte ab Ende August 1914[111]. Ausgenommen von dieser Entwicklung blieben die Metalle, die weiterhin nicht ausgeführt werden durften[112].

Konnten Ausfuhrverbote nicht oder nicht auf Dauer verhindert werden, versuchte die Industrie, zumindest die Zusage von Ausnahmebewilligungen zu erhalten. Mitte September 1914 beschränkten die Behörden den Export von Teerfarben erneut. Die großen Chemiefirmen stimmten dem aber zu, weil ihnen das Reichsamt des Innern zusicherte, daß nur sie das Recht haben sollten, Ausnahmeanträge zu stellen. Der Umfang der Ausfuhr wurde zwar vermindert, er sollte aber immerhin noch bis zu 75% der Werte von 1913 betragen dürfen[113]. Diese Praxis führte hier und in anderen Branchen zu einem erheblichen Anstieg der Exporte[114].

Die zweite Phase setzte Anfang 1915 ein und war gekennzeichnet durch eine neue Verbotswelle. Das Kriegsministerium erreichte mit dem Hinweis auf einen

---

[109] Schr. Duisberg an Böttinger vom 18. Aug. 1914, Bayer-Archiv, AS Duisberg; Schr. KrAdI an PMHG vom 17. Aug. 1914, GStAM, Rep. 120 C VIII 1, Nr. 84, Adh. 4, Bd. 1, Bl. 82f.

[110] Schr. RdI an PMHG vom 26. Aug. 1914, GStAM, Rep. 120 C VIII 1, Nr. 84, Adh. 4, Bd. 1, Bl. 158f. Das Argument war von der Industrie in die Diskussion eingebracht word. Z.B. Schr. KrAdI an PMHG vom 17. Aug. 1914, GStAM, Rep. 120 C VIII 1, Nr. 84, Adh. 4, Bd. 1, Bl. 81, 82f.

[111] Chemikalien: Plumpe, I.G. Farbenindustrie, S. 64. Roheisen: Schr. REV an Mitglieder vom 1. u. 3. Sept. 1914, Archiv der Thyssen AG, FWH/860-12. Weitere Eisen- und Stahlfabrikate: Prot. Sitz. des Hauptvorstandes des VdEStI vom 17. Febr. 1915, Bericht Reichert, BAK, R 13I/143, Bl. 84.

[112] Schriftwechsel KMA-KRA vom Sept.-Nov. 1914, BAAP, KMA 87.37, Nr. 242, passim.

[113] Bericht Hess über Ausfuhr von Teerfarbenstoffen für die Direktoriums-Sitz. vom 15. Sept. 1914, Bayer-Archiv, Prot. Direktoriums-Sitz. Die Eisen- und Stahlindustrie wollte sich dagegen keinesfalls auf eine prozentuale Beschränkung einlassen, wie sie das preußische Kriegsministerium anvisierte. Schr. GHH an Schiffbaustahl-Kontor GmbH vom 26. Juli 1915, Haniel-Archiv, Nr. 30019322/11.

[114] Die Chemische Industrie 38 (1915), Bl. 93; Schr. Zentralstelle der Ausfuhrbewilligungen für Eisen- und Stahlerzeugnisse vom 4. Nov. 1914, Haniel-Archiv, Nr. 3001007/0, Bl. 193; Cron, Kriegseisenwirtschaft, S. 4, 14.

Anstieg des Inlandsbedarfs eine Reihe von Verboten für Eisen- und Stahlwaren sowie für Chemikalien[115]. Im Unterschied zur ersten Phase war ein Teil der Industriellen durchaus bereit, solche Beschränkungen zu unterstützen[116]. Beifall fand die Politik des Kriegsministeriums meist von seiten der Verarbeiter, z.B. von Eisen und Stahl, die nur zu einem kleinen Teil in den Verbänden und Syndikaten der Branche vertreten waren. Sie forderten teilweise selbst Ausfuhrverbote, da sie ihre eigene Produktion durch mangelnde Rohstoffversorgung gefährdet sahen. Diese Haltung paßte sich in den alten Konflikt zwischen Konsumenten und Produzenten ein, der innerhalb der Eisen- und Stahlindustrie schon lange schwelte[117]. Es gab allerdings auch im Lager der Produzenten einige Befürworter von Reglementierungen. Sie konnten sich zwar innerhalb der Interessenverbände, z.B. des Vereins deutscher Eisen- und Stahlindustrieller, nicht durchsetzen[118]. Dennoch dürften sie zum Erfolg des Kriegsministeriums am Anfang des Jahres beigetragen haben[119]. Die Gegner, welche die Mehrheit im Unternehmerlager bildeten, erreichten dagegen in der zweiten

[115] Verbote für Roheisen, Bleche, Röhren und Drahtfabrikate: Prot. Sitz. des Hauptvorstandes des VdEStI vom 17. Febr. 1915, Bericht Reichert, BAK, R 13I/143, Bl. 84ff. Chemikalien: Entwurf einleitender Bericht des Vorsitzenden für die Hauptversammlung des VdEStI am 9. Dez. 1915, BAK, R 13I/110, Bl. 115.

[116] Im Januar 1915 stimmte der Roheisenverband Ausfuhrverboten für verschiedene Roheisensorten zu. Schr. Beukenberg an Reichert vom 28. Jan. 1915, Mannesmann-Archiv, P 2/25/01, Bl. 239. Auch im Verein deutscher Eisen- und Stahlindustrieller traten einige Befürworter auf. Prot. Sitz. des Hauptvorstandes des VdEStI vom 17. Febr. 1915, BAK, R 13I/143, Bl. 84ff.

[117] Hier ist etwa die Beschwerde der Blechverarbeiter Anfang 1916 zu nennen. Zentralstelle der Ausfuhrbewilligungen für Eisen- und Stahlerzeugnisse: Die Ausfuhr von Fein- und Mittelblechen im Kriege, 1917, S. 9, Mannesmann-Archiv, P 2/25/01.4. Aber auch schon eine Forderung der Westfälischen Stahlwerke Bochum vom Oktober 1914 dürfte in diesen Zusammenhang einzuordnen sein. Schr. Westfälische Stahlwerke Bochum an PKM vom 27. Okt. 1914, Stellungnahme des Stahlwerksverbandes dazu: Schr. SWV an RdI vom 18. Nov. 1914, Haniel-Archiv, Nr. 30019322/12.

[118] Prot. Sitz. des Hauptvorstandes des VdEStI vom 17. Febr. 1915, Bericht Reichert, BAK, R 13I/143, Bl. 86ff.; Beschluß ebd., Bl.. 91; Frage und Antwort zu Punkt 2 der Tagesordnung für Vors. Weisdorff vom 17. Febr. 1915, BAK, R 13I/85, Bl. 120; NSchr. über Vorstandssitz. Nordwestliche Gruppe des VdEStI vom 25. Febr. 1915, Haniel-Archiv, Nr. 3001007/2.

[119] Prot. Sitz. des Hauptvorstandes des VdEStI vom 17. Febr. 1915, Bericht Reichert, BAK, R 13I/143, Bl. 84ff.; Zentralstelle der Ausfuhrbewilligungen für Eisen- und Stahlerzeugnisse: Die Ausfuhr von Fein- und Mittelblechen im Kriege, 1917, S. 3, Mannesmann-Archiv, P 2/25/01.4.

Jahreshälfte die Zurückweisung von weiteren Verboten für Stahlguß, Walzwerkserzeugnisse sowie Form- und Stabeisen[120].

Ihre Argumente änderten sich im Vergleich zur ersten Phase. Da immer mehr Betriebe ihre Produktion auf Kriegsbedarf umstellten, spielte die Herstellung von Exportwaren nicht mehr die Rolle in der Aufrechterhaltung der wirtschaftlichen Existenz wie zu Anfang des Krieges. Was übrig blieb, war eine allgemein gehaltene Formulierung, nach der die Ausfuhr nach wie vor einen wichtigen Beitrag zur Sicherung der Beschäftigung und des Steueraufkommens leiste. In den Vordergrund rückten vielmehr zwei andere Begründungen, auf die Wirtschaftsvertreter auch später zurückgriffen: Erstens betonten sie die Bedeutung für den Ausgleich der Zahlungsbilanz, denn das Reich brauchte Devisen, um dringend benötigte Einfuhren bezahlen zu können. Zweitens betrachteten sie die Aufrechterhaltung der deutschen Ausfuhr als Teil des "Wirtschaftskrieg[es]", den England dem Reich aufzwinge[121]. Die zivilen Ressorts, sowohl das Reichsamt des Innern als auch das Reichsschatzamt, nahmen vor allem das Argument der Zahlungsbilanz auf, was mit dem sinkenden Wert der Mark im Außenhandel im Laufe des Krieges an Bedeutung gewann[122].

Als zweites Motiv stand die Nutzung für Kompensationen hinter der Politik des preußischen Kriegsministeriums[123]. Mit den Möglichkeiten, die Ausfuhr von

---

[120] Stahlguß: Schr. VdEStI an deutsche Gußstahlwerke vom 19. Juni 1915, BAK, R 13I/183, Bl. 221; Walzwerkserzeugnisse: Notiz "Ausfuhrfrage" zur Sitz. des Hauptvorstandes des VdEStI vom 11. Okt. 1915, BAK, R 13I/86, Bl. 93; Entwurf Prot. Sitz. des Hauptvorstandes des VdEStI vom 11. Okt. 1915, BAK, R 13I/86, Bl. 55. Das Ausfuhrverbot für Form- und Stabeisen, das die Ausfuhr empfindlich getroffen hätte, stand schon seit März 1915 zur Debatte. Schr. Reusch an Gerwin, SWV, vom 27. März 1915, Haniel-Archiv, Nr. 30019322/12; Schr. Zentralstelle der Ausfuhrbewilligungen für Eisen- und Stahlerzeugnisse an Stabeisen-Konvention vom 4. Okt. 1915, Haniel-Archiv, Nr. 3001241/0A, Bl. 601.

[121] Eingabe VdEStI an RK vom 19. Juni 1915, BAK, R 13I/183, Bl. 207; Notiz "Ausfuhrfrage" zur Sitz. des Hauptvorstandes des VdEStI vom 11. Okt. 1915, BAK, R 13I/86, Bl. 93.

[122] Bericht Hauptmann Dr. Büsselberg über das Beschaffungs- und Lieferungswesen vom Sept. 1916, an Chef des KA am 16. Jan. 1917, BA-MA Freiburg, N 46/120 Groener, Bl. 103. Auch der Präsident der Reichsbank zeigte sich gegenüber diesem Argument aufgeschlossen und unterstützte die Eisen- und Stahlindustrie in ihren Bemühungen zur Aufrechterhaltung der Ausfuhr. Schr. VdEStI an Reichsbank-Präsidenten vom 28. Juli u. 10. Sept. 1915, BAK, R 13I/183, Bl. 77ff., 21ff.; Entwurf Prot. Sitz. des Hauptvorstandes des VdEStI vom 11. Okt. 1915, BAK, R 13I/86, Bl. 34ff.

[123] Erlaß des PKM vom 16. Juni 1915, BAAP, RK 07.01, Nr. 2417/2, Bl. 187f.; Zentralstelle der Ausfuhrbewilligungen für Eisen- und Stahlerzeugnisse: Die Ausfuhr von Fein- und Mittelblechen im Kriege, 1917, S. 3, Mannesmann-Archiv, P 2/25/01.4; Chemikalien: 13. Prot. der SVK der KCA vom 22. Febr. 1915, BAAP, KCA 87.29, Nr.

Waren nur dann zu gestatten, wenn dafür dringend benötigte Güter importiert wurden, befaßte sich eine Austauschkommission, in der seit Juni 1915 wöchentlich Vertreter des Reichsamts des Innern, des Auswärtigen Amts sowie des preußischen Kriegsministeriums und des Ministeriums für Handel und Gewerbe zusammentrafen[124]. Hier gab es zum Teil deutliche Konfrontationen zwischen militärischen und zivilen Instanzen. So forderte etwa im Herbst 1915 das Kriegsministerium wesentlich höhere Kompensationen für die Ausfuhr von elektrischen Maschinen, als das Reichsamt des Innern den Firmen und dem Ausland zugesichert hatte[125].

Inwieweit sich die Militärbehörde hiermit durchsetzen konnte, ist fraglich. Die Kriegsmetall AG beklagte beispielsweise, daß bei Zink, einem der wenigen Metalle, die das Deutsche Reich in nennenswertem Umfang produzierte und exportierte, die Ausfuhrverbote durch eine laxe Handhabung der Ausnahmebewilligungen stark verwässert würden. Die Gesellschaft forderte daher, in Übereinstimmung mit der Politik des Kriegsministeriums, eine straffe Kontrolle der Ausfuhr zur Nutzung für Kompensationsgeschäfte[126].

Ein drittes Motiv stand vor allem hinter den Verbotsinitiativen der zweiten Hälfte des Jahres 1915. Sie sollten die Weiterlieferung deutscher Produkte an die Alliierten verhindern. Dagegen führten die Unternehmer, auch hierin unterstützt vom Reichsamt des Innern, die Kontrolle durch ihre Syndikate, ergänzt durch Verpflichtungserklärungen der ausländischen Geschäftspartner, ins Feld, womit sie die Beschränkungen abwenden konnten[127]. Von Erfolg war diese industrielle Überwachung nicht gekrönt, wie nicht nur Horten, ein scharfer

---

68, Bl. 65ff.; Metalle (Fertigfabrikate): Schr. KMA an von der Porten, MMSt vom 11. Dez. 1915, Aktennotiz der KMA vom 20. Juli 1916, BAAP, KMA 87.37, Nr. 245, Bl. 396, 112; Aktennotiz Haller vom 30. Sept. 1915, SAA 11/Lg 747 Henrich.

[124] Schr. KMA an Römhild vom 21. Juni 1915, GStAM, Rep. 120 C VIII 1, Nr. 84, Adh. 13[M], Bd. 1, Bl. 250; Prot. Sitz. der Hauptvorstandes des VdEStI vom 2. Juli 1915, BAK, R 13I/145, Bl. 25.

[125] Aktennotiz Haller vom 30. Sept. 1915, SAA 11/Lg 747 Henrich.

[126] Schr. KMA an Römhild vom 21. Juni 1915, GStAM, Rep. 120 C VIII 1, Nr. 84, Adh. 13[M], Bd. 1, Bl. 249. Über eine Realisierung ist nichts bekannt.

[127] Syndikate: Abschrift Denkschrift Horten o.D., BA-MA Freiburg, N 415/8 Mentzel, Bl. 75; Schr. REV an RdI vom 17. Sept. 1915, Archiv der Thyssen AG, A/655/1; Verpflichtungserklärung: Zentralstelle der Ausfuhrbewilligungen für Eisen- und Stahlerzeugnisse: Die Ausfuhr von Fein- und Mittelblechen im Kriege, 1917, S. 4, Mannesmann-Archiv, P 2/25/01.4.

Kritiker der gesamten Eisen- und Stahlpolitik, sondern auch die wissenschaftliche Kommission im preußischen Kriegsministerium feststellte[128].

Eine wichtige Begleiterscheinung dieser Phase war die Förderung der Syndizierung im Eisen- und Stahlbereich. Schon vor dem Krieg hatte es verschiedentlich Bemühungen zur Syndikatsbildung über den Roheisen- und Stahlwerksverband hinaus für die B-Produkte gegeben, die aber allesamt gescheitert waren[129]. Vielversprechend erschien nun der Ansatz zum Zusammenschluß der Hersteller für die Ausfuhr, der nicht nur die Vereinbarung von Mindestpreisen, sondern die Gründung einer eigenen Verkaufsorganisation, die den Absatz im Ausland für die Werke übernahm, einschloß. Ziele der Einrichtung waren die Erhöhung der Preise und die bessere Überwachung der Weiterleitung der Produkte[130].

Die erste Gründung dieser Art erfolgte Ende Januar 1915 mit der Grobblech-Ausfuhr-Vereinigung. Die Initiative ging von Bodenhausen[131] aus. Vermutlich war die Erwartung einer starken Steigerung der Preise dafür verantwortlich, daß die sonst üblichen Rangeleien um die Quoten ausblieben und die Einigung recht schnell zustandekam[132]. Auch in der chemischen und der Metallindustrie

---

[128] Abschrift Denkschrift Horten o.D., BA-MA Freiburg, N 415/8 Mentzel, Bl. 75; Bericht Hauptmann Dr. Büsselberg über das Beschaffungs- und Lieferungswesen vom Sept. 1916, an Chef des KA am 16. Jan. 1917, BA-MA Freiburg, N 46/120 Groener, Bl. 103: Über die Schweiz gelangte Eisen nach Frankreich und Italien.

[129] 1913: Materialien über Verhandlungen im Nachlaß Reusch, Haniel-Archiv, Nr. 30019322/1, passim; 1914: [Bericht über die] Deutsche Stahlgemeinschaft vom 26. Juni 1915, HA Krupp, WA 4/1517, Bl. 4. Dasselbe Schicksal erlitt noch im Januar 1915 der Plan zur Gründung eines "Rohstahl-Verbandes". Bericht über die auf dem Gebiete des Gemeinschaftswesens seit Ausbruch des Krieges eingetretenen Veränderungen, o.D. [Oktober 1915], o.V. [Germer], HA Krupp, WA 4/1517, Bl. 12ff.

[130] Schr. Beukenberg an Reichert vom 28. Jan. 1915, Mannesmann-Archiv, P 2/25/01, Bl. 240.

[131] Eberhard Frhr. von Bodenhausen-Degener (1868-Mai 1918): Studium Jura; Tätigkeit im höheren Verwaltungsdienst; Verlaufsleiter Troponwerke; 1906 Eintritt Fried. Krupp AG als stv. kaufmännischer Direktor; 1910 Direktor; 1918 Wechsel vom Vorstand in den Aufsichtsrat; 1911-Mai 1918 Vorsitzender des Roheisenverbands und des Schiffbaustahlkontors; Mitglied im Aufsichtsrat verschiedener Werke der eisenverarbeitenden Industrie.

[132] Bericht über die auf dem Gebiete des Gemeinschaftswesens seit Ausbruch des Krieges eingetretenen Veränderungen, o.D. [Oktober 1915], HA Krupp, WA 4/1517, Bl. 14; Wesentliche Veränderungen auf dem Gebiete des Gemeinschaftswesens seit Oktober 1915, Bericht Germer für Bruhn, Politische Abteilung beim General-Gouvernement Brüssel, vom 5. Febr. 1916, HA Krupp, WA 4/1517, Bl. 30f.

spielten Syndikate und Preiskonventionen für die Erhöhung der Ausfuhrpreise eine wichtige Rolle[133].

Rege unterstützt wurde die Aktivität vom Reichsamt des Innern, das im Interesse der Verbesserung der Zahlungsbilanz eine Erhöhung der Ausfuhrpreise befürwortete. Daß das Amt dies auch in aktive Förderung umsetzte, zeigt seine Bereitschaft, auf ein Mitglied der Grobblech-Ausfuhr-Vereinigung, das mit seiner Quote nicht zufrieden war, einzuwirken. Es ist außergewöhnlich, daß die Behörde sich so engagierte und daß die Industrie, die sonst sehr auf die Abwehr jeglicher staatlicher Einmischung fixiert war, dies akzeptierte[134].

Die dritte Phase setzte mit dem Jahr 1916 ein und knüpfte an die Syndikatsbildung an. Nun kam aber, im Gegensatz zu den vorhergehenden Phasen, die Anregung zum Erlaß von Ausfuhrverboten gerade aus der Industrie, vor allem von den Eisen- und Stahlproduzenten. Ziel war es, den Widerstand der Deutsch-Luxemburgischen Bergwerks- und Hütten-AG zu brechen[135]. Beide Maßnahmen, Ausfuhrverbot und Verbandsbildung, ergänzten sich: Dem Outsider wurde "einfach die Genehmigung der einzelnen Geschäfte nur in einer Höhe zugebilligt .., die einer Einschätzung in der Vereinigung entsprochen haben würde"[136]. Ein Grund für den Sinneswandel der Industrie dürfte in der Ausfuhrsperre für britische Eisen- und Stahlwaren gelegen haben, die die Nachfrage nach deutschen Waren erheblich erhöhte und Preissteigerungen ermöglichte[137]. Das Reichsamt des Innern trug diese Politik wie auch schon 1915 mit. Es war von vorneherein über die Verhandlungen informiert und nahm an der konstituie-

---

[133] Chemische Industrie: Bericht Reichert auf der Sitz. des Hauptvorstandes des VdEStI vom 9. Febr. 1916, BAK, R 13I/147, Bl. 26. Metallindustrie: Schr. KMA an Römhild vom 21. Juni 1915, GStAM, Rep. 120 C VIII 1, Nr. 84, Adh. 13[M], Bd. 1, Bl. 244ff.

[134] Wesentliche Veränderungen auf dem Gebiete des Gemeinschaftswesens seit Oktober 1915, Bericht Germer für Bruhn, Politische Abteilung beim General-Gouvernement Brüssel, vom 5. Febr. 1916, HA Krupp, WA 4/1517, Bl. 31.

[135] Schr. Reusch an Müller, RdI, vom 16. Dez. 1915, Haniel-Archiv, Nr. 30019322/1.

[136] Wesentliche Veränderungen auf dem Gebiete des Gemeinschaftswesens seit Oktober 1915, Bericht Germer für Bruhn, Politische Abteilung beim General-Gouvernement Brüssel, vom 5. Febr. 1916, HA Krupp, WA 4/1517, Bl. 35. Neben Stabeisen einigten sich die Industriellen auch auf einen Zusammenschluß für Walzdraht. Ebd.

[137] Feldman, Grundlagen, S. 21f.; ders., Iron, S. 59f. Daß dies nicht der einzige Grund war, belegt die Tatsache, daß der Verband auch nach Kriegsende bestehen blieb. Bericht Germer für Dr. Bruhn vom 23. Juni 1920, HA Krupp, WA 4/1517.

renden Sitzung z.B. des Stabeisen-Ausfuhrverbandes teil[138]. Diese Organisation zeigte eine neue Qualität, denn sie griff in hohem Maß in die Autonomie ihrer Mitglieder ein. Eigenständige Verkäufe der Werke waren nur zugelassen, wenn der Preis über dem des Verbandes lag. Verstöße gegen die Regelung wurden streng geahndet: Mindestens 100,- M/t Strafe wurden fällig[139]. Nicht überall konnten sich die Unternehmen auf so starke Beschränkungen einigen. In solchen Fällen vereinbarten die Hersteller Mindestpreise für die Ausfuhr, z.T. auch einheitliche Verkaufsbedingungen. Auch hieran beteiligte sich das Reichsamt des Innern maßgeblich[140].

Ein Problem dieser Ausfuhrpolitik bestand in der mangelhaften Belieferung inländischer Abnehmer, das heißt vor allem der Heeres- und Marineverwaltung, da die Produktion für die Ausfuhr wesentlich lukrativer war[141]. Daß es Lieferrückstände aufgrund der Ausfuhr gab, verneinten die Verkaufsverbände zwar immer wieder, aber sie konnten die militärischen Behörden, vorwiegend die für die Beschaffung zuständigen, davon nicht überzeugen[142].

Die Kriegsrohstoffabteilung nahm Mitte Juli 1916 einen Anlauf, um die Exporte zu vermindern. Träger dieser Initiative waren Koeth und der Leiter der Sektion Eisen, Alfons Horten. Sie verfolgten im wesentlichen zwei Ziele. Einerseits mußte der steigende Inlandsbedarf im Gefolge des neuen Munitionsprogramms gedeckt werden, welches das Kriegsministerium nach der Somme-Schlacht aufstellte. Andererseits monierte die Militärbehörde, daß die Kompensationsmöglichkeiten nicht ausreichend genutzt würden[143]. Die Industrie war

---

[138] Wesentliche Veränderungen auf dem Gebiete des Gemeinschaftswesens seit Oktober 1915, Bericht Germer für Bruhn, Politische Abteilung beim General-Gouvernement Brüssel, vom 5. Febr. 1916, HA Krupp, WA 4/1517, Bl. 35.

[139] Satzung Stabeisen-Ausfuhrverband o.D., Haniel-Archiv, Nr. 3000031/6. Bei einem Ausfuhrpreis, der sich im Jahre 1916, also nach dem Zusammenschluß, im Durchschnitt bei 221,- M/t bewegte, war diese Strafe sehr hoch.

[140] Bleche: Zentralstelle der Ausfuhrbewilligungen für Eisen- und Stahlerzeugnisse: Die Ausfuhr von Fein- und Mittelblechen im Kriege, 1917, S. 6f., Mannesmann-Archiv, P 2/25/01.4. Drahtprodukte und Röhren: Entwurf Prot. Sitz. des Hauptvorstandes des VdEStI vom 24. März 1916, BAK, R 13I/87, Bl. 24.

[141] Notizen über die Preisgestaltung und Bewirtschaftung von Eisen und Stahl während des Krieges, BAAP, KEZ 87.25, Nr. 98, Bl. 4f.; Abschrift Denkschrift Horten o.D., BA-MA Freiburg, N 415/8 Mentzel, Bl. 75v.

[142] Das Reichsmarineamt drohte jedenfalls, Ausfuhren erst dann wieder zu bewilligen, wenn sich die Lieferfristen für die Werften verkürzt hätten. RSchr. Nordwestliche Gruppe des VdEStI an Gießereien vom 8. Jan. 1916, Haniel-Archiv, Nr. 3001071/7b, Bl. 448.

[143] Antrag auf einstweiligen Ausfuhrstop für Draht in die nordischen Staaten: Geschäftliche Mitteilungen zur Sitz. der Hauptversammlung des VdEStI am 28. Juli

über die Notwendigkeit einer solchen Verminderung zunächst geteilter Ansicht. Während Bodenhausen glaubte, daß an einer freiwilligen Beschränkung der Ausfuhr kein Weg vorbeiführen würde, warnten der Geschäftsführer des Vereins deutscher Eisen- und Stahlindustrieller und Leiter der Zentralstelle der Ausfuhrbewilligungen für Eisen- und Stahlerzeugnisse Reichert und andere vor einer zu schnellen Zusage[144]. In derselben Weise argumentierte das Reichsamt des Innern, das die Sicherung des Inlandsbedarfs trotz des Anstiegs auch ohne Verbot gewährleistet sah. Es stützte damit die Position der Industrie in den Verhandlungen mit dem Kriegsministerium. Gegen diesen vereinigten Widerstand konnte die Militärbehörde ihre Politik nicht durchsetzen. Der Stahlbund erklärte sich allerdings Mitte August bereit, die Ausfuhr solange zurückzustellen, bis die Deckung des Heeresbedarfs geklärt sei[145].

Im Oktober 1916 begann die vierte und letzte Phase, die, wie so viele andere Entwicklungen auch, mit dem Hindenburg-Programm verbunden war. Erst jetzt, als sich die Oberste Heeresleitung hinter die Forderung des Kriegsministeriums nach der Beschränkung der Ausfuhr stellte, konnte die Militärbehörde Ausfuhrverbote für sämtliche Eisen- und Stahlwaren durchsetzen. Der Export wurde damit aber nicht vollständig gesperrt. Ausnahmen im Rahmen eines Kontingents, das etwa zwei Fünftel der bisherigen Auslandslieferungen umfaßte, waren gestattet. Die Behörden strebten gerade in dieser Situation danach, nicht nur die inländischen Werke ausreichend zu versorgen, sondern auch eine konsequente Kompensationspolitik zu betreiben[146]. Der Kriegsminister selbst machte in einer

---

1916, BAK, R 13I/88, Bl. 128f. Ausfuhrverbot für Roheisen und Halbzeug: Aufzeichnung der Zentralstelle der Ausfuhrbewilligungen für Eisen und Stahl über die am 31. Juli 1916 gehaltene Besprechung im Reichskommissariat für Aus- und Einfuhr, Mannesmann-Archiv, P 2/25/01.4, Bl. 118ff. Feldman, Armee, S. 135.

[144] Prot. Sitz. des Hauptvorstandes des VdEStI vom 28. Juli 1916, BAK, R 13I/149, Bl. 290ff.

[145] Aufzeichnung der Zentralstelle der Ausfuhrbewilligungen für Eisen und Stahl über die am 31. Juli 1916 gehaltene Besprechung im Reichskommissariat für Aus- und Einfuhr, Mannesmann-Archiv, P 2/25/01.4, Bl. 118ff.; Tel. DStB an PMHG vom 11. Aug. 1916, GStAM, Rep. 120 C VIII 1, Nr. 65, Adh. 6, Bl. 115. Ganz so freiwillig, wie Gerwin Mitte 1917 das betonte, trat die Industrie also nicht vom Auslandsgeschäft zurück. Prot. Sitz. des Hauptvorstandes des VdEStI vom 21. Juni 1917, BAK, R 13I/151, Bl. 54f.

[146] Ausfuhrverbote: Vorlage "Zur Ausfuhr von Eisen- und Stahlerzeugnissen" für die Sitz. des Hauptvorstandes des VdEStI am 16. Nov. 1916, Haniel-Archiv, Nr. 30019322/7; Cron, Kriegseisenwirtschaft, S. 34. Kompensationsgeschäfte, z.B. Salpeter gegen Walzblech oder Maschinen: 29. Prot. der AR-Sitz. der KCA vom 19. Okt. 1916, BAAP, KCA 87.29, Nr. 10, Bl. 216; Tel. der KCA an KM/A 8 vom 22. Dez. 1916, BAAP, KCA 87.29, Nr. 276, Bl. 26.

Besprechung mit der Industrie deutlich, daß nun keine Rücksicht auf die Zahlungsbilanz mehr genommen werden könne[147].

Allerdings geriet diese Politik von seiten der Neutralen unter Druck, die ihrerseits auf einer Belieferung beharrten und mit der Aussetzung von Rohstoff lieferungen drohten. Besonders die Schweiz war hier sehr erfolgreich[148]. Ergebnis war ab März 1917 eine erneute Steigerung der Ausfuhr, z.B. bei Blechen[149]. Versuche der Industrie, etwa im Frühjahr 1918, die Ausfuhrverbote abzubauen, hatten dagegen wenig Erfolg[150].

Ein anderer Versuch der Behörden, die Belieferung des Auslandes zu reglementieren, bestand in der Einführung einer Ausfuhrabgabe. Im Juli 1915 regte das preußische Kriegsministerium die Erhebung einer solchen Abgabe für Zink an, die gegen den Widerstand der Industriellen durchgesetzt wurde. Sie betrug 50% des Mehrerlöses, das heißt die Hälfte der Differenz zwischen In- und Auslandspreisen. Ähnliche Regelungen gab es auch für die chemische und die Lederindustrie. Hier stand vermutlich die Beteiligung des Reiches an den steigenden Gewinnen im Vordergrund, nachdem sich die Ausfuhrpreise durch die Gründung von Syndikaten erheblich erhöht hatten[151].

Gut dokumentiert sind die Auseinandersetzungen um diese Exportsteuer in der Eisen- und Stahlindustrie, die im folgenden analysiert werden sollen. Der erste Vorstoß Anfang 1916 ging vom Reichsschatzamt aus. Die Eisen- und Stahlindustriellen fanden ein derartiges Ansinnen des Reiches mehrheitlich

---

[147] Besprechung über die Durchführbarkeit der erhöhten Munitionsanforderungen vom 11. Sept. 1916, BA-MA Freiburg, N 415/8 Mentzel, Bl. 226v.

[148] So wurde das Verbot zur Ausfuhr von Blechen zeitweise gänzlich aufgehoben. Zentralstelle der Ausfuhrbewilligungen für Eisen- und Stahlerzeugnisse: Die Ausfuhr von Fein- und Mittelblechen im Kriege, 1917, S. 13f., Mannesmann-Archiv, P 2/25/01.4; RSchr. Nr. 26 des DStB vom 16. Jan. 1917, BAK, R 13I/90, Bl. 43f. Anfang 1917 erhielt die Belieferung vor allem der Schweiz in einem Befehl der Obersten Heeresleitung die gleiche Priorität wie die Produktion von Kriegsmaterial. Schr. Beukenberg an Phoenix o.D. (Eingansstempel: 5. Febr. 1917), Mannesmann-Archiv, P 2/25/01, Bl. 244. Vgl. auch Vorlage Müller für Helfferich und Wahnschaffe vom 22. Jan. 1917, BAAP, RK 07.01, Nr. 2428, Bl. 184ff.

[149] Zentralstelle der Ausfuhrbewilligungen für Eisen- und Stahlerzeugnisse: Die Ausfuhr von Fein- und Mittelblechen im Kriege, 1917, S. 15, Mannesmann-Archiv, P 2/25/01.4.

[150] Prot. Sitz. des Hauptvorstandes des VdEStI vom 6. März 1918, BAK, R 13I/91, Bl. 16v.

[151] Prot. Sitz. des Hauptvorstandes des VdEStI vom 9. Febr. 1916, BAK, R 13I/147, Bl. 26f., 46f.; Schr. PKM an RSchA, Abschrift an PMHG vom 15. Mai 1916, GStAM, Rep. 120 C VIII 1, Nr. 65, Adh. 6, Bl. 5.

"geradezu unerhört"[152] und legten ihre Gründe gegen eine solche Steuer in einer Eingabe an das Reichsamt des Innern nieder[153]. Sie argumentierten dabei im wesentlichen in drei Richtungen. Erstens versuchten sie, die Gewinne aus der Ausfuhr als möglichst gering und nur begrenzt steigerungsfähig darzustellen; dies unterscheide sie von den anderen Branchen, welche die Abgabe schon akzeptiert hatten. Zur Begründung verwiesen sie auf die große Konkurrenz der USA und Großbritanniens, auch wenn letztere in dieser Zeit aufgrund der britischen Ausfuhrsperre - die, nebenbei bemerkt, die Preiserhöhungen in diesem Ausmaß erst ermöglicht hatte - keine Bedeutung besaß[154]. Zweitens sprachen sie dem Reich prinzipiell jeglichen Anspruch auf einen Anteil an den Ausfuhrerlösen ab, da allein die Syndizierung, nicht aber die Ausfuhrverbote die Steigerung der Preise bewirkt habe. Zudem habe das Reich der Industrie in schlechten Konjunkturlagen keinen Schutz angedeihen lassen, daher bestehe auch keinerlei Recht auf eine Beteiligung an Gewinnnen, welche die Firmen der guten Konjunkturlage verdanke. Ihrer Meinung nach war eine Kriegsgewinnsteuer das einzig legitime Mittel zur Abschöpfung von Gewinnen. Die Unternehmervertreter wiesen also jegliche Einflußnahme des Staates auf die Preisbildung kategorisch zurück[155]. Drittens drohten sie für den Fall der Einführung einer Ausfuhrabgabe mit einer Erhöhung der Inlandspreise. Das widersprach der übrigen Argumentation in gewissem Maße, denn damit gestanden die Unternehmer zu, daß es erhebliche Gewinne bei der Ausfuhr gab[156]. Übrigens erhob die

---

[152] Schr. W. Meyer an VdEStI vom 3. Febr. 1916, BAK, R 13I/87, Bl. 96. Allerdings gab es auch Gegenstimmen, die sich aber nicht durchsetzten. Vgl. die Beiträge Müllers und Bodenhausens nach dem Prot. Sitz. des Hauptvorstandes des VdEStI vom 9. Febr. 1916, BAK, R 13I/147, Bl. 44f., 46f.

[153] Diese Eingabe wurde am 15. Februar Ministerialdirektor Müller im Reichsamt des Innern überreicht. Schr. VdEStI an Mitglieder vom 19. Febr. 1916 und Anlage dazu, BAK, R 13I/185, Bl. 70ff. Dazu sind zwei Entwürfe überliefert: Schr. Beukenberg an VdEStI vom 14. Febr. 1916, Mannesmann-Archiv, P 2/25/01.4, Bl. 33ff.; Entwurf Schr. VdEStI an RdI vom Febr. 1916, Mannesmann-Archiv, P 2/25/01.4, Bl. 49ff. Da die grundlegenden Argumente in allen drei Versionen übereinstimmen, wird im folgenden nur die Eingabe selbst zitiert.

[154] Schr. VdEStI an Mitglieder vom 19. Febr. 1916 und Anlage dazu, BAK, R 13I/185, Bl. 70ff.

[155] Bericht Reichert auf Sitz. des Hauptvorstandes des VdEStI vom 9. Febr. 1916, BAK, R 13I/147, Bl. 32; Schr. VdEStI an Mitglieder vom 19. Febr. 1916 und Anlage dazu, BAK, R 13I/185, Bl. 75ff. Diese Argumentation erscheint angesichts der Forderung Reuschs nach einem Ausfuhrverbot Ende Dezember 1915 nicht gerade als stichhaltig. Vgl. oben, Anm. 135, S. 264.

[156] Schr. VdEStI an Mitglieder vom 19. Febr. 1916 und Anlage dazu, BAK, R 13I/185, Bl. 79. Solche Gewinne rechtfertigten sie mit dem Wunsch, "einen Ausgleich

chemische Industrie nach den Aktivitäten der Eisen- und Stahlindustrie ebenfalls Proteste, erreichte aber nichts[157].

Mit der Eingabe der Industriellen war die Abgabe für Eisen und Stahl zunächst vom Tisch, bis das preußische Kriegsministerium und das Reichsschatzamt im Mai 1916 einen gemeinsamen Vorstoß unternahmen. Hermann Fischer und Alfons Horten vertraten die Militärbehörde und forderten generell die Abschöpfung der hohen Gewinne aus dem Auslandsgeschäft. Sie argumentierten insbesondere, daß nur dies im Inland die Versorgungslage verbessern und weitere Preissteigerungen verhindern werde[158]. Die Finanzbehörde, die an einer neuen Einnahmequelle interessiert war, verstärkte den Druck auf die Industrie dadurch, daß sie mit der Verabschiedung eines Gesetzes drohte, falls die Unternehmer sich nicht freiwillig mit einer solchen Abgabe einverstanden erklärten[159]. Das Reichsamt des Innern stellte sich offiziell auf die Seite des Kriegsministeriums und unterstützte die Einführung der Abgabe, indem es geltend machte, daß die Ausfuhrverbote für die hohen Erlöse verantwortlich sei und der Staat daher ein Recht auf die erwirtschafteten Mehrgewinne habe[160]. Daraufhin mußten die Industrievertreter nachgeben.

Die Modalitäten handelten die Wirtschaftsvertreter mit dem Reichsamt des Innern aus[161], das dabei ein sehr offenes Ohr für die Argumente der Industrie zeigte. Das trat am deutlichsten bei der Abgabenhöhe hervor. Sie sollte generell 5% vom Ausfuhrwert - bei Röhren 4% -, betragen. Kombiniert wurde dieser Anteil mit einem Mindestsatz von 10,- M/t. Damit orientierte sich die Abgabe stark an den Forderungen der Industrie, die bei 3-5% vom Ausfuhrwert oder eine Abgabe von 10,- M/t lagen. Gar keine Rolle mehr spielte das ursprüngliche Ziel des Reichsschatzamts, 50% der Differenz zwischen In- und Auslands-

---

für bereits eingetretene oder noch zu erwartende Verluste zu schaffen", also mit dem Risiko des Krieges generell. Ebd., Bl. 77.

157 Entwurf Prot. Sitz. des Hauptvorstandes des VdEStI vom 24. März 1916, BAK, R 13I/87, Bl. 23; Schr. PKM an RSchA, Abschrift an PMHG vom 15. Mai 1916, GStAM, Rep. 120 C VIII 1, Nr. 65, Adh. 6, Bl. 5v.

158 Schr. PKM an RSchA, Abschrift an PMHG vom 15. Mai 1916, GStAM, Rep. 120 C VIII 1, Nr. 65, Adh. 6, Bl. 5f.

159 Schr. RSchA an RdI vom 17. Mai 1916, GStAM, Rep. 120 C VIII 1, Nr. 65, Adh. 6, Bl. 8ff.

160 "Aufzeichnung über die am 23. Juni 1916 ... abgehaltene Vorbesprechung und über die darauf im Reichsamt des Innern folgende Sitzung betr. Ausfuhrabgabe für Eisen- und Stahlerzeugnisse", BAK, R 13I/186, Bl. 103.

161 Für die folgenden Angaben vgl. "Aufzeichnung über die am 23. Juni 1916 ... abgehaltene Vorbesprechung und über die darauf im Reichsamt des Innern folgende Sitzung betr. Ausfuhrabgabe für Eisen- und Stahlerzeugnisse", BAK, R 13I/186, Bl. 104v, 105, wenn keine andere Quelle genannt wird.

preisen zu erhalten[162]. Diese Regelung galt etwa für chemische Produkte. Sie entsprach bei den pharmazeutischen Produkten einem Anteil von 5% des Ausfuhrwertes, bei Teerfarben von 10%[163]. In der Eisen- und Stahlindustrie hätte eine solche Regelung einen Satz von 40,- M/t zur Folge gehabt. Demgegenüber schlug das Reichsamt des Innern einen schon verminderten Satz von 30,- M/t vor, den es aber, wie das Ergebnis zeigt, nicht sehr energisch verfolgte. Aber auch die Frage der betroffenen Produkte und Länder sowie der Zeitpunkt des Inkrafttretens wurden zur Zufriedenheit der Industrie gelöst. Die Zivilbehörde erreichte zwar die Einbeziehung von Halbfabrikaten und die Erhebung für alle an der Ausfuhr beteiligten Länder. Dagegen setzten die Unternehmer durch, daß Geschäfte vor dem 1. Juli 1916 und Lieferungen in die besetzten Gebiete ebenso wie Fertigfabrikate steuerfrei blieben[164].

Darüber hinaus engagierte sich das Reichsamt des Innern in den Verhandlungen mit dem preußischen Kriegsministerium erfolgreich für industrielle Positionen. Denn die - von den Verbänden geführten - Zentralstellen der Ausfuhrbewilligungen wurden mit der Einziehung der Abgabe betraut, obwohl die Militärbehörde dafür eine unter seiner Aufsicht stehende Stelle vorgesehen hatte. Damit wollte sie Druck auf säumige Lieferanten ausüben und die Verbände überwachen, um deren Monopolstellung in vertretbaren Schranken zu halten[165]. Kontrollen durch die Behörden selbst waren nicht geplant, lediglich eine jährliche Überprüfung durch eine Treuhandgesellschaft oder einen vereidigten Bücherrevisor[166]. Infolge der wohlwollenden Haltung des Reichsamts des

---

[162] Entwurf RSchA vom Mai 1916, GStAM, Rep. 120 C VIII 1, Nr. 65, Adh. 6, Bl. 11. Wer in der Regierung 75% dieser Differenz einbehalten wollte, verschwieg Müller, der Vertreter des Reichsamts des Innern in den Verhandlungen mit der Industrie, leider.

[163] Unterlagen über Ausfuhrpreise und Ausfuhrabgaben o.D., BAAP, KEZ 87.25, Nr. 152, Bl. 2v.

[164] "Aufzeichnung über die am 23. Juni 1916 ... abgehaltene Vorbesprechung und über die darauf im Reichsamt des Innern folgende Sitzung betr. Ausfuhrabgabe für Eisen- und Stahlerzeugnisse", BAK, R 13I/186, Bl. 102ff.; Unterlagen über Ausfuhrpreise und Ausfuhrabgabe bei der Lieferung deutscher Waren nach dem neutralen Ausland, Anlage 10, BAAP, KEZ 87.25, Nr. 152, Bl. 11f.

[165] Schr. KRA an RdI vom 22. Juli 1916, GStAM, Rep. 120 C VIII 1, Nr. 65, Adh. 6, Bl. 108f.; Schr. KRA an RdI vom 19. Juli 1916, BAAP, KEZ 87.25, Nr. 152, Bl. 223ff.; Aktennotiz der KRA über die Besprechung mit Reg.-Rat Mathis [RdI] am 29. Juli 1916, ebd., Bl. 206ff. Diese Stelle sollte nach den Vorstellungen des preußischen Kriegsministeriums zugleich Selbstkosten in der Eisen- und Stahlindustrie ermitteln und darauf fußende Preise festlegen. Vgl. dazu unten, S. 308, besonders Anm. 310.

[166] "Aufzeichnung über die am 23. Juni 1916 ... abgehaltene Vorbesprechung und über die darauf im Reichsamt des Innern folgende Sitzung betr. Ausfuhrabgabe für Eisen- und Stahlerzeugnisse", BAK, R 13I/186, Bl. 103; Schr. RdI an PKM vom 29. Juli 1916, GStAM, Rep. 120 C VIII 1, Nr. 65, Adh. 6, Bl. 113; Unterlagen über Aus-

Innern hatte die Industrie insgesamt relativ leichtes Spiel, ihre Vorstellungen durchzusetzen, so daß im Endeffekt die Abgabe zwar eingeführt wurde, aber nur geringe Bedeutung erlangte[167].

Den Veränderungen in der Folge des Hindenburg-Programms trug auch das Reichsamt des Innern Rechnung, als es im Sommer 1917 die Initiative ergriff, um die Ausfuhrabgabe für Eisen und Stahl zu erhöhen. Anlaß war die erhebliche Steigerung der Erlöse aus der Ausfuhr. 1916 hatte z.B. der durchschnittliche Preis für Stabeisen bei 221,- M/t gelegen, 1917 betrug er dagegen 542,- M/t[168]. Sie ließen die Kritik in der Öffentlichkeit an den steigenden Auslandsgewinnen wachsen[169]. Doch auch hier, wie schon bei der Einführung der Steuer, gelang es den Industriellen, viel von ihren Ideen durchzusetzen. Zunächst einmal konnten sie erfolgreich eine Verschleppungstaktik anwenden. Über die Erhöhung wurde erst im Herbst 1917 entschieden, nachdem die Kriegsrohstoffabteilung, vertreten durch Hermann Fischer, beim Reichsamt des Innern nochmals darauf gedrängt hatte[170]. Aber auch mit den dann ausgehandelten Modalitäten konnte die Industrie leben. Die Höhe wurde z.B. mit 5% des Tonnenpreises für alle Waren zwischen 300 und 400,- M, 7% für die Fabrikate zwischen 400 und 500,- M sowie bis zu 21% für Produkte von 1100,- M und darüber festgelegt. Die Abgabe orientierte sich also eher an den Mengen, nicht am Umsatz, so daß weitere Preissteigerungen für einzelne Produkte nicht abgeschöpft wurden, solange sie sich innerhalb der vorgegebenen Spannen bewegten. Gemessen an der Differenz für In- und Auslandspreise waren die Sätze des Reichsamts des Innern, die zwischen 18 und 27% lagen, weiterhin recht mäßig

---

fuhrpreise und Ausfuhrabgabe bei der Lieferung deutscher Waren nach dem neutralen Ausland, Anlagen 9 u. 18, BAAP, KEZ 87.25, Nr. 152, Bl. 5v (Eisen und Stahl), 14v (Teerfarben und Arzneimittel).

[167] Zu dieser Einschätzung kam Horten, der zeitweilige Leiter der Sektion Eisen der Kriegsrohstoffabteilung, schon 1918, Abschrift Denkschrift Hortens o.D. [Sept. 1918], BA-MA Freiburg, N 415/8 Mentzel, Bl. 77. Bestätigt wird dies von der Höhe der tatsächlichen Abgabe. Vgl. unten, S. 273.

[168] Unterlagen über Ausfuhrpreise und Ausfuhrabgabe bei der Lieferung deutscher Waren nach dem neutralen Ausland, Anlage 16: Stabeisenausfuhr nach den fünf neutralen Ländern, BAAP, KEZ 87.25, Nr. 152, Bl. 13v.

[169] Schriftwechsel Nordwestliche Gruppe des VdEStI-Beukenberg vom Juni/Juli 1916, Mannesmann-Archiv, P 2/25/01.4, Bl. 227ff. Zur Kritik vgl. die Auseinandersetzung des Vereins deutscher Eisen- und Stahlindustrieller mit dem ehemaligen Reichstagsabgeordneten des Zentrums Georg Heim. Prot. Sitz. des Hauptvorstandes des VdEStI vom 21. Juni 1917, BAK, R 13I/151, Bl. 54f.

[170] Sitz. im RdI am 20. Okt. 1917, BAAP, EA 87.09, Nr. 4. Die erhöhte Abgabe wurde ab dem 1. Nov. 1917 eingezogen. RSchr. Nr. 152 SWV vom 29. Nov. 1917, Mannesmann-Archiv, P 2/25/01.4, Bl. 281f.

und im Rahmen des für die Industrie Akzeptablen[171]. Außerdem blieben sie damit sehr nah an den früheren Sätzen, die zwischen 13 und 25% gelegen hatten[172]. Die Eisen- und Stahlindustriellen setzten somit ihre Argumentation durch, nach der erhöhte Ausfuhrgewinne notwendig seien, um die Verluste, die bei den inländischen Preisen entstanden, aufzufangen[173].

Der für die Exporteure günstige Ausgang bewog die Kriegsrohstoffabteilung, im Dezember 1917 die Abgabe erneut zur Diskussion zu stellen. Sie sollte auf hochwertige Fabrikate mit ihren großen Gewinnspannen ausgedehnt werden. Die Militärbehörde konnte ihre Vorstellungen aber nur teilweise und erst mit der Einschaltung des Reichstages verwirklichen[174]. Die Initiative des Parlaments vom März 1918 sah auf den ersten Blick erfolgreicher aus, zumal sie nach zähen Verhandlungen nahezu eine Verdoppelung der Abgabe erreichte. Allerdings gab es einige wichtige Ausnahmeregelungen. Erstens wurde Roheisen von der Abgabe befreit; die Industrie konnte sich mit ihrem Argument durchsetzen, daß die Auslandsgewinne zur Finanzierung der inländischen Produktion notwendig seien, deren Preise die Kosten nicht deckten. Zweitens stellte das nunmehr beteiligte Reichswirtschaftsamt eine ähnliche Regelung für A-Produkte in Aussicht, wenn die Werke nachwiesen, daß der Mehrerlös des Auslandsgeschäftes die gestiegenen Selbstkosten für die Inlandsproduktion nicht mehr deckte. Dies galt insbesondere für das - von der Abgabenstatistik gesehen sehr einträgliche - Stabeisen[175]. Die Kriegsrohstoffabteilung wehrte sich heftig gegen eine solche Verknüpfung von In- und Auslandspreisen, die die Industrie immer wieder in die Auseinandersetzung um die inländischen Preise einbrachte[176]. Nicht nur diese Ausnahmen, sondern auch die festgesetzten Werte höhlten die Exportabgabe weiter aus. Das Reichswirtschaftsamt hatte ursprünglich gefor-

---

171 Anlage zu Sitz. im RdI am 20. Okt. 1917, BAAP, EA 87.09, Nr. 4. Die von der Industrie geforderten Sätze gingen zwar von 10-21% aus, für Röhren gar nur von 13-17%. Sie begannen auch erst ab einem Tonnenpreis von 500,- M, für Röhren erst ab 750,- M. Intern hatte Beukenberg jedoch einen Wert von 20-25% vertretbar genannt. Schriftwechsel Nordwestliche Gruppe des VdEStI-Beukenberg vom Juni/Juli 1916, Mannesmann-Archiv, P 2/25/01.4, Bl. 227ff.

172 Exportabgabe laut Besprechung im RdI vom 5. Febr. 1917, BAAP, KEZ 87.25, Nr. 152, Bl. 25.

173 Aktennotiz zu Sitz. im RdI am 20. Okt. 1917, BAAP, KEZ 87.25, Nr. 152, Bl. 28.

174 Schr. KRA an RWA vom 24. Dez. 1917, BAAP, KEZ 87.25, Nr. 152, Bl. 21f.

175 Die Unternehmer konnten darüber hinaus durchsetzen, daß die Abgabe nur bei bestimmten Mindesterlösen erhoben wurde. Prot. Besprechung der Sitz. im RWA am 14. März 1918, Archiv der Thyssen AG, FWH/860-15; unvollständiges Prot. einer Besprechung vom 15. März 1918, Archiv der Thyssen AG, A/687/2.

176 RSchr. KRA vom 27. Febr. 1918, Auffassung der KRA, übergeben am 6. Febr. 1918, BAAP, KEZ 87.25, Nr. 106/1, Bl. 111f., 114.

dert, 95% der Mehrerlöse an den Fiskus abzugeben. Am Ende der Verhandlungen bewilligte die Behörde eine Festsetzung auf durchschnittlich 35% der Differenz zwischen In- und Auslandspreisen[177]. Die Eisen- und Stahlproduzenten waren damit nach wie vor auch besser gestellt als andere Exporteure. Die Schrottlieferanten beispielsweise mußten 75% jener Differenz als Ausgleich abgeben[178].

Was für eine Rolle spielte nun diese heftig umstrittene Abgabe für die Einnahmen des Reiches? Vom fiskalischen Standpunkt aus hatte sie nur geringe Bedeutung. Vor allem die Eisen- und Stahlindustrie konnte ihre Gewinne erfolgreich verteidigen. Die Einkünfte erreichten nur bei Stabeisen Werte um 3 Mio. M 1917 - dazu trug die Erhöhung im November 1917 den größten Teil bei -, die übrigen Produkte lagen meist weit unter der Millionengrenze. Die Exportsteuer war also ein großer Mißerfolg, insbesondere wenn man die Gewinnentwicklung im Auslandsgeschäft betrachtet. Nach einer Zusammenstellung des Kommissariats der Eisenzentrale behielt die Industrie vom Mehrerlös aus der Ausfuhr von Stabeisen 1916 knapp 26 Mio. M, 1917 mehr als 45 Mio. M. Die Abgabe betrug dagegen 1916 0,68 Mio. M, 1917 3,04 Mio. M. Damit blieben auch die vom Reichsamt des Innern anvisierten 10 Mio. M für 1916 in weiter Ferne. Die chemische Industrie leistete im Vergleich dazu schon einen wesentlich höheren Beitrag. 1916 zahlte sie 2 Mio. M, 1917 immerhin 6,3 Mio. M Ausfuhrabgabe. Doch gemessen an den Gesamteinkünften von 157,4 Mio. M 1917 war auch das recht wenig. Den Löwenanteil an der Exportsteuer erbrachte die Kohle[179].

Die bisherige Forschung zur Ausfuhr betont, insbesondere mit Blick auf die Eisen- und Stahlindustrie, die passive Rolle des preußischen Kriegsministeriums in der Exportpolitik. Bis in den Herbst 1916 habe es kaum staatliche

---

177 Vorbesprechung im RWA am 12. März 1918, BAAP, KEZ 87.25, Nr. 153, Bl. 55; Prot. Besprechung der Sitz. im RWA am 14. März 1918, Archiv der Thyssen AG, FWH/860-15. Nur bei einigen Produkten erreichte die Abgabe 50% der Differenz. Resultat der Verhandlungen zwischen RWA und Industrievertretern vom 27. März 1918, Vorlage Fischer für Abteilungsschef vom 22. Aug. 1918, BAAP, KEZ 87.25, Nr. 153, Bl. 33, 31.

178 Allerdings beliefen sich diese Einnahmen für die gesamte Kriegszeit nur auf etwa 0,5 Mio. M. Notiz EA an EZ vom 13. März 1918, BAAP, KEZ 87.25, Nr. 153, Bl. 54; Schr. EZ an RSchM vom 16. März 1921, BAAP, KEZ 87.25, Nr. 153, Bl. 2f.

179 Unterlagen über Ausfuhrpreise und Ausfuhrabgabe bei der Lieferung deutscher Waren nach dem neutralen Ausland, Anlage 1: Übersicht über die im Kalenderjahr 1917 bei der Reichshauptkasse eingezahlten Ausfuhrgebühren, BAAP, KEZ 87.25, Nr. 152, Bl. 4ff. Auch in der chemischen Industrie machte die Abgabe nur einen Bruchteil des Auslandsgewinns aus. Jedenfalls ist dies nach den Zahlen für den Ausfuhrwert allein der Teerfarben (1916: rund 40 Mio. M, 1917: rund 52 Mio. M) anzunehmen. Ebd., Bl. 2.

Reglementierungen gegeben. Die Industrie habe vielmehr eine extensive Ausfuhrpolitik betrieben, die allein der Kontrolle der Syndikate unterlag. Unterstützt habe diese Entwicklung das Reichsamt des Innern. Einzig der Vorstoß zur Abschöpfung eines Teils der Ausfuhrerlöse durch eine Ausfuhrabgabe, initiiert eben vom Reichsamt des Innern, wird erwähnt[180].

Das hier ausgebreitete Material macht dagegen deutlich, daß das Kriegsministerium erfolgreich die Beteiligung an Entscheidungen über Fragen der Ausfuhr durchsetzte. Seine dabei verfolgte Politik unterschied sich merklich von jener der zivilen Behörden. Es befürwortete sehr früh eine Begrenzung der Ausfuhr, auch der Eisen- und Stahlindustrie, um die Inlandsversorgung sicherzustellen. Andererseits akzeptierte das Ministerium Auslandsgeschäfte durchaus, aber nur, wenn sie im Rahmen von Kompensationsgeschäften abgewickelt wurden. Die Anforderungen der Militärbehörde an das Ausland überstiegen dabei oft das Maß, das die zivilen Behörden und die Industrie für notwendig und machbar hielten. Die dafür erforderliche zentrale Koordination und staatliche Intervention war nur sehr schwer durchsetzbar. Dies lag aber nicht nur am Widerstand der davon betroffenen Industrie, sondern auch an der Opposition der zivilen Behörden, allen voran des Reichsamts des Innern, das in der gesamten Kriegszeit in Ausfuhrfragen geradezu als Anwalt der Industrie auftrat. Einen Einschnitt in der Entwicklung bildet das Hindenburg-Programm, in dessen Folge das Kriegsministerium seine Politik der Ausfuhrbeschränkung besser durchsetzen konnte, nachdem sich auch die Oberste Heeresleitung dafür stark gemacht hatte. Die Untersuchung der Ausfuhrabgabe hat gezeigt, daß das Kriegsministerium zusammen mit dem Reichsschatzamt die Initiative zur Begrenzung von Auslandsgewinnen ergriffen hat, nicht das Reichsamt des Innern. Die zivile Behörde stand vielmehr auch hier auf seiten der Industrie. Beide zusammen leisteten effektiven Widerstand und begrenzten damit den Erfolg erheblich.

Die Konfliktlinien verliefen in Ausfuhrfragen also nicht zwischen staatlichen Stellen und Industrie, sondern zwischen Industrie, unterstützt vom Reichsamt des Innern, auf der einen und militärischer Behörde und Reichsschatzamt auf der anderen Seite. Während das preußische Kriegsministerium auf eine Beschränkung der Ausfuhr, auf die Nutzung für Kompensationsgeschäfte und die dazu notwendigen Kontrollmaßnahmen ebenso wie auf eine Abschöpfung der anfallenden Gewinne drängte, stellte sich das Reichsamt des Innern auf die Seite der Industrie, die solche Vorstöße abzuwehren suchte und allein eine Ausdehnung der Ausfuhr, möglichst ohne staatliche Reglementierung forderte.

---

[180] Feldman, Grundlagen, S. 21f.; ders., Armee, S. 140.

Weitgehend zuzustimmen ist dagegen der Beurteilung der Industrie durch Feldman[181]. Sie widersetzte sich nahezu jeglichem Versuch zur Beschränkung der Ausfuhr, obgleich festzuhalten bleibt, daß es auch Gegenstimmen gab. Die Wirtschaftsvertreter wehrten Ausfuhrkontrollen recht erfolgreich ab, wenn auch nicht durchgängig bis in den Herbst 1916. Die erreichte Ausfuhrabgabe besaß eher symbolischen Wert, ihr finanzieller Nutzen für den Fiskus war äußerst gering. Darüber hinaus erhielt die Syndizierung, gefördert von militärischen und zivilen Behörden, bedeutende Impulse aus der Organisation der Ausfuhr.

3. Staatliche Preispolitik

Die Preise spielten, wie wir gesehen haben, in der Diskussion um die Ausfuhr eine wichtige Rolle. Doch nicht nur die Preise der Exportgüter, sondern auch der für das Inland produzierten Waren waren heiß umstritten. Wie kamen sie zustande oder konkreter gefragt, wer bestimmte ihre Höhe? Welche Rolle spielten insbesondere die Behörden in diesem Prozeß? Es gab eine Reihe von Produkten, für die Hersteller und Verbraucher die Verkaufspreise eigenständig aushandelten, wie im Frieden auch. Daneben gewann im Laufe des Krieges die Einschaltung der Militärbehörden in diese Preisvereinbarungen eine immer größere Bedeutung. Das hieß, daß die Produzenten mit der Kriegsrohstoffabteilung oder den Beschaffungsstellen verhandelten. Die weitreichendste Intervention stellte die behördliche Festsetzung von Höchstpreisen dar. Solche Preisbindungen wurden nur für relativ wenig industrielle Rohstoffe eingeführt; vor allem im Lebensmittelbereich spielte diese Maßnahme von Anfang an eine entscheidende Rolle[182].

Auf diesen verschiedenen Ebenen verfolgten die staatlichen Instanzen mit ihrer Preispolitik mehrere Ziele, die einen grundlegenden Widerstreit ihrer Interessen spiegelten. Zum einen brauchte der Staat als Konsument der Kriegsproduktion den höchst möglichen Output ohne Rücksicht auf die Kosten. Hohe Preise und Gewinne dienten als Leistungsanreiz für die Unternehmen. Zum anderen entwickelte sich eine intensive öffentliche Debatte um die Berechtigung von Kriegsgewinnen und die Notwendigkeit ihrer Beschränkung. Denn Kriegsgewinne gefährdeten den sozialen Frieden, der im Laufe des Krieges ebenso wichtig für die Kriegführung wurde wie die Versorgung mit Rüstungsgütern. Daß die stark steigenden Preise die Reichsfinanzen und die

---

[181] Feldman, Grundlagen, S. 21f.

[182] Dies spiegelt sich sehr deutlich in der zeitgenössischen Literatur über die behördliche Preispolitik. Vgl. z.B. Thieß, Höchstpreis-Politik; Le Coutre, Grundgedanken, S. 5 u.ö., sowie die dort angegebene Literatur.

Wirtschaft generell belasteten, wurde von keinem der Entscheidungsträger als Problem reflektiert.

Aus verteilungspolitischer Sicht konzentrierte sich der Streit um die Preise in der Rohstoffwirtschaft letztlich auf die Frage, ob die staatlichen Stellen hohe bzw. steigende Preise zuließen und die Produzenten begünstigten auf Kosten der Verbraucher - und damit auch des Staates als Hauptabnehmer - oder ob die Behörden versuchten, mit der Begrenzung von Preisen die Konsumenten zu schützen und gleichzeitig den sozialen Frieden zu sichern. Im folgenden werden daher zunächst die Preissteigerungen untersucht. Es soll nicht darum gehen, güterwirtschaftliche Ursachen der Inflation im Krieg zu erforschen, sondern vielmehr aufzuzeigen, wie die handelnden Akteure dieses Phänomen einschätzten und wie sie darauf reagierten. Als wichtigste Preiskomponenten galten Selbstkosten und Gewinne. Deshalb wird ihre Bedeutung für diesen Preisanstieg besonders diskutiert. Im Anschluß daran geht es um die Bestrebungen der Behörden, die Erhöhungen zu begrenzen, vor allem in Form von Höchstpreisen. Obwohl die zeitgenössische Diskussion zwischen Preisen und Gewinnen nicht scharf trennte, soll ein eigener Abschnitt der Beschränkung von Gewinnen gewidmet werden. Sie griff, eindeutiger als die Preisdiskussionen, direkt marktwirtschaftliche Prinzipien an: Die Preisbildung nach Angebot und Nachfrage und das Gewinnstreben als Motor wirtschaftlicher Aktivität standen zur Debatte. Ebenso wichtig und heftig umstritten war hier die Verteilung der Kosten zwischen Staat bzw. Verbrauchern allgemein und den Unternehmen.

a) Preissteigerungen

Die Preise stiegen in allen Bereichen der Kriegswirtschaft. Betrachten wir zunächst die Rohstoffe, deren Preise die Behörden und Kriegsgesellschaften mit den Produzenten aushandelten, worauf sie also direkt Einfluß nahmen. Um die Handlungsspielräume der Akteure richtig einschätzen zu können, müssen wir die Verteilung der Kompetenzen betrachten. Die Kriegsgesellschaften waren zu Beginn des Krieges mit relativ weitreichenden Befugnissen ausgestattet, so daß sie eine wichtige Rolle in der Vermittlung zwischen Industrie und Behörden spielten. Die Kriegschemikalien AG konnte diese Position bis Anfang 1916 bewahren, während die Kriegsmetall AG durch die Metallhöchstpreise vom Dezember 1914 bald in ihrem Wirkungskreis beschnitten wurde. Allerdings blieb die endgültige Entscheidung von vorneherein bei der Kriegsrohstoffabteilung. Hatte sie den Gesellschaften zunächst noch relativ großen Handlungsspielraum gelassen, engte sie ihn immer stärker ein. Sie machte ihre Ansprüche durch frühzeitige Beteiligung sowohl ihrer Kommissare als auch ihrer Mitarbeiter an den Verhandlungen mit den Industriellen geltend und verwies die beiden Gesellschaften in die Rolle der Zuarbeiter[183].

Die geringsten Eingriffsmöglichkeiten besaß die Eisenzentrale. Dafür war nicht nur die starke Stellung des Kommissars Fischer verantwortlich, sondern auch die Einschaltung des Chefs der Kriegsrohstoffabteilung. Koeth selbst war an den meisten Preisverhandlungen mit den Eisen- und Stahlindustriellen beteiligt, während in den anderen Bereichen die Leiter der jeweiligen Sektionen eine größere Handlungsfreiheit bewahrten. Koeth und Fischer stimmten sich in der Preispolitik zunehmend enger miteinander ab[184]. Eine wichtige Rolle spielte zudem der Beauftragte des Kriegsministeriums beim Roheisenverband und Deutschen Stahlbund, Florian Klöckner[185].

Neben der Kriegsrohstoffabteilung waren die Beschaffungsstellen an den Preisverhandlungen beteiligt, vor allem bei chemischen Rohstoffen sowie bei Eisen und Stahl. Zwischen beiden Institutionen gab es wenn nicht Konflikte, so doch keine konkrete Absprache der Preispolitik. Die Kriegschemikalien AG teilte auf eine Anfrage nach der Einbeziehung der Beschaffungsstellen lapidar mit: "In der Regel sind die beschaffenden Stellen über die Preise, die die Fabrikanten für die Rohstoffe anlegen, unterrichtet", weil sie zu den Sitzungen der Gesellschaft eingeladen würden[186]. Ab März 1917 sollte eine Kommission alle 14 Tage über die Probleme der Preisprüfung und der Preiskontrollen bei Eisen- und Stahlprodukten beraten[187]. Doch scheint dies wenig Erfolg gehabt zu haben. Beschaffungsstellen und Kriegsrohstoffabteilung konnten sich kaum auf eine einheitliche Politik einigen[188]. Die Ansprüche der zivilen Stellen auf Mitsprache kamen in den Preisverhandlungen mit der Industrie am wenigsten zum Tragen.

---

[183] Vgl. oben, S. 146ff.

[184] Prot. über Besprechung am 14. Sept. 1916, BAAP, KEZ 87.25, Nr. 1, Bl. 175ff.; Prot. Klemme über Sitz. SWV vom 13. Apr. 1917, Haniel-Archiv, Nr. 3000030/11A, Bl. 38. Z.B. wurde im Sommer 1918 zuerst eine Sitzung mit Fischer, danach mit Koeth vereinbart. Schr. REV an KRA vom 29. Juli 1918, BAAP, KEZ 87.25, Nr. 106/1, Bl. 86; NSchr. über Sitz. am 13. Aug. 1918 zu Berlin, BAAP, KEZ 87.25, Nr. 106/1, Bl. 51ff.

[185] Vgl. zu seiner Stellung oben, S. 80f., sowie zu seiner Politik unten, S. 352f.

[186] NSchr. über die zwischen der KRA und der KCA wegen der Verrechnung getroffenen Vereinbarung, o.D. [vermutlich vor Dez. 1916], BAAP, RKG 89.05, Nr. 157; Zitat ebd. Ähnlich charakterisiert die Kriegschemikalien AG die Lage noch im Nov. 1918. NSchr. über die am 8. Nov. 1918 stattgefundene Besprechung mit der KCA, BAAP, RKG 89.05, Nr. 157.

[187] Z.B. NSchr. Besprechung am 7. März über Preisfragen, BAAP, KEZ 87.25, Nr. 106/1, Bl. 109. Daran sollten auch die zivilen Stellen beteiligt werden.

[188] NSchr. Besprechung mit Beschaffungsstellen am 30. Aug. 1918, BAAP, KEZ 87.25, Nr. 106/1, Bl. 16ff.

Erst nach der Debatte über den "Fall Daimler" erlangte das Reichsschatzamt etwas mehr Spielraum[189].

Die Wirtschaftsvertreter hatten viele Möglichkeiten, ihre Interessen einzubringen und durchzusetzen. Die Unternehmen brachten ihre Vorstellungen in die jeweiligen Verhandlungen ein, beispielsweise bei den Preisen für Schwefelsäuren[190]. Eine wachsende Bedeutung erhielten Kartelle und Syndikate für die Preisverhandlungen der Hersteller, sowohl mit den Verbrauchern als auch mit den Behörden. Am stärksten war dies bei Eisen und Stahl zu beobachten, wo, wie im Frieden auch, der Roheisenverband und der Stahlwerksverband für die Preisfestsetzung der Produzenten zuständig waren.

Seit Ende 1916 schaltete sich die Kriegsrohstoffabteilung hier in die Preisbildung ein. Ihre Verhandlungspartner waren wiederum die Syndikate, wo die Industriellen einen Interessenausgleich vornahmen und ihre Strategie absprachen, um dann der Behörde einmütig gegenüberzutreten. Reichert, Geschäftsführer des Vereins deutscher Eisen- und Stahlindustrieller, charakterisierte diese Veränderung recht präzise: "Früher waren die Preiskämpfe in den Syndikaten die Hauptsache, heute ist der Preiskampf der Syndikate mit der Regierung die Hauptsache"[191]. Auch in den anderen Branchen gab es entsprechende industrielle Zusammenschlüsse, allerdings hatten sie dort keine so starke Stellung wie in der Eisen- und Stahlindustrie. Dies wird z.B. daran deutlich, daß die staatlichen Stellen schon im Herbst 1915 eingriffen, als es Konflikte zwischen Produzenten und Abnehmern von Zink gab[192].

Welche Gründe für den Anstieg des Preisniveaus diskutierten Behörden, Kriegsgesellschaften und Industrie? Die Produzenten von Rohstoffen brachten die Knappheit als Ursache für Preissteigerungen vor. Vor allem die Eisen- und Stahlindustrie führte die "Stahlnot" immer wieder als Grund für ihre Kosten- und Preiserhöhungen ins Feld[193]. Aber auch in den anderen Branchen hob die

---

[189] Vgl. oben, S. 48ff., sowie zum "Fall Daimler" unten S. 371f.

[190] 10. Prot. der AR-Sitz. der KCA vom 28. Jan. 1915, BAAP, KCA 87.29, Nr. 10, Bl. 52; Prot. Quincke über die Besprechung der SO_3-Fabrikanten und der dort erstellte Vorschlag für Höchstpreise für hochgrädige Schwefelsäure und Oleum vom 11. Febr. 1915, Bayer-Archiv, 201/3; Schr. Born an Hoechst vom 12. Febr. 1915, Hoechst-Archiv, 18/1/14; Schr. Hoechst, BASF, Bayer, Weiler-ter Meer, Verein chemischer Fabriken an KRA vom 17. Apr. 1915, Bayer-Archiv, 201/3; 17. u. 18. Prot. der SVK der KCA vom 18. Juni u. 17. Juli 1915, BAAP, KCA 87.29, Nr. 68, Bl. 89f., 101.

[191] Prot. Sitz. des Hauptvorstandes des VdEStI vom 21. Juni 1917, BAK, R 13 I/151, Bl. 42.

[192] Vgl. oben, S. 82.

[193] Gedanken zur Preispolitik, bearb. von Hauptmann von Besser, KRA, vom 26. Aug. 1918, BAAP, KEZ 87.25, Nr. 106/1, Bl. 28.

Industrie ihre Preise aufgrund des hohen Bedarfs an. Dies galt etwa für die Deutsche Benzolvereinigung[194] oder für den Zinkhüttenverband[195]. In anderen Worten ausgedrückt: Sie nutzten die Kriegskonjunktur aus, denn die Nachfrage, vor allem die der staatlichen Beschaffungsstellen, war nicht elastisch. Die Besteller mußten die Waren zu jedem Preis abnehmen.

Genau das erklärten die militärischen Behörden, allen voran die Kriegsrohstoffabteilung, zu Kriegsbeginn als nicht tragbar. Sie forderte von den Unternehmern, sich mit den Preisen und Gewinnen der Friedenszeit zufrieden zu geben. Man muß allerdings festhalten, daß die Schuld an den Preissteigerungen im wesentlichen dem Handel zugewiesen wurde. Die Erzeuger, die z.B. in der chemischen Industrie ihre Produkte zu einem erheblichen Teil selbst absetzten, blieben außen vor[196]. Damit wurden Vorstellungen der Industrie aufgegriffen, wie sie etwa beim Verein deutscher Eisen- und Stahlindustrieller deutlich werden, der den Ausschluß des Handels aus dem Schrottgeschäft forderte, da dieser für die Preissteigerungen verantwortlich sei[197].

Im weiteren Verlauf des Krieges lassen sich solche Äußerungen der militärischen Behörden, vor allem in bezug auf Rohstoffe für den direkten Kriegsbedarf, nicht mehr finden. Dies wird gerade gegenüber der Eisen- und Stahlindustrie deutlich, die ihre Preise von Anfang an am hohen Bedarf ausrichtete. Die Beschaffungsstellen akzeptierten dieses Vorgehen[198], und auch die Kriegs-

---

194 Schr. Bayer an FM vom 11. Aug. 1916, Bayer-Archiv, 201/5.1.

195 Mitt. PMHG an PMdI vom 6. Sept. 1915, GStAM, Rep. 77, tit. 332r, Nr. 128, Bd. 1, Bl. 120. Das Kupferblech-Syndikat versuchte zumindest, seine Marktmacht geltend zu machen. Schr. Verkaufsstelle des Kupferblech-Syndikats GmbH an RdI vom 23. Febr. 1915, BAAP, KMA 87.37, Nr. 97/2, Bl. 49ff. Vgl. auch 5 Jahre Kriegswirtschaft ... [Bericht SSW], Knoll vom 31. Mai 1922, S. 18f., SAA 50/Ld 216.

196 Zur Argumentation der Kriegsrohstoffabteilung im einzelnen vgl. unten, S. 290f. Handel: Schr. PKM an Militärbefehlshaber vom 5. Dez. 1914, BHStA-KA, MKr. 12922, Prod. 229; Denkschrift der Professoren Schmoller, Sering, Herkner, Francke und Levy an RSchA vom 12. Dez. 1914, RFM 21.01, Nr. A 2843, Bl. 63ff.

197 NSchr. über die Vorstandssitz. der Nordwestlichen Gruppe des VdEStI am 25. Febr. 1915, Haniel-Archiv, Nr. 3001007/2.

198 Bericht Hauptmann Dr. Büsselberg über das Beschaffungs- und Lieferungswesen, verfaßt im Sept. 1916, an Chef des KA am 16. Jan. 1917, BA-MA Freiburg, N 46/120 Groener, Bl. 104f. Der Hinweis der Feldzeugmeisterei auf den großen Bedarf war auch ausschlaggebend dafür, daß die Kriegsrohstoffabteilung im Sommer 1916 auf eine Senkung der Granatstahlpreise verzichtete, obwohl sie hohe Gewinnspannen ließen. Denkschrift Horten o.D. BA-MA Freiburg, N 415/8 Mentzel, 76v, 77. Kritisch betrachtete diese Politik Sichler. [Denkschrift] Sichler, KM/ED vom 27. Mai 1917, BHStA-KA, MKr. 17272. Während des Krieges bildeten sich auch bei den Eisen- und Stahlfabrika-

rohstoffabteilung schloß sich dem an. Im August 1917 brachte einer ihrer Mitarbeiter aus der Chefsektion die Sache auf den Punkt: "Mit Rücksicht auf den Preis darf nicht eine einzige Tonne Roheisen unproduziert bleiben, die vielleicht produziert werden könnte"[199]. Auf dieser Grundlage agierten Kommissariat der Eisenzentrale und Kriegsrohstoffabteilung gegenüber der Eisen- und Stahlindustrie. Kommissar Fischer stellte im Dezember 1917 fest: Die "Not des Bedarfs" zwinge zur Bewilligung auch hoher Preise, zumal "ein Zwang zur Lieferung von Spezialmaterial nicht ausgeübt werden kann"[200]. Daß vor allem der wachsende Bedarf, nicht die Erhöhungen von Preisen oder Gewinnen ausschlaggebend für die Preissteigerungen waren, hielt ein Referent der Kriegsrohstoffabteilung noch im August 1918 für seinen Chef Koeth fest: "Die Preise wuchsen in demselben Verhältnis, in welchem die Deckungsschwierigkeit zunahm"[201]. An dieser Politik änderte die Tatsache nichts, daß sich die Militärbehörden der Problematik der ständigen Preissteigerungen sehr wohl bewußt waren[202].

Die zivilen Behörden unterstützten dagegen von Anfang an die Vorstellungen der Wirtschaft, indem sie nicht nur auf die Ausweitung der Nachfrage, sondern auch auf eine effektive Verringerung des Angebots an Rohstoffen, bedingt durch die Blockade und die Aufkäufe aller am Krieg beteiligten Staaten, hinwiesen. Sie brachten ein weiteres Argument in die Diskussion ein,

---

ten eine Reihe von Syndikaten, die Preissenkungen verhindern sollten. Bericht Germer über das Gemeinschaftswesen vom 5. Febr. 1916, HA Krupp, WA 4/1517.

[199] Vortrag Wiedenfeld bei der Sitzung der Metall-Revisoren am 2./3. Aug. 1917, S. 24ff., BHStA-KA, MKr. 17286; Zitat ebd., S. 27.

[200] Entwurf Schr. an Wumba vom 8. Dez. 1917, BAAP, KEZ 87.25, Nr. 98, Bl. 222; Zitat ebd. Ebenso stellten preußisches Kriegsministerium bzw. Kriegsrohstoffabteilung den Produktionsanreiz in den Mittelpunkt ihrer Verteidigung gegen Vorwürfe aus dem Reichstag. NSchr. Besprechung vom 31. Dez. 1917 betr. Preisfragen für RT-Sitz., BAAP, KEZ 87.25, Nr. 96, Bl. 191f.; Erwiderung der KRA zu Denkschrift Horten: "Über die Entwicklungen der Eisen- und Stahlpreise während des Krieges", o.D., BA-MA Freiburg, N 415/8 Mentzel, Bl. 108ff. Die Denkschrift wurde am 14. Febr. 1918 von KEZ an KRA, Sekt. E, geschickt (künftig als: "Erwiderung der KRA [am 14. Febr. 1918 von der KEZ an KRA geschickt]" zitiert), BA-MA Freiburg, N 415/8 Mentzel, Bl. 121ff.

[201] Gedanken zur Preispolitik, bearb. von Hauptmann von Besser, KRA, vom 26. Aug. 1918, BAAP, KEZ 87.25, Nr. 106/1, Bl. 28f.; Zitat ebd., Bl. 28.

[202] Ein Referent des Waffen- und Munitionsbeschaffungsamts stellte fest, daß die Einrichtung der Sektion E in der Kriegsrohstoffabteilung im Juni 1916 zu spät erfolgt sei, "als die Karre preislich verfahren war". NSchr. Besprechung vom 31. Dez. 1917 betr. Preisfragen für RT-Sitz., BAAP, KEZ 87.25, Nr. 96, Bl. 192v. Vgl. dazu die offizielle Beurteilung der Preise als maßvoll. Erwiderung der KRA [am 14. Febr. 1918 von der KEZ an KRA geschickt], BA-MA Freiburg, N 415/8 Mentzel, Bl. 118ff.

die Erhöhung des Risikos im Krieg, die sich in höheren Preisen niederschlagen müsse. Insgesamt müßten die Preissteigerungen akzeptiert werden, um den die Sicherung des Heeresbedarfs nicht zu gefährden[203].

In den meisten Fällen argumentierten die Industrie- und Handelsunternehmen aber nicht allein mit der Knappheit, die an und für sich nur auf die Zunahme der Nachfrage rekurrierte, sondern beriefen sich auf Kostensteigerungen ihrer Produktionen beziehungsweise Beschaffungen, um damit die Preiserhöhungen auch von der Angebotsseite zu rechtfertigen. Dahinter stand das Bemühen, eine Diskussion um die Gewinne zu vermeiden, wie sie zu Beginn des Krieges geführt wurde. Das Kostenargument ließen die Militärbehörden immer gelten[204]. Dieser Richtlinie folgte die Kriegschemikalien AG in ihrer Politik sehr strikt, denn sie unterstützte die Forderungen der Industrie nach Preiserhöhung in der Regel mit dem Hinweis auf gestiegene Selbstkosten oder Einstandspreise, so bei Schwefel oder bei Carbid[205].

Bei Eisen und Stahl war die Situation ähnlich. Die Kriegsrohstoffabteilung akzeptierte eine Reihe von Erhöhungsforderungen, die immer wieder mit steigenden Kosten begründet wurden, allerdings bei weitem nicht alle. Soweit die Verhandlungen quellenmäßig erfaßbar sind, gestand sie im Juni 1916[206] und

---

[203] Schr. PMHG an PMdI vom 8. Jan. 1915, GStAM, Rep. 77, tit. 332[r], Nr. 165, Bl. 18; Schr. PMdI an PKM und PMHG vom 21. Dez. 1914, ebd., Bl. 15f. Ähnlich die Anmerkungen Römhilds zum Schr. FM an Allgemeines Kriegsdepartement vom 5. Febr. 1915, GStAM, Rep. 120 C VIII 1, Nr. 84, Adh. 19, Bd. 1, Bl. 140.

[204] Für Chemikalien stellte Moellendorff schon im November 1914 den Grundsatz auf, daß gegen Nachweis höhere Kosten zu ersetzen seien, und zwar nicht nur der Industrie, sondern auch dem Handel. 8. Prot. der SVK der KCA vom 28. Nov. 1914, BAAP, KCA 87.29, Nr. 68, Bl. 42. Als Beispiel: Erläuterungen zur Bekanntmachung betr. Beschlagnahme, Bestandserhebung und Höchstpreise für Salzsäure o.D. [1917], BAAP, KCA 87.29, Nr. 21, Bl. 26. Die Erhöhung der Preise gegen Nachweis der Selbstkosten war auch Leitlinie der Heeresverwaltung beim Abschluß von Produktionsverträgen. Vgl. oben, S. 222f.

[205] 8. Prot. der SVK der KCA vom 28. Nov. 1914, BAAP, KCA 87.29, Nr. 68, Bl. 41f.; 10. Prot. der SVK der KCA vom 29. Dez. 1914, BAAP, KCA 87.29, Nr. 68, Bl. 52f.; Schr. Born an Hoechst vom 12. Febr. 1915, Hoechst-Archiv, 18/1/14; Schr. KRA an das stellvertretende Generalkommando Dresden vom 4. Juni 1915; Schr. KCA an KRA vom 25. Juni 1915, BAAP, KCA 87.29, Nr. 72, Bl. 7, 86; Stellungnahme KCA zur Angelegenheit Bartels, Königslutter, vom 18. Febr. 1918, BAAP, KCA 87.29, Nr. 19, Bl. 7.

[206] Denkschrift o.V. [vermutlich Alfons Horten], o.D. mit Bemerkungen des Kommissariats der Eisenzentrale für Hauptmann Burgers, BAAP, KEZ 87.25, Nr. 96, Bl. 131f.

im Juli 1917[207] die Erhöhung der Stahlpreise, im Dezember 1916[208] und im August 1918[209] der Roheisenpreise zu. Fischer lehnte es allerdings entschieden ab, für die Zukunft antizipierte Kostensteigerungen im vorhinein anzuerkennen[210].

Allerdings zogen sich die Unternehmen nur dann auf das Kostenargument zurück, wenn sich Preiserhöhungen damit legitimieren ließen. In diesem Fall erklärten sie sich bereit, Kalkulationen vorzulegen, was sie sonst strikt verweigerten[211]. Ein klares Beispiel dafür ist die Diskussion um die Preise für Schwefelsäure Ende 1914 und Anfang 1915. Im Dezember 1914 forderten die Farbenfabriken vorm. Friedrich Bayer eine höhere Bezahlung der aus teuren Kiesen hergestellten Säuren - aufgrund der höheren Selbstkosten -, im April 1915 wiesen sie zusammen mit anderen Firmen das Ansinnen der Kriegsrohstoffabteilung, die Preise der Säuren an den Kosten für die Kiese auszurichten, vehement ab, weil sie zu diesem Zeitpunkt einen Teil ihrer Kiese wesentlich günstiger erworben hatten als die Kriegschemikalien AG. Die Sonderbehand-

---

[207] Prot. Klemme über Sitz. SWV vom 5. Juni 1917, Haniel-Archiv, Nr. 3000030/11A, Bl. 54.

[208] Prot. Verhandlungen in der KRA am 25. Nov. 1916, Mannesmann-Archiv, P 2/25/01.4, Bl. 158ff.; Prot. Hauptversammlungen des REV vom 29. Nov. und 19. Dez. 1916, Archiv der Thyssen AG, FWH/860-13.

[209] Prot. Klemme über Sitz. SWV vom 5. Juni 1917, Haniel-Archiv, Nr. 3000030/11A, Bl. 54; Schr. REV an Mitgl. vom 4. Sept. 1918, Archiv der Thyssen AG, FWH/860-15.

[210] NSchr. über Sitz. am 13. Aug. 1918 in Berlin, BAAP, KEZ 87.25, Nr. 106/1, Bl. 51ff.; Schr. REV an KRA vom 19. Aug. 1918, BAAP, KEZ 87.25, Nr. 106/1, Bl. 64ff. Einen ähnlichen Vorstoß machten die Farbenfabriken vorm. Friedrich Bayer beim Reichsmarineamt, als die Firma grundsätzlich höhere Preise für Aceton verlangte und sich dafür bereit erklärte, Überschüsse zurückzuzahlen. Nach der bis dahin geübten Praxis forderte die Firma die höheren Kosten nachträglich von der Beschaffungsstelle ein. Schr. Kloeppel an Direktorium Bayer vom 23. Apr. 1917, Anlage 1, Bayer-Archiv, 201/38, Bd. 1.

[211] Beispielsweise für die Salpeterherstellung. Punktationen Direktoriums-Sitz. Bayer vom 12. Okt. 1915, Bayer-Archiv; Schr. Mann an Duisberg vom 15. Dez. 1915, Bayer-Archiv, 201/6.3, Bd. 4; Schr. Hoechst an KRA vom 30. Sept. 1915, Schr. Hoechst an KCA vom 4. Jan. 1916, Hoechst-Archiv, 18/1/12. Schr. FM an Hoechst vom 3. Sept. 1916, Schr. Griesheim an FM vom 19. Sept. 1916, Hoechst-Archiv, 18/1/13. Die Eisen- und Stahlindustrie reagierte ähnlich. Prot. Klemme über Sitz. SWV am 29. Juni 1916, Haniel-Archiv, Nr. 3000030/10, Bl. 184ff.; Prot. Klemme über Sitz. SWV vom 13. Apr. 1917, Haniel-Archiv, Nr. 3000030/11A, Bl. 38ff. Sie erhielt bis Ende 1917 Unterstützung vom Beauftragten des preußischen Kriegsministeriums Klöckner. Schr. BdKM Klöckner an EZ vom 23. Okt. 1916, BAAP, EZ 87.10, Nr. 32; Schr. Klöckner an KRA, Sekt. E vom 7. Febr. 1917, BAAP, KEZ 87.25, Nr. 77, Bl. 84f.; Schr. EZ an KRA (E) vom 7. Juni 1917, BAAP, EZ 87.10, Nr. 77.

lung hätte also eine Preissenkung bedeutet. Die Firmen bürdeten damit das Risiko von Verlusten dem Staat auf. Waren aber Gewinne zu machen, wollten sie allein davon profitieren[212].

Darüber hinaus trugen aber auch die militärischen Behörden selbst zu den Preissteigerungen bei, indem sie in vielen Verhandlungen mit den Unternehmen den Preis als Leistungsanreiz einsetzten. Dies war im vorigen Teil schon bei einigen Projekten der Produktionsförderung angeklungen. Die Behörden waren generell bestrebt, die Umstellung von der Friedens- auf Kriegsproduktion und deren Steigerung durch hohe Preise und die Aussicht auf Gewinne zu fördern. Moellendorff faßte diese Strategie im März 1915 mit der knappen, aber präzisen Formel zusammen: "Belebung von Industriezweigen durch Preisanreiz"[213]. Auch die zivilen Behörden akzeptierten dieses Vorgehen eindeutig, ebenso der Hauptausschuß des Reichstages[214]. Damit rangierte aber die Sicherstellung des Heeresbedarfs klar vor der Begrenzung der Kriegskosten.

Industrielle Funktionsträger der Kriegswirtschaft setzten sich ebenfalls für eine solche Politik ein. Schon im März 1915 verteidigte Georg Klingenberg, Direktor der Allgemeinen Elektricitäts-Gesellschaft und einer der ersten Mitstreiter Rathenaus in der Kriegsrohstoffabteilung, die Preiserhöhungen aufgrund der Umstellung, der steigenden Rohstoffpreise und des Arbeitermangels. Er forderte hohe Preise als Anreiz für die Einfuhr, auch wenn er sich im selben Atemzug für eine Regulierung aussprach, da Spekulationsgewinne und Steigerungen über das zulässige Maß hinaus verhindert werden müßten[215]. Richard Merton, Mitinhaber der Metallgesellschaft und Berater des Kriegsamtschefs Groener, führte in seiner Denkschrift vom Juli 1917 "Verdienstanreiz"

---

[212] Schr. Mann an Duisberg vom 9. Dez. 1914, Bayer-Archiv, 201/3; Schr. Hoechst, BASF, Bayer, Weiler-ter Meer, Verein chemischer Fabriken an KRA vom 17. Apr. 1915, Bayer-Archiv, 201/3.

[213] Schr. Moellendorff an Arnhold vom 23. März 1915, BAK, NL 158 Moellendorff, Nr. 115. Coupette, Leiter der Feldzeugmeisterei und des Waffen- und Munitionsbeschaffungsamts, bestätigte diese Politik. NSchr. über die Vorbesprechung betr. die Tätigkeit der Kommission zur Prüfung von Verträgen über Kriegslieferungen im RdI am 2. Dez. 1916, BAAP, RFM 21.01, Nr. A 2778, Bl. 182ff. Diese Praxis belegt Wiegmann, Textilindustrie, S. 69, für die Politik von Kriegsrohstoffabteilung und Beschaffungsstellen gegenüber der Textilindustrie.

[214] Zivile Behörden: Zunkel, Industrie, S. 26, Anm. 38. Reichstag: Wiegmann, Textilindustrie, S. 69, Anm. 104.

[215] Denkschrift Klingenberg über "Friedensaufgaben der KRA" vom März 1915, SAA 4/Lb 845 Werner v. Siemens.

und das "Bestreben, die Konjunktur nach Kräften auszunutzen" als die entscheidenden Triebkräfte der kriegswirtschaftlichen Entwicklung an[216].

Die Kriegsgesellschaften standen in der ersten Reihe derer, die in ihren konkreten Maßnahmen hohe Preise und Gewinne nicht nur zuließen, sondern als Anreiz für die Steigerung der Einfuhr ebenso wie der inländischen Produktion aktiv propagierten. Der Aufsichtsrat der Kriegschemikalien AG sprach sich etwa dafür aus, "alle nur irgendwie im Auslande greifbaren Mengen Schwefelkies zu erwerben, ohne Rücksicht auf die Preise"[217]. Auch als die Möglichkeiten der Einfuhr in der Folgezeit zurückgingen, blieb die Unterstützung hoher Preise dann Leitschnur ihrer Politik, wenn die Gesellschaft einen dringenden Bedarf konstatierte[218]. Die Kriegsmetall AG setzte dieselben Prioritäten in der Frage der Aluminiumbeschaffung, "da auf schweizer [sic!] Erzeugung unmöglich verzichtet werden kann"[219].

Die Gesellschaften agierten nicht ohne Rückendeckung der Kriegsrohstoffabteilung. Insbesondere bei den Chemikalien sprach sich die Behörde mehrfach ausdrücklich für die Förderung von Einfuhren aus, indem sie eine Ausnahme von festgelegten Preisen genehmigte[220]. Dasselbe galt für die inländische Produktion. Die Militärbehörde wies die Kriegschemikalien AG etwa im Oktober 1915 an, den Preis für Schwefelsäure aus Blende möglichst zu senken, die Produktion "jedoch nicht an der Preisfrage scheitern" zu lassen[221]. Hinter

---

216 "Über die Notwendigkeit eines staatlichen Eingriffs zur Regelung der Unternehmergewinne und Arbeiterlöhne", Denkschrift Robert Mertons vom 12. Juli 1917, BAAP, KEZ 87.25, Nr. 96, Bl. 15.

217 8. Prot. der AR-Sitz. der KCA vom 11. Dez. 1914, BAAP, KCA 87.29, Nr. 10, Bl. 41.

218 Verschiedene Schr. KCA an KRA und Fa. Oesterreicher vom Sept. 1915, BAAP, KCA 87.29, Nr. 18, Bl. 269ff.: In diesem Fall teilte die Kriegschemikalien AG der Firma aber gleichzeitig mit, daß sie weitere Vorkommnisse dieser Art, d.h. Preisüberschreitungen, nicht mehr unterstützen würde. Ebd.; Schr. KCA an Staatsanwaltschaft Berlin vom 22. März 1917, BAAP, KCA 87.29, Nr. 76, Bl. 47.

219 Schr. Aluminium-Industrie AG Neuhausen an KMA vom 5. Juni 1918; Schr. KMA an KA vom 14. Juni 1918, BAAP, KMA 87.37, Nr. 41, Bl. 423, 343; Zitat ebd., Bl. 343.

220 8. Prot. der SVK der KCA vom 28. Nov. 1914, BAAP, KCA 87.29, Nr. 68, Bl. 42; 8. Prot. der AR-Sitz. der KCA vom 11. Dez. 1914, BAAP, KCA 87.29, Nr. 10, Bl. 41; 15. Prot. der SVK der KCA vom 21. Apr. 1915, BAAP, KCA 87.29, Nr. 68, Bl. 80.

221 Prot. Sitz. KCA-KRA vom 5. Okt. 1915, BAAP, KCA 87.29, Nr. 50, Bl. 13f.; Zitat ebd. Moellendorff nannte in einem Vortrag von 1915 Glyzerin und Schwefelkies als Beispiele für den Einsatz von hohen Preisen als Förderungsinstrument. Vortrag Moellendorff auf dem Ausbildungskursus für Revisoren der stellvertretenden Generalkommandos, 1915, S. 17, HStAS, M 1/6, Nr. 1364.

diesem Engagement für hohe Preise stand nicht allein der Leistungsanreiz, sondern ein Gedanke, den ansonsten vornehmlich die zivilen Behörden verfochten: Das Risiko, das sich in erhöhten Kosten niederschlug, sollte der Staat und nicht die Unternehmer tragen[222].

Einen anderen Aspekt zur Erklärung der Preissteigerung brachte die Kriegsmetall AG vor und nahm damit die Wirtschaft in Schutz. Sie gestand zwar zu, daß der Handel die Preise durch Spekulationsgewinne in die Höhe trieb, charakterisierte dieses Verhalten aber als Ausnahme und machte einen weiteren Schuldigen namhaft, nämlich die staatlichen Besteller. Sie handelten nicht wie ein einziger Abnehmer, so hatte die Kriegsrohstoffabteilung formuliert, sondern machten sich gegenseitig Konkurrenz. Ohne daran weitere Vorschläge zur Verbesserung der Lage zu knüpfen, räumte die Gesellschaft indes ein, daß für die Zukunft eine behördliche Preisfestsetzung notwendig sei[223]. Nicht nur die Konkurrenz, sondern auch die mangelhaften Kenntnisse der Militärbehörden machten Kritiker wie Richard Merton und Alfons Horten mitverantwortlich für die Ausnutzung der Kriegskonjunktur zur Gewinnsteigerung[224].

Das Hauptgewicht der Hortenschen Erklärung der Preissteigerungen lag indes auf der Syndizierung und ihren Folgen, d.h. er hob stärker auf die Angebotsseite ab. Die Absprache der Eisen- und Stahlwerke und das Fehlen einer wirkungsvollen Konkurrenz ermöglichte den Unternehmen, die Preise für ihre Produkte weit über die Selbstkosten und einen als angemessen zu betrachtenden Gewinn zu steigern, z.B. bei Geschoßstahl[225]. Mit dieser Ansicht stand Horten nicht allein. Schon im September 1916 hatte ein interner Bericht der Wissenschaftlichen Kommission für den Chef des Kriegsamts ähnlich argu-

---

[222] Ammonpulver: Schr. FM an SSW vom 7. Okt. 1916, SAA 50/Lg 12. Zünder: Aktennotiz über meine Besprechung im Wumba mit Herrn Regierungsbaumeister Willner am 18. Jan. 1917, SAA 11/Lg 758 Henrich. Hülsen: Schriftwechsel Wumba-RSchA vom 24. Juni, 17. Juli u. 7. Aug. 1918, BHStA-KA, MKr. 17381.

[223] Schr. KMA an KRA vom 7. Nov. 1914, BAAP, KMA 87.37, Nr. 242, Bl. 120f.; Zitat ebd., Bl. 121. Die gleiche Argumentation machte die Kriegsrohstoffabteilung für die Preissteigerung von Eisen und Stahl nach der Somme-Schlacht geltend. Ansonsten finden sich keine Belege für eine behördliche Anerkennung dieses Arguments. Erwiderung der KRA [am 14. Febr. 1918 von der KEZ an KRA geschickt], BA-MA Freiburg, N 415/8 Mentzel, Bl. 120f.

[224] "Über die Notwendigkeit eines staatlichen Eingriffs zur Regelung der Unternehmergewinne und Arbeiterlöhne", Denkschrift Robert Mertons vom 12. Juli 1917, BAAP, KEZ 87.25, Nr. 96, Bl. 15; Abschrift Denkschrift Hortens o.D. [Sept. 1918], BA-MA Freiburg, N 415/8 Mentzel, Bl. 74f., 80. Zu Horten vgl. oben, Anm. 130, S. 59.

[225] Abschrift Denkschrift Hortens o.D. [Sept. 1918], BA-MA Freiburg, N 415/8 Mentzel, Bl. 80v. Horten verfaßte mehrere kritische Denkschriften zur Preispolitik in der Eisen- und Stahlindustrie. Vgl. dazu unten S. 311ff., bes. Anm. 322 und 323.

mentiert. Auch er machte in verschiedenen Bereichen, er nannte Kabel, Stahl, Zinkleitungen und Wellbleche als Beispiele, Syndikate dafür verantwortlich, daß die Beschaffungsstellen viel zu hohe Preise bezahlen müßten[226].

Die Kriegsrohstoffabteilung wies in ihrer Erwiderung auf die Vorwürfe Hortens dagegen genau das Gegenteil nach: Die Steigerungen der Preise vor 1916 seien gerade deshalb sehr maßvoll geblieben, weil die Produkte syndiziert waren. Als Beleg führte sie an, daß die nicht syndizierten Produkte höhere Steigerungsraten aufwiesen. Damit übernahm die Militärbehörde ein industrielles Argument, was nicht weiter verwundert, da Industrievertreter zur Abfassung dieser Erwiderung herangezogen worden waren[227]. Ähnliches war im Juli 1918 der Fall, als ein Mitarbeiter der Sektion Eisen der Kriegsrohstoffabteilung den Entwurf einer Denkschrift über die Preispolitik der Behörde dem Direktor des Schiffbaustahlkontors Glitz übersandte mit der Bitte um argumentative Anregungen. Zweck der Denkschrift war der Nachweis, daß Erhöhungen die Preise nur an die Selbstkosten angeglichen hätten[228].

Betrachten wir die Diskussionen um die Preissteigerungen im Überblick, so lassen sich in der Politik der Militärbehörden zwei gegenläufige Tendenzen erkennen. Zum einen lehnten diese Instanzen zu Kriegsbeginn das Wirken des marktmäßigen Preisbildungsmechanismus ab, nachdem die Preise stiegen, wenn sich der Bedarf so sprunghaft erhöhte, wie das vor allem bei den Rüstungsgütern der Fall war. Unterstützt wurden sie von einer Reihe namhafter Nationalökonomen. Zum anderen erkannten nicht nur die Beschaffungsstellen, sondern auch die Kriegsrohstoffabteilung diesen Mechanismus an, wenn sie hohe Preise als Leistungsanreiz, für die Umstellung wie für die Steigerung der Produktion befürworteten. Der Gegensatz blieb nicht auf Dauer bestehen. Vielmehr rückte auch die Kriegsrohstoffabteilung bald von der Kritik an der Preisbildung nach Marktgeschehen ab. Daher bestimmten die preissteigernden Tendenzen die weitere Entwicklung.

Im Laufe des Krieges brachten die Wirtschaftsvertreter zudem den Anstieg ihrer Kosten als Argument in die Diskussion, was die Anerkennung von Preiserhöhungen bei Militärbehörden und Kriegsgesellschaften erleichterte. Von

---

[226] Bericht Hauptmann Dr. Büsselberg über das Beschaffungs- und Lieferungswesen, verfaßt im Sept. 1916, an Chef des KA am 16. Jan. 1917, BA-MA Freiburg, N 46/120 Groener, Bl. 108f.

[227] Erwiderung der KRA [am 14. Febr. 1918 von der KEZ an KRA geschickt], BA-MA Freiburg, N 415/8 Mentzel, Bl. 118ff. Anteil Industrie: Vortragsnotizen des Bergassessors Koska o.D., BA-MA Freiburg, N 415/8 Mentzel, Bl. 68. Vgl. dazu unten, S. 312ff.

[228] Vertrauliches Schr. Raabe, Sekt. E der KRA, an Glitz vom 15. Juni 1918, Haniel-Archiv, Nr. 3000030/11b, Bl. 140.

vorneherein hatten die Beschaffungsstellen, ebenso wie die zivilen Behörden, die Preispolitik der Unternehmen weitgehend akzeptiert. Die Beschaffungsstellen gingen weiter, indem sie nicht nur für hohe Preise als Leistungsanreiz plädierten, sondern das Kind beim Namen nannten und ausdrücklich hohe Gewinne als Motor ansahen für eine Ausweitung des Angebots. Die zivilen Behörden setzten demgegenüber den Schwerpunkt auf die notwendige Übernahme des Risikos durch den Staat.

Darüber hinaus brachte die Kriegsmetall AG als weiteres Moment für Preissteigerungen die Konkurrenz der Besteller ins Spiel. Der industrielle Kritiker der Behörden Alfons Horten wies dagegen auf die Syndizierung der Anbieter hin, doch fanden beide Argumentationen wenig Widerhall in den zeitgenössischen Diskussionen.

b) Begrenzung von Preisen

Im letzten Kapitel wurde dargelegt, daß ein starker Trend zur Preissteigerung die Politik der Unternehmen und der Behörden bestimmten. Doch gab es auch Versuche zur Begrenzung der Preise, denen wir im folgenden nachgehen wollen. Zunächst wenden wir uns den Höchstpreisen zu, die am stärksten in den Preisbildungsprozeß eingriffen. Danach soll untersucht werden, inwieweit sich Behörden und Kriegsgesellschaften in den Bereichen, wo sie an der Aushandlung der Preise beteiligt waren, um Beschränkungen bemühten.

Höchstpreise waren nicht in allen in dieser Arbeit behandelten Branchen von gleicher Bedeutung. Sie unterschieden sich sowohl im Umfang der betroffenen Materialien als auch in der Qualität der zugrundeliegenden rechtlichen Bestimmungen. Die strengsten Reglementierungen gab es für Metalle, für die der Bundesrat Anfang Dezember 1914 Höchstpreise verordnete[229]. Ein Problem bestand in den vielfältigen Verarbeitungsstufen, die Metalle durchliefen. Preisbindungen für Rohmaterialien ließen diese vom Markt verschwinden. Es wurden vermehrt verarbeitete Waren angeboten, die nicht unter die Verordnung fielen. Deshalb setzte das preußische Kriegsministerium Höchstpreise auch für Fabrikate aus Kupfer, Messing und Aluminium durch. Sie galten allerdings nur

---

[229] Hiermit sind nur Nichteisenmetalle gemeint. Eisen und Stahl wurden gesondert behandelt. Bekanntmachung über Höchstpreise für Kupfer, altes Messing, alte Bronze, Rotguß, Aluminium, Nickel, Antimon und Zinn vom 10. Dez. 1914, RGBl., 1914, S. 501ff.

bis zum August 1915[230]. Mitte 1916 wurden über die Rohmetalle hinaus Legierungen und Zwischenprodukte mit Höchstpreisen belegt[231].

Von den kriegswichtigen chemischen Rohstoffen wurde nur Salpeter für kurze Zeit preislich gebunden. Ansonsten reglementierten die Behörden im wesentlichen die Verwendung für die zivile Produktion. Ende 1914 beantragte das preußische Kriegsministerium die Festsetzung von Höchstpreisen für Chile- und Norgesalpeter durch den Bundesrat[232]. Erst Anfang März 1915 wurden Höchstpreise erlassen, aber nicht auf Anordnung des Bundesrates, sondern der stellvertretenden Generalkommandos. Schon zum 1. Juli 1915 wurden sie wieder aufgehoben, und es gab keine weiteren Versuche zur Preisbeschränkung dieser Produkte mehr[233].

Beständige Preisbindungen führten die Behörden dagegen für Düngemittel, Soda und Schwefel ein. Im Dezember 1914 legten sie einen Höchstpreis für schwefelsaures Ammoniak fest, dessen Hauptabnehmer die Landwirtschaft war. Anfang Januar 1916 verordnete der Bundesrat Höchstpreise für künstliche Düngemittel allgemein. Diese galten nur für den Verkauf an den Endverbraucher; dem Reichskanzler blieb es vorbehalten, auch Hersteller und Großhandel einzubeziehen[234]. Im Mai 1916 legte der Bundesrat Höchstpreise für Soda fest, das vor allen Dingen in der Seifen-, Glas- und Waschmittelherstellung ge-

---

[230] Bekanntmachung vom 28. Dez. 1914, RGBl., 1914, S. 551ff. Am 15. Juni 1915 wurden auch Erzeugnisse aus Nickel einbezogen. RGBl., 1915, S. 340. Aufhebung: Bekanntmachung vom 13. Aug. 1915, RGBl., 1915, S. 501.

[231] Bekanntmachung über Höchstpreise für Metalle und Bekanntmachung über Preisbeschränkungen bei metallischen Produkten vom 31. Juli 1916, RGBl., 1916, S. 865ff., 868f.

[232] Schr. PKM an Militärbefehlshaber vom 5. Dez. 1914, BHStA-KA, MKr. 12922, Prod. 229; Schr. RdI an PMHG vom 27. Dez. 1914, GStAM, Rep. 120 C VIII 1, Nr. 84, Adh. 22, Bd. 1, Bl. 39f.

[233] Schr. KRA an das stv. GK Dresden vom 4. Juni 1915, Schr. KCA an KRA vom 25. Juni 1915, BAAP, KCA 87.29, Nr. 72, Bl. 7, 86; Tel. KRA an BKM vom 30. Juni 1915, BHStA-KA, MKr. 12927, Prod. 67a; Vortrag Philippi bei dem Ausbildungskursus für die Revisoren bei den stellvertretenden Generalkommandos 1915, S. 5, HStAS, M 1/6, Nr. 1364. An Stelle der Verordnung trat eine Preisskala für die verschiedenen Salpeterprodukte, die das preußische Kriegsministerium für die Kriegschemikalien AG festsetzte. Sie umfaßte auch Salpetersäuren, für die die Gesellschaft im Mai noch Höchstpreise vorgeschlagen hatte. Anlage zum 15. Prot. der AR-Sitz. der KCA vom 21. Mai 1915, BAAP, KCA 87.29, Nr. 10, Bl. 92ff.

[234] Bekanntmachung vom 10. Dez. 1914, RGBl., 1914, S. 500; Bekanntmachung vom 11. Jan. 1916, RGBl., 1916, S. 13ff. Die Verordnung enthielt neben den Preisfestsetzungen genaue Bestimmungen über die zulässigen Mischungen der einzelnen Düngemittel.

braucht wurde[235]. Die Preisbindung von Schwefel begann im April 1916 mit Höchstpreisen für Schwefelsäuren. Düngemittelproduzenten und Kriegslieferanten wurden davon explizit ausgenommen. Im Oktober 1916 folgten Preisbegrenzungen für die übrigen schwefelhaltigen Stoffe. Auch sie galten nur für die Verwendung in der zivilen Produktion. Sie wurden im Januar 1918 aufgehoben, während die Säurepreise gebunden blieben[236].

Erst im Juni 1917 wurden Höchstpreise für Eisen und Stahl erlassen, die sich deutlich von den bisher betrachteten rechtlichen Bestimmungen unterschieden. Die Form der Verwaltungsverordnung, die durch die stellvertretenden Generalkommandos veröffentlicht wurde, hatte es vorher nur bei Salpeter gegeben. Die Verordnung selbst bestand einzig in einer Preisliste; weiterführende Bestimmungen, z.B. über Veränderungen oder Strafen, gab es nicht. Zudem behielt sich die Kriegsrohstoffabteilung die Neufassung der Preise ausdrücklich vor. Die wichtigste Differenz bestand in der geringen Wirksamkeit: Die Einführung von Höchstpreisen änderte kaum etwas am Modus der Preisbildung in der Eisen- und Stahlindustrie, die weiterhin auf Verhandlungen zwischen Unternehmensvertretern und den Behörden beruhte[237].

Auch hier soll am Anfang eine kurze Zusammenfassung der Kompetenzverteilung stehen, bevor wir uns der Höchstpreispolitik inhaltlich zuwenden. Der Kriegsrohstoffabteilung fiel die Führungsfunktion zu, sowohl den Kriegsgesellschaften als auch den zivilen Behörden gegenüber. Ausnahmen blieben die Bereiche der Metalle und der Rohstoffe für die Friedensproduktion. Die Wirtschaftsvertreter konnten ihre Vorstellungen in diesen Auseinandersetzungen gut einbringen, nicht so sehr über die Kriegsgesellschaften als vielmehr durch ihre sonst bestehenden Verbindungen mit den Ministerien und Reichsressorts[238].

---

[235] Bekanntmachung vom 26. Mai 1916, RGBl., 1916, S. 417.

[236] Ausführungsbestimmungen vom 14. Nov. 1915, § 9, Kriegsbuch 4 (1917), S. 585; Bekanntmachung vom 8. Apr. 1916, RGBl., 1916, S. 258; Bekanntmachung vom 27. Okt. 1916, RGBl., 1916, S. 1196. Begründung dazu: Kriegsbuch 4 (1917), S. 592; Bekanntmachung vom 14. Jan. 1918, Kriegsbuch 8 (1919), S. 336; Bekanntmachung vom 29. Juli 1918, RGBl., 1918, S. 980ff.

[237] Gedanken zur Preispolitik, bearb. von Hauptmann von Besser, KRA, vom 26. Aug. 1918, BAAP, KEZ 87.25, Nr. 106/1, Bl. 29; Druckschrift Reichert: "Die Kriegsorganisation der Eisen- und Stahlindustrie" vom Sept. 1917, BAK, R 13 I, Nr. 245, Bl. 193v; Bekanntmachung betr. Höchstpreise für Eisen und Stahl vom 20. Juni 1917, GStAM, Rep. 77, tit. 332[r], Nr. 128, Bd. 3, Bl. 95; RSchr. KRA vom 16. Juni 1917, HStAS, M 1/6, Nr. 1366, Bl. 95f.

[238] Vgl. oben, S. 40ff., 85ff und 151ff.

Die Kriegsmetall AG übernahm in der Diskussion um die Metallhöchstpreise Ende 1914 die zentrale Vermittlerrolle zwischen Industrie und Behörden[239]. Dies änderte sich in der Folgezeit. Die Gesellschaft blieb zwar ein wichtiger Verhandlungspartner der Behörden für die Anwendung der bestehenden und Einführung neuer Höchstpreisgesetze. So stellte sie eigens einen Mitarbeiter ab, der Gutachten für das Reichsamt des Innern über die Auslegung der Höchstpreisbestimmungen anfertigte[240]. Doch gleichzeitig zeigte sich die wachsende Unabhängigkeit der Kriegsrohstoffabteilung. Hatte sie schon Ende 1914 eigene Vorstellungen zu den Metallhöchstpreisen entwickelt[241], nahm sie beispielsweise in der Diskussion um eine neue Verordnung für Wolfram die Verhandlungen mit den Vertretern der betroffenen Edelstahlwerke selbst in die Hand[242]. Die Kriegschemikalien AG war von Anfang an eher Zuarbeiterin der Kriegsrohstoffabteilung. Über ihre Beteiligung an der Festsetzung von Höchstpreisen für Salpeter ist nichts überliefert, obwohl eine Einbeziehung zu vermuten ist. Ihr Engagement an den Schwefelverordnungen beschränkte sich auf das Einbringen von Vorschlägen bzw. die Erstellung von Denkschriften und Gutachten. Die Entscheidung verblieb bei den Behörden[243].

Wer setzte sich für die Einführung von Höchstpreisen ein, um Preise und Gewinne zu begrenzen? Treibende Kraft am Anfang des Krieges war die Kriegsrohstoffabteilung. Sie organisierte, z.B. bei den Metallen, die Verhandlungen mit den Vertretern der betroffenen Industrien über die Kriegsmetall AG

---

239 Vgl. oben, S. 151.

240 Prot. Besprechung Höchstpreisverordnung von Metallen und deren Anwendung vom 30. März 1915, BAAP, KMA 87.37, Nr. 84f.; NSchr. Direktions-Sitz. der KMA vom 30. März 1916, BAAP, KMA 87.37, Nr. 40, Bl. 201.

241 Schr. KMA an KRA vom 25. Nov. 1914, GStAM, Rep. 120 C VIII 1, Nr. 84, Adh. 19, Bd. 1, Bl. 46f.

242 Das Ergebnis war die Festsetzung von Höchstpreisen, denn die Steigerungen bei Wolfram beliefen sich im Vergleich zu Friedenszeiten auf 1000%. Aktennotiz der KMA vom 28. Sept. 1915, BAAP, KMA 87.37, Nr. 37, Bl. 58f.; Boettcher, Rechtsgrundlagen, Kap. Preisgestaltung, S. 21ff.

243 Schr. KA/Wumba an KCA vom 23. Nov. 1917, BAK, NL 158 Moellendorff, Nr. 144; Schr. KCA an RdI vom 27. Okt. 1917, BAAP, RWM 31.01, Nr. 7855; Schr. KCA an RWA vom 13. Mai 1918, Denkschrift über die Neuregelung der Preise für Schwefelsäure und Oleum vom 10. Mai 1918, Bayer-Archiv, 201/6.3, Bd. 5. Für eine Ausdehnung des Kompetenzbereichs der Kriegschemikalien AG sprach dagegen die Erteilung des Rechtes, generell Ausnahmen von Höchstpreisen vornehmen zu dürfen, das sie mit der Unterstützung des Waffen- und Munitionsbeschaffungsamts vom Reichswirtschaftsamt erwirkte. Allerdings ist nicht klar, ob und wie sie dieses Recht nutzte. Schr. KCA an RdI vom 26. Okt. 1917, Schr. RWA an KCA vom 9. Nov. 1917, BAAP, RWM 31.01, Nr. 7855; Schr. KCA an RWA vom 14. Nov. 1917, Schr. Wumba an RWA vom 19. Nov. 1917, Schr. RWA an Wumba vom 29. Dez. 1917, BAAP, RWM 31.01, Nr. 7856.

und drang auf eine Absprache mit Reichsamt des Innern und preußischem Ministerium für Handel und Gewerbe[244]. Dahinter stand klar und eindeutig das Ziel, Preise und Gewinne der Verkäufer zu beschränken. Die Militärbehörde ließ Ende November 1914 beispielsweise verlauten, daß die Metallverkäufer die Kriegskonjunktur nicht ausnutzen dürften, weil es die Allgemeinheit schädige. Sie hätten sich "mit dem normalen Nutzen zu begnügen"[245]. Auch wenn keineswegs Einigkeit darüber bestand, worin der "normale Nutzen" bestand, war auf jeden Fall klar, daß er sich an der Marktsituation der Friedenswirtschaft orientieren sollte. Ähnlich forderte das preußische Kriegsministerium im Dezember 1914 eine Begrenzung für Salpeterpreise, die es "für unangemessen hoch" hielt; als Ursache dafür machte das Ministerium Bemühungen des Handels aus, die Preise weiter in die Höhe zu treiben[246]. Unterstützung erhielt es von wissenschaftlicher Seite. Nationalökonomen, die sich im Dezember 1914 bei der Regierung zum Problem der Preissteigerungen und Möglichkeiten zu ihrer Unterbindung äußerten, untermauerten diese Vorstellungen, indem sie staatliche Höchstpreise als Mittel priesen, "um gegen den übertriebenen Kriegsgewinn Front zu machen und denen, die ihn treiben, die öffentliche Brandmarkung und den Boykott anzudrohen"[247]. Die Feldzeugmeisterei dagegen argumentierte nur in wenigen Fällen in dieser Art und Weise[248].

Da wir über die Auseinandersetzung um die Metallhöchstpreise gut unterrichtet sind, soll sie exemplarisch untersucht werden. Die Kriegsmetall AG versuchte zunächst, die Preispolitik des Metallhandels in Schutz zu nehmen, wenn sie diese Anfang November 1914 von einigen Ausnahmen abgesehen als maßvoll und "nicht gegen die allgemeinen Interessen" verstoßend charakteri-

---

[244] Schr. RdI an RMA vom 26. Nov. 1914, GStAM, Rep. 77, tit. 332[r], Nr. 128, Bd. 1, Bl. 7f.

[245] Begründung für Metallhöchstpreise: Schr. KRA an KMA vom 4. Nov. 1914, BAAP, KMA 87.37, Nr. 242, Bl. 123. An dieser Stelle sei auf die Preis- und Gewinndiskussion im Bereich der Lebensmittel verwiesen, die wesentlich intensiver als bei den industriellen Rohstoffen geführt wurde.

[246] Schr. PKM an Militärbefehlshaber vom 5. Dez. 1914, BHStA-KA, MKr. 12922, Prod. 229; Schr. RdI an PMHG vom 27. Dez. 1914, GStAM, Rep. 120 C VIII 1, Nr. 84, Adh. 22, Bd. 1, Bl. 39. Ähnlich lehnte das Ministerium "ungerechtfertigt hohe Gewinne" bei der Einfuhr von Schmierölen ab. Schr. PKM an RdI vom Nov. 1914, GStAM, Rep. 120 C VIII 1, Nr. 84, Adh. 22, Bd. 1, Bl. 45.

[247] Denkschrift der Professoren Schmoller, Sering, Herkner, Francke und Levy an RSchA vom 12. Dez. 1914, RFM 21.01, Nr. A 2843, Bl. 63ff.; Zitat ebd., Bl. 70.

[248] Z.B. bei der Forderung nach einer Höchstpreisverordnung für Werkzeugmaschinen. Schr. FM an Allgemeines Kriegsdepartement vom 5. Febr. 1915, GStAM, Rep. 120 C VIII 1, Nr. 84, Adh. 19, Bd. 1, Bl. 140.

sierte[249]. Doch schließlich unterstützte sie die Bestrebungen der Kriegsrohstoffabteilung, auch gegen den Widerstand ihrer Mitglieder. Hatte die Kriegsgesellschaft schon Anfang November 1914 eine staatliche Preisfestsetzung für die Zukunft als notwendig anerkannt, befürwortete sie in einem späteren Schreiben, zwar unter Betonung der prinzipiellen Ablehnung, staatliche Zwangsmaßnahmen aufgrund der kriegsbedingten Ausnahmesituation. Diese seien notwendig, weil die Preissteigerung weder durch "das Selbstinteresse der beteiligten Personen" noch durch den Marktmechanismus von Angebot und Nachfrage beseitigt werden könnte. Die Kriegsmetall AG ließ sich deshalb darauf ein, an der Ausarbeitung von Höchstpreisen teilzunehmen[250].

Die Wirtschaftsvertreter inner- und außerhalb der Kriegsmetall AG lehnten eine Festsetzung von Höchstpreisen zunächst rigoros ab, versuchten dann aber, als das Gesetz nicht zu verhindern war, die Sätze möglichst hoch zu veranschlagen und Möglichkeiten zur Umgehung zu verankern[251]. In der Kriegschemikalien AG gab es, wenn überhaupt, nur sehr vorsichtige Befürworter von Höchstpreisen für Chemikalien; hier setzten die industriellen Vertreter mit ihrer Ablehnung die entscheidenden Akzente[252].

Die zivilen Behörden sprachen sich in der Mehrzahl der Fälle gegen die Einführung von Höchstpreisen aus, denn sie sahen in hohen Preisen und Gewinnen das notwendige und legitime Mittel, um die Rohstoffknappheit zu überwinden[253]. Die Bemerkung Philippis, des Leiters der Beschlagnahme-

---

[249] Schr. KMA an KRA vom 7. Nov. 1914, BAAP, KMA 87.37, Nr. 242, Bl. 120f.; Zitat ebd., Bl. 121.

[250] Schr. KMA an Römhild, PMHG vom 28. Nov. 1914, GStAM, Rep. 120 C VIII 1, Nr. 84, Adh. 19, Bd. 1, Bl. 38ff: Vorschläge über Höchstpreise und Entwurf einer Verordnung; Zitat ebd., Bl. 41. Zum Widerstand ihrer Mitglieder: verschiedene Schr. von AR-Mitgliedern an den Vorstand der KMA Ende Nov./Anf. Dez. 1914, BAAP, KMA 87.37, Nr. 97/1, Bl. 243, 246.

[251] Schr. Aron Hirsch vom 27. Nov. 1914, Schr. C. Heckmann AG, Duisburg vom 30. Nov. 1914, Schr. Heddernheimer Kupferwerke vom 2. Dez. 1914, Tel. Wieland vom 3. Dez. 1914, Schr. Metallgesellschaft vom 4. Dez. 1914 an KMA, BAAP, KMA 87.37, Nr. 97/1, Bl. 243, 246. Hirsch war zusammen mit Peierls und Berliner an der Ausarbeitung der Vorschläge der Kriegsmetall AG beteiligt gewesen, distanzierte sich nun aber davon. Schr. M.M.Warburg & Co an Römhild, PMHG vom 10. Dez. 1914, GStAM, Rep. 120 C VIII 1, Nr. 84, Adh. 19, Bd. 1, Bl. 66ff.

[252] 8. Prot. der SVK der KCA vom 28. Nov. 1914, BAAP, KCA 87.29, Nr. 68, Bl. 41f.

[253] Anmerkungen Römhild zu Schr. FM an Allgemeines Kriegsdepartement vom 5. Febr. 1915, GStAM, Rep. 120 C VIII 1, Nr. 84, Adh. 19, Bd. 1, Bl. 140; Schr. PMHG an PKM vom 3. März 1915, ebd., Bl. 142f.; Schr. RdI an Glashüttenwerke Phönix vom 22. Febr. 1916, BAAP, RdI 15.01, Nr. 18761, Bl. 346. Vgl. auch oben, S. 280f.

abteilung der Kriegsrohstoffabteilung, daß Höchstpreisverordnungen "teils von den militärischen Behörden veranlaßt, zum größten Teil aber, z.B. die Höchstpreise für Metalle, durch das Reichsamt des Innern ausgebracht wurden", kann vor diesem Hintergrund nur als Versuch interpretiert werden, eine Interessenidentität zwischen militärischen und zivilen Stellen zu postulieren, von der man in der Realität weit entfernt war[254].

Fragt man nach dem Ergebnis der Diskussion um die Metallpreise, so muß man einerseits festhalten, daß das preußische Kriegsministerium seine Vorstellungen insoweit durchsetzte, als Höchstpreise sowohl für Metalle als auch für Erzeugnisse verabschiedet wurden, und zwar ohne Zuschläge in Form von Provisionen für den Handel. Andererseits ermöglichten die Gesetze selbst Ausnahmen. Die Sätze kamen den Interessen der Wirtschaft sehr entgegen, denn sie orientierten sich an den zu diesem Zeitpunkt bestehenden Preisen. Die beabsichtigte Begrenzung von Preisen und Gewinnen konnte somit nur in bescheidenem Umfang realisiert werden[255].

Im weiteren Verlauf des Krieges trat ein neuer Förderer von Höchstpreisen in Erscheinung, die Industrie. Während der Handel seine Existenz durch diese Gesetze bedroht sah und daher ihre Abschaffung forderte, konnte sich die Industrie damit besser arrangieren. Eingaben der Ältesten der Kaufmannschaft in Berlin ebenso wie des Vereins deutscher Metallhändler verlangten die Aufhebung der Höchstpreise und die verstärkte Nutzung der Kenntnisse des Handels[256]. Der zur gleichen Zeit gegründete Ausschuß für die Kupferversorgung der deutschen Industrie, in dem die Metallverbraucher zusammengeschlossen waren, sprach sich im Dezember gegen diese Forderung aus und verlangte lediglich Verbesserungen bei den bestehenden Höchstpreisgesetzen[257].

---

[254] Vortrag Philippi bei dem Ausbildungskursus für die Revisoren bei den stellvertretenden Generalkommandos 1915, S. 5, HStAS, M 1/6, Nr. 1364.

[255] Zum Vergleich kann der Stand bei Gründung der Kriegsmetall AG Anfang Sept. 1914 dienen. Der Preis für Kupfer stieg nur unwesentlich (von 175,- M auf 170-200,- M), der für Aluminium (von 230,- M auf 280-325,- M) und Zinn (von 360,- M auf 475,- M) dagegen erheblich. Boettcher, Rechtsgrundlagen, Kap. Preisgestaltung, S. 1ff. Für eine weitgehende Berücksichtigung der Vorstellungen der Wirtschaft spricht ebenso die Tatsache, daß die Sätze für Zinn und Antimon mit denjenigen weitgehend übereinstimmten, die von der Fachzeitschrift des Handels als angemessen bezeichnet worden waren, Denkschrift der Professoren Schmoller, Sering, Herkner, Francke und Levy an RSchA vom 12. Dez. 1914, RFM 21.01, Nr. A 2843, Bl. 64.

[256] Eingabe der Ältesten der Kaufmannschaft von Berlin an die KRA vom 12. Okt. 1915 und des Vereins deutscher Metallhändler an den Bundesrat vom 19. Okt. 1915, SAA 11/Lb 273 Haller.

[257] NSchr. der Verhandlungen des Ausschusses für die Kupferversorgung der deutschen Industrie vom 2. Dez. 1915, SAA 11/Lb 273 Haller.

Schon ab Mitte 1915 mehrten sich die Versuche von Industriellen, mit Anträgen auf die Festsetzung von Höchstpreisen ihre Konkurrenten oder den Handel zu treffen und für sich selbst günstigere Bezugsbedingungen zu schaffen. Häufig war diese Tendenz bei den Chemikalien zu beobachten. So beantragte im Frühjahr 1916 ein Unternehmen beim Reichsamt des Innern Höchstpreise für Borax und Borsäure, die das Amt aufgrund eines Gutachtens der Chemischen Fabrik auf Actien. vorm. E. Schering ablehnte[258]. Oder ein Produzent von Schwefelsäuren forderte, daß auch die Abfallsäuren mit Höchstpreisen belegt würden, weil er aufgrund der Verteuerung durch den Zwischenhandel seine Anlagen zur Konzentration nicht mehr rentabel einsetzen könne. Diesem Wunsch kam die Regierung mit einiger Verzögerung nach[259].

Hin und wieder gab es ähnliche Initiativen auch in der Eisen- und Stahlindustrie, wie etwa im Februar 1915, als ein Verbraucher bei der Feldzeugmeisterei die Festsetzung von Höchstpreisen für Schrott angeregte. Der Verein deutscher Eisen- und Stahlindustrieller, gegen dessen Mitglieder sich der Antrag richtete, konnte den Vorstoß zurückweisen[260]. An diesen Beispielen zeigt sich die Durchsetzungsfähigkeit von industriellen Interessen, nicht nur in der Befürwortung solcher Anträge, sondern auch in der Tatsache, daß sich die Behörden in ihren Entscheidungen stark auf Gutachten von Verbänden oder anderen Industriellen stützten.

Fragt man nach der Wirksamkeit der Höchstpreise, sprechen eine Reihe von Indikatoren dafür, daß das ursprüngliche Ziel, die Preise zu begrenzen, nicht erreicht wurde. Hauptproblem war der Konflikt mit dem Ziel der Sicherung des Heeresbedarfs. Dieser hatte entweder zur Folge, daß Höchstpreise schon gar nicht festgesetzt wurden, obwohl sie zur Diskussion standen, wie etwa bei

---

[258] Schr. RdI an Glashüttenwerke Phönix vom 22. Febr. 1916, BAAP, RdI 15.01, Nr. 18761, Bl. 346.

[259] Schr. Chemische Werke vorm. Albert an Wumba vom 19. März 1917, BAAP, KSK 87.38, Nr. 4, Bl. 37v; Bekanntmachung betr. Höchstpreise für Schwefelsäure und Oleum vom 25. Juli 1917, RGBl., 1917, S. 658. 37v. Ähnlich auch der Antrag eines Glashüttenwerks sowie eines Weinsäureverbrauchers: Schr. Chemische Fabrik vorm. E. Schering auf Actien an KCA vom 14. Febr. 1916, BAAP, RdI 15.01, Nr. 18761, Bl. 342ff.; auch: ebd., Bl. 309ff.; Schr. Benckiser an RdI vom 24. Juli 1915, BAAP, RdI 15.01, Nr. 18761, Bl. 75ff.

[260] NSchr. über die Vorstandssitz. der Nordwestlichen Gruppe des VdEStI am 25. Febr. 1915, Haniel-Archiv, Nr. 3001007/2. Auch später wurde diese Argumentation angeführt, z.B. in der Eingabe eines Hochofenwerkes für die Preisbindung von Sinter. Schr. BdKM beim REV Klöckner an KRA vom 23. Sept. 1916, BAAP, EZ 87.10, Nr. 32.

Werkzeugmaschinen[261]. Oder die Behörden entschieden sich für Höchstpreise, sprachen sich dann aber für relativ hohe Sätze aus[262]. Es wird also deutlich, daß auch am Anfang des Krieges nicht nur die zivilen Behörden ihre prinzipielle Ablehnung von Eingriffen in die Preispolitik immer wieder herausstellten. Die militärischen Behörden, die eher dazu neigten, die Preise zu beschränken, gaben ebenso der Beschaffung den Vorzug, wenn die Preisbegrenzung damit kollidierte.

Diese Tendenz verstärkte sich im Laufe des Krieges, denn es etablierten sich mehrere Wege, die Höchstpreise unwirksam zu machen: Ausnahmen von Preisbindungen, Unterstützung oder Anerkennung von Erhöhungsforderungen und schließlich Abschaffung von Höchstpreisen. Überall spielte die Ausrichtung an den Selbstkosten oder Einstandspreisen eine wichtige Rolle in der Begründung solcher Maßnahmen. Das Kostenargument beschränkte immer wieder den Willen zur Preisbegrenzung, was auch der Berichterstatter der Wissenschaftlichen Kommission des preußischen Kriegsministeriums, ein eindeutiger Befürworter solcher Maßnahmen, anerkannte[263].

Der erste Weg, einen Antrag auf Ausnahme von den Höchstpreisen zu stellen, war meist in den Verordnungen selbst vorgesehen[264]. Dies machten sich zum einen die Unternehmen zunutze, die darin von den Kriegsgesellschaften weitgehend unterstützt wurden. Die Kriegsmetall AG beispielsweise setzte sich für ihre Mitglieder und deren Bemühungen um Ausnahmegenehmigungen ein, etwa Anfang 1916 für einen Antrag der Felten & Guilleaume Carlswerk AG[265]. In gleicher Weise sind die sehr hohen Preise zu interpretieren, die die

---

[261] Aufgrund der entsprechenden Einwände der zivilen Behörden zog das preußische Kriegsministerium den Antrag, den die Feldzeugmeisterei initiiert hatte, wieder zurück. Stellungnahme PKM vom 26. Febr. 1915, Schr. PKM an RdI vom 15. Mai 1915, GStAM, Rep. 120 C VIII 1, Nr. 84, Adh. 19, Bd. 1, Bl. 141, 180.

[262] Beispielsweise die Kriegsrohstoffabteilung bei Schmierölen. Schr. PKM an RdI vom Nov. 1914, GStAM, Rep. 120 C VIII 1, Nr. 84, Adh. 22, Bd. 1, Bl. 43ff. Dieselbe Argumentation führte auch Klingenberg an. Denkschrift "Friedensaufgaben der KRA" vom März 1915, SAA 4/Lb 845 Werner v. Siemens.

[263] Bericht Hauptmann Dr. Büsselberg über das Beschaffungs- und Lieferungswesen, verfaßt im Sept. 1916, an Chef des KA am 16. Jan. 1917, BA-MA Freiburg, N 46/120 Groener, Bl. 121f.

[264] Bekanntmachungen über Höchstpreise für Metalle vom 10. Dez. 1914 und vom 31. Juli 1916, § 8, RGBl., 1914, S. 502, RGBl., 1916, S. 867; Erläuterungen zur Bekanntmachung betr. Beschlagnahme, Bestandserhebung und Höchstpreise für Salzsäure o.D. [1917], BAAP, KCA 87.29, Nr. 21, Bl. 25f.

[265] Antrag an KMA vom 29. Jan. 1916, BAAP, KMA 87.37, Nr. 59, Bl. 20f.; 8. Prot. der AR-Sitz. der KMA vom 3. Febr. 1916, BAAP, KMA 87.37, Nr. 52, Bl. 16.

Gesellschaft an die Siemens-Schuckert-Werke für die Abgabe importierter Metalle bezahlte[266].

Doch nicht nur die Aktionäre der Kriegsgesellschaften, sondern Unternehmen generell kamen in den Genuß solcher Unterstützung. Die Kriegsmetall AG befürwortete den Antrag der Königlich Preußischen und Herzoglich Braunschweigischen Unterharzer Berg- und Hüttenwerke Oker auf einen erhöhten Abnahmepreis, den die Behörden aber nicht in vollem Umfang genehmigten[267]. Ebenso weist eine Liste über die Einkäufe der Kriegsmetall AG für das Reichsamt des Innern auf eine solche Praxis hin. Dort ist zudem festzustellen, daß die großen Metallhandelsgesellschaften, die Mitglieder der Gesellschaft waren, Vorteile genossen, wie etwa das Zugeständnis einer Provision, welche die übrigen Lieferanten nicht erhielten[268]. Später versuchte die Kriegsgesellschaft unter dem Einfluß der Kriegsrohstoffabteilung, eher einen mäßigenden Einfluß auszuüben, scheiterte aber an der Zähigkeit der Unternehmen. So erreichte die Kupferschieferbauende Gewerkschaft Mansfeld im Frühjahr 1918 mit 4100,- M/t Kupfer einen Preis, der etwa doppelt so hoch war wie der geltende Höchstpreis[269].

Ähnlich argumentierte auch die Kriegschemikalien AG. Sie befürwortete eine Ausnahme von den Höchstpreisen, z.B. bei Schwefel, um damit einen Produktionsanreiz zu geben und die bestehende Knappheit zu beseitigen[270]. Schützenhilfe erhielt sie dabei vom Waffen- und Munitionsbeschaffungsamt: "Mit Rücksicht auf die bedrohliche Lage der Schwefelversorgung ist es erforderlich, die Produktion mit allen Mitteln zu fördern"[271].

Zum anderen strebten die Kriegsgesellschaften für sich selbst frühzeitig die Ausnahme von der Preisbindung an. Schon im Dezember 1914 war klar, daß die

---

[266] Sparmetall-Preise am 17. Juli 1918, Anh. zu 5 Jahre Kriegswirtschaft ... [Bericht SSW], Knoll vom 31. Mai 1922, SAA 50/Ld 216.

[267] Schr. KMA an von der Porten vom 9. März 1916, BAAP, KMA 87.37, Nr. 245, Bl. 326f.; Schr. KMA an RdI vom 13. März 1916 mit Stellungnahmen RdI vom 20. März und PMHG vom 25. März 1916, GStAM, Rep. 120 C VIII 1, Nr. 84, Adh. 19, Bd. 1, Bl. 342ff.

[268] Schr. KMA an RdI vom 29. Apr. 1916, GStAM, Rep. 120 C VIII 1, Nr. 84, Adh. 19, Bd. 1, Bl. 394ff.

[269] Aktennotiz der KMA über die Besprechung betr. Festsetzung der neuen Preise für Mansfeld vom 4. Apr. 1918, BAAP, MMSt 87.52, Nr. 42; Bekanntmachung über Höchstpreise für Metalle vom 31. Juli 1916, RGBl. 1916, S. 865.

[270] Schr. KCA an RdI vom 26. Okt. 1917, BAAP, RWM 31.01, Nr. 7855; Schr. KCA an RWA vom 14. Nov. 1917, BAAP, RWM 31.01, Nr. 7856.

[271] Zitat: Schr. Wumba an RWA vom 19. Nov. 1917, BAAP, RWM 31.01, Nr. 7856; vgl. auch Schr. RWA an Wumba vom 29. Dez. 1917, ebd.

Beschaffung von Metallen höhere Kosten verursachen würde, als an Einkünften durch den Verkauf zu Höchstpreisen zu erhalten war. Ein Plan Rathenaus, der die Finanzierung der Einfuhren über einen Reservefonds vorsah, wurde nicht realisiert. Statt dessen erhielt die Kriegsmetall AG im Februar 1915 die Erlaubnis, beim Verkauf ihrer Metalle die Höchstpreise zu überschreiten. Damit mußten die Verbraucher die höheren Kosten tragen[272]. Ähnliche Bestrebungen zur Herausnahme aus dem System der Höchstpreise gab es auch für die Kriegschemikalien AG[273].

Die Ausnahmestellung der Kriegsmetall AG wurde im Juli 1916 erneut bestätigt. Die Kriegsrohstoffabteilung verfügte, daß die Gesellschaft ihre Metalle zu festen Preisen abgeben sollte, deren absolute Höhe mit 350,- M/100 kg für Kupfer und 430,- M/100 kg für Aluminium wesentlich über den kurz danach nochmals bestätigten Höchstpreisen lag. Diese Verkaufspreise wurden während des Krieges kaum mehr verändert, was die Kalkulationssicherheit der Unternehmen und damit letztlich auch der Beschaffungsstellen erheblich verbesserte[274]. Daraus entstand für die Kriegsmetall AG ein Problem, weil ihre Beschaffungskosten wesentlich höher waren und sie deshalb Verluste einkalkulieren mußte. Die Differenz übernahm jedoch das Reich[275].

---

[272] 2. Prot. der AR-Sitz. der KMA vom 16. Dez. 1914, BAAP, KMA 87.37, Nr. 52, Bl. 4; Aktenstücke vom 4.-10. Jan. 1915, GStAM, Rep. 120 C VIII 1, Nr. 84, Adh. 19, Bd. 1, Bl. 127ff.; Schr. RdI an KMA vom 13. Febr. 1915, BAAP, KMA 87.37, Nr. 97/2, Bl. 34.

[273] Nach dem Antrag der Kriegsrohstoffabteilung auf Höchstpreise für Salpeter sollten die Sätze bei 20,- M für 100 kg für Norgesalpeter und bei 24,- M für Chilesalpeter liegen. Die Kriegschemikalien AG durfte danach jedoch 23,- bzw. 28,- M verlangen Schr. RdI an PMHG vom 27. Dez. 1914, GStAM, Rep. 120 C VIII 1, Nr. 84, Adh. 22, Bd. 1, Bl. 39v; Schr. PKM an Militärbefehlshaber vom 5. Dez. 1914, BHStA-KA, MKr. 12922, Prod. 229. Einen ähnlichen Vorstoß vom Juli 1915, nachdem die Höchstpreise durch feste Vertragspreise abgelöst worden waren, lehnte das bayerische Kriegsministerium ab, weil ihm eine Ausnahmestellung der Kriegschemikalien AG "äußerst bedenklich und unerwünscht" erschien. Schr. BKM an KRA vom 16. Juli 1915, BHStA-KA, MKr. 12927, Prod. zu 159.

[274] Geheime Vfg. KRA vom 6. Juli 1916, GStAM, Rep. 120 C VIII 1, Nr. 84, Adh. 13[M], Bd. 2, Bl. 18f.; Vortrag Troeger bei der Sitzung der Metall-Revisoren am 2./3. Aug. 1917, S. 10, BHStA-KA, MKr. 17286. Die Höchstpreise lagen für Kupfer zwischen 170,- und 200,- M, für Aluminium zwischen 250,- und 325,- M. Bekanntmachung über Höchstpreise für Metalle vom 31. Juli 1916, RGBl., 1916, S. 865f.

[275] Schr. KMA an KA vom 22. Okt. 1917, Schr. KMA an RSchA vom 19. Nov. 1918, BAAP, KMA 87.37, Nr.172, Bl. 39f., 36. Daß die Verluste erheblich waren, zeigen Aufstellungen über die Einkaufspreise der Kriegsmetall AG für Kupfer und Aluminium. Kupfer wurde zwischen Sept. 1917 und Aug. 1918 mit mindestens 400,- M/100 kg erworben; der Durchschnitt lag um 440,- M (der Verkaufspreis betrug

Darüber hinaus brachte die Verfügung der Kriegsrohstoffabteilung vom Juli 1916 eine Neuerung, die den Herstellern von zivilem Bedarf einen Teil der Kosten für die Kriegsproduktion aufbürdete. Die Kriegsmetall AG durfte, wenn die Metalle nicht für Aufträge der Heeresverwaltung verwandt wurden, erheblich höhere Preise als für Kriegslieferungen verlangen, z.B. bei Kupfer und Aluminium 100,- M mehr. Eine Senkung der Unternehmergewinne sollte also die Kosten für das Reich vermindern. Eine solche Regelung hatte die Kriegsmetall AG mit Unterstützung ihres Kommissars schon im Oktober 1915 befürwortet[276]. Im chemischen Bereich spielte diese Politik bei den für den Heeresbedarf wichtigen Rohstoffen, wie etwa Salpeter oder Glyzerin, keine Rolle. Lediglich bei anderen Materialien, z.B. Carbid, gab es Unterschiede zwischen Verwendung für Kriegs- oder Friedenszwecke, die aber nicht so gravierend wie bei den Metallen waren[277].

Im übrigen weist ein Erlaß des preußischen Kriegsministeriums vom Juni 1916 darauf hin, daß sich nicht nur Unternehmen und Kriegsgesellschaften, sondern auch die staatlichen Beschaffungsstellen offensichtlich nicht an die gesetzlichen Höchstpreise hielten, wenn sie mit der Zahlung höherer Preise ihre Versorgung sicherstellen konnten[278]. Insgesamt erweisen sich also die Ausnahmen von bestehenden Höchstpreisen als sehr gewichtig.

350/450,- M). Statistische Zusammenstellung über die Tätigkeit der KMA: Durchschnittspreise, Sept. 1917 bis Aug. 1918, BAAP, RWM 31.01, Nr. 4083, Bl. 52. Die Preise für Aluminium lagen bis Ende 1917 mit 430,- bis 470,- M relativ nah an den Verkaufspreisen (430/530,- M), stiegen dann aber enorm, um sich 1918 bei etwa 1000,- M einzupendeln. Ebd.; Aluminium-Einkaufsbewegung, Apr. 1915-Okt. 1916, BAAP, KMA 87.37, Nr. 453, Bl. 3.

[276] Geheime Vfg. KRA vom 6. Juli 1916, GStAM, Rep. 120 C VIII 1, Nr. 84, Adh. 13[M], Bd. 2, Bl. 18f.; Schr. Haller an Zendei vom 2. Apr. 1918 und Antwort Zendei vom 3. Apr. 1918, SAA 11/Lb 105 Haller. Schr. KMA an RSchA vom 30. Okt. 1915, Antwort RSchA vom 19. Nov. 1915, RFM 21.01, Nr. A 2846, Bl. 80. In die gleiche Richtung gingen auch die unterschiedlichen Preise, die ausländische Käufer bezahlen mußten. Vgl. Auslandspreise der KMA vom 1. Okt. bis 31. Dez. 1918, Anlage zum RSchr. Nr. 24 des Zendei an seine Mitglieder vom 15. Okt. 1918, SAA 4/Lf 816 Carl Friedrich v. Siemens.

[277] Schr. KRA an KCA vom 19. März 1916, BAAP, KCA 87.29, Nr. 10, Bl. 190; Tätigkeitsbericht der KCA vom 5. Jan. 1920, BAAP, KCA 87.29, Nr. 1, Bl. 55ff., 62, 69.

[278] Erlaß des PKM vom 5. Juni 1916, BHStA-KA, MKr. 17381. Dennoch wurden ausdrücklich Ausnahmen zugelassen. Schon im März 1915 hatte das Reichsamt des Innern betont, daß sich die Behörden wie alle an die Höchstpreise halten müßten. Prot. Besprechung über die Höchstpreisverordnung von Metallen vom 30. März 1915, BAAP, KMA 87.37, Nr. 38, Bl. 79. Daß die Beschaffungsstellen nicht nur bei Höchstpreisen, sondern generell versuchten, mit hohen Preisen ihre Versorgung sicherzustellen, be-

Den zweiten Weg, um die Wirksamkeit von Höchstpreisen zu beschränken, beschritt die Industrie immer wieder, indem sie eine Erhöhung der Sätze forderte. Behörden und Kriegsgesellschaften reagierten unterschiedlich. Erstere neigten erst in der zweiten Kriegshälfte, unter dem Druck wachsender Knappheit, dazu, den Forderungen nachzugeben. So liegt die Mehrzahl der bewilligten Erhöhungen nach Herbst 1916. Ebenso ist ein Entgegenkommen gegenüber dem Handel zu verzeichnen, das sich z.B. in der Gewährung von Kommissionen äußerte, die die Kriegsrohstoffabteilung Ende 1914 noch ausdrücklich zurückgewiesen hatte[279].

Die Kriegsgesellschaften dagegen setzten sich von Anfang an für die Interessen der Wirtschaft ein. Anders als bei der Einführung der Metallhöchstpreise Ende 1914 leitete die Kriegsmetall AG ab 1915 die Vorstellungen von Unternehmen über die Änderung der Höchstpreisgesetze an die Kriegsrohstoffabteilung weiter und befürwortete sie[280]. Ähnlich engagierte sich die Kriegschemikalien AG zugunsten der Industrie. Dies kam im wesentlichen den Produzenten innerhalb der Branche zugute. So beantragte die Gesellschaft im November 1917 beim Reichswirtschaftsamt höhere Schwefelpreise von 0,13 auf 0,60 M/kg auf Kosten der Verbraucher, die aber nicht bewilligt wurde[281]. Erfolgreich war dagegen ihr Einsatz für die Schwefelsäurepreise im Mai 1918. Die neuen Werte lagen zwischen einem Drittel bis drei Vierteln über den bisherigen. Sie befür-

---

klagte eine Denkschrift Sichlers vom Mai 1917. [Denkschrift] Sichler, KM/ED vom 27. Mai 1917, BHStA-KA, MKr. 17272.

[279] Schr. M.M.Warburg & Co an Römhild, PMHG vom 10. Dez. 1914, GStAM, Rep. 120 C VIII 1, Nr. 84, Adh. 19, Bd. 1, Bl. 68ff.; Besondere Bedingungen für Einkauf und Lieferung von Sparmetallen auf Grund von Aufträgen gemäß der Vfg. des KM/KRA vom 2. März 1916, BAAP, KMA 87.37, Nr. 332, Bl. 4. Die Verordnung über Höchstpreise für Salzsäure sah direkt einen Zuschlag für Händler vor. Erläuterungen zur Bekanntmachung betr. Beschlagnahme, Bestandserhebung und Höchstpreise für Salzsäure o.D. [1917], BAAP, KCA 87.29, Nr. 21, Bl. 25.

[280] Schr. KMA an KRA vom 28. Jan. 1915, BAAP, KMA 87.37, Nr. 243, Bl. 45. Die Kriegsmetall AG betonte: "Wir haben uns von der Berechtigung des Standpunktes der Firmen überzeugt". Allerdings forcierten sie keine Änderung, sondern legten nur die Berücksichtigung nahe, "sobald eine Abänderung des Höchstpreisgesetzes zur Diskussion kommt". Die Gesellschaft zahlte an ihre Mitglieder zum Teil höhere als von der Kriegsrohstoffabteilung vorgesehene Kommissionen. Beispielsweise erhielten Beer, Sondheimer & Co und die Metallgesellschaft im April 1916 5% für die Lieferung von Kupfererzen. Schr. KMA an RdI vom 29. Apr. 1916, GStAM, Rep. 120 C VIII 1, Nr. 84, Adh. 19, Bd. 1, Bl. 394ff.

[281] Ausgenommen bleiben sollten Säuren für den Heeresbedarf. Schr. KA/Wumba an KCA vom 23. Nov. 1917, BAK, NL 158 Moellendorff, Nr. 144.

wortete diese Anhebung, obwohl die Angaben über die Selbstkosten ihrer Prüfung nicht in allen Punkten standgehalten hatten[282].

Bleibt noch der dritte Weg zu beschreiben, der die Wirksamkeit der Höchstpreise beschränkte, die Aufhebung. Die meisten Fälle, in denen diese Reglementierung abgeschafft wurden, weisen auf den Vorrang der Beschaffung vor der Preisbegrenzung hin. Sowohl bei Salpeter als auch bei schwefelhaltigen Stoffen setzten sich die Militärbehörden dafür ein. Salpeter ist ein besonders deutliches Beispiel, weil die Kriegsrohstoffabteilung selbst eine Begrenzung der Preise noch im Dezember 1914 gefordert hatte, für deren Abschaffung sie sich im Sommer 1915 engagierte[283]. Im zweiten Fall war das Waffen- und Munitionsbeschaffungsamt der Initiator, der von der Kriegschemikalien AG argumentativ unterstützt wurde[284].

Nach der Betrachtung von Höchstpreisen wollen wir der Beschränkung von Preisen im Rahmen von Verhandlungen mit den Unternehmen nachgehen. Staatliche Stellen griffen in Preisvereinbarungen zwischen Unternehmen nur im ersten Kriegsjahr und auch dort sehr selten ein. In einem solchen Fall setzte das preußische Kriegsministerium im Herbst 1915 durch, daß der Zinkhüttenverband seine Preise senkte. Die Verbraucher hatten gegen die ursprüngliche Höhe des Preises protestiert, weil Zinkvorräte vorhanden waren und damit keine Knappheit bestand. Später gab es derartige Interventionen nicht mehr, zumal die Behörden, gerade die militärischen, die Syndizierung in den einzelnen Branchen selbst förderten und die Syndikatspreise per se als "angemessene" Preise betrachteten[285].

Etwas häufiger traten die zuständigen Stellen für niedrige Preise ein, wenn sie selbst mit den Industriellen darüber verhandelten. Eine Orientierung am Friedenspreisniveau, was die Kriegsrohstoffabteilung zunächst befürwortete, ließ sich kaum realisieren. Nur für beschlagnahmte Waren, vor allem aus den

---

[282] Schr. KCA an RdI vom 26. Okt. 1917, BAAP, RWM 31.01, Nr. 7855; Schr. KCA an Wumba vom 15. Apr. 1918, BAK, NL 158 Moellendorff, Nr. 105; Denkschrift über die Neuregelung der Preise für Schwefelsäure und Oleum vom 10. Mai 1918, Anlage zu Schr. KCA an RWA vom 13. Mai 1918, Bayer-Archiv, 201/6.3, Bd. 5; Bekanntmachung vom 29. Juli 1918, RGBl., 1918, S. 980ff.

[283] Tel. KRA an BKM vom 30. Juni 1915, BHStA-KA, MKr. 12927, Prod. 67a.

[284] Schr. RdI an PMHG vom 4. Jan. 1918, GStAM, Rep. 120 C VIII 1, Nr. 84, Adh. 22, Bd. 2, Bl. 164.

[285] Mitt. PMHG an PMdI vom 6. Sept. 1915, GStAM, Rep. 77, tit. 332[r], Nr. 128, Bd. 1, Bl. 120. Noch vor der Festschreibung der Metallpreise hatte sich die Kriegsmetall AG um eine Begrenzung der Preissteigerung durch Einflußnahme auf die Metall-Deputation bemüht und wurde dabei z.T. von ihren Mitgliedern unterstützt. Schr. KRA an KMA vom 4. Nov. 1914, Antwort KMA vom 7. Nov. 1914, BAAP, KMA 87.37, Nr. 242, Bl. 120ff.

besetzten Gebieten, und auch das lediglich am Anfang des Krieges ließ sich eine solche Preispolitik durchsetzen[286]. Ebenfalls nur wenige Fälle, allesamt aus dem chemischen Bereich, lassen sich für den Versuch finden, Preise festzulegen, ohne das Argument erhöhter Selbstkosten oder Einstandspreise zu berücksichtigen. Dies setzte die Kriegsrohstoffabteilung etwa im April 1915 für Händler von Salpeter oder im Mai 1917 bei einem Hersteller von Salpetersäure durch[287]. Die Regel bestand aber - wie im vorigen Kapitel beschrieben - darin, daß die Verkaufspreise sich an den Selbstkosten der Produzenten ausrichteten[288].

Vielversprechender erwies sich der Weg, Ansprüche auf Preiserhöhungen nicht zu akzeptieren oder zumindest ihre Erfüllung zu vertagen. Solcher Widerstand ging im wesentlichen von der Kriegsrohstoffabteilung aus, die keineswegs alle Forderungen der Industrie widerspruchslos hinnahm. Ein Beispiel dafür bieten die Bemühungen der chemischen Industrie zur Erhöhung des Abnahmepreises für Salpeter, die die Militärbehörde dilatorisch behandelte[289]. Erheblichen Widerstand brachte die Abteilung auch den Preisforderungen der Eisen- und Stahlindustrie entgegen. Wenn es ihr auch nie darum ging,

---

[286] 8. Prot. der SVK der KCA vom 28. Nov. 1914, BAAP, KCA 87.29, Nr. 68, Bl. 40ff.; NSchr. Besprechung KCA-KRA vom 16. Sept. 1915, BAAP, KCA 87.29, Nr. 50, Bl. 2. Nach Angaben Manns lag der Requisitionspreis vom Dezember 1914 mit 0,035 M/kg Schwefel sogar weit niedriger als vor dem Krieg. Schr. Mann an Duisberg vom 9. Dez. 1914, Bayer-Archiv, 201/3.

[287] 15. Prot. der SVK der KCA vom 21. Apr. 1915, BAAP, KCA 87.29, Nr. 68, Bl. 80; Bericht Ltgh. [Lüttringhaus, KRA] vom 11., 12. und 13. Mai 1917, BAAP, RWM 31.01, Nr. 1681, Bl. 2. Schon im Dezember 1914 hatte sich die Kriegsrohstoffabteilung bemüht, bei Schwefelsäuren nur den Requisitionspreis der Kriegschemikalien AG für Schwefelkies als Kriterium für die Preisbildung anzuerkennen, womit sie starken Protest der Unternehmen hervorrief. Schr. Mann an Duisberg vom 9. Dez. 1914, Bayer-Archiv, 201/3.

[288] NSchr. Sitz. am 28. Sept. [1915], BAAP, KCA 87.29, Nr. 18, Bl. 391.

[289] Zu den Salpeterverträgen allgemein vgl. oben, S. 196f. Die dilatorische Behandlung läßt sich für die Farbenfabriken vorm. Friedrich Bayer zumindest bis in den Herbst 1915 nachweisen; sie ist aber auch für die folgenden Jahre zu vermuten. Punktationen Direktoriums-Sitz. Bayer vom 12. Okt. 1915, Bayer-Archiv; Schr. Mann an Duisberg vom 15. Dez. 1915, Bayer-Archiv, 201/6.3, Bd. 4; vgl. die Gegenüberstellung von Selbstkosten und Zahlungen der Kriegschemikalien AG und die daraus abgeleiteten Zinsforderungen der Farbenfabriken vorm. Friedrich Bayer an den Fiskus für Mai bis Okt. 1915, Bayer-Archiv, 201/6.3, Bd. 4.Für die Farbwerke vorm. Meister Lucius und Brüning gibt es Belege bis Dezember 1917: Die Firma erhielt 35,- M/100 kg, nachdem die Kriegsrohstoffabteilung im Januar 1916 den Vertragspreis um nur 2,- M/100 kg erhöht hatte. Schr. Hoechst an KCA vom 15. Dez. 1917, Hoechst-Archiv, 18/1/12.

die bestehenden Preise zu senken, so strebte sie doch an, Steigerungen zu verhindern.

Dabei lassen sich drei Strategien ausmachen. Erstens verwies die Kriegsrohstoffabteilung die Unternehmen auf den möglichen Ausgleich durch gute Gewinne bei anderen Produkten, z.B. Geschoßstahl. Sie zweifelte also die Erhöhung von Kosten, die die Industrievertreter immer wieder ins Feld führten, prinzipiell nicht an[290]. Teilweise unterstützte der Beauftragte des Kriegsministeriums Klöckner die Militärstelle in dieser Argumentation[291]. Das zweite Mittel war die Vertagung, so etwa praktiziert bei den Forderungen des Roheisenverbands im November 1916, im April 1917 oder im Juli 1918[292]. Im Februar und April 1918 wies die Kriegsrohstoffabteilung Preiserhöhungen für Eisen mit Hinweis auf die Debatten in den verschiedenen Gremien des Reichstages zurück, in denen die Preispolitik des Kriegsministeriums heftig kritisiert worden war[293].

Drittens, das läßt sich erst seit 1918 verfolgen, griff die Kriegsrohstoffabteilung die öffentliche Kritik an hohen Dividenden und guten Jahresab-

---

[290] Prot. Verhandlungen in der KRA am 25. Nov. 1916, Mannesmann-Archiv, P 2/25/01.4, Bl. 158ff.; Schr. KRA an EZ vom 29. Apr. 1918, BAAP, EZ 87.10, Nr. 13. Generell bezog sich das vor allem auf Fertigprodukte. Es läßt sich aber auch nachweisen, daß die Kriegsrohstoffabteilung die Forderungen des Roheisenverbands ablehnte und gleichzeitig dem Stahlwerksverband Zugeständnisse machte und umgekehrt, z.B. im Juni 1917. Prot. Klemme über Sitz. SWV vom 5. Juni 1917, Haniel-Archiv, Nr. 3000030/11A, Bl. 54; Schr. REV an Mitglieder vom 23. Juni 1917, Archiv der Thyssen AG, FWH/860-14 oder im Aug. 1918: NSchr. Besprechung mit Beschaffungsstellen betr. Preisfrage vom 30. Aug. 1918, BAAP, KEZ 87.25, Nr. 106/1, Bl. 10f.; Schr. REV an Mitgl. vom 4. Sept. 1918, Archiv der Thyssen AG, FWH/860-15.

[291] Schr. BdKM Klöckner an KRA vom 18. März 1918, BAAP, KEZ 87.25, Nr. 106/1, Bl. 102ff., wo es um eine Erhöhung der Eisenpreise ging. Schon im Oktober 1916 hatte er eine Steigerung der Spatpreise abgelehnt, da diese "keineswegs schlecht" seien. Doch zu diesem Zeitpunkt war eine derartige Stellungnahme eher die Ausnahme. Prot. Eisen-Sitz. vom 21. Sept. 1916, BAAP, KEZ 87.25, Nr. 1, Bl. 161.

[292] Prot. Hauptversammlung des REV vom 19. Dez. 1916, Archiv der Thyssen AG, FWH/860-13; Schr. REV an Mitglieder vom 23. Juni 1917, Archiv der Thyssen AG, FWH/860-14; Prot. Vögler über Sitz. in KRA am 27. Juli 1918, Archiv der Thyssen AG, FWH/910-02. Ähnlich erging es dem Stahlwerksverband im Februar und April 1917, obwohl er vom Beauftragten des preußischen Kriegsministeriums unterstützt wurde. Schr. Klöckner an KRA, Sekt. E vom 7. Febr. 1917, BAAP, KEZ 87.25, Nr. 77, Bl. 84f.; Prot. Klemme über Sitz. SWV vom 13. Apr. 1917, Haniel-Archiv, Nr. 3000030/11A, Bl. 38ff.

[293] Schr. Verlohr an Thyssen vom 23. Febr. 1918; Archiv der Thyssen AG, A/655/1; Vermerk über Sitz. in KRA am 26. Apr. 1918, Archiv der Thyssen AG, FWH/910-02. Zu den Debatten im Reichstag vgl. unten, S. 367ff.

schlüssen der Werke auf. Koeth führte etwa im März 1918 aus: "Es ist mir nicht ganz erklärlich, woher die Werke die Dividenden zahlen können ... Es ist mir immer ein Rätsel, wie Sie das verdienen, da Sie immer am Abgrund des Verlustes stehen"[294]. Der Kommissar der Eisenzentrale Fischer erklärte im August 1918, ebenfalls unter Berufung auf die guten Abschlüsse, daß die Kriegsrohstoffabteilung es kaum als ihre Aufgabe ansehen könne, "für den weiteren Verlauf des Krieges der Industrie gleichsam die bisherige Dividende zu garantieren"[295]. Darüber hinaus scheuten Kommissariat der Eisenzentrale und Kriegsrohstoffabteilung nicht davor zurück, den Verkaufsverbänden - mehr oder weniger deutlich - mit ihrer Auflösung zu drohen, wenn sie den Anweisungen der Behörden nicht Folge leisteten[296]. Unterstützung erhielt die Militärbehörde auch hier durch den Beauftragten des Kriegsministeriums Klöckner, der 1918 mehrfach die Forderungen der Industrie zurückwies[297].

Diese Politik zeigt deutlich, daß die Kriegsrohstoffabteilung intern, das heißt gegenüber der Industrie, eine andere Linie verfolgte als nach außen, den zivilen Behörden gegenüber ebenso wie Öffentlichkeit und Reichstag. Das Reichsschatzamt nämlich hatte im November die Rohstoffpreise für Eisen und Stahl angeführt, als es eine Debatte mit den militärischen Behörden über die Beschränkung der Kriegsausgaben initiierte. Die Finanzbehörde schlug vor, die Preise zu senken. Koeth wehrte gemeinsam mit Coupette, dem Leiter des Waffen- und Munitionsbeschaffungsamts, den Vorschlag ab, da die Sicherung des Heeresbedarfs an der Preisfrage nicht scheitern dürfe[298]. In den Verhandlun-

---

[294] NSchr. Besprechung Preise Stahl- und Spiegeleisen vom 25. März 1918 in der KRA, BAAP, KEZ 87.25, Nr. 106/1, Bl. 89ff.; Zitat ebd., Bl. 94. Ähnlich äußerte er sich im Juli 1918. Prot. Vögler über Sitz. in KRA am 27. Juli 1918, Archiv der Thyssen AG, FWH/910-02.

[295] NSchr. über Sitz. am 13. Aug. 1918 zu Berlin, BAAP, KEZ 87.25, Nr. 106/1, Bl. 51ff.; Zitat ebd., Bl. 54.

[296] So drohte Fischer im April 1917 dem Stahlwerksverband, "dass er [einer Auflösung, R.R.] etwa entgegenstehende Bestimmungen des S.W.V. ... einfach durch Bundesratsverfügung oder dergleichen beseitige. Das Letztere sei seiner Auffassung nach eine Kleinigkeit und werde ohne Zweifel auch durchgeführt". Prot. Klemme über Sitz. SWV vom 13. Apr. 1917, Haniel-Archiv, Nr. 3000030/11A, Bl. 38; vgl. zur KRA: Tel. KRA an REV vom 31. Dez. 1917, BAAP, KEZ 87.25, Nr. 106/1, Bl. 136;Prot. Hauptversammlung REV vom 2. und 24. Jan. 1918, Archiv der Thyssen AG, FWH/860-15; Schr. REV an KRA vom 2. Jan. 1918, BAAP, KEZ 87.25, Nr. 106/1, Bl. 135ff.

[297] Schr. BdKM Klöckner an KRA vom 18. März 1918, BAAP, KEZ 87.25, Nr. 106/1, Bl. 102ff.

[298] Besprechung über Kriegsausgaben vom 10. Nov. 1917, BAAP, KEZ 87.25, Nr. 98, Bl. 217ff. Das Reichsschatzamt wurde in den Bereichen, in denen es zuständig war, aber auch nur selten in diese Richtung aktiv. Z.B. Schr. KRA an KMA vom 16. Mai 1918, BAAP, KMA 87.37, Nr. 41, Bl. 522; vgl. auch oben, S. 212ff.

gen mit der Industrie brachte die Kriegsrohstoffabteilung dann aber die Vorstellungen des Reichsschatzamts gegen die für 1918 erneut geforderte Erhöhung der Preise vor. Dasselbe galt für die Kritik des Reichstages. Die Abteilung verteidigte ihre Politik ebenso wie die der Industrie nach außen, nahm die Kritik aber gegenüber den Unternehmern auf[299]. Erst gegen Ende des Krieges trat das preußische Kriegsministerium offen für eine Begrenzung weiterer Preissteigerungen ein, da sie ein "ernstes Hindernis" sowohl für eine wirtschaftliche Kriegführung als auch für den Übergang zur Friedenswirtschaft bedeuteten[300].

Nur selten engagierten sich dagegen die Kriegsgesellschaften in dieser Richtung. Nachweisbar sind lediglich zwei Fälle vom Herbst 1915, in denen sich die Kriegschemikalien AG gegen die Forderungen der Industrie stellte. Unter Ausnutzung verschiedener Angebote versuchte sie, den Preis für Glyzerin und Norgesalpeter zu senken. Diese Aktivitäten dürften mit der Tätigkeit Moellendorffs als Vorstand der Kriegschemikalien AG zusammenhängen[301]. Allerdings bemühte sich die Gesellschaft z.B. um eine Absprache mit den Farbenfabriken vorm. Friedrich Bayer, um Preissteigerungen aufgrund der Konkurrenz der Nachfrager zu verhindern[302].

Die Beschaffungsstellen schrieben eine Begrenzung von Preisen kaum auf ihre Fahnen. So dürfte der erhebliche Widerstand des Waffen- und Munitionsbeschaffungsamts vom November 1917 gegen eine Steigerung des Preises für Pikrinsäure, wie die Farbenfabriken vorm. Friedrich Bayer sie forderte, eher eine Ausnahme denn die Regel gewesen sein[303]. Denn nach einer Mitteilung der Chemischen Fabrik Griesheim-Elektron bewilligten die zuständigen Stellen bis

---

[299] Erwiderung der KRA [am 14. Febr. 1918 von der KEZ an KRA geschickt], BA-MA Freiburg, N 415/8 Mentzel, Bl. 108ff.; Vortragsnotizen des Bergassessors Koska o.D., BA-MA Freiburg, N 415/8 Mentzel, Bl. 68.

[300] Prot. der ersten Sitz. der Zentral-Preisprüfungsstelle vom 22. Juni 1918, HStAS, M 1/9, Bü. 183; Zitat ebd.

[301] Aktennotiz vom 11., 13. u. 17. Sept. 1915, BAAP, KCA 87.29, Nr. 18, Bl. 15, 24f.; Schr. KCA an verschiedene Produzenten vom Aug./Sept. 1915, BAAP, KCA 87.29, Nr. 18, passim. Nur 1918 setzte die Gesellschaft gegen den Widerstand des Unternehmens eine Verringerung für Borax und Borsäure durch. Schr. Kaliwerke Aschersleben an RSchG vom 5. Juni 1918, zur Stellungnahme vom RSchG an KCA übersandt am 3. Aug. 1918, BAAP, KCA 87.29, Nr. 279, Bl. 62ff.; Tätigkeitsbericht der KCA vom 5. Jan. 1920, BAAP, KCA 87.29, Nr. 1, Bl. 28f.

[302] Die Firma war bereit, wesentlich höhere Preise für den Erwerb von Gips zu zahlen als die Kriegschemikalien AG. Schr. Kloeppel an Direktorium Bayer vom 30. Juni 1917, Bayer-Archiv, 201/38, Bd. 1.

[303] Schr. Kloeppel an Duisberg vom 26. Nov. 1917, Bayer-Archiv, 201/6.2, Bd. 2; Schr. Duisberg an Aufschläger vom 13. Aug. 1918, Bayer-Archiv, 201/6.2, Bd. 1.

September 1918 eine Reihe von Erhöhungen, welche die Unternehmen verlangt hatten[304].

Wie sind die Bemühungen zur Begrenzung der Preissteigerungen für Rohstoffe zu bewerten? Die Einführung von Höchstpreisen war eines der schärfsten Mittel zur Reglementierung, das vor allem die Kriegsrohstoffabteilung zu Beginn des Krieges einsetzte, um Preise und Gewinne der Unternehmen im Rohstoffbereich zu beschränken. Es erwies sich dazu aber nur bedingt als tauglich. Die Höchstpreise bestanden zwar auf dem Papier, besaßen in der Realität aber angesichts zahlreicher Ausnahmebestimmungen kaum Geltung. Außerdem gab es einen starken Trend zur ständigen Erhöhung der Sätze, der die Versuche zur Begrenzung ebenfalls konterkarierte.

Für diese Entwicklung lassen sich zwei Gründe ausmachen. Erstens kollidierte die Preisbegrenzung frühzeitig mit dem Ziel der Beschaffung von Rohstoffen. Das zeigt sich in den Entscheidungen über die Ausnahmen ebenso wie in der Erhöhung der Sätze oder gar in der Abschaffung von Höchstpreisen. Zweitens genoß die Beschränkung von Preisen bei den wenigsten Institutionen Priorität. Am stärksten war dies bei der Kriegsrohstoffabteilung ausgeprägt, die in einer Reihe von Entscheidungen ihren Willen dazu deutlich machte. Doch selbst sie verfolgte die Begrenzung nicht konsequent. Beschaffungsstellen, zivile Behörden und Kriegsgesellschaften widersetzten sich in den meisten Fällen einer solchen Begrenzungspolitik.

Die wichtige Frage, wer die Kosten der Preissteigerungen tragen mußte, wurde im wesentlichen zu Lasten des Reiches entschieden. Der Fiskus übernahm die Deckung der Verluste zwischen Ein- und Verkauf der Gesellschaften und finanzierte die wachsenden Beschaffungskosten. Allerdings mußten die Produzenten ziviler Güter ebenfalls einen, wenn auch kleineren Teil übernehmen.

Fragen wir nach den Positionen der einzelnen Akteure, so machte sich die Kriegsrohstoffabteilung, das wurde eben schon deutlich, am Anfang des Krieges für eine Kontrolle und Unterordnung der Wirtschaft stark. Im Laufe des Krieges räumte sie dem Ziel der Beschaffung häufig den Vorrang ein. Sie erwies sich aber in den Bereichen, in denen sie mit den Unternehmern um die Preise verhandelte, keineswegs als bloße Exekutive industrieller Forderungen, sondern setzte Preiserhöhungen auch in den späteren Kriegsjahren zähen Widerstand entgegen.

Anders motiviert war die Politik der Beschaffungsstellen. Sie votierten nur in Ausnahmefällen in den ersten Monaten des Krieges für eine Begrenzung von Preisen und befürworteten im übrigen, vor allem in ihrer konkreten Beschaf-

---

[304] Prot. des AR Griesheim vom 4. Sept. 1918, Bl. 135, Hoechst-Archiv.

fungspolitik, die Sicherung von Produktion und Importen, notfalls auch zu hohen Preisen. Sie widersetzten sich unternehmerischen Forderungen daher auch nur selten.

Mit demselben Ergebnis engagierten sich die zivilen Behörden mehrheitlich gegen die Einführung von Höchstpreisen, allerdings aus anderen Motiven heraus. Sie hatten prinzipielle Bedenken gegen so weitreichende Eingriffe in das Wirtschaftsleben. Sie waren damit am Anfang des Krieges die wichtigsten Förderer wirtschaftlicher Interessenpolitik. Später spielten sie eher eine untergeordnete Rolle. Die Einforderung des Reichsschatzamts von Preissenkungen Ende 1917 blieb eine einzelne Aktion.

Daß sich Industrie und Handel insgesamt gegen die Begrenzung von Preisen und Gewinnen engagierten, verwundert nicht weiter. Es bleibt festzuhalten, daß die Industrie dabei die bessere Position innehatte, während der Handel stärker ausgegrenzt wurde. Doch sind auch hier gegenläufige Tendenzen erkennbar, wenn Unternehmen Höchstpreise forderten, um ihre eigene Stellung gegen ihre Konkurrenten zu verbessern.

Die Politik der Kriegsgesellschaften zeigt eine eindeutige Unterstützung industrieller Forderungen, insbesondere von Produzenten. Nur am Anfang des Krieges sind einige Äußerungen und Aktivitäten auszumachen, die eine Begrenzung von Preisen zum Ziel hatten und die sich konkret gegen die von den Firmen vorgetragenen Interessen richteten. Doch auch zu diesem Zeitpunkt gab es schon gegenteilige Einsätze. Diese nahmen im Lauf des Krieges zu, so daß die Kriegsgesellschaften in bezug auf die Preispolitik als klare Befürworter industrieller Positionen auftraten. Allerdings relativiert sich die Bedeutung dieser Politik in gewisser Weise vor dem Hintergrund des begrenzten Handlungsspielraums der Gesellschaften.

c) Gewinnbegrenzung

Unternehmergewinne und ihre Beschränkung standen nicht immer im Brennpunkt des öffentlichen oder behördlichen Interesses. Die Diskussionen kreisten am Anfang des Krieges um die Einführung von Höchstpreisen, dann ab Sommer bis Ende 1916 um die Erhöhung des Munitionsprogramms und schließlich Ende 1917 bis Frühjahr 1918 um die Preispolitik des Kriegsministeriums und die Kritik des Reichstages daran[305]. Im Zentrum dieser Ausführungen stehen zu-

---

[305] Zu dieser Kritik des Reichstages, die im "Fall Daimler" gipfelte, vgl. unten, S. 370ff.

nächst die Äußerungen der einzelnen Instanzen zum Problem der Gewinne, danach konkret ergriffene Maßnahmen zu ihrer Begrenzung.

Am Anfang des Krieges machten die Militärbehörden, insbesondere die Kriegsrohstoffabteilung, gerade das Gewinnstreben von Industrie und Handel für die Preissteigerungen verantwortlich und versuchten, sie durch Höchstpreise zu begrenzen, worauf schon im vorigen Abschnitt dieses Kapitels hingewiesen wurde. Was in Friedenszeiten als legitim und für das Funktionieren der Wirtschaft als unabdingbar galt, wurde nun mit Begriffen wie Spekulation, Gewinnsucht, ungerechtfertigte Gewinne, übermäßige Preise belegt. Dahinter stand der Gedanke an eine vor dem Hintergrund des Burgfriedens unhaltbare Bereicherung der Unternehmen an der Not des Vaterlandes. Statt dessen wurde ein Opfer von den Unternehmern verlangt, das nicht darin bestehen sollte, überhaupt keine Gewinne mehr zu machen, sondern auf deren Erhöhung durch die Ausnutzung der Kriegskonjunktur zu verzichten[306].

Schon zur gleichen Zeit interpretierten andere staatliche Instanzen die Gewinne als notwendigen Anreiz, um Waren unter den unsicheren Bedingungen des Krieges zu produzieren oder zu importieren. Vor allem die Beschaffungsstellen vertraten den ganzen Krieg über die Ansicht, mit hohen Gewinnen bessere Resultate zu erzielen[307]. Ebenso setzten sich die Kriegsgesellschaften vereinzelt für hohe Gewinne als Anreiz ein, sowohl zu Kriegsbeginn als auch in späteren Zeiten[308]. Dem verschloß sich auch die Kriegsrohstoffabteilung nicht. Sie sprach zwar eher von hohen Preisen als Anreiz, meinte damit aber Gewinne.

Diese beiden Betrachtungsweisen prägten die Auseinandersetzung um die Gewinne den ganzen Krieg über. Die Gegner von Gewinnbegrenzungen verwiesen immer auf die Anreizfunktion, die Befürworter auf das Gefahrenpotential für den sozialen Frieden, das hohe Kriegsgewinne bargen. Beispielhaft verlief etwa die Debatte über die Gestaltung des Hilfsdienstgesetzes im preußischen Staatsministerium vom November 1916. Auf der einen Seite plädierte der Staatssekretär des Reichsamts des Innern Helfferich für eine Beibehaltung hoher Gewinnspannen, da nur sie in der Lage seien, die Deckung des Kriegsbe-

---

[306] Vgl. oben, S. 290f., besonders Anm. 245.

[307] Bericht Hauptmann Dr. Büsselberg über das Beschaffungs- und Lieferungswesen, verfaßt im Sept. 1916, an Chef des KA am 16. Jan. 1917, BA-MA Freiburg, N 46/120 Groener, Bl. 104f.; Schr. Wumba an Chemische Werke Schönebeck und WASAG vom 9. Jan. 1917, BAAP, KSK 87.38, Nr. 4; NSchr. Besprechung mit Beschaffungsstellen am 30. Aug. 1918, BAAP, KEZ 87.25, Nr. 106/1, Bl. 16.

[308] Beispielsweise die Kriegsmetall AG, um die Zinneinfuhr zu fördern, oder die Kriegschemikalien AG. Schr. KMA an Römhild, PMHG vom 28. Nov. 1914, GStAM, Rep. 120 C VIII 1, Nr. 84, Adh. 19, Bd. 1, Bl. 43ff.; Stellungnahme KCA zur Angelegenheit Bartels, Königslutter, vom 18. Febr. 1918, BAAP, KCA 87.29, Nr. 19, Bl. 7.

darfs sicherzustellen. Er erhielt Unterstützung durch den preußischen Finanzminister Lentze und den preußischen Kriegsminister von Stein und setzte sich schließlich mit seiner Meinung durch. Dagegen votierte der Staatssekretär des Reichsschatzamts Graf von Roedern für eine Gewinnbegrenzung, wobei ihm der preußische Justizminister Lisco mit dem Argument zu Hilfe kam, daß man nicht die Arbeiter zu Verzicht zwingen, die Unternehmer aber ohne Beschränkung lassen könne[309].

Damit sind wir bei den Auseinandersetzungen um das Munitionsprogramm angelangt, die schon Mitte 1916 begonnen hatten. Im Juli 1916 legte das Kriegsministerium nach der Schlacht an der Somme ein neues Programm vor, das eine Steigerung der Munitionsproduktion von 6000 t auf 10000 t monatlich vorsah. Zur gleichen Zeit bemühte sich der Leiter der kurz zuvor gebildeten Sektion Eisen in der Kriegsrohstoffabteilung Alfons Horten darum, angemessene Gewinne für die In- und Auslandsgeschäfte der Firmen festzusetzen. Zum einen forderte er, in Zukunft die Preise so bemessen, daß die Selbstkosten gedeckt und ein Gewinnaufschlag von 10% gewährt würde. Zum anderen wollte er Überschüsse durch eine Ausfuhrabgabe abschöpfen[310].

Das Reichsamt des Innern wandte sich gegen derartige Bestrebungen[311]. Eine solche Politik war auch innerhalb der Kriegsrohstoffabteilung nicht unumstritten. Fischer, zu dieser Zeit direkt in der Kriegsrohstoffabteilung tätig, machte deutlich, daß er zwar eine staatliche Regulierung befürwortete, eine Begrenzung der Gewinne aber weder für notwendig noch für durchführbar hielt. Um seine Position zu untermauern, bat er den Beauftragten des Kriegsministeriums beim Roheisenverband Florian Klöckner um Argumente[312].

---

[309] Vgl. die Darstellung der Sitzung des preußischen Staatsministeriums vom 26. Nov. 1916 bei Feldman, Armee, S. 192f.

[310] NSchr. über die Besprechung am 18. Aug. [1916] betr. Preismaßnahmen KRA, Haniel-Archiv, Nr. 300019322/12. Für diese Aufgaben sollte eine neue Stelle innerhalb des preußischen Kriegsministeriums eingerichtet werden. Sie sollte sowohl die Selbstkosten ermitteln und darauf fußende Preise ausarbeiten als auch die Ausfuhrabgabe einziehen. Schr. KRA an RdI vom 22. Juli 1916, GStAM, Rep. 120 C VIII 1, Nr. 65, Adh. 6, Bl. 107ff. Zur Ausfuhrabgabe vgl. oben, S. 267ff., besonders S. 270.

[311] Aktennotiz über Besprechung am 29. Juli 1916, BAAP, KEZ 87.25, Nr. 152, Bl. 207f. Das Reichsamt des Innern verwies darauf, daß die Produktionsbedingungen der Werke zu unterschiedlich seien, um solche Festsetzungen vornehmen zu können. Die Behörde griff damit ein Argument auf, das die Industriellen selbst immer wieder ins Feld führten.

[312] NSchr. über die Besprechung am 18. Aug. [1916] betr. Preismaßnahmen KRA, Haniel-Archiv, Nr. 300019322/12; Schr. Fischer an Klöckner vom 22. Aug. 1916, BAAP, EZ 87.10, Nr. 32.

Die Durchsetzung des Hindenburg-Programms machte zunächst eine Rücksichtnahme auf Finanzen oder soziale Spannungen hinfällig und klammerte die Begrenzung von Gewinnen vollständig aus[313]. Dennoch diskutierten das Waffen- und Munitionsbeschaffungsamt und das Reichsschatzamt im November 1916, im Rahmen der Umsetzung dieses Programm, über das Problem zu hoher Preisforderungen der Rüstungsindustrie, vor allem bei Waffen und Munition. Sie kamen überein, eine gesetzliche Handhabe zu schaffen, nach der die Firmen notfalls dazu gezwungen werden könnten, Rüstungsgüter zu Selbstkosten und einem "angemessenen Gewinn" abzugeben. Die Beschaffungsstelle plädierte dafür, dieses Verfahren nicht generell anzuwenden, sondern nur in den Fällen, wo man sich mit den Unternehmen nicht einigen könne.

Treibende Kraft war das Waffen- und Munitionsbeschaffungsamt, das im Hilfsdienstgesetz eine Reglementierung der Gewinne verankern wollte. Obwohl das preußische Justizministerium dafür eine Vorlage ausarbeitete, scheiterte der Vorstoß am hartnäckigen Widerstand des Reichsamts des Innern und seines Staatssekretärs Helfferich, dessen Argumentation oben schon angeführt wurde[314]. Die Forderung der Beschaffungsstellen kam der öffentlichen Kritik an Kriegsgewinnen entgegen, die seit Ende 1916 in einer Reihe von Beiträgen vor allem in bezug auf die Eisen- und Stahlindustrie erhoben wurde und im weiteren Verlauf des Krieges nicht mehr verstummte. Sie wies vor allem auf die Gefahren für den sozialen Frieden hin, weswegen in Zukunft eine weitere Steigerung der Gewinne nicht mehr tolerierbar sei[315].

Trotz des Problembewußtseins auch bei den militärischen Verantwortlichen ließ das Interesse an dieser Frage nach der Verabschiedung des Hilfsdienstgesetzes nach. Es gab zwar weiterhin einige entsprechende Äußerungen. So wies die Kriegsrohstoffabteilung die Rohstoffreferenten in den Kriegsamtstellen an, Preise nur mit einem Gewinnzuschlag zu gewähren, der sich an den Friedensverhältnissen orientieren müsse, da die Notlage des Krieges nicht ausgenützt werden dürfe[316]. Troeger, der Leiter der Sektion M der Kriegsrohstoffabteilung, betonte, daß er selbst eine Begrenzung von Gewinnen für unab-

---

313 Feldman, Armee, S. 136f.

314 Besprechung am 24. Nov. 1916 im RSchA, BAK, NL 158 Moellendorff, Nr. 118; Feldman, Armee, S. 191ff., 310; vgl. oben S. 307.

315 Art. "Die Eisenindustrie in der Kriegswirtschaft" von Dr. Felix Pinner, Berliner Tageblatt vom 4. Nov. 1916, GStAM, Rep. 120 C VIII 1, Nr. 65, Bd. 6, Bl. 121; Schr. Beukenberg an Koeth vom 21. März 1917, Mannesmann-Archiv, P2/25/01.3, Bl. 118ff., in dem er zu einem Artikel von Prof. Aumund Stellung bezieht. Vgl. auch Auszug aus Aumund: "Preisentwicklung unter dem Kriege" vom 13. Juni 1917, Mannesmann-Archiv, P 2/25/01.3, Bl. 134ff.

316 NSchr. Besprechung der Referenten für Rohstoffe bei den KA-Stellen am 15. Mai 1917 in der KRA, HStAS, M 1/6, Nr. 1366, Bl. 154.

dingbar halte. Er stieß damit aber offensichtlich auf erheblichen Widerstand innerhalb des preußischen Kriegsministeriums, so daß insgesamt die Befürworter von Gewinnbeschränkungen recht isoliert erscheinen[317].

Dafür spricht auch das Schicksal der Initiative, die der Chef des Kriegsamts Groener aufgrund der Denkschrift Richard Mertons vom Juli 1917 anregte. Merton lehnte hohe Gewinne als Anreiz zwar nicht grundsätzlich ab, forderte aber eine wesentlich stärkere Abschöpfung durch Steuern, als sie bisher praktiziert wurde und die Möglichkeit für die Behörden, bei Konflikten in Preisfragen die betroffenen Unternehmen unter Zwangsverwaltung zu stellen. Mit dem Sturz Groeners versandete auch sein Vorschlag zur Gewinnbeschränkung[318].

Zum Jahreswechsel 1917/1918 setzte sich die Oberste Heeresleitung, die ein Jahr zuvor solche Erwägungen noch weit von sich gewiesen hatte, nicht nur für die Begrenzung der Löhne ein, sondern auch für eine energische Beschränkung der "Gewinne in der Kriegsindustrie ...[, die] ganz zweifellos zum grossen Teil über jedes gerechte Mass hinaus hoch" seien. Die einzige Möglichkeit dazu sah die militärische Führung in einer Preisfestsetzung, die sich "bis zu den Rohstoffen hinab" an den Selbstkosten orientieren müsse[319]. Ähnlich äußerte sich die Oberste Heeresleitung im Januar 1918. Sie betonte die Gefahr, daß zu hohe Kriegsgewinne "zu einer durchaus nicht segensreichen Verwerfung der sozialen Schichten" führen könne. Notwendig sei ein sofortiger Eingriff, und zwar auch im Interesse der Nachkriegswirtschaft[320].

Dieser Vorstoß führte zu wenig Änderungen. Vor allem die zivilen Behörden widersetzten sich solchen Überlegungen. Das Reichswirtschaftsamt erkannte die

---

[317] Vortrag Troeger vor Revisoren am 2./3. Aug. 1917, S. 5, BHStA-KA, MKr. 17286. Die Preisprüfungsstellen sprachen sich zum Teil ebenfalls für eine Begrenzung von Gewinnen aus, wie die verhalten formulierte Kritik an einem Urteil des Reichsschiedsgerichts vom Oktober 1917 zeigt. Ihr Motiv lag eher in der Erhaltung des sozialen Friedens, während Troeger die Sicherstellung des Bedarfs gefährdet sah. Mitteilungen für PPS vom 15. Okt. 1917, BAAP, KCA 87.29, Nr. 21, Bl. 1ff. Zu den Preisprüfungsstellen vgl. unten, S. 335.

[318] "Über die Notwendigkeit eines staatlichen Eingriffs zur Regelung der Unternehmergewinne und Arbeiterlöhne", Denkschrift Robert Mertons vom 12. Juli 1917, BAAP, KEZ 87.25, Nr. 96, Bl. 15; Feldman, Armee, S. 310ff.

[319] Schr. OHL an Chef des KA vom 8. Dez. 1917, BA-MA Freiburg, N 46/120 Groener, Bl. 38ff.; Zitat ebd., Bl. 39. Es bleibt aber festzuhalten, daß die Oberste Heeresleitung die Forderung nach Begrenzung der Löhne ins Zentrum stellte und wesentlich härter formulierte.

[320] Schr. Chef des Generalstabes des Feldheeres an den Minister der öffentlichen Arbeiten vom 22. Jan. 1918, BAAP, RK 07.01, Nr. 2435, Bl. 39f. Dieses Schreiben ging auch an den Reichskanzler, das Reichswirtschaftsamt, das Reichsschatzamt, das preußische Kriegsministerium und den Chef des Kriegsamts.

von den Militärs beschriebenen Gefahren zwar durchaus an. Sowohl die Reichsfinanzen als auch die soziale und wirtschaftliche Entwicklung würden belastet. Das Amt verwies aber auf die bisherigen Bemühungen zur Begrenzung von Preisen und Gewinnen, die daran gescheitert seien, daß die Beschaffung immer erste Priorität genossen habe und genießen müsse.

Gleichzeitig erteilte die Behörde allen Forderungen nach staatlicher Intervention eine klare Absage: "Ich halte aber die Einführung einer zwangsgemeinwirtschaftlichen Organisation, oder wie man es sonst bezeichnen mag, zur Drückung der Preise und Löhne aus wirtschaftstechnischen und politischen Gründen in jeder Form für undurchführbar und für ein gefährliches Beginnen." Zum einen verhindere dies jegliche wirtschaftliche Initiative, zum anderen sei die notwendige Kontrolle nicht realisierbar. Vor allem aber "würden die zäh zurückgehaltenen Klassenkämpfe in ganzer Kraft hervortreten". Damit kehrte die zivile Behörde die Argumentation um, denn die Befürworter von Begrenzungen machten gerade die Nichteinmischung für potentiell revolutionäre Entwicklungen verantwortlich[321].

Ein heftiger Kritiker der Preis- und Gewinnpolitik der Militärbehörden war der Reichstag. Sein Interesse galt insbesondere der Kriegsrohstoffabteilung und ihrer Tätigkeit im Bereich von Eisen und Stahl. Der Abgeordnete Mayer aus Kaufbeuren legte dem Reichstag eine anonyme Denkschrift vor, die sich kritisch mit der Preispolitik auseinandersetzte. Diese und weitere Denkschriften, die im Laufe des Jahres 1918 entstanden, prangerten die Übermacht der Eisen- und Stahlindustrie und die fehlende Einschränkung durch die Behörden, besonders die Kriegsrohstoffabteilung, an. Hauptkritikpunkte waren zum einen, daß der volle Einsatz der Werke in den besetzten Gebieten verhindert und damit die für die Sicherstellung des Heeresbedarfs notwendigen Eisen- und Stahlproduktion gemindert worden sei, zum anderen aber, und das stand im Mittelpunkt, die Gewährung viel zu hoher Preise und Gewinne, die dem Reich einen Schaden in Millionenhöhe zugefügt habe[322].

---

[321] Schr. RWA an RK vom 10. Febr. 1918, BAAP, RK 07.01, Nr. 2435, Bl. 115ff.; Zitat ebd., Bl. 115v. Auch andere zivile Behörden wie das preußische Ministerium für öffentliche Arbeiten lehnten Interventionen ab. Sie verwiesen auf die "Einwirkung auf den Einzelnen", womit die Öffentlichkeit, industrielle Verbände und Gewerkschaften ebenso gemeint waren wie die Beschaffungsstellen. Schr. preußisches Ministerium für öffentliche Arbeiten an RK vom 12. März 1918, BAAP, RK 07.01, Nr. 2435, Bl. 177f.; Zitat ebd., Bl. 178.

[322] Sachverständigen-Betrachtungen überreicht vom RT-Abg. Mayer-Kaufbeuren o.D., BA-MA Freiburg, N 415/8 Mentzel, Bl. 98ff.; Abschrift Denkschrift Hortens o.D. [Sept. 1918], BA-MA Freiburg, N 415/8 Mentzel, Bl. 74-91; Denkschrift o.V., o.D., [nach Sept. 1918], BAAP, KEZ 87.25, Nr. 98, Bl. 4-14; vgl. auch Vortragsnotizen des Bergassessors Koska o.D., BA-MA Freiburg, N 415/8 Mentzel, Bl. 61ff.

Verfasser dieser Denkschriften war Alfons Horten, von Juni bis Oktober 1916 Leiter der Sektion E der Kriegsrohstoffabteilung. Er untermauerte seine Kritik mit detaillierten Angaben über die Selbstkosten verschiedener Werke und gelangte zu dem Schluß, daß sich die Preiserhöhungen nicht an den Kosten orientierten, deren Steigerungen durchweg geringer ausfielen. Vielmehr kamen sie den Gewinnen zugute, die sowohl gemessen an den Friedensgewinnen als auch an der 5%-Marke, die das Gesetz über Preiswucher vorschrieb, unzulässig hoch seien, selbst wenn man erhöhte Abschreibungssätze für die Kriegszeit berücksichtigte[323].

Es ist nicht klar, wo Mayer seine Denkschrift vorgelegt hat, ob in der Reichstagskommission für Handel und Gewerbe, deren Vorsitz er innehatte[324] oder in einem Unterausschuß des Reichstages, in dem Mayer Mitglied war. Dieser konstituierte sich Anfang Dezember 1917 und sollte nach einer Mitteilung des Kriegsamts die Preise für Granat- und Qualitätsstahl untersuchen[325]. Letzteres ist wahrscheinlicher, denn das preußische Kriegsministerium mußte sich Ende 1917/Anfang 1918 vor dem Reichstag für seine Beschaffungs- und Preispolitik rechtfertigen und erhielt den Auftrag, seinerseits eine Denkschrift zu erstellen[326]. In diesem Zusammenhang bat Fischer den Geschäftsführer der Direction der Disconto-Gesellschaft um die Übergabe der letztjährigen Geschäftsberichte verschiedener Eisen- und Stahlunternehmen[327].

Bis zum Februar 1918 erarbeitete das Kommissariat der Eisenzentrale einen Entwurf, den es der Kriegsrohstoffabteilung Mitte Februar 1918 vorlegte[328]. Zu

---

[323] Sachverständigen-Betrachtungen überreicht vom RT-Abg. Mayer-Kaufbeuren, BA-MA Freiburg, N 415/8 Mentzel, Bl. 104ff. Zum Nachweis der Verfasserschaft von Alfons Horten vgl. Entwurf der Gegendenkschrift der KRA o.D., o.V. "Die deutschen Eisen- und Stahlpreise unter dem Kriege und das sogenannte englische System der Gewinngarantien", BAAP, KEZ 87.25, Nr. 96, Bl. 98ff. Zu Horten vgl. oben, Anm. 130, S. 59.

[324] Vortragsnotizen des Bergassessors Koska o.D., BA-MA Freiburg, N 415/8 Mentzel, Bl. 61.

[325] Schr. KA an Wumba, KRA u. A 8 vom 3. Dez. 1917, BAAP, KEZ 87.25, Nr. 98, Bl. 213.

[326] NSchr. Besprechung am 31. Dez. 1917 betr. Preisfragen für die Reichstagssitzung, BAAP, KEZ 87.25, Nr. 96, Bl. 191ff.

[327] Schr. KEZ an Direction der Disconto-Gesellschaft vom 31. Dez. 1917, BAAP, KEZ 87.25, Nr. 106, Bl. 28. Es handelte sich u.a. um folgende Firmen: Fried. Krupp AG, Ilseder Hütte, Deutsch-Luxemburgische Bergwerks- und Hütten-AG, Phoenix AG für Bergbau und Hüttenbetrieb, Gutehoffnungshütte, Vereinigte Königs- und Laurahütte AG und Donnersmarckhütte.

[328] Erwiderung der KRA o.D. [am 14. Febr. 1918 von der KEZ an KRA geschickt], BAAP, KEZ 87.25, Nr. 98, Bl. 124. In dieser Akte befindet sich ebenfalls ein Abdruck

diesem Entwurf holte die Militärbehörde offensichtlich eine Stellungnahme des Generaldirektors der Deutsch-Luxemburgischen Bergwerks- und Hütten-AG Vögler ein, die nach Angaben Koskas "grösstenteils wörtlich in die amtliche Denkschrift übernommen" wurde[329]. Es ist wahrscheinlich, aber nicht nachweisbar, daß auch der Verein deutscher Eisen- und Stahlindustrieller Materialien sammelte und der Kriegsrohstoffabteilung zur Verfügung stellte, "um das Machwerk, auf das sich der Reichstag stützt, bis ins Einzelne Gehende [sic!] zu widerlegen"[330].

Die Erwiderung der Kriegsrohstoffabteilung versuchte im wesentlichen auf zwei Ebenen, die gegen sie erhobenen Vorwürfe zu entkräften. Erstens bemühte sich die Denkschrift nach der Identifikation des Verfassers darum, diesen als unzuverlässig und ohne Sachkenntnis zu charakterisieren sowie ihm zu unterstellen, daß er sich bei seiner Tätigkeit in kriegswirtschaftlichen Behörden auf Kosten anderer zu bereichern versuchte[331]. Zweitens rechtfertigte die Kriegsrohstoffabteilung ihre Preispolitik. Die von Horten vorgelegten Zahlen über die Höhe von Selbstkosten und Gewinnen konnte sie nicht widerlegen[332]. Sie stellte daher vor allem darauf ab, daß die Gewährung hoher Preise als Leistungsanreiz notwendig gewesen sei, um den Bedarf der Beschaffungsstellen sicherzustellen. Darüber hinaus sollte die Industrie für den Aufbau der Nachkriegswirtschaft gestärkt werden[333].

Zur Frage der Gewinne erklärte die Denkschrift, "dass doch die Gewinne der Werke verhältnismässig gleichgültig sind, dass es doch im wesentlichen darauf ankommt, dass die Werke trotz aller Schwierigkeiten es bisher erreicht haben,

---

der Denkschrift. Ebd., Bl. 135-185. Vorarbeiten dazu finden sich außerdem in den Akten des Kommissariats der Eisenzentrale. BAAP, KEZ 87.25, Nr. 96 und 97.

[329] Vortragsnotizen des Bergassessors Koska o.D., BA-MA Freiburg, N 415/8 Mentzel, Bl. 68. Dies ist heute wegen des fehlenden Bestandes des preußischen Kriegsministeriums nicht mehr überprüfbar, aber angesichts der übrigen kontrollierbaren Äußerungen durchaus glaubwürdig. Im Kommissariat der Eisenzentrale wurde über die Kritik weiter diskutiert, es sind aber keine weiteren Fassungen der Erwiderung überliefert. Stellungnahme Dr. Gompertz zu Vorwürfen aus RT vom 16. Febr. 1918, BAAP, KEZ 87.25, Nr. 97, Bl. 84ff.

[330] Schr. VdEStI an Gruppen vom 10. Febr. 1918, BAK, R 13I/188, Bl. 117.

[331] Entwurf der Gegendenkschrift der KRA: "Die deutschen Eisen- und Stahlpreise unter dem Kriege und das sogenannte englische System der Gewinngarantien", o.D., o.V, BAAP, KEZ 87.25, Nr. 96, Bl. 98ff.

[332] Vortragsnotizen des Bergassessors Koska o.D., BA-MA Freiburg, N 415/8 Mentzel, Bl. 66f.

[333] Erwiderung der KRA [am 14. Febr. 1918 von der KEZ an KRA geschickt], BA-MA Freiburg, N 415/8 Mentzel, Bl. 112, 121, 133f.

in Eisen und Stahl das für die Landesverteidigung Notwendige zu schaffen"[334]. Sie sah in hohen Gewinnen und Dividenden zudem eine Belohnung für die "Anpassungsfähigkeit, welche die Industrie durch die grosse Initiative ihrer Führer an die immer wechselnden Anforderungen der Obersten Heeresleitung gezeigt hat"[335]. Hier zeigte sich der Einfluß der herangezogenen Industriellen besonders stark, die genau diese Argumentation immer wieder vorbrachten, um ihre Gewinne zu legitimieren. Bekannt ist das Zitat Reicherts, des Geschäftsführers des Vereins deutscher Eisen- und Stahlindustrieller, der für außergewöhnliche Leistungen außergewöhnliche Gewinne einforderte. Aber auch andere Unternehmer äußerten sich ähnlich[336].

Daß die umfangreiche, aber wenig aussagekräftige und über weite Strecken apologetische Denkschrift die Abgeordneten nicht befriedigte, ist zu vermuten, zumal der Unterausschuß beschloß, daß sich Mayer, der "Bearbeiter der Beschwerden gegen die Eisenbewirtschaftung", mit Koeth, dem Chef der Kriegsrohstoffabteilung, und Fischer, dem Leiter des Kommissariats der Eisenzentrale, in Verbindung setzen sollte. Weitere Unterlagen sind jedoch nicht überliefert[337]. Erst für die spätere Zeit, vermutlich nach Kriegsende gibt es wieder Hinweise darauf, daß über die Preispolitik der Kriegsrohstoffabteilung gegenüber der

---

[334] Erwiderung der KRA [am 14. Febr. 1918 von der KEZ an KRA geschickt], BA-MA Freiburg, N 415/8 Mentzel, Bl. 167; vgl. auch NSchr. Besprechung vom 31. Dez. 1917 betr. Preisfragen für RT-Sitz., BAAP, KEZ 87.25, Nr. 96, Bl. 191f. Wer auch in der täglichen Politik diese Argumente vorbrachte, war der Beauftragte des preußischen Kriegsministeriums Klöckner, jedenfalls noch im Oktober 1916. Schr. BdKM Klöckner an EZ vom 23. Okt. 1916, BAAP, EZ 87.10, Nr. 32.

[335] Erwiderung der KRA [am 14. Febr. 1918 von der KEZ an KRA geschickt], BA-MA Freiburg, N 415/8 Mentzel, Bl. 134; vgl. auch ebd., Bl. 110f., 126, 133.

[336] "Über industrielle Kriegsfragen", Referat vor der Hauptversammlung des VdEStI am 16. Nov. 1916, BAK, R 13 I, Nr. 149, Bl. 21f.; Zitate ebd., Bl. 22. Vgl. auch Reichert in: Prot. Sitz. des Hauptvorstandes des VdEStI vom 21. Juni 1917, BAK, R 13 I, Nr. 151, Bl. 42. Die Edelstahlindustrie verteidigte ihre Gewinne ebenso als eine Belohnung für die schnelle Umstellung auf die Kriegsproduktion. Schr. Vereinigung deutscher Edelstahlwerke an den BdKM beim DStB vom 30. Dez. 1917, BAAP, KEZ 87.25, Nr. 96, Bl. 195, 200ff. Nicht nur die Kriegsrohstoffabteilung, sondern auch die Beschaffungsstellen übernahmen diese Argumentation. Bericht Hauptmann Dr. Büsselberg über das Beschaffungs- und Lieferungswesen, verfaßt im Sept. 1916, an Chef des KA am 16. Jan. 1917, BA-MA Freiburg, N 46/120 Groener, Bl. 104f.

[337] NSchr. über Sitz. des Unterausschusses am 22. Apr. 1918, BAAP, KEZ 87.25, Nr. 98, Bl. 23; Zitat ebd. In dieser Sitzung wurde außerdem beschlossen, einzelne Mitglieder mit der Überprüfung bestimmter Kriegsgesellschaften zu beauftragen. Noske war für die Kriegsmetall AG, Erzberger für die Kriegswollbedarf AG, Liesching für die Kriegsleder AG und Hoch für den Kriegsausschuß für pflanzliche und tierische Öle und Fette zuständig.

Eisen- und Stahlindustrie erneut beraten wurde, und zwar in einer vom Kriegsminister einberufenen Kommission[338].

Angesichts des insgesamt eher gering ausgeprägten und durch Interessenkonflikte mehrfach gebrochenen Willens, Gewinne von Unternehmen zu begrenzen, ist kaum zu erwarten, daß zahlreiche und effektive Maßnahmen ergriffen wurden. Der einzig praktizierte Weg zur Gewinnbeschränkung war die behördliche Festsetzung eines Gewinnzuschlags. Er sollte einen prozentualen, an den Friedensverhältnissen orientierten Anteil an den Kosten ausmachen. Hintergrund war die Annahme, daß die Preissteigerungen im wesentlichen durch Spekulation und Profitgier hervorgerufen wurden[339].

Dazu mußte zum einen definiert werden, wie hoch der Zuschlag sein durfte und an welchem Maßstab er ausgerichtet werden sollte; zum anderen waren die Selbstkosten zu ermitteln. Vor allem die zweite Bedingung brachte große praktische Schwierigkeiten mit sich. Die Tauglichkeit des Materials hing zu einem großen Teil vom Willen und der Fähigkeit der Behörden ab, die Angaben zu überprüfen[340]. Darüber hinaus steckte darin ein großes Potential zur Steigerung von Preisen und Gewinnen.

Dies wurde z.B. bei den Höchstpreisen deutlich. Schon im Januar 1915 erklärte sich die Kriegsrohstoffabteilung bereit, Metallverbrauchern generell "gegen Nachweis" höhere Kosten als die Höchstpreise zu ersetzen. Auch wenn sie dies nur als Ausnahmefall zulassen wollte, wurden in der Praxis Steigerungen befördert, weil sie keine handhabbaren Kriterien für die Überprüfung aufstellte[341]. Im weiteren Verlauf des Krieges mußten die Selbstkosten immer wieder als Argument für Erhöhungen oder Abschaffung von Höchstpreisen herhalten. Beispielhaft dafür ist der Antrag der Industrie auf Anhebung der Schwefelsäurepreise im Frühjahr 1918[342]. Im Januar 1918 hatten die Behörden mit demselben Argument die Höchstpreise für schwefelhaltige Stoffe aufgeho-

---

[338] Vortragsnotizen des Bergassessors Koska o.D., BA-MA Freiburg, N 415/8 Mentzel, Bl. 61.

[339] So z.B. in der Denkschrift der Professoren Schmoller, Sering, Herkner, Francke und Levy an RSchA vom 12. Dez. 1914, RFM 21.01, Nr. A 2843, Bl. 70. Ähnliches legt die Argumentation der Feldzeugmeisterei für Höchstpreise nahe, nach der zu den Selbstkosten ein Gewinn von 15-20% treten sollte. Schr. FM an Allgemeines Kriegsdepartement vom 5. Febr. 1915, GStAM, Rep. 120 C VIII 1, Nr. 84, Adh. 19, Bd. 1, Bl. 140.

[340] Vgl. unten, S. 326ff.

[341] Schr. KRA an PMHG vom 4. Jan. 1915, GStAM, Rep. 120 C VIII 1, Nr. 84, Adh. 19, Bd. 1, Bl. 127f.; Zitat ebd., Bl. 127.

[342] Schr. KCA an RWA vom 13. Mai 1918, Denkschrift über die Neuregelung der Preise für Schwefelsäure und Oleum vom 10. Mai 1918, Bayer-Archiv, 201/6.3, Bd. 5.

ben[343]. Dieses Prinzip erwies sich also, im Gegensatz zu den Intentionen seiner Initiatoren, als probates Instrument für die Durchsetzung immer weiterer Preissteigerungen.

Doch ergibt sich ein etwas anderes Bild, wenn man die Gewinnpolitik bei den vom Reich finanzierten Rohstoffproduktionen miteinbezieht. Dort gelang es der Kriegsrohstoffabteilung in einigen Bereichen, z.B. beim Salpeter, zunächst einen Gewinnverzicht durchzusetzen. Dies war zwar nur am Anfang des Krieges möglich, aber auch danach erreichte die Behörde immerhin, daß sie über die Höhe des Gewinns mitentscheiden konnte. Überdies konnte die Kriegsrohstoffabteilung auch bei Verträgen zwischen Firmen, die sie genehmigte, solche Regelungen durchsetzen[344].

Ebenso zeigen die Reaktionen der Industrie, daß dieser Weg für ihre Gewinne gefährlich war. Im Februar 1915 diskutierten das preußische Kriegsministerium und die Kriegschemikalien AG mit den Herstellern von Schwefelsäuren über die Vertragspreise für Kriegslieferungen. Die Produzenten brachten ihre gestiegenen Selbstkosten als Grund für die geforderte Erhöhung vor, womit sie sich zunächst auch durchsetzten[345]. Anfang April machte die Kriegsrohstoffabteilung zur Bedingung, daß die neuen Preise nur für Säuren galten, die aus - teuren - von der Kriegschemikalien AG zugewiesenen Schwefelkiesen hergestellt wurden; für alle aus billigeren Vorräten produzierten Säuren sollten die Einstandspreise in die Berechnung der Säurepreise einfließen[346]. Daß dies für die Unternehmen erhebliche Gewinnbeschränkungen bedeuteten konnte, läßt der Hinweis des Vertreters der Farbenfabriken vorm. Friedrich Bayer ahnen, nach dem seine Firma die Säure für 4,63 M/100 kg herstellen und für 8,- M verkaufen konnte[347]. Die chemische Industrie wies die Bedingung daher scharf zurück[348].

---

343 Schr. RdI an PMHG vom 4. Jan. 1918, GStAM, Rep. 120 C VIII 1, Nr. 84, Adh. 22, Bd. 2, Bl. 164; Bekanntmachung vom 14. Jan. 1918, Kriegsbuch 8 (1919), S. 336.

344 Zur Produktionsförderung vgl. oben, S. 222ff.; Verträge Firmen: Schr. Kloeppel an Direktorium Bayer vom 3. Aug. 1918, Bayer-Archiv, 201/38, Bd. 2.

345 Prot. Quincke über die Besprechung der SO_3-Fabrikanten und der dort erstellte Vorschlag für Höchstpreise für hochgrädige Schwefelsäure und Oleum vom 11. Febr. 1915, Bayer-Archiv, 201/3. Die Bezeichnung "Höchstpreise", die dort verwendet wird, führt in die Irre, da es sich nicht um eine allgemeingültige Verordnung, sondern lediglich um eine Abmachung zwischen preußischem Kriegsministerium und einzelnen Lieferanten handelte.

346 Schr. Hoechst, BASF, Bayer, Weiler-ter Meer, Verein chemischer Fabriken an KRA vom 17. Apr. 1915, Bayer-Archiv, 201/3.

347 Prot. Quincke über die Besprechung der SO_3-Fabrikanten vom 11. Febr. 1915, Bayer-Archiv, 201/3. Schr. Born an Hoechst vom 12. Febr. 1915, Hoechst-Archiv,

Dagegen hatte die Ankündigung der Kriegsrohstoffabteilung vom Juli 1916, für Eisen- und Stahlprodukte künftig nur einen Gewinn von 10% auf die Selbstkosten gewähren zu wollen, wenig Erfolg. Er rief nicht nur Proteststürme bei den Industriellen hervor, sondern war auch innerhalb der Behörde keineswegs unbestritten. Die Durchsetzung des Hindenburg-Programms rückte die Steigerung der Produktion in den Vordergrund, und so wurde diese Politik sehr bald zurückgenommen. Koeth äußerte im November 1916: "Von der Festsetzung der Preise nach Selbstkosten mit Aufschlag sei man völlig abgekommen und werde der Industrie auch im weitestmöglichen Umfange völlige Freiheit lassen"[349].

Einen grundsätzlichen Anlauf zur Begrenzung von Gewinnen nahm die Kriegsrohstoffabteilung im Februar 1918. Vermutlich aufgrund der Debatten im Hauptausschuß des Reichstages und der Vorwürfe gegen die Preispolitik des preußischen Kriegsministeriums veranlaßte Koeth eine Stellungnahme aller Sektionen zu verschiedenen Fragen der Bewirtschaftung, unter anderem nach der Entwicklung der Gewinne und deren Verwendung. Es ist allerdings offen, wie ernst es der Kriegsrohstoffabteilung mit dieser Ermittlung war und welche Folgen sie zeitigte[350].

Bei den Beschaffungsstellen gab es nur wenige Fälle, in denen die Preise als Selbstkosten mit Gewinnzuschlag festgelegt wurden. Ein Berichterstatter für den Chef des Kriegsamts stellte Ende 1916 fest: "Von einer allgemeinen Ein-

---

18/1/14; Schr. Hoechst, BASF, Bayer, Weiler-ter Meer, Verein chemischer Fabriken an KRA vom 17. Apr. 1915, Bayer-Archiv, 201/3.

[348] Wie die Sache ausging, ist nicht eindeutig auszumachen. Wahrscheinlich setzten sich die Firmen durch. Schr. Mann an Duisberg vom 21. Apr. 1915, Bayer-Archiv, 201/3.

[349] Prot. Verhandlungen in der KRA am 25. Nov. 1916, Mannesmann-Archiv, P 2/25/01.4, Bl. 158f.; Zitat ebd. Eine Denkschrift innerhalb der Kriegsrohstoffabteilung vom August 1918 bezeichnete diese Politik gar als ein "vollkommenes Fiasko". Gedanken zur Preispolitik, bearb. von Hauptmann von Besser, KRA, vom 26. Aug. 1918, BAAP, KEZ 87.25, Nr. 106/1, Bl. 29. Zur Gewinnbeschränkung im Juli 1916 vgl. oben, S. 308.

[350] Schr. KRA an alle Sektionen vom 23. Febr. 1918, BAAP, KEZ 87.25, Nr. 98, Bl. 51f.; Antwort KEZ vom 28. Febr. 1918, BAAP, KEZ 87.25, Nr. 98, Bl. 38f. Es ist möglich, daß die bei den Farbenfabriken vorm. Friedrich Bayer und den Farbwerken vorm. Meister Lucius und Brüning überlieferten, aber nicht abgeschickten Berichte über die Situation der Firmen vor und während des Krieges dafür zusammengestellt wurden. Bericht für das Kriegsministerium z.Hd. des Oberstleutnant Koeth vom Nov. 1918, S. 19f., Bayer-Archiv, 201/35. Die Zahlen entstammen den Berichten der einzelnen Unternehmen, die bei den Farbenfabriken vorm. Friedrich Bayer gesammelt und mit den jeweils anderen Firmen ausgetauscht wurden. Vgl. die Einzelberichte von Aug.-Okt. 1918, Hoechst-Archiv, 18/1/13.

führung der auf den Selbstkosten sich aufbauenden Preispolitik kann aber keine Rede sein"[351]. Im September 1916 leitete das Waffen- und Munitionsbeschaffungsamt wohl eine Initiative ein, wonach für alle Heereslieferungen künftig nur die Selbstkosten und 10% Gewinn bezahlt werden sollten. Dieser Vorstoß scheint aber wenig Erfolg gehabt zu haben[352]. Viel wichtiger waren die sogenannten Einheitspreise. Für ein Produkt erhielten alle Hersteller den gleichen Preis, womit kostengünstigere Werke ihren Gewinn steigern konnten[353]. Sie waren also höchstens ein Mittel zur Preisbegrenzung, indem sie der Konkurrenz der Beschaffungsstellen untereinander zu begegnen suchten. Daß nicht einmal das völlig gelang, belegt eine Klage des bayerischen Kriegsministeriums vom Februar 1918[354].

Mehr Erfolg als Kriegsrohstoffabteilung und Beschaffungsstellen hatte in dieser Frage die Abteilung A 10 des preußischen Kriegsministeriums. Hier war es gängige Praxis, den Firmen für Chloräthylen, vermutlich auch für andere Rohstoffe zur Kampfgasproduktion, unterschiedliche Preise zu gewähren, die sich jeweils zusammensetzten aus den Selbstkosten, einem festgelegten Zuschlag für Generalspesen und dem Gewinn[355].

Von seiten der Kriegsgesellschaften sind nur selten solche Reglementierungsversuche festzustellen. So befürwortete die Kriegsmetall AG im August 1917, die Preise nach der Prüfung der Selbstkosten anhand der Bücher festzusetzen, indem sie durch einen feststehenden Gewinnzuschlag ergänzt würden. Die Kriegschemikalien AG engagierte sich in dieser Weise nicht[356].

Betrachten wir die Diskussion über die Notwendigkeit zur Begrenzung von Unternehmergewinnen im Überblick, so ergeben sich zwei gegenläufige Tendenzen, die den ganzen Krieg über miteinander um die Vorherrschaft rangen. Auf der einen Seite stand die Vorstellung, daß der Burgfriede, ab der zweiten

---

[351] Bericht Hauptmann Dr. Büsselberg über das Beschaffungs- und Lieferungswesen, verfaßt im Sept. 1916, an Chef des KA am 16. Jan. 1917, BA-MA Freiburg, N 46/120 Groener, Bl. 119. Ein Beispiel für die Vereinbarungen aufgrund von Selbstkosten war der Vertrag Wumba-S&H vom 5./7. Sept. 1917, §§ 4, 10, BHStA-KA, MKr. 17286.

[352] Buschmann, Unternehmenspolitik, S. 204f., unter Hinweis auf die Korrespondenz des VDMI mit dem Vorstand der Daimler-Motoren-Gesellschaft. Vgl. auch oben, S. 308ff.

[353] Allgemeine Vertragsbedingungen, Anlage zu Schr. FM an SSW vom 24. Sept. 1916, SAA, 50/Lg 12; Schr. FM an Württ. PPS beim KM vom Juni 1919, HStAS, M 1/9, Bü. 183 (das Schr. ist nur in Auszügen erhalten).

[354] Schr. bayer. FM an BKM vom 21. Mai 1918, BHStA-KA, MKr. 17381.

[355] Schr. Bayer an SSW vom 6. Aug. 1918, Bayer-Archiv, 201/6.2, Bd. 3.

[356] Schr. KMA an von der Porten vom 17. Aug. 1917, BAAP, KMA 87.37, Nr. 247, Bl. 112f.

Kriegshälfte war genauer vom sozialen Frieden die Rede, gesichert werden müsse. Dazu sei eine Gewinnbeschränkung notwendig. Am häufigsten und frühesten setzte sich die Kriegsrohstoffabteilung für derartige Maßnahmen ein, wenn auch keineswegs einmütig. Ende 1916 begannen sich auch die Beschaffungsstellen dafür zu interessieren, allerdings nicht auf Dauer. Ähnlich war es um das Engagement der Obersten Heeresleitung bestellt, die ihr Anliegen zwar mit großer Dringlichkeit vortrug, aber keinerlei konstruktive Vorschläge machte, so daß damit keine weitere Wirkung verbunden war.

Auf der anderen Seite argumentierten die Gegner solcher Maßnahmen mit dem Leistungsanreiz, den die Gewinne darstellten und der für die Sicherung des Heeresbedarfs unersetzlich sei. Unterstützt wurden sie von den Gegnern staatlicher Interventionen in den Wirtschaftsprozeß. Deshalb sind hier nicht nur Vertreter der Wirtschaft zu finden, sondern auch eine Reihe von zivilen Behörden, allen voran das Reichsamt des Innern und ab 1917 auch das Reichswirtschaftsamt. Das Reichsschatzamt war gespalten: Zwar erforderte die Lage des Reichshaushalts dringend eine Senkung der Ausgaben, aber die dafür notwendigen staatlichen Eingriffe lehnte das Amt aus prinzipiellen Erwägungen eher ab, zumal seine praktische Durchsetzungsfähigkeit hier ohnehin begrenzt war. Auch die Kriegsgesellschaften, die in dieser Frage nur von untergeordneter Bedeutung waren, setzten sich eher gegen Gewinnbegrenzungen ein. Erst ab 1917 lassen sich einige Vorstöße der Kriegsmetall AG für solche Beschränkungen finden. Insgesamt setzten sich die Gegner von Gewinnbegrenzungen durch.

Daher ist es auch nicht weiter verwunderlich, daß die tatsächlich ergriffenen Maßnahmen wenig Ergebnisse zeitigten. Einzig beschrittener Weg war der Versuch, den Gewinnsatz als einen Anteil an den Kosten festzulegen. Trotz der praktischen Probleme der Kontrolle, die im Teil V näher untersucht werden, konnten, allerdings nur in den ersten beiden Kriegsjahren, Gewinne und Preise begrenzt werden. Vor allem die Kriegsrohstoffabteilung hatte hier einige Erfolge zu verbuchen. Die Beschaffungsstellen engagierten sich dagegen kaum in dieser Richtung, so daß insgesamt von einer Begrenzung der Gewinne nur in Maßen die Rede sein kann.

V. Kontrollmechanismen in der Kriegswirtschaft

Die Frage, ob und wenn ja, in welchem Ausmaß die für die Bewirtschaftung zuständigen Institutionen Unternehmen und Kriegsgesellschaften kontrollierten, ist zentral für die Beurteilung der Beziehung zwischen Staat und Wirtschaft im Ersten Weltkrieg. Hierfür war nicht nur die Reaktion der Behörden auf den prinzipiellen und oft heftigen Widerstand der Betroffenen gegen jegliche Form von Überwachung entscheidend, sondern auch der Umgang mit unterschiedlichen staatlichen Interessen. Für Kontrollen sprachen auf der einen Seite drei Argumente: Erstens konnte nur so die Einhaltung staatlich vorgegebener Prioritäten für Verteilung und Produktion garantiert werden, wenn die Interessen der Unternehmen und der Behörden auseinanderfielen. Daß dies nicht gerade selten der Fall war, hat die Untersuchung von Beschaffung und Verteilung gezeigt. Zweitens entwickelten sich im Laufe des Krieges wachsende Spannungen, vor allem über Kriegsgewinne der Unternehmer und hohe Löhne der Rüstungsarbeiter, die den sozialen Frieden gefährdeten. Drittens, und das hängt mit dem zweiten Argument eng zusammen, mußten die staatlichen Vertreter ihr Ansehen als unparteiische Schiedsrichter pflegen und durften nicht als Diener und Förderer der Rüstungsindustrie gelten, wollten sie die Autorität des Staates nicht untergraben. Die beiden zuletzt genannten Aspekte prägten vor allem die zweite Kriegshälfte.

Auf der anderen Seite sprachen ebenso viele gewichtige Argumente gegen eine strikte Überwachung. Erstens bedeuteten Kontrollen immer Konflikte mit den betroffenen Unternehmen, die erst einmal kontraproduktiv wirkten. Zweitens erzeugten sie eine Menge Reibungsverluste, vor allem durch Bau- und Produktionsverzögerungen sowie durch Bindung von Personal, das sonst anderweitig hätte eingesetzt werden können. Drittens aber, und das war ein sehr wichtiger Faktor gerade für die Beschränkung von Preisen und Gewinnen, standen die Steigerung der Produktion mittels Leistungsanreizen solchen Kontrollen entgegen. Wenn man es zuspitzt, mußten sich die Behörden also letztlich entscheiden zwischen einer Steigerung der Rüstungsproduktion, deren Erfolg oder Mißerfolg sofort an der Front spürbar war, einerseits und der Sicherung des sozialen Friedens und der staatlichen Handlungsfähigkeit, was erst auf längere Frist Folgen zeitigte, andererseits.

Vor diesem Hintergrund soll im folgenden zum einen herausgearbeitet werden, in welchem Ausmaß die zuständigen Institutionen willens waren, die Wirtschaft und ihre Tätigkeit zu kontrollieren. Zum anderen sind die Möglichkeiten und Spielräume zu ermitteln, die die Durchführung solcher Kontrollen begrenzten. Um einen systematischen Überblick zu bekommen, werden beide Fragen für verschiedene Kontrollformen, die sich im einzelnen während des Krieges herausbildeten, untersucht. Diese Formen unterscheiden sich nach der Institution, die die Überwachung ausführte.

Erstens wird im Mittelpunkt stehen, welche konkreten Maßnahmen die Militärbehörden selbst beziehungsweise einzelne ihrer Abteilungen direkt gegenüber Unternehmen und Kriegsgesellschaften in Angriff nahmen. Zweitens sollen eine Reihe von Institutionen vorgestellt werden, mit deren Hilfe die staatlichen Stellen die Wirtschaft mittelbar überwachten. Hier werden Revisoren, Beauftragte und Kommissare ebenso in den Blick rücken wie Wirtschaftsvertreter, an die bestimmte Kontrollfunktionen delegiert wurden. Drittens müssen die Aktivitäten des Reichstages als Kontrollinstanz der Bewirtschaftung kurz beleuchtet werden. Ein Blick auf eine Folge von Kontrollen, nämlich Sanktionen und ihre Anwendung, wird diese Ausführungen beenden. Zum Abschluß soll die Politik im Hinblick auf die einzelnen Akteure zusammengefaßt werden.

1. Direkte Kontrolle durch die Militärbehörden und ihre Abteilungen

Kontrollinstanzen waren zunächst die für die einzelnen Maßnahmen zuständigen Behörden, vorrangig die militärischen, da die zivilen wenig eigenständige Entscheidungsbefugnisse besaßen. Abgestuft nach der Intensität werden drei Formen beleuchtet: erstens regelmäßige Berichterstattung, zweitens Prüfung durch Mitarbeiter sowie Fachreferate der Behörden und drittens die Errichtung eigener Abteilungen, die sich allein der Überwachung widmeten. In allen Bereichen werden Willensäußerungen, Reaktionen und Durchführung untersucht, und zwar sowohl für die Kontrolle von Kriegsgesellschaften als auch von Unternehmen.

Eine erste Form der Kontrolle war die regelmäßige Berichterstattung. Die Kriegsrohstoffabteilung führte sie zur Überwachung der Kriegsgesellschaften am Anfang ein, und zwar sowohl über die Tätigkeit insgesamt als auch über einzelne Geschäftsbereiche. Meist erstatteten die einzelnen Abteilungen gesonderte Berichte über die von ihnen bewirtschafteten Stoffe, welche der Vorstand dann sammelte und weiterleitete[1]. Mit einiger Verzögerung gelang es den

---

[1] Monatsberichte der KCA, 1915-1918, BAAP, KCA 87.29, Nr. 15-17; Monatsberichte der EZ und und der MnG, Dez. 1916-Jan. 1920, BAAP, KEZ 87.25, Nr. 6, 14; Monatsberichte der KMA, nur Juli 1916-Sept. 1918 überliefert, GStAM, Rep. 120 C VIII 1, Nr. 84, Adh. 13^{M}, Bd. 2 u. 3, passim; Berichte einzelner Abteilungen der Kriegsmetall AG, BAAP, KMA 87.37, Nr. 44, Bl. 1ff.

zivilen Behörden, diese Berichte ebenfalls regelmäßig zu bekommen[2]. Es handelte sich dabei aber nicht um die Fassungen, die auch die Kriegsrohstoffabteilung erhielt. Letztere forderte hin und wieder Änderungen vor der Absendung an das Reichsamt des Innern[3]. Ab November 1915 erhielt auch das preußische Ministerium für Handel und Gewerbe eine Ausgabe der Berichte[4].

Einen ähnlichen Zweck verfolgte die Kriegsrohstoffabteilung mit der Ablieferung von Berichten der Aufsichtsräte und ihrer Unterkommissionen, denen seit Mitte 1916 eine verstärkte Kontrolle der Geschäftstätigkeit der Kriegsgesellschaften oblag[5]. Darüber hinaus ließ sich die Kriegsrohstoffabteilung regelmäßig die Geschäftsberichte der ihr unterstellten Kriegsgesellschaften übermitteln, was die Grundlage für die Bilanzprüfung bot. Diese stellte zwar ein relativ schwaches Kontrollinstrument dar, zumal die Tätigkeit der Gesellschaften damit nur im nachhinein und summarisch überprüft wurde[6]. Dennoch zeigen die Diskussionen des Reichsschatzamts und der Kriegsrohstoffabteilung über die Bilanz der Eisenzentrale, daß sie die Angaben dort und in den Geschäftsberichten durchaus als Argumente benutzten, um die künftige Politik zu beeinflussen, wenn z.B. die Finanzierung der Produktionsförderung oder von Importen zur Debatte gestellt wurde[7].

Wichtiger waren Informationen über einzelne Bereiche, etwa über den Bestand und die Veränderungen der zur Verfügung stehenden Rohstoffe, welchen die Kriegschemikalien AG seit Juni 1915 monatlich sowohl an die Kriegsrohstoffabteilung als auch an die Feldzeugmeisterei melden mußte[8]. Vor allem aber waren die Tätigkeiten wichtig, die den Finanzbedarf der Gesellschaften bestimmten. Hierum waren Kriegsrohstoffabteilung und Reichsschatzamt glei-

---

[2] Schr. RdI an PKM vom März 1915, BAAP, KCA 87.29, Nr. 15, Bl. 2ff. Ab April 1915 sandte z.B. die Kriegschemikalien AG ihre Monatsberichte an das Reichsamt des Innern. Ebd., Bl. 16ff.

[3] Z.B. Monatsbericht der KCA vom Februar 1917, BAAP, KCA 87.29, Nr. 17, Bl. 10ff., 22ff.

[4] Monatsberichte der KCA, Nov. 1915-Sept. 1918, GStAM, Rep. 120 C VIII 1, Nr. 84, Adh. 22A, Bl. 34ff.; Monatsberichte EZ und MnG ab Sept. 1916, GStAM, Rep. 120 C VIII 1, Nr. 65, Bd. 6, passim.

[5] Anlage zu Schr. KRA an RdI vom August 1916, BAAP, RdI 15.01, Nr. 18826, Bl. 155f.

[6] Schr. Archiv des RWM an EZ vom 5. Juni 1919, BAAP, KEZ 87.25, Nr. 64, Bl. 7.

[7] Prot. Besprechung Bilanz der EZ vom 28. Jan. 1918, BAAP, KEZ 87.25, Nr. 2, Bl. 158ff.

[8] Schr. KCA an KRA vom 2. Aug. 1915, BAAP, KCA 87.29, Nr. 84, Bl. 8. Ab November 1916 mußte sie über die Einfuhren eine gesonderte Statistik führen. Schr. KRA [an KCA] vom 29. Nov. 1916, BAAP, KCA 87.29, Nr. 132, Bl. 40.

chermaßen bemüht, allerdings hatte die Militärbehörde darin größeren Erfolg, weil sie den direkten Zugriff auf die Gesellschaften besaß. Als sie im Mai 1916 die Garantie für "etwaige Verluste" übernahm, die der Kriegsmetall AG aus der Beschaffung von Metallen für den mittelbaren Kriegsbedarf erwachsen sollten, forderte die Behörde eine Zusammenstellung über eben diese Geschäfte. Es handelte sich dabei im wesentlichen um die finanziellen Beteiligungen an Neu- oder Ausbauten von Produktionsanlagen, bei denen die Gesellschaft sich zur Abnahme der Produktion über den Krieg hinaus verpflichtet hatte[9]. Eine erste Zusammenstellung sandte die Kriegsmetall AG Mitte August 1916 an die Kriegsrohstoffabteilung[10]. Dies scheint der Behörde nicht genügt zu haben, denn im Dezember 1916 forderte sie eine neue Aufstellung an[11]. Die zum Ende des Monats erarbeitete Liste informierte ausführlich über die Finanzierungsformen sowie über die Höhe der schon bezahlten Gelder und die eingegangenen Abnahmeverpflichtungen. Jener Zusammenstellung folgten monatlich weitere[12]. Die Kriegsrohstoffabteilung erhielt auch Übersichten der Kriegschemikalien AG über deren Geschäfte, obwohl die Feldzeugmeisterei dort die Übernahme der Rohstoffbestände garantiert hatte[13]. Auch in anderen Tätigkeitsbereichen, z.B. bei Importen, schuf sich die Kriegsrohstoffabteilung ähnliche Kontrollmöglichkeiten. Von Mitte 1917 an mußten die Kriegsgesellschaften monatlich ihren Devisenbedarf anmelden und bewilligen lassen, bevor sie die Kaufverträge mit dem Ausland abschließen durften[14].

Den Finanzbedarf nahm ebenso das Reichsschatzamt immer wieder zum Anlaß, Kontrollrechte geltend zu machen, doch es mußte mit zähem Widerstand sowohl der Kriegsgesellschaften als auch der Kriegsrohstoffabteilung kämpfen. Weder die allgemeine Forderung nach Stärkung seines Einflusses auf die Produktionsförderung noch die konkrekte Anweisung an die Kriegschemikalien AG, eine Übersicht zu erstellen und über die Militärbehörde weiterzuleiten,

---

[9] Schr. KRA an KMA vom 20. Mai 1916, BAAP, KMA 87.37, Nr. 172, Bl. 52; Zitat ebd.

[10] Anlage zum Schr. KMA an KRA vom 15. Aug. 1916, BAAP, KMA 87.37, Nr. 172, Bl. 47ff.

[11] Mitt. Vorstand der KMA an Frucht vom 5. Dez. 1916, BAAP, KMA 87.37, Nr. 169, Bl. 146.

[12] Zusammenstellungen vom 31. Dez. 1916-31. Dez. 1917 sowie monatliche Nachträge und Ergänzungen, BAAP, KMA 87.37, Nr. 169, passim. Zusammenstellungen vom 31. März 1918-31. Juli 1918, BAAP, KMA 87.37, Nr. 171, Bl. 14ff.

[13] NSchr. über die zwischen der KRA und KCA wegen der Verrechnung getroffenen Vereinbarungen o.D. [vermutlich Anfang 1917], S. 7, BAAP, RKG 89.05, Nr. 157.

[14] Schr. KRA an KCA vom 14. Aug. 1917, BAAP, KCA 87.29, Nr. 19, Bl. 39f. Vgl. auch GStAM, Rep. 120 C VIII 1, Nr. 84, Adh. 4A, passim.

hatte großen Erfolg[15]. Sie führte nur zu einer Liste, der die entscheidenden Angaben über Höhe und Umfang der finanziellen Leistungen fehlten; die nächste Zusammenstellung datiert erst vom November 1918[16]. Über die Umsetzung einer gleichzeitigen Aufforderung an Eisenzentrale und Manganerzgesellschaft ist nichts bekannt[17]. Im Gegensatz dazu entsprach die Eisenzentrale einer gleichlautenden Anforderung aus der Vertragsprüfungsstelle des Kriegsministeriums mit der Einsendung einer detaillierte Liste[18].

Auf einem weiteren Feld, das für die Kriegsmetall AG besonders gut dokumentiert ist, hatte das Reichsschatzamt ebenfalls große Mühe, seine Kontrollrechte geltend zu machen. Im Oktober 1915 erklärte es sich bereit, die Differenz zwischen Einstands- und Verkaufspreisen zu übernehmen, die der Gesellschaft daraus entstand, daß die Metalle zu festen Preisen an die Verbraucher abgegeben wurden[19]. An die Überweisung der ersten Zahlung dieser Differenz knüpfte das Reichsschatzamt die Bitte um eine Liste, aus der die Verteilung des Kupfers ersichtlich würde[20].

Mit Verärgerung registrierte die Finanzbehörde bald, daß die Kriegsmetall AG nur Abrechnungen über Kupfer vorlegte, obwohl sie bei anderen Metallen Gewinne machte. Die Mahnung, die Durchschnittspreise für alle Metalle zu berechnen und nur den dann sich ergebenden Saldo vom Reich einzufordern, beantworteten Kriegsrohstoffabteilung und Kriegsmetall AG mit großer Verzögerung. Erst das Aussetzen der Zahlungen bewegte die Gesellschaft dazu nachzugeben, nachdem die Kriegsrohstoffabteilung ihre Zustimmung dazu erteilt hatte[21]. Allerdings ließ die Vereinbarung noch etwas auf sich warten. Erst ab

---

[15] NSchr. über die zwischen der KRA und KCA wegen der Verrechnung getroffenen Vereinbarungen o.D. [vermutlich Anfang 1917], S. 7, BAAP, RKG 89.05, Nr. 157.

[16] Schr. KRA an RSchA vom 3. Apr. 1917, Antwort RSchA vom 3. Mai 1917, NSchr. Besprechung am 8. Nov. 1918, BAAP, RKG 89.05, Nr. 157.

[17] NSchr. über die zwischen KRA und EZ bzw. MnG wegen Verrechnung getroffenen Vereinbarungen, Besprechung am 22. März 1917, BAAP, KEZ 87.25, Nr. 69, Bl. 85.

[18] Vfg. PKM/Z4 vom 6. Juni 1918, Liste der EZ o.D., BAAP, KEZ 87.25, Nr. 69, Bl. 78, 75f. Zu den Aufgaben der Abteilung Z4 vgl. Dieckmann, Behördenorganisation, S. 87.

[19] Auszugsweise Abschrift Schr. RSchA an KMA vom 24. Juni 1915, BAAP, KMA 87.37, Nr. 172, Bl. 9; vgl. oben, S. 297f.

[20] Abschrift Schr. RSchA an KMA vom 3. Dez. 1915, BAAP, KMA 87.37, Nr. 172, Bl. 7.

[21] Abschrift Schr. RSchA an KMA vom 24. Juni u. 25. Aug. 1916, BAAP, KMA 87.37, Nr. 61, Bl. 17f., 61f.; Prot. der Kleinen Kommission des AR [der KMA] vom 4. Okt. 1916, BAAP, KMA 87.37, Nr. 72, Bl. 8.

Oktober 1916 berechnete die Kriegsmetall AG die Differenz auf der Grundlage aller Metalle[22].

Vergrößert wurde diese Zuschußpflicht des Reichs, als die Kriegsrohstoffabteilung im Juli 1916 verfügte, daß Metalle für Kriegslieferungen billiger als für andere Zwecke abgegeben werden mußten, woraus sich weitere Verluste für die Kriegsgesellschaft ergaben[23]. Die Abrechnungen durch einen Mitarbeiter vor Ort überprüfen lassen, konnte aber nicht das Reichsschatzamt, sondern nur die Metallmeldestelle als direkte vorgesetzte Stelle der Kriegsmetall AG[24]. Die Finanzbehörde war lediglich dazu befugt, die Preise durch eine Revisionsgesellschaft kontrollieren zu lassen. Zunächst tat sie das wohl monatlich, verzichtete aber im Juni 1917 auf Wunsch der Kriegsmetall AG darauf und behielt sich nur das Recht vor, im Bedarfsfall Aufklärung über den Verbleib der Gelder zu verlangen. Hin und wieder beauftragte sie Revisoren mit der erneuten Kontrolle der Preisberechnung[25].

Nur in wenigen Fällen konnte sich eine andere zivile Behörde, das Reichsamt des Innern, Kontrolle über die Tätigkeit von Kriegsgesellschaften sichern. Einer dieser Fälle war die Einhaltung beziehungsweise Überschreitung der Höchstpreise für Metalle durch die Kriegsmetall AG. Schon im Februar 1915 setzte das Amt durch, daß die Gesellschaft zweimal im Monat über alle Transaktionen berichten mußte, bei denen Metalle zu höheren als den Höchstpreisen verkauft wurden[26].

Regelmäßige Berichterstattung war ebenso ein Mittel, um Unternehmen zu kontrollieren, und zwar vor allem im Bereich der Produktionsförderung. Hier besaßen die Behörden die Möglichkeit, entsprechende Forderungen in die Verträge einzubringen. Allerdings zeigten die Firmen, die chemischen insbesondere, wenig Neigung, einem solchen Ersuchen der Militärbehörden zu entspre-

---

22 Mitt. Freund an Flatow vom 12. Jan. 1918, BAAP, KMA 87.37, Nr. 175, Bl. 4.

23 Vfg. der KRA vom 6. Juli 1916, GStAM, Rep. 120 C VIII 1, Nr. 84, Adh. 13^{M}, Bd. 2, Bl. 18f.; Schr. RSchA an KMA vom 24. Juni 1916, BAAP, KMA 87.37, Nr. 61, Bl. 17f.

24 Mitt. an alle Abteilungsleiter vom 26. Apr. 1918, BAAP, KMA 87.37, Nr. 175, Bl. 3.

25 Aktennotiz Busemann vom 8. Juni 1917, BAAP, KMA 87.37, Nr. 173, Bl. 3. Das Reichsschatzamt beauftragte mit der Revision der Preisberechnung die Treuhand-Vereinigung AG. Aktennotiz vom 15. Okt. 1917, BAAP, KMA 87.37, Nr. 32, Bl. 57; Prot. Nr. 111 der Direktoriums-Sitz. der KMA vom 16. Okt. 1917, BAAP, KMA 87.37, Nr. 40, Bl. 72.

26 Schr. RdI an KMA vom 13. Febr. 1915, BAAP, KMA 87.37, Nr. 97/2, Bl. 34. Dies blieb auch dann so, als die Verkaufspreise von der Metallmeldestelle bestimmt wurden. Vfg. PKM vom 23. Juli 1915, HStAS, M 1/6, Nr. 1354, Bl. 92v.

chen. Sie hatten sich zwar in den Salpeter- und Schwefelverträgen dazu verpflichtet, dem Kriegsministerium regelmäßig Bericht zu erstatten, und damit eine weitergehende Kontrolle durch Beauftragte abgewiesen[27]. Tatsächlich erteilten sie die gewünschten Informationen aber nur auf Anfrage der Kriegsrohstoffabteilung[28] oder verweigerten sie auch mit Hinweis auf bereits stattgefundene Besichtigungen[29].

Das änderte sich im Laufe des Krieges. Vermutlich mit der Neuregelung der Stickstoffwirtschaft im Dezember 1916 wurden die Firmen verpflichtet, täglich ihre Erzeugungsmengen an stickstoffhaltigen Produkten bei der Kriegschemikalien AG zu melden. Im Juli 1917 verfügte das Waffen- und Munitionsbeschaffungsamt, daß die Produzenten darüber hinaus regelmäßige Berichte erstatten mußten[30]. Die Aluminiumwerke und die eisenerzfördernde Ilseder Hütte berichteten ebenfalls in festgelegten Abständen an die Kriegsrohstoffabteilung[31]. Die Militärbehörde versuchte mindestens seit Anfang 1917 ebenso, wöchentliche Berichte von der Eisen- und Stahlindustrie zu bestimmten Fragen zu erhalten, doch ist nicht feststellbar, ob sich die Werke dazu entschließen konnten[32]. Ein ähnliches Ansinnen, nach dem Krieg jährlich die Produktions- und Versanddaten an das Kriegsministerium zu melden, um dessen Planung für einen künftigen Krieg zu erleichtern, lehnten sie jedenfalls rundweg ab[33].

Wichtiger und ergiebiger als die Berichterstattung war eine zweite Form, die Kontrolle durch einzelne Mitarbeiter und Fachreferate in Kriegsrohstoffabteilung oder Waffen- und Munitionsbeschaffungsamt. Das Feld, das für diese beiden Militärbehörden im Laufe des Krieges immer mehr an Bedeutung

---

27 Schwefel: Vertrags-Entwurf Agfa vom 25. Mai 1916, § 2, Hoechst-Archiv, 18/1/14; Vertrags-Entwurf Bayer vom 7. Juni 1916, § [2], Bayer-Archiv, 201/6.3, Bd. 5. Salpeter: Vertrag Hoechst-KRA vom 11. Jan./12. März 1915, § 2, Hoechst-Archiv, 18/1/12.

28 Schr. Hoechst an KRA vom 15. Mai 1915, Hoechst-Archiv, 4/ohne Signatur.

29 Schr. Bayer an KRA vom 17. Mai 1915, Bayer-Archiv, 201/6.3, Bd. 4.

30 Schr. Wumba an Stickstoffproduzenten vom 19. Febr. 1918, Bayer-Archiv, 201/6.2, Bd. 3.

31 Aluminiumwerke: Z.B. Dekadenberichte des EW an KRA vom 12. Aug.-4. Dez. 1918, ACDP, I-220, Nr. 239/7, passim; vgl. auch ebd. Nr. 239/5; Ilseder Hütte: Monatliche Berichte über den Fortgang der Arbeiten bei der IH, BAAP, EZ 87.10, Nr. 384, 385, 387, 388, passim.

32 RSchr. DStB an Werke vom 8. Jan. u. 6. Febr. 1917, BAK, R 13I/90, Bl. 48, 37f.; vgl. auch RSchr. Nordwestliche Gruppe des VdEStI an alle Mitglieder vom 19. Jan. 1917, Haniel-Archiv, Nr. 3001071/7a, Bl. 223.

33 Koeth gestand daraufhin zu, daß die Daten von einer anderen Stelle gesammelt werden sollten. Schr. VdEh an Beukenberg vom 16. Juli 1918, Mannesmann-Archiv, P 2/25/01.2.

gewann, war die Preisbildung bei den Unternehmen, in der Produktionsförderung wie in der Auftragsvergabe durch die Beschaffungsstellen. Eine etwa seit Mitte 1916 wachsende Opposition in Öffentlichkeit und Bürokratie gegen hohe Gewinne der Unternehmen zielte darauf ab, nur noch "angemessene" Gewinne zuzulassen. Dreh- und Angelpunkt dafür war der Einblick der Behörden in die Kalkulationen der Betriebe, um deren Selbstkosten zu überprüfen[34]. Wie äußerte sich diese Veränderung in der behördlichen Strategie, die bis dahin hohe Preise und Gewinne als Mittel zur Produktionssteigerung gewährte, und welche konkreten Maßnahmen ergriffen die Behörden, um diesem Ziel näherzukommen?

Die wenigen vorhandenen Kontrollinstanzen bei den Beschaffungsstellen waren bis dahin kaum ins Gewicht gefallen[35]. Erst seit etwa Mitte 1916 bemühten sich Kriegsrohstoffabteilung und Feldzeugmeisterei darum, von den Firmen Unterlagen zur Berechnung der Selbstkosten zu erhalten. Sie riefen damit aber heftigen Widerspruch bei den Unternehmen hervor, der diesen Vorstoß schnell beendete. Betroffen waren z.B. die Stickstoffproduzenten, die ein in den Verträgen verankertes Nachfragerecht meist hatten zurückweisen können. Die Behörden waren also darauf angewiesen, solche Nachforschungen mit bestehenden Gesetzen und Verordnungen zu begründen, und deren Stand stärkte die Position der Industrie[36].

Ähnlich rückte die neue Sektion Eisen den Kriegslieferanten aus der Eisen- und Stahlindustrie zu Leibe. Sie erhielt zunächst zwar die Kalkulationen einiger Firmen; eine Institutionalisierung scheiterte aber nach Absprache der Unternehmen an deren vereinigtem Widerstand[37]. Dasselbe Schicksal dürfte einer

---

[34] Vgl. dazu oben, S. 308ff.

[35] Bericht Hauptmann Dr. Büsselberg über das Beschaffungs- und Lieferungswesen, verfaßt im Sept. 1916, an Chef des KA am 16. Jan. 1917, BA-MA Freiburg, N 46/120 Groener, Bl. 115ff. Er nannte die Kalkulationsabteilung sowie eine Preisprüfungsstelle für Flieger in der preußischen Feldzeugmeisterei. Ebd., Bl. 118. Diese Politik bestätigt Wiegmann, Textilindustrie, S. 69, für Kriegsrohstoffabteilung und Beschaffungsstellen. Er weist überdies darauf hin, daß auch der Hauptausschuß des Reichstages diese Politik anerkannte. Ebd., Anm. 104.

[36] Schr. KRA an Bayer vom 29. Juni 1916, Bayer-Archiv, 201/6.3, Bd. 4; Schr. FM an Hoechst vom 3. Sept. 1916, Hoechst-Archiv, 18/1/13. Widerstand der Firmen: Z.B. Schr. Griesheim an FM vom 19. Sept. 1916, Hoechst-Archiv, 18/1/13. Generell: Schr. Reusch an Präsident des KEA vom 12. Febr. 1917, BAAP, RWM 31.01, Nr. 12107, Bl. 12f. Zur rechtlichen Lage vgl. oben, S. 168ff.

[37] Schr. KRA an RdI vom 22. Juli 1916, GStAM, Rep. 120 C VIII 1, Nr. 65, Adh. 6, Bl. 107ff.; RSchr. Nordwestliche Gruppe des VdEStI und Verein zur Wahrung der gemeinsamen wirtschaftlichen Interessen in Rheinland und Westfalen vom 14. Sept. 1916 u. Antwort GHH vom 16. Sept. 1916, Haniel-Archiv, Nr. 3001071/7b, Bl. 273,

weiteren Initiative dieser Sektion beschieden gewesen sein. Ihr Leiter Alfons Horten schlug vor, eine Statistik über die Ausfuhr als Mittel zu führen, um über Genehmigungen ein Druckmittel gegen die Firmen in der Hand zu haben[38].

Mit der Verabschiedung des Hindenburg-Programms war ein zweiter Anlauf der Behörden verbunden, ihre Kontrollmöglichkeiten zu verbessern. Zunächst nahmen die Beschaffungsstellen die Forderung nach Vorlage von Selbstkosten auf. Die Industrie weigerte sich jedoch auch hier, die erforderlichen Unterlagen herauszugeben[39]. Im November 1916 verhandelten Waffen- und Munitionsbeschaffungsamt und Reichsschatzamt über die Möglichkeiten, die Preise auf Grundlage der Selbstkosten festzusetzen. Ein grundsätzliches Problem sahen beide Behörden darin, daß eigentlich nur die stellvertretenden Generalkommandos die Handhabe hatten, gegen - nach Ansicht der Behörden - ungerechtfertigte Preiserhöhungen vorzugehen[40].

Die Kriegsrohstoffabteilung suchte sich trotzdem Grundlagen für eine verbesserte Kontrolle zu schaffen, indem sie Produzenten dazu aufforderte, eigene Akten über die Beteiligung des Reiches an Firmeninvestitionen zu führen. Tatsächliche Überprüfungen erfolgten aber auch hier nur fallweise, nicht systematisch[41]. Ebenso ergriff das Waffen- und Munitionsbeschaffungsamt weitere Maßnahmen. Es ordnete die Führung einer Preisstatistik an[42] und machte die Vorlage von Kalkulationen durch die Firmen zur Bedingung bei Preisverhandlungen; vorher waren Angaben der staatlichen Rüstungsfabriken und der Kriegsrohstoffabteilung sowie Handelspreise als Bemessungsgrundlage

271; Erwiderung der KRA zu Denkschrift Horten: Über die Entwicklungen der Eisen- und Stahlpreise während des Krieges [am 14. Febr. 1918 von der KEZ an KRA geschickt], BA-MA Freiburg, N 415/8 Mentzel, Bl. 123ff.

38 Schr. KRA an RdI vom 19. Juli 1916, BAAP, KEZ 87.25, Nr. 152, Bl. 224f. Über eine Realisierung ist nichts bekannt.

39 Weder der Kriegsausschuß der deutschen Industrie noch die Daimler-Motoren-Gesellschaft waren zur Hergabe bereit. Vgl. Buschmann, Unternehmenspolitik, S. 204f. Auch der Erfolg einer allgemeinen Nachforschung über die Kosten der Salpeterproduktion bei der Chemischen Fabrik Griesheim-Elektron ist unbekannt. Vermutlich verlief sie im Sande, denn Griesheim wies ein derartiges Ansinnen als Eingriff in die Geschäftsgeheimnisse zurück. Schr. FM an Hoechst vom 3. Sept. 1916, Antwort vom 19. Sept. 1916, Hoechst-Archiv, 18/1/13.

40 NSchr. Moellendorff über Besprechung am 24. Nov. 1916 im RSchA, BAK, NL 158 Moellendorff, Nr. 118.

41 Salpeter: Schr. KRA an Hoechst vom 12. Sept. 1916, Antwort Hoechst vom 28. Sept. 1916, Hoechst-Archiv, 18/1/13; Durchführung z.B. Schr. Hoechst an KCA vom 27. Okt. 1916, Schr. KRA an Hoechst vom 27. Nov. 1916, Hoechst-Archiv, 18/1/12.

42 Befehl Wumba vom 18. Apr. 1917, BAK, NL 158 Moellendorff, Nr. 124.

herangezogen worden[43]. Vor allem wertete die Beschaffungsstelle die Preisfrage auf, indem sie eigene Abteilungen für Preis- und Vertragsprüfung einrichtete, deren Aktivitäten recht beachtlich waren[44].

Auf der anderen Seite legt die Aufforderung vom Juni 1918, nach der die Prüfung der Betriebsunterlagen künftig die Regel sein müsse, nahe, daß in der Praxis die Firmen sich häufig widersetzten und die einzelnen Stellen im Konfliktfall nicht auf den Angaben bestanden[45]. In der Produktionsförderung drangen z.B. die Kriegsmetall AG und ihr Kommissar von der Porten mit Erfolg darauf, Kalkulationsunterlagen einzusehen und zu prüfen[46]. In einigen Fällen gelang es den staatlichen Stellen 1917 sogar, ein Prüfungsrecht vertraglich zu sichern[47], doch zur Regel wurde es nicht. Trotz entgegengesetzter Bemühungen konnte etwa die Ilseder Hütte durchsetzen, daß die Eisenzentrale im Vertrag ausdrücklich auf eine Prüfung der Selbstkosten als Grundlage der Preisbemessung verzichtete: "Die Erklärung über Aenderung der Selbstkosten seitens der I[lseder] H[ütte] ... unterliegt als Vertrauenserklärung keiner Nachprüfung"[48].

---

[43] Dr. Meyer (Wumba) über die Vertrags- und Preisprüfung des Wumba vom Mai 1918, HStAS, M 1/9, Bü. 183. Diese Ausführungen, die die Kontrollmechanismen auch in Konfliktfällen als funktionsfähig darstellten, waren allerdings für das Kriegspresseamt bestimmt. Vortragsnotizen Moellendorffs vom 9. Jan. 1917, BAK, NL 158 Moellendorff, Nr. 126. Beispiele für die Anwendung bei den Siemens-Schuckert-Werken: Aktennotiz über meine Besprechung im Wumba mit Herrn Regierungsbaumeister Willner am 18. Jan. 1917, SAA 11/Lg 758 Henrich, und bei den Farbenfabriken vorm. Friedrich Bayer: Schr. Kloeppel an Duisberg vom 26. Nov. 1917, Bayer-Archiv, 201/6.2, Bd. 2. Damit war noch nicht das Problem gelöst, wie man solche Angaben bei einer Weigerung der Firmen einfordern konnte. Vgl. z.B. Schr. VStpS an Wumba vom 8. Febr. 1918, BAAP, KCA 87.29, Nr. 129, Bl. 115.

[44] Vgl. unten, S. 336f.

[45] Prot. der ersten Sitz. der Zentral-Preisprüfungsstelle vom 22. Juni 1918, HStAS, M 1/9, Bü. 183. Dies bekräftigte der 1. Entwurf des KA zu Richtlinien für die einheitliche Durchführung der Preisprüfung bei den PPS der Heeresverwaltung vom 15. Aug. 1918, HStAS, M 1/9, Bü. 183, Preisprüfungsstellen.

[46] Aktennotiz Besprechung betr. Festsetzung des neuen Preises für Mansfeld am 3. Apr. 1918, BAAP, MMSt, 87.52, Nr. 42; Schr. KMA an von der Porten vom 27. Aug. 1917, BAAP, KMA 87.37, Nr. 247, Bl. 112f.

[47] Vertrag Bayer-Wumba 13. Juni/13. Juli 1917, Bayer-Archiv, 201/9. Ähnliches gelang auch dem Reichsschatzamt in den Verhandlungen mit der Badischen Anilin- und Sodafabrik. Prot. Engere Kommission des AR der BASF Nr. 49 vom 29. Apr. 1918, BASF, C 10, Protokolle; Schr. Vorstand an AR der BASF vom 17. Juni 1918, BASF, C 10, Briefwechsel 1917-1920.

[48] Vertrag vom 17. Jan. 1918, § 5, BAK, R 2, Nr. 1254, Bl. 94.

Die Diskussionen im Reichstag um den "Fall Daimler"[49] Anfang 1918 lösten in den Militärbehörden eine hektische Betriebsamkeit aus. Die Kriegsrohstoffabteilung forderte im Auftrag des Chefs des Kriegsamts von allen ihren Sektionen Informationen über die Entwicklung von Preisen, Gewinnen und Löhnen[50]. Daraufhin sammelten die Sektionen alles, was sie über Kapitalentwicklung und Gewinnverwendung erfahren konnten und schickten zu diesem Zweck auch Revisoren in die Firmen[51]. Selbst die Oberste Heeresleitung befürwortete vor dem Hintergrund steigender sozialer Spannungen eine stärkere Kontrolle der Kriegslieferanten und die dafür notwendigen Kompetenzen für die zuständigen Behörden[52]. Die Kriegsrohstoffabteilung ließ daraufhin sogar in der so renitenten Eisen- und Stahlindustrie Angaben über Selbstkosten für die Preisverhandlungen durch einen ihrer Mitarbeiter überprüfen[53]. Außerdem kündigte sie eine Erhebung über die durchschnittlichen Selbstkosten in der Eisen- und Stahlindustrie für die Zeit von 1897-1917 an, die heftigen Widerstand hervorrief[54]. Doch die noch im August und September 1918 anhaltende Diskussion über die Möglichkeiten, diese Kontrolle effektiv gestalten zu können, zeigt, daß die Behörden zwar an dem Recht, "Selbstkostenangaben einfordern und nachprüfen zu können", als unverzichtbar festhielten, letztlich aber keinen gangbaren und erfolgversprechenden Weg für eine Umsetzung fanden[55].

---

[49] Die Daimler-Motoren-Gesellschaft drohte mit einer Produktionsbeschränkung für den Fall, daß ihren Preisforderungen nicht stattgegeben würde. Gleichzeitig geriet sie in den Verdacht, vorgelegte Kalkulationen gefälscht zu haben. Vgl. ausführlicher dazu unten, S. 371f.

[50] Schr. KRA/ZNO an alle Sektionen vom 23. Febr. 1918, BAAP, KEZ 87.25, Nr. 98, Bl. 51f.

[51] [Bericht Thomas] vom 25. Jan. 1918, BAAP, KEZ 87.25, Nr. 100, Bl. 22f.; Bericht KRA-Revisor über die Prüfung der Selbstkosten bei zwei Werken vom 14. Febr. 1918, BAAP, KEZ 87.25, Nr. 106, Bl. 49ff. Zur Kritik an diesen Berichten vgl. unten, S. 338. Zusammenstellung der Abt. ZRO (Voelcker) über die Veränderungen des Aktienkapitals der Erzbergwerke und Hüttenbetriebe, BAAP, KEZ 87.25, Nr. 100, Bl. 10ff.

[52] Schr. OHL an RK vom 8. Dez. 1917, BA-MA Freiburg, N 46/117 Groener, Bl. 39f.; Schr. OHL an preußisches Ministerium für öffentliche Arbeiten vom 22. Jan. 1918, BAAP, RK 07.01, Nr. 2435, Bl. 39.

[53] NSchr. über Sitz. am 13. Aug. 1918 zu Berlin, BAAP, KEZ 87.25, Nr. 106/1, Bl. 53, 56ff. Schon vorher hatte die Fried. Krupp AG auf eine Anforderung des Kommissariats der Eisenzentrale Unterlagen für eine Preiserhöhung abgegeben. Bericht Germer für Dr. Bruhn vom 26. Febr. 1918, HA Krupp, WA 4/1517, Bl. 42f.

[54] RSchr. Nordwestliche Gruppe des VdEStI vom 24. Sept. 1918, Haniel-Archiv, Nr. 3001071/7a, Bl. 34ff.

[55] Gedanken zur Preispolitik, bearb. von Hauptmann von Besser, KRA, vom 26. Aug. 1918, BAAP, KEZ 87.25, Nr. 106/1, Bl. 40ff.; Zitat ebd., Bl. 46. Dies zeigt auch

Die Produktionsförderung und vor allem die Frage der damit verbundenen Kosten stellte auch bei den Kriegsgesellschaften einen wichtigen Ansatzpunkt für die Kontrolle durch die Militärbehörden und ihre Abteilungen dar. Im Gegensatz zu den oben geschilderten Berichten und Übersichten, die sich auf abgeschlossene Geschäfte bezogen, nahm die Kriegsrohstoffabteilung in diesem Bereich immer wieder Einfluß, bevor die Gesellschaften Abschlüsse tätigten. Zu diesem Zweck forderte sie verstärkt seit Frühjahr 1915 immer wieder Unterlagen ein, die sie benötigte, um Transaktionen der Kriegsgesellschaften zu genehmigen. Sie begnügte sich beispielsweise nicht, Projekte im Aufsichtsrat der Manganerzgesellschaft zu diskutieren, sondern machte ihre Zustimmung von der Vorlage weiterer Angaben abhängig[56]. Ähnliches galt für die Kriegschemikalien AG[57], und ebenso ließ sie sich genau über den Gang von Verhandlungen informieren, welche die Kriegsmetall AG mit Firmen führte[58]. In einigen Fällen, z.B. bei der Gewinnung von Wolfram, verfügte sie eigens, daß die Kriegsmetall AG alle Kostenvoranschläge vorlegen und genehmigen lassen mußte[59].

Im Frühjahr 1915 richtete die Kriegsrohstoffabteilung Kontrollen über einen weiteren Geschäftsbereich der Kriegsgesellschaften ein, nämlich über die Beschlagnahme. Sie betraf vor allem die Kriegsmetall AG, für die diese Form der Beschaffung besondere Bedeutung erlangte. Die Behörde beauftragte die Sektion Bu damit, die Abrechnung zwischen Kriegsgesellschaften und Besitzern beschlagnahmter Rohstoffe sowie die Preisfestsetzung zu überwachen. Offensichtlich forderten Reichsschatzamt und Rechnungshof weitergehende Kontrollen dieses Tätigkeitsbereichs der Kriegsgesellschaften; es ist aber fraglich, ob sie das erreichen konnten[60].

---

ein Vorschlag des Chefs der Kriegsrohstoffabteilung Koeth. Er wollte zur Ermittlung der Selbstkosten Kommissionen, die von den Verbänden besetzt werden sollten, heranziehen und ihre Mitglieder "hinsichtlich ihrer Auskunftspflicht vereidigen lassen, um endlich einwandfreie Unterlagen hinsichtlich der Selbstkosten zu bekommen". Prot. Klemme über Sitz. des SWV vom 5. Sept. 1918, Haniel-Archiv, Nr. 3000030/11b, Bl. 169.

[56] Schr. KRA an MnG vom 1. Apr. 1918, BAAP, KEZ 87.25, Nr. 2, Bl. 156.

[57] Z.B. Schr. KRA an KCA vom 28. Okt. 1916, BAAP, KCA 87.29, Nr. 276, Bl. 183; NSchr. Besprechung KRA-KCA am 14. Sept. 1915, BAAP, KCA 87.29, Nr. 50, Bl. 1ff.

[58] Schr. KMA, Abt. T, an Direktor Flatow vom 5. März 1918, BAAP, KMA 87.37, Nr. 30, Bl. 52ff.

[59] Schr. KMA an von der Porten vom 2. März u. 6. Apr. 1916, BAAP, KMA 87.37, Nr. 245, Bl. 339f., 277.

[60] Schr. KRA an Rechnungshof des Deutschen Reiches vom 4. Mai 1915, BAAP, RFM 21.01, Nr. A 2844, Bl. 35. Erst für Sommer 1916 sind wieder Unterlagen überlie-

Darüber hinaus gab es einige Maßnahmen, die nicht auf besondere Geschäfte beschränkt waren. Die Kriegsrohstoffabteilung verlangte etwa generell Einsicht in die Postberichte, welche die Kriegsmetall AG täglich anfertigte und die einen guten Überblick über alle laufenden Geschäfte ermöglichten, auch wenn die Gesellschaft das gerne verweigert hätte[61]. Zudem tendierte die Militärbehörde dazu, den Kontakt der Gesellschaften zu anderen Instanzen möglichst zu kontrollieren, indem sie allen Schriftverkehr über ihre Abteilungen leitete. Dies war zum Teil gegenüber dem Reichsamt des Innern und dem Reichsschatzamt der Fall[62], während es ganz deutlich gegenüber dem Reichsschiedsgericht zutage trat. Die Abschätzungsurkunden mußten ebenso über die Kriegsrohstoffabteilung weitergeleitet werden[63] wie alle anderen Anfragen auch[64].

Gegenüber den Unternehmen beschränkten sich die Referenten und ihre Mitarbeiter in den Militärbehörden nicht auf die Kontrolle von Preisen, sondern beschäftigten sich auch mit den Mengenzuweisungen. Die Analyse der Vorgehensweise und Politik in diesem Bereich hat ergeben, daß der Wille zur Reglementierung der Rohstoffmengen relativ schwach ausgeprägt war. Entsprechend gering erweisen sich hier die Ansätze zur Kontrolle einer effizienten Verarbeitung der Rohstoffe, sowohl hinsichtlich der Verwendung für Friedens- oder Kriegslieferungen als auch für ihre Ausnutzung. Prinzipiell gab es keine Bemühungen der Militärverwaltung, die Höhe der Anforderungen der Firmen für die Produktion von Kriegslieferungen zu überprüfen, weder in Gesetzen oder Verordnungen noch in den Auftragsbedingungen[65]. Vor allem in den Eisen- und

---

fert, die von einer erneuten Diskussion der drei Stellen um eine Verstärkung der Kontrolle der Kriegsgesellschaften berichten. Anlage zu Schr. KRA an RdI vom August 1916, BAAP, RdI 15.01, Nr. 18826, Bl. 155f.

[61] Prot. Direktoriums-Sitz. der KMA vom 22. Mai 1917, BAAP, KMA 87.37, Nr. 40, Bl. 96. Die Postberichte wurden von Anfang an erstellt. Sie sind aber nur noch von April-August 1918 überliefert. BAAP, KMA 87.37, Nr. 41.

[62] Reichsamt des Innern: Schr. RdI an PMHG vom 30. Juni 1917, Schr. PKM an RdI vom 11. Juli 1917, Schr. RdI an PKM vom 23. Juli 1917, GStAM, Rep. 120 C VIII 1, Nr. 84, Adh. 4A, Bl. 2v, 4ff., 9ff.; Schr. KRA an KCA vom 14. Aug. 1917, BAAP, KCA 87.29, Nr. 19, Bl. 39f. Reichsschatzamt: NSchr. Besprechung am 8. Nov. 1918, BAAP, RKG 89.05, Nr. 157.

[63] Schr. KRA an RSchG vom 14. Jan. 1916, abgedruckt in: Dhein, Verfahren, S. 188f.

[64] NSchr. vom 11. Sept. 1915, Schriftwechsel KRA-RSchG zwischen 1. Dez. 1915 und 20. Jan. 1916, abgedruckt in: Dhein, Verfahren, S. 187ff.; vgl. ebd., S. 31, 36, 43f.; Schr. KRA an KCA vom 10. Nov. 1916, BAAP, KCA 87.29, Nr. 276, Bl. 146f.; vgl. auch ebd., Nr. 20, Bl. 57f.; Schr. KRA an EZ vom 15. Juni 1917, BAAP, EZ 87.10, Nr. 114.

[65] Chemikalien: Römermann, Mittel, S. 111. Metalle: Ebd., S. 90f.; Goebel, Rohstoffwirtschaft, S. 100. Eisen und Stahl: Zusammenfassende Aufstellung über die bishe-

Stahlwerken gab es keinerlei Kontrolle der Rohstoffverwendung. Was allein zur Diskussion stand, war die Überwachung der Auftragsverteilung auf die Werke und deren termingerechte Ausführung, die industrielle Organisationen übernommen hatten. Die Kriegsrohstoffabteilung bemühte sich zwar verstärkt seit dem Hindenburg-Programm um Kontrollen, z.B. durch die Einführung amtlicher Bescheinigungen der Beschaffungsstellen für Kriegslieferungen; sie scheiterte aber ebenso oft daran, daß sie keine Sanktionsmittel zur Durchsetzung ihrer Auflagen besaß[66]. Die eigens dafür eingerichtete Rohstahlausgleichsstelle stellte schon Ende 1916 fest, daß sie nicht in der Lage sei, "einen Zwang auf die Werke auszuüben ..., damit übernommene Aufträge auch fristgerecht ausgeführt" würden[67], und daran änderte sich auch in der Folgezeit nichts. Da die Industriellen die notwendigen Auskünfte verweigerten, war eine Kontrolle nicht möglich[68].

Für die Metallindustrie gab es nach Angaben des Sektionsleiters Troeger von der Kriegsrohstoffabteilung im August 1917 keine effektive Überwachung des Gangs der Produktion[69]. Dagegen betonte von der Porten, Leiter der Metallmeldestelle, die Kontrollmöglichkeiten, die seine Institution durch eine eigene Abteilung gegenüber den Metallhütten besäße: "Wir aber haben ... die Mög-

---

rige Tätigkeit der Eisen-Meldestelle vom 28. Sept. [1916], BAAP, KEZ 87.25, Nr. 107, Bl. 161; Cron, Kriegseisenwirtschaft, S. 3.

66 Versuche der Kriegsrohstoffabteilung: RSchr. Nr. 1 u. 7 des DStB an Stahlwerke vom 9. u. 23. Okt. 1916, BAAP, KEZ 87.25, Nr. 77, Bl. 161, 150f.; Schr. DStB an VdEStI vom 30. Okt. 1916, BAK, R 13I/90, Bl. 107; vgl. auch Prot. Sitz. des DStB vom 19. Dez. 1916, BAAP, KEZ 87.25, Nr. 77, Bl. 112v. Eine nicht datierte Notiz sprach von einer Kontrolle der Ausführung "durch die Abnahmekommandos", ohne weitere Einzelheiten zu verraten. Gesichtspunkte betr. Roheisen usw. Verteilungs-Maßnahme, o.V., o.D., BAAP, KEZ 87.25, Nr. 77, Bl. 138.

67 Bericht Fieth über die Sitzung der RAS am 2. Dez. 1916, BHStA-KA, MKr. 13056, Prod. 26.

68 Schr. RAS an Fischer vom 7. Febr. 1917, BAAP, KEZ 87.25, Nr. 116, Bl. 14. Ein Beispiel für diese Schwierigkeiten ist die Weigerung des Gußstahlwerks Witten, eine vereinbarte Menge Blöckchen zu liefern. Der Beauftragte des Kriegsministeriums Klöckner bemerkte hierzu: "Ich habe bekanntlich das Gussstahlwerk Witten verschiedentlich von hier aus in der schärfsten Weise ersucht, die Lieferungen an die Stahlröhrenwerke in vertraglicher Höhe vorzunehmen und schliesslich auch, als alles nicht fruchtete, die R[ohstahl]A[ausgleichs]S[telle] gebeten, die Angelegenheit in die Hand zu nehmen"; aber auch die Mahnung dieser Stelle blieb allem Anschein nach erfolglos. Schr. BdKM Klöckner an RAS vom 16. Jan. 1917, BAAP, RAS 87.72, Nr. 8.

69 Vortrag Troeger bei der Sitzung der Metall-Revisoren am 2./3. Aug. 1917, S. 9, BHStA-KA, MKr. 17286.

lichkeit, jedes Kilo, das herausgeht, zu kontrollieren"[70]. Allerdings neigte von der Porten eher dazu, das Machtpotential der Behörden zu hoch anzusetzen, weshalb die Einschätzung Troegers der Wirklichkeit näher kommen dürfte.

Nur in der chemischen Industrie gab es, zumindest ab 1916, nennenswerte Ansätze zur Überwachung. Zwar wehrten sich gerade die chemischen Firmen in den ersten beiden Kriegsjahren immer wieder erfolgreich gegen die Besichtigung ihrer Fabriken durch die Kriegsrohstoffabteilung, auch wenn es sich um vom Reich subventionierte Anlagen handelte, bei denen die Militärbehörden am ehesten ein Zutrittsrecht begründen konnten[71]. Doch schon ab Frühsommer 1916 setzten sich die Beschaffungsstellen mit solchen Anliegen durch. Nach dem Hindenburg-Programm waren Besichtigungen durch ihre Mitarbeiter kein Problem mehr[72]. Zudem begann die Feldzeugmeisterei 1916 mit einer Überprüfung der Ausnutzung der Rohstoffe[73] und im Herbst 1916 sandte das Waffen- und Munitionsbeschaffungsamt gar einen Mitarbeiter zur Begutachtung des Produktionsverfahrens in die Firmen, um die effiziente Verwendung zu kontrollieren[74]. Ebenso konnten die zuständigen Stellen sich im Laufe des Krieges mit ihren Versuchen durchsetzen, die Qualität der Produkte überprüfen zu lassen[75],

---

[70] Vortrag von der Porten bei der Sitzung der Metall-Revisoren am 2./3. Aug. 1917, S. 14, BHStA-KA, MKr. 17286.

[71] Z.B. ließen die chemischen Firmen ihre neuen Stickstoffanlagen zunächst nur von ihnen bekannten Chemikern besichtigen. Schr. E. Fischer an Hoechst vom 7. Febr. 1915, Hoechst-Archiv, 18/1/12; verschiedene Schr. E. Fischer an Bayer vom Febr.-Juni 1915, Bayer-Archiv, 201/6.3, Bd. 4; Bericht Haber an KRA vom 29. Sept. 1915, Hoechst-Archiv, 18/1/12. Der Sektionsleiter für Metalle Troeger wurde schlicht abgewiesen, als er Anlagen zur Aluminiumproduktion besichtigen wollte. Tel. Besprechung mit Oberingenieur Troeger ... vom 6. Sept. 1916, Hoechst-Archiv, 2/24/17. Ähnlich erging es anderen Mitarbeitern des Kriegsministeriums. Abschrift Schr. RWE an PKM vom 27. Juni 1916, BAK, NL 158 Moellendorff, Nr. 131.

[72] Z.B. Schr. Bueb an Bayer vom 29. Mai 1916, Schr. Duisberg an Bauer vom 6. Okt. 1916, Bayer-Archiv, 201/6.2, Bd. 1; Bericht über Besichtigung der Chemischen Fabrik Hakenfelde am 11. Mai 1917, [Lüttringhaus], BAAP, RWM 31.01, Nr. 1681.; Bericht über Besichtigung der Schwefelfabrik Neckarzimmern am 31. Aug. 1918, BAK, NL 158 Moellendorff, Nr. 11; Schr. Haber an KRA vom 29. Sept. 1918, Hoechst-Archiv, 18/1/12.

[73] Z.B. Schr. FM an Bayer vom 1. u. 6. März 1916, Bayer-Archiv, 201/6.2, Bd. 3.

[74] Schr. FM an Bayer vom 21. Febr. 1916, Bayer-Archiv, 201/5.4. Sie stieß dabei allerdings auf Widerstand seitens der Badischen Anilin- und Sodafabrik. Schr. BASF an Bayer und Agfa vom 29. März 1916, Bayer-Archiv, 201/5.1.

[75] Erfolgte Qualitätskontrolle bei der Toluolherstellung: Aktennotiz Mischke vom 25. Juni 1917, BAAP, KCA 87.29, Nr. 20, Bl. 51f.; regelmäßige Kontrolle des Outputs der Meggener Schwefelkiesgruben: Schr. KCA an Dr. H. Hirzel, Bemusterung von Erzen, Metallen, Chemischen und Roh-Produkten, Duisburg, vom 21. Nov. 1916,

nachdem sich die chemischen Unternehmen zunächst erfolgreich widersetzt hatten[76]. Nur selten gelang es den Behörden allerdings, in die Betriebsführung einzugreifen und Auflagen für die Produktion geltend zu machen[77].

Wesentlich weiter griff eine Aktion der Kriegsrohstoffabteilung vom Sommer 1918 aus, die nicht nur die Preispolitik, sondern die Auswirkungen des Krieges auf die Wirtschaft insgesamt erfassen wollte. Die Militärbehörde startete eine Umfrage über Produktion, Betriebsgrößen, Kapitalverhältnisse, Rohstoffbeschaffung, Lohnentwicklung, Absatz, Marktlage und Gewinnentwicklung bei den Unternehmen vor und im Krieg[78]. Die Firmen der chemischen Industrie konnten sich zunächst nicht dazu entschließen, die geforderten Angaben zu machen, stellten zwischen August und November 1918 dann aber doch entsprechende Berichte zusammen. Sie gingen jedoch nicht mehr an die Kriegsrohstoffabteilung ab[79]. In der Eisen- und Stahlindustrie stieß diese Initiative auf kategorische Ablehnung, denn die gestellten Fragen seien Grundlage "für ein weiteres staatliches Eindringen in das Gefüge der Industrie"[80].

Den dritten Weg, die Errichtung eigenständiger Stellen innerhalb der Behörden allein für die Überwachung, gingen die Militärs nur in der Preispolitik. Die Preissteigerung von Gegenständen des täglichen Bedarfs und ihre Begrenzung waren schon seit September 1915 ins Zentrum des Interesses gerückt. Die damit initiierten Preisprüfungsstellen blieben aber beschränkt auf die Versorgung der

---

BAAP, KCA 87.29, Nr. 199, Bl. 266f., und dessen Berichte von Sept. 1917 bis Okt. 1920, ebd., passim.

[76] Vortrag Moellendorff im Ausbildungskursus für Revisoren, Berlin 1915, S. 16, HStAS, M 1/6, Nr. 1364; Prot. der AR-Sitz. der KCA vom 14. Juni 1915, BAAP, KCA 87.29, Nr. 10, Bl. 101. Vgl. auch Prot. der AR-Sitz. der KCA vom 21. Sept. 1915, BAAP, KCA 87.29, Nr. 10, Bl. 136f., in der Haber eine Umfrage seitens Kriegsrohstoffabteilung oder Feldzeugmeisterei anregte, um die Stickstoffverluste zu minimieren.

[77] Wie z.B. dem Waffen- und Munitionsbeschaffungsamt gegenüber der Chemischen Fabrik Hönningen: Aktennotiz zur Besprechung über Hönningen vom 29. Nov. 1917, BAAP, KCA 87.29, Nr. 119, Bl. 132ff. (Schwefelgewinnung).

[78] Schr. KRA an Hoechst vom 2. Juli 1918, Hoechst-Archiv, 18/1/13.

[79] Bericht für das Kriegsministerium z.Hd. des Oberstleutnant Koeth vom Nov. 1918, S. 19f., Bayer-Archiv, 201/35. Die Zahlen dort entstammen den Berichten der einzelnen Unternehmen, die bei Farbenfabriken vorm. Friedrich Bayer gesammelt und mit den jeweils anderen Firmen ausgetauscht wurden. Vgl. die Einzelberichte von Aug.-Okt. 1918 sowie Schr. Bayer an die IG-Firmen vom 13. Nov. 1918, Hoechst-Archiv, 18/1/13.

[80] Schr. Eich an Steinthal vom 3. Juli 1918, Mannesmann-Archiv, M 11.086, Bd. 30, Bl. 362f.; Zitat ebd., Bl. 362.

Zivilbevölkerung[81]. Industrielle Rohstoffe gerieten erst Mitte 1916 mit der Errichtung der Preisstelle für metallische Produkte in den Blickpunkt einer Verordnung des Bundesrates. Die Stelle erhielt die Befugnis, auf Verlangen des Käufers Preise zu prüfen und bei Überschreitungen die Beträge über den Höchstpreisen für das Reich einzuziehen[82]. Die zivilen Behörden hatten versucht, die Institutionalisierung der Preisprüfung zu verhindern, konnten sich damit aber nicht durchsetzen[83]. Dennoch blieb diese Form der Preiskontrolle eine Ausnahme, die sicher mit der Tatsache zusammenhängt, daß nur für Metalle gesetzliche Höchstpreise verordnet wurden. Ansonsten erhielten weder der Bundesrat noch die zivile Exekutive Gelegenheit, die Preisprüfung im Kompetenzbereich der Heeresverwaltung zu regeln; dies behielten sich die zuständigen Kriegsministerien und Beschaffungsstellen vor.

In der Kriegsrohstoffabteilung oder den ihr unterstehenden Kriegsgesellschaften existierten zunächst keine Abteilungen, die nur mit der Überwachung von Preisen beschäftigt waren. Es gab lediglich in der Chefsektion einen Referenten für juristische Mitprüfung, der unter anderem für Verträge zuständig war. Ansonsten bearbeiteten die Sektionen für die jeweiligen Rohstoffe Preisfragen zusammen mit den übrigen Vertragsbedingungen[84]. Im Juni 1916 scheiterte ein Vorstoß der Sektion Eisen, eine eigens für die Preisfestsetzung auf Grundlage der Selbstkosten zuständige Stelle zu errichten[85]. Erst mit der Gründung des Waffen- und Munitionsbeschaffungsamts erlangte die Preisprüfung eine höhere Priorität. Hier wurde im Stab des Chefs eine eigene Abteilung eingerichtet, die wiederum in drei Referate, für Munition, Geschosse und sonstigen Heeresbedarf, untergliedert war. Sie erhielt Unterstützung durch die

---

81 Bekanntmachung gegen übermäßige Preissteigerung vom 23. Juli 1915, RGBl., 1915, S. 467ff.; Bekanntmachung über die Errichtung von Preisprüfungsstellen vom 25. Sept. 1915, RGBl., 1915, S. 607. Weiterführend zu Organisation und Politik dieser Stellen in Baden: Müller, Politik, S. 283ff., und in Bayern: 5. Bericht der Landes-PPS vom 16. Aug.-31. Dez. 1916, BHStA-KA, MKr. 17377, Prod. 10.

82 Bekanntmachung über Preisbeschränkungen bei metallischen Produkten vom 31. Juli 1916, Bestimmungen über die Errichtung, die Zusammensetzung und das Verfahren der Preisstelle für metallische Produkte in Berlin vom 26. Aug. 1916, RGBl., 1916, S. 868f., 963ff. Zur Tätigkeit vgl. Prot. Sitz. 1917-1919, BAAP, MMSt 87.52, Nr. 3,4.

83 Sie wollten die Königliche Bergakademie mit dieser Aufgabe betrauen, BR-Drucksache Nr. 235 vom 19. Juli 1916, S. 4ff., Drucksachen zu den Verhandlungen des Bundesrats 1916, Bd. 2.

84 Geschäftsverteilung der KRA vom Oktober 1916, RFM 21.01, Nr. A 2848, Bl. 65. Auch in der Geschäftsverteilung der KRA vom Mai 1917 tauchen keine anderen Stellen auf. BAAP, KEZ 87.25, Nr. 64, Bl. 281ff.

85 Schr. KRA an RdI vom 22. Juli 1916, GStAM, Rep. 120 C VIII 1, Nr. 65, Adh. 6, Bl. 107ff.

Rechtsabteilung und die erweiterte Vertragsprüfungsstelle, welche die Vertragsverhandlungen der Beschaffungsabteilungen mit den Firmen sowohl im Hinblick auf die Preise als auch auf die allgemeinen Lieferbedingungen überwachen sollten[86]. Das Hindenburg-Programm veränderte auch die Organisation der Kriegsrohstoffabteilung. Spätestens im Sommer 1917 richtete sie eine eigene Revisionsabteilung ein, die zum einen die Eisen- und Stahlbetriebe, die das Reich finanziell unterstützte, zum andern die unter militärische Leitung stehenden Werke in den besetzten Gebieten überprüfte[87].

Im April 1918, in der Folge der Diskussion im Reichstag um den "Fall Daimler", setzte das preußische Kriegsministerium systematisch Preisprüfungsstellen bei allen Beschaffungsstellen ein. Ebenso wurde die Schaffung einer Zentral-Preisprüfungsstelle zur Koordination und Vereinheitlichung der Preispolitik in Angriff genommen[88]. Die Kompetenzen dieser Institutitionen waren umstritten, nicht nur zwischen Waffen- und Munitionsbeschaffungsamt und Industrie[89], sondern auch zwischen Preußen und den übrigen Bundesstaaten. Bayern und Württemberg wehrten sich erfolgreich gegen die Übertragung der Befugnis, die Preise festzusetzen[90].

---

[86] Organisation Wumba o.D. u. Vfg. PKM vom 30. Sept. 1916, BHStA-KA, MKr. 14165, Prod. 5; Organisationsschema Preisprüfungsstelle im Wumba o.D., BHStA-KA, MKr. 17381. Daß die Preisprüfungsstelle im Waffen- und Munitionsbeschaffungsamt als Maßnahme zur Minderung der Kriegskosten im möglichen Umfang gedacht war, betonte Coupette nach dem Krieg. Schr. Coupette an Heeresabwicklungsamt Preußen vom 7. Juni 1920, BA-MA Freiburg, N 415/8 Mentzel, Bl. 11ff.

[87] Berichte über Revisionen der Ilseder Hütte vom Aug. 1917, März 1918, Sept. 1918, Dez. 1918, März/April 1919, BAAP, KEZ 87.25, Nr. 71, passim; Berichte der Revisions-Abt. vom 5. Juli 1917-22. März 1918 (Werke in den besetzten Gebieten), BAAP, KEZ 87.25, Nr. 70, passim. Die Abteilung wurde von Kriegshilfsreferent Thomas geleitet, konnte sich aber auf keine besondere schriftliche Verfügung berufen. Schr. KEZ an KRA vom 7. Nov. 1917, BAAP, KEZ 87.25, Nr. 70, Bl. 30f.

[88] Beide gingen auf einen Beschluß des Parlaments zurück. 146. Sitz. des RT, Verhandlungen des Reichstages, Bd. 311, S. 4580; Schr. PKM an übrige Kriegsministerien sowie RMA vom 25. Juni 1918, HStAS, M 1/9, Bü. 183, Verfügungen; Prot. Erste Sitzung der Zentral-Preisprüfungsstelle vom 22. Juni 1918, HStAS, M 1/9, Bü. 183.

[89] Schr. KrAdI an Mitglieder des CDI und des BdI vom 20. März 1918, Bayer-Archiv, 201/4.

[90] Bayern: Bericht über die am 22. Aug. 1918 mit bayer. Vergebungs- bzw. Beschaffungsstellen in München geführten Verhandlungen, HStAS, M 1/9, Bü. 183, Preisprüfungsstellen; Stellungnahme K2 vom 24. Aug. 1918, BHStA-KA, MKr. 14307, Prod. 12a, vgl. auch Prod. 43, 35; Dienstordnung für Preisprüfungsstellen, genehmigt durch Vfg. des Ministeriums für Militärwesen vom 30. Jan. 1919, BHStA-KA, MKr. 17372. Württemberg: Schr. PPS an WKM vom 18. Sept. 1918, Schr. WKM an PKM vom 30. Okt. 1918, HStAS, M 1/9, Bü. 183, Verfügungen. Kompetenzen Zentral-Preisprüfungs-

Wie wirkten sich nun diese neuen Abteilungen aus? Nur geringe Bedeutung hatte die Begründung der Revisionsabteilung in der Kriegsrohstoffabteilung, zumindest für die Preispolitik der Behörde. Die Entsendung eines Revisors Anfang 1918 in zwei Unternehmen der Eisen- und Stahlindustrie brachte weder aus den Geschäftsberichten noch aus den Büchern Aufschluß über die Zusammensetzung der Selbstkosten[91]. Eine Untersuchung des Kriegsministeriums nach Kriegsende kam allerdings zu dem Schluß, daß der Revisor mangelnde Kompetenz an den Tag gelegt und die Kriegsrohstoffabteilung die tatsächlich eingegangenen Angaben zu den Selbstkosten nicht genügend berücksichtigt habe[92].

Dagegen stärkten die neuen Abteilungen des Waffen- und Munitionsbeschaffungsamts sehr wohl dieKontrolle über die Unternehmen. Die Vertragsprüfungsstelle beispielsweise trat schon 1917 häufig in Aktion[93] und erhielt auch geforderte Kalkulationen über Selbstkosten[94]. Mit den Diskussionen über den "Fall Daimler" setzte eine forcierte Kontrolle von Lieferpreisen ein, und das Waffen- und Munitionsbeschaffungsamt ließ sich auch durch Verweigerungen seitens der Unternehmen nicht mehr abhalten. Zwar ist nicht klar, ob das Amt seinen Versuch durchsetzen konnte, die Preise in allen seinen Aufträgen vor Aufnahme der Produktion endgültig von seiner Preisprüfungsstelle festsetzen zu lassen, ohne Möglichkeit der Revision durch die Unternehmen. Dieser Vorschlag stieß auf heftigen Widerstand der Industrie[95]. Dagegen ist sicher, daß die

---

stelle: Vfg. KA an alle Beschaffungsstellen vom 16. Aug. 1918, HStAS, M 1/9, Bü. 183, Verfügungen.

91 [Bericht Thomas] vom 25. Jan. 1918, BAAP, KEZ 87.25, Nr. 100, Bl. 22f.; Bericht KRA-Revisor über die Prüfung der Selbstkosten bei zwei Werken vom 14. Febr. 1918, BAAP, KEZ 87.25, Nr. 106, Bl. 49ff. Thomas ging es darum, den Einsatz von Betriebsgewinnen für Neu- und Erweiterungsbauten festzustellen, um die Kostenstruktur zu ermitteln. Vgl. auch die Zusammenstellung der Abt. ZRO (Voelcker) über die Veränderungen des Aktienkapitals der Erzbergwerke und Hüttenbetriebe, BAAP, KEZ 87.25, Nr. 100, Bl. 10ff.

92 Vortragsnotizen des Bergassessors Koska o.D., BA-MA Freiburg, N 415/8 Mentzel, Bl. 68f., 71f.

93 Notiz Kloeppel "Salpetersäure-Vertrag" vom 9. März 1917, Bayer-Archiv, 201/9; Schr. Wumba an Bayer vom 4. Apr. 1917, Bayer-Archiv, 201/6.3, Bd. 4; Aktennotiz über die Besprechung Gips-Schwefelsäure mit der Metallbank und Metallurgischen Gesellschaft vom 9. Febr. 1918, BAAP, KCA 87.29, Nr. 119, Bl. 103.

94 Schr. KRA an Bayer vom 29. Juni 1916, Bayer-Archiv, 201/6.3, Bd. 4; Aktennotiz vom 24. Juni 1918, SAA 11/Lb 34 Dihlmann; Schr. Duisberg an Aufschläger vom 13. Aug. 1918, Bayer-Archiv, 201/6.2, Bd. 1; NSchr. Sitz. 13. Aug. 1918, BAAP, KEZ 87.25, Nr. 106/1, Bl. 53ff.

95 Auftragsschreiben des Wumba und Gegenentwurf der Munitions-Beratungsstelle (Verein deutscher Maschinenbau-Anstalten), Anlage [1], 2a zu Schr. Kloeppel an Direktorium Bayer vom 16. Juli 1918, Bayer-Archiv, 201/4; Schr. VdEStI an Gruppen vom

Behörde ihr Vorgehen zur Einsicht in Kalkulationsunterlagen verschärfte. Nachdem das Verlangen des Waffen- und Munitionsbeschaffungsamts vom Februar 1918 nach einer "ausführliche[n] Selbstkostenberechnung" für Kunstsalpeter ergebnislos geblieben war, wiederholte das Amt seine Aufforderung im März und April; die Verweigerung der Farbwerke vorm. Meister Lucius und Brüning beantwortete es mit der Ankündigung einer Prüfung durch drei hochrangige Mitarbeiter vor Ort[96]. Die Farbenfabriken vorm. Friedrich Bayer fügten sich der neuerlichen Anfrage, die sich nun nicht mehr auf "etwaige Anfragen der Reichstagskommission für die Prüfung der Verträge mit der Rüstungs-Industrie"[97], sondern auf ein Verlangen des Deutschen Rechnungshofes berief, und lieferte die gewünschten Aufstellungen ab[98]. Im Sommer 1918 führte das Waffen- und Munitionsbeschaffungsamt mehrfach Nachprüfungen vor Ort durch, um die Firmenangaben zu kontrollieren, z.T. explizit unter Berufung auf die "Lex Daimler"[99]. Die Beschaffungsstelle ergriff damit zunehmend aus eigenem Antrieb die Initiative, während sie vorher vorwiegend auf Anfragen anderer Institutionen reagiert hatte[100]. Sowohl der Wille zu als auch die

30. Mai 1918, BAK, R 13 I, Nr. 188, Bl. 61f.; Entschließung des KrAdI o.D. [nach 16. Juli 1918], BAAP, RWM 31.01, Nr. 3411, Bl. 15f.; Entwurf dazu vom 16. Juli 1918, Bayer-Archiv, 201/4.

96 Schr. Wumba an Hoechst vom 1. Febr. 1918 und Antwortentwurf Hoechst vom 7. Febr. 1918, Hoechst-Archiv, 18/1/12; Schr. Wumba an IG-Firmen vom 18. März 1918. Die Farbwerke vorm. Meister Lucius und Brüning verweigerten eine Angabe zunächst, wie die Schreiben des Waffen- und Munitionsbeschaffungsamts vom 22. u. 29. Apr. 1918 zeigen. Hoechst-Archiv, 18/1/12. Ähnlich erging es auch der Chemischen Abteilung des Kriegsministeriums. Schr. PKM/A 10 an Hoechst vom 18. Apr. 1918 und Antwort Hoechst vom 7. Mai 1918, Hoechst-Archiv, 18/1/12: Die geforderten Unterlagen wurden nicht übermittelt, lediglich eine zusammenfassende Darstellung der Kostenentwicklung.

97 Schr. Wumba an Hoechst vom 1. Febr. 1918, Hoechst-Archiv, 18/1/12; Schr. Wumba an Bayer vom 1. Febr. 1918, Bayer-Archiv, 201/6.3, Bd. 4.

98 Schr. Wumba an Bayer vom 18. März 1918, Antwort Bayer vom 19. März 1918, Bayer-Archiv, 201/6.3, Bd. 4.

99 Aktennotiz betr. Preisfestsetzung für Ammonpulver vom 24. Juni 1918, SAA 11/Lb 34 Dihlmann. Jaehn [von den Siemens-Schuckert-Werken] stellte dort fest: "Es scheint, dass uns das Arbeiten mit diesem Herrn [vom Waffen- und Munitionsbeschaffungsamt] viele Schwierigkeiten machen wird. Er äußerte unter anderem, dass er sich um keine Zahl kümmere, die wir ihm geben, sondern sich seine Berechnungen allein mache". Ähnlich erging es den Farbenfabriken vorm. Friedrich Bayer. Schr. Duisberg an Aufschläger vom 13. Aug. 1918, Bayer-Archiv, 201/6.2, Bd. 1; Schr. Wumba an Bayer vom 16. Aug. 1918, Bayer-Archiv, 201/6.2, Bd. 2.

100 Z.B. des bayerischen Kriegsministeriums oder der Reichstagskommission zur Prüfung von Rüstungslieferungen. Stellungnahme K2 vom 25. Juli 1917, BHStA-KA, MKr. 12881, Prod. 77; verschiedene Schriftstücke zum Fall Dittmar vom 25. Okt. 1917

Durchführung von Kontrollen verstärkte sich also insbesondere in den letzten beiden Kriegsjahren eindeutig. Auf einem anderen Blatt steht jedoch die Frage, welche Ergebnisse solch eine vermehrte Überwachung zeitigte, ob sie z.B. in der Preispolitik tatsächlich zu einer Senkung der Preise führte. Daß dies eher nicht der Fall war, belegt der Bericht eines Angestellten der Friedrich Wilhelms-Hütte vom Mai 1918, wonach die Preisprüfungsstelle des Waffen- und Munitionsbeschaffungsamts die Kalkulationen des Werkes zunächst beanstandet, seine Erklärungen aber akzeptiert hatte und eine Preisänderung somit unterblieb[101].

2. Delegation von Kontrollfunktionen an eigenständige Institutionen

Nicht nur die Militärbehörden selbst überwachten die Wirtschaft; eine Reihe von Kontrollfunktionen delegierten sie an neue, eigens dafür geschaffene Institutionen. Was für Stellen das im einzelnen waren, welche Aufgaben sie übernahmen und wie gerecht sie diesen wurden, soll im folgenden näher ausgeführt werden. Erstens wird die Tätigkeit von Revisoren untersucht, die bei Unternehmen und Kriegsgesellschaften Prüfungen vor Ort vornahmen. Zweitens rücken Beauftragte und Kommissare in den Blickpunkt, die für besondere Zwecke eigens eingesetzt wurden. Drittens schließlich müssen wir fragen, welche Rolle Wirtschaftsvertreter, Einzelpersonen und Verbände für die Kontrolle im Ersten Weltkrieg spielten.

Revisionen von Unternehmen, d.h. Kontrollen von Lagern, Geschäftsbüchern, Korrespondenzen und Rechnungen in einzelnen Firmen, fanden in zwei Bereichen statt, erstens in der Bestandsmeldung und Beschlagnahme, zweitens in der Produktionsförderung. Fragt man nach den rechtlichen und institutionellen Grundlagen, die die Militärbehörden für ihr Vorgehen nutzten oder sich schufen, so ist erstens das Belagerungszustandsgesetz zu nennen. Nachdem seit Frühjahr 1915 allgemeine Verordnungen Bestandsmeldung und Beschlagnahme von Metallen und bald auch von Chemikalien regelten, erwies sich schnell, daß das Kriegsministerium eine durchgängige Überwachung dieser Bestimmungen aufgrund der großen Anzahl von Firmen nicht leisten konnte. Deshalb wurden im Juni 1915 Revisoren bei den stellvertretenden General-

---

bis 6. Febr. 1918, HStAS, M 1/9, Bü. 183, Erledigte Prüfungen und Untersuchungen; Schr. Wumba an Dünkelsbühler, BKM, vom 26. Juni 1918, BHStA-KA, MKr. 17381.

[101] Mitt. vom 11. Mai 1918, Archiv der Thyssen AG, FWH 910-02. Vgl. dazu auch Kap. IV.3.a., S. 276ff.

kommandos eingesetzt[102]. Die Kriegsgesellschaften waren in den Augen des Ministeriums für eine solche Kontrolle ausdrücklich nicht geeignet, nicht nur weil sie mit ihren bisherigen Aufgaben schon ausgelastet waren, sondern vor allem weil sie als "industrielle Beamte" wenig Aussicht darauf hatten, daß die Firmen ihnen ihre "Geschäftsgeheimnisse" preisgeben würden[103]. Die Revisoren sollten sicherstellen, daß die Firmen vor Ort ihre Rohstoffe nur für Kriegszwecke verwendeten. Gegen den häufigen Mißbrauch im Metallbereich führten die Beschaffungsstellen im Frühjahr 1916 zusätzlich ein Belegscheinsystem ein, dessen Kontrolle wiederum den Revisoren der stellvertretenden Generalkommandos oblag[104]. Im Laufe des Krieges gewann eine zweite Aufgabe zunehmend an Bedeutung, die Überwachung der Einhaltung von Höchstpreisen[105].

Für die Ausübung ihrer Funktionen besaßen die Revisoren das Recht, den Schriftwechsel der Firmen mit den Behörden sowie die Geschäfts- und Lagerbücher einzusehen[106]. Allerdings gab es Differenzen über die Auslegung dieses Rechtes. Die Auffassung der Kriegsrohstoffabteilung, daß die Revisoren als beauftragte Beamte der Militärbefehlshaber sehr wohl berechtigt wären, "bei ihren Nachprüfungen ohne weiteres ihnen notwendig erscheinende Beschlag-

---

[102] Vfg. KRA vom 30. Juni 1915, BHStA-KA, MKr. 12975, Prod. 1. Die Beschlagnahmeabteilung der Kriegsrohstoffabteilung beschäftigte zwar Revisoren zur Kontrolle der Firmen vor Ort, bei denen beschlagnahmt wurden, doch reichten diese Kapazitäten bei weitem nicht aus für die Überwachung der allgemeinen Beschlagnahmen. Verteilung der von den einzelnen Sektionen der Kriegsrohstoffabteilung (KRA) zu bearbeitenden Gegenstände vom 1. Juni 1915 (über dem folgenden Schema steht das Datum des 1. Mai 1915), HStAS, M 1/6, Nr. 1353, Bl. 154f. In der Geschäftsverteilung KRA vom Okt. 1916 sind vier Revisoren verzeichnet. BAAP, RFM 21.01, Nr. A 2848, Bl. 68.

[103] Entwurf Vfg. PKM vom 11. Juni 1915, HStAS, M 1/6, Nr. 1353, Bl. 159f.

[104] Schr. KRA an BKM vom 8. März 1916, BHStA-KA, MKr. 12983, Prod. 65. Nach der Einführung der Beschlagnahme einiger Eisensorten im Oktober 1917 scheinen auch in diesem Bereich Kontrollen stattgefunden zu haben. Denn Drahtfabrikanten verzichteten auf die Verwendung solcher Sorten für Friedenslieferungen, weil dieser Bereich "ganz besonders scharf kontrolliert" würde und "kein Werk die Verantwortung für die Hergabe der Mengen übernehmen kann". Schr. F. Haniel an Reusch o.D. [zw. Nov. und Dez. 1917], Haniel-Archiv, Nr. 300193000/2, Bl. 83. Dies dürfte allerdings nicht allzu oft der Fall gewesen sein.

[105] Einleitender Vortrag Philippi zum Ausbildungskursus für Revisoren, Berlin 1915, S. 3ff., HStAS, M 1/6, Nr. 1364. Wachsende Bedeutung Preisüberwachung: Gutachten des Revisors Dr. R. Friedrich an stv. GK Leipzig vom 1. Okt. 1915, BAAP, RdI 15.01, Nr. 18761, Bl. 209f.; Bericht stv. GK Stuttgart an WKM vom 28. Aug. 1916, HStAS, M 1/6, Nr. 1364, Bl. 159ff.; verschiedene Stellungnahmen K 1 [des BKM] zu Schr. der KRA, Nov. 1917-Mai 1918, BHStA-KA, MKr. 17188, passim.

[106] Dienstanweisung für die Revisoren [Juni/Juli 1915] zur Vfg. betr. Bestandsmeldung und Beschlagnahme der KRA vom Apr. 1915, BAAP, MMSt 87.52, Nr. 13.

nahmen von Schriftstücken oder Geschäftsbüchern vorzunehmen"[107], etwa wenn die Unternehmen die Einsicht verweigerten, teilten die bayerischen Stellen z.B. keineswegs[108]. Moellendorff, Leiter der Sektion Chemikalien der Kriegsrohstoffabteilung, hatte schon 1915 seine Hoffnung betont, daß in wenigen Monaten alle Produzenten von Chemikalien lückenlos kontrolliert würden. Die Revisoren rief er dazu auf, die großen Firmen "ganz allgemein gründlicher als kleine Firmen" zu kontrollieren, auch wenn er die Verdienste dieser Unternehmen für den Erfolg der Kriegswirtschaft sehr wohl anerkannte. Ebenso wies er auf die Möglichkeiten des passiven Widerstandes der Firmen hin: "Sie müssen nicht annehmen, daß Ihnen die Dinge ungefragt zugetragen werden, sondern ich bitte Sie, den Dingen energisch auf den Leib zu rücken. Wenn Sie auch keinen wirklichen Widerstand finden, so werden Sie doch eine Menge von Geheimnistuerei ... antreffen und damit zu kämpfen haben"[109]. Die Kriegsrohstoffabteilung nahm die Ausbildung der Revisoren in die Hand und vereinheitlichte deren Vorgehen, so weit es ihr möglich war. Sie hielt Ausbildungskurse ab[110], lieferte Muster für Berichte[111], versandte regelmäßige Rundschreiben und organisierte Besprechungen der mit der Revision betrauten Stellen. Die stellvertretenden Generalkommandos ihrerseits berichteten monatlich über die vorgenommenen Revisionen an die Kriegsrohstoffabteilung[112]. Im großen und

[107] Selbstverständlich wollte auch die Kriegsrohstoffabteilung solche Maßnahmen auf "wirklich dringende Fälle" beschränkt sehen. Schr. KRA an stv. GKs, BKM, WKM, SKM vom 17. Aug. 1916, BHStA-KA, MKr. 12976, Prod. 58/67 (Hervorh. i. Orig.).

[108] Stellungnahme K 1 [des BKM] vom 4. Jan. 1917, BHStA-KA, MKr. 12976, Prod. 116. Die Kriegsrohstoffabteilung bestätigte ihre Haltung nochmals in den Richtlinien für die Tätigkeit der Kriegsamtstellen durch die KRA. Anlage zu Vfg. KA vom 28. Febr. 1917, BA-MA Freiburg, N 46/115 Groener, Bl. 67.

[109] Vortrag Moellendorff im Ausbildungskursus für Revisoren, Berlin 1915, S. 15f., HStAS, M 1/6, Nr. 1364; Zitate ebd., S. 15.

[110] Ausbildungskursus für Revisoren, Berlin 1915, HStAS, M 1/6, Nr. 1364; Schr. KRA an stv. GKs, BKM, WKM, SKM vom 8. März 1916, BHStA-KA, MKr. 12975 (Einladung zur Ausbildung von Webstoffrevisoren); Vorträge bei der Sitzung der Metall-Revisoren am 2./3. Aug. 1917, BHStA-KA, MKr. 17286.

[111] Berichtsheft Revisoren, am 7. Apr. 1916 von KRA zur Verwendung übersandt, BHStA-KA, MKr. 12975, Prod. 78.

[112] Schr. KRA an stv. GKs, BKM, SKM, WKM vom 19. Nov. 1915, BHStA-KA, MKr. 12975, Prod. 21 u.ö.; Berichte über verschiedene Besprechungen 1916-1918, BHStA-KA, MKr. 12975-12979, passim; BHStA-KA, Stv. GK, I. AK, 2346, passim.

ganzen gelang der Berliner Behörde damit eine Koordination der Zusammenarbeit, auch wenn es ab und zu Probleme gab[113].

In der Folge entwickelte sich ein reger Austausch zwischen der Kriegsrohstoffabteilung und den stellvertretenden Generalkommandos beziehungsweise den übrigen Kriegsministerien, in dem die erstere um die Überprüfung von Firmen ersuchte und Berichte von den letzteren über die vorgenommenen Revisionen erhielt[114]. Die Militärbefehlshaber ordneten aber auch selbst solche Kontrollen von Betrieben an, so daß die Zahl der Revisionen ingesamt recht groß war; ebenso groß war ihre Bereitschaft, Übertretungen zu ahnden. Allerdings handelte es sich in der Regel um kleinere Vergehen[115]. Auch die Revisionen der stellvertretenden Generalkommandos, die von seiten der Firmen nachzuweisen sind, hatten relativ geringe Wirkung[116]. Das lag aber weniger am mangelnden Willen zur Kontrolle als vielmehr an den Möglichkeiten zur Verschleierung, welche die Firmen aufgrund der Notwendigkeit der Zusammenarbeit zwischen Revisor und Unternehmen zum einen und geringer Revisionserfahrung zum anderen hatten. Dennoch kann man festhalten, daß sich die Behörden mit den Revisoren ein Instrument geschaffen hatten, das eine gewisse Überwachung ermöglichte und das die Unternehmen wenig schätzten[117].

Eine zweite Grundlage für die Durchführung von Revisionen besaßen Behörden und Kriegsgesellschaften in ihrer Position als Hauptabnehmer von Gütern. Dies war vor allem dort der Fall, wo das Reich sich finanziell an den für die Herstellung notwendigen Anlagen beteiligte, allerdings mit unterschiedlichem

---

[113] Beispielsweise blieb ein Antrag der Kriegschemikalien AG auf Prüfung einer Firma ohne Antwort des zuständigen stellvertretenden Generalkommandos. Schr. KSK an Wumba vom 18. Jan. 1917, BAAP, KSK 87.38, Nr. 4, Bl. 386.

[114] Z.B. 1917: BHStA-KA, MKr. 12977, passim; BHStA-KA, MKr. 17188; Schr. stv. GK Stuttgart an WKM vom 2. Jan. 1917, HStAS, M 1/9, Bü 204, z.B. Bl. 32f.; Schr. stv. GK Stuttgart an WKM vom 28. Aug. 1916, HStAS, M 1/6, Nr. 1364, Bl. 159ff.

[115] Eisen: Schr. EZ an KRA vom 13. Febr. 1917, BAAP, EZ 87.10, Nr. 80; Metalle: verschiedene Schr. bayerische stv. Gks an PKM vom Apr. 1916-Jan. 1917, BHStA-KA, MKr. 12975 u. 12976. Chemikalien: Schr. KRA an KCA vom 12. Nov. 1916, BAAP, KCA 87.29, Nr. 276, Bl. 142f.; Schr. KRA an KCA vom 5. Okt. 1915, BAAP, KCA 87.29, Nr. 43, Bl. 86. In der Regel handelte es sich um geringfügige Mengen. Vgl. auch Bericht über Sitz. der Referenten der stv. GKs in Berlin am 20. Dez. 1916, BHStA-KA, Stv. GK, I. AK, 2346.

[116] Schr. Kloeppel an Direktorium Bayer vom 31. Juli 1917, Bayer-Archiv, 201/38, Bd. 1; Schr. KRA an BKM vom 24. Mai 1915, BHStA-KA, MKr. 12927, Prod. 94 (Siemens-Schuckert-Werke: Die Prüfung der Bücher ergab keine Beanstandungen).

[117] Schr. VdEStI an Gruppen vom 15. Jan. 1918, BAK, R 13I/188, Bl. 161ff. Mangelnde Erfahrung hatten nicht nur die einzelnen Revisoren. Das Instrument der Revision steckte insgesamt noch in den Kinderschuhen. Vgl. Schuld, Geschichte.

Erfolg in den einzelnen Branchen. In den Verträgen zur Förderung von Kupfer[118], Aluminium - hier nur bis Frühjahr 1916[119] -, und Eisenerzen[120] setzten Kriegsgesellschaften und Kriegsrohstoffabteilung ein vertraglich verankertes Recht zur Rechnungsprüfung durch, das ihnen ermöglichte, die tatsächlichen Ausgaben und Lieferungen für die Bauten zu kontrollieren. Den chemischen Unternehmen gelang es zum großen Teil, solche Forderungen abzuwehren[121].

Ein weitergehendes Recht, die Geschäftsbücher allgemein einsehen zu dürfen, stieß bei den Firmen allgemein auf großen Widerstand. Die Kriegsmetall AG vor allem verfocht diesen Gedanken zwar gegenüber allen ihren Vertragspartnern, konnte sich aber nur selten durchsetzen[122]. Dies gelang der Gesellschaft in den Vereinbarungen mit der Einkaufsvereinigung deutscher Metallhändler[123]. In der chemischen Industrie finden sich solche Vereinbarungen dagegen kaum, auch in den Verhandlungen war davon nicht die Rede. Nur Ende 1915 erreichte die Kriegschemikalien AG, daß die Farbenfabriken vorm. Friedrich Bayer für ihre Versuche zur Gewinnung von Schwefel aus Gips besondere Kalkulationsbücher zu führen hatten, in die die Gesellschaft jederzeit Einsicht nehmen durfte. Dies wird wohl auf die Tätigkeit Moellendorffs im Vorstand der Kriegschemikalien AG zurückzuführen sein, der sehr früh eine

---

[118] BAAP, KMA 87.37, Nr. 238. (Norddeutsche Affinerie): Bl. 67 § 2, (Hüttenwerk Niederschöneweide AG vorm. I.F. Ginsberg): Bl. 63 § 3, (Hüttenwerke C. Wilhelm Kayser & Co AG): Bl. 47 § 2.

[119] Vertrag Horrem und Rummelsburg vom 1. März 1917/15. Sept. 1916, § 8, BAAP, KMA 87.37, Nr. 467, Bl. 6.

[120] Vertragsentwurf EZ-IH § 4, Anlage zu Schr. KEZ an RSchA vom 29. Jan. 1917, BAK, R 2, Nr. 1254, Bl. 5f.; Vertrag vom 17. Jan. 1918, § 4, BAK, R 2, Nr. 1254, Bl. 93.

[121] Von den Salpeterverträgen weist nur der Vertrag Agfa-KRA vom 5./21. Juli 1915, BASF, B4/2482, solche Regelungen auf, die übrigen nicht. In anderen Produktionsbereichen war die Behörde erfolgreicher. Z.B. Schr. KRA an KCA vom 7. Okt. 1916, BAAP, KCA 87.29, Nr. 276, Bl. 235f.

[122] Erfolgloser Versuch bei Kupfer: Schr. KMA an KRA vom 22. Jan. 1915, BAAP, KMA 87.37, Nr. 238, Bl. 46; Verträge vgl. ebd., Bl. 47-50, 62-71. Erfolg gegen zähen Widerstand bei Aluminium: Bemerkungen für Falk [KMA] zu Vertragsentwurf vom 4. März 1918, BAAP, KMA 87.37, Nr. 473, Bl. 247; Schriftwechsel KMA-VAW vom 6./12. März 1918, BAAP, KMA 87.37, Nr. 473, Bl. 224, 210f.; Liefervertrag vom 14. Juni/9. Okt. 1918, § 13, BAAP, KMA 87.37, Nr. 465, Bl. 20. Die von der Vereinigte Aluminium-Werke AG Begründung gegen die Festlegung im Vertrag widersprach jeglicher Realität: Ein Prüfungsrecht für die Selbstkosten sei allgemein üblich und bedürfe daher keiner besonderen Erwähnung. Schr. VAW an KMA vom 12. März 1918, BAAP, KMA 87.37, Nr. 473, Bl. 211.

[123] Mustervertrag Einkaufsvereinigung deutscher Metallhändler-Aufkäuferfirma o.D. [nach Mai 1917], § 4, BAAP, KMA 87.37, Nr. 313, Bl. 18v.

harte Linie gegenüber den Unternehmen verfolgte. Weder vorher noch nachher sind entsprechende Bestimmungen zu finden[124]. Die gute Position der chemischen Industrie bei der Abwehr von Kontrollmaßnahmen dürfte unter anderem darauf beruhen, daß die Feldzeugmeisterei entscheidenden Anteil am Zustandekommen eines Großteils der Verträge hatte. Die Beschaffungsstelle legte zu dieser Zeit, im Frühjahr 1915, noch wenig Wert auf eine Kontrolle der Unternehmen, sondern fand sich vielmehr zu erheblichen Konzessionen bereit, um den Heeresbedarf sicherzustellen. Dies änderte sich erst in den letzten beiden Kriegsjahren, wie z.B. der Salpetervertrag mit den Farbenfabriken vorm. Friedrich Bayer vom Sommer 1917 zeigt[125]. Anders sah die Sache bei den Verträgen für die Kalkstickstoffproduktion aus, die das Reichsschatzamt abschloß. Die Finanzbehörde behielt sich vertraglich das Recht vor, jederzeit Einsicht in alle Geschäftsbücher nehmen zu können[126].

Welchen Stellenwert hatte diese Kontrollform in der Bewirtschaftung? In der praktischen Auseinandersetzung mit den Firmen engagierte sich die Kriegsmetall AG am stärksten, wenn es um die Durchführung von Revisionen ging, aber nicht bei den Großen der Branche[127]. Sie scheute nicht davor zurück, Einsicht in die Geschäftsbücher zu fordern, um überhöhte Preisforderungen zurückzuweisen. Gleichgültig war, ob es sich dabei um Aktionäre der Gesellschaft handelte oder nicht. Unterstützung erhielt sie von ihrem Kommissar des Kriegsministeriums, Max von der Porten[128]. Bei hartnäckigem Widerstand seitens der Firmen bevorzugte die Kriegsmetall AG, Revisoren des Kriegsamts, d.h. der stellvertretenden Generalkommandos, vorzuschicken, da sie "mit der nötigen amtlichen Autorität ausgerüstet(er)" seien[129]. Im Zusammenhang mit der

---

[124] Vertragsentwurf Bayer-KCA, § 4, am 15. Nov. 1915 bei Moellendorff eingegangen, BAK, NL 158 Moellendorff, Nr. 114.

[125] Vertrag Bayer-Wumba 13. Juni/13. Juli 1917, Bayer-Archiv, 201/9.

[126] Vertrag RSchA-BStW vom 5. März 1915, § 6, BAAP, RKG 89.05, Nr. 156; I. Zusatzvertrag RSchA-BStW vom 11./2. Mai 1916, § 5, BAAP, RKG 89.05, Nr. 156. Auch in anderen Bereichen setzte das Reichsschatzamt solche Bedingungen durch. Z.B. Schr. KRA an KMA vom 16. Mai 1918, BAAP, KMA 87.37, Nr. 41, Bl. 522f.

[127] "Bericht über Besuch der Herren Barho und Ahrel zur Kontrolle des bei den Westdeutschen Eisen-Metall- und Ziegelwerken GmbH in Frankfurt am Main ... auftretenden Mankos von 400 t Blockmetall" vom 10. Apr. 1918, BAAP, KMA 87.37, Nr. 44, Bl. 3ff.; Schr. KMA an von der Porten vom 16. Jan. 1918, BAAP, KMA 87.37, Nr. 248, Bl. 279ff.

[128] Schr. KMA an KA vom 31. Juli 1917, BAAP, KMA 87.37, Nr. 41, Bl. 155f.; Schr. KMA an von der Porten vom 27. Aug. 1917 u. 5. Juli 1918, BAAP, KMA 87.37, Nr. 247, Bl. 112f., u. Nr. 248, Bl. 144f.

[129] Schr. KMA an von der Porten vom 5. Juli 1918, BAAP, KMA 87.37, Nr. 248, Bl. 145.

Produktionsförderung wurde jedoch von der Möglichkeit, diese Revisoren mit der Überprüfung der Bücher zu beauftragen, eher selten Gebrauch gemacht[130]. Gegenüber der Ilseder Hütte nahm nicht nur die Eisenzentrale, sondern auch die Kriegsrohstoffabteilung das Recht wahr, Revisionen vorzunehmen. Sie schickte seit August 1917 halbjährlich einen Mitarbeiter ihrer Revisionsabteilung in das Werk[131].

Revisionen gab es nicht nur bei Firmen, sondern auch bei den Kriegsgesellschaften. Reichsschatzamt und Kriegsrohstoffabteilung beauftragten gleichermaßen eigenständige Wirtschaftsprüfungsgesellschaften mit dieser Aufgabe, um die Tätigkeit nachträglich kontrollieren zu können. Im Zentrum des Interesses der Militärbehörde standen die Lager und deren Führung. Wie dies im einzelnen vor sich ging, läßt sich am Beispiel der Kriegsmetall AG gut demonstrieren. Hier wurde schon im März 1915 eine Metall-Treuhand-GmbH damit beauftragt, die Bewertungen von beschlagnahmten Fertigwaren vorzunehmen, um Klagen gegen falsche Abschätzungen durch die Kriegsmetall AG zu vermeiden. Ein Sachverständiger dieser Gesellschaft, der vom Metallhandel gestellt und von der Kriegsrohstoffabteilung vereidigt wurde, befand sich in jedem Lager der Kriegsmetall AG. In Ausnahmefällen konnte die Kriegsgesellschaft darauf bestehen, Sendungen selbst zu schätzen; diese Angaben unterlagen dann lediglich der Kontrolle der Kriegsrohstoffabteilung. Desgleichen war die Metall-Treuhand-GmbH für die Festsetzung des Metallgehalts von Beutegütern zuständig, ebenso für die regelmäßige Kontrolle der Lager der Kriegsmetall AG[132].

Das Reichsschatzamt widmete dagegen der Preisberechnung bei den Kriegsgesellschaften seine ganze Aufmerksamkeit. Die Behörde mußte auch

---

[130] Eines der wenigen Beispiele ist der Einsatz eines Revisors durch das bayerische Kriegsministerium aufgrund eines Verdachts des Waffen- und Munitionsbeschaffungsamts gegen das Trostberger Werk der Bayerischen Stickstoffwerke AG. Vermerk K 1 [des BKM] vom 10. Aug. 1917, BHStA-KA, MKr. 14172. Dagegen wurden die Revisoren wohl auch selbständig aktiv. Punktationen Direktoriums-Sitz. Nr. 178 vom 24. Sept. 1915, Bayer-Archiv; Schr. Kloeppel an Direktorium Bayer vom 31. Juli 1917, Bayer-Archiv, 201/38, Bd. 1.

[131] Berichte über Revisionen der Ilseder Hütte vom Aug. 1917, März 1918, Sept. 1918, Dez. 1918, März/April 1919, BAAP, KEZ 87.25, Nr. 71, passim.

[132] Vertrag Metall-Treuhand-GmbH mit der KMA vom 24. März 1915, BAAP, KMA 87.37, Nr. 238, Bl. 85; Denkschrift zur Organisation der Kriegsmetall AG o.D. [Anfang 1918], BAAP, KMA 87.37, Nr. 3, Bl. 42ff.; Schr. KRA an ZD, AD und ZK vom 27. Mai 1915, Abschrift an PMHG, GStAM, Rep. 120 C VIII 1, Nr. 84, Adh. 13[M], Bd. 1, Bl. 220f. Als Hinweis darauf, daß diese Revisionen tatsächliche Kontrolle bedeuteten, kann man das schlechte Verhältnis, das beide Gesellschaften zueinander hatten, interpretieren. Prot. Direktoriums-Sitz. der KMA vom 25. Apr. 1918, BAAP, KMA 87.37, Nr. 40, Bl. 31.

hier länger warten, bis sie ihre Vorstellungen verwirklichen konnte. Nachdem sich im Mai 1915 keine Ergebnisse abzeichneten, unternahm sie im Sommer 1916 einen neuen Anlauf. Sie einigte sich mit der Kriegsrohstoffabteilung auf "Grundsätze und Richtlinien", um die Kontrolle über die Kriegsgesellschaften effizienter zu gestalten. Danach sollten zum einen die Organe der Gesellschaften selbst, vor allem die Aufsichtsräte, zum anderen Revisionen durch Sachverständige dieses Ziel sicherstellen[133]. Am ehesten kamen die Beschlüsse wiederum bei der Kriegsmetall AG zum Tragen, wo seit August 1916 Prüfungsberichte der Treuhand-Vereinigung AG über Bücher und Bilanzen überliefert sind[134]. Insgesamt dauerte die Institutionalisierung der Revisionen noch eine gewisse Zeit, zumal sich die Behörden und der Rechnungshof erst um die Jahreswende 1916/17 darüber verständigten, welche Gegenstände einer Prüfung unterliegen sollten[135]. Die daran anschließenden Revisionen nahmen in der Kriegsmetall AG beispielsweise einzelne Verträge und Abteilungen, ebenso die Berechnung von Einstands- und Verteilungspreisen, für deren Differenz das Reichsschatzamt aufkam, unter die Lupe[136]. Für die Eisenzentrale sind ähnliche Revisionen durch die Revisions-Treuhand AG erst seit März 1918 überliefert, doch wurden schon vorher Vertreter von Revisionsgesellschaften zur Beratung von Verrechnungsfragen und deren Überprüfung zugezogen[137]. Über die Prüfung der Kriegschemikalien AG sind Berichte erst vom Juli 1920 überliefert, die im Zusammenhang mit der Liquidation der Gesellschaft stehen. Doch geht daraus hervor, daß auch schon früher Revisionen vorgenommen worden sind[138].

---

[133] Anlage zu Schr. KRA an RdI vom August 1916, BAAP, RdI 15.01, Nr. 18826, Bl. 155f. Initiative im Mai 1915: Schr. KRA an Rechnungshof des Deutschen Reiches vom 4. Mai 1915, BAAP, RFM 21.01, Nr. A 2844, Bl. 35; vgl. oben, S. 321ff.

[134] BAAP, KMA 87.37, Nr. 146-150.

[135] Schr. KRA an RSchA vom 29. Dez. 1916, BAAP, RFM 21.01, Nr. A 2848, Bl. 129f.

[136] Geschäfte und Abteilungen: Bericht Nr. 14 über Abteilung H bei der Kriegsmetall AG vom 6. Aug. 1917 von der Deutschen Revisions-Gesellschaft beeidigter Bücherrevisoren mbH, BAAP, KMA 87.37, Nr. 455, Bl. 10ff.; Denkschrift zur Organisation der Kriegsmetall AG o.D. [Anfang 1918], BAAP, KMA 87.37, Nr. 3, Bl. 48. Preise: Aktennotiz Flatow vom 15. Okt. 1917, BAAP, KMA 87.37, Nr. 32, Bl. 57; Prot. Direktoriums-Sitz. der KMA vom 16. Okt. 1917, BAAP, KMA 87.37, Nr. 40, Bl. 72.

[137] Revisionsberichte, März 1918-März 1920, BAAP, KEZ 87.25, Nr. 7; NSchr. über die zwischen KRA un EZ bzw. MnG wegen Verrechnung getroffenen Vereinbarungen, Besprechung am 22. März 1917, BAAP, KEZ 87.25, Nr. 69, Bl. 82.

[138] Revisionsbericht Juli 1920, BAAP, KCA 87.29, Nr. 12, Bl. 75. Überdies betont dieser Bericht, daß die von der Kriegschemikalien AG geführten Lagerbücher jederzeit eine effektive Kontrolle der Lager ermöglicht hätten. Ebd., Bl. 77f.

Mit der Entsendung von Beauftragten oder Kommissaren zeigten Behörden und Kriegsgesellschaften vor allem in der Produktionsförderung eine zweite Form der Präsenz bei den Unternehmen. Ihre Funktion bestand aber nicht allein in der Überwachung der Firmen, sondern auch in der Koordination der Ressourcenverteilung, d.h. sie unterstützten die Betriebe, indem sie sich um die Zuteilung von Kohle, Rohstoffen und Arbeitern für den Bau neuer Anlagen oder die Produktion kümmerten. Welche der beiden Funktionen den Vorrang erhielt, hing wesentlich von den Rechten ab, die dieser Beauftragte besaß, sowie von der Ausgestaltung im Einzelfall. Wenn er Anordnungen sowohl für die Bauten als auch für den Betrieb erteilen konnte, stand die Kontrolle eindeutig im Vordergrund. Konnte er dies nicht oder nur in Teilen und lag das Schwergewicht seiner Aktivitäten auf dem Umgang mit anderen Behörden, diente er im wesentlichen der Koordination der Arbeiten. Vor allem letzteres war den Unternehmen willkommen, da es ihre Position im Verteilungskampf um Ressourcen stärkte; an der Überwachung ihrer eigenen Tätigkeiten hatten sie dagegen wenig Interesse.

Beim Einsatz solcher Delegierter lassen sich auch hier wieder wichtige Unterschiede einerseits zwischen den Branchen, andererseits zwischen erster und zweiter Kriegshälfte feststellen. Am weitesten in Richtung Kontrolle gingen die Eingriffe in der Metallindustrie. Bei der Molybdänproduktion in der Gewerkschaft Werdenfels machte die Kriegsrohstoffabteilung im Februar 1916 ein Kontrollrecht über den Betrieb und über dessen Investitionspolitik geltend, da die Gewerkschaft die von ihr verlangte Leistungssteigerung nicht erbracht hatte. Im Oktober 1916 übernahm die Militärbehörde dann, gegen den Widerstand der bayerischen Stellen, die Leitung des Gesamtbetriebes, die sie an ihren Beauftragten, Hauptmann Stauber, delegierte. Ihm stand "nach jeder Richtung volle Anordnungsbefugnis" zu. Er erhielt seine Weisungen von einer Versammlung, in der die Vertreter des preußischen und bayerischen Kriegsministeriums sowie der Kriegsrohstoffabteilung die Mehrheit hatten und die den monatlichen Betriebsplan aufstellte[139].

Diese Ausgestaltung der Position des Beauftragten blieb allerdings eine Ausnahme. Denn in der Mehrzahl der Fälle wehrten sich die Unternehmen erfolgreich gegen so weitgehende Eingriffsrechte. Generell erreichten sie zumeist, daß die Beauftragten kein Recht besaßen, Anordnungen für den Betrieb zu erlassen, sondern lediglich Bauausführung und Produktionsgang überwachten. Aber auch diese Rechte konnten abgeschwächt werden. Ständige Beaufsichtigung übte die

---

[139] Telegramm KRA an BKM vom 18. Jan. 1916, BHStA-KA, MKr. 12971, Prod. 1; Schr. BKM an KMA vom 16. Febr. 1916, BHStA-KA, MKr. 12971, Prod. zu 21; Vertrag KRA-Gewerkschaft Werdenfels vom 14. Okt. 1916, BHStA-KA, MKr. 12972, Prod. 13; Zitat ebd., § 3.

Kriegsrohstoffabteilung bei den Gruben aus, die Zinkblende förderten[140]. Nur noch jederzeitigen Zutritt und das Recht auf alle Auskünfte erreichte dagegen die Kriegsmetall AG in den ersten Verträgen zur Aluminumproduktion[141]. Gegenüber der Vereinigten Aluminium-Werke AG und der Erftwerk AG konnte sie solche Befugnisse nicht mehr durchsetzen, von Eingriffsrechten in die Betriebsführung war erst recht keine Rede mehr[142]. In der Praxis gelang es der Kriegsmetall AG deshalb auch nur bei den Herstellern von Vorprodukten, z.B. bei der Chemischen Fabrik Hönningen, einen ihrer Prokuristen "auf einige Zeit zwecks Beaufsichtigung der Durchführung des Bauprogramms" zu entsenden, weil die Firma immer wieder Schwierigkeiten mit der Einhaltung der vereinbarten Bautermine hatte[143]. Bei den Kupferverträgen gab es trotz der Bemühungen der Kriegsgesellschaft keinerlei Kontrolle durch Beauftragte oder Delegierte, weder der Bauten noch des Betriebs[144].

Die chemische Industrie konnte sich ebenfalls von solchen Kontrollen weitgehend freihalten. Obwohl sich die Kriegsrohstoffabteilung, zum Teil auch die Kriegschemikalien AG für Rechte auf Überwachung einsetzten, hatten sie damit nur selten Erfolg[145]. Die chemischen Firmen lehnten solche Maßnahmen sowohl für die Schwefel- als auch für die Salpeterproduktion ab; sie gestanden lediglich zu, regelmäßig Berichte an das preußische Kriegsministerium zu erstatten. Ein Recht auf Besichtigung behielten sie einem "von beiden Teilen im Einverneh-

---

[140] Bericht über Zinkblende o.D., BAAP, KCA 87.29, Nr. 111, Bl. 14.

[141] Vertrag Bitterfeld vom 1. März 1917 u. 9./13. März 1916, § 11, BAAP, KMA 87.37, Nr. 463, Bl. 11f. Für Horrem und Rummelsburg gab es sogar nur die Bestimmung, daß die Kriegsmetall AG den Bau besichtigen dürfe. Vertrag Horrem und Rummelsburg vom 1. März 1917/15. Sept. 1916, § 8, BAAP, KMA 87.37, Nr. 467, Bl. 6.

[142] Vereinigte Aluminium-Werke AG: Vertragsentwurf der KMA vom 10. Dez. 1917, § 12, BAAP, KMA 87.37, Nr. 473, Bl. 350; Schr. VAW an KMA vom 12. März 1918, BAAP, KMA 87.37, Nr. 473, Bl. 210f. Erftwerk AG: Vertrags-Entwurf der KMA vom 12. Dez. 1917, der nicht abging, BAAP, KMA 87.37, Nr.494, Bl. 391ff.; Entwurf Vertrag [KMA] vom 2. Jan. 1918, § 11, ACDP I-220, Nr. 201/3; Schriftwechsel KMA-EW 1918, ACDP I-220, Nr. 120/2 und 120/3; Vertrags-Entwurf der KMA vom 20. März 1918, BAAP, KMA 87.37, Nr. 494, Bl. 301ff.

[143] Prot. der Direktoriums-Sitz. der KMA vom 13. März 1917, BAAP, KMA 87.37, Nr. 40, Bl. 123.

[144] Schr. KMA an KRA vom 22. Jan. 1915, BAAP, KMA 87.37, Nr. 238, Bl. 46; Verträge vgl. ebd., Bl. 47-50, 62-71.

[145] 19. Prot. der AR-Sitz. der KCA vom 21. Sept. 1915, BAAP, KCA 87.29, Nr. 10, Bl. 140; Vertragsentwurf Bayer-KCA, § 4, am 15. Nov. 1915 bei Moellendorff eingegangen, BAK, NL 158 Moellendorff, Nr. 114.

men zu bestimmenden Vertrauensmann" vor[146]. Das sah in der Praxis so aus, daß beispielsweise zur Kontrolle der Salpeterproduktion Chemiker wie Franz Fischer, Emil Fischer oder Fritz Haber im Einverständnis mit den Unternehmen zu Beauftragten ernannt wurden[147]. Als einzige Kontrollmöglichkeit verblieb der Kriegschemikalien AG das Recht, die von den Firmen zum Verkauf angebotenen Produkte auf ihre Qualität zu kontrollieren, womit sie hauptamtliche Gutachter beauftragte[148].

Mit dem Hindenburg-Programm änderte sich die Gewichtung der Funktionen der Beauftragten. Hatte bisher zumindest aus der Sicht der Kriegsrohstoffabteilung und der Kriegsgesellschaften der Schwerpunkt der Tätigkeit auf der Kontrolle gelegen, rückten nun Koordination und Unterstützung der Fabriken in den Vordergrund. Die Zahl der Beauftragten vermehrte sich erheblich, und sie erhielten einen offiziellen Status als die "von der Kriegs-Rohstoff-Abteilung nach außerhalb in die Industriegebiete entsandten Beauftragten". Sie waren zuständig für die Aluminium-, Wolfram-, Molybdän- und Graphitherstellung und die Förderung von Schwefelkies[149]. Fast jede Pulver- und Sprengstoffabrik erhielt einen eigenen Beauftragten, die hier als Kommissare bezeichnet wurden und dem Waffen- und Munitionsbeschaffungsamt unterstanden[150]. Auch sie berichteten in der Praxis regelmäßig über den Fortgang der Bauten und der Produktion. Ihre Hauptaufgabe bestand jedoch darin, Probleme bei der Material- und Arbeiterbeschaffung zu lösen[151]. Dies wird deutlich am Antrag der AG für Anilinfabrikation auf die Zuteilung eines solchen Kommissars, die Bueb,

[146] Schwefel: Vertrags-Entwurf Agfa vom 25. Mai 1916, § 2, Hoechst-Archiv, 18/1/14; Salpeter: Vertrag Hoechst-KRA vom 11. Jan./12. März 1915, § 2, Hoechst-Archiv, 18/1/12.

[147] Schr. E. Fischer an Hoechst vom 7. Febr. 1915, Antwort Hoechst vom 9. Febr. 1915, dass. vom 4./6. Mai 1915, Bericht Haber an KRA vom 29. Sept. 1915, Hoechst-Archiv, 18/1/12.

[148] Schr. KCA an Dr. H. Hirzel, Bemusterung von Erzen, Metallen, Chemischen und Roh-Produkten, Duisburg, vom 21. Nov. 1916, BAAP, KCA 87.29, Nr. 199, Bl. 266f., und dessen Berichte über Schwefel aus Meggen von Sept. 1917 bis Okt. 1920, ebd., passim.

[149] Nebenanlage 15a der KRA zu Vfg. KA vom 28. Febr. 1917, BA-MA Freiburg, N 46/115 Groener Bl. 68.

[150] Nebenanlage 14a des Wumba zu Vfg. KA vom 28. Febr. 1917, BA-MA Freiburg, N 46/115 Groener, Bl. 66.

[151] Bauberichte des Beauftragten der KRA beim EW (alle 10 Tage) vom 24. Nov. 1916 bis 5. Nov. 1918, ACDP I-220, Nr. 239/3, 239/5, 239/7; Prot. Aluminium-Sitzungen, Hoechst-Archiv, 2/24/17; Wochenberichte des Beauftragten der KRA bei der Gewerkschaft Werdenfels, BHStA-KA MKr. 12971, Prod. zu 36ff.; Voraus KM/V3b zu Schr. BKM vom Nov. 1916, BHStA-KA, MKr. 12976, Prod. 80.

Referent im Waffen- und Munitionsbeschaffungsamt, aber ablehnte, da nur "ganz grosse Fabriken" so bevorzugt werden sollten[152].

Die Eisen- und Stahlindustrie war davon, wie schon vor dem Hindenburg-Programm, wenig betroffen; hier gab es Beauftragte vor allem für die Rohstoffe, Kalk, Mangan, feuerfeste Steine und Eisenerze, kaum für die Eisen- und Stahlwerke selbst[153]. So bekam etwa die Ilseder Hütte einen Beauftragten des Kriegsministeriums zugesprochen. Seine Aufgaben umfaßten Kontrolle und Koordination gleichermaßen, denn er sollte das Recht der Kriegsrohstoffabteilung auf Rechnungsprüfung ausüben und den Gang der Erweiterungsbauten fördern. Von Eingriffen in die Betriebsführung war aber auch hier keine Rede[154]. Über ihn lief ein Großteil der Verhandlungen mit Eisenzentrale und Kriegsrohstoffabteilung über den Ausbau[155], wobei er die Vorschläge der Ilseder Hütte für die Erweiterung der Anlagen kritisch prüfte[156]. Allerdings nahm er das Prüfungsrecht für die Rechnungen, also die Kontrolle über die tatsächlich verausgabten Gelder, nicht in dem gewünschten Ausmaß wahr, obwohl die Kriegsrohstoffabteilung großen Wert auf die Überwachung legte[157].

---

[152] Prot. Schwefel-Sitz. vom 8. Dez. 1916, Reisenegger, Hoechst-Archiv, 18/1/20; Zitat ebd. Den Farbenfabriken vorm. Friedrich Bayer und der Badischen Anilin- und Sodafabrik sicherte er dagegen einen solchen Kommissar zu. Kommissare für Stickstoffproduktion: Vfg. KA/Stab vom 22. Jan. 1917, HStAS, M 1/6, Nr. 1365, Bl. 153v; Erlaß des KA vom 12. Febr. 1917, Hoechst-Archiv, 18/1/13; Bericht über die Sitz. mit den KA-Kommissaren für die Pulver-, Sprengstoff- und Säurefabriken am 16. Febr. 1917, Hoechst-Archiv, 18/1/13; Dienstanweisung von KRA und Wumba für die KA-Kommissare bei den Pulver-, Sprengstoff- und Säurefabriken vom 12. Febr. 1917, Hoechst-Archiv, 18/1/13; Schr. KCA an Leutnant Behne, KA-Kommissar für die Gewerkschaft Sicilia, Meggen, BAAP, KCA 87.29, Nr. 200, Bl. 176.

[153] Nebenanlage 15a der KRA zu Vfg. KA vom 28. Febr. 1917, BA-MA Freiburg, N 46/115 Groener, Bl. 68.

[154] Vertragsentwurf EZ-IH § 2, Anlage zu Schr. KEZ an RSchA vom 29. Jan. 1917, BAK, R 2, Nr. 1254, Bl. 4f.; Vertrag vom 17. Jan. 1918, § 2, BAK, R 2, Nr. 1254, Bl. 91f. Rechnungsprüfung: Z.B. Schr. KEZ an RSchA vom 11. Aug. 1917, BAK, R 2, Nr. 1254, Bl. 49.

[155] Z.B. Schr. BdKM Boersch an KEZ vom 24. Febr. 1917, BAAP, EZ 87.10, Nr. 381, Bl. 69f.

[156] Schriftwechsel BdKM Boersch-IH vom Febr. 1918, BAAP, EZ 87.10, Nr. 390.

[157] Dies brachten die von der Kriegsrohstoffabteilung halbjährlich durchgeführten Revisionen an den Tag. Schr. Revisions-Abt. KRA an KEZ vom 6. Jan. 1918 [sic!: 1919]; BAAP, KEZ 87.25, Nr. 71, Bl. 39: Seit Januar 1918 seien 3000 Belege ungeprüft geblieben. Schon vor Abschluß des Vertrages hatte die Behörde nachgefragt, ob der von der Ilseder Hütte angemeldete Bedarf an Baumaterialien für das Förderprogramm tatsächlich notwendig war. Schr. KRA an BdKM Boersch, dort am 19. März 1917 eingegangen, BAAP, EZ 87.10, Nr. 381, Bl. 72.

Eine Sonderstellung nahm der erste von der Kriegsrohstoffabteilung entsandte Beauftragte des Kriegsministeriums beim Roheisenverband und später beim Deutschen Stahlbund, Florian Klöckner, ein. Bei ihm ist eher die umgekehrte Entwicklung wie bei den übrigen Delegierten festzustellen. Mit seiner Einsetzung im April 1915 verband die Kriegsrohstoffabteilung stärker den Auftrag der Koordination, wobei hier nicht die Ressourcenzuteilung für einzelne Firmen, sondern die Verteilung und Sicherstellung der Aufträge der Beschaffungsstellen auf die einzelnen Werke im Mittelpunkt stand. Nach dem Hindenburg-Programm, das die Errichtung von Kriegsgesellschaften auch für die Eisen- und Stahlindustrie zur Folge hatte, verstärkte der Beauftragte seine Zusammenarbeit mit der Kriegsrohstoffabteilung, und die Kontrollfunktion gegenüber den Werken rückte in den Vordergrund[158]. Zum einen befürwortete er Kontrollen als einzige Möglichkeit, den Prioritäten der Behörden Geltung zu verschaffen. Er betonte, daß "eine scharfe Kontrolle der Aufträge, welche die Blechwalzwerke bereits gebucht haben" notwendig sei. "Ich bin überzeugt", fuhr er fort, "dass, wenn wir diese Kontrolle bei den Blechwalzwerken ausüben, wir für die jetzt benötigten dringendsten Mengen Unterkommen finden. Ohne eine solche Kontrolle wird dies aber nicht möglich sein"[159]. Zum anderen beließ Klöckner es aber nicht bei solchen Stellungnahmen, sondern übte selbst Druck in dieser Richtung auf die Werke aus, wie sein Vorschlag belegt, gegen die Gebr. Stumm vorzugehen. Um die Position der Rohstahlausgleichsstelle zu unterstützen, bot er eine Prüfung der Produktionsverhältnisse im Werk durch einen seiner Offiziere an[160]. In einigen Fällen hatte seine Androhung mit Kontrollen durchaus Erfolg[161].

---

[158] Z.B. versuchte er immer wieder, die widerspenstigen Werke zur Einhaltung der behördlichen Anordnungen zu bewegen. Schr. DStB an sämtliche Stahlwerke vom 20. Okt. 1917, Schr. BdKM Klöckner an DStB vom 4. Apr. 1917 und an Stabeisenwerke vom 25. Jan. 1918, BAAP, KEZ 87.25, Nr. 77, Bl. 64, 23f., 15; Schr. BdKM Klöckner an RAS vom 22. Juli 1918, BAAP, Beauftragter des KM beim DStB, 87.07, Nr. 11. Oder er fragte regelmäßig nach den übernommenen Lieferungen der Werke. Formular Schr. BdKM Klöckner an Firmen vom 17. Apr. 1917, BAK, R 13I/90, Bl. 27. Er sollte allerdings gleichzeitig als Beschwerdestelle gegen nicht fristgerechte Lieferung dienen. Bekanntmachung stv. GK Münster vom 5. Nov. 1915, RWWA, 20-356-3. Vgl. auch oben, S. 80f.

[159] Schr. BdKM Klöckner an RAS vom 20. März 1917, BAAP, RAS 87.72, Nr. 8; Zitat ebd. Vgl. auch NSchr. Sitz. RAS mit dem BdKM vom 1. Juni 1918, in der Klöckner eine Vielzahl unrichtiger Meldungen von Vorräten und Überschreitung von Kontingenten beklagte und die unnachsichtige Verfolgung dieser Vergehen forderte. BAAP, KEZ 87.25, Nr. 116, Bl. 2v.

Eine zusätzliche Kontrollmöglichkeit besaßen die Behörden in den Unternehmen, an denen der Staat finanziell beteiligt war, also bei den Kalkstickstoff- und den Aluminiumwerken. Das Reich konnte Vertreter in die Aufsichtsräte entsenden beziehungsweise einen Kommissar bestellen, die je nach Rechtslage weitgehende Einflußmöglichkeiten besaßen. Auch hier mußten die Metallproduzenten ein Mehr an Beaufsichtigung hinnehmen als die chemischen Fabriken. Während die staatlichen Abgesandten des Reichsschatzamts in den Kalkstickstoffwerken nur beratende Stimme hatten[162], konnte das Amt für die Aluminiumwerke einen Kommissar ernennen, der ein Veto mit aufschiebender Wirkung für alle wichtigen Beschlüsse des Aufsichtsrats besaß. Unbegrenzten Einfluß garantierte dies jedoch nicht, denn teilweise konnten die Gesellschaftsorgane das Veto aufheben[163]. Dem Aufsichtsratsmitglied der Kriegsrohstoffabteilung, Sektionsleiter Troeger, warf Stinnes, Aufsichtsratsvorsitzender der Erftwerk AG, vor, durch seine Einmischung in die Betriebsführung einen Produktionsausfall verschuldet zu haben[164]. Troegers Versuche, Kontrollbefugnisse gegenüber den Firmen geltend zu machen, blieben insgesamt jedoch sporadisch und ohne großen Erfolg[165].

Neben diesen Beauftragten und Kommissaren gab es eine weitere Einrichtung, die Reichskommissare. Sie wurden zwar von einer Behörde ernannt und unterstanden deren Dienstaufsicht, waren aber, was ihre Entscheidungen anbetraf, unabhängig und nicht an Weisungen gebunden. Ihre Aufgabe war es, anstehende Probleme zentral und ohne Rücksicht auf Ressortstreitigkeiten zu lösen; dabei bewegten sie sich, wie die Beauftragten auch, immer zwischen den

---

[160] Schr. BdKM an RAS vom 1. Juni 1917, BAAP, RAS 87.72, Nr. 9. Es ging um die Weigerung der Firma, Halbzeug in ausreichenden Mengen herzustellen.

[161] "Als ich aber bei Neumann in Eschweiler eine Nachprüfung der bei ihm vorliegenden Konstruktionsobjekte in Bezug auf Dringlichkeit in Aussicht stellte, teilte mir die Firma mit, dass es ihren persönlichen Bemühungen gelungen sei, die Vierkantwellen von anderer Seite ... zu erhalten". Schr. BdKM Klöckner an RAS vom 30. Apr. 1917, BAAP, RAS 87.72, Nr. 8. Aufgrund seiner Nachfrage senkte die Kaiserliche Werft Wilhelmshaven ihre Forderung nach Drahtseilen von 7500 t auf 66 t. Schr. BdKM an RAS vom 5. Apr. 1917, ebd.

[162] Vertrag RSchA-BStW vom 5. März 1915, § 6, BAAP, RKG 89.05, Nr. 156.

[163] Gesellschaftsvertrag VAW vom 21. Apr. 1917, § 21, BAAP, RKG 89.05, Nr. 191; Gesellschaftsvertrag EW vom 1. Sept. 1916, § 7b, ACDP I-220, Nr. 201/3; Gesellschaftsvertrag IW vom 27. Apr. 1917, § 22, SAA 11/Lb 71 Haller.

[164] Schr. Stinnes an Koeth vom 28. Apr. 1918, ACDP I-220, Nr. 120/2.

[165] Eingabe Troegers, die in der Sitzung des Aufsichtsrats des Inn-Werkes am 23. Sept. 1918 verhandelt wurde. BAAP, MMSt, 87.52, Nr. 4.

Polen Kontrolle und Koordination. Im Laufe des Krieges gab es mehrere Gebiete, für die Reichskommissare eingesetzt wurden. Erstmals nutzte das Reichsamt des Innern dieses Instrument im Februar 1916 für die Bewilligung von Ein- und Ausfuhren. Schwerpunkt der Tätigkeit war die Kontrolle der von den Interessenverbänden geleiteten Zentralstellen der Ausfuhrbewilligungen[166]. Ein zweites Gebiet, das kurz darauf, im April 1916, eine solche Einrichtung erhielt, war die Kalkstickstoffproduktion. Zum Reichskommissar wurde Wichard von Moellendorff berufen, vorher Leiter der Sektion Ch der Kriegsrohstoffabteilung und kurze Zeit im Vorstand der Kriegschemikalien AG tätig. Ziel seiner Ernennung war es, die Höchstleistung bei den beiden Werken in Piesteritz und Chorzow schnellstmöglich zu erreichen; dazu erhielt er "alle Vollmachten" von Kriegsministerium und Reichsschatzamt, "erforderlichenfalls ohne Innehaltung des Instanzenweges"[167]. Hier stand klar die Koordination der Ressourcen im Vordergrund[168]. Doch Moellendorff hielt darüber hinaus das Recht des Kriegsministeriums auf Kontrolle der Betriebe in jeder Hinsicht für selbstverständlich und wies Widerstände der Unternehmen dagegen kategorisch zurück. Er empörte sich z.B. darüber, daß das Elektrowerk Knapsack eine Besichtigung durch einen Beauftragten des preußischen Kriegsministeriums schlicht abgelehnt hatte: "Was das Verhalten der Firma im Allgemeinen anlangt, so findet es der Unterzeichnete [= Moellendorff] unerhört, dass der Beauftragte einer Behörde an der Ausübung seines Auftrages aus privaten Gründen gehindert werden sollte"[169].

Moellendorffs Arbeitsbereich wurde durch die Neuordnung der Stickstoffwirtschaft im Dezember 1916 vermutlich beschränkt, als das Waffen- und Munitionsbeschaffungsamt zur Zentralstelle für alle Stickstofffragen gemacht wurde. Der dortige Referent Julius Bueb wurde im Januar 1917 zum Reichskommissar für Stickstoff berufen, gleichzeitig enden Moellendorffs Berichte. Er selbst wurde mit Emil Fischer, Fritz Haber und Nikodem Caro sowie je einem Vertreter vom Reichsamt des Innern, vom Reichsschatzamt und vom preußischen Ministerium für Landwirtschaft Mitglied im beratenden Beirat dieses Kommissariats. Der Reichskommissar selbst, wenn er auch dem Kriegsamt unterstand, sollte weitgehende Rechte haben: Erteilung von Anordnungen

---

[166] Facius, Wirtschaft, S. 110, Anm. 244; Bekanntmachung zur Ausführung der Verordnung über die Regelung der Einfuhr vom 16. Jan. 1917, RGBl. 1917, S. 42. Vgl. auch oben, S. 88f.

[167] Vfg. KM vom 25. Apr. 1916, BAK, NL 158 Moellendorff, Nr. 11.

[168] Vgl. die 15 Berichte Moellendorffs vom Apr. 1916-Jan. 1917, BAK, NL 158 Moellendorff, Nr. 119.

[169] Die Direktion hatte den Beauftragten abgewiesen, weil sie nicht wußte, welche Position er im Zivilstand bekleidete. Schr. Reichskommissar für Kalkstickstoff an PKM (Sichler) vom 7. Juli 1916, BAK, NL 158 Moellendorff, Nr. 131.

über Herstellung, Verbrauch von und Verkehr mit Stickstoff sowie Ermittlung aller Auskünfte über Vorräte, Produktion und Verbrauch von Stickstoff[170]. Bueb sah seine Aufgabe sowohl in der Koordination durch Besprechungen mit Produzenten und Behörden als auch in der Kontrolle der Unternehmen durch Besichtigungen und Prüfungen[171]. Darüber hinaus widmete er den zukünftigen Chancen der neu entwickelten Technologie viel Aufmerksamkeit[172].

Daß die Behörden, sowohl zivile als auch militärische, besonders in der zweiten Kriegshälfte die Kontrolle nicht vermindern, sondern eher verstärken wollten, belegen zwei Vorstöße, die aber am Widerstand der betroffenen Industrie scheiterten. Zum einen gab es im Sommer 1917 Schwierigkeiten bei der Versorgung mit Soda, denen die Behörden mit der Ernennung eines Reichskommissars für Soda begegnen wollten. Für die Besetzung war Moellendorff im Gespräch. Als treibende Kraft stand nach Einschätzung eines Vertreters der Farbenfabriken vorm. Friedrich Bayer das preußische Ministerium für Handel und Gewerbe hinter diesem Vorschlag, doch muß er auch im Waffen- und Munitionsbeschaffungsamt auf Wohlwollen gestoßen sein. Es hat den Anschein, daß dieser Reichskommissar weitreichende Befugnisse gegenüber den Firmen haben sollte, jedenfalls legen dies die Einsprüche der Industriellen beim Reichsamt des Innern und beim Waffen- und Munitionsbeschaffungsamt

---

[170] Vfg. KA vom 6. u. 19. Dez. 1916, HStAS, M 1/6, Nr. 1260, Bl. 20 u. Nr. 1261, Bl. 14f. Auf den Protest der Badischen Anilin- und Sodafabrik hin wurde auch Bosch in den Beirat berufen. Plumpe, I.G. Farbenindustrie, S. 81; Bekanntmachung über Stickstoff vom 18. Jan. 1917, RGBl., 1917, S. 59. Die Ernennung Buebs zum Stickstoffkommissar war offensichtlich eine rein preußische Angelegenheit, denn ein Beamter des bayerischen Kriegsministeriums merkte dazu an: "Auch scheint der Referent für Stickstoff des Preuss[ischen] K[riegs]A[mtes] einfach zum Reichskommissar für Stickstoffwirtschaft ernannt worden zu sein, also Personalunion bezügl[ich] beider Stellen vorzuliegen". Stellungnahme Abt. R des [B]KM vom 2. Febr. 1917, BHStA-KA, MKr. 14172.

[171] Bueb kündigte z.B. eine "Nachprüfung der Zwischenverdienste ..., welche sich gegenwärtig bei den Eisensilicium verarbeitenden Fabriken ergeben" an. Prot. "Besprechung über Salpetersäure ... im Hauptbüro der Farbwerke Hoechst" am 7. Febr. 1917, Hoechst-Archiv, 18/1/19. Vgl. auch Richtlinien über die Stickstoff-Bewirtschaftung Deutschlands ..., Anlage zum Prot. des Beirats des Wumba vom 26. Jan. 1917, Bayer-Archiv, 201/6.1; Referat vom Jan. 1918, BAAP, RK 07.01, Nr. 2435, Bl. 89ff.; Schr. Bueb an Duisberg vom 19. Sept. 1918, Bayer-Archiv, 201/6.1.

[172] Z.B.: Die Bedeutung des Stickstoff für Deutschland vom 5. Okt. 1917, BAAP, RK 07.01, Nr. 2434, Bl. 161ff. Die größte Selbständigkeit und die weitreichendsten Befugnisse besaß der im Februar 1917 berufene Reichskommissar für die Kohlenverteilung. Der Reichskanzler sollte nur die Dienstaufsicht ausüben; mit dem Kriegsamt sollte er zusammenarbeiten, war ihm aber nicht unterstellt. Sein Kompetenzbereich erstreckte sich nicht nur auf Anordnungen zur Verteilung, sondern auch auf das Recht zur Beschlagnahme. Mai, Kriegswirtschaft, S. 231ff.

nahe. Sie erreichten, daß der "Soda-Diktator(s)", "dieses Verhängnis", abgewehrt werden konnte; an seiner Stelle plädierte die Industrie für die Einsetzung eines Kommissars des Kriegsministeriums wie für die Pulver- und Sprengstoffabriken[173].

Zum anderen ist hier die Forderung Groeners, des Chefs des Kriegsamts, von Anfang Januar 1917 zu erwähnen, "eine besondere Ausfuhrstelle mit mil[itärischer] Spitze zu schaffen, die den Verkauf und die Verteilung auf die Werke übernehmen soll". Es handelte sich hier zwar nicht um ein Reichskommissariat, doch die Vorstellungen über Aufgabe und Kompetenzen waren ähnlich. Nachdem ein Vorstoß des Kriegsministeriums im Sommer 1916 zur Einrichtung einer eigenen Kontrollstelle für die Ausfuhr gescheitert war, bot nun wahrscheinlich der Lieferrückstand der Eisen- und Stahlproduzenten einen neuen Anlaß. Doch auch Groeners Einfluß hatte seine Grenzen: Der Widerstand der Industrie und, vor dem Hintergrund der Ausfuhrpolitik vermutlich auch des Reichsamts des Innern, ließ im März 1917 nur die Gründung der Eisenauslandsstelle zu. Sie überwachte zwar die Auslandslieferungen, der Verkauf verblieb aber bei den Werken oder ihren Verkaufsverbänden[174].

Viel früher als in allen diesen Bereichen, nämlich schon 1914, wurden Kommissare zur Überwachung der Kriegsgesellschaften eingesetzt. Die Unterstellung unter mindestens einen solchen Kommissar der Behörden war eines der Charakteristika, die diese Institutionen aus der Welt der privaten Aktiengesellschaften heraushoben. Um die Kontrolle über die Tätigkeit der Gesellschaften laufend zu gewährleisten, mußten die Kommissare zu allen Sitzungen des Aufsichtsrats eingeladen werden. Entscheidend für ihre Stellung war aber das Vetorecht, das sie gegen sämtliche Beschlüsse dieses Aufsichtsrates hatten, die sich auf Beschaffung, Verteilung oder Verwertung von Rohstoffen bezogen.

---

[173] Schr. Kloeppel an Direktorium Bayer vom 13. Juli 1917, Bayer-Archiv, 201/38, Bd. 1; Zitat ebd.; Schr. Kloeppel an Direktorium Bayer vom 1. Aug. 1917, ebd. Vorstöße der Industrie: Schr. KrAdI und Chemieverein an RdI vom 17. u. 21. Juli 1917, BAAP, RdI 15.01, Nr. 18768, Bl. 30ff.

[174] Zitat: Schr. Beukenberg an Phoenix o.D. (Eingangsstempel: 5. Febr. 1917), Mannesmann-Archiv, P 2/25/01, Bl. 245; vgl. auch Schr. Beukenberg an Nordwestliche Gruppe des VdEStI vom 12. März 1917, Schr. Nordwestliche Gruppe des VdEStI an Phoenix vom 16. März 1917, Mannesmann-Archiv, P 8/25/26.2. Vorstellungen KEZ: Entwurf Antwort zu Schr. E404/2.17.KRA o.D., BAAP, KEZ 87.25, Nr. 152, Bl. 51f. Scheitern der Kontrolle im Sommer 1916: Vortrag Wiedenfeld bei der Sitzung der Metall-Revisoren am 2./3. Aug. 1917, S. 24, BHStA-KA, MKr. 17286; vgl. auch oben, S. 270. Errichtung und Aufgaben der Eisen-Auslandsstelle: Anlage zu Schr. KA an RK vom 15. Febr. 1917, BAAP, RK 07.01, Nr. 2429, Bl. 11ff. Zur Ausfuhrpolitik generell vgl. Kap. IV.2., S. 257ff.

Aufheben konnte einen solchen Einspruch lediglich der Reichskanzler[175]. In den Schätzungs- und Verteilungskommissionen, dem zweiten Charakteristikum der Kriegsgesellschaften, die nur bei der Kriegschemikalien AG länger existierte, hatten die Kommissare lediglich das Recht, gehört zu werden und den Antrag auf Entscheidung durch den Aufsichtsrat zu stellen[176].

Stärker war die Position des Kommissars des Kriegsministeriums bei der 1916 geschaffenen Eisenzentrale. Er durfte nicht nur an allen Sitzungen teilnehmen und besaß ein aufschiebendes Veto. Vielmehr mußte die Gesellschaft alle ihre Geschäfte von ihm genehmigen lassen, weshalb der Kommissar ausdrücklich Einsicht in sämtliche Geschäftsvorgänge erhielt. Das Kriegsministerium selbst, das heißt die Sektion Eisen der Kriegsrohstoffabteilung, behielt sich, wie bei den anderen Kriegsgesellschaften auch, ein endgültiges Genehmigungsrecht der Geschäfte vor. In der Praxis wurde der Kommissar zum Geschäftsführer der Eisenzentrale[177]. Im Zusammenhang mit dem Versuch des Reichsschatzamts, ein Vetorecht für seinen Vertreter zu erhalten, bemühte sich die Kriegsrohstoffabteilung Ende 1917 darum, sich bei der Kriegschemikalien AG eine ähnliche Position zu schaffen, indem sie das Einspruchsrecht über den Aufsichtsrat hinaus auf die Organe der Gesellschaft auszudehnen und damit eine völlige Abhängigkeit des Vorstandes bei allen Geschäftsentscheidungen von den Behörden erreichen wollte. Diese krasse Form der Unterordnung ließ sich jedoch nicht realisieren. Es blieb bei der Praxis, über die Genehmigung einzelner Aktivitäten Kontrolle über den Vorstand auszuüben[178].

Neben den Kommissaren nahmen auch andere Vertreter von Behörden an den Sitzungen des Aufsichtsrates teil, um ihre Interessen einzubringen, meist nur dann, wenn entsprechende Vereinbarungen zur Entscheidung vorlagen. Sie hatten aber nur ein Recht zur Teilnahme, nicht zur Abstimmung, geschweige

---

[175] Satzung KMA § 9, BAAP, KMA 87.37, Nr. 1, Bl. 23v; Satzung KCA, § 9, BAAP, KCA 87.29, Nr. 4, Bl. 81v. Allerdings erhielten auch die Kommissare nicht automatisch, sondern nur auf Antrag ein Protokoll der Aufsichtsratssitzungen. Prot. der AR-Sitz. der KCA vom 28. Jan. 1915, BAAP, KCA 87.29, Nr. 10, Bl. 49.

[176] Satzung KMA § 13, BAAP, KMA 87.37, Nr. 1, Bl. 24; Satzung KCA, § 12, BAAP, KCA 87.29, Nr. 4, Bl. 82. Die Kriegschemikalien AG bestätigte dieses Procedere im März 1918 nochmals. Prot. der AR-Sitz. der KCA vom 22. März 1918, BAAP, KCA 87.29, Nr. 10, Bl. 276.

[177] Notarielle Ausfertigung Gesellschaftsvertrag EZ vom 30. Sept. 1916, § 10, BAAP, KEZ 87.25, Nr. 1, Bl. 216.

[178] Schr. KCA an RSchA vom 8. Juni 1917, BAAP, KCA 87.29, Nr. 11, Bl. 113f.; Schr. KCA an Aufschläger vom 5. Nov. 1917, BAAP, KCA 87.29, Nr. 11, Bl. 131f.; Schr. Aufschläger an KCA vom 27. Nov. 1917, Anlage II, BAAP, KCA 87.29, Nr. 11, Bl. 136-140a; Schr. KCA an RSchA vom 21. März 1918, BAAP, KCA 87.29, Nr. 11, Bl. 229.

denn ein Veto. Um Einfluß auf die Beschlüsse zu nehmen, konnten sie nur die Möglichkeit von Absprachen mit anderen Mitgliedern nutzen. Solche Vertreter entsandten vor allem das Reichsamt des Innern und das Reichsschatzamt[179], aber auch das Reichsmarineamt und andere militärische Behörden, etwa die Beschaffungsstellen. Meist wurden auch diese Vertreter als "Kommissare" bezeichnet[180].

Die Bedeutung der Kommissare bemaß sich nicht allein an ihrer rechtlichen Grundlage, die bisher dargestellt wurde, sondern auch an der Nutzung der Befugnisse durch die jeweiligen Inhaber. Die einzelnen Behörden taten dies in unterschiedlichem Ausmaß. Beginnen wir mit dem Kriegsministerium als der wichtigsten Instanz, das diese Funktion immer der Kriegsrohstoffabteilung übertrug. Mit der Gründung der Kriegsgesellschaften im Herbst 1914 entsandte die Behörde zunächst einen Kommissar, und zwar den Leiter der übergeordneten Sektion. Bei der Kriegsmetall AG übernahm Richard Troeger diese Funktion, bei der Kriegschemikalien AG Wichard von Moellendorff[181]. Bis zum Oktober 1916 dehnte die Kriegsrohstoffabteilung ihre Kontrolle aus, indem sie für alle ihr unterstellten Kriegsgesellschaften zwei Kommissare abordnete. Neben den Leiter der Fachsektion, für die Kriegsmetall AG weiterhin Troeger, für die Kriegschemikalien AG folgte Hermann Schmitz im August 1915, trat oft ein Vertreter der Chefsektion, z.B. bei der Kriegschemikalien AG, wo Heinrich Voelcker diese Aufgabe übernahm. Er stand der Abteilung ZV vor, die unter anderem für die Organisation der Kriegsgesellschaften zuständig war. In der Kriegsmetall AG war die Situation etwas anders. Hier erhielt neben Troeger Walther Rathenau nach seinem Ausscheiden den Posten als Kommissar, was die Kriegsrohstoffabteilung aber nicht davon abhielt, im Juni 1915 den neuen Leiter der Metallmeldestelle, Max von der Porten, ebenfalls mit dieser Funktion zu betrauen[182]. Im Mai 1917 war das Netz der Kommissare nicht mehr so dicht. Für die meisten Gesellschaften, deren gesamte Zahl sich um etwa zwei Fünftel erhöht hatte, war nur noch ein Kommissar der Kriegsrohstoffabteilung zuständig. Für die Kriegschemikalien AG übernahm im April 1917 Carl Adolf Clemm

---

[179] Das Reichsschatzamt stellte am 26. März 1917 eine Liste seiner Kommissare bei verschiedenen Kriegsgesellschaften zusammen. BAAP, RFM 21.01, Nr. A 2848, Bl. 172. Anders war die Position des Reichsschatzamts bei der Eisenzentrale. Vgl. unten S. 361.

[180] KMA: Prot. der AR-Sitz., BAAP. KMA 87.37, Nr. 52, passim. KCA: Einladungen zu und Prot. der AR-Sitz., BAAP, KCA 87.29, Nr. 9, 10, passim; z.B. ebd., Nr. 10, Bl. 30, 58, 84.

[181] Satzung KMA § 9, BAAP, KMA 87.37, Nr. 1, Bl. 23v; Satzung KCA, § 9, BAAP, KCA 87.29, Nr. 4, Bl. 81v.

[182] Geschäftsverteilung der KRA vom Okt. 1916, RFM 21.01, Nr. A 2843, Bl. 85v, 86.

die Aufgabe der Überwachung in seiner Funktion als neuer Leiter der Sektion Ch. Die Chefsektion zog oft ihre Vertreter zurück und überließ die Kontrolle der Kriegsgesellschaften den zuständigen Fachsektionen. Die Kriegsmetall AG dagegen behielt ihre drei Kommissare[183]. Die Eisenzentrale überwachte von vorneherein nur ein Kommissar, Hermann Fischer. Sein Kommissariat war allerdings mit fünf weiteren Mitarbeitern recht gut ausgebaut[184].

Im Geschäftsalltag der Kriegsgesellschaften spielten die Kommissare eine wichtige Rolle. Nicht nur ihre Teilnahme an den Aufsichtsratssitzungen, sondern vor allem ihre ständige Korrespondenz und zahlreiche Besprechungen über einzelne Aktivitäten und Maßnahmen stellten sicher, daß die Gesellschaften nichts unkontrolliert taten. Besonders deutlich tritt dies bei der Kriegsmetall AG hervor, die einen intensiven Schriftwechsel mit ihrem Kommissar von der Porten pflegte, der auf diese Weise in alle Tätigkeitsbereiche der Gesellschaft eingriff, und zwar schon bevor sie Entscheidungen traf. Teilweise führte er auch die Verhandlungen für die Kriegsmetall AG[185]. Dagegen blieb Troeger, Leiter der Sektion M und Kommissar der Kriegsmetall AG, eher etwas im Hintergrund. Er erschien vor allem bei Besprechungen und Sitzungen von Organen der Gesellschaft. Ähnliches gilt für die Kriegschemikalien AG, die den größten Teil des Krieges über nur vom Leiter der Sektion Ch überwacht wurde. Auch er nahm seine Rechte vor allem mittels regelmäßiger Besprechungen zusätzlich zu den Aufsichtsratssitzungen wahr; die Einforderung von Unterlagen und Informationen über die Tätigkeit erfolgte hier selten explizit durch den Kommissar, als vielmehr durch die ganze Sektion. Von einer Wahrnehmung des Vetorechtes ist in keiner der Gesellschaften die Rede, so daß sich insgesamt die Kontrolle durch den Kommissar stark mit der Aufsicht vermischte, die die Kriegsrohstoffabteilung über die ihr unterstellten Kriegsgesellschaften ohnehin ausübte[186].

---

[183] Geschäftsverteilung der KRA vom 1. Mai 1917, BAAP, KEZ 87.25, Nr. 64, Bl. 313v, 314.

[184] Geschäftsverteilung der KRA vom Okt. 1916, BAAP, RFM 21.01, Nr. A 2848, Bl. 72.

[185] Z.B. Schr. KMA an von der Porten vom 1. Juni 1917, BAAP, KMA 87.37, Nr. 247, Bl. 243f., oder Schr. KMA an von der Porten vom 23. Mai 1918, BAAP, KMA 87.37, Nr. 248, Bl. 168. Allgemein: Schriftwechsel KMA-von der Porten, Juni 1915-1919, BAAP, KMA 87.37, Nr. 245-249.

[186] Überliefert sind beispielsweise regelmäßige und häufige Sitzungen von Kriegsrohstoffabteilung und Kriegschemikalien AG z.B. zwischen September 1915 und Februar 1916, NSchr. Besprechungen KRA-KCA, Sept. 1915-Febr. 1916, BAAP, KCA 87.29, Nr. 48, 49, 50. Es ist anzunehmen, daß auch vorher und nachher oft solche Besprechungen stattfanden. Zur Kontrolle über die Korrespondenz vgl. die Akten über die einzelnen Geschäfte der Gesellschaft.

Die Beschaffungsstellen hatten in den ersten beiden Kriegsjahren keine eigenen Kommissare bei den Kriegsgesellschaften. Erst die Neuordnung der Stickstoffwirtschaft im Zuge des Hindenburg-Programms, die dem Waffen- und Munitionsbeschaffungsamt die Zuständigkeit für alle Stickstofffragen brachte, verschaffte auch ihnen einen Kommissar, aber nur bei der Kriegschemikalien AG. Der mit dieser Aufgabe betraute Julius Bueb versuchte, Einfluß auf die Organisation der Gesellschaft, genauer des Vorstandes, zu nehmen. Aufschläger, der Vorsitzende des Aufsichtsrats, wies dieses Ansinnen zurück. Danach gab es keine organisatorischen Vorstöße mehr; der Kommissar konzentrierte sich auf Sachfragen. Auch er nahm seine Kontrollrechte vor allem in Sitzungen und Besprechungen zu einzelnen Fragen wahr[187].

Auch einige zivile Stellen durften Kommissare mit vollen Rechten für die Kriegsgesellschaften ernennen, um den Kontakt zu den Behörden aufrechtzuerhalten. Hier waren die preußischen Ministerien eindeutig im Vorteil gegenüber den Reichsressorts. In den Satzungen der 1914 gegründeten Gesellschaften waren sie sogar die einzigen, was sich erst mit der Eisenbewirtschaftung änderte. Die meisten Kommissare stellte das preußische Ministerium für Handel und Gewerbe. Bei der Kriegsmetall AG übte Walther Römhild diese Funktion aus, bei der Kriegschemikalien AG Mente[188]. Bei der letzteren konnte das Ministerium seine Position ausbauen, als es zum August 1915 mit Roman Polenski einen zweiten Kommissar bestellte. Ihre Tätigkeit umfaßte vor allem die Information ihrer Behörde, für die sie die Stellungnahmen zu allen in ihren Bereich fallenden wirtschaftlichen Maßnahmen erarbeiteten; ebenso dienten sie als Anlaufstellen für Klagen und Beschwerden von Unternehmern gegen die Gesellschaften. Mente und Polenski nahmen darüber hinaus auch Funktionen in der Bewirtschaftung wahr, indem sie als Vertrauensmänner an der Freigabe von Chemikalien mitwirkten[189]. Das preußische Ministerium für Landwirtschaft hatte dagegen nur bei der Kriegschemikalien AG einen Kommissar zur Vertretung seiner Interessen, weil Stickstoff eine zentrale Bedeutung für die Landwirtschaft besaß[190].

---

[187] Vgl. oben, S. 139. Die Organisation der Kriegschemikalien AG, 1917, BAAP, KCA 87.29, Nr. 3, Bl. 1f. Buebs Korrespondenz trennt nicht klar zwischen seiner Tätigkeit als Reichskommissar für Stickstoff und Referent des Waffen- und Munitionsbeschaffungsamts, weshalb eine Zuordnung für einzelne Tätigkeiten schwierig ist.

[188] Satzung KMA § 9, BAAP, KMA 87.37, Nr. 1, Bl. 23v; Satzung KCA, § 9, BAAP, KCA 87.29, Nr. 4, Bl. 81v.

[189] Schr. PMHG an KRA vom 29. Juli 1915, GStAM, Rep. 120 C VIII 1, Nr. 84, Adh. 22A, Bl. 32. Zur Tätigkeit allgemein vgl. die gesamte Akte sowie GStAM, Rep. 120 C VIII 1, Nr. 84, Adh. 13^{M}, Bd. 1-3 für den Kommissar bei der Kriegsmetall AG, zusätzlich zu einzelnen Hinweisen in den Sachdossiers.

[190] Satzung KCA, § 9, BAAP, KCA 87.29, Nr. 4, Bl. 81v.

Das Reichsschatzamt erhielt zu Beginn des Krieges keinen Kommissar mit den oben beschriebenen Sonderrechten für irgendeine Kriegsgesellschaft. Die oberste Finanzbehörde war damit, vor allem in der zweiten Kriegshälfte, nicht zufrieden, und setzte sich für eine Änderung ein. Diesem Ansinnen brachte vor allem die Kriegsrohstoffabteilung harten Widerstand entgegen, der meist zumindest eine Verzögerung zur Folge hatte. Zum einen läßt sich dies bei der Gründung der Eisenzentrale verfolgen, wo das Amt gegen die Vorstellungen der Kriegsrohstoffabteilung durchsetzen konnte, daß ihm erstmals ein Kommissar mit einem aufschiebenden Veto zugesprochen wurde; die Aufgabe übernahm Gustav Lueck, der innerhalb der Finanzbehörde für Metalle zuständig war. Allerdings blieb weiterhin eine Kluft zur Kriegsrohstoffabteilung bestehen, die quasi die Geschäftsführung innehatte, während das Reichsschatzamt nur die Forderung erheben konnte, rechtzeitig über alle Geschäfte der Eisenzentrale unterrichtet zu werden. Das wurde jedoch, wie wir schon gesehen haben, häufig boykottiert. Wesentlich für die Durchsetzung der zivilen Behörde war sicherlich die Übernahme von drei Vierteln des Gesamtkapitals der Eisenzentrale[191]. Zum anderen ist die Initiative des Reichsschatzamts vom Juni 1917 anzuführen, die bei der Kriegschemikalien AG ein Vetorecht entsprechend § 9 der Satzung für seinen Vertreter zum Ziel hatte. Dagegen gab es wohl seitens der Gesellschaft keinen Widerspruch, doch nutzte die Kriegsrohstoffabteilung die Gelegenheit, ihrerseits einige Statutenänderungen vorzuschlagen, die nicht konsensfähig waren, nämlich die oben schon angesprochene Kontrolle über alle Entscheidungen des Vorstandes. Die Verhandlungen zogen sich deshalb hin, und das Reichsschatzamt erhielt erst im März 1918 die geforderten Rechte[192]. Wahrscheinlich war der Hauptzweck der Vorschläge der Kriegsrohstoffabteilung, die Finanzbehörde fernzuhalten und weniger der Wunsch nach verstärkter Kontrolle der Kriegsgesellschaft. Bis auf diese beiden Fälle gelang es dem Reichsschatzamt auch im Laufe des Krieges nicht, "Kommissare" mit vollen Rechten für die Kontrolle der Kriegsgesellschaft zu stellen. Auch Vertreter, die nur für die Übermittlung von Informationen zuständig waren, scheint das Amt erst recht spät für die einzelnen Gesellschaften abgeordnet zu haben[193].

---

[191] Schr. Fischer an Lueck vom 19. Aug. und 16. Sept. 1916, BAAP, KEZ 87.25, Nr. 1, Bl. 98, 94; Notarielle Ausfertigung Gesellschaftsvertrag EZ vom 30. Sept. 1916, BAAP, KEZ 87.25, Nr. 1, Bl. 214ff.; Schr. RSchA an KEZ vom 9. Nov. 1916, BAAP, KEZ 87.25, Nr. 1, Bl. 78.

[192] Schr. KCA an RSchA vom 8. Juni 1917, BAAP. KCA 87.29, Nr. 11, Bl. 113f.; Schr. KCA an Aufschläger vom 5. Nov. 1917, ebd., Bl. 131f.; Schr. Aufschläger an KCA vom 27. Nov. 1917, ebd., Bl. 136ff.; Schr. KCA an RSchA vom 21. März 1918, ebd., Bl. 229.

[193] Dafür spricht die erst für März 1917 überlieferte Liste mit "Kommissaren" des Reichsschatzamts. Anlage zu Schr. RSchA an KRA vom 26. März 1917, BAAP, RFM

Bei den "Kommissaren", die das Reichsamt des Innern für die Kriegsgesellschaften ernannte, handelte es sich nicht um Kommissare im Sinn des § 9 der Satzungen. Sie bildeten die Anlaufstelle für Klagen und Beschwerden von Unternehmern gegen die Gesellschaften im Reichsamt des Innern und erarbeiteten Stellungnahmen zu verschiedenen wirtschaftlichen Maßnahmen, hatten aber den Gesellschaften gegenüber keine Kontrollrechte[194]. In der Praxis dürfte sich allerdings der Unterschied zwischen Kommissaren mit und ohne Vetorecht verwischt haben - zumal z.B. Römhild von seinem Vetorecht gar keinen Gebrauch machte -, während sich ihre Tätigkeiten doch stark einander annäherten[195].

Kommen wir zur dritten Form der Delegation von Kontrollrechten. Schon bei der Untersuchung der Kompetenzen in der Kriegswirtschaft haben wir eine starke Tendenz zur Einbindung von wirtschaftlichen Organisationen und Einzelpersonen feststellen können. In der Überwachung setzten die Behörden gleichermaßen auf Selbstkontrolle und Selbstbeschränkung der Wirtschaft, wenn auch in wenigen Bereichen. Erstens ist hier die Verteilung von Rohstoffen für die Friedensproduktion zu nennen. Die staatlichen Stellen begnügten sich damit, Kontingente festzulegen; die Weiterverteilung überließen sie den Wirtschaftsvertretern und ihren Organisationen. Weder in die Handhabung dieses Verfahrens noch in die Ausführung schalteten sich die Behörden durch eigene Kontrollen ein. So gab es beispielsweise immer wieder Klagen von Verbrauchern über eine ungleichmäßige Behandlung durch die Produzentenorganisationen, etwa bei Soda. Aber alle Versuche, das Reichsamt des Innern für Interventionen zu ihren Gunsten zu gewinnen, scheiterten. So beschied das Amt eine Firma im Mai 1916 mit der Auskunft: "Eine Anweisung an das Sodasyndikat zu geben, wie Sie sie erbitten, bin ich zu meinem Bedauern nicht in der Lage, da ich die Verhältnisse nicht hinreichend übersehen kann und im Ergebnis wahrscheinlich eine Bevorzugung einer Firma auf Kosten der übrigen herbeiführen würde". Es gab in der Behörde offensichtlich kein Problembewußtsein

---

21.01, Nr. A 2848, Bl. 172. Immerhin 25 Gesellschaften, darunter Kriegsmetall AG und Kriegschemikalien AG, wurden von Gustav Lueck und Intendanturrat Walther kontrolliert.

194 Über die Tätigkeit dieses "Kommissars" z.B. bei der Kriegschemikalien AG geben einige Aktenbände Auskunft, die in Potsdam überliefert sind. BAAP, RdI 15.01, Nr. 18761-18768.

195 Schr. KA an PMHG vom 8. Mai 1919 und Kommentar Römhild dazu, GStAM, Rep. 120 C VIII 1, Nr. 84, Adh. 13^{M}, Bd. 3, Bl. 115f.

dafür, daß aufgrund dieser Abstinenz das Syndikat deutscher Sodafabriken seinerseits die Möglichkeit hatte, Firmen zu bevorzugen[196].

Die wirtschaftlichen Organisationen ihrerseits entwickelten kaum Instrumente zur Überwachung. Sie versandten zwar standardisierte Antragsformulare und gaben detaillierte Hinweise zum Ausfüllen. Doch zum Thema Überprüfung der "objektive[n] Richtigkeit der Bestands- und Bedarfszahlen" vermittelte z.B. die Zentralstelle für Sodaverteilung keinerlei konkrete Anweisungen[197]. Ebenso beschränkten sich die Vertrauensmänner für die Freigabe von Chemikalien in der Praxis darauf, den Verwendungszweck zu erfahren; diese Mitteilung selbst wurde aber nicht nachgeprüft[198]. Ähnlich war es bei Eisen und Stahl[199] sowie bei Metallen[200]. Nur selten finden sich Versuche, die Angaben tatsächlich zu überprüfen. Diese gingen dann nicht von Interessenorganisationen, sondern von Kriegsgesellschaften aus[201]. Die Militärbehörden waren an derartigen Kontrollen wenig interessiert, da die Versorgung der Rüstungswirtschaft mit den Kontingenten sichergestellt war. Die zivilen Stellen verzichteten auf eine Überwachung und nahmen das ihnen durchaus angetragene Amt als unparteiische Schiedsrichter nicht an. Das ist damit zu erklären, daß für diese Institutionen die Abstinenz von Eingriffen in die Wirtschaft ein Wert war, der höhere Priorität genoß als die Wahrung des sozialen Friedens, der durch Bevorzugungen in der Verteilung sehr wohl gefährdet werden konnte.

Einzige Ausnahme bildeten die Zentralstellen der Ausfuhrbewilligungen. Sie nahmen ihre Kontrollfunktionen gegenüber den Unternehmen tatsächlich wahr. Beispielsweise überwachte die Zentralstelle der Ausfuhrbewilligungen für Eisen- und Stahlerzeugnisse die Einhaltung von Mindestpreisen, die seit Oktober 1916 in der Blechausfuhr galten. Sie machten von ihrem Recht durchaus

---

[196] Zitat: Antwort RdI vom 6. Mai 1916 auf die Eingabe der Firma Dr. Friedrich & Co, BAAP, RdI 15.01, Nr. 18762, Bl. 287v; vgl. auch verschiedene Schriftwechsel bis Mai 1916, BAAP, RdI 15.01, Nr. 18761/18762, passim.

[197] Schr. Verein deutscher Emaillierwerke an RdI vom 17. Mai 1916, BAAP, RdI 15.01, Nr. 18763, Bl. 103ff.; RSchr. Zentralstelle für Sodaverteilung an die Vertrauensmänner vom 2. Aug. 1916, BAAP, RdI 15.01, Nr. 18764, Bl. 143ff.; Zitat ebd., Bl. 145.

[198] Z.B. Schr. Bayer an Vertrauensmann vom 4. u. 7. Jan. 1916, BAAP, KCA 87.29, Nr. 290, Bl. 89ff.

[199] RSchr. Nr. 20 des DStB vom 1. Dez. 1916, BAAP, KEZ 87.25, Nr. 77, Bl. 126f.; Römermann, Mittel, S. 101f.

[200] Bericht der Abt. M über die wichtigsten Geschäftsvorgänge ab 1. April bis 30. Sept. 1915, Haniel-Archiv, Nr. 3000/43; Verfügung der Hauptverwaltung, Abt. G vom 23. Juni 1915, Haniel-Archiv, Nr. 30242/37; Aktennotiz. "Betrifft: Metallbeschaffung" vom 26. Mai 1917, SAA 11/Lg 758 Henrich.

[201] Schr. Bayer an Vertrauensmann vom 4. u. 7. Jan. 1916, BAAP, KCA 87.29, Nr. 290, Bl. 89f.

Gebrauch, zur Überprüfung der Angaben Einsicht in die Geschäftsbücher und in die Korrespondenz zu nehmen[202]. Auch für diese Institutionen gab es keine weitere behördliche Kontrolle, obwohl zivile und militärische Stellen hier, anders als bei der Verteilung von Rohstoffen, zunächst einen Anlauf dazu gemacht hatten. Das Reichsamt des Innern hatte für den Fall, daß die Verbände die Ausfuhrstellen nicht selbst finanzierten, Prüfungsrechte angekündigt. Daraufhin nahmen die Industrievertreter von ihrer Forderung nach finanzieller Beteiligung des Staates Abstand und zogen die Antragsteller über eine Gebühr zur Finanzierung heran[203]. Versuche des Kriegsministeriums, die Anträge an die Zentralstellen seinerseits selbst zu prüfen, hatten - aufgrund des Widerstandes aus dem Reichsamt des Innern - keine Aussicht auf Realisierung[204]. Damit blieb allein die Genehmigung der Anträge zunächst durch das Reichsamt des Innern, später durch den Reichskommissar für Ein- und Ausfuhr. Eine intensivere behördliche Aufsicht war vom Tisch.

Weiter ist festzustellen, daß die Selbstkontrolle in der Politik der Behörden branchenspezifisch einen besonderen Stellenwert genoß, und zwar bevorzugten sie die Eisen- und Stahlindustrie in dieser Weise, im Einklang mit der großen Bedeutung, die deren Organisationen für die Bewirtschaftung hatten. Roheisenverband, Stahlwerksverband und Deutscher Stahlbund waren die industriellen Institutionen, die auch zur Kontrolle herangezogen wurden. Sie sollten die Verteilung der Aufträge auf die Werke überwachen und säumige Lieferanten zur Erfüllung ihrer Verpflichtungen anhalten. Zu diesem Zweck sammelten sie die Angaben der Werke über die Leistungsfähigkeit und über die versandten Mengen[205]. Kamen die Werke ihren übernommenen Pflichten nicht nach, han-

---

[202] Bericht Hess über Ausfuhr von Teerfarbenstoffen für die Direktoriums-Sitz. vom 15. Sept. 1914, Bayer-Archiv, Prot. Direktoriums-Sitz. Durchführung von Kontrollen: Zentralstelle für Ausfuhrbewilligung für Eisen- und Stahlerzeugnisse: Die Ausfuhr von Fein- und Mittelblechen im Kriege, 1917, S. 7, 13ff., Mannesmann-Archiv, P 2/25/01.4.

[203] Schriftwechsel VdEStI-RdI vom 6./26. Jan. 1915, BAK, R 13I/182, Bl. 156ff.

[204] Schr. KRA an RdI vom 19. Juli 1916, BAAP, KEZ 87.25, Nr. 152, Bl. 224f. (Statistik über Ausfuhr als Druckmittel für Firmen); Aktennotiz über Besprechung Reg.-Rat Mathis mit Rittmeister Fischer und Bergassessor Horten am 29. Juli 1916, BAAP, KEZ 87.25, Nr. 152, Bl. 207 (Forderung Horten und Fischer nach Kontrolle der Ausfuhr, insbesondere der Preise); Entwurf Schr. KRA an RdI vom 8. Aug. 1916, BAAP, KEZ 87.25, Nr. 152, Bl. 203; Prot. Besprechung mit Roheisenverband, Schiffbaustahlkontor und Stahlwerksverband am 8./9. Aug. 1916, BAAP, KEZ 87.25, Nr. 152, Bl. 186ff.

[205] Z.B. Schr. Phoenix AG, Abt. Düsseldorf an Hauptverwaltung vom 6. Sept. 1916 u.ö., Mannesmann-Archiv, P 8/25/72 (Lieferung Materialien für den Fragebogen des Stahlwerksverbandes).

delten die Wirtschaftsorganisationen Kompromisse aus[206]. Das Reichsamt des Innern schätzte die Fähigkeiten des Roheisenverbands, Anordnungen der Behörden bei seinen Mitgliedern durchzusetzen, als sehr hoch ein im Vergleich zu den übrigen Verbänden der Stahlindustrie[207]. Doch wie war es um diese Fähigkeiten zur Disziplinierung tatsächlich bestellt? Gegenüber Nichtmitgliedern trat etwa der Roheisenverband hart und kompromißlos auf[208]. Anders jedoch sah es mit den Machtmitteln gegenüber Mitgliedern aus, wie zwei Beispiele aus der Arbeit von Roheisenverband und Stahlwerksverband zeigen. Im Frühjahr 1915 beschwerte sich das Kriegsministerium darüber, daß die Werke ihren Lieferungsverpflichtungen nicht nachkämen und drohte mit Beschlagnahme. Um dies abzuwenden, schlug die Kriegskommission des Roheisenverbands[209] selbst vor, Strafabgaben für versäumte Lieferungen einzuführen. Die Werke stimmten bis auf die Gutehoffnungshütte einer solchen Abgabe zwar zu, forderten aber eine Frist zur Nachlieferung, die immer wieder verlängert wurde. Letztlich stand auch die Abgabe nicht mehr zur Diskussion[210]. Ebenso wenig fruchtete der entgegengesetzte Versuch des Stahlwerksverbandes, durch positive Leistungsanreize, z.B. Prämien für Lieferungen über die Quote hinaus, die Produktion zu steigern. Sie brachten "keinerlei Resultate". Die Mitglieder lieferten eher weniger als in der Zeit davor[211]. Ein anderer Vorschlag,

---

[206] Z.B. der Roheisenverband mit der Fried. Krupp AG, die der Anordnung der Kriegsrohstoffabteilung, zusätzliches Roheisen für Österreich zu produzieren, nicht nachkommen wollte. Schriftwechsel REV-Krupp vom Febr. 1918, HA Krupp, WA 4/1792, Bl. 8ff.; vgl. auch Schr. REV an F. Thyssen vom 11. Okt. 1917, Archiv der Thyssen AG, A/655/1.

[207] Dies waren: Stahlwerksverband, Stabeisen-Ausfuhrverband und Schiffbaustahlkontor. Vorlage Müller für Helfferich vom 22. Jan. 1917, weitergeleitet an Wahnschaffe, BAAP, RK 07.01, Nr. 2428, Bl. 186.

[208] Er drohte Anfang 1917 der Maschinenfabrik Augsburg-Nürnberg AG mit Enteignung, falls sie sich nicht dazu bereitfinden sollte, Roheisen an andere Firmen abzugeben. Schriftwechsel REV-MAN Jan.-Febr. 1917, BHStA-KA, MKr. 13056, Prod. 114. Das bayerische Kriegsministerium stimmte dem Vorgehen des Roheisenverbands prinzipiell zu. Es ist aber nicht überliefert, wie die Sache ausging.

[209] Eine ständig der Geschäftsführung des Roheisenverbands zur Seite stehende Abordnung der Mitglieder für die Zeit des Krieges, die Anfang Januar 1915 eingesetzt wurde und aus neun Mitgliedern bestand. Sie nahm teilweise Kompetenzen der Hauptversammlung wahr. Schr. REV an Bodenhausen u.a. vom 4. Jan. 1915, Archiv der Thyssen AG FWH 860-13.

[210] Sitz. Kriegskommission vom 2. Febr. 1915, Prot. Hauptversammlung REV vom 26. März-24. Sept. 1915, Archiv der Thyssen AG, FWH 860-12.

[211] Schr. SWV an Mitgl. vom 15. Juli 1916, Mannesmann-Archiv, P 5/25/68.2. Ein ähnliches Schicksal dürfte einem zweiten Versuch in diese Richtung vom Januar 1917

die Mitglieder auf freiwilliger Basis zu einer Verständigung über die Auftragsverteilung mittels einer "Kriegsbeschaffungsstelle" zu bewegen, führte ebensowenig weiter[212].

Der im Herbst 1916 gegründete Stahlbund hatte eine noch schlechtere Ausgangsposition. Es bereitete ihm schon Schwierigkeiten, Angaben seiner Mitglieder über ihre Kapazitäten und Produktion zu erhalten, vor allem aber konnte er die Übernahme von Aufträgen und deren Einhaltung nicht erzwingen. Der Chef der Kriegsrohstoffabteilung Koeth klagte: "Immer wieder macht sich störend geltend, dass ihm [=dem Deutschen Stahlbund] seinen Mitgliedern gegenüber kein Rechtsanspruch auf die von ihm hinausgegebenen Lieferungen zusteht, und dass er auch für die Preisbildung keine unmittelbaren Machtmittel zur Verfügung hat"[213]. Deshalb drohte die Kriegsrohstoffabteilung mit behördlichen Zwangsmaßnahmen[214]. Da es dabei blieb, hatte der Stahlbund in der Praxis immer wieder mit dem Widerstand der Werke zu kämpfen. Widerstand bedeutete z.B. Nichterscheinen zu den Sitzungen des Stahlbundes, obwohl klar war, daß die Verteilung wichtiger Aufträge anstand. Auch die mahnenden Worte des Beauftragten des Kriegsministeriums Klöckner nützten hier wenig[215]. Die Verbände selbst wandten sich an die Behörden, um diesem Mißstand abzuhelfen. Beispielsweise forderte der Roheisenverband die Rohstahlausgleichsstelle auf, "durchgreifende Schritte zu ergreifen, um auf die Werke einen Druck auszuüben, wenigstens einen Teil ihrer Erzeugung dem Verband zur Verfügung zu stellen"[216]. Daran änderte sich in den folgenden Jahren nichts mehr; im Januar 1918 klagte derselbe Verband darüber, daß die Eisenzentrale ihm immer neue Lieferungsverpflichtungen auferlege, "ohne dass wir irgendwelche Mittel haben, bei der beschränkten Lieferfähigkeit unserer Werke die Ausführung derartiger Lieferungen durchzusetzen"[217]. Die Behörden ihrerseits wandten

---

beschieden gewesen sein. Schr. Abt. F der Phoenix AG an Direktor Hoos vom 24. Jan. 1917, Mannesmann-Archiv, P 5/25/68.2.

[212] Prot. Sitz. Thomas- und Siemens-Martin-Werke vom 13. Sept. 1916, Vermerk Fahrenhorst über die Versammlung der Stahlwerke vom 13. Sept. 1916, Mannesmann-Archiv, P 8/25/72.

[213] Prot. Sitz. vom 19. Jan. 1917 über Organisationsfragen in der Eisenindustrie, BAAP, KEZ 87.25, Nr. 78, Bl. 4.

[214] RSchr. Nr. 13 DStB an Mitgl. vom 2. Nov. 1916, BAK, R 13I/90, Bl. 79; Prot. Sitz. DStB vom 19. Dez. 1916, Archiv der Thyssen AG, A/654/2.

[215] Z.B. verschiedene Schr. Jan. 1917-Jan. 1918, BAAP, KEZ 87.25, Nr. 77, passim.

[216] NSchr. Besprechung über Zulassung von Topf- und Ofenguß am 30. März 1917, BAAP, KEZ 87.25, Nr. 2, Bl. 16. Ähnlich schätzte auch Gerhardt, Leiter der Rohstahlausgleichsstelle, die Lage ein. Prot. Sitz. vom 19. Jan. 1917 über Organisationsfragen in der Eisenindustrie, BAAP, KEZ 87.25, Nr. 78, Bl. 16.

[217] Schr. REV an EZ vom 8. Jan. 1917, BAAP, EZ 87.10, Nr. 85.

keine Zwangsmittel an, sondern forderten die Industrie auf, sich selbst zu regulieren. So blieb es bei Appellen an die Werke, auch über ihre Interessenverbände, deren Wirksamkeit begrenzt war; die Klagen über mangelhafte Lieferungen rissen in den beiden letzten Kriegsjahren nicht ab[218].

Einzelne Unternehmer wurden darüber hinaus mit Kontrollaufgaben betraut, die sie nicht eigenständig als Selbstkontrolle, sondern unter Aufsicht der Behörden ausübten, indem sie an einer Reihe der schon vorgestellten Institutionen beteiligt wurden. Beispielsweise beriefen die stellvertretenden Generalkommandos Kaufleute, Händler und Mitarbeiter von Betrieben als Revisoren; derartige Funktionen nahmen aber auch andere Berufsgruppen, vor allem Techniker und Rechtsanwälte, wahr[219]. Je zwei Vertreter der Produzenten, Händler und Verbraucher stellten die Hälfte der insgesamt 12 Beisitzer in der Preisstelle für metallische Produkte[220]. Wenig Interesse zeigten die von der Handelskammer Duisburg angeschriebenen Unternehmen an der Mitarbeit in der Preisprüfungsstelle des Waffen- und Munitionsbeschaffungsamts[221]. Nicht viel besser war es einer Initiative der Kriegsrohstoffabteilung zur Überwachung ihrer Rohstofflager im Februar 1915 ergangen[222].

3. Parlamentarische Kontrolle

Eine Darstellung der Kontrollmechanismen in der Kriegswirtschaft wäre unvollständig, klammerte sie den Reichstag aus. Er zog sich zu Beginn des Krieges zwar weitgehend zurück, entfaltete aber seit Mitte 1916 und besonders mit und nach der Verabschiedung des Hilfsdienstgesetzes in wirtschaftlichen

---

[218] Z.B. RSchr. VdEh an Stahlwerke vom 27. Jan. 1917, Mannesmann-Archiv, P 8/25/72.

[219] Verschiedene Schr. der stv. GKs Würzburg u. München an BKM, Juli 1915-Aug. 1916, BHStA-KA, MKr. 12975, passim; Verzeichnis Hilfsarbeiter und Revisoren bei den Rohstoffstellen der stv. GKs München u. Nürnberg vom 1. u. 16. Okt. 1916, BHStA-KA, MKr. 12976, Prod. 33, 46.

[220] Bestimmungen über die Errichtung, die Zusammensetzung und das Verfahren der Preisstelle für metallische Produkte in Berlin vom 26. Aug. 1916, RGBl., 1916, S. 963ff.

[221] Sie erhielt nur 2 Zusagen und 14 Absagen. Schriftwechsel HK Duisburg-Wumba vom März 1918, RWWA, 20-356-6.

[222] Entwurf KRA zu Bestimmungen über die Einsetzung örtlicher Vertrauensausschüsse vom 18. Febr. 1915, Schriftwechsel HK Duisburg-KRA und HK Duisburg-Industrielle vom März 1915, RWWA, 20-366-7. Eine Abstimmung über die Beteiligung an diesem Ausschuß förderte 6 Zusagen und 11 Ablehnungen zutage.

Fragen vermehrt Aktivitäten. Vor allem seine Diskussionen über den "Fall Daimler" Anfang 1918 prägten, wie in den bisherigen Ausführungen schon anklang, die Haltung von Behörden und Kriegsgesellschaften zu Kontrollen. Im folgenden werden daher die einzelnen Vorstöße des Parlaments, die auf eine Überwachung der Unternehmen und der Exekutivorgane abzielten, vorgestellt.

Ein erster Anlauf zur Kontrolle der Tätigkeit der militärischen Behörden datiert vom August 1915. Der Reichstag bzw. eine seiner Kommissionen stellte den Antrag, Verträge der Heeres- und Marineverwaltung zu überprüfen. Das preußische Kriegsministerium bat jedoch darum, die Verträge nicht vorlegen zu müssen, da sonst militärische Geheimnisse offengelegt würden. Angesichts fehlender weiterer Hinweise ist es wahrscheinlich, daß der Reichstag dem Ersuchen des Kriegsministeriums entsprach[223].

Der zweite Vorstoß, den das Parlament im Juni 1916 unternahm, war erfolgreicher. Anlaß bot der Entwurf eines Kontrollgesetzes, das den Rechnungshof entlasten sollte[224]. Hierzu brachte der konservative Abgeordnete Westarp einen Änderungsantrag ein, der für den Reichstag die Möglichkeit schaffen sollte, die Verträge von Behörden und Kriegsgesellschaften zur Lieferung von Kriegsbedarf einzusehen[225]. In der Diskussion bejahte der Rechnungsausschuß die Pflicht des Reichstages zur einer derartigen Kontrolle zwar eindeutig, eine Umsetzung mittels des Kontrollgesetzes schien ihm aber ungeeignet. Daher beschloß der Ausschuß, dem Reichstag die Einsetzung einer Kommission zur Prüfung von Verträgen zu empfehlen, bei deren Bildung man an die Rüstungskontrollkommission von 1913 anknüpfen könne. Die Regierung hatte diese Kommission eingesetzt, nachdem Unregelmäßigkeiten im militärischen Beschaffungswesen bekannt geworden waren. Sie bestand aus 43 Mitgliedern, neben Reichstagsabgeordneten und Behördenvertretern auch Sachverständigen aus Banken, Industrie und Handel, und stand unter dem Vorsitz des Staatssekretärs des Innern, Clemens Delbrück[226]. Die Regierungsvertreter äußerten

---

[223] [Notiz] über Antwort des Vertreters des KM im Reichstag/7. Kommission vom 11. Aug. 1915, BAK, NL 158 Moellendorff, Nr. 115.

[224] Entwurf Kontrollgesetz vom 27. Mai 1916, Verhandlungen des Reichstages, 13. Legislaturperiode, II. Session, Anlagen, Bd. 318. Drucksache Nr. 331, S. 659.

[225] Änderungsantrag Westarp vom 5. Juni 1916, Verhandlungen des Reichstages, 13. Legislaturperiode, II. Session, Anlagen, Bd. 318. Drucksache Nr. 378, S. 795, diskutiert in der 59. Sitz. des RT vom 5. Juni 1916, Verhandlungen des Reichstages, 13. Legislaturperiode, II. Session, Bd. 307, Stenographische Berichte, S. 1471f. Der Antrag stand nicht im Zusammenhang mit der dritten Lesung des Kriegsgewinnsteuergesetzes, wie Wette angibt. Wette, Reichstag, S. 34.

[226] Die Unregelmäßigkeiten betrafen z.B. zu hohe Preise für Panzerplatten der Fried. Krupp AG. Zu Gründung und Tätigkeit der Kommission 1913 vgl. BAAP, RFM 21.01, Nr. A 2778 (Kommission zur Prüfung von Rüstungslieferung), u.a. Teilnehmerver-

zunächst "lebhafte staatsrechtliche Bedenken" gegen die Wiederbelebung dieser Insititution[227]. Dennoch forderte der Reichstag Anfang Juni 1916 die Exekutive mit einer Resolution auf, die notwendigen Schritte in die Wege zu leiten[228]. Der Reichskanzler tat dies, wenn auch mit einiger Verzögerung[229], so daß Mitte Dezember 1916 die Kommission zu ihrer ersten Sitzung zusammentrat[230].

Die Regierung tat allerdings ihr möglichstes, um eine effektive Arbeit der Kontrollkommission zu verhindern. Nicht nur die Zusammensetzung[231], sondern auch das Arbeitsprogramm lenkte die Kommission vom Ziel der Kontrolle eher ab. Die Vertreter der Militärbehörden weigerten sich von vorneherein, konkrete, abgeschlossene Verträge überprüfen zu lassen, in dem sie sich auf die Überlastung mit den laufenden Geschäften, auf den Abschluß durch Untergebene, die nicht vorgeladen werden könnten, sowie auf die große Zahl von Verträgen zurückzogen. Das Reichsschatzamt gab jedoch zu bedenken, daß dem Reichstag "eine Nachprüfung einzelner Verträge ... nicht abgeschlagen werden könne". Die Behörden einigten sich auf das Vorgehen, Vorträge über die Grundsätze der Vertragsgestaltung von den verschiedenen Ressorts halten zu lassen und zur

---

zeichnis. Ebd., Bl. 76ff.; Schr. Delbrück an Duisberg vom 20. Okt. 1913 (Bitte um Mitarbeit) sowie weitere Materialien zur Arbeit der Kommission. Bayer-Archiv, 201/2.1; Wette, Reichstag, S. 33.

[227] Bericht Noske über Sitz. der Rechnungskommission vom 6. Juni 1916 in der 61. Sitz. des RT, Verhandlungen des Reichstages, 13. Legislaturperiode, II. Session, Bd. 308, Stenographische Berichte, S. 1581f.; Zitat ebd., S. 1582.

[228] 61. Sitz. des RT, Verhandlungen des Reichstages, 13. Legislaturperiode, II. Session, Bd. 308, Stenographische Berichte, S. 1584. Am 21. Juni 1916 stimmte der Bundesrat dieser Resolution des Reichstages zu. Auszug aus Prot. der 42. Sitz. des BR am 21. Juni 1916, BAAP, RFM 21.01, Nr. A 2778, Bl. 165.

[229] Zur Kritik, daß immer noch keine Schritte zur Bildung der Kommission erfolgt sind: Art. Parlamentarische Kontrolle im Berliner Tageblatt Nr. 333 vom 1. Juli 1916, BAAP, RFM 21.01, Nr. A 2778, Bl. 166. Anfrage Simon nach Berufung der Kommission: Auszug aus Stenographischem Bericht über die 66. Sitz. des RT vom 13. Okt. 1916, S. 1770, BAAP, RFM 21.01, Nr. A 2778, Bl. 173.

[230] Sten. Bericht der 1. Sitz. der Kommission zur Prüfung von Verträgen über Kriegslieferungen vom 19. Dez. 1916, BAAP, RFM 21.01, Nr. A 2778, Bl. 7ff.; Wette, Reichstag, S. 34f.

[231] Ein Großteil der Mitglieder bestand aus Behördenvertretern. Die Leitung übernahm Karl Helfferich, mittlerweile Staatssekretär des Reichsamts des Innern; 1913 war er noch als Vertreter der Deutschen Bank in der Kommission tätig gewesen. Vgl. verschiedene Unterlagen BAAP, RFM 21.01, Nr. A 2778, Bl. 175ff. In der ersten Sitzung standen beispielsweise den 13 Parlamentariern 25 Beamte gegenüber. Sten. Bericht der 1. Sitz. der Kommission zur Prüfung von Verträgen über Kriegslieferungen vom 19. Dez. 1916, BAAP, RFM 21.01, Nr. A 2779, Bl. 9.

Diskussion zu stellen[232]. Diese Vorträge gaben aber nur wenig Einblick in die konkrete Beschaffungspolitik. Erst spät gelangten die Mitglieder der Kommission dann dahin, tatsächlich Verträge der Heeres- und Marineverwaltung zu prüfen[233]. Treibende Kraft dafür, die Sitzungen zu nutzen, um Auftragsvergabe und die Gewinnfrage in konkreten Fällen kritisch zu betrachten, war der Sozialdemokrat Gustav Noske[234]. Betrachtet man die Tätigkeit der Kommission im ganzen, ist dem Urteil Wettes zuzustimmen, nach dem man von einer Kontrolle der Rüstungspolitik durch den Reichstag im Ersten Weltkrieg kaum sprechen kann; dazu fehlte es dem Parlament sowohl an Macht als auch an Sachverstand und Kompetenz[235].

Anfang Dezember 1917 schließlich gab es einen dritten Vorstoß des Reichstages, der sich zunächst wiederum mit den Verträgen der Militärbehörden und den dort gewährten Preisen befaßte. Einen weiteren Diskussionspunkt stellten die Geschäfte der Kriegsgesellschaften dar. Parlamentarier nahmen seit November 1917 zunächst als Gäste, dann als ordentliche Mitglieder an den Sitzungen der Aufsichtsräte teil, z.B. Noske und der Nationalliberale Wilhelm Hirsch bei der Kriegsmetall AG[236]. Darüber hinaus beanspruchten aber auch die Liquidation französischen Grundbesitzes in Elsaß-Lothringen sowie die Gewinne aus Exporten, wahrscheinlich vor allem der Eisen- und Stahlindustrie, die Aufmerksamkeit der Abgeordneten. Zur Untersuchung dieser Komplexe setzte der Hauptausschuß des Reichstages, der sich zu einer Art Ersatzparlament

---

[232] NSchr. über die Vorbesprechung betr. die Tätigkeit der Kommission zur Prüfung von Verträgen über Kriegslieferungen im RdI am 2. Dez. 1916, BAAP, RFM 21.01, Nr. A 2778, Bl. 182ff.; Zitat ebd., Bl. 184v. Zur Tätigkeit vgl. BAAP, RFM 21.01, Nr. A 2779, passim.

[233] Prot. der Sitz. der Kommission zur Prüfung von Verträgen über Kriegslieferungen 1917-1918, BAAP, RFM 21.01, Nr. A 2779, passim. Den ersten Bericht über eine konkrete Prüfung legte Noske im Sept. 1917 vor. Bericht an die Vertragsprüfungskommission über die Vergebung von Arbeiten an Unterlieferanten durch die AEG vom 20. Sept. 1917, BAAP, RFM 21.01, Nr. A 2779, Bl. 49f.; Wette, Reichstag, S. 41f. Allerdings gab es nach den Angaben Kloeppels, des Vertreters der Farbenfabriken vorm. Friedrich Bayer in Berlin, spätestens im November 1917 "eine Art Filiale der Vertrags-Prüfungskommission des Reichstages" unter der Leitung des Reichstagsabgeordneten von Richthofen; was genau sich dahinter verbarg, ließ sich nicht ermitteln. Schr. Kloeppel an Duisberg vom 26. Nov. 1917, Bayer-Archiv, 201/6.2, Bd. 2.

[234] Wette, Reichstag, S. 35ff. Zur Klage Noskes über Verzögerung der Arbeit in der Reichstagssitz. am 26. Sept. 1917: Auszug Sten. Berichte, BAAP, RFM 21.01, Nr. A 2779, Bl. 42f.

[235] Wette, Reichstag, S. 42f.; 49.

[236] NSchr. der AR-Sitz. der KMA vom 1. Nov. 1917, BAAP, KMA 87.37, Nr. 52, Bl. 29. Das Schreiben Noskes vom 10. März 1918, in dem er den Posten im Aufsichtsrat annahm, ist abgedruckt in: Müller, Kriegsrohstoffbewirtschaftung, S. 74v (Beilage 2).

entwickelt hatte, einen Unterausschuß ein. Anlaß war vermutlich das Eingeständnis der Beschaffungsstellen vor der Rüstungskontrollkommission, hohe Preise als Leistungsanreize gewährt zu haben[237]. Gustav Stresemann hatte sich vor allem dafür stark gemacht und die Konstituierung des Ausschusses mit zehn Mitgliedern gegen den Widerstand der zivilen Behörden und des Zentrums durchsetzen können[238].

Dieser Ausschuß tagte am 14. Januar und beschäftigte sich mit der Prüfung der Preise für Kraftwagen, wie schon angedeutet, aufgrund der jüngsten Preisforderungen der Daimler-Motoren-Gesellschaft[239]. Bis zur zweiten Sitzung des Ausschusses erfolgte dann die Auseinandersetzung zwischen der Daimler-Motoren-Gesellschaft und der Fliegerinspektion, einer Abteilung des Waffen- und Munitionsbeschaffungsamts, die als "Fall Daimler" bekannt wurde. Der Vorstand des Unternehmens drohte Mitte Februar 1918 mit der Einschränkung der Produktion, sollten die von ihm geforderten Preiserhöhungen nicht bewilligt werden. Die Berliner Beschaffungsstelle schickte daraufhin eine Kommission nach Stuttgart, die zusammen mit dem württembergischen Kriegsministerium bei der Daimler-Motoren-Gesellschaft vorstellig wurde und ihrerseits die Militarisierung ankündigte, das heißt, daß der Betrieb unter militärische Aufsicht gestellt werden sollte. Unter diesem Druck nahm der Vorstand seine Drohung zurück und sicherte schriftlich zu, die Produktion im Gegenteil weiter zu steigern sowie alle Betriebsunterlagen zur Einsicht freizugeben. Anfang März 1918 erhielt der Abgeordnete Willi Stöve, Mitglied des besagten Unterausschusses, Kenntnis von der Anzeige eines früheren Angestellten der Daimler-Motoren-Gesellschaft, nach der ihr Vorstand die Kalkulationen für die Preise von Motoren, welche die Beschaffungsstellen einsehen wollten, bewußt gefälscht hatte[240]. Unter diesen veränderten Umständen entwickelte sich in der

---

[237] Schr. KA an Wumba, KRA und A 8 vom 3. Dez. 1917, BAAP, KEZ 87.25, Nr. 98, Bl. 213; NSchr. Besprechung am 31. Dez. 1917 betr. Preisfragen für die Reichstagssitzung, BAAP, KEZ 87.25, Nr. 96, Bl. 191ff.

[238] Reichsamt des Innern und Reichswirtschaftsamt machten geltend, daß der Ausschuß mit der Rüstungskontrollkommission kollidieren würde. 189. Sitz. des HA am 1. Dez. 1917, Hauptausschuß des Deutschen Reichstages 1915-1918, Bd. 3, S. 1818; Bericht Liesching in 214. Sitz. des HA vom 8. März 1918, Hauptausschuß des Deutschen Reichstages 1915-1918, Bd. 4, Anm. 3, S. 2026. Die Mitglieder dieses Ausschusses waren Stöve (Vorsitz), Dr. Wildgrube, Mertin, Erzberger, Dr. Mayer (Kaufbeuren), von Trampczynski, Liesching, Dittmann, Landsberg und Noske. Zettel "Herrn Rittmeister Fischer, 22.12." [1917], BAAP, KEZ 87.25, Nr. 98, Bl. 211.

[239] Bericht Liesching in der 214. Sitz. des HA vom 8. März 1918, Hauptausschuß des Deutschen Reichstages 1915-1918, Bd. 4, S. 2026.

[240] Mai, Kriegswirtschaft, S. 73f.; Buschmann, Unternehmenspolitik, 237ff. Die Drohung, die Produktion einzuschränken, um Preiserhöhungen durchzusetzen, war so einmalig nicht. Im Juni 1917 verfuhr die Chemische Fabrik Kalk in dieser Weise, um

zweiten Sitzung des Unterausschusses am 4. März 1918 eine lebhafte Diskussion. Gegenstand war die Preispolitik der Beschaffungsstellen und ihre Möglichkeiten, Druck auf die Unternehmen auszuüben. Die Forderung nach einer Militarisierung der Daimler-Motoren-Gesellschaft, von den Mitgliedern des Unterausschusses erhoben, wiesen die Vertreter der Militärbehörden zurück, da die Produktion nach der Rücknahme der Drohung, die Nachtarbeit einzustellen, nicht mehr gefährdet war[241]. Offensichtlich wurde der Druck der Öffentlichkeit auf die zuständigen Stellen aber doch so groß, daß das stellvertretende Generalkommando Stuttgart am 6. März 1918 die Militarisierung des Betriebes und die Suspendierung des Vorstandsvorsitzenden Berge verfügte. Zwei Offiziere wurden zur Überwachung von Produktion und allgemeiner Geschäftsführung in das Unternehmen abgeordnet, die dort bis zum 9. Dezember 1918 blieben[242].

Damit war der "Fall Daimler" eigentlich beendet, doch der Reichstag ebenso wie der Hauptausschuß nahmen die Vorgänge zum Anlaß, die Kontrollmöglichkeiten der Behörden über die Unternehmen erheblich zu stärken. In einer Reihe von Sitzungen diskutierten die Abgeordneten über die notwendigen Veränderungen. Zur Diskussion standen drei Anträge: erstens die Ermächtigung des Reichskanzlers, Einsicht in Geschäftsbücher und andere Kalkulationsunterlagen zu nehmen[243]; zweitens die Möglichkeit, Betriebe, die das Reich durch hohe Preise schädigten, zu militarisieren, d.h. unter militärische Aufsicht zu stellen, und nur solche Preise zu bezahlen, die eine Dividende von 5% garantierten; drittens die Einrichtung zentraler Preisprüfungsstellen bei allen Beschaffungsstellen[244]. In den Beratungen des Hauptausschusses zu diesen

---

ihrer Forderung nach höheren Sodapreisen Nachdruck zu verleihen. Das Reichsamt des Innern nahm dies mit "lebhaftem Befremden" zur Kenntnis und trat zusammen mit dem preußischen Kriegsministerium in Verhandlungen mit der Firma, die ihre Drohung zunächst aufrechterhielt. Sie mußte sie schließlich doch zurücknehmen, ohne die Preiserhöhung durchsetzen zu können. Schriftwechsel Kalk-RdI vom 30. Juni-6. Juli 1917, BAAP, RdI 15.01, Nr. 18767, Bl. 171, 174f., 181, 204, 237; Zitat ebd., Bl. 174v; Aktennotiz RdI vom 14. Juli 1917, ebd., Bl. 241.

[241] Bericht des Beauftragten des BKM beim KA vom 7. März 1918 betr. die Sitz. des Unterausschusses am 4.3.18, BHStA-KA, MKr. 12881, Prod. 125; Prot. der 214. Sitz. des HA vom 8. März 1918, Hauptausschuß des Deutschen Reichstages 1915-1918, Bd. 4, S. 2030f.

[242] Wette, Reichstag, S. 44; Buschmann, Unternehmenspolitik, S. 239ff. Buschmann mißt den Sitzungen des Reichstages am 16. Februar 1918 und des Unterausschusses am 4. März maßgebliche Bedeutung für diese Entscheidung zu.

[243] Prot. 214. Sitz. des HA vom 8. März 1918, Hauptausschuß des Deutschen Reichstages 1915-1918, Bd. 4, S. 2027.

[244] Prot. 215. Sitz. des HA vom 9. März 1918, Hauptausschuß des Deutschen Reichstages 1915-1918, Bd. 4, S. 2034.

Anträgen mußten der Leiter des Waffen- und Munitionsbeschaffungsamts, Karl Coupette, der Chef des Kriegsamts, Heinrich Scheüch, und der Leiter des Allgemeinen Kriegsdepartements im preußischen Kriegsministerium, Ernst von Wrisberg, zur gesamten Preis- und Vertragspolitik der Beschaffungsstellen Rede und Antwort stehen[245]. Am Ende der Beratungen zog das Zentrum den Antrag auf Militarisierung zurück, und der Hauptausschuß empfahl dem Reichstag die Annahme der Anträge auf Einsichtnahme in die Geschäftsbücher sowie auf Einrichtung von Preisprüfungsstellen und einer übergeordneten zentralen Instanz[246]. Beide verabschiedete der Reichstag dann auch nach nochmaliger intensiver Debatte[247].

4. Sanktionen

Zum Abschluß unserer Untersuchung der Kontrollmechanismen in der Rohstoffwirtschaft soll ein Blick darauf geworfen werden, inwieweit Behörden und Kriegsgesellschaften bereit und fähig waren, Sanktionen zu verhängen, wenn sie Verstöße gegen ihre Anweisungen feststellten. Es kann hier aber nur darum gehen, bestimmte Tendenzen aufzuzeigen, denn eine systematische Bearbeitung dieser Frage ist aufgrund der fehlenden Quellen der militärischen Behörden und der für diesen Bereich nur bruchstückhaften Überlieferung der Kriegsgesellschaften nicht möglich. Dennoch erscheint es sinnvoll, das vorhandene Material auf solche Tendenzen hin zu befragen, da es bisher keinerlei Untersuchungen in diese Richtung gibt.

Bei der Frage nach Sanktionen muß zunächst geklärt werden, welche rechtlichen Handhaben Behörden und Kriegsgesellschaften für solche Maßnahmen

---

[245] 214.-218. Sitz. des HA vom 8.-15. März 1918, Hauptauschuß des Deutschen Reichstages 1915-1918, Bd. 4, S. 2025-2050. Coupette und Scheüch waren auch in der 144. Sitz. des RT am 20. März 1918 und in der 146. Sitz. des RT vom 16. Apr. 1918 anwesend. Verhandlungen des Reichstages, 13. Legislaturperiode, II. Session, Bd. 311. Stenographische Berichte, S. 4498ff., 4580ff.

[246] 218. Sitz. des HA vom 15. März 1918, Hauptausschuß des Deutschen Reichstages 1915-1918, Bd. 4, S. 2050.

[247] 146. Sitz. des RT vom 16. April 1918, Verhandlungen des Reichstages, 13. Legislaturperiode, II. Session, Bd. 311, Stenographische Berichte, S. 4605; Wette, Reichstag, S. 46f. Auch der Bundesrat stimmte diesen Resolutionen zu. Prot. 22. Sitz. des BR vom 18. Apr. 1918, Protokolle über die Verhandlungen des Bundesrates, § 337, S. 227f. Der Reichstag hatte schon in der 144. Sitz. am 20. März 1918 über diese Anträge diskutiert, eine Abstimmung aber vertagt. Verhandlungen des Reichstages, 13. Legislaturperiode, II. Session, Bd. 311, Stenographische Berichte, S. 4498-4520.

hatten bzw. sich schufen. Ein zweiter Teil soll sich dann mit der Anwendung und ihren Schwierigkeiten befassen. Sanktionen lassen sich zum einen in der Produktionsförderung, zum anderen in der Einhaltung von behördlichen Bestimmungen über Preise, Beschlagnahme und Meldepflicht feststellen. Im ersten genannten Bereich finden sich die rechtlichen Grundlagen von Sanktionen in den Verträgen. Hier boten sich Konventionalstrafen und Schadensersatzsregelungen an, um sich auf die gleiche Weise gegen Vertragsbrüche abzusichern, wie dies zwischen Unternehmen üblich war. Man kann zwei Vergehen unterscheiden, für welche die Firmen zur Verantwortung gezogen werden sollten: erstens die nicht fristgerechte Fertigstellung der Bauten; zweitens die Nichterfüllung der vereinbarten Produktionsleistung nach Menge und bzw. oder Qualität.

Betrachten wir die Verträge im einzelnen, läßt sich generell feststellen, daß die Vereinbarung von Sanktionen durchgängig einen relativ geringen Stellenwert hatte. Es gibt jedoch signifikante Unterschiede zwischen den einzelnen Branchen. Die Verhandlungen mit der Metallindustrie, die Kriegsrohstoffabteilung und Kriegsmetall AG bestritten, zeigen noch am ehesten den Willen dieser Stellen, Druck auszuüben, um Leistungen einzufordern. Die Kupferproduzenten mußten Konventionalstrafen in Kauf nehmen, wenn sie die Anlagen nicht rechtzeitig fertigstellten, blieben davon aber verschont, wenn sie die Produktionsleistung nicht erfüllten[248]. Letzteres war Anlaß für eine Vertragsstrafe in den frühen Verträgen mit den Aluminiumproduzenten[249]. Völlig ausgeblendet wurden solche Sanktionen jedoch nach der Ausdehnung der Aluminiumherstellung vom Herbst 1916 und der Übernahme der Federführung durch das Reichsschatzamt. Auch in den nachfolgenden Verhandlungen der Kriegsmetall AG um die Lieferverträge für Aluminium standen Konventionalstrafen nicht mehr zur Debatte[250], und Schadensersatzleistungen wurden explizit ausgeschlossen. Im Vertrag mit der Vereinigten Aluminium-Werke AG heißt es beispiels-

---

[248] Schr. KMA an KRA vom 22. Jan. 1915, BAAP, KMA 87.37, Nr. 238, Bl. 44; BAAP, KMA 87.37, Nr. 238, Bl. 68 § 3 u. Bl. 70 § 6 (Norddeutsche Affinerie), Bl. 63 § 3 u. Bl. 65 § 9 (Hüttenwerk Niederschöneweide AG vorm. I.F. Ginsberg), Bl. 47 § 3 u. Bl. 49f § 6 (Hüttenwerke C. Wilhelm Kayser & Co AG); BAAP, KMA 87.37, Nr. 428, Bl. 3 § 3 u. Bl. 6f § 8 (Hirsch, Kupfer- & Messingwerke AG).

[249] Entschärft wurde diese Regelung dadurch, daß die Strafe nicht fällig werden sollte bei fehlender Versorgung mit Personal trotz rechtzeitiger Meldung beim preußischen Kriegsministerium. Vertrag Bitterfeld vom 1. März 1917/9./13. März 1916, § 5 u. 6, BAAP, KMA 87.37, Nr. 463, Bl. 6ff.; Vertrag Horrem und Rummelsburg vom 1. März 1917/15. Sept. 1916, § 11, 12, 19, BAAP, KMA 87.37, Nr. 467, Bl. 7, 9f.

[250] Vertrag KMA-Griesheim/MB/MG vom 21. Apr. 1917, BAAP, KMA 87.37, Nr. 464, Bl. 2; Schriftwechsel KMA-VAW über Vertrag für 1918, BAAP, KMA 87.37, Nr. 473, passim sowie Vertrag vom 14. Juni/9. Okt. 1918, BAAP, KMA 87.37, Nr. 465, Bl. 11-22.

weise lapidar: "Eine nicht rechtzeitige Fertigstellung der Anlagen begründet keinen Schadensersatzanspruch an die Firma"[251]. Erfolg hatte die Kriegsmetall AG allerdings in allen Verträgen während des Krieges bei der Festsetzung recht klarer Maßstäbe über die Qualität der abzuliefernden Metalle[252], eine Forderung, welche die Kriegsrohstoffabteilung unterstützte[253].

Die chemischen Unternehmen erreichten die Abwehr nahezu aller Sanktionsmöglichkeiten. Konventionalstrafen standen nur selten zur Diskussion[254], Schadensersatz oder auch nur eine nicht einmal näher bestimmte Gewähr für die Einhaltung von Fristen, Mengen oder Qualitätsanforderungen wiesen sie kategorisch zurück. Die Farbwerke vorm. Meister Lucius und Brüning und die Farbenfabriken vorm. Friedrich Bayer etwa erklärten sich lediglich dazu bereit, nach einer nicht festgelegten Betriebsdauer über eine solche Gewähr zu verhandeln, wenn genügend Erfahrungen vorhanden seien[255]. Ansätze zur Forderung nach Sanktionen finden sich in keiner Form in den Verträgen mit den großen Farbenfirmen, nur in einigen Abmachungen mit anderen Unternehmen, z.B. bei der Deutschen Ammoniak-Verkaufs-Vereinigung[256] oder bei den Chemischen Werken Lothringen[257]. Insgesamt war also hier der Verzicht auf Sanktionen charakteristisch. Allerdings ging die Kriegsrohstoffabteilung selten so weit wie bei den Gebr. Siemens. In einer Vereinbarung mit diesem Unternehmen ging sie

---

[251] EW: Bauvertrag vom Nov./Dez. 1916, § 8, ACDP I-220, Nr. 201/3; VAW: Entwurf Bauvertrag o.D., § 8, Hoechst-Archiv, 2/24/17; Bauvertrag vom 21. Apr. 1917, § 8, BAAP, RKG 89.05, Nr. 191; Zitat ebd.

[252] Kupferverträge: BAAP, KMA 87.37, Nr. 238, Bl. 49, 65, 69; ebd., Nr. 428, Bl. 5; Aluminiumverträge: BAAP, KMA 87.37, Nr. 463, Bl. 9f., Nr. 467, Bl. 11f., Nr. 465, Bl. 18f.

[253] Z.B. Schr. KRA an KMA vom 2. Jan. 1917, BAAP, KMA 87.37, Nr. 256, Bl. 132.

[254] In einem Vertrag mit der Chemischen Fabrik Griesheim-Elektron zur Produktion von Salpetersäure sah das preußische Kriegsministerium zwar eine Konventionalstrafe von 50,- M je nicht gelieferter Tonne vor, doch ist nicht klar, ob diese Bestimmung in Kraft trat. Angesichts der Einmaligkeit dieser Klausel ist eher anzunehmen, daß dies nicht der Fall war. Vertragsentwurf PKM-Griesheim, Anlage zu Schr. PKM an RSchA vom 29. Mai 1915, BAAP, RFM 21.01, Nr. A 2844, Bl. 84v.

[255] Vertrag Hoechst-KRA vom 11. Jan./12. März 1915, § 1 u. 2, Hoechst-Archiv, 18/1/12. Vertrag Bayer-KRA vom 15. Jan./12. März 1915, Bayer-Archiv, 201/9. Ähnlich war die Lage bei den Oleumverträgen. Z.B. Vertrag Bayer-Wumba vom 29. Jan./22. Febr. 1917, § 2; Bayer-Archiv, 201/9.

[256] Schr. KRA an KCA vom 7. Okt. 1916, BAAP, KCA 87.29, Nr. 279, Bl. 235f.

[257] Die Kriegsrohstoffabteilung machte die Zahlung des vollen Zuschusses von der Erfüllung der Lieferungspflicht abhängig. Schr. KRA an Chemische Werke Lothringen vom 4. Dez. 1914, BASF, A19/30.

davon aus, daß "der Sinn des Vertrages genügend klar aus der Fassung hervorgeht und eine loyale Erfüllung durch die Firma Gebr. Siemens & Co wohl erwartet werden darf". Und das, obwohl sich nicht nur der Beginn der Produktionsaufnahme wesentlich verzögert hatte, sondern auch die Kosten für die Anlagen wesentlich höher als vereinbart ausgefallen waren[258]. Eine ähnliche Situation wie bei den chemischen Firmen bestand in der Eisenerzförderung. Die Ilseder Hütte lehnte jegliche Garantien für die geforderten Leistungen ab, und die Behörden verzichteten auf Sanktionen[259].

Im Gegensatz dazu mußten sich die Kriegsgesellschaften beziehungweise das Reich sehr wohl zu Entschädigungszahlungen verpflichten. Die Firmen setzten in den Verträgen der ersten beiden Kriegsjahre durch, daß der Staat bei Kündigung des Vertrages, was vor allem bei frühem Kriegsende möglich war, Entschädigungsleistungen bis zur Höhe des staatlichen Zuschusses für aufgewandte Kosten und eingegangene Verbindlichkeiten zahlen sollte[260]. Später vereinbarte die Kriegsmetall AG z.B. mit der Vereinigten Aluminium-Werke AG eine Entschädigungspflicht, die Schadensersatz im Falle mangelhafter Versorgung mit Rohstoffen vorsah, teilweise auch für entgangenen Gewinn[261].

Zweitens sind die gesetzlichen Bestimmungen für Preise, Beschlagnahme und Meldepflicht zu untersuchen. Gesetzen bzw. Verordnungen legten die rechtlichen Grundlagen für Sanktionen fest. Die erste Form in allen Bereichen war die Androhung von Strafverfahren und die Verhängung von Bußgeldern oder Gefängnis. In den meisten Fällen beliefen sich diese Strafen auf bis zu

---

[258] Schr. KRA an KCA vom 27. Jan. 1918, BAAP, KCA 87.29, Nr. 293, Bl. 59.

[259] Vertragsentwurf EZ-IH § 1 u. 3, Anlage zu Schr. KEZ an RSchA vom 29. Jan. 1917, BAK, R 2, Nr. 1254, Bl. 4f.; Vertrag vom 17. Jan. 1918, BAK, R 2, Nr. 1254, Bl. 91ff.

[260] Salpeter: Z.B. im Vertrag Hoechst-KRA vom 11. Jan./12. März 1915, § 9, Hoechst-Archiv, 18/1/12; Aluminium: Vertrag Horrem und Rummelsburg vom 1. März 1917/15. Sept. 1916, § 34, BAAP, KMA 87.37, Nr. 467, Bl. 15.

[261] Vertragsentwurf KMA vom 10. Dez. 1917, § 14, BAAP, KMA 87.37, Nr. 473, Bl.351; Liefervertrag vom 14. Juni/9. Okt. 1918, § 5, BAAP, KMA 87.37, Nr. 465, Bl. 12f. Die Erftwerk AG erhob ähnliche Forderungen, nachdem sie vom Vertrag mit der Vereinigten Aluminium-Werke AG Kenntnis erhalten hatte. Al.-Vertrags-Entwurf der Kriegsmetall und des EW vom 20. Juli 1918, § 5, Schr. Direktion EW an Stinnes vom 25. Juli 1918, Schr. KMA an Stinnes om 17. Juni 1918, ACDP I-220, Nr. 120/3. Zu den Sanktionen in Verträgen der Feldzeugmeisterei für Rüstungsgüter vgl. Vertrags-Entwurf für die Siemens-Schuckert-Werke am 20. Sept. 1916 sowie Allgemeine Vertragsbedingungen, Anlage zu Schr. FM an SSW vom 24. Sept. 1916, SAA 50/Lg 12.

10 000 M oder einem Jahr Gefängnis[262]. Erst die Verordnung gegen Preistreiberei vom Mai 1918 erhöhte die Geldstrafe erheblich auf bis zu 200 000,- M bei Vorsatz und immer noch 50 000,- M bei Fahrlässigkeit[263]. Allerdings gab es vor allem bei der Festsetzung von Höchstpreisen eine ganze Reihe von Gesetzen, die keine Strafbestimmungen enthielten. Damit waren sie keine Strafgesetze. Verstieß man dagegen unwissentlich, konnte man deswegen nicht verurteilt werden[264]. Als zweite Sanktionsform konnten Beschlagnahme oder Enteignung von Rohstoffen angeordnet werden. Dies war vor allem für Vergehen gegen die Meldepflicht und gegen Höchstpreisverordnungen von Bedeutung[265]. Drittens gab es seit Mitte 1916 die Möglichkeit, die Einziehung von "übermäßigen" Gewinnen anzuordnen, z.B. bei metallischen Produkten oder bei Soda. Allerdings war die Umsetzung mit großen Problemen behaftet, weil dazu der tatsächliche Gewinn und Außerdem, keineswegs einfacher, der "übermäßige" Gewinn verbindlich festgestellt werden mußten. So dürften auch die Neuregelungen der Verordnung von 1918 kaum zur Durchsetzbarkeit dieser Strafe beigetragen haben. In der Praxis spielte sie daher kaum eine Rolle[266]. Darüber

---

262 Z.B. Bekanntmachung über Höchstpreise für Kupfer, altes Messing, alte Bronze, Rotguß, Aluminium, Nickel, Antimon und Zinn vom 10. Dez. 1914, § 3, RGBl., 1914, S. 503. Ein anderes Beispiel bietet die Bekanntmachung betr. Ausführungsbestimmungen zu der Verordnung über Ätzkalien und Soda vom 17. Okt. 1917, RGBl., 1917, S. 903.

263 Verordnung gegen Preistreiberei vom 8. Mai 1918, §§ 1 u. 4, RGBl., 1918, S. 395f.

264 Bekanntmachung über die Festsetzung von Höchstpreisen für Erzeugnisse aus Kupfer, Messing und Aluminium vom 28. Dez. 1914, RGBl., 1914, S. 551f.; Bekanntmachung über Höchstpreise für Erzeugnisse aus Nickel vom 15. Juni 1915, RGBl., 1915, S. 340; Korporation der Kaufmannschaft von Berlin [Hg.]: Bekanntmachung über Höchstpreise für Metalle vom 31. Juli 1916 nebst Erläuterungen, Anhang in: 5 Jahre Kriegswirtschaft ... [Bericht SSW], Knoll vom 31. Mai 1922, SAA 50/Ld 216. In dieselbe Richtung weist die gesetzliche Grundlage, auf die man sich berief. Die große Mehrzahl der Verordnungen über Rohstoffhöchstpreise bezogen sich nicht auf das Höchstpreisgesetz vom Aug./Dez. 1914, das selbst Strafbestimmungen enthielt, sondern auf das Ermächtigungsgesetz vom Aug. 1914. Vgl. die einzelnen Gesetze: RGBl., 1914-1918, passim, sowie Heymann, Rechtsformen, S. 56f.

265 Z.B. Bekanntmachung über Vorratserhebungen vom 2. Febr. 1915, RGBl., 1915, S. 54; Gesetz betr. Höchstpreise vom 4. Aug. 1914, § 2, RGBl., 1914, S. 339f. u.ö.; Boettcher, Rechtsgrundlagen, Kap. Preisgestaltung, S. 3f.

266 Bekanntmachung über metallische Produkte vom 31. Juli 1916, § 3, RGBl., 1916, S. 868; RSchr. KRA an Militärbefehlshaber vom 17. Okt. 1916, HStAS, M 1/6, Nr. 1364, Bl. 247; Bekanntmachung betr. Ausführungsbestimmungen zu der Verordnung über Ätzkalien und Soda vom 17. Okt. 1917, RGBl., 1917, S. 903; Verordnung gegen Preistreiberei vom 8. Mai 1918, §§ 7-10 u. 12-13, RGBl., 1918, S. 397ff.

hinaus gab es einige weitere Sanktionen, etwa die Schließung von Betrieben[267] oder die Aberkennung der bürgerlichen Ehrenrechte[268], die aber so gut wie keine Bedeutung erlangten. Insgesamt war das Arsenal an Sanktionsmöglichkeiten eher begrenzt, vor allem in Anbetracht der Vielzahl von Verhaltensweisen, die aufgrund der bestehenden Gesetze und Verordnungen nicht eindeutig als Vergehen galten, etwa bei der Forderung überhöhter Preise. Welche Schwierigkeiten hierbei auftreten konnten, macht ein Schreiben der Kriegschemikalien AG an die Kriegsrohstoffabteilung deutlich: Sie fragte bei der Behörde an, "ob nicht nach der heutigen Gesetzgebung eine Handhabe besteht, um entweder solchen Firmen den Verkauf in Zukunft überhaupt zu verbieten, oder aber sie wegen der unerhört hohen Forderungen wenigstens zu verwarnen"[269].

Im folgenden soll die Sanktionspraxis, soweit sie sich nachweisen läßt, vorgestellt werden. Es gab drei Möglichkeiten, gegen Verstöße vorzugehen. Erstens bestand die Möglichkeit, Sanktionen nur anzudrohen, ohne sie dann tatsächlich auszuführen. Zweitens konnten Firmen von Aufträgen und Rohstofflieferungen ausgeschlossen werden, ohne auf eine besondere gesetzliche Grundlage gegen bestimmte Vergehen zurückzugreifen. Drittens schließlich sind die im ersten Teil schon vorgestellten Mittel der Konventionalstrafe, der Strafverfahren und der Beschlagnahme zu nennen.

Die mildeste und zugleich weitaus häufigste Form der "Anwendung" von Sanktionen war ihre Androhung. Denn oft ließen es die Behörden damit bewenden; eine Durchführung unterblieb. Sie setzten darauf, daß dies genügte, um Widerstand von Unternehmen gegen ihre Maßnahmen brechen zu können. War dies nicht der Fall, sondern verhielten sich die Industriellen "renitent", waren die Behörden nicht bereit, ihre Drohungen auch wahr zu machen. Dies läßt sich vor allem der Eisen- und Stahlindustrie gegenüber beobachten. Die staatlichen Stellen monierten seit Mitte 1916 immer wieder Lieferrückstände der Werke. Wie sie dagegen anzugehen versuchten, schilderte Otto Petersen, der Vorsitzende des Vereins deutscher Eisenhüttenleute, im Juli 1916. Der Referent der Feldzeugmeisterei "war außerordentlich deutlich: er brauchte ausdrücklich das Wort, dass die Industrie sich renitent verhalte, und er deutete an, dass man von allen Mitteln Gebrauch machen werde: Entziehung von Eisenerzen, von Mangan und Silicium, Sperrung der Ausfuhr, Inbetriebsetzung von sechs oder

---

[267] Dies war lediglich bei Düngemitteln der Fall. Bekanntmachung über künstliche Düngemittel vom 11. Jan. 1916, § 10, RGBl., 1916, S. 15f. Geld- und Gefängnisstrafen wurden dort für den Verstoß gegen die Mischvorschriften, nicht gegen die Preisbestimmungen angedroht. Ebd., § 11, S. 16.

[268] Bekanntmachung zur Fernhaltung unzuverlässiger Personen vom Handel vom 23. Sept. 1915, RGBl., 1915, Art. II, S. 604.

[269] Schr. KCA an KRA vom 12. Dez. 1916, BAAP, KCA 87.29, Nr. 276, Bl. 54; ähnlich Schr. KCA an KRA vom 31. Okt. 1916, BAAP, KCA 87.29, Nr. 276, Bl. 179.

sieben Hochöfen durch die Regierung und was das alles war". Wesentlich moderater gab sich die Kriegsrohstoffabteilung. Sie kündigte zwar eine Beschränkung der Ausfuhr an, um die Firmen zur Einhaltung ihrer Lieferverpflichtungen zu bewegen, zeigte aber gleichzeitig Verständnis für die Probleme der Unternehmen bei der Produktion[270]. 1917 wurde der Ton wesentlich härter, wenn der Leiter des Kommissariats der Eisenzentrale Fischer ankündigte, mit den Werken einzeln zu verhandeln und den Stahlwerksverband aus der Auftragsvergabe und damit aus seinem ureigenen Tätigkeitsfeld auszuschalten[271]. Doch auch hier blieb es bei Drohungen ohne weiteren Folgen.

Einen wohl eher ungewöhnlichen Vorstoß machte Coupette, Leiter des Waffen- und Munitionsbeschaffungsamts, im Oktober 1916. Er bat Gustav Krupp von Bohlen und Halbach um einen Rat, wie der Vorstand der Rheinischen Metallwaaren und Maschinenfabrik, der sich durch mangelnde Kompetenz der Mitglieder auszeichne, zur Erfüllung der Leistungsanforderungen gebracht werden könne. Coupettes Mitarbeiter, Major Stadtländer, hatte auf die Möglichkeit hingewiesen, bei andauernden schlechten Leistungen das Unternehmen unter militärische Leitung zu stellen[272]. Derartige Maßnahmen erwogen die Militärs also nicht nur auf Druck der Öffentlichkeit und des Reichstages wie im "Fall Daimler". Allerdings wandten sie sie in diesem Fall nicht an.

Welche Überlegungen die Militärbehörde zum Verzicht bewog, zeigt eine Diskussion vom November 1916 über die Frage, wie man die Unternehmen zu einer Einhaltung der behördlichen Vorschriften und Aufträge zwingen könne. Das Waffen- und Munitionsbeschaffungsamt hielt fest, daß das Belagerungszustandsgesetz zwar die notwendigen Handhaben bieten würde. Dagegen spreche jedoch sowohl "die Beschwerlichkeit und Langwierigkeit der Erledigung von Einzelfällen" als auch die Möglichkeit, daß vielleicht "eine nur noch mit ganz groben Gewaltmittel zu bekämpfende Obstruktion [der Unternehmen] daraus erwächst". Deshalb sollte eine neue gesetzliche Grundlage geschaffen werden, die auf zwei Mittel zurückgriff: zum einen auf die Einsichtnahme von Behörden in Geschäftsunterlagen; zum anderen auf die Festsetzung von Preisen und "angemessenen" Gewinnen durch die Beschaffungsstellen[273]. Hinter der mangelhaften Bereitschaft, Sanktionen tatsächlich anzuwenden, standen also die

---

[270] Prot. Sitz. des Hauptvorstandes des VdEStI vom 28. Juli 1916, BAK, R 13I/149, Bl. 289f.; Zitat ebd., Bl. 291.

[271] Prot. Sitz. des SWV vom 13. Apr. 1917, Klemme an Reusch, Haniel-Archiv, Nr. 3000030/11A, Bl. 38.

[272] Vertrauliche NSchr. vom 29. Okt. 1916, HA Krupp, FAH 4 E 58b, Bl. 131f.

[273] Juristische Unterlagen für das Produktionszwangsgesetz, Moellendorff/Wumba vom 27. Nov. 1916, BAK, NL 158 Moellendorff, Nr. 118. Ähnliches hatte schon eine Besprechung am 24. Nov. 1916 im Reichsschatzamt zwischen Graf Roedern und General Coupette nebst den beiderseitigen Referenten ergeben. Ebd.

Schwierigkeiten, die in der Praxis mit solchen Maßnahmen verbunden waren, ebenso aber das Bewußtsein einer gewissen Ohnmacht. Die Behörden sahen sich außerstande, die Bereitschaft zur Produktion zu staatlichen Bedingungen zu erzwingen.

Dennoch versuchten die staatlichen Stellen immer wieder, mit Sanktionen Druck auf die Firmen auszuüben. Wenden wir uns zunächst den Formen zu, die sich nicht auf eine gesetzliche Grundlage für bestimmte Vergehen zurückführen lassen. Hier ist zuerst der Ausschluß von Aufträgen der Behörden zu nennen, wofür sich einige Hinweise finden lassen. Von der Porten, ein Vertreter der Kriegsrohstoffabteilung, befürwortete ein solches Vorgehen klar. Er mußte jedoch gleichzeitig eingestehen, daß eine Anwendung erschwert werde, weil es eine rechtliche Handhabe dazu nicht gebe[274]. Die Beschaffungsstellen stießen mit ihren Versuchen daher auch auf hartnäckigen Widerstand. Als die Feldzeugmeisterei die Farbenfabriken vorm. Friedrich Bayer vor die Alternative stellte, ihren Preis für Carbolsäure zu senken oder keinen weiteren Auftrag mehr zu erhalten[275], kanzelte Generaldirektor Duisberg den zuständigen Referenten regelrecht ab: " ... zum Donnerwetter, wir sind keine Filiale von Siegburg. Wir sind von solcher Liebenswürdigkeit gegen die F[eld]Z[eugmeisterei] da lasse ich mir solch einen Saubrief nicht gefallen"[276]. Wie die Sache ausging, ist nicht bekannt. Die Forderung der Siemens-Schuckert-Werke nach Schadenersatz für die Entwicklung eines Zünders, der sich als nicht brauchbar erwies, lehnte die Feldzeugmeisterei ab. Als das Unternehmen darauf bestand, setzte die Behörde "unter Androhung der Entziehung weiterer Aufträge" durch, daß es auf die Erstattung von 1 Mio. M verzichtete[277]. Ähnliches stellte das Waffen- und Munitionsbeschaffungsamt der Chemischen Fabrik Kalk in Aussicht, falls sie die Anweisungen der Kriegssäuren-Kommission nicht einhalte[278]. Auch die Beschaffungsstellen in anderen Bundesstaaten verfuhren derart mit Lieferanten.

---

[274] Vortrag von der Porten bei der Sitzung der Metall-Revisoren am 2./3. Aug. 1917, S. 18, BHStA-KA, MKr. 17286. Die Frage nach der tatsächlichen Durchführung solcher Strafmaßnahmen bleibt offen.

[275] Schr. FM an Bayer vom 23. Febr. 1916, Bayer-Archiv, 201/3.

[276] Notiz Duisberg über telefonische Unterhaltung mit Dr. Lickfett vom 23. Febr. 1916, Bayer-Archiv, 201/3.

[277] Chronik der Siemens-Schuckert-Werke, Bd. 2, Jahresbericht ZW (1914/15), SAA 15/Lg 562.

[278] Schr. Wumba an Chemische Fabrik Kalk vom 7. März 1917, BAAP, KSK 87.38, Nr. 4, Bl. 123v.

Oft hinderte sie jedoch die Gefahr, in Prozesse verwickelt zu werden, am konsequenten Einsatz solcher Mittel[279].

Doch nicht nur Einzelfälle sind für diese Sanktion anzuführen. Das preußische Kriegsministerium unternahm im Januar 1917 einen allgemeinen Vorstoß mit einer Verfügung über die "Ausschließung oder Wiederzulassung von Lieferern und Unternehmern". Sie bestätigt zum einen den Willen, solche Sanktionen anzuwenden, zum anderen die großen Schwierigkeiten, die damit verbunden waren. Die Aufstellung allgemeiner Grundsätze, wann ein Ausschluß von Aufträgen stattfinden durfte, erschien nicht möglich. Jeder Einzelfall sollte sorgfältig geprüft werden. Probleme bereiteten nicht nur die "für den Auszuschließenden entstehenden Folgen", sondern auch eine "etwaige Regresspflicht des Reichs". Einen Anspruch der Firma, sich vor einer derartigen Sanktion rechtfertigen zu dürfen, ließ das Kriegsministerium ausdrücklich nicht gelten, räumte aber ein, daß er "in besonderen Fällen" gewährt werden könne[280]. Daß es auch vorher schon Ausschließungen gegeben hat, belegt eine Sammlung von Verfügungen für den Zeitraum 1915-1916, die das stellvertretenden Generalkommando München angelegt hat. Als Gründe wurden Bestechungsversuche, unlauteres Geschäftsgebahren, mangelhafte Lieferungen und Unzuverlässigkeit genannt. Bei den betroffenen Unternehmen scheint es sich vorwiegend um kleinere oder mittlere Betriebe gehandelt zu haben[281]. Der einzig einigermaßen spektakuläre Fall einer Ausschließung durch die Kriegsrohstoffabteilung betraf die Firma Metzeler, gegen die ein Verfahren wegen Landesverrat eingeleitet worden war. So lange das Verfahren schwebte, sollte die Firma von Heereslieferungen ausgeschlossen werden[282].

Für eine weitere Sanktion, die Verweigerung von Rohstofflieferungen, lassen sich nur wenige Belege aus dem Bereich der Chemikalienwirtschaft finden. Vor allem die Kriegsgesellschaften übten auf diese Weise Druck auf Firmen aus. Beispielsweise wollte die Kriegschemikalien AG damit eine fristgerechte Lieferung von Salpeter erreichen[283]. Ähnliches unternahm die Kriegssäuren-Kommission, um die Bestandsmeldung für die Schwefelsäureproduktion zu er-

---

[279] Schr. Landesverdingungsstelle Stuttgart an WK8 vom 14. März 1917, HStAS, M 1/9, Bü. 249.

[280] Vfg. PKM vom 27. Jan. 1917, HStAS, M 1/9, Bü. 249.

[281] BHStA-KA, Stv. GK, I. AK, 1048.

[282] Der Firma wurde vorgeworfen, alte Reifen als neuwertige an die Heeresverwaltung verkauft zu haben. Schr. KRA an BKM vom 18. Juli 1915, BHStA-KA, MKr. 12927, Prod. 252f.

[283] Schr. KCA an Chemische Fabrik Kalk vom 28. u. 30. Sept. 1915, BAAP, KCA 87.29, Nr. 18, Bl. 104, 101f.

halten[284]. Ein solches Recht besaß auch die Zentralstelle für Sodaverteilung. Allerdings ist nicht klar, ob sie davon gegen den Widerstand der Firmen Gebrauch machte[285]. Für September 1917 ist in den Akten des bayerischen Kriegsamts, die sich mit der Überprüfung von Beschlagnahme und Preisen befaßten, eine "Aufstellung derjenigen Firmen welche für eine Zuweisung im Monat September nicht in Frage kommen" überliefert. Der häufigste Grund dafür war "Bestand nicht gemeldet"; es handelte sich also um eine Sanktion wegen Verstößen gegen die Meldepflicht[286].

Der dritte Weg, unrechtmäßiges Verhalten von Unternehmen zu ahnden, bestand darin, Konventionalstrafen, Strafverfahren und Beschlagnahmen zu verhängen. Das erste dieser Mittel wurde im wesentlichen in der Produktionsförderung angewandt. Hierfür setzte sich vor allem die Kriegsmetall AG ein, z.B. gegen die Hüttenwerke C. Wilhelm Kayser & Co AG. Sie nahm also ihre eigenen Aktionäre von Sanktionen nicht aus. Die Durchsetzung solcher Ansprüche erwies sich jedoch immer wieder als schwierig, so daß die Kriegsmetall AG, zum Teil auch unter Vermittlung ihres Kommissars von der Porten darauf verzichtete, obwohl auch er eigentlich geneigt war, eine harte Linie gegen die Unternehmen zu fahren[287]. Die Hartnäckigkeit gerade dieser Firma zeigte sich in den Auseinandersetzungen um die Fertigstellung einer Bronze-Elektrolyse, in deren Verlauf die Kriegsmetall AG ebenfalls Probleme hatte, eine Konventionalstrafe durchzusetzen[288].

Die Kriegsrohstoffabteilung machte ähnliche Erfahrungen und wurde auf den Weg der Klage gezwungen, um ihre Ansprüche geltend zu machen. Ihre Rechtsposition war zumindest schwierig, wie das Vorgehen der Mannesmannröhren-Werke zeigt, die ihrerseits gegen die Einforderung der Vertragsstrafe das Schiedsgericht anriefen[289]. Die Berufung Schrödters, des ehemaligen Vorsit-

---

[284] Schr. KSK an KCA vom 14. Mai 1915, BAAP, KSK 87.38, Nr. 10.

[285] Schr. Krupp an RdI vom 16. Dez. 1916, BAAP, RdI 15.01, Nr. 18765, Bl. 243ff.

[286] Aufstellung derjenigen Firmen, welche für eine Zuweisung im Monat September [1917] nicht in Frage kommen o.D., BHStA-KA, MKr. 17284.

[287] Notiz für Direktor Peierls o.D. (Verrechnung nicht bezahlter Zuschüsse mit fälligen Beträgen aus der Konventionalstrafe), BAAP, KMA 87.37, Nr. 44, Bl. 15; Prot. Direktoriums-Sitz. KMA vom 4. Mai 1916 (Verzicht Konventionalstrafe), und 19. Apr. 1917 (erneute Diskussion Konventionalstrafe wegen weiterer Lieferversäumnisse), BAAP, KMA 87.37, Nr. 40, Bl. 185, 109.

[288] Schr. KMA an von der Porten vom 18. Apr. 1916, BAAP, KMA 87.37, Nr. 245, Bl. 264.

[289] Das Unternehmen hatte trotz seiner Beteiligung an der Schrotthandels GmbH eigenständig Schrottkäufe getätigt. Schr. Schrotthandels GmbH an KEZ vom 5. Okt. 1917, BAAP, KEZ 87.25, Nr. 139, Bl. 213. Schriftwechsel KEZ-verschiedene Anwälte vom Mai 1917-März 1918, BAAP, KEZ 87.25, Nr. 139, Bl. 72-194. Klage durch

zenden des Vereins deutscher Eisenhüttenleute, als Obmann lehnte das Kommissariat der Eisenzentrale übrigens ab[290]. Der Streit wurde während des Krieges nicht mehr entschieden. Erst im Februar 1919 schien ein Vergleich in Sicht, der insgesamt die Position des Unternehmens bestätigte. Es mußte zwar einen Verstoß mit der Zahlung von insgesamt 50 000,- M anerkennen, blieb damit aber weit unter den geforderten 200 000,- M und konnte sich überdies gegen den Vorwurf verwahren, vorsätzlich den Vertrag verletzt zu haben[291]. Das Kommissariat der Eisenzentrale erkannte die Vereinbarung jedoch nicht an, sondern forderte eine höhere, dem Tatbestand angemessenere Zahlung. Die Behörde konnte dies aber nur zum Teil durchsetzen[292].

Wie eng der Spielraum der staatlichen Stellen und der Kriegsgesellschaften für Sanktionen war, zeigt ein Vorgang vom Juni 1917. Die Zinnwerke Wilhelmsburg hatten Elektrolytzinn geliefert, dessen Gehalt unter der vereinbarten Qualität lag. Die Kriegsmetall AG nahm es trotzdem ab, weil die Knappheit sehr groß war. Sie konnte nur für künftige Lieferungen versuchen, den Preis für schlechtere Qualitäten tatsächlich auch herabzusetzen[293]. Eine Preissenkung wegen schlechter Qualität konnte dagegen eine Beschaffungsstelle in Stuttgart erwirken, woraufhin sie auf weitere Maßnahmen gegen die Firma verzichtete[294]. Gegen chemische Firmen hatten Kriegschemikalien AG und Kriegsrohstoffabteilung aufgrund der Verträge einen noch schlechteren Stand, wie etwa das Vorgehen gegen die Chemischen Werke Lothringen zeigte, die eine schlechtere Qualität als vereinbart geliefert hatten[295].

Für Vergehen gegen die verschiedenen gesetzlichen Bestimmungen waren vor allem Strafverfahren und Beschlagnahme von Bedeutung. Die weitestgehende Form der Sanktion, die Einleitung von Strafverfahren, wandten die zuständigen Stellen nur in den wenigsten Fällen an. Die Gründe dafür lagen in

---

Kriegsrohstoffabteilung: Schr. KRA an BKM vom 31. Mai 1916, BHStA-KA, MKr. 13024, Prod. 12.

[290] Schr. H. Kintzen [Anwalt der Mannesmannröhren-Werke] an KEZ vom 20. Dez. 1917, Schr. KEZ an Wierncsowski vom 19. Febr. 1918, BAAP, KEZ 87.25, Nr. 139, Bl. 175, 88.

[291] Schr. Schrotthandels GmbH an KEZ vom 18. Febr. 1919, BAAP, KEZ 87.25, Nr. 139, Bl. 28f. Zum Verlauf der Auseinandersetzung vgl. BAAP, KEZ 87.25, Nr. 139, passim.

[292] Schr. KEZ an Schrotthandels GmbH vom 21. Febr. 1919, Schr. EZ an Schrotthandels GmbH vom 12. Juni 1919, BAAP, KEZ 87.25, Nr. 139, Bl. 27, 9.

[293] Schr. KMA an von der Porten vom 1. Juni 1917, BAAP, KMA 87.37, Nr. 247, Bl. 242f.

[294] Vortrag zum Umlauf in Abt. 8 vom 15. Mai 1917, HStAS, M 1/9, Bü 249.

[295] Prot. der AR-Sitz. der KCA vom 30. März 1916, BAAP, KCA 87.29, Nr. 10, Bl. 183. (Das Problem war auch schon in der vorhergehenden Sitzung aufgetaucht.)

der schwierigen Rechtslage ebenso wie in der meist langen Dauer solcher Auseinandersetzungen. Am häufigsten war ein solches Vorgehen noch bei Verstößen gegen die Preisverordnungen, vor allem, nachdem auf lokaler Ebene sogenannte Kriegswucherämter eingerichtet worden waren, die eine Verfolgung durch die Gerichte anstrengten. In diesen Fällen wurden die Kriegsgesellschaften zur Abgabe von Gutachten zu der Frage herangezogen, ob Preise überhöht und Gewinne damit als übermäßig zu gelten hatten. Wie schwierig dieses Feld aber war, zeigen einige überlieferten Fälle aus dem Bereich der Kriegschemikalien AG. Nicht zuletzt mußte die Gesellschaft mit ihrer mangelnden Autorität kämpfen, wie eine Mitteilung an die Staatsanwaltschaft Hanau vom Juli 1917 zeigt. Sie konnte die von dort geforderten Angaben nicht machen, da die betroffenen Firmen sich geweigert hatten, "uns [=der Kriegschemikalien AG] als Privatgesellschaft die erforderlichen Aufschlüsse zu geben"[296].

Die Kriegsrohstoffabteilung, die eher in der Lage war, derartige Sanktionen zu ergreifen, mußte sich mit Widerständen der zivilen Behörden auseinandersetzen, die ihr Vorgehen weitgehend neutralisierten, wie z.B. die Einleitung eines Strafverfahrens gegen die Heddernheimer Kupferwerk und Süddeutsche Kabelwerke AG wegen eines Verstoßes gegen das Höchstpreisgesetz belegt. Das preußische Ministerium für Handel und Gewerbe machte prinzipielle Bedenken wegen der daraus folgenden Verunsicherung in Industrie und Handel geltend und verwahrte sich grundsätzlich gegen die Einleitung von Strafverfahren gegen Firmen ohne vorherige Absprache[297]. Erfolg hatte diese Intervention insoweit, als das preußische Kriegsministerium zusicherte, alle laufenden Ermittlungen auszusetzen[298].

Die Zahl der eingeleiteten Strafverfahren aufgrund von Revisionen durch die stellvertretenden Generalkommandos blieb sehr gering[299]. Das Problem lag

---

[296] Schr. KCA an Ersten Staatsanwalt Hanau vom 13. Juli 1917, BAAP, KCA 87.29, Nr. 76, Bl. 127 u.ö.

[297] Schr. PMHG an PKM/KRA vom 7. Okt. 1915, GStAM, Rep. 120 C VIII 1, Nr. 84, Adh. 19, Bd. 1, Bl. 217ff.

[298] Schr. PKM an PMHG vom 21. Okt. 1915, GStAM, Rep. 120 C VIII 1, Nr. 84, Adh. 19, Bd. 1, Bl. 259f. Ähnlich skeptisch äußerte sich das Ministerium für Handel und Gewerbe auch zur Bestrafung einer Firma, die Nickel weit über dem Höchstpreis angeboten hatte, Schr. RdI an PMHG vom 17. Jan. 1915 und Antwort PMHG vom 30. Jan. 1917, GStAM, Rep. 120 C VIII 1, Nr. 84, Adh. 19, Bd. 1, Bl. 132ff.

[299] Vgl. z.B. monatliche Berichte des stv. GK, I. AK an KRA, Dez. 1916-Juni 1918, BHStA-KA, Stv. GK, I. AK, 2346 u. 2447 oder BHStA-KA, MKr. 13024, passim. Auf eine Anfrage des preußischen Kriegsministeriums berichtete das württembergische Kriegsministerium, daß es keinerlei strafrechtliche Verfolgungen gegeben habe. Vfg. PKM vom 26. Febr. 1917 sowie verschiedene Nachweise des WKM dazu, HStAS, M 1/9, Bü 93 AZ III 1.1.6.a8, Bd. 1, Bl. 222, 226f., 228f., 298 u. Bd. 2, Bl. 20, 33.

weniger bei den Revisoren. Die Zahl der Überprüfungen war recht groß, die Neigung, Sanktionen zu verhängen, bestand ebenfalls[300]. Vielmehr stellte sich die Justiz meist auf die Seite der Unternehmen. Die Kriegsrohstoffabteilung hatte aber wenig Interesse daran, daß "das Ansehen der K[riegs-] R[ohstoff-]A[bteilung] und der Rohstoff-Stellen durch Strafanzeigen, die mit Freispruch enden, geschädigt werden"[301]. Entsprechend informierte die Kriegsrohstoffabteilung die stellvertretenden Generalkommandos im Februar und März 1917, daß die Nichteinhaltung der Lieferfristen strafrechtlich verfolgt werden könne, wies aber gleichzeitig darauf hin, daß die Behörden alles tun müßten, um die vorhandenen Schwierigkeiten für die Produktion zu beseitigen[302]. Die Strafanzeigen, die in Bayern aufgrund von Revisionen der stellvertretenden Generalkommandos eingeleitet wurden, waren zwar relativ zahlreich, die verhängten Strafen blieben aber sehr gering; die Verfahren richteten sich zudem meist gegen Händler. Alles in allem gingen die Behörden nur gegen "kleine Fische" vor; im großen und ganzen kam den Verfahren eine geringe Bedeutung zu[303]. Zu einem ähnlichen Ergebnis führt die Durchsicht der Akten des preußischen Ministeriums für Handel und Gewerbe[304].

Hinzu kam, daß im Januar 1917 eine Verordnung des Bundesrates die Einstellung von Verfahren ermöglichte, die wegen Verstoß gegen wirtschaftliche Bestimmungen eröffnet worden waren. Dahinter standen die Klagen über die Vielfalt von Bestimmungen, die die Einhaltung schwierig machten. Damit wurde die Stellung der Behörden nicht gerade verbessert[305]. Ähnlich beklagte die Kriegschemikalien AG in ihrem Abschlußbericht, daß die große Zahl von Vergehen gegen die beschränkte Verwendung von Vorräten ein strafrechtliches Vorgehen erschwere[306]. Häufig beließen es die Behörden daher bei einer Ver-

---

[300] Bericht des stv. Gks Stuttgart an WKM vom 28. Aug. 1916, Betr.: Rohstoffwirtschaft und Ergebnisse der Nachprüfungen, HStAS, M 1/6, Nr. 1364, Bl. 161.

[301] Bericht über Sitz. der Referenten der stv. GKs in Berlin am 20. Dez. 1916, BHStA-KA, Stv. GK, I. AK, 2346.

[302] RSchr. der KRA an alle Lieferanten der Baumwoll-Industrie vom 17. Febr. und 17. März 1917 sowie entsprechendes Schr. an die Beschaffungsstellen, HStAS, M 1/9, Bü. 249.

[303] Akte "Rohstoffstellen: Strafanzeigen", BHStA-KA, MKr. 13024.

[304] Hier sind nur wenig Fälle überhaupt überliefert. Meist ging es um kleine Mengen, und oft waren die Beklagten Händler. Z.B. Urteil RSchG vom 22. Sept. 1916, GStAM, Rep. 120 C VIII 1, Nr. 84, Adh. 19, Bd. 2, Bl. 231ff.

[305] Bekanntmachung über die Verfolgung von Zuwiderhandlungen gegen Vorschriften über wirtschaftliche Maßnahmen vom 18. Jan. 1917 sowie Begründung dazu, Kriegsbuch, Bd. 4 (1917), S. 729f.

[306] Die Organisation der Kriegschemikalien AG, 1917, BAAP, KCA 87.29, Nr. 3, Bl. 7f.

warnung[307]. Entsprechend erstattete beispielsweise das stellvertretenden Generalkommando München im ganzen Krieg nur in sieben Fällen Strafanzeigen wegen Vergehen im Bereich der Chemikalien, dagegen sprach es immerhin 32 Verwarnungen aus. Bei den Metallen waren es zwar 45 Strafanzeigen, aber auch hier lag die Zahl der Verwarnungen mit 125 wesentlich höher. Die verhängten Strafen waren ziemlich niedrig, die Anzahl der Freisprüche, Niederschlagungen und Einstellungen beträchtlich[308].

Beschlagnahme oder Enteignung von Waren wurde häufiger als Strafe für Vergehen verhängt, z.B. zur Bekämpfung zu hoher Preise auf Betreiben der Kriegschemikalien AG oder des bayerischen Kriegsministeriums. Doch handelte es sich meist um kleinere Mengen oder um weniger bedeutende Rohstoffe. Von einer rigiden oder auch nur durchgängigen Sanktionspraxis kann keine Rede sein[309]. Der Wirkungskreis der Kriegsgesellschaften war ohnehin beschränkt, weil sie den Weg über die Kriegsrohstoffabteilung wählen mußten und dort lediglich die Möglichkeit hatten, ein Vorgehen zu empfehlen[310]. Ebenso verlängerte der Widerstand der betroffenen Firmen die Prozedur erheblich[311]. Ähnliches erfuhr auch die Rohstahlausgleichsstelle, die anmerkte, daß der Weg über Beschlagnahme und Enteignung als Sanktion gegen zu hohe Preise für Eisen- und Stahlwaren "in den meisten Fällen zu einem Erfolge nicht geführt" hat. Um die Wirkung zu verbessern, sollten solche Maßnahmen nur mehr nach Revisionen durch die stellvertretenden Generalkommandos in

---

[307] Z.B. Schr. KRA an stv. GK Münster vom 7. Apr. 1915, BAAP, KCA 87.29, Nr. 41, Bl. 220; Schr. KRA an BKM vom 14. Sept. 1915, BHStA-KA, MKr. 12929, Prod. 120.

[308] Listen von Strafanzeigen und Verwarnungen jeweils für Metalle und Chemikalien, 1915-1919, BHStA-KA, stv. GK I. AK, 2447.

[309] Kriegschemikalien AG: Schriftwechsel KRA-KCA vom Okt.-Dez. 1916, BAAP, KCA 87.29, Nr. 276, Bl. 81, 102, 146f., 228ff. In einigen Fällen kam es tatsächlich zu Enteignungen aufgrund von Verstößen gegen die Preisbestimmungen. Schr. KCA an KRA vom 31. Okt. 1916, Enteignungsvfg. des stv. GK Straßburg für Fa. Carl Dubois Nachf. vom 15. Nov. 1916, BAAP, KCA 87.29, Nr. 276, Bl. 179, 129. Bayerisches Kriegsministerium: Verschiedene Stellungnahmen von K1 an BKM von Nov. 1917-Mai 1918, BHStA-KA, MKr. 17188.

[310] Schr. KMA an von der Porten vom 8. März 1916, BAAP, KMA 87.37, Nr. 245, Bl. 329; Schr. KMA an von der Porten vom 10., 13. u. 16. Nov. 1917, BAAP, KMA 87.37, Nr. 248, Bl. 369ff.; Schr. EZ an KRA vom 19. Mai 1917, BAAP, EZ 87.10, Nr. 77; Schr. EZ an Fa. Sohler vom 7. Juni und an KRA vom 12. Juni 1918, BAAP, EZ 87.10, Nr. 121; Schr. KCA an KRA vom 31. Okt. 1916, BAAP, KCA 87.29, Nr. 276, Bl. 179.

[311] Schr. KCA an KRA vom 12. Dez. 1916, BAAP, KCA 87.29, Nr. 276, Bl. 54.

Angriff genommen werden[312]. Selten übernahmen die zivilen Stellen die Initiative für das Enteignungsverfahren. Und wenn das Reichsamt des Innern dies schon einmal tat, versuchte das preußische Ministerium für Handel und Gewerbe, ein solches Vorgehen zu verhindern[313]. Häufig ordneten auch die stellvertretenden Generalkommandos nach Revisionen die Beschlagnahme von Vorräten an, wenn die Unternehmen gegen die Meldepflicht oder andere Bestimmungen verstoßen hatten. In der Regel handelte es sich jedoch auch hier um kleinere Mengen[314].

Der Weg, die Unternehmen über Beschlagnahme zur Einhaltung von gesetzlichen Bestimmungen oder Auflagen der Behörden zu bewegen, war insgesamt lang und beschwerlich. Das hielt die zuständigen Stellen zwar nicht vom Einsatz dieses Mittels ab, schmälerte aber seine Effizienz. Im Grunde genommen setzten die Verantwortlichen darauf, daß die Drohung mit einer Beschlagnahme ausreichte, um die Firmen zum Einlenken zu bringen. Von daher war die Drohung mit Beschlagnahme nicht selten[315]. Die Länge des Verfahrens zeigt z.B. das Vorgehen gegen die Vereinigte Königs- und Laurahütte, die sich der Anweisung der Rohstahlausgleichsstelle vom Januar 1917, 2% der Roheisenerzeugung für Österreich abzugeben, permanent widersetzte. Die Eisenzentrale erwog schon im April 1917 die Beschlagnahme[316], war aber im Oktober immer noch nicht weitergekommen[317]. Erst im Frühjahr 1918 fand die Übereignung der Bestände tatsächlich statt[318]. Wurde ein zentrales Unternehmerinteresse betroffen, fruchtete auch der Hinweis nicht, daß das Verhalten "in höchstem Maße unpatriotisch" sei. In der Frage von Lizenzen beispielsweise ließ sich die Daimler-Motoren-Gesellschaft von der Feldzeugmeisterei auf diese Weise nicht einschüchtern, was dazu führte, daß die schon im Frühjahr 1917 erhobene

---

[312] Schr. RAS an KA-Stelle Leipzig vom 4. Febr. 1918, BAAP, Beauftragter des KM beim Deutschen Stahlbund 87.07, Nr. 11.

[313] Schr. RdI an PMHG vom 17. Jan. 1915 und Antwortentwurf vom 30. Jan. 1915, GStAM, Rep. 120 C VIII 1, Nr. 84, Adh. 19, Bd. 1, Bl. 132ff.

[314] Eisen: Schr. EZ an KRA vom 13. Febr. 1917, BAAP, EZ 87.10, Nr. 80. Metalle: verschiedene Schr. bayerische stellvertretenden Generalkommandos an PKM vom Apr. 1916-Jan. 1917, BHStA-KA, MKr. 12975 u. 12976. Chemikalien: Schr. KRA an KCA vom 12. Nov. 1916, BAAP, KCA 87.29, Nr. 276, Bl. 142f.

[315] Z.B. Schr. KRA an Bayer vom 10. Juli 1916, Bayer-Archiv, 201/6.2, Bd. 2.

[316] Schr. EZ an KRA vom 19. Apr. 1917, BAAP, EZ 87.10, Nr. 77.

[317] Schr. REV an RAS vom 9. Okt. 1917, BAAP, EZ 87.10, Nr. 85.

[318] Müller, Kriegsrohstoffbewirtschaftung, S. 114.

Forderung nach Weitergabe von Lizenzen erst nach mehrmaliger Androhung und tatsächlicher Beschlagnahme im Mai 1918 realisiert werden konnte[319].

Wie lassen sich Kontrollen in der Rohstoffwirtschaft und ihre Wirksamkeit abschließend beurteilen? Zu Beginn des Krieges richtete sich die volle Aufmerksamkeit der Behörden und der Öffentlichkeit auf die Kontrolle der Kriegsgesellschaften. Denn sie mußten besonders daraufhin überwacht werden, daß sie nicht auf Kosten staatlicher Belange wirtschaftliche Interessen der beteiligten Unternehmen durchsetzten. Dies verlor - zwar nicht unbedingt für die Öffentlichkeit, deren Reaktionen eine eigene Untersuchung erfordern würde - für die staatlichen Stellen aber sehr schnell an Bedeutung. Die Ursachen für diesen Wandel lagen zum einen in der Ausbildung verschiedener Kontrollinstrumente wie Kommissare und Revisionen, zum anderen aber, und das war wichtiger, in der Genehmigung und Überwachung der täglichen Geschäfte. Sie erfolgte teilweise ebenfalls durch die Kommissare, teilweise aber durch die Sektionen der Kriegsrohstoffabteilung und die Referate der Beschaffungsstellen direkt. Dies korrespondiert mit dem Prozeß der Unterordnung, den wir für die Kompetenzen der Gesellschaften festgestellt haben. Hierbei bot der Finanzbedarf einen wichtigen Ansatzpunkt für die Militärbehörden. Doch gleichzeitig gelang es ihnen, das Reichsschatzamt, für das genau dieser Finanzbedarf Anlaß für den seinen ausgeprägten Willen zur Kontrolle der Kriegsgesellschaften war, weitgehend auszuschalten. Die Finanzbehörde vermochte nur bedingt, Druck auf Militärbehörden und Gesellschaften über die Vergabe von Reichsmitteln auszuüben; erfolgreich waren entsprechende Vorstöße, wenn überhaupt, erst im letzten Kriegsjahr.

Ganz ins Zentrum der Überlegungen zu diesem Komplex rückten, je länger der Krieg dauerte, desto mehr, anstelle der Kriegsgesellschaften die Unternehmen und ihre Tätigkeiten. Betrachten wir zunächst die militärischen Behörden, so läßt sich festhalten, daß die Kriegsrohstoffabteilung ebenso wie die Beschaffungsstellen, den ganzen Krieg über an einer Überwachung der Firmen interessiert waren, allerdings mit unterschiedlicher Intensität in den einzelnen Bereichen. Während sie der Einhaltung der Bestimmungen über Bestandsmeldung und Beschlagnahme von Anfang an große Aufmerksamkeit widmeten, schenkten sie Kontrollen in der Produktionsförderung und der allgemeinen Preisbildung zunächst wenig Beachtung, weil sie dadurch die gewünschte Leistungssteigerung gefährdet sahen. Dagegen war die Bereitschaft, Sanktionen anzuwenden, die ganze Zeit über eher schwach ausgeprägt. Hier erwies sich zum einen der Widerstand der Firmen als sehr stark, zum anderen waren die positiven Effekte für die Kriegswirtschaft selbst relativ gering.

---

319 Mai, Kriegswirtschaft, S. 75f.; Buschmann, Unternehmenspolitik, S. 74ff., 94f. Zitat Inspektion der Fliegertruppen nach Buschmann, Unternehmenspolitik, S. 95.

Seit der Mitte des Krieges können wir zwei gegenläufige Tendenzen feststellen. Erstens nahm seit Mitte bzw. Ende 1916 der Wille der Militärbehörden zu, Kontrollen und Sanktionen gegen Unternehmen durchzuführen. Zum wichtigsten Gebiet wurde die Preisbildung, nachdem sie in den ersten beiden Kriegsjahren überhaupt kein Gegenstand von Prüfungen gewesen war. Denn einerseits wuchs die Kritik an der Kriegswirtschaft in der Öffentlichkeit erheblich. Andererseits erforderte das Hindenburg-Programm einen verschärften Zugriff auf die Unternehmen. Die kriegswirtschaftlich rationale Nutzung aller Ressourcen machte Kontrollen notwendig, und die totale Mobilisierung der Wirtschaft baute Hemmschwellen für Eingriffe ab. Kriegsrohstoffabteilung und Beschaffungsstellen engagierten sich gleichermaßen, die erstere etwas früher, die letztere nach der Jahreswende 1916/17, obwohl sie nur langsam die organisatorischen Voraussetzungen für Kontrollverfahren entwickelten. Die ersten Ansätze erschöpften sich noch in Absichtserklärungen. Erst im Laufe des Jahres 1917 läßt sich eine Verschärfung der Kontrollen sowohl mit der Schaffung neuer Institutionen als auch in der Anwendung von Kontrollen durch ihre Abteilungen selbst konstatieren. In der Produktionsförderung unterstützte die Kriegsrohstoffabteilung die Kriegsgesellschaften zwar in der Forderung nach Überwachung, doch blieben die Gesellschaften die treibende Kraft solcher Aktivitäten. Der Diskussion in Öffentlichkeit und Reichstag um die Kontrolle der Rüstungsproduktion generell und die Politik der Militärbehörden im Zusammenhang mit dem "Fall Daimler" kommt in dieser Frage eine besondere Bedeutung zu, sowohl was den Willen als auch die Möglichkeiten zur Durchführung von Überwachungen betraf. Sie stärkte die Tendenz zu Kontrollen und Sanktionen, weil sie einen deutlichen Gradmesser für die steigenden sozialen Spannungen darstellte und die Gefahren eines Zusammenbruchs der "Heimatfront" deutlich machte. Erst seit Frühjahr ist eine rigorose und selbständige Überwachungspraxis von seiten der Militärs festzustellen.

Zweitens und dieser Entwicklung entgegengesetzt minderte gerade das Hindenburg-Programm mit seinen Riesenanforderungen an die Industrie die Spielräume für Kontrollen und Sanktionen, weil es für seinen Erfolg auf die Mitarbeit der Wirtschaft angewiesen war. Dies zeigte sich in der Einrichtung der Beauftragten und Kommissare für einzelne Branchen oder Unternehmen, die seit dieser Zeit weniger der Kontrolle als vielmehr der Koordination der Ressourcenverteilung dienten. Ein weiteres Kernproblem lag im energischen Widerstand der Industrie, der solche Vorstöße häufig scheitern ließ. Dadurch stießen die Militärbehörden ebenfalls an die Grenzen ihrer Handlungsfähigkeit: Sie konnten, so die Schlußfolgerung, die Einhaltung ihrer Auflagen nicht erzwingen, ohne die Produktion insgesamt zu gefährden. Vor allem in der Eisen- und Stahlindustrie läßt sich ein solches Muster immer wieder feststellen, weshalb hier auch die Androhung von Sanktionen ohne Folgen am häufigsten zu finden ist. Diese Tendenz wurde durch die Haltung der zivilen Behörden gestärkt. Vor allem das preußische Ministerium für Handel und Gewerbe und das Reichsamt des Innern stellten sich im großen und ganzen sowohl Kontrollen als auch Sanktionen in den Weg. Das Reichsschatzamt setzte kaum andere Akzente. Es gab zwar einige Hinweise auf den Willen zur Überwachung, der in der Produktionsförderung zum Teil stärker ausgeprägt war als bei den militärischen Stellen. Hierfür erwies sich, ebenso wie bei den Militärs, der Druck durch Reichstag und Öffentlichkeit um die Jahreswende 1917/18 und der "Fall Daimler" entscheidend.

Insgesamt rückte also die Wahrung des sozialen Friedens und die Notwendigkeit von Überwachung in den letzten beiden Kriegsjahren viel stärker in den Blick der zuständigen Behörden, aber die Abhängigkeit von der Industrie und deren Bereitschaft zur Mitarbeit in der Kriegswirtschaft blieb groß. Dem entspricht die Beobachtung, daß es sowohl ein Mehr an Kontrollinstrumenten, dem Willen zu ihrem Einsatz und der Notwendigkeit aufgrund steigender sozialer Spannungen gab als auch ein Weniger an Handlungsspielräumen, um Kontrollen wirksam anzuwenden. Ursache dafür waren die steigenden Anforderungen an Rüstungsmaterial und die gleichzeitig sinkenden Rohstoffvorräte.

Wie verhielten sich nun die Kriegsgesellschaften zur Frage von Kontrolle und Sanktion? Wir haben festgestellt, daß sich besonders die Kriegsmetall AG für deren Anwendung stark machte. Sie versuchte insbesondere in der Produktionsförderung, möglichst weitreichende Rechte für sich und das preußische Kriegsministerium durchzusetzen. Die Kriegschemikalien AG war auf diesem Gebiet weniger tätig, und da auch die hier zuständigen militärischen Beschaffungsstellen kaum Druck in dieser Richtung ausübten, gab es in der chemischen Industrie insgesamt nur wenig Kontrolleinrichtungen und so gut wie keine Sanktionen. Beide Gesellschaften setzten sich zwar für die Anwendung von Sanktionen ein, die Kriegschemikalien AG eher wegen der Einhaltung von Preis-, Melde- und Beschlagnahmebestimmungen, die Kriegsmetall AG im wesentlichen wegen Verstößen gegen die Produktionsverträge. Sie taten dies auch ohne Rücksicht darauf, ob es sich um Mitglieder handelte oder nicht. Allerdings hatten die Gesellschaften mit zwei Problemen zu kämpfen. Erstens war der Widerstand der Firmen sehr groß, und gerade dort, wo sie von den Behörden unterstützt wurden, konnten die Gesellschaften wenig ausrichten. Zweitens, und das hing eng damit zusammen, waren sie lediglich befugt, die militärischen Behörden dazu aufzufordern, gegen Unternehmen vorzugehen. Eine eigenständige Autorität zur Kontrolle konnten sie nicht geltend machen. Das schwächte die Stellung der Gesellschaften vor allem in der Anwendung von Sanktionen. Hierin und in der generell schwach ausgeprägten Neigung zur Anwendung von Sanktionen liegen die Gründe dafür, daß die Zahl der Maßnahmen insgesamt relativ gering blieb und keine großen Auswirkungen auf die Unternehmen selbst hatten.

VI. Der Abbau der Rohstoffbewirtschaftung

Ein Ausblick auf die Aufhebung der kriegsbedingten Reglementierungen und das Schicksal der Kriegsgesellschaften in der Zeit nach Novemberrevolution und Waffenstillstand soll die Arbeit beschließen. Zuvor werden die Diskussionen über die möglichen und nötigen Maßnahmen für die Nachkriegswirtschaft vorgestellt, die Behörden und Wirtschaftsvertreter bereits während des Krieges führten.

Umstritten war die Frage der Zuständigkeit für die Nachkriegswirtschaft. Das Reichsamt des Innern forderte von Anfang an die Federführung, die ihm das preußische Kriegsministerium streitig machte. Es war keineswegs bereit, seine Vorbereitungen für die Nachkriegszeit in die Hände einer von ihm unabhängigen zivilen Behörde zu legen. Deshalb konnte das im Sommer 1916 unter der Obhut des Reichsamts des Innern gegründete Reichskommissariat für Übergangswirtschaft keine rechte Wirksamkeit entfalten[1]. Insbesondere die Kriegsrohstoffabteilung machte nicht nur den zivilen Behörden, sondern auch den Industriellen gegenüber immer wieder deutlich, daß sie zumindest für die Rohstoffversorgung weitestgehenden Einfluß beanspruchen würde[2]. Im Frühjahr 1917 erhob zudem die Oberste Heeresleitung Anspruch auf Führung der Friedenswirtschaft. Die Militärs begründeten ihre Forderung mit der Notwendigkeit, einen Krieg in Zukunft wirtschaftlich besser vorbereiten und dafür eine

---

[1] Darüber hinaus trug die eifersüchtige Wachsamkeit des Reichsamts des Innern über seine Kompetenzen erheblich dazu bei, daß das Reichskommissariat für Übergangswirtschaft wenig Erfolg hatte. Zur Errichtung: Kriegsbuch 4 (1917), S. 644ff.; zu seiner Tätigkeit: Bericht Wiedtfeld über das Reichskommissariat für Übergangswirtschaft in der Sitz. am 18. Sept. 1917, HA Krupp, WA 9h/642; [Denkschrift] Haller für Wilhelm v. Siemens vom 10. Apr. 1918, SAA 4/Lk 27 Wilhelm v. Siemens; ausführlich Bessel, Germany, S. 51f.; Zunkel, Industrie, S. 76ff.; Schreyer, Kriegswirtschaftsorganisationen, S. 196ff.

[2] Prot. der a.o. Sitz. des Hauptvorstandes des VdEStI vom 24. Sept. 1917, BAK, R 13I/152, Bl. 42f.; NSchr. Verhandlungen Ausschuß für die Kupferversorgung der deutschen Industrie vom 1. Mai 1918, SAA 11/Lb 286 Haller; [Denkschrift] Haller für Wilhelm v. Siemens vom 10. Apr. 1918, SAA 4/Lk 27 Wilhelm v. Siemens; vgl. z.B. eine Denkschrift der Kriegsrohstoffabteilung vom Juli 1918, Schr. VdEh an Beukenberg vom 20. Juni u. 16. Juli 1918, Mannesmann-Archiv, P 2/25/01.2. Auch das preußische Kriegsministerium engagierte sich hierfür beim Reichskanzler. Schreyer, Kriegswirtschaftsorganisationen, S. 199f.

Reihe von Eingriffen vornehmen zu müssen[3]. Dennoch behaupteten die zivilen Behörden ihren Vorrang in dieser Frage[4].

Dagegen gab es keine Diskussionen über die Notwendigkeit, Wirtschaftsvertreter in die Entscheidungsfindung der Behörden einzubeziehen. Im Juli 1918 führte das Reichswirtschaftsamt eine "Enquête zur Vorbereitung des Wirtschaftsfriedens" durch. In den nach einzelnen Gütern eingeteilten Fachgruppen diskutierten Vertreter von Industrie und Handel über Rohstoffzufuhr, Sicherung des Absatzes und Wiederherstellung der internationalen Wettbewerbsfähigkeit[5]. Im Herbst 1918, als sich die Niederlage der deutschen Truppen abzeichnete, ging das Reichswirtschaftsamt noch einen Schritt weiter und beteiligte neben Vertretern von Industrie und Landwirtschaft auch die Arbeiterschaft an der Kommission für Demobilmachung[6]. Darüber hinaus wurden die industriellen Interessenverbände selbst aktiv. Beispielsweise richtete der Kriegsausschuß der deutschen Industrie schon im Oktober 1915 Kommissionen ein, um Lösungsvorschläge für die Nachkriegsprobleme zu erarbeiten. Im September 1916 legte der Ausschuß einen ersten Zwischenbericht vor[7].

Entscheidender Streitpunkt zwischen Behörden und Unternehmen war die Frage, wann und in welchem Umfang die Bewirtschaftung abgebaut werden sollte. Die Militärbehörden verbanden mit ihrem eben schon angeführten Anspruch auf Mitsprache zugleich die dauerhafte Beibehaltung bestimmter Reglementierungen aus der Kriegszeit. Dagegen liefen die Wirtschaftsvertreter Sturm. Der Kriegsausschuß der deutschen Industrie lehnte in seiner Denkschrift vom September 1916 jegliche staatliche Aufsicht über die Nachkriegswirtschaft ab. Ob Bewirtschaftung in irgendeiner Form notwendig würde, dürften allein "die maßgebenden wirtschaftlichen Faktoren, Industrie und Handel, selbst"

---

[3] BA-MA Freiburg, N 415/6 Mentzel, passim; Zunkel, Industrie, S. 84ff.

[4] Zunächst hatte das Reichsamt des Innern die Führung inne. Ihm folgte im Januar 1918 das Reichswirtschaftsamt. Zunkel, Industrie, S. 87; Facius, Wirtschaft, S. 91.

[5] Prot. Allgemeine Sitz. der Enquête-Kommission am 2. Sept. 1918, Prot. Beratungen der Fachgruppe "Kohle, Eisen, Erze" am 3. Sept. 1918, Mannesmann-Archiv, P 2/25/01.3, Bl. 140-184. Allgemein: Zunkel, Industrie, S. 158ff., bes. Anm. 109, S. 161.

[6] Thema war die Öffnung des Arbeitsmarktes für die zurückkehrenden Soldaten. Die Behörde betrachtete dies als das dringlichste Problem, das es zu lösen galt, um eine "Bolschewisierung" des Reiches zu verhindern. Wachs, Verordnungswerk, S. 18ff.; Bessel, Germany, S. 64ff.

[7] Solche Kommissionen gab es beispielsweise für Mangan-, Zink- und Bleierze, ebenso für chemische Grundstoffe (vor allem Schwefel), nicht aber für Kupfer, Aluminium oder Stickstoff. Denkschrift des KrAdI über die Rohstoffversorgung Deutschlands nach Friedensschluß vom Sept. 1916, ACDP, I-220, Nr. 035/1; Prot. der Hauptvorstandssitz. des VdEStI vom 9. Febr. 1916, BAK, R 13I/77, Bl. 77.

bestimmen[8]. Gegen die Bestrebungen der Militärs richtete sich auch das starke Engagement, das die Handelskammern seit Frühjahr 1917 für einen schnellen Abbau der Bewirtschaftung entwickelten. Sie zielten vor allem darauf ab, die Vorkriegsposition des Handels wiederherzustellen[9].

In der Eisen- und Stahlindustrie und dem Maschinenbau gab es intern zunächst sehr wohl Befürworter der Beibehaltung einiger Reglementierungen. Dennoch einigten sich die Verbände dieser Branchen darauf, nach außen mit vollem Nachdruck den sofortigen Abbau aller Kontrollen zu fordern. In der Metallindustrie bestand von vorneherein ein Konsens über die Abschaffung jeglicher kriegswirtschaftlicher Maßnahmen. Die Ursachen dieser wachsenden Ablehnung einer "Zwangswirtschaft" sind nicht nur im Versagen der Behörden in der Bewirtschaftung zu sehen. Vielmehr bekämpften die Industriellen damit gemeinwirtschaftlichen Ideen, wie sie Moellendorff und Rathenau vertraten, die in den zivilen Behörden teilweise auf positive Resonanz stießen[10].

Diese gemeinwirtschaftlichen Sympathien der zivilen Stellen zeigen sich im Wandel der Auffassungen im Laufe des Krieges. Unterstützten das Reichsamt des Innern und das Reichskommissariat für Übergangswirtschaft zunächst die Bemühungen der Wirtschaft, bahnte sich 1917 ein Wandel an, der mit der Übernahme der Federführung durch das Reichswirtschaftsamt Anfang 1918 deutlich sichtbar wurde. Zwar trat auch die Wirtschaftsbehörde prinzipiell für die Wiederherstellung der Marktwirtschaft ein, doch forderte sie zunächst eine Fortsetzung der staatlichen Aufsicht, um befürchtete Schwierigkeiten bei der Umstellung der Kriegswirtschaft und soziale Spannungen zu verhindern oder zu mildern[11].

---

8 Denkschrift des KrAdI über die Rohstoffversorgung Deutschlands nach Friedensschluß vom Sept. 1916, ACDP, I-220, Nr. 035/1; Zitat ebd.

9 Verschiedene Schr. Handelskammern Potsdam, Duisburg, Cöln vom 29. März 1917-5. Juli 1918, RWWA, 20-350-6. Im Herbst 1917 setzten sich eine Reihe von Verbänden in einer Kundgebung ebenfalls für eine schnelle Wiederherstellung der freien Wirtschaft ein. Schreyer, Kriegswirtschaftsorganisationen, S. 201f.

10 Feldman, Probleme, S. 622f.; Zunkel, Industrie, S. 50ff., bes. S. 65 u.ö.; Schr. Haller an Budde vom 16. Juli 1918, SAA/4Lk 22 Wilhelm v. Siemens. Haller klagte in dem Schreiben jedoch darüber, daß "auch unter den Industriellen so wenig Männer mit starkem Rücken" seien, so daß die Regierung ihre Vorschläge meist durchsetzen könne. Zur Reaktion der Öffentlichkeit, insbesondere der wirtschaftlichen, auf die gemeinwirtschaftlichen Vorstellungen Rathenaus vgl. Schulin, Krieg, S. 64ff. Zur Diskussion über "Zwangswirtschaft" und ihre Bedeutung für Staatsintervention im und nach dem Krieg vgl. auch die Beiträge von Feldman und Finzsch sowie deren Diskussion in Schröder, Confrontation, S. 229-260.

11 Zunkel, Industrie, S. 90ff., 144ff.

Zum Ende des Krieges befürworteten die Behörden also eine Beibehaltung staatlicher Reglementierungen zumindest für eine Übergangszeit. Die Vorstellungen darüber, wie eine solche Übergangswirtschaft aussehen sollte, variierten allerdings. Es lassen sich vier Modelle ausmachen, die von unterschiedlichen Akteuren propagiert oder bekämpft wurden. Die erste Möglichkeit stellte die Fortführung der Kriegsgesellschaften in Verbindung mit einer weiteren staatlichen Aufsicht dar. Zweitens wurde die Einrichtung von Monopolen diskutiert. Drittens standen Einkaufssyndikate und viertens industrielle Verteilungsstellen zur Debatte.

Für die Kriegsgesellschaften unter staatlicher Einflußnahme und Aufsicht setzten sich vor allem die militärischen Behörden ein. Doch auch bei den zivilen Stellen gewann diese Idee, früher als die der Beibehaltung von Reglementierungen, immer mehr Anhänger. Die Diskussion begann schon im Oktober 1915, als zivile und militärische Behörden gemeinsam den Plan verfolgten, die Verteilung von Metallen nach dem Krieg einer "Reichsmetallstelle" zu überlassen, die damit die Aufgaben der Metallmeldestelle und der Metallfreigabestelle übernehmen sollte. Dagegen erhoben die Verbraucher, allen voran die Elektroindustrie, schärfsten Protest. Sie antworteten mit der Gründung eines Ausschusses für die Kupferversorgung der deutschen Industrie, der Gegenvorschläge entwickeln und der Regierung unterbreiten sollte[12]. Dieser Ausschuß kam nach dem Eindruck seines Vorsitzenden "gerade noch zur rechten Zeit"[13]. Ob er allerdings dafür verantwortlich war, daß sich die zivilen Behörden 1916 und 1917 mit den Industriellen für eine möglichst schnelle Auflösung der Kriegsgesellschaften einsetzten, ist zu bezweifeln. Dahinter dürfte eher der Wunsch gestanden haben, die Vorherrschaft des Kriegsministeriums zu brechen[14].

Seit September 1917 votierte das Reichsamt des Innern erneut dafür, die Kriegsgesellschaften von der Industrie fortführen zu lassen, während das Kriegsamt die Bewirtschaftung in der Hand behalten sollte. Dagegen wehrten

---

[12] Aktennotiz Haller über die Besprechung am 15. Okt. 1915, in der der Ausschuß für die Kupferversorgung der deutschen Industrie gegründet wurde. Mitglieder waren die Allgemeine Elektricitäts-Gesellschaft, Basse & Selve, Bergmann-Elektrizitätswerke AG, Felten & Guilleaume Carlswerk AG, C. Heckmann AG, Heddernheimer Kupferwerk und Süddeutsche Kabelwerke AG, Fried. Krupp AG, Siemens-Schuckert-Werke sowie Wieland & Co. SAA 11/Lb 273 Haller. Im Januar 1916 wurde ein ähnlicher Ausschuß auch für Blei gegründet. Schr. Haller an Ashoff vom 4. Jan. 1916, SAA 11/Lb 273 Haller.

[13] RSchr. Ausschuß für die Kupferversorgung der deutschen Industrie vom 8. Nov. 1915, SAA 11/Lb 273 Haller.

[14] Schr. Wieland an Reusch vom 19. Mai 1916, Haniel-Archiv, Nr. 30019390/29; vgl. auch Zunkel, Industrie, S. 78, 84.

sich die Wirtschaftsvertreter heftig: "Ich habe aber behauptet, wir können uns diese Verschwendung von Zeit und menschlicher Arbeitskraft, wie sie in den Kriegsgesellschaften heute stattfindet, nicht mehr leisten, wenn wir nachher wieder hochkommen wollen"[15]. Ein Motiv bestand, wie zu Kriegsbeginn auch schon, in der Furcht vor nicht kalkulierbaren Risiken[16]. Darüber hinaus erschien der Industrie eine Abhängigkeit der Gesellschaften vom Kriegsministerium in Friedenszeiten völlig unzumutbar[17].

Von diesen Einwänden ließen sich die Behörden aber nicht beeindrucken. Das Reichswirtschaftsamt hielt Anfang 1918 an der Idee fest, die Bewirtschaftung der wichtigen Rohstoffe, wenn auch nur für eine begrenzte Zeit, im Interesse der Gesamtheit fortzusetzen. Im Frieden müßten die Kriegsgesellschaften als Träger dieser Reglementierungen jedoch umgestaltet werden. Alle beteiligten Gruppen - Produzenten, Verarbeiter und Handel, ebenso aber Arbeiter und Angestellte - seien zu integrieren. Eine Kontrolle verteidigten die Behörden mit dem Argument, daß nur staatliche Stellen in der Lage seien, die Interessen der Allgemeinheit angemessen zu vertreten. Diese Vorstellungen unterstützte auch das preußische Kriegsministerium[18]. Wie wenig die Behörden die Kriegsgesellschaften als eigenständige Organisationen betrachteten, zeigt die Tatsache, daß jene an diesen Überlegungen kaum beteiligt wurden[19].

Im Frühjahr 1918 konkretisierten sich diese Ideen sowohl für Metalle als auch für Chemikalien. Das Reichswirtschaftsamt verfocht den Plan, den Kreis der Aktionäre der Kriegsmetall AG zu erweitern und der Gesellschaft die Entscheidung über die Beschaffung der Metalle zu überlassen; über die Verteilung sollte weiterhin die Metallmeldestelle entscheiden. Dahinter stand das Ziel, die mit der Rohstoffzufuhr verbundenen Risiken auf die Wirtschaft abzuwälzen,

---

[15] Beukenberg im Prot. der a.o. Sitz. des Hauptvorstandes des VdEStI vom 24. Sept. 1917, BAK, R 13I/152, Bl. 43.

[16] [Denkschrift] Haller für Wilhelm v. Siemens vom 10. Apr. 1918, SAA 4/Lk 27 Wilhelm v. Siemens. Haller geht besonders auf die Risiken der Kriegsmetall AG und ihrer Geschäfte ein.

[17] Prot. der a.o. Sitz. des Hauptvorstandes des VdEStI vom 24. Sept. 1917, BAK, R 13I/152, Bl. 45; Schr. Haller an Wilhelm v. Siemens vom 26. Juni 1918, SAA 4/Lk 22 Wilhelm v. Siemens.

[18] Zunkel, Industrie, S. 144f.

[19] Z.B. erhielt der Aufsichtsratsvorsitzende der Kriegsmetall AG Peierls keine Auskünfte von Koeth über die Verhandlungen zwischen Reichswirtschaftsamt und Kriegsministerium. NSchr. der AR-Sitz. der KMA vom 21. Febr. 1918, BAAP, KMA 87.37, Nr. 52, Bl. 30v. Daran änderte sich auch nach der Beendigung des Krieges wenig, wie die Beratungen der Behörden mit der chemischen Industrie ohne Vertreter der Kriegschemikalien AG zeigen. Prot. Besprechung Umstellung der chemischen Industrie am 14. Nov. 1918, GStAM, Rep. 120 C VIII 1, Nr. 51, Bd. 3, Bl. 120ff.

auch wenn sich die Behörde bereit erklärte, "notfalls" die Kosten zu übernehmen. Gegen diese Vorstellungen erhoben Wirtschaftsvertreter scharfe Proteste. Der Handel hatte kein Interesse daran, lediglich als Agent der Kriegsmetall AG tätig zu sein. Die Industrie wehrte sich gegen die Übernahme eines nicht abschätzbaren Risikos und der weiteren Einflußnahme staatlicher Stellen auf die Wirtschaft[20]. Zudem seien die Kriegsgesellschaften keine geeigneten Organe für eine eventuell notwendige Kontingentierung von Importen. Denn sie könnten nicht das Recht haben, Kriterien für eine Verteilung auf die einzelnen Unternehmen eigenständig festzulegen. Im Krieg erfüllte die Klassifizierung in Kriegs- oder Friedensbedarf diese Aufgabe, die von den Militärbehörden überwacht wurde. Da die Industrie aber gleichzeitig eine Kontrolle durch staatliche Stellen ablehnte, blieb die Frage nach den Kriterien offen und damit die Kontingentierung insgesamt fragwürdig[21].

Auch die Kriegschemikalien AG beschäftigte sich zu dieser Zeit mit ihrer Zukunft nach Kriegsende. Es scheint, als habe zunächst die Kriegsrohstoffabteilung vorgeschlagen, die in der Satzung festgelegte Frist für die Liquidation der Gesellschaft, von einem auf drei Jahre zu verlängern. Vorstand und Aufsichtsrat lehnten diesen Vorschlag zunächst ab[22]. Als die Generalversammlung im Frühjahr 1918 darüber beraten sollte, erhob die Kriegsrohstoffabteilung nunmehr Bedenken gegen diese Verlängerung, da sie befürchtete, mögliche Gewinne der Gesellschaft erst nach deren Liquidation in Anspruch nehmen zu können. Mittlerweile hatte sich aber der Vorstand für diese Verlängerung erwärmt, und auch das Reichswirtschaftsamt sprach sich für die längere Frist aus[23]. Letztlich setzte sich die Kriegsrohstoffabteilung aber durch. Auch die Kriegschemikalien AG sollte nach Kriegsende nur ein Jahr weiterbestehen[24]. In diesem Zusammenhang beschloß die Generalversammlung auf Initiative der Kriegsrohstoffabteilung hin die Einrichtung einer Abteilung für Übergangswirtschaft, die in den Statuten der Gesellschaft verankert wurde. Sie sollte die Bewirtschaftung von Schwefelkies im und nach dem Krieg organisieren, da die Militärbehörden hier

---

[20] [Denkschrift] Haller für Wilhelm v. Siemens vom 10. Apr. 1918, SAA 4/Lk 27 Wilhelm v. Siemens; Zitat ebd.

[21] Ganz abgesehen von solchen prinzipiellen Erwägungen sprachen nach Ansicht der Industrie auch praktische Argumente gegen die Fortführung der Gesellschaften, z.B. daß ihr Personal abwandern würde. Aktennotiz Übergangswirtschaft nach dem Krieg o.D., SAA 11/Lb 385 Haller.

[22] Schr. Aufschläger an Born vom 27. Nov. 1918, BAAP, KCA 87.29, Nr. 11, Bl. 138.

[23] Schr. KCA an Duisberg vom 15. März 1918, BAAP, KCA 87.29, Nr. 11, Bl. 153f.; Aufzeichnung über die Besprechung in der KRA über die Änderung der Satzung der KCA am 20. März 1918, BAAP, RWM 31.01, Nr. 7857.

[24] Satzung der KCA vom 22. März 1918, Hoechst-Archiv, 18/1/14.

weiterhin mit Knappheit rechneten. Diese Abteilung erhielt einen Beirat aus elf Mitgliedern, die das Reichswirtschaftsamt ernannte. Finanziert wurde sie durch eine Abgabe der Verbraucher[25].

Aus den Reihen der Industrie setzten sich im Frühjahr 1918 einzelne Vertreter für den Fortbestand der Kriegsgesellschaften ein. Sie gaben zu bedenken, daß die Umstände für die Übergangswirtschaft nicht abzuschätzen seien. Daher sei eine Fortführung der Gesellschaften solange, bis die Verhältnisse überschaubar würden, das geringere Übel. Das änderte nichts am prinzipiellen Wunsch des Abbaus der Gesellschaften im Frieden: "Sollten die Behörden wider Erwarten durch die Zwangsjacke der Kriegsgesellschaften Handel und Industrie länger knebeln, als es unbedingt notwendig ist, so werden die treibenden wirtschaftlichen Kräfte stark genug sein, diese Zwangsjacke zur rechten Zeit zu zerreißen"[26].

Das zweite Modell, die Einführung von Monopolen, kam mit dem Gesetzentwurf für ein Stickstoff-Handelsmonopol im Februar 1915 erstmals zur Diskussion. Treibende Kraft waren die zivilen Behörden, weil sie die Möglichkeit sahen, eine neue Einnahmequelle für das Reich zu schaffen. Die betroffenen Industriellen und ihre Interessenorganisationen wehrten sich heftig und mit Erfolg gegen diese Maßnahme[27]. Auch einzelne Vertreter der Militärbehörden befürworteten Monopole sowohl der Hersteller als auch der Verbraucher. Anfang 1916 betonte beispielsweise Moellendorff, daß dieses Stickstoffmonopol "unentbehrlich" sei und verurteilte die "Prinzipienreiterei der kapitalistischen Wirtschaftsmachthaber", an der das Projekt gescheitert sei[28]. Schon vorher hatte er sich gegen die Schaffung eines Einkaufssyndikates der Metall-

---

[25] Prot. der SVK der KCA vom 21. Febr. 1918, BAAP, KCA 87.29, Nr. 68, Bl. 203; Prot. Gen.-Vers. KCA vom 22. März 1918, BAAP, KCA 87.29, Nr. 7, Bl. 77; Abschrift Schr. KA an RSchA vom 13. Mai 1918, BAAP, KCA 87.29, Nr. 11, Bl. 359; Schreyer, Kriegswirtschaftsorganisationen, S. 201.

[26] [Denkschrift] Haller für Wilhelm v. Siemens vom 10. Apr. 1918, SAA 4/Lk 27 Wilhelm v. Siemens.

[27] Entwurf Ermächtigungsgesetz zur Einführung eines Stickstoff-Handelsmonopols, Anlage zu Schr. RK an Kaiser vom 27. Febr. 1915, GStAM 2.2.1., Nr. 27870, Bl. 3f.; dass. für den Bundesrat, GStAM, Rep. 77, tit. 332[r], Nr. 125, Bl. 1ff.; vgl. oben, S. 228f. Zum Widerstand der Industrie: Chemische Industrie 38 (1915), S. 189ff., 287ff., 525ff., 39 (1916), S. 113f.

[28] Tätigkeitsbericht über Kriegschemikalien (Ergänzungen zu dem am 26. Januar 1916 in der KRA vorgetragenen Referat), BAK, NL 158 Moellendorff, Nr. 102; Zitate ebd.; vgl. auch 2. Bericht: Stickstoff als Beispiel grundsätzlich veränderter Friedenswirtschaft o.D., BAK, NL 158 Moellendorff, Nr. 102.

verbraucher ausgesprochen. Er favorisierte ein Monopol nicht nur für die Beschaffung, sondern auch für die Verteilung von Metallen[29].

Im Zusammenhang mit der Frage der Rohstoffversorgung nach dem Krieg wurde die Bildung von Monopolgesellschaften auch für Kupfer und Aluminium diskutiert[30]. 1917 besprach das Reichsschatzamt mit den Aluminiumproduzenten und -verbrauchern die Bildung einer "Deutschen Aluminium-Gesellschaft", die die Finanzbehörde aber nicht als staatliches Handelsmonopol, sondern als von der Industrie verwaltetes Syndikat mit einer Monopolstellung für Einkauf und Verteilung konzipierte. Die Finanzbehörde unterstützte dies, denn die Vergabe des Monopols sollte mit einer Abgabe für das Reich verbunden sein. Die Verhandlungen scheiterten jedoch, und zwar nicht nur am Widerstand der Industrie gegen staatlichen Vorgaben, sondern auch an dem nicht überwindbaren internen Gegensatz zwischen Produzenten und Verarbeitern[31]. In dieser Hinsicht glichen die Auseinandersetzungen sehr stark denen in den Syndizierungsverhandlungen der Eisen- und Stahlindustrie, die ungefähr zur gleichen Zeit von behördlicher Seite - hier war die Kriegsrohstoffabteilung die treibende Kraft - forciert wurden.

Für die dritte Möglichkeit, Beschaffung und Verteilung von Rohstoffen über Einkaufssyndikate zu reglementieren, setzten sich die industriellen Verbraucher ein. Der erste Vorstoß in diese Richtung kam aus der metallverarbeitenden Industrie, die damit im Oktober 1915 die Initiative der Behörden für eine Reichsmetallstelle abwehren wollte. Dem Kupfersyndikat sollten alle großen Verbraucher beitreten und sich verpflichten, dort mindestens die Hälfte ihres Bedarfs zu decken: einerseits um eine genügend große Marktmacht zu bilden; andererseits aber um den zu erwartenden Widerstand des Handels zu verrin-

---

[29] Schr. Moellendorff an Peierls vom 20. Okt. 1915, BAK, NL 158 Moellendorff, Nr. 110.

[30] Denkschrift des KrAdI über die Rohstoffversorgung Deutschlands nach Friedensschluß vom Sept. 1916, ACDP I-220, Nr. 035/1; verschiedene Denkschriften und Beratungen über die Versorgung mit Kupfer, Eisen und Metallen, GStAM, Rep. 151 HB, Nr. 1132, 1135, 1136, 1139; Schriftwechsel und Besprechungsprotokolle zu den Verhandlungen um ein Aluminiumsyndikat, SAA 11/Lb 71, 358 Haller.

[31] SAA 11/Lb 358 Haller, passim; Entwurf Syndikats-Vertrag o.D., SAA 11/Lb 71 Haller; Aktennotiz Haller vom 30. Mai 1917, SAA 4/Lk 27 Wilhelm v. Siemens. Vorstellungen RSchA: Prot. Sitz. in RSchA vom 24. Mai 1917, Hoechst-Archiv, 2/24/17; 2. Entwurf Denkschrift über Gründung der Deutschen Aluminium-Gesellschaft o.D., Prot. Besprechung im RSchA am 6. Juni 1917, BAK, NL 158 Moellendorff, Nr. 142. Vorstellungen EW: Schr. Lueck an Stinnes vom 20. Okt. 1917, ACDP, I-220, Nr. 201/3. Forderungen Metallverarbeiter: Schr. Ashoff an Lueck vom 30. Okt. 1917, ACDP, I-220, Nr. 120/4.

gern. Denn der Metallhandel sollte an den Beratungen zwar beteiligt werden, aber auf die zu schaffende Vereinigung keinen Einfluß nehmen können[32].

Ähnliche Vorstellungen verfocht der Kriegsausschuß der deutschen Industrie in seiner Denkschrift vom September 1916. Wenn es überhaupt Eingriffe in die Wirtschaft geben sollte, nannte er als einzige Möglichkeit die Bildung eines Einkaufssyndikates, das mit einem Beschaffungsmonopol ausgerüstet werden müsse, um den Markt beherrschen zu können. Allerdings, räumte der Ausschuß ein, könne diese Organisation nur auf Kosten des Handels eingeführt werden[33].

In der Metallbranche blieb das Thema Einkaufssyndikat in den folgenden Monaten und Jahren aktuell. Die Wirtschaftsvertreter bemühten sich vor allem darum, einen Ausgleich zwischen Verbrauchern und Händler eigenständig, ohne Einmischung der zivilen Behörden zu finden[34]. Ende 1917 konkretisierten sich diese Pläne mit dem Abschluß des Gesellschaftsvertrags für die Rohkupferversorgungs-GmbH, deren Aufsichtsrat am 1. Mai 1918 erstmals tagte[35]. Im Unterschied zu den früheren Planungen waren nun auch die wichtigen Handelsfirmen beteiligt. Außerdem sollten die Verbraucher ihren gesamten Bedarf bei der Gesellschaft decken[36]. Allerdings mußten die Befürworter einräumen, daß diese Gesellschaft und damit das gesamte Projekt "vorläufig nur auf dem Papier" existiere, da sich die Regierung gegen die vertretenen Grundsätze ausgesprochen habe und auch in Zukunft keine Zustimmung zu erwarten sei[37]. Ebenfalls im Herbst 1917 verhandelte die Eisen- und Stahlindustrie über die Bildung einer Chromerzgesellschaft, die nicht nur in der Zeit nach dem Krieg, sondern

---

32 Schr. AEG an Moellendorff vom 19. Okt. 1915, BAK, NL 158 Moellendorff, Nr. 110; vgl. auch Aktennotiz Haller über die Besprechung am 15. Okt. 1915, die sich wie die von der Industrie erarbeiteten "Leitsätze" und die den Beratungen zugrundeliegenden "Betrachtungen betr. die künftige Kupferversorgung" in SAA 11/Lb 273 Haller finden.

33 Denkschrift des KrAdI über die Rohstoffversorgung Deutschlands nach Friedensschluß vom Sept. 1916, ACDP, I-220, Nr. 035/1.

34 Z.B. Eingabe des Ausschusses für die Kupferversorgung der deutschen Industrie an RdI vom 2. Juni 1916 und Entwurf, SAA 11/Lb 380 Haller; verschiedene RSchr. des Ausschusses vom 8. Dez. 1916-22. März 1917, SAA 11/Lb 274 Haller.

35 RSchr. des Ausschusses für die Kupferversorgung der deutschen Industrie vom 23. März 1917-15. Dez. 1917, SAA 11/Lb 315 Haller sowie vom 4. Jan.-26. Apr. 1918, SAA 11/Lb 80 Haller.

36 [Denkschrift] Haller für Wilhelm v. Siemens vom 10. Apr. 1918, SAA 4/Lk 27 Wilhelm v. Siemens.

37 Schr. Haller an Carl Knoche vom 26. Apr. 1918, SAA 11/Lb 105 Haller.

schon während des Krieges den Einkauf dieses Rohstoffs für alle Verbraucher regeln sollte[38].

Die geringste Resonanz fand das vierte Modell zur Reglementierung der Wirtschaft nach Ende des Krieges, die Einrichtung von industriellen Verteilungsstellen. Der Kriegsausschuß der deutschen Industrie propagierte solche Organisationen als ein Instrument neben den Einkaufssyndikaten. Auch sie waren als reine "Selbstverwaltungsorganisationen" von Industrie und Handel konzipiert. Eine staatliche Aufsicht oder Einflußnahme durfte es nicht geben. Solche Stellen setzten den Handel wieder in seine Vorkriegsposition ein. Denn nur die Weitergabe der von ihm in Eigenregie beschafften Rohstoffe an die Verarbeiter sollte reglementiert, das heißt "nach einem gewissen Schlüssel" vorgenommen werden. Als Kriterium für die Verteilung sollte der Durchschnittsverbrauch vor dem Kriege dienen[39]. Ähnliche Überlegungen stellte der Metallhandel an, der mit dem Vorschlag der Verbraucher, Einkaufssyndikate zu bilden, ganz und gar nicht einverstanden war. Er befürwortete vielmehr eine Kontingentierung, welche die verarbeitenden Firmen dazu anhalten würde, die ihnen zugestandenen Rohstoffmengen beim Handel zu erwerben. Über die Kriterien der Verteilung machte sich dieser Vorschlag wenig Gedanken, da sie von den Behörden vorgenommen werden sollte. Als Orientierungspunkt für die Kontingente gab auch er den Durchschnittsverbrauch vor dem Krieg an. Dagegen wiederum erhoben die Verbraucher heftigen Widerspruch, weil sich die Situation der einzelnen Firmen durch den Krieg vollständig verändert habe. Insgesamt wandten sie sich gegen solche Verteilungsstellen - wie schon gegen die Fortführung der Kriegsgesellschaften -, weil sie keinen geeigneten Ersatz für das im Krieg angewandte Kriterium des Kriegsbedarfs fanden[40].

Der verlorene Krieg und die Novemberrevolution machten nahezu alle Überlegungen, die während des Krieges über die mögliche Organisation der Nachkriegswirtschaft angestellt wurden, hinfällig. Was blieb, war die Auseinandersetzung zwischen militärischen und zivilen Behörden. Denn trotz der Niederlage der deutschen Truppen hatten sich die Militärs bei weitem nicht in dem Maß diskreditiert, daß eine maßgebliche Beteiligung an der Demobilmachung nicht mehr in Frage kam. Nicht die Oberste Heeresleitung, wohl aber das Kriegsamt und seine wirtschaftlichen Abteilungen nahmen erheblichen Einfluß auf Organisation und Durchführung dieser für die Weimarer Republik so

---

[38] Schr. RKÜ an Beukenberg vom 26. Nov. 1917, NSchr. Besprechung vom 30. Nov. 1917 betr. Chromerzversorgung aus Kleinasien nach dem Kriege, Schr. Beukenberg an Schwartzkopf vom 17. Okt. 1918, Mannesmann-Archiv, P 2/25/01.2.

[39] Denkschrift des KrAdI über die Rohstoffversorgung Deutschlands nach Friedensschluß vom Sept. 1916, ACDP, I-220, Nr. 035/1; Zitate ebd.

[40] [Denkschrift] Haller für Wilhelm v. Siemens vom 10. Apr. 1918, SAA 4/Lk 27 Wilhelm v. Siemens.

wichtigen Phase. Dank der gemeinsamen Unterstützung von Unternehmen und Gewerkschaften[41] schalteten die Militärbehörden schon Anfang November 1918 das Reichswirtschaftsamt als Führungsinstanz aus und setzten die Bildung eines eigenständigen Reichsamts für wirtschaftliche Demobilmachung durch[42].

Die Kriegsrohstoffabteilung wurde dem neuen Amt unterstellt, behielt aber die Aufsicht über die bis dahin von ihr bewirtschafteten Rohstoffe. Zwischen beiden Behörden gab es in wichtigen Bereichen starke personelle Kontinuitäten. Joseph Koeth, bisher Leiter der Kriegsrohstoffabteilung, wurde Chef der Demobilmachungsbehörde; der Vorschlag der Industriellen, Hugo Stinnes mit diesem Amt zu betrauen, hatte schon bei den Verhandlungen mit den Gewerkschaften keine Zustimmung gefunden, so daß er nicht weiter verfolgt wurde[43]. Zentrale Referate wurden ebenfalls mit Mitarbeitern der Kriegsrohstoffabteilung besetzt. Hermann Fischer, Kommissar der Eisenzentrale und enger Vertrauter Koeths, übernahm die Regulierung des Arbeitsmarktes sowie die Ablösung der Heeresaufträge. Max von der Porten, Leiter der Metallmeldestelle und Kommissar der Kriegsmetall AG, war weiterhin zuständig für die Metallbewirtschaftung. Die Chemikaliengruppe leitete Fritz Haber, Chef der Abteilung A 10 im Kriegsministerium[44]. Erst mit der Auflösung des Reichsministeriums für wirtschaftliche Demobilmachung zum 1. Mai 1919 begannen die zivilen Behörden, die Führung zurückzugewinnen, aber auch dieser Prozeß zog sich noch bis 1920/21 hin[45]. Hatte also das Reichswirtschaftsamt seine Führung nicht durchsetzen können, blieb es doch ein wichtiger Rivale der neuen Behörde. Während für das Demobilmachungsamt die personelle Kontinuität mit der Kriegszeit charakteristisch war, brachte die Revolution eine neue Riege in

---

[41] Die Forderung nach einem unabhängigen Demobilmachungsamt war Teil der als "Stinnes-Legien-Abkommen" bekannt gewordenen Vereinbarung zwischen Unternehmern und Gewerkschaften. Feldman, Unternehmertum, S. 119ff.

[42] Bessel, Germany, S. 66; Feldman, Probleme, S. 623; Feldman/Homburg, Industrie, S. 66f. Der Entwurf der Demobilmachungsverordnung vom 7. Nov. 1918 für den Bundesrat stammte noch vom Reichswirtschaftsamt und teilte diesem Amt die Federführung zu. Wachs, Verordnungswerk, S. 18ff., auch S. 12ff. Zu Organisation und Kompetenzen des neuen Amtes, das im folgenden kurz als Demobilmachungsamt bezeichnet wird, vgl. Wachs, Verordnungswerk, passim; Bessel, Germany, S. 103ff.; Mai, Arbeitsmarktregulierung, S. 207.

[43] Feldman, Probleme, S. 623; Feldman/Homburg, Industrie, S. 66f.; Wachs, Verordnungswerk, S. 12ff.; Zunkel, Industrie, S. 178ff.

[44] Wachs, Verordnungswerk, S. 73f., 77ff.

[45] Bekanntmachung RwD vom 30. Apr. 1919, BA-MA Freiburg, RM 31/v.1007, Bl. 257; Wachs, Verordnungswerk, S. 200ff.; Feldman, Problems, S. 19ff.; Mai, Arbeitsmarktregulierung, S. 203.

das Reichswirtschaftsamt. Sie war im wesentlichen von Unterstaatssekretär Wichard von Moellendorff geprägt[46].

Wie hielten es die beiden Behörden mit der Reglementierung der Wirtschaft nach Kriegsende in der Theorie und in der Praxis? Das Reichswirtschaftsamt änderte seine Position grundlegend, denn es sah nunmehr in der Demobilmachung die einmalige Chance, das gesamte Wirtschaftsleben neu zu organisieren. Moellendorff versuchte, sein im Krieg unter dem Begriff der "Gemeinwirtschaft" entwickeltes Programm in praktische Politik umzusetzen[47]. Das Demobilmachungsamt unter Koeth dagegen betrachtete es als wichtigste Aufgabe, die zurückkehrenden Soldaten in die Wirtschaft zu reintegrieren. Dazu sei die Stabilisierung jeglicher wirtschaftlicher Aktivität unabdingbare Voraussetzung; die bestehende Wirtschaftsordnung dürfe deshalb nicht angetastet werden. Erst müsse die Rekonstruktion erfolgreich abgeschlossen sein, dann könnten, in einer zweiten Phase, grundlegende Veränderungen erfolgen. Daß die Behörde damit den Vorstellungen der Unternehmer sehr entgegen kam, ist offensichtlich; doch auch die Revolutionsregierung und die Gewerkschaften stimmten mit dieser Auffassung überein[48].

Die Industriellen zeigten an gemeinwirtschaftlichen Veränderungen keinerlei Interesse. Sie hatten schon durch das Abkommen mit den Gewerkschaften bewiesen, daß sie zu ungewöhnlichen Maßnahmen bereit waren, um die kapitalistische Wirtschaftsordnung zu retten und Staatsinterventionen abzuwehren. Ende November 1918 beschlossen daher die Eisen- und Stahlindustriellen, eine Abordnung nach Berlin zu entsenden, um über die möglichst schnelle Aufhebung der Zwangswirtschaft zu verhandeln[49]. Ebenso setzte sich der Verein zur Wahrung der Interessen der chemischen Industrie Anfang Dezember 1918 erfolgreich gegen Bestrebungen der Behörden zur Wehr, weitgehende staatliche Eingriffe in die Wirtschaft auf dem Verordnungswege zu verankern[50].

---

[46] Ehlert, Zentralbehörde, S. 88ff., 389f.

[47] Feldman, Demobilmachung, S. 170. Zur Gemeinwirtschaft vgl. auch Ehlert, Zentralbehörde, passim; Süle, Bürokratietradition, S. 206ff.; Barclay, Wissell; Schmid, Moellendorff, sowie Braun, Konservatismus.

[48] Koeth auf der Reichskonferenz vom 25. Nov. 1918, Regierung der Volksbeauftragten, S. 206f.; Koeth, Demobilmachung, S. 164f.; Bessel, Germany, S. 105; Feldman, Probleme, S. 623f.; Schieck, Behandlung, S. 140, 142f. Vgl. zur Diskussion um die Wirtschaftsordnung, die eng damit verknüpft war, auch Zunkel, Industrie; Ehlert, Zentralbehörde.

[49] Prot. Besprechung rhein.-westfäl. Werke am 21. Nov. 1918, Archiv der Thyssen AG, FWH/860-15; Feldman, Problems, S. 6. Zum Abkommen der Unternehmer mit den Gewerkschaften vgl. oben, Anm. 41, S. 401.

[50] Initiator dieser Eingriffe war im übrigen Fritz Haber. Feldman, Probleme, S. 628f.

Die Praxis der Reglementierung soll am Schicksal der wichtigsten kriegswirtschaftlichen Bestimmungen sowie der Kriegsgesellschaften verfolgt werden. Grundlegendes Problem der Nachkriegswirtschaft blieb ein Mangel an Rohstoffen, der zum einen durch die Fortsetzung der Alliierten Blockade, zum anderen durch zahlreiche Streiks und Unruhen bedingt war. Nach der Unterzeichnung des Versailler Vertrages Ende Juni 1919 entstanden neue Knappheiten durch die Verpflichtung zu Reparationslieferungen und die Abtretung einer Reihe wichtiger Industriegebiete, was den Wiederaufbau der Wirtschaft erschwerte[51].

Von den kriegswirtschaftlichen Reglementierungen wurden die Verfügungen über allgemeine Bestandserhebung und Beschlagnahme am schnellsten abgebaut[52]. Doch es gab einige Ausnahmen. Beispielsweise bestand die Beschlagnahme für Salpeter noch im Juni 1919, obwohl mittlerweile ein industrielles Selbstverwaltungsorgan, die Reichsarbeitsgemeinschaft Chemie, die Zuständigkeit übernommen hatte und sich nicht nur die Industrie, sondern auch die Kriegschemikalien AG für eine Aufhebung dieser Bestimmung einsetzte[53]. Unsicher war vor allem die Rechtslage in den besetzten Gebieten, wo die Behörden die Beschlagnahmen zunächst weitgehend aufhoben, dann aber für einzelne Rohstoffe, vor allem Metalle und Chemikalien, wieder einführten[54]. Darüber hinaus behielt sich das Demobilmachungsamt die Befugnisse der militärischen Stellen zur Beschlagnahme und Enteignung von Gütern vor[55].

Der Abbau der Preisbestimmungen für Metalle sowie Eisen und Stahl erfolgte ebenfalls sehr bald. Schon zum 15. November 1918 begann die Aufhebung der Höchstpreise für Metalle und ihre Erzeugnisse, die im Dezember 1918

---

[51] Bessel, Germany, S. 95f.

[52] Vfg. KRA vom 22. Jan. 1919, GStAM, Rep. 120 C VIII 1, Nr. 84, Adh. 13^{M}, Bd. 3, Bl. 100.

[53] Schr. Kloeppel an Direktorium Bayer vom 28. Jan. 1919, Bayer-Archiv, 201/38, Bd. 2; 6. Ergänzungsblatt zur Zusammenstellung von Gesetzen, Bekanntmachungen und Verfügungen betr. Kriegsrohstoffe, Stand März 1919, BA-MA Freiburg, RM 31/v.1007, Bl. 242; Prot. der AR-Sitz. der KCA vom 20. Juni 1919, BAAP, KCA 87.29, Nr. 10, Bl. 311f. Auch die Beschlagnahme von Pulver und Sprengstoffen wurde erst im Dezember 1919 aufgehoben; die für Schnellschnittstahl im September 1919. Kriegsbuch 10 (1920), S. 373.

[54] Verschiedene Schr. und Tel. an Handelskammern vom Nov./Dez. 1918, RWWA, 20-335-17.

[55] Wachs, Verordnungswerk, S. 197f. Es gibt in der Forschung keine Angaben darüber, inwieweit das Amt davon Gebrauch machte und ob diese Befugnis nach der Auflösung der Demobilmachungsbehörde bestehen blieb.

abgeschlossen wurde[56]. Die Vorzugspreise für Metalle, welche die Lieferanten von Kriegsbedarf in Anspruch nehmen konnten, verloren dagegen erst gegen Ende Januar 1919 ihre Gültigkeit, als alle Abnehmer von Metallen der Kriegsmetall AG einheitliche "Grundpreise" bezahlen mußten[57]. Die Höchstpreise für Eisen und Stahl wollten zunächst weder die Verarbeiter von Eisen und Stahl, die sich schon während des Krieges für eine Beibehaltung der Höchstpreise ausgesprochen hatten, noch das Demobilmachungsamt aufheben. Die Produzenten setzten ihre Forderung jedoch mit der Zusicherung durch, die Preise nur in Maßen zu erhöhen. Die Verordnung wurde zum 1. Januar 1919 Außer Kraft gesetzt[58]. Entgegen dieser Zusage wurden Eisen und Stahl im Laufe des Jahres immer teurer. Die Reaktionen darauf waren zunächst ähnlich wie im Krieg: Der Roheisenverband, später auch der Stahlwerksverband, initiierten eine freiwillige Preisbeschränkung, die aber ohne Erfolg blieb. Das mittlerweile zuständige Reichswirtschaftsamt drohte mit Eingriffen. Im Unterschied zum Krieg machte die Behörde ihre Drohungen allerdings Ende 1919 wahr. Mit der Gründung des Eisenwirtschaftsbundes im April 1920 wurde der Absatz von Eisen und Stahl per Gesetz unter staatliche Aufsicht gestellt[59].

Im Vergleich zu Metallen, Eisen und Stahl hatte die chemische Industrie wenig Erfolg in ihrem Kampf gegen Höchstpreise. Beispielsweise forderten die Schwefelsäureproduzenten die Aufhebung der Preisbindung und wurden darin von der Kriegschemikalien AG unterstützt. Demobilmachungsamt und Reichswirtschaftsamt lehnten eine solche Maßnahme jedoch ab und erklärten sich lediglich bereit, über eine Erhöhung zu verhandeln[60]. Sie ließen sich auch durch Drohungen seitens der Firmen nicht einschüchtern, "einfach auf eigene Faust vor[zu]gehen" und sich "über die Bestimmungen hinweg[zu]setzen"[61]. Daß dies

---

[56] 6. Ergänzungsblatt zur Zusammenstellung von Gesetzen, Bekanntmachungen und Verfügungen betr. Kriegsrohstoffe, Stand März 1919, BA-MA Freiburg, RM 31/v.1007, Bl. 240; Wachs, Verordnungswerk, S. 181.

[57] Vfg. KRA vom 22. Jan. 1919, GStAM, Rep. 120 C VIII 1, Nr. 84, Adh. 13[M], Bd. 3, Bl. 100.

[58] Prot. Klemme über Sitz. SWV vom 21. Nov. 1917, Haniel-Archiv, Nr. 3000030/11b, Bl. 192ff.; Aktennotiz vom 4. Dez. 1918, Archiv der Thyssen AG, A/654/2; Schr. REV an Mitglieder vom 12. Dez. 1918, Archiv der Thyssen AG, FWH/860-15; Vfg. KRA vom 5. Jan. 1919, BA-MA Freiburg, RM 31/v.1007, Bl. 121; Feldman, Probleme, S. 626ff.; Feldman/Homburg, Industrie, S. 72.

[59] Feldman/Homburg, Industrie, S. 81ff.

[60] Schr. Kloeppel an Direktorium Bayer vom 28. Jan. 1919, Bayer-Archiv, 201/38, Bd. 2; NSchr. über Besprechung im RWA in Fragen der Schwefelwirtschaft vom 25. Jan. 1919, BAAP, KCA 87.29, Nr. 146, Bl. 38.

[61] Schr. Kloeppel an Direktorium Bayer vom 28. und 30. Jan. 1919, Bayer-Archiv, 201/38, Bd. 2; Zitat: Schr. 28. Jan. 1919.

nicht nur leere Formeln waren, zeigte die Thyssen AG, die mit ihren Verkaufspreisen die Höchstpreise für Carbid weit überschritt. Der Versuch der Kriegschemikalien AG, das Unternehmen deshalb zu belangen, scheiterte. Die beantragte Enteignung wurde zwar ausgesprochen, doch weigerte sich die Firma, die betreffenden Waren herauszugeben. Dagegen war die Kriegsgesellschaft machtlos[62]. Für Chemikalien blieben die Höchstpreise formal noch lange in Kraft. Die letzte Erhöhung der Sätze für Schwefel und künstliche Düngemittel erfolgte im März 1920[63].

Kontingentierungen, die es im Krieg vor allem für Chemikalien und Metalle gegeben hatte, wurden nach Kriegsende nur langsam abgebaut. Für eine Reihe von Chemikalien, z.B. Bisulfat, Glycerin und Toluol, wurde die Bewirtschaftung schon im Januar 1919 aufgehoben. Schwefel und Carbid dagegen, an denen weiterhin großer Mangel herrschte, blieben davon ausgenommen[64]. Die Verteilung der Metalle regelte, obwohl die Höchstpreise schnell abgeschafft wurden, zu einem Teil eine staatlich geleitete Reichsstelle für Sparmetalle. Diese gab Kontingentsscheine aus, die zum Bezug von Metallen aus den Beständen der Kriegsmetall AG berechtigten. Über die Aufstellung dieser Kontingente ist lediglich bekannt, daß die vom Verband Deutscher Maschinenbauanstalten betreuten Metallberatungs- und Verteilungsstellen daran mitarbeiteten. Damit hatte sich das im Krieg vor allem vom Metallhandel favorisierte Konzept einer Verteilungsstelle, neben der Beibehaltung der Kriegsgesellschaften, durchgesetzt[65].

Etwas genauer sind wir über die Ausfuhr von Waren informiert. Sie war in den letzten beiden Kriegsjahren stark reglementiert worden, nicht nur über eine ganze Reihe von Ausfuhrverboten, sondern auch durch den Zusammenschluß in Ausfuhrverbänden, die, neben den Zentralstellen für Ausfuhrbewilligung, die Einhaltung der Bestimmungen kontrollierten. Das Ergebnis waren hohe Exportgewinne. Die Forderungen der Eisen- und Stahlindustriellen liefen schon seit Sommer 1918 darauf hinaus, die Bewirtschaftung abzubauen oder zumin-

---

[62] Schr. KCA an PMHG vom 26. Febr. 1920, BAAP, KCA 87.29, Nr. 76, Bl. 325.

[63] Kriegsbuch 10 (1920), S. 222, 378ff. Vgl. auch die Gutachten, die die Kriegschemikalien AG in Prozessen wegen Übertretungen der Preisbestimmungen abgeben mußte. Z.B. Schr. KCA an Polizeipräsident von Berlin vom 3. Sept. 1920, BAAP, KCA 87.29, Nr. 76, Bl. 382.

[64] Schr. Kloeppel an Direktorium Bayer vom 28. Jan. 1919, Bayer-Archiv, 201/38, Bd. 2.

[65] Vfg. KRA vom 22. Jan. 1919, GStAM, Rep. 120 C VIII 1, Nr. 84, Adh. 13^{M}, Bd. 3, Bl. 100. Leider geben die Quellen keine Auskünfte darüber, nach welchen Kriterien diese Kontingente aufgestellt und verteilt wurden.

dest in die Hände der bestehenden Verkaufsverbände zu legen[66]. Mitte November 1918 sicherte das Reichswirtschaftsamt den Industriellen zu, daß die Ausfuhrverbote offiziell zwar bestehen blieben, aber von den Verbänden und den dort ansässigen Zentralstellen der Ausfuhrbewilligungen geregelt würden[67]. Damit gab die Regierung zwar nicht de jure, aber de facto einer Forderung vom September 1917 nach, die industriellen Organisationen mit Exekutivbefugnissen auszustatten, die das damals zuständige Reichsamt des Innern noch zurückgewiesen hatte[68]. Bald jedoch wechselten die Industrievertreter ihre Meinung zur Frage der Ausfuhr. Sie traten für Reglementierungen ein, obwohl die Behörden sie aufheben wollten, weil sie um ihre hohen Gewinne aus den kontrollierten Exporten fürchteten. Generell ging es in diesem Bereich zunächst einmal nicht darum, die Überwachungsmaßnahmen prinzipiell wegfallen zu lassen, sondern staatliche in industrielle Aufsicht zu verwandeln[69]. Das Interesse der Unternehmen an einer Regulierung der Ausfuhr ließ erst nach, als mit der Stabilisierung der Mark die Exportvorteile für die deutschen Waren verloren gingen. Dann votierten sie für einen Abbau aller Kontrollen[70].

Die Aufhebung der kriegswirtschaftlichen Bestimmungen zog sich also in einer Reihe von Fällen lange hin. Eine ähnliche Entwicklung läßt sich für die Kriegsgesellschaften feststellen. Angesichts der desolaten wirtschaftlichen Lage und der weiter bestehenden Knappheit an Rohstoffen blieb von den im Krieg diskutierten Modellen vor allem der Fortbestand der Kriegsgesellschaften eine realisierbare Alternative. Es mangelte nicht an Versuchen, die Gesellschaften in neue Organisationen umzuwandeln. Doch sie führten in keinem Fall dazu, die Friedenswirtschaft prinzipiell anders zu strukturieren. Weder gelang es dem Reichsschatzamt, die Kriegsmetall AG zu privatisieren[71]. Noch brachte die volle Übernahme des Kapitals der Eisenzentrale durch das Reich, das schon drei Viertel des Kapitals der Gesellschaft hielt, eine grundsätzliche Änderung. Alle

---

[66] Feldman, Iron, S. 80ff.; ders., Probleme, S. 625f. Zur Reglementierung der Ausfuhr vgl. oben, S. 264ff.

[67] Schr. RWA an Beukenberg vom 14. Nov. 1918, Mannesmann-Archiv, P 2/25/01.3, Bl. 304.

[68] Prot. der a.o. Sitz. des Hauptvorstandes des VdEStI vom 24. Sept. 1917, BAK, R 13I/152, Bl. 44f.

[69] Feldman, Probleme, S. 627.

[70] Feldman/Homburg, Industrie, S. 87ff.; Feldman/Steinisch, Zentralarbeitsgemeinschaft, S. 64ff.

[71] Verschiedene Schreiben Vorstand KMA an Peierls vom Mai 1919, BAAP, KMA 87.37, Nr. 85, Bl. 115ff. Bei der Kriegschemikalien AG blieben solche Vorstöße ebenfalls im Ansatz stecken. Sie änderte lediglich ihren Namen und hieß fortan Chemikalien AG. Revisionsbericht vom Juli 1920, BAAP, KCA 87.29, Nr. 12, Bl. 73.

Kriegsgesellschaften begannen vielmehr im Januar 1919 mit der Vorbereitung ihrer Liquidation, die aber erst 1922 zum Abschluß kam[72].

Die Militärbehörden, vor allem die Kriegsrohstoffabteilung, versuchten trotz oder vielleicht auch wegen des unaufhaltsamen Verlustes an Macht und Einfluß, ihre Kontroll- und Genehmigungsrechte über die Kriegsgesellschaften solange als möglich zu behalten. Bei der Kriegsmetall AG stellte die Abteilung beispielsweise den hauptamtlichen Kommissar bis zum Mai 1919. Auch als das Reichswirtschaftsamt die Federführung über die Metallwirtschaft übernahm, behielt die Militärbehörde ihren Einfluß[73]. Bei der Kriegschemikalien AG gingen die Monatsberichte bis September 1919 immer noch an die Kriegsrohstoffabteilung, erst danach erhielt sie das Reichswirtschaftsamt[74]. Am längsten bewahrte sich die Militärbehörde ihre Führungsposition bei der Eisenzentrale. Das Reichsschatzministerium konnte hier erst Mitte 1920 in die Rechte des Kommissars der Kriegsrohstoffabteilung eintreten[75]. Auch in den täglichen Geschäften mußten die Kriegsgesellschaften weiterhin mit der strengen Aufsicht der Behörden auskommen. Die Kriegsmetall AG versuchte, über das Reichswirtschaftsamt diese Einmischung abzuwehren. Ob sie damit Erfolg hatte, ist zweifelhaft[76].

Ganz im Gegensatz zu den Militärbehörden verloren die Industriellen, vor allem auch die im Vorstand tätigen, nach Kriegsende sehr schnell das Interesse an den Gesellschaften. Die führenden Mitarbeiter der Kriegsmetall AG, Flatow, Busemann und Vogelstein, kündigten schon im Dezember 1918 ihren Rückzug an[77]. Zur gleichen Zeit trat Erlanger vom Vorstand der Kriegschemikalien AG

---

[72] Die Verhandlungen zwischen Reichsschatzamt und Roheisenverband zogen sich bis August 1921 hin, unter anderem wegen des Versuchs der Industrieorganisation, die Zahlung von Zinsen für seine Einlage geltend zu machen. Schr. KEZ an RSchM vom 14. Juli 1921, BAAP, KEZ 87.25, Nr. 1, Bl. 54; BAAP, KEZ 87.25, Nr. 88, passim.

[73] Sie einigte sich mit dem preußischen Ministerium für Handel und Gewerbe auf die Ernennung eines gemeinsamen Kommissars. Schriftwechsel PKM/KA-PMHG vom Mai-Juli 1919, GStAM, Rep. 120 C VIII 1, Nr. 84, Adh. 13^{M}, Bd. 3, Bl. 115f., 131. Bekanntmachung RwD vom 30. Apr. 1919, BA-MA Freiburg, RM 31/v.1007, Bl. 257.

[74] Monatsberichte KCA, Sept. 1919-Febr. 1921, BAAP, KCA 87.29, Nr. 16.

[75] Notarielles Prot. über die Liquidation der EZ vom 10. Juli 1920, Notarielles Prot. der Gesellschafter-Versammlung vom 27. Jan. 1921, BAAP, KEZ 87.25, Nr. 1, Bl. 207ff., 199f.

[76] Schr. Vorstand KMA an Peierls vom 29. März 1919, BAAP, KMA 87.37, Nr. 85, Bl. 128.

[77] Schr. Vorstand KMA an Peierls vom 9. Dez. 1918, BAAP, KMA 87.37, Nr. 85, Bl. 165ff.

zurück[78]. Ebenso suchte Born die Gesellschaft möglichst bald zu verlassen, um zu den Farbenfabriken vorm. Friedrich Bayer zurückzukehren[79]. Auch die Aufsichtsratsmitglieder schenkten der Tätigkeit der Gesellschaften immer weniger Aufmerksamkeit, wie ihr häufiges Fehlen ab 1919 bei den Sitzungen zeigt[80].

Die Liquidation der Kriegsgesellschaften wirft eine Reihe interessanter Fragen auf, wie schon eine kursorische Durchsicht des Quellenmaterials zeigt. Erstens könnte der Umgang der Kriegsgesellschaften mit den Unternehmen, sowohl mit Aktionären als auch mit außenstehenden Firmen, Aufschluß geben über die Frage nach Bevorzugung ebenso wie nach Lösungsvarianten für Interessenkonflikte. Dazu böte sich an, die Ablösung der Lieferverträge näher zu untersuchen. Beispielsweise forderte Beer, Sondheimer & Co, ein Aktionär der Kriegsmetall AG, insgesamt über 6 Mio. M von der Gesellschaft für Abschlüsse über Kupfer aus der Türkei und Zinkerze aus Belgien ein[81]. Einen vom Unternehmen angebotenen Vergleich für einen Teil der Summe lehnte das Reichsschatzministerium ab. Die Finanzbehörde und die Kriegsmetall AG zogen es vielmehr vor, die Angelegenheit in einem Prozeß klären zu lassen[82]. Probleme gab es auch mit Forderungen der Gebr. Giulini aus der Aluminiumproduktion. Hier kam man nach eineinhalb Jahren harter Verhandlungen immerhin ohne Gerichtsverfahren zu einem Vergleich, der alle Seiten befriedigte[83]. In diesem Zusammenhang wäre nicht nur die Auswertung der Überlieferung einzelner Kriegsgesellschaften, sondern auch die der Reichs-Kredit- und Kontroll-Stelle sehr vielversprechend. Es handelte sich um eine aus drei Mitarbeitern bestehen-

---

[78] Schr. Erlanger an Unterstaatssekretär von Moellendorff vom 14. Dez. 1918, BAK, NL 158 Moellendorff, Nr. 11.

[79] Schr. Born an Direktorium Bayer vom 24. März 1919, Bayer-Archiv, 201/3.

[80] Z.B. Schr. KCA an Duisberg vom 7. Jan. 1919, Bayer-Archiv, 201/3; verschiedene Einladungen zu den Aufsichtsratssitzungen an Haeuser 1919, Hoechst-Archiv, 18/1/14, passim.

[81] Prot. der AR-Sitz. der KMA vom 18. Dez. 1919, BAAP, KMA 87.37, Nr. 57, Bl. 11f.

[82] Schr. Vorstand KMA an Peierls vom 24. Sept. 1919, BAAP, KMA 87.37, Nr. 85, Bl. 13ff.

[83] Aktenvermerk betr. Übereinkommen mit Giulini vom 28. Apr. 1920, vom 4. Mai 1920 BAAP, RKG 89.05, Nr. 211. Vgl. auch Prot. Besprechung Lueck mit Giulini vom 11. Juli 1919, Schr. Stinnes an Lueck vom 17. Juli 1919, Vermerk Westphal für Stinnes betr. Verhandlungen mit Giulini vom 18. Juli 1919, ACDP, I-220, Nr. 119/3; Schr. RSchM an Stinnes vom 13, März 1929, ACDP, I-220, Nr. 119/2. Auch in der Kriegschemikalien AG zogen die Verhandlungen über die Abrechnung bestehender Geschäfte die Abwicklung erheblich in die Länge. Auszug aus dem Bericht Born vom 30. Mai 1919, Bayer-Archiv, 201/3.

de Abwicklungsinstanz für die im Krieg geschlossenen Abkommen zwischen Reich, Kriegsgesellschaften und Unternehmen[84].

Ein zweites Untersuchungsfeld böte die Auflösung der Gesellschaften im Hinblick auf die Frage nach Gewinnen und Verlusten dieser Organisationen. Vor allem bei der Kriegschemikalien AG, aber auch bei der Kriegsmetall AG gibt es Hinweise auf relativ hohe Gewinne, deren Herkunft und Bedeutung zu erforschen wäre[85]. Dagegen kämpfte die Eisenzentrale offensichtlich mit hohen Verlusten, die mit dem Verfall der Währung immer größer wurden[86]. Zudem wäre zu klären, wer für Defizite aufkam und welche Rolle die Inflation dabei spielte. Die Chemikalien konnten offensichtlich zu einem großen Teil gewinnbringend verkauft werden. Bei den Metallen scheint eher das Reich erheblich zu den Gewinnen beigetragen zu haben, indem es die Differenzen zwischen Ein- und Verkaufspreisen der Kriegsmetall AG übernahm[87]. Mit einer solchen Untersuchung ließen sich weitere Erkenntnisse über die Verteilung der finanziellen und wirtschaftlichen Lasten des Krieges zwischen Reich und Unternehmen beziehungsweise zwischen Rohstoffproduzenten, -konsumenten und -händlern gewinnen.

Der Überblick über die Handhabung der Reglementierungen nach dem Krieg hat gezeigt, daß der möglichst schnelle Abbau nicht als charakteristischer Wesenszug der Demobilmachung bezeichnet werden kann[88]. Dagegen spricht nicht allein die Diskussion der Regierung über den Zeitpunkt des staatlichen

---

84 Heymann, Rechtsformen, Anm. 2, S. 153. Über Organisation und Tätigkeit dieser in den Akten mit "Erka" bezeichneten Stelle gibt es bisher keine Untersuchungen. Einen guten Grundstock dafür und für das Verhältnis von Staat und Wirtschaft in der Demobilmachung bietet der Bestand BAAP, RKG 89.05, der einer gründlichen Auswertung noch harrt.

85 Monatliche Berichte der KCA an das RWM vom Sept. 1919-März 1921, BAAP, KCA 87.29, Nr. 16, passim; Rohbilanz zum 30. Juni 1920, BAAP, KCA 87.29, Nr. 12, Bl. 101f.; vgl. auch Bemerkungen zum Soll-Saldo, BAAP, KCA 87.29, Nr. 12, Bl. 99; Aufstellung Frucht über die Reserven aus den ersten drei Geschäftsjahren vom 26. Nov. 1918, BAAP, KMA 87.37, Nr. 143, Bl. 1ff.

86 Ergänzungen zu den Bemerkungen betr. Liquidation der EZ vom 26. Febr. 1920, BAAP, KEZ 87.25, Nr. 1, Bl. 14ff.; Schr. EZ an RSchM vom 10. Sept. 1920, BAAP, KEZ 87.25, Nr. 69, Bl. 41ff.; Schr. EZ an Seidl vom 29. Jan. 1921, BAAP, KEZ 87.25, Nr. 69, Bl. 11f.

87 Bilanzen KMA zum 31. Mai 1919 und 1920, BAAP, KMA 87.37, Nr. 144, Bl. 80f., 92f.

88 Feldman, Problems, S. 2, 4f., hat diese These am Beginn seiner Forschungen aufgestellt. Er relativierte sie in einigen Teilen nach einer eingehenden Beschäftigung mit den Quellen. Z.B. Feldman, Demobilmachung, S. 171f. Bessel, Germany, S. 100f., hält mit Bezug auf Feldmans frühe Arbeiten weiter daran fest.

Rückzugs, der sich sowohl wegen der schwierigen wirtschaftlichen Lage als auch wegen der Debatte über die Wirtschaftsordnung verzögerte. Vielmehr gab es auch innerhalb der Industrie in einzelnen Bereichen durchaus Befürworter von Reglementierungen. Weiterhin ist zu berücksichtigen, daß der tatsächliche Abbau der Kontrollen nur langsam und unvollständig vor sich ging. Preisbindungen blieben für eine Reihe von wichtigen Chemikalien in Kraft, ebenso deren Kontingentierung. Selbst die Beschlagnahme, das ursprüngliche Produkt des Krieges, wurden nicht überall und sofort abgeschafft.

Die Entwicklung der Kriegsgesellschaften bestätigt den Trend des langsamen Abbaus. In der Diskussion während des Krieges, aber auch danach zeigte sich vielmehr die große Bedeutung, die der wirtschaftlichen Organisation zugemessen wurde. Nicht nur von seiten der Industrie, sondern auch der Regierung wurden Syndikate oder Monopole weitgehend positiv bewertet. Diese Debatten machen deutlich, daß es nicht um einen Abbau aller Kontrollen und der Rückkehr zu Vorkriegszuständen ging, sondern vielmehr um die Abgabe staatlicher Kontrollen an industrielle Organisationen[89]. Vorstellungen über einen Umbau der Kriegsgesellschaften zu Keimzellen einer neuen Wirtschaftsordnung wurden allerdings nicht realisiert.

---

[89] Feldman, Probleme (Comments), S. 25.

Schlußbetrachtung

Die Kriegsgesellschaften waren geplant als zentrale Instrumente der Behörden für die Lenkung des Wirtschaftsablaufs. Die Kriegsrohstoffabteilung und ihre aus der Wirtschaft stammenden Vertreter Walther Rathenau und Wichard von Moellendorff entwickelten diese Idee und führten die Verhandlungen mit den Unternehmern. Auf der einen Seite sollten die Gesellschaften weitreichende Befugnisse besitzen, um in unternehmerische Entscheidungen einzugreifen. Auf der anderen Seite, quasi als Ausgleich für diese massive Intervention, sollten die Unternehmen diese Kompetenzen weitgehend selbst ausüben, indem sie Mitglieder der Gesellschaften wurden. Im wesentlichen ging die Planung dahin, Marktmechanismen durch eine vorwiegend selbstverwaltete wirtschaftliche Reglementierung zu ersetzen. Einzige Begrenzung stellten staatliche Kontrollen dar, die aber nur dann wirksam werden sollten, wenn die Selbstregulierung der Wirtschaft nicht funktionierte.

Die Realität der für Metalle, Chemikalien sowie in der zweiten Kriegshälfte auch für Eisen und Stahl errichteten Kriegsgesellschaften entfernte sich weit von diesen Vorstellungen. Sie waren weder von der Zusammensetzung noch von den Funktionen her Selbstverwaltungskörper. Die Mitgliederzahl blieb sehr begrenzt, und es gab in diesen Branchen keinerlei Versuche zur Einbindung aller Unternehmen wie etwa in der Textilindustrie. Daß der Gedanke der Gesamterfassung im Laufe des Krieges schnell an Bedeutung verlor, zeigt gerade die Eisenbewirtschaftung, die nur noch mit geringer industrieller Beteiligung organisiert wurde. Ähnlichen Beschränkungen unterlagen die Funktionen der Gesellschaften. Zum einen begrenzten die Unternehmen deren Aktionsradius von vorneherein. Ihren Widerstand gegen eine Teilnahme an den neuen Organisationen konnte die Kriegsrohstoffabteilung nur durch Zugeständnisse brechen: Ein Recht auf Eingriffe in die Dispositionsfreiheit der Firmen erhielten die Gesellschaften nicht. Auch in der Praxis konnten sie den Unternehmen gegenüber ein Monopol weder für die Beschaffung noch für die Verteilung der von ihnen bewirtschafteten Rohstoffe erreichen. So blieben Industrie und Handel große Handlungsspielräume. Zum anderen erhielten die neuen Organisationen von Anfang an keine Exekutivbefugnisse. Doch sie stellten Unterlagen und Daten für die Entscheidungen der Behörden bereit und schufen sich damit zunächst einen großen Spielraum in der Beschaffung und Verteilung von Rohstoffen. Dieser ging jedoch ab 1915 verloren, denn die vorgesetzte Kriegsrohstoffabteilung machte von ihrem Kontrollrecht intensiven Gebrauch. Sie ließ sich über die Aktivitäten der Gesellschaften regelmäßig informieren und nahm eine Reihe wichtiger Verhandlungen selbst in die Hand. Die Genehmigung der täglichen Geschäfte durch Kommissare und Sektionsmitarbeiter war keine Formalie. Auch diesen Trend zeigte die Eisenbewirtschaftung augenfällig: Der Kommissar des Kriegsministeriums fungierte faktisch als Geschäftsführer der Eisenzentrale. Darüber hinaus verloren die Kriegsgesellschaften einen Teil ihrer Aufgaben an andere Institutionen.

Wer, wenn nicht die Kriegsgesellschaften, stand also im Zentrum kriegswirtschaftlicher Entscheidungen? Zunächst erschien die Kriegsrohstoffabteilung als wichtigste Schaltstelle, zumal sie eine Reihe von Kompetenzen an sich zog und die Gesellschaften kontrollierte. Doch eine nähere Betrachtung der einzelnen Tätigkeitsbereiche, vor allem bei den Chemikalien, hat gezeigt, daß dies nicht der Fall war. Die Kriegsrohstoffabteilung wuchs zwar sehr schnell zu einer der größten und wichtigsten Behörden heran; sie konnte aber keineswegs alle entscheidenden Lenkungsfunktionen an sich ziehen. Vielmehr charakterisierten Kompetenzkonflikte die Entscheidungsprozesse im Krieg.

Erstens versuchten die zivilen Instanzen, die Wirtschaftspolitik zu bestimmen. Sie nahmen über die Formulierung von Gesetzen und Bundesratsverordnungen Einfluß auf die Bewirtschaftung. Doch die Machtfülle, die das Ermächtigungsgesetz anbot, konnte die Exekutive nicht ausschöpfen. Vielmehr gewannen die militärischen Behörden immer mehr an Boden, indem sie die Wirtschaft nicht auf dem Weg von Gesetzen, sondern mittels ihrer Verordnungs- und Verfügungskompetenz reglementierten und das militärische Interesse als Hebel benutzten, um in genuin zivile Tätigkeitsbereiche einzudringen. Noch weniger tauglich erwies es sich, die Bedeutung kriegswirtschaftlicher Maßnahmen für die Finanzen des Reiches und für die Zeit nach Kriegsende in den Vordergrund zu rücken. Dadurch erlangten die zivilen Behörden nur für einzelne Projekte die Federführung.

Zweitens kämpften verschiedene militärische Abteilungen mit der Kriegsrohstoffabteilung um die Macht. Ihr Hauptrivale waren die Beschaffungsstellen, insbesondere die preußische Feldzeugmeisterei, die im September 1916 im Waffen- und Munitionsbeschaffungsamt aufging. Sie unterstanden nicht dem Kriegsminister und erlebten eine ähnliche Ausdehnung ihrer Apparate und ihrer Zuständigkeiten wie die Kriegsrohstoffabteilung. Die daraus entstehende Notwendigkeit zur Absprache blieb im Streit um die Vorherrschaft oft genug auf der Strecke. Die Oberste Heeresleitung machte ein Recht auf Mitsprache in der Kriegswirtschaft erst in der Mitte des Krieges mit Formulierung und Durchführung des Hindenburg-Programms geltend. In den ersten beiden Kriegsjahren hatte sich der Generalstab auf die strategische Führung sowie auf klassische innen- und außenpolitische Fragen konzentriert. Die dritte militärische Kraft, die Militärbefehlshaber, bedrohte die Stellung der Kriegsrohstoffabteilung dagegen eher zu Beginn des Krieges. Ihnen gegenüber konnte die Behörde weitgehend ihre Vorherrschaft durchsetzen, auch wenn die prinzipielle Unabhängigkeit der regionalen Militärführer nicht angetastet wurde. Für die Beibehaltung der Immediatstellung sorgten nicht zuletzt die schon vor dem Krieg bestehenden Abteilungen des Kriegsministeriums, die den Aufstieg der Kriegsrohstoffabteilung mit tiefem Mißtrauen beobachtet hatten.

Drittens verteidigten die Industrieunternehmer ihre Interessen. Zu diesem Zweck nutzten sie weniger die neuen Kriegsgesellschaften als vielmehr traditionelle Einflußwege und bauten diese aus. Industrielle Verbände regelten im Auftrag der Behörden eine Reihe von Aufgaben mittels eigener Organisationen, insbesondere in der Verteilung von Rohstoffen für Friedenszwecke. Zudem zogen die staatlichen Stellen Verbände wie einzelne Unternehmer vermehrt zu Gutachten und Besprechungen heran, um neue Bewirtschaftungsmaßnahmen vorzubereiten. Industrielle erhielten zwar keine Exekutivbefugnisse, sondern waren immer auf die Genehmigung der übergeordneten Behörden angewiesen. Diese Kontrollinstanzen nutzten ihr Recht jedoch, anders als gegenüber den Kriegsgesellschaften, kaum zur eigenständigen Gestaltung konkreter Maßnahmen. Den Unternehmervertretern gelang es auf diese Weise, ihren Einfluß auf staatliche Entscheidungen generell im Laufe des Krieges erheblich zu steigern.

Die Kriegswirtschaft im Ersten Weltkrieg zeigte sich somit als Konglomerat aus wirtschaftlicher Selbstverwaltung, traditioneller Einflußnahme und staatlicher Lenkung, die weder einheitlich noch planmäßig erfolgte.

Spiegelt sich auf der Ebene der Akteure in den konkreten politischen Entscheidungsprozessen der Machtkampf mehrerer rivalisierender Gruppen wider, lassen sich die Diskussionen um ihre Aktivitäten, also Beschaffung, Verteilung und Kontrolle, im wesentlichen auf zwei Grundfragen zurückführen. Erstens ging es um die Verteilung der Lasten des Krieges, genauer gesagt um die Frage, ob der Staat allein, und zwar als Repräsentant der Allgemeinheit, Kosten und Risiken der wirtschaftlichen Maßnahmen tragen sollte oder ob die Unternehmer als eine sozioökonomische Gruppe, die vom Krieg auch profitierte, direkt und unmittelbar daran zu beteiligen waren. Zweitens stand zur Debatte, ob staatliche Interventionen erfolgen sollten und wenn ja, in welchem Umfang.

Zentral für die Lastenverteilung - dem ersten Grundproblem - war die Frage, ob Preise und Gewinne begrenzt werden sollten oder nicht. Es ging zum einen um die Möglichkeit, steigende Kosten der Produktion oder des Erwerbs von Gütern auf die Konsumenten abzuwälzen, das heißt auf die Weiterverarbeiter als Abnehmer von Rohstoffen und auf den Staat als Endverbraucher. Zum anderen kreisten die Debatten um die Abschöpfung von Unternehmergewinnen generell als Beitrag zur Finanzierung des Krieges.

Betrachten wir zunächst, wer die Beteiligung der Unternehmen an den Lasten des Krieges befürwortete. Hier sind vor allem die Kriegsrohstoffabteilung, zum Teil auch die Kriegsgesellschaften zu nennen, obwohl ihre Haltung in beiden

Diskussionen keineswegs einheitlich und konsequent war. Die Kriegsrohstoffabteilung sprach den Unternehmen zu Beginn des Krieges das Recht ab, die Preise allein aufgrund der gestiegenen Nachfrage zu erhöhen und widersetzte sich damit einer Ausnutzung der Konjunktur. Dieses Argument bestimmte nicht nur die Einführung von Höchstpreisen, sondern auch die Verhandlungen zwischen Unternehmen und Behörden um konkrete Lieferpreise. Weiterhin setzte die Militärbehörde in einigen Fällen - wenn auch bei weitem nicht generell - den Forderungen der Unternehmer nach Preiserhöhungen aufgrund gestiegener Kosten Widerstand entgegen. Vor allem in den Verhandlungen mit der Eisen- und Stahlindustrie in den letzten beiden Kriegsjahren konnte sie hier einige Erfolge verbuchen. Wichtige Grundlage dafür war die Unterstützung durch ihre aus den Kreisen der Wirtschaft kommenden Mitarbeiter Hermann Fischer und Florian Klöckner, die von Befürwortern industrieller Positionen zu deren Kritikern wurden. Zudem setzte sich nicht nur die Kriegsrohstoffabteilung, sondern auch die Kriegsmetall AG dafür ein, den Unternehmen einen Teil der Investitionskosten aufzubürden, wie die Auseinandersetzungen um die Subventionierung einiger Produktionsanlagen belegen. In mehreren Fällen geschah dies auch dann, wenn die neuen Kapazitäten allein der Befriedigung des Kriegsbedarfs dienten. Aber diese Politik verfolgte die Kriegsgesellschaft keineswegs durchgängig in allen Projekten. Erfolg hatten sie damit außerdem nur in den ersten beiden Kriegsjahren. Danach übernahm das Reich in der Regel die Kosten neuer Anlagen.

Auch in den Diskussionen um die Kriegsgewinne und ihre Begrenzung befürwortete die Kriegsrohstoffabteilung Beschränkungen, aber wiederum keineswegs durchgängig. Sie engagierte sich vor allem in der Produktionsförderung für eine solche Politik. Mit der Übernahme von Kosten und Risiken verknüpfte sie den Verzicht der Industrie auf Gewinne. Außerdem sicherte sie sich in den Verträgen für den Fall ab, daß die neuen Kapazitäten auch im Frieden weitergenutzt würden. Zu Beginn des Krieges konnte die Militärbehörde solche Forderungen vollständig durchsetzen, danach mußte sie Kompromisse eingehen. Besonders deutlich läßt sich die Diskussion um die Unternehmergewinne bei der Ausfuhr verfolgen. Die Kriegsrohstoffabteilung forderte eine relativ hohe Steuer auf Exporterlöse. Die Industrie, unterstützt vom Reichsamt des Innern und später vom Reichswirtschaftsamt, konnte diesen Vorstoß jedoch weitgehend abwehren. Die Abgabe wurde zwar eingeführt, erfaßte aber nur einen Bruchteil der Ausfuhrgewinne und brachte dem Reich nur geringe Einnahmen. Einen Anlauf zur generellen Begrenzung von Unternehmergewinnen unternahm zudem das Kriegsamt unter der Führung Groeners. Unterstützung gewährte auch der Reichstag, zum Teil kam der Anstoß sogar vom Parlament. Mit solchen Bemühungen antworteten die staatlichen Instanzen auf die zunehmende Polarisierung und Radikalisierung der Gesellschaft im Krieg und versuchten so, den brüchig gewordenen sozialen Frieden zu retten.

Die zivilen Behörden zählten dagegen generell zu den Gegnern von Gewinnbeschränkungen. Lediglich das Reichsschatzamt befürwortete aus fiskalischen Erwägungen einige wenige der diskutierten Maßnahmen. Erstens ergriff die Finanzbehörde zusammen mit der Kriegsrohstoffabteilung die Initiative für die eben erwähnte Ausfuhrabgabe. Zweitens propagierte sie eine Beteiligung an den neu errichteten Aluminium- und Stickstoffirmen, die ebenso wie die geplanten Handelsmonopole die Unternehmen zwingen sollten, einen Teil ihrer Gewinne abzugeben. Das Amt hegte die Hoffnung, langfristig die Einnahmen des Reichs steigern zu können, auch wenn es kurzfristig eine Erhöhung der Ausgaben, verursacht durch Zugeständnisse bei der Finanzierung, hinnehmen mußte.

Trotz dieser Versuche zur Beteiligung der Wirtschaft an den Kosten und Risiken des Krieges setzten sich, wenn man die Politik der gesamten Kriegszeit betrachtet, die Gegner einer solchen Lastenverteilung durch. Die zivilen Stellen lehnten Höchstpreise ab und unterstützten die Forderungen von Produzenten nach Preiserhöhungen. Ebenso traten sie dafür ein, die Übernahmepreise beschlagnahmter Güter an den Einstands- und nicht an den Friedenspreisen auszurichten. Sie erachteten das Vorgehen von Industrie und Handel, die Kriegskonjunktur auszunutzen, als völlig legitim. Kriegsbedingte Preissteigerungen durften ihrer Ansicht nach nicht den Unternehmen aufgebürdet werden, sondern waren vom Staat zu tragen. In diesselbe Richtung wirkte die Argumentation der Beschaffungsstellen, die immer wieder auf den in ihren Augen unentbehrlichen Leistungsanreiz hinwiesen. Nicht zuletzt akzeptierten auch Kriegsrohstoffabteilung und Kriegsgesellschaften Preisanhebungen in der Mehrzahl der Fälle, wenn Kostensteigerungen ihrerseits mit Preiserhöhungen oder die Sicherung des Heeresbedarfs mit hohen Preisen und Gewinnen begründet wurden. Andere von Kriegsrohstoffabteilung und den Kriegsgesellschaften unterstützte Entscheidungen übertrugen gleichermaßen die Kosten des Krieges auf den Staat. Hierzu gehörte etwa die Übernahme der Verluste, die den Gesellschaften aus den über den Verkaufspreisen liegenden Beschaffungskosten entstanden, durch das Reich.

Im Ergebnis scheiterten also die Versuche, Preise und Gewinne zu beschränken, weitgehend. Die Höchstpreise wurden durch Ausnahmeregelungen, ständige Erhöhungen und Umgehungspraktiken immer mehr ausgehöhlt. Eine Begrenzung oder Abschöpfung von Gewinnen fand nur in Einzelfällen statt. Dadurch vertiefte sich die Kluft zwischen Unternehmern und anderen sozialen Gruppen, wenn auch unterschiedlich je nach Branche, Größe und Region. Unter Berufung auf die Sicherung der Beschaffung räumten somit die Befürworter einer solchen Politik der Wahrung kapitalistischer Prinzipien größere Priorität ein als der Aufrechterhaltung des sozialen Friedens. Damit leisteten sie der Radikalisierung in der Bevölkerung ebenso Vorschub wie dem Verfall staatlicher Autorität.

Das zweite Grundproblem aller hier diskutierten kriegswirtschaftlichen Maßnahmen betraf die Bereitschaft zu staatlichen Eingriffen. Sie war zu Beginn des

Krieges eher gering. Vielmehr war der Wille der militärischen wie der zivilen Behörden, Industrie und Handel Aufgaben in der Bewirtschaftung zu übertragen statt direkt in den Wirtschaftsprozeß zu intervenieren, stark ausgeprägt. Das zeigt die Gründung der Kriegsgesellschaften ebenso wie die Übertragung von Bewirtschaftungsfunktionen an industrielle Organisationen. Diese Neigung schwächte sich aber im Laufe des Krieges vor allem bei den Militärs ab: zum einen, weil die Unternehmer oft nicht in der Lage waren, Konflikte eigenständig zu lösen und immer wieder den Staat als Schiedsrichter anriefen; zum anderen, weil die Einhaltung behördlicher Vorgaben nur mit Zwang durchzusetzen war, wenn sie mit Unternehmerinteressen kollidierten. Die zivilen Instanzen dagegen hielten ihre grundsätzlichen Bedenken gegen Interventionen aufrecht und widersetzten sich ihnen mit besonderer Vehemenz, wenn Auswirkungen auf die Zeit nach dem Krieg drohten. Sie tendierten deshalb auch in der zweiten Kriegshälfte dazu, die Zahl der staatlichen Eingriffe möglichst gering zu halten. Dies galt prinzipiell und immer für den dritten Akteur, Industrie und Handel. Doch läßt sich durchaus auch beobachten, daß die Unternehmen ihren individuellen Interessen größere Priorität einräumten als grundsätzlichen Erwägungen. So akzeptierten und forderten sie sogar Interventionen, die nicht die eigene Dispositionsfreiheit, sondern die anderer Firmen beschränkten, um beispielsweise die Versorgung des eigenen Betriebs zu verbessern.

Diese grundlegenden Einstellungen spiegeln sich in den drei hier im einzelnen betrachteten Interventionsbereichen wider, erstens in der Verteilung von Rohstoffen, zweitens in der Beschaffung und drittens bei den Kontrollmaßnahmen.

Groß waren die Bereitschaft und die Fähigkeit sowohl der Kriegsrohstoffabteilung als auch der Beschaffungsstellen, direkt über die Zuweisung konkreter Rohstoffmengen in den Produktionsprozeß einzugreifen. Die Erfolge waren in den Branchen unterschiedlich, sehr ausgeprägt in der Metall- und in der chemischen Industrie, weniger dagegen in der Eisen- und Stahlindustrie. Rigoros vertrat die Kriegsrohstoffabteilung massive Interventionen in die Ausfuhr, um mit den Exportverboten Möglichkeiten für Kompensationsgeschäfte zu schaffen. Dabei legte die Militärbehörde meist strengere Maßstäbe als die zivilen Stellen an, die hier weitgehend als Anwalt der Unternehmen auftraten.

Weniger einheitlich agierten die Behörden in der Preispolitik. Die Kriegsrohstoffabteilung zeigte deutlich ihren Willen zum Eingriff in den Wirtschaftsprozeß, und zwar auf allen Ebenen, auf denen staatliche Stellen die Preisbildung beeinflußten. Das galt für den Erlaß von Höchstpreisverordnungen ebenso wie für Verhandlungen mit Unternehmen über die Preise subventionierter oder beschlagnahmter Güter. Der Streit ging darum, wie die Preise im Interesse der Nachfrager niedrig gehalten und das Angebot trotzdem erhöht werden konnte. Beide Ziele zugleich waren, wenn überhaupt, nur mit Eingriffen zu erreichen. Desgleichen engagierte sich die Abteilung, wie eben schon ausgeführt, für

Preisbegrenzung in verschiedenen Phasen des Krieges und bei einer Reihe von Rohstoffen. Sie setzte damit marktwirtschaftliche Prinzipien außer Kraft. Nicht mehr das Verhältnis von Angebot und Nachfrage bestimmte die Preisbildung, sondern behördliche Vorgaben sollten an die Stelle von Marktmechanismen treten. Mit dem Versuch, feste Gewinnmargen vorzuschreiben, ging sie einen Schritt weiter und rüttelte an dem kapitalistischen Glaubenssatz, Gewinnerwartungen seien der Motor jeglicher wirtschaftlicher Aktivität. Diese Politik hatte am Anfang des Krieges Konjunktur, als die Machtfrage noch recht offen war. Weitere Hochzeiten finden sich Mitte bis Ende 1916, als der Burgfriede schon lange begonnen hatte zu bröckeln, die Militärs aber noch in hohem Ansehen standen, und im Frühjahr 1918, als der Reichstag angesichts des vollentbrannten Verteilungskampfes Druck auf die Behörden ausübte. Die Kriegsrohstoffabteilung neigte den ganzen Krieg über dazu, behördliche Vorgaben zu machen statt Marktentwicklungen zu akzeptieren. Das zeigen die Diskussion um Friedens- oder Einstandspreise bei beschlagnahmten Gütern ebenso wie ihr Engagement für die Einführung einer Exportsteuer.

Nur wenig Anklang fand eine solche Politik dagegen bei den Beschaffungsstellen. Sie hielten Marktmechanismen, insbesondere den Anreiz hoher Preise und Gewinne, für unentbehrlich, um das Angebot an Gütern zu steigern. Weitere Gegner waren die Unternehmer und ihren Interessenorganisationen, aber auch die zivilen Behörden. Insbesondere das preußische Ministerium für Handel und Gewerbe und das Reichsamt des Innern engagierten sich häufig gegen die Preispolitik der Kriegsrohstoffabteilung. Sie lehnten Höchstpreise aufgrund prinzipieller Bedenken gegen Eingriffe in die Wirtschaft ab und unterstützten beispielsweise das Reichsschiedsgericht, das der Bewertung beschlagnahmter Güter marktwirtschaftliche Kriterien zugrunde legte. Auch das Reichsschatzamt entschied sich aus grundsätzlichen Erwägungen gegen eine generelle Intervention zur Abschöpfung von Gewinnen, obwohl es in Anbetracht der Haushaltslage daran sehr interessiert hätte sein müssen. Die Ausnahmen wurden oben schon angesprochen: Mit der Einziehung einer Ausfuhrabgabe forderte die Finanzbehörde ebenso staatliche Eingriffe wie mit den Handelsmonopolen.

Eine Intervention von tiefgreifender Wirkung findet sich auch bei der Beschaffung von Rohstoffen. Die Beteiligung des Reiches an den neuen Anlagen zur Erzeugung von Aluminium und Stickstoff blieb nicht bei Gewinnabgaben stehen, sondern ging bis zur Übernahme ganzer Betriebe. Im Bereich der Subventionen hatte auch die Kriegsrohstoffabteilung, unterstützt von einem Teil der Kriegsgesellschaften, die größten Erfolge mit ihren Eingriffen. Ansonsten konnten sich die zivilen Stellen in der Praxis oft durchsetzen. Der Grund dafür lag aber nicht nur in dem großen Gewicht des vereinigten Widerstandes, sondern auch darin, daß die Kriegsrohstoffabteilung das Argument des Leistungsanreizes bei einer Reihe von Güterpreisen anerkannte und damit selbst von Interventionen Abstand nahm.

Im Bereich der Kontrollmaßnahmen betrieb die Kriegsrohstoffabteilung von Kriegsbeginn an eine gesetzliche Verankerung von Kontrollmöglichkeiten gegenüber den Unternehmen. Mit den ständig ausgedehnten Regelungen zur Melde- und Auskunftspflicht schuf die Behörde die gesetzliche Grundlage für eine straffe Aufsicht über die zentralen wirtschaftlichen Entscheidungen der Unternehmen. Der Bereitschaft zur Intervention entsprach die Ausbildung einer Reihe von Instrumenten zur tatsächlichen Überwachung. Die Militärstellen setzten Revisoren, Beauftragte und Kommissare ein und bauten die Kontrolle durch Sektionsmitarbeiter sowie durch eigene Abteilungen für solche Aufgaben aus. In der Produktionsförderung setzten sich zudem die Kriegsgesellschaften, insbesondere die Kriegsmetall AG, für Kontrollen der Unternehmen ein und forderten, zum Teil mit Erfolg, den dafür notwendigen Einblick in die Geschäftsunterlagen und Betriebe der Unternehmen. Das Hindenburg-Programm förderte die Bereitschaft der Militärs, vor allem auch der Beschaffungsstellen, die Überwachung zu verschärfen, ebenso wie der Druck der Öffentlichkeit, der sich im Reichstag spätestens in der Diskussion um den "Fall Daimler" deutlich artikulierte. Die Politik der Militärbehörden geriet jedoch seit Ende 1916 in ein nicht lösbares Dilemma: Eine verstärkte Überwachung der Wirtschaft zur Wahrung des sozialen Friedens wurde immer dringlicher, weshalb die Behörden neue Instrumente dafür schufen. Zur gleichen Zeit verminderte sich aber der Spielraum erheblich, diese Mittel konsequent anzuwenden. Schon vorher waren die Eingriffe in der Praxis begrenzt geblieben, weil sich die Unternehmer häufig dagegen sperrten und die tatsächliche Anwendung von Zwang den Behörden eher kontraproduktiv erschien. Die Macht des Widerstandes gegen Kontrollen wuchs mit der Abhängigkeit der Militärs von einer steigenden Güterproduktion.

Die zivilen Behörden, insbesondere das Reichsamt des Innern, lehnten solche Kontrollversuche weitgehend ab. Sie widersetzten sich einer rechtlichen Verankerung hartnäckig. Dem entsprach die geringe Bedeutung von Kontrollen in den Bereichen, in denen das Reichsamt des Innern die Tätigkeit der Unternehmen überwachte. Lediglich das Reichsschatzamt unternahm einzelne Anläufe in diese Richtung, vor allem nach der öffentlichen Diskussion im Frühjahr 1918. Etwas anders verhielten sich die zivilen Stellen bei den Kriegsgesellschaften, deren Aktivitäten sie mit größerem Mißtrauen verfolgten. Dagegen opponierte ihrerseits die Kriegsrohstoffabteilung, welche die Gesellschaften frühzeitig einer straffen Kontrolle unterworfen hatte, um ihren eigenen Aktionsradius zu bewahren. Eine weitere Ausnahme von der Interventionsabstinenz bildete die Übergangswirtschaft. Obwohl die zivilen Stellen keine dauerhafte Aufsicht des Staates über die Wirtschaft etablieren wollten, sprachen sie sich doch mehrheitlich für die Beibehaltung der Bewirtschaftung für eine begrenzte Zeit aus.

Faßt man die Diskussionen um die beiden Grundprobleme der Kriegswirtschaft zusammen, so wird deutlich, daß sowohl die Bereitschaft zur Beteiligung der Unternehmen an den Lasten des Krieges als auch zur Intervention bei der Kriegsrohstoffabteilung am stärksten ausgeprägt war. Ihr Einsatz für die Abwälzung von Kosten auf die Unternehmen war im Vergleich zu den übrigen Institutionen recht groß, wenn auch keineswegs durchgängig zu beobachten. Sie konnte ihre Vorstellungen aufs Ganze gesehen jedoch kaum realisieren, wofür neben der Opposition der betroffenen Unternehmen die mangelnde Unterstützung durch die zivilen Behörden und insbesondere der Beschaffungsstellen verantwortlich war. Desgleichen war es die Kriegsrohstoffabteilung, die eine Reihe von Ansätzen zu rigorosen Eingriffen in den Wirtschaftsablauf und zur Außerkraftsetzung marktwirtschaftlicher Mechanismen entwickelte. Auch wenn diese während des Krieges aufgrund des zähen Widerstandes nur bedingt zum Tragen kamen, darf man ihre langfristige Wirkung nicht unterschätzen. Dies macht nicht zuletzt ein Blick auf die Demobilmachung deutlich, wo die Behörden ebenfalls tief in wirtschaftliche Abläufe eingriffen, um die junge Republik zu stabilisieren. Der Krieg erwies sich also nicht als die einzige Notlage, um derartige Maßregeln zu rechtfertigen. Sicherlich spielte für diese Entwicklung der Wechsel des politischen Systems und der politischen Eliten eine entscheidende Rolle. Doch die Ausbildung der Interventionsbereitschaft in der Zwischenkriegszeit wurde wesentlich getragen von einer Bürokratie, die eben nicht von Grund auf ausgewechselt worden war, deren Erfahrungen aber weitgehend von der Kriegswirtschaft geprägt waren.

Ein letzter Aspekt unserer Ausgangsfrage, wie sich die Gewichte zwischen Staat und Wirtschaft im Ersten Weltkrieg verteilten, steht noch aus: die Durchsetzungsfähigkeit von Militärs, zivilen Behörden und Wirtschaftsvertretern. Allgemein ist festzuhalten, daß es keine Automatismen für die Durchsetzung einzelner Interessen gab, immer waren Verhandlungen und Kompromisse notwendig. Welche Koalitionen die Akteure eingingen, hat die Arbeit im Einzelfall verfolgt und dargelegt, ebenso die dahinter stehenden Interessen und Motivationen. Es lassen sich nunmehr verschiedene Ebenen ausmachen, auf denen einzelne Akteure erfolgreicher agierten als andere.

Die militärischen Behörden bewiesen ihre Durchsetzungsfähigkeit vor allem bei der Einführung rechtlicher Bestimmungen, ebenso bei der Regelung der Zuständigkeit. Sie schufen sich ein eigenständiges Beschlagnahmerecht, erlangten die Federführung in der Ausfuhrpolitik, verankerten Kontrollmöglichkeiten und setzten Höchstpreise fest.

Die zivilen Behörden verwirklichten ihre Vorstellungen dagegen vor allem auf der Ebene der Durchführung und Realisierung von Bestimmungen und einzelnen Maßnahmen. Sie verhinderten Anordnungen von Beschlagnahmen und Höchstpreisen nicht generell, sondern für bestimmte Güter, sorgten in der Praxis für die Entschärfung von Ausfuhrverboten und Exportsteuern und milderten die tatsächlich ausgeübte Kontrolle von Unternehmen in ihrem Kompetenzbereich.

Die Wirtschaftsvertreter agierten auf derselben Ebene wie die zivilen Instanzen und häufig mit ihnen zusammen. Ihr oft hartnäckiger Widerstand gegen die Umsetzung einzelner Maßnahmen schmälerte deren Wirksamkeit beträchtlich. Sie hatten in den einzelnen Branchen jedoch unterschiedlich großen Erfolg. Die schwächste Position hatte die Metallindustrie, denn sie mußte die stärksten Reglementierungen in Beschaffung und Verteilung von Rohstoffen hinnehmen. Nur für Metalle gab es Höchstpreise; die Beschlagnahme wurde hier zur wichtigsten Beschaffungsquelle, und das Reich beteiligte sich an den neu errichteten Aluminiumfirmen. Die chemische Industrie mußte ebenfalls erhebliche Eingriffe akzeptieren, sowohl kurzfristige Beschränkungen ihrer Rohstoffzufuhr als auch Vorschriften für die Preise ihrer Produkte. Aber sie konnte Höchstpreise auf die zivile Produktion begrenzen und die Bildung von Absatzmonopolen verhindern. Die größten Freiräume bewahrten sich die Eisen- und Stahlwerke. Sie mußten keine direkten Interventionen in die Produktionssphäre dulden. Bewirtschaftungsmaßnahmen insgesamt gab es erst sehr spät, und Höchstpreise hatten kaum Bedeutung. Allerdings mischten sich die Behörden in der zweiten Kriegshälfte auf dem Verhandlungswege in die Preisbildung ein. Diese Differenzen zwischen den Branchen sind zum einen auf das unterschiedliche Ausmaß an Knappheit der hergestellten Güter zurückzuführen. Zum anderen aber, und das war wichtiger, erwies sich der Organisationsgrad und die Fähigkeit zum brancheninternen Interessenausgleich als ausschlaggebender Faktor für die Durchsetzungsfähigkeit.

Die Frage, wer im Krieg die Macht hatte, läßt sich abschließend nicht eindeutig beantworten. Die Wirtschaftsvertreter hatten je nach Branche eine gute oder bessere Ausgangsposition für die Durchsetzung ihrer Interessen. Ihre in Friedenszeiten bewährten Methoden der Interessenvertretung taten auch im Krieg ihren Dienst. Gänzlich neue Organisationen wie die Kriegsgesellschaften ließen sich dagegen für ihre Zwecke kaum instrumentalisieren. Die Gesellschaften setzten sich zwar in einer Reihe von Konflikten für industrielle Interessen ein, scheuten aber auch nicht davor zurück, gegen die Unternehmer Stellung zu beziehen. Insgesamt blieben jedoch ihre Versuche zur Realisierung einer eigenständigen Politik zwischen Staat und Wirtschaft weitgehend erfolglos. Sie entwickelten sich vielmehr zu einem wichtigen Instrument zur Durchsetzung staatlicher Vorgaben, die im wesentlichen von den Militärbehörden bestimmt wurden. Die militärischen Instanzen kamen daher noch am ehesten als die zentrale Schaltstelle der Kriegswirtschaft in Betracht. Sie besaßen aufgrund ihrer Vorrangstellung im Kaiserreich eine erhebliche Machtfülle und genossen eine große Autorität, die es ihnen erlaubte, unkonventionelle Problemlösungen in Erwägung zu ziehen. Doch auch sie konnten ihre Vorstellungen nur mit Abstrichen verwirklichen. Ursache dafür war nicht nur der Widerstand betroffener Wirtschaftsvertreter. Vielmehr mußten sie einerseits vielfältige Konflikte in den eigenen Reihen austragen und andererseits oft erfahren, daß die zivilen Stellen ein erhebliches Beharrungsvermögen bewiesen, mit dem sie Projekte, die ihren eigenen Plänen nicht entsprachen, erfolgreich zu konterkarieren wußten.

Quellen

1. Bestände in staatlichen Archiven

Bayerisches Hauptstaatsarchiv München, Kriegsarchiv (zitiert: BHStA-KA)

Bayerisches Kriegsministerium (MKr)
Nachlaß Friedrich Müller (MKr 17268-17338)
Stellvertretendes Generalkommando I. Armeekorps

Bundesarchiv Abteilungen Potsdam (zitiert: BAAP)

Beauftragter des Kriegsministeriums beim Deutschen Stahlbund (87.07)
Eisenauslandsstelle (87.09)
Eisenzentrale GmbH (87.10)
Kommissariat der Eisenzentrale (87.25)
Kriegschemikalien AG (87.29)
Kriegsmetall AG (87.37)
Kriegssäuren-Kommission (87.38)
Metallfreigabestelle (87.51)
Metallmeldestelle (87.52)
Monopole, Konzerne, Banken, Versicherungen (80 An 1-80 Ze 2)
Reichsfinanzministerium (21.01)
Reichsjustizministerium (30.01)
Reichskanzlei (07.01)
Reichskreditgesellschaft (89.05)
Reichsministerium des Innern (15.01)
Reichsschatzministerium (22.01)
Reichswirtschaftsministerium (31.01)
Rohstahlausgleichsstelle (87.72)

Bundesarchiv Koblenz (zitiert: BAK)

Nachlaß Max Bauer (NL 22)
Nachlaß Wichard von Moellendorff (NL 158)
Nachlaß Walther Rathenau (NL 48)
Nachlaß Max Sering (NL 210)
Reichsfinanzministerium (R 2)
Verein deutscher Eisen- und Stahlindustrieller (R 13/I)

Bundesarchiv, Militärarchiv Freiburg (zitiert: BA-MA Freiburg)

Generalstab (PH3)

Nachlaß Wilhelm Groener (N 46)
Nachlaß Wolfgang Mentzel (N 415)
Preußisches Kriegsministerium (PH2)
Reichsmarineamt (RM)

Geheimes Staatsarchiv Preußischer Kulturbesitz Merseburg, jetzt Berlin (zitiert: GStAM)

Geheimes Zivilkabinett (2.2.1.)
Nachlaß Rudolf von Valentini
Preußisches Finanzministerium (Rep. 151)
Preußisches Ministerium des Innern (Rep. 77)
Preußisches Ministerium für Handel und Gewerbe (Rep. 120)
Preußisches Staatsministerium (Rep. 90)

Hauptstaatsarchiv Stuttgart, Militärarchiv (zitiert: HStAS)

Kriegsministerium/Verwaltungsabteilung (M1/6)
Kriegsministerium/Abteilung für Waffen, Feldgerät und Kriegsamtsangelegenheiten (M1/9)

2. Bestände in Unternehmens- und Wirtschaftsarchiven

Archiv der Thyssen AG, Duisburg

Gewerkschaft Deutscher Kaiser/August Thyssen Hütte und Nachfolgegesellschaften (A)
Friedrich Wilhelms-Hütte (FWH)
Rheinische Stahlwerke (RSW)

Bayer-Archiv, Leverkusen

AG für Anilinfabrikation (5-E)
Autographensammlung Duisberg (AS)
Interessengemeinschaft (4/B)
Protokolle und Punktationen Direktoriumssitzungen
Weltkrieg (201, 202)

Firmenarchiv der Badischen Anilin- und Sodafabrik, Ludwigshafen (zitiert: BASF)

Ammoniakwerk Merseburg (Leuna) (A18)
Bewirtschaftung von Produktionsgütern und Werkstoffen (A71)
Briefwechsel Vorstand-Aufsichtsrat
Erweiterte IG (A17)
Protokolle Engere Kommission des Aufsichtsrats
Rechtsabteilung (B4)
Tochter- und Beteiligungsgesellschaften (A19)
Weltkrieg (A861)
Geschichte und Chronik der Badische Anilin- und Sodafabrik (unveröff. Ms.)

Firmenarchiv der Hoechst AG, Frankfurt/M (zitiert: Hoechst-Archiv)

- Chemische Fabrik Griesheim-Elektron (2/)
- Stammwerk Hoechst (HOE)
- Weltkrieg (nicht verzeichnet)

Haniel-Archiv, Duisburg (jetzt Rheinisch-Westfälisches Wirtschaftsarchiv zu Köln)

- Hauptverwaltung
- Nachlaß Reusch
- Oberhausener Hüttenwerke

Historisches Archiv der Fried. Krupp AG, Essen (zitiert: HA Krupp)

- Familien-Archiv Hügel
- Werksarchiv

Historisches Archiv der Klöckner & Co AG, Duisburg

- Florian Klöckner
- Korrespondenz Peter Klöckner
- Lothringer Hüttenverein Aumetz-Friede

Historisches Archiv der Metallgesellschaft, Frankfurt/M (zitiert: HA Metallgesellschaft) (jetzt Hessisches Wirtschaftsarchiv Darmstadt)

- Institut für Gemeinwohl und verbundene Gesellschaften
- Juristisches Büro

Mannesmann-Archiv, Düsseldorf

- Nachlaß Wilhelm Beukenberg
- Mannesmann Röhrenwerke AG (M)
- Phoenix AG für Bergbau und Hüttenbetrieb (Rheinische Stahlwerke AG) (P)

Rheinisch-Westfälisches Wirtschaftsarchiv zu Köln (zitiert: RWWA)

- Handelskammer Duisburg (Abt. 20)
- Handelskammer Koblenz (Abt. 3)

Siemens-Archiv, München (zitiert: SAA)

- Nachlaß Carl Dihlmann
- Nachlaß Adolf Graupe
- Nachlaß Max Haller
- Nachlaß Otto Henrich
- Nachlaß Carl Friedrich von Siemens
- Nachlaß Werner von Siemens
- Nachlaß Friedrich Albert Spiecker
- Nachlaß Richard Werner

Negativmeldungen auf die Anfrage nach Beständen erteilten folgende Firmen:

AEG Aktiengesellschaft, Frankfurt/M
Dynamit Nobel AG, Troisdorf

3. Bestände in sonstigen Archiven

Archiv für Christlich-Demokratische Politik der Konrad-Adenauer-Stiftung e.V., St. Augustin (zitiert: ACDP)

Nachlaß Hugo Stinnes (I-220)

Literatur

Achinger, Hans: Richard Merton, Frankfurt/M 1970.

Adreßbuch der Directoren und Aufsichtsraths-Mitglieder der Actien-Gesellschaften, hg. von Hans Arends und Curt Mossner, Leipzig 1907ff.

Afflerbach, Holger: Falkenhayn. Politisches Denken und Handeln im Kaiserreich, 2. Aufl., München 1996.

Alsberg, Max: Wirtschaftsstrafrecht. Besonders die strafrechtliche Bekämpfung des Sozialwuchers, in: Handbuch der Politik, hg. von Gerhard Anschütz u.a., Bd. 4, 3. Aufl., Berlin 1921, S. 143-159.

Ambrosius, Gerold: Die Entwicklung des Wettbewerbs als wirtschaftspolitisch relevante Norm und Ordnungsprinzip in Deutschland seit dem Ende des 19. Jahrhunderts, in: Jahrbuch für Sozialwissenschaft 32 (1981), S. 154-201.

Armeson, Robert B.: Total Warfare and Compulsory Labor. A Study of the Military-Industrial Complex in Germany During World War I, Den Haag 1964.

Arndt, Adolf Senior: Kriegsverordnungen, in: Deutsche Juristen-Zeitung 19 (1914), Sp. 1152-1154.

Arndt, Helmut/*Ollenburg*, Günter: Begriff und Arten der Konzentration, in: Die Konzentration in der Wirtschaft, hg. von Helmut Arndt, 2 Bde., 2., völlig neu bearb. Aufl., Berlin 1971, Bd. 1: Einleitung - Grundprobleme, S. 3-39 (= Schriften des Vereins für Socialpoltik, NF, Bd. 20/I,II).

Barclay, David E.: Rudolf Wissell als Sozialpolitiker 1890-1933, Berlin 1984 (= Einzelveröffentlichungen der Historischen Kommission zu Berlin, Bd. 44).

Barth, Hans Martin: Berliner Elektro-Großindustrie in der deutschen Politik. Elektro-Industrie - Verbände - Parteien (1862-1920), Diss. Berlin 1980.

Basse & Selve Altena i.W. Entwickelung und Geschichte der Firma. Festschrift zur Feier des 50jährigen Bestehens 1861-1911, Altena 1911.

Baudis, Dieter: Der staatsmonopolistische Kapitalismus im ersten Weltkrieg (1914-1917/18), in: Wirtschaft und Staat in Deutschland. Eine Wirtschaftsgeschichte des staatsmonopolistischen Kapitalismus in Deutschland vom Ende des 19. Jahrhunderts bis 1945 in drei Bänden, hg. von Helga Nußbaum und Lotte Zumpe, Bd. 1: Wirtschaft und Staat in Deutschland vom Ende des 19. Jahrhunderts bis 1918/19, Vaduz 1978, S. 253-322.

Bauer, Hellmut: Der Kriegsausschuß der Deutschen Industrie. Die industriellen Organisationen im Ersten Weltkrieg, in: Der Weg zum industriellen Spitzenverband. Mit einem Vorwort von Fritz Berg, Darmstadt 1956, S. 74-101.

Bessel, Richard: Germany after the First World War, Oxford 1993.

Bieber, Hans-Joachim: Gewerkschaften in Krieg und Revolution. Arbeiterbewegung, Industrie, Staat und Militär in Deutschland 1914-1920, 2 Teile, Hamburg 1982 (= Hamburger Beiträge zur Sozial- und Zeitgeschichte, Bd. 15).

Biographical Dictionary of World War I, by Holger H. Herwig and Neil M. Heyman, Westport/Conn. 1982.

Blaich, Fritz: Kartell- und Monopolpolitik im kaiserlichen Deutschland 1879-1914, Düsseldorf 1973 (= Beiträge zur Geschichte des Parlamentarismus und der politischen Parteien, Bd. 50).

– Staat und Verbände, Wiesbaden 1979.

Boettcher, Helmuth M.: Die Rechtsgrundlagen der Kriegssparmetallwirtschaft, Diss. Greifswald 1921.

Bogner, Herbert: Die Wandlungen in der Organisation der deutschen Stahlindustrie und ihre Ursachen, Diss. Heidelberg 1929.

Braun, Klaus: Konservativismus und Gemeinwirtschaft. Eine Studie über Wichard von Moellendorff, zugl. Diss. Duisburg 1978 (= Duisburger Hochschulbeiträge, Bd. 11).

Bruck, Werner F.: Die Kriegsunternehmung. Versuch einer Systematik, in: Archiv für Sozialwissenschaft und Sozialpolitik 48 (1920/21), S. 547-595.

Burchardt, Lothar: Die Auswirkungen der Kriegswirtschaft auf die deutsche Zivilbevölkerung im ersten und zweiten Weltkrieg, in: Militärgeschichtliche Mitteilungen 15 (1974), S. 65-97.

– Friedenswirtschaft und Kriegsvorsorge. Deutschlands wirtschaftliche Rüstungsbestrebungen vor 1914, Boppard 1968 (= Militärgeschichtliche Studien, Bd. 6).

– Eine neue Quelle zu den Anfängen der Kriegswirtschaft in Deutschland 1914, in: Tradition. Zeitschrift für Firmengeschichte und Unternehmerbiographie 16 (1971), S. 72-91.

– Walther Rathenau und die Anfänge der Rohstoffbewirtschaftung im Ersten Weltkrieg, in: Tradition. Zeitschrift für Firmengeschichte und Unternehmerbiographie 15 (1970), S. 169-196.

Buschmann, Birgit: Unternehmenspolitik in der Kriegswirtschaft. Die Daimler-Motoren-Gesellschaft 1914-1921, Diss., unveröff. Manuskript, Tübingen 1992.

Die Chemische Industrie. Zeitschrift hg. vom Verein zur Wahrung der Interessen der chemischen Industrie Deutschlands, e.V. Organ für die Berufsgenossenschaft der chemischen Industrie. Redigiert von Dr. Max Wiedemann, Berlin 1878-1933.

Cron, Hermann: Die Kriegseisenwirtschaft. Als Manuskript gedruckt, Potsdam 1929 (= Inventare des Reichsarchivs, Serie II, Heft 3).

– Die Organisation der Kriegswirtschaft im Kriege 1914-1918 und ihre Überleitung in die Friedensverhältnisse sowie Wertung ihrer Akten, unveröff. Manuskript, Potsdam 1942.

Czada, Peter: Die Berliner Elektroindustrie in der Weimarer Zeit. Eine regionalstatistisch-wirtschaftshistorische Untersuchung, Berlin 1969 (= Einzelveröffentlichungen der Historischen Kommission zu Berlin, Bd. 4).

Deist, Wilhelm: Die Armee in Staat und Gesellschaft 1890-1814 (1970), in: ders.: Militär, Staat und Gesellschaft. Studien zur preußisch-deutschen Militärgeschichte, München 1991, S. 19-41 (= Beiträge zur Militärgeschichte, Bd. 34).

– Einleitung, in: Militär und Innenpolitik im Weltkrieg 1914-1918, bearb. von Wilhelm Deist, Düsseldorf 1970, Teil I, S. XIII-LXXI (= Quellen zur Geschichte des Parlamentarismus und der politischen Parteien. Zweite Reihe: Militär und Politik, Bd. 1/I).

– Zur Institution des Militärbefehlshabers und des Obermilitärbefehlshabers im ersten Weltkrieg, in: Jahrbuch zur Geschichte Mittel- und Ostdeutschlands 13/14 (1965), S. 222-240.

– Kaiser Wilhelm II. als Oberster Kriegsherr, in: ders.: Militär, Staat und Gesellschaft. Studien zur preußisch-deutschen Militärgeschichte, München 1991, S. 1-18 (= Beiträge zur Militärgeschichte, Bd. 34).

Delbrück, Clemens von: Die wirtschaftliche Mobilmachung in Deutschland 1914. Aus dem Nachlaß hg., eingeleitet und ergänzt von Joachim von Delbrück, München 1924.

Demeter, Karl: Die Kriegsmetall-AG. Als Manuskript gedruckt, Potsdam 1931 (= Inventare des Reichsarchivs, Serie II, Bd. 2, Heft 4).

– Die Spiethoff-Kommission beim RdI. Als Manuskript gedruckt, Potsdam 1928 (= Inventare des Reichsarchivs, Serie II, Bd. 1).

Deutsche Wirtschaftsführer. Lebensgänge deutscher Wirtschaftspersönlichkeiten. Ein Nachschlagebuch über 13 000 Wirtschaftspersonen unserer Zeit, bearb. von Georg Wenzel, Hamburg 1929.

Dhein, Wilhelm: Das Verfahren vor dem Reichsschiedsgericht zur Festsetzung des Übernahmepreises auf Grund der Verordnung über die Sicherstellung von Kriegsbedarf vom 24. Juni 1915, Berlin 1918.

Dieckmann, W[ilhelm]: Die Behördenorganisation in der deutschen Kriegswirtschaft 1914-1918, Hamburg 1937 (= Schriften zur kriegswirtschaftlichen Forschung und Sammlung).

Dokumentation zur Organisationsgeschichte des VdEStI, bearb. von Hansjoachim Henning, Wiesbaden 1978 (= Quellensammlung zur Geschichte der deutschen Sozialpolitik 1867-1914, Beih. I.2,3).

Dokumente zur deutschen Verfassungsgeschichte, hg. von Ernst Rudolf Huber, Stuttgart, Bd. 1: Deutsche Verfassungsdokumente 1803-1851, 1978; Bd. 2: Deutsche

Verfassungsdokumente 1851-1900, 3. Aufl., 1986; Bd. 3: Deutsche Verfassungsdokumente 1900-1918, 3. Aufl., 1980.

Drucksachen zu den Verhandlungen des Bundesrates des Deutschen Reiches, Berlin 1868-1919.

E. Matthes & Weber AG, Duisburg. Die Entwicklung einer chemischen Fabrik in hundert Jahren 1838-1938, [bearb. von Walther Däbritz], Duisburg 1938.

Ehlert, Hans Gotthard: Die wirtschaftliche Zentralbehörde des Deutschen Reiches 1914 bis 1919: Das Problem der "Gemeinwirtschaft" in Krieg und Frieden, Wiesbaden 1982, zugl. Diss. Bonn 1981 (= Beiträge zur Wirtschafts- und Sozialgeschichte, Bd. 19).

Eißfeldt, Gottfried: Kartellierungsfähigkeit und Kartellierung der deutschen elektrotechnischen Industrie, Diss. Berlin 1928.

Enzyklopädie der technischen Chemie. Unter Mitwirkung von Fachgenossen hg. von Fritz Ullmann, 12 Bde., Berlin 1914-1923.

Der Erste Weltkrieg. Wirkung, Wahrnehmung, Analysen, hg. von Wolfgang Michalka, München 1994.

Eucken, Walter: Die Stickstoffversorgung der Welt. Eine volkswirtschaftliche Untersuchung, Stuttgart 1921.

Facius, Friedrich: Wirtschaft und Staat. Die Entwicklung der staatlichen Wirtschaftsverwaltung in Deutschland vom 17. Jahrhundert bis 1945, Boppard 1959 (= Schriften des Bundesarchivs, Bd. 6).

Feldenkirchen, Wilfried: Concentration in German Industry 1870-1939, in: The Concentration Process in the Entrepreneurial Economy Since the Late 19th Century. Lectures Held on the 9th International Congress of Economic History in Berne, Switzerland on August 28, 1986, Stuttgart 1988, S. 113-146 (= Zeitschrift für Unternehmensgeschichte, Beih. 55).

Feldman, Gerald D.: Armee, Industrie und Arbeiterschaft in Deutschland 1914 bis 1918, Berlin 1985; dt. Ausg. von: Army, Industry and Labor in Germany 1914-1918, Princeton 1966.

– Das deutsche Unternehmertum zwischen Krieg und Revolution: Die Entstehung des Stinnes-Legien-Abkommens, in: ders.: Vom Weltkrieg zur Weltwirtschaftskrise, Göttingen 1984, S. 100-127 (= Kritische Studien zur Geschichtswissenschaft, Bd. 60).

– Der deutsche Organisierte Kapitalismus während der Kriegs- und Inflationsjahre 1914-1923, in: Organisierter Kapitalismus, hg. von Heinrich August Winkler, Göttingen 1974, S. 150-171. Wiederabdruck mit einem Nachwort in: ders.: Vom Weltkrieg zur Weltwirtschaftskrise, Göttingen 1984, S. 36-54 (= Kritische Studien zur Geschichtswissenschaft, Bd. 60).

– Die Demobilmachung und die Sozialordnung der Zwischenkriegszeit in Europa, in: Geschichte und Gesellschaft 9 (1983), S. 156-177.

– Die sozialen und politischen Grundlagen der wirtschaftlichen Mobilmachung Deutschlands 1914-1916, in: ders.: Vom Weltkrieg zur Weltwirtschaftskrise, Göttingen 1984, S. 13-35 (= Kritische Studien zur Geschichtswissenschaft, Bd. 60).

– Industrieverbände und Wirtschaftsmacht. Zur Entwicklung der Interessenverbände in der deutschen Eisen-, Stahl- und Maschinenindustrie 1900-1933, in: Vom Weltkrieg zur Weltwirtschaftskrise, Göttingen 1984, S. 131-160 (= Kritische Studien zur Geschichtswissenschaft, Bd. 60).

– German Interest Group Alliances in War and Inflation 1914-1923, in: Organizing Interests in Western Europe: Pluralism, Corporatism and the Transformation of Politics, hg. von Suzanne Berger u.a., London 1981, S. 159-184 (= Cambridge Studies in Modern Political Economies).

– Iron and Steel in the German Inflation 1916-1923, Princeton, New Jersey 1977.

– The Collapse of the Steel Works Association 1912-1919. A Case Study in the Operation of German "Collectivist Capitalism", in: Sozialgeschichte Heute. Festschrift für Hans Rosenberg zum 70. Geburtstag, hg. von Hans-Ulrich Wehler, Göttingen 1974, S. 575-593.

– The Great Disorder. Politics, Economics and Society in Germany 1914-1924, Oxford 1993.

– Wirtschafts- und sozialpolitische Probleme der deutschen Demobilmachung 1918/19, in: Industrielles System und politische Entwicklung in der Weimarer Republik. Verhandlungen des Internationales Symposiums in Bochum vom 12.-17. Juni 1973, hg. von Hans Mommsen u.a., Düsseldorf 1974, S. 618-636.

– Economic and Social Problems of the German Demobilization 1918-19, Comments, in: The Journal of Modern History 47 (1975), S. 1-47.

– Vom Weltkrieg zur Weltwirtschaftskrise. Studien zur deutschen Wirtschafts- und Sozialgeschichte 1914-1932, Göttingen 1984 (= Kritische Studien zur Geschichtswissenschaft, Bd. 60).

– /*Homburg*, Heidrun: Industrie und Inflation. Studien und Dokumente zur Politik der deutschen Unternehmer 1916-1923, Hamburg 1977.

– /*Steinisch*, Irmgard: Industrie und Gewerkschaften 1918-1924. Die überforderte Zentralarbeitsgemeinschaft, Stuttgart 1985.

Fenske, Hans: Die Verwaltung im Ersten Weltkrieg, in: Deutsche Verwaltungsgeschichte, hg. von Kurt G.A. Jeserich u.a., Bd. 3, Stuttgart 1984, S. 866-908.

Fischer, Wolfram: WASAG [Westfälisch-Anhaltische Sprengstoff-Actien-Gesellschaft]. Geschichte eines Unternehmens. 1891-1966, Berlin 1966 (= Schriften zur Wirtschafts- und Sozialgeschichte, Bd. 4).

Förster, Stig: Der deutsche Generalstab und die Illusion des kurzen Krieges, 1871-1914. Metakritik eines Mythos, in: Militärgeschichtliche Mitteilungen 54 (1995), S. 61-95.

Franke, Franz Werner: Abriß der neuesten Wirtschaftsgeschichte des Kupfers, München 1920.

Frehse, Michael: Ermächtigungsgesetzgebung im Deutschen Reich 1914-1933, Pfaffenweiler 1985 (= Reihe Geschichtswissenschaft, Bd. 2).

Friedensburg, Ferdinand: Kohle und Eisen im Weltkrieg und in den Friedensschlüssen, München 1934.

Fuchs, Rudolf: Die Kriegsgewinne der verschiedenen Wirtschaftszweige in den einzelnen Staaten, an Hand statistischer Daten dargestellt, Diss. Zürich 1918.

Fünfzig Jahre Metallgesellschaft 1881-1931. Denkschrift bearb. von Walther Däbritz, Frankfurt 1931.

Gall, Lothar: Zu Ausbildung und Charakter des Interventionsstaates, in: Historische Zeitschrift 227 (1978), S. 552-570.

– u.a.: Die deutsche Bank 1870-1995, München 1995.

Goebel, Otto: Deutsche Rohstoffwirtschaft im Weltkrieg, einschließlich des Hindenburg-Programms, Stuttgart 1930 (= Wirtschafts- und Sozialgeschichte des Weltkrieges, Deutsche Serie, hg. von James T. Shotwell).

Groener, Wilhelm: Lebenserinnerungen. Jugend, Generalstab, Weltkrieg, hg. von Friedrich Frhr. Hiller von Gaertringen, Göttingen 1957.

Gunzert, Rudolf: Was ist Konzentration? Frankfurt 1960 (= Wirtschaftssoziologische Studien, Heft 1).

Gutsche, Willibald: Die Beziehungen zwischen der Regierung Bethmann und dem Monopolkapital in den ersten Monaten des Weltkrieges, unveröff. Manuskript, Berlin 1967.

– Die Entstehung des Kriegsausschusses der deutschen Industrie und seine Rolle zu Beginn des Ersten Weltkrieges, in: Zeitschrift für Geschichtswissenschaft 18 (1970), S. 877-898.

– */Otto*, Helmut: Der Erste Weltkrieg in der ostdeutschen Forschung 1945-1984, in: Neue Forschungen zum Ersten Weltkrieg. Literaturberichte und Bibliographien von 30 Mitgliedstaaten der "Commission Internationale d'Histoire Militaire Comparée", hg. von Jürgen Rohwer, Koblenz 1985, S. 91-103 (= Schriften der Bibliothek für Zeitgeschichte. Weltkriegsbücherei, Bd. 25).

Haber, Ludwig F.: The Chemical Industry 1900-1930. International Growth and Technological Change, Oxford 1971.

– The Poisonous Cloud. Chemical Warfare in the First World War, Oxford 1986.

Handbuch der Deutschen Aktien-Gesellschaften. Ausgabe 1913/1914 und 1914/1915. Jahrbuch der deutschen Börse. Ein Hand- und Nachschlagebuch für Bankiers, Industrielle, Kapitalisten, Behörden etc., Berlin 1913ff.

Handbuch zur deutschen Militärgeschichte 1648-1939, hg. vom Militärgeschichtlichen Forschungsamt Freiburg durch Hans Meier-Welcker und Wolfgang V. von Groote, Bd. 3, Abschnitt V: Von der Entlassung Bismarcks bis zum Ende des Ersten Weltkrieges (1890-1918), verfaßt von Wiegand Schmidt-Richberg und Edgar Graf von Matuschka, Frankfurt 1968.

Handbuch für das Deutsche Reich, bearb. im Reichsamt des Innern, Berlin, Bd. 39 (1914), Bd. 40 (1918). Dass., hg. vom Reichsministerium des Innern, Bd. 41 (1922).

Handbuch über den Königlich Preußischen Hof und Staat, Berlin 1913, 1918.

Handwörterbuch der Sozialwissenschaften, hg. von Erwin Beckerath u.a., 12 Bde., Tübingen 1956-1958.

Handwörterbuch der Staatswissenschaften, hg. von J. Conrad u.a., 8 Bde., 3. Aufl., Jena 1909-1911.

Handwörterbuch der Wirtschaftswissenschaften, hg. von Willi Albers u.a., 9 Bde. Tübingen, 1977-1983.

Handwörterbuch des Kaufmanns. Lexikon für Industrie und Handel, hg. von Karl Bott, 5 Bde., Hamburg 1925-1927.

Hardach, Gerd: Der Erste Weltkrieg 1914-1918, München 1973 (= Geschichte der Weltwirtschaft im 20. Jahrhundert, Bd. 2).

– Deutschland in der Weltwirtschaft 1870-1970, Frankfurt 1977.

Hatke, Brigitte: Hugo Stinnes und die drei deutsch-belgischen Gesellschaften von 1916. Der Versuch der wirtschaftlichen Durchdringung Belgiens im Ersten Weltkrieg durch die Industrie-, Boden- und Verkehrsgesellschaft 1916 m.b.H., Stuttgart 1990 (= Zeitschrift für Unternehmensgeschichte, Beih. 56).

Der Hauptausschuß des Deutschen Reichstages 1915-1918. Eingeleitet v. Reinhard Schiffers. Bearb. von Reinhard Schiffers und Manfred Koch in Verb. mit Hans Boldt, 4 Bde., Düsseldorf 1981-1983 (= Quellen zur Geschichte des Parlamentarismus und der politischen Parteien. Erste Reihe: Von der konstitutionellen Monarchie zur parlamentarischen Republik, Bd. 9).

Hecker, Gerhard: Walther Rathenau und sein Verhältnis zu Militär und Krieg, Boppard 1983 (= Wehrwissenschaftliche Forschungen, Abt. Militärgeschichtliche Studien, Bd. 30).

Heine, Jens Ulrich: Verstand & Schicksal. Die Männer der I.G. Farbenindustrie AG (1925-1945) in 161 Kurzbiographien, Weinheim 1990.

Henning, Heinz: Die Situation der deutschen Kriegswirtschaft im Sommer 1918 und ihre Beurteilung durch Heeresleitung, Reichsführung und Bevölkerung, Diss. Hamburg 1957.

Hentschel, Volker: Wirtschaft und Wirtschaftspolitik im wilhelminischen Deutschland. Organisierter Kapitalismus und Interventionsstaat? Stuttgart 1978.

Herbst, Ludolf: Der Totale Krieg und die Ordnung der Wirtschaft. Die Kriegswirtschaft im Spannungsfeld von Politik, Ideologie und Propaganda 1939-1945, München 1982.

Heymann, Ernst: Die Rechtsformen der militärischen Kriegswirtschaft als Grundlage des neuen Industrierechts, Marburg 1921 (= Arbeiten zum Handels-, Gewerbe- und Landwirtschaftsrecht, Bd. 34).

Hirten, Heinz/*Meyer*, Georg: Adjutant im preußischen Kriegsministerium. Juni 1918-Okt. 1919. Aufzeichnungen des Hauptmanns Gustav Böhm, Stuttgart 1977 (= Beiträge zur Militär- und Kriegsgeschichte, Bd. 19).

Holtfrerich, Carl-Ludwig: Die deutsche Inflation 1914-1923, Berlin 1980.

Holzschuher, Veit: Soziale und ökonomische Hintergründe der Kartellbewegung, Diss. Erlangen-Nürnberg 1963.

Horn, Norbert: Aktienrechtliche Unternehmensorganisation in der Hochindustrialisierung (1860-1920). Deutschland, England, Frankreich und USA im Vergleich, in: Recht und Entwicklung der Großunternehmen im 19. und 20. Jahrhundert. Wirtschafts-, sozial- und rechtshistorische Untersuchungen zur Industrialisierung in Deutschland, Frankreich, England und den USA, hg. von Norbert Horn und Jürgen Kocka, Göttingen 1979, S. 123-189 (= Kritische Studien zur Geschichtswissenschaft, Bd. 40).

Huber, Ernst Rudolf: Deutsche Verfassungsgeschichte seit 1789, Bd. 4: Strukturen und Krisen des Kaiserreichs, 2. Aufl., Stuttgart 1982; Bd. 5: Weltkrieg, Revolution und Reichserneuerung 1914-1919, Stuttgart 1978.

Hürter, Johannes: Wilhelm Groener. Reichswehrminister am Ende der Weimarer Republik (1928-1932), München 1993 (= Beiträge zur Militärgeschichte, Bd. 39).

100 Jahre Chemische Fabrik Kalk. 1858-1958, [bearb. von Fritz Vorster], Köln-Kalk 1958.

100 Jahre Kunheim. Ein Rückblick auf Entstehung und Entwickelung der Chemischen Fabriken Kunheim & Co AG anläßlich des 100-jährigen Bestehns des Unternehmens, [bearb. von L. Spiegel], Berlin 1926.

Irrgang, Paul: Die Kupferversorgung Deutschlands seit 1914, Diss. Marburg 1931.

Jecht, Horst: Kriegsfinanzen, Jena 1938.

Jindra, Zdenek: Der Rüstungskonzern Fried. Krupp AG 1914-1918. Die Kriegsmateriallieferungen für das deutsche Heer und die deutsche Marine, Prag 1986.

"Keiner fühlt sich hier mehr als Mensch..." Erlebnis und Wirkung des Ersten Weltkrieges, hg. von Gerhard Hirschfeld und Gerd Krumeich in Verbindung mit Irina Renz, Essen 1993 (= Schriften der Bibliothek für Zeitgeschichte. Weltkriegsbücherei, Bd. 1).

Kocka, Jürgen: Klassengesellschaft im Krieg. Deutsche Sozialgeschichte 1914-1918, Göttingen 1973, ND Frankfurt 1988.

– Kriegssozialismus? Unternehmer und Staat 1914-1918, in: Berlin und seine Wirtschaft. Ein Weg aus der Geschichte in die Zukunft - Lehren und Erkenntnisse, hg. von der Industrie- und Handelskammer zu Berlin, Berlin 1987, S. 155-176.

– /*Siegrist*, Hannes: Die 100 größten deutschen Industrieunternehmen im späten 19. und frühen 20. Jahrhundert. Expansion, Diversifikation und Integration im internationalen Vergleich, in: Recht und Entwicklung der Großunternehmen im 19. und frühen 20. Jahrhundert. Wirtschafts-, sozial- und rechtshistorische Untersuchungen zur Industrialisierung in Deutschland, Frankreich, England und den USA, hg. von Norbert Horn und Jürgen Kocka, Göttingen 1979, S. 55-122 (= Kritische Studien zur Geschichtswissenschaft, Bd. 40).

Koeth, Josef: Kriegsrohstoffbewirtschaftung, in: Handbuch der Politik, hg. v. Gerhard Anschütz u.a., Bd. 2, 3. Aufl., Berlin 1920, S. 224-235.

– Die wirtschaftliche Demobilmachung. Ihre Aufgabe und ihre Organe, in: Handbuch der Politik, hg. von Gerhard Anschütz u.a., Bd. 4, 3. Aufl, Berlin 1921, S. 163-168.

Kriegsamt. Amtliche Mitteilungen und Nachrichten, Nr. 1-69, Berlin 1916-1918.

Kriegsbuch. Die Kriegsgesetze mit der amtlichen Begründung und der gesamten Rechtsprechung und Rechtslehre, hg. von Georg Güthe und Franz Schlegelberger, Bd. 1-8: systematische Erfassung der Kriegswirtschaftsgesetze einschließlich ihrer Begründungen und der dazu vorliegenden Rechtsprechung, Berlin 1915-1918; Bd. 9-10: Übergangswirtschaft, Berlin 1919-1920 (= Jahrbuch des deutschen Rechts, Sonderband).

Kriegserfahrungen: Zur Sozial- und Mentalitätsgeschichte des Ersten Weltkrieges, hg. von Gerhard Hirschfeld, Dieter Langewiesche, Gerd Krumeich und Hans-Peter Ullmann, Essen 1997.

Die Kriegs-Rohstoff-Abteilung des Kriegsministeriums, o.O., o.J.

Kriegsrüstung und Kriegswirtschaft, bearb. im Reichsarchiv, Bd. 1, Berlin 1930 (= Der Weltkrieg 1914-1918, Sonderband).

Krüger, Dieter: Nationalökonomen im wilhelminischen Deutschland, Göttingen 1983, zugl. Diss. Marburg 1981 (= Kritische Studien zur Geschichtswissenschaft, Bd. 58).

Kruse, Wolfgang: Kriegswirtschaft und Gesellschaftsvision. Walther Rathenau und die Organisierung des Kapitalismus, in: Die Extreme berühren sich. Walther Rathenau 1867-1922, hg. von Hans Wilderotter, Berlin 1993, S. 151-168.

Le Coutre, Walter: Die Grundgedanken der deutschen Preispolitik im Weltkriege 1914-1918, Berlin 1919, zugl. 0Diss. Greifswald.

Lehmann, Heinrich: Die Kriegsbeschlagnahme als Mittel der Organisation der Rohstoff- und Lebensmittelversorgung, Jena 1916.

Lehmann, Manfred: Der Begriff des angemessenen Preises, Marburg 1921 (= Arbeiten zum Handels-, Gewerbe- und Landwirtschaftsrecht, Bd. 32).

Létourneau, Paul: Walther Rathenau ou la rêve prométhéen: Pensée politique et économique 1867-1922, Québec 1987 (= Collection thèses ou recherches, vol. 26).

Leutner, Hans-Peter: Industrieunternehmen an der Neckarmündung: Die Entwicklung großer Unternehmen der chemischen Industrie und der Metallindustrie im Raum

Mannheim/Ludwigshafen ab der 2. Hälfte des 19. Jahrhunderts bis zur Mitte der Weimarer Republik, Diss. Freiburg 1988.

Lexis: Art. "Statistik I", in: Handwörterbuch der Staatswissenschaften, hg. von J. Conrad u.a., Bd. 7, 3. Aufl., Jena 1911, S. 824-832.

Liefmann, Robert: Art. "Syndikat" in: Handwörterbuch der Staatswissenschaften, hg. von J. Conrad u.a., Bd. 7, 3. Aufl., Jena 1911, S. 1057-1058.

Ludendorff, Erich (Hg.): Urkunden der Obersten Heeresleitung über ihre Tätigkeit 1916/18, 4. Aufl., Berlin 1922.

Mai, Gunther: Arbeitsmarktregulierung oder Sozialpolitik? Die personelle Demobilmachung in Deutschland 1918 bis 1920/24, in: Die Anpassung an die Inflation, hg. von Gerald D. Feldman u.a., Berlin 1986, S. 202-236.

– Das Ende des Kaiserreichs. Politik und Kriegführung im Ersten Weltkrieg, München 1987.

– Kriegswirtschaft und Arbeiterbewegung in Württemberg 1914-1918, Stuttgart 1983 (= Industrielle Welt, Bd. 35).

Maschke, Erich: Grundzüge der deutschen Kartellgeschichte bis 1914, Dortmund 1964.

Mendershausen, Horst: The Economics of War, New York 1941 (= Prentice Hall Economic Series).

Michalka, Wolfgang: Kriegsrohstoffbewirtschaftung, Walther Rathenau und die "kommende Wirtschaft", in: Der Erste Weltkrieg. Wirkung, Wahrnehmung, Analysen, hg. von Wolfgang Michalka, München 1994, S. 485-505.

Militär und Innenpolitik im Weltkrieg 1914-1918, bearb. von Wilhelm Deist, 2 Teile, Düsseldorf 1970 (= Quellen zur Geschichte des Parlamentarismus und der politischen Parteien. Zweite Reihe: Militär und Politik, Bd. 1/I,II).

Mitteilungen des Kriegsausschusses der deutschen Industrie, Nr. 1-250, Berlin, 14. Aug. 1914-12. April 1918.

Müller, Alfred: Die Kriegsrohstoffbewirtschaftung 1914-1918 im Dienste des deutschen Monopolkapitals, Berlin 1955.

Müller, Klaus-Peter: Politik und Gesellschaft im Krieg. Der Legitimitätsverlust des badischen Staates 1914-1918, Stuttgart 1988, zugl. Diss. Freiburg 1984 (= Veröffentlichungen der Kommission für geschichtliche Landeskunde in Baden-Württemberg, Reihe B, Forschungen, Bd. 109).

Müller, Rolf-Dieter: Die Mobilisierung der deutschen Wirtschaft für Hitlers Kriegsführung, in: Das Deutsche Reich und der Zweite Weltkrieg, hg. vom Militärgeschichtlichen Forschungsamt Freiburg, Bd. 5: Organisation und Mobilisierung des deutschen Machtbereichs. Erster Halbbd.: Kriegsverwaltung, Wirtschaft und personelle Ressourcen 1939-1941, Stuttgart 1988, S. 349-689.

Neukamp, Ernst: Die Ausschaltung unseres Handels durch das Kriegswirtschaftsrecht - eine nationale Gefahr! Berlin 1917.

Nußbaum, Helga/*Zumpe*, Lotte (Hg.): Wirtschaft und Staat in Deutschland. Eine Wirtschaftsgeschichte des staatsmonopolistischen Kapitalismus in Deutschland vom Ende des 19. Jahrhunderts bis 1945, 3 Bde., Vaduz 1978.

Offer, Avner: The First World War. An Agrarian Interpretation, Oxford 1989.

Plücker, Friedhelm: Der schwedische Eisenerzbergbau und seine Beziehung zur westdeutschen Eisenhüttenindustrie 1880-1965, Diss. Köln 1969.

Plumpe, Gottfried: Die I.G. Farbenindustrie AG. Wirtschaft, Technik und Politik 1904-1945, Berlin 1990, zugl. Habil.-Schrift Bielefeld 1988 (= Schriften zur Wirtschafts- und Sozialgeschichte, Bd. 37).

Porten, Max von der: Deutsche Metallwirtschaft im Krieg. Vortrag vor der Hauptversammlung der Gesellschaft Deutscher Metallhütten- und Bergleute am 8. Juli 1919, in: Metall und Erz. Zeitschrift für Metallhüttenwesen und Erzbergbau einschließlich Aufbereitung 17 (1920), H. 7, S. 163-168.

Protokolle über die Verhandlungen des Bundesrates des Deutschen Reiches, Berlin 1868-1919.

Rasch, Manfred: Geschichte des Kaiser-Wilhelm-Instituts für Kohlenforschung 1913-1943, Weinheim 1989.

Rathenau, Walther: Deutschlands Rohstoffversorgung. Vortrag gehalten in der "Deutschen Gesellschaft 1914" am 20. Dezember 1915, Berlin 1916.

– Tagebuch 1907-1922, hg. und kommentiert von Hartmut Pogge von Strandmann, Düsseldorf 1967.

– Hauptwerke und Gespräche, hg. von Hans Dieter Hellige und Ernst Schulin, München 1977 (= Walther-Rathenau-Gesamtausgabe, Bd. 2).

Reichsgesetzblatt, hg. vom Reichsamt des Innern, Berlin 1914ff.

Reichshandbuch der deutschen Gesellschaft. Das Handbuch der Persönlichkeiten in Wort und Bild, hg. von der Deutschen Wirtschaftsverlag AG, 2 Bde., Berlin 1930.

Reinhardt, Rudolf: Art. "Unternehmungszusammenschlüsse. (I) Organisationsformen", in: Handwörterbuch der Sozialwissenschaften, hg. von Erwin von Beckerath u.a., Bd. 10, Tübingen 1959, S. 549-552.

Rindtorff, Ermbrecht: Zur Geschichte des Stickstoffsyndikats, in: Kartelle in der Wirklichkeit. Festschrift für Max Metzner zu seinem 75. Geburtstag, hg. von Ludwig Kastl, Köln 1963, S. 407-413.

Römermann, Karl: Mittel und Formen der industriellen Kriegswirtschaft in Deutschland, England und den Vereinigten Staaten, Diss. Berlin 1935.

Roerkohl, Anne: Hungerblockade und Heimatfront. Die kommunale Lebensmittelversorgung in Westfalen während des Ersten Weltkriegs, Stuttgart 1991, zugl. Diss. Münster 1989.

– Die Lebensmittelversorgung während des Ersten Weltkrieges im Spannungsfeld kommunaler und staatlicher Maßnahmen, in: Durchbruch zum modernen Massenkonsum. Lebensmittelmärkte und Lebensmittelqualität im Städtewachstum des Industriezeitalters, hg. von Hans Jürgen Teuteberg, Münster 1987, S. 309-370 (= Studien zur Geschichte des Alltags, Bd. 8).

Rosenbaum, Eduard/*Sherman* A.J.: Das Bankhaus M.M.Warburg & Co. 1798-1938, Hamburg 1976.

Rund, Jürgen: Ernährungswirtschaft und Zwangsarbeit im Raum Hannover 1914 bis 1923, Hannover 1992, zugl. Diss. Hannover (= Quellen und Darstellungen zur Geschichte Niedersachsens, Bd. 106).

Schäfer, Hermann: Regionale Wirtschaftspolitik in der Kriegswirtschaft: Staat, Industrie und Verbände während des Ersten Weltkrieges in Baden, Stuttgart 1983, zugl. Diss. Freiburg 1977 (= Veröffentlichungen der Kommission für geschichtliche Landeskunde in Baden-Württemberg, Reihe B, Forschungen, Bd. 95).

Schieck, Hans: Der Kampf um die deutsche Wirtschaftspolitik nach dem Novemberumsturz 1918, Diss., unveröff. Manuskript, Heidelberg 1958.

Schiffmann, Dieter: Von der Revolution zum Neunstundentag. Arbeit und Konflikt bei BASF 1918-1924, Frankfurt 1983.

Schlaghecke, Alfons: Die Preissteigerung, Absatzorganisation und Bewirtschaftung des Eisens 1914-1920, Diss. Gießen 1924.

Schmid, Dieter: Wichard von Moellendorff. Ein Beitrag zur Idee der wirtschaftlichen Selbstverwaltung, Diss. Berlin 1970.

Schmidt, Ernst Wilhelm: Männer der Deutschen Bank und der Disconto-Gesellschaft, Düsseldorf 1957.

Schreyer, Hermann: Die Kriegswirtschaftsorganisationen im ersten Weltkrieg und ihre Archivbestände als Quellen zur Geschichte des staatsmonopolistischen Kapitalismus, in: Jahrbuch für Wirtschaftsgeschichte 1985, Teil III, S. 181-208.

Schröder, Hans-Jürgen: Confrontation and Cooperation. Germany and the United States in the Era of World War I, 1900-1924, Oxford 1993 (= Germany and the United States of America. The Krefeld Historical Symposia, vol. 2).

Schröter, Alfred: Krieg - Staat - Monopol 1914-1918. Die Zusammenhänge von imperialistischer Kriegswirtschaft, Militarisierung der Volkswirtschaft und staatsmonopolistischem Kapitalismus in Deutschland während des ersten Weltkrieges, Berlin 1965.

Schudnagies, Christian: Der Kriegs- oder Belagerungszustand im Deutschen Reich während des Ersten Weltkrieges. Eine Studie zur Handhabung des deutschen Ausnahmezustandsrechts bis 1918, Frankfurt 1994, zugl. Diss. Tübingen 1993 (= Rechtshistorische Reihe, Bd. 115).

Schuld, Heinrich: Geschichte der Deutschen Treuhand-Gesellschaft 1890-1965, in: 75 Jahre Deutsche Treuhand-Gesellschaft, hg. von Volkmar Muthenius, Frankfurt o.J., S. 11-52.

Schulin, Ernst: Krieg und Modernisierung. Rathenau als philosophierender Industrieorganisator im Ersten Weltkrieg, in: Ein Mann vieler Eigenschaften. Walther Rathenau und die Kultur der Moderne, Berlin 1990, S. 55-69 (= Kleine Kulturwissenschaftliche Bibliothek, Bd. 21).

– Die Urkatastrophe des zwanzigsten Jahrhunderts, in: Der Erste Weltkrieg. Wirkung, Wahrnehmung, Analyse, hg. von Wolfgang Michalka, München 1994, S. 3-27.

Soutou, Georges-Henri: L'Or et le Sang: Les buts de guerre économique de la Première Guerre mondiale, Paris 1989, zugl. Diss. Paris 1985.

Stegmann, Dirk: Hugenberg contra Stresemann. Die Politik der Industriellenverbände am Ende des Kaiserreichs, in: Vierteljahreshefte für Zeitgeschichte 24 (1976), S. 329-378.

Stenographische Berichte über die Verhandlungen des Reichstages, 13. Legislaturperiode, II. Session, Berlin 1914-1918.

Süle, Tibor: Preußische Bürokratietradition. Zur Entwicklung von Verwaltung und Beamtenschaft in Deutschland 1871-1918, Göttingen 1988 (= Kritische Studien zur Geschichtswissenschaft, Bd. 81).

Th. Goldschmidt AG Essen. Neun Jahrzehnte Geschichte einer deutschen chemischen Fabrik, 1847-1937, Essen 1937.

Thalmann, Heinrich: Die Pfalz im Ersten Weltkrieg. Der ehemalige bayerische Regierungskreis bis zur Besetzung Anfang Dezember 1918, Kaiserslautern 1990, zugl. Diss. Freiburg 1989 (= Beiträge zur pfälzischen Geschichte, Bd. 2).

Thieß, Karl: Höchstpreis-Politik, in: ders. und Kurt Wiedenfeld: Die Preisbildung im Kriege, Berlin 1916, S. 5-33 (= Beiträge zur Kriegswirtschaft, Heft 1).

Thoß, Bruno: Der Erste Weltkrieg als Ereignis und Erlebnis. Paradigmenwechsel in der westdeutschen Weltkriegsforschung seit der Fischer-Kontroverse, in: Der Erste Weltkrieg. Wirkung, Wahrnehmung, Analyse, hg. von Wolfgang Michalka, München 1994, S. 1012-1043.

– Weltkrieg und Systemkrise. Der Erste Weltkrieg in der westdeutschen Forschung 1945-1984, in: Neue Forschungen zum Ersten Weltkrieg. Literaturberichte und Bibliographien von 30 Mitgliedstaaten der "Commission Internationale d'Historie Militaire Comparée", hg. von Jürgen Rohwer, Koblenz 1985, S. 31-80 (= Schriften der Bibliothek für Zeitgeschichte. Weltkriegsbücherei, Bd. 25).

Treue, Wilhelm: Die Ilseder Hütte und der Staat in den Jahren 1916-1919, in: Tradition. Zeitschrift für Firmengeschichte und Unternehmerbiographie 3 (1958), S. 129-140.

– Die Geschichte der Ilseder Hütte, Peine 1960.

– C. Duisbergs Denkschrift von 1915 zur Gründung der "Kleinen I.G.", in: Tradition. Zeitschrift für Firmengeschichte und Unternehmerbiographie 8 (1963), S. 193-227.

Ullmann, Hans-Peter: Der Bund der Industriellen. Organisation, Einfluß und Politik klein- und mittelbetrieblicher Industrieller im Deutschen Kaiserreich 1895-1914, Göttingen 1976 (= Kritische Studien zur Geschichtswissenschaft, Bd. 21).

– Interessenverbände in Deutschland, Frankfurt 1988.

Verhandlungen des Bundesrates des Deutschen Reiches, Berlin 1868-1919.

Verein zur Wahrung der Interessen der Chemischen Industrie Deutschlands e.V. (Hg.): Ausgewählte Kapitel aus der chemisch-industriellen Wirtschaftspolitik 1877-1927, überreicht der 50jährigen Hauptversammlung vom Geschäftsführer Dr. C. Ungewitter, Berlin 1927.

Wachs, Friedrich-Carl: Das Verordnungswerk des Reichsdemobilmachungsamts. Stabilisierender Faktor zu Beginn der Weimarer Republik, Frankfurt 1991, zugl. Diss. FU Berlin 1990 (= Rechtshistorische Reihe, Bd. 85).

Wagenführ, Horst: Kartelle in Deutschland, Nürnberg 1931.

Wagenführ, Rolf: Die Industriewirtschaft. Entwicklungstendenzen der deutschen und internationalen Industrieproduktion 1860 bis 1932, Berlin 1933 (= Vierteljahreshefte für Konjunkturforschung, Sonderheft 31).

Waldecker, Ludwig: Die Kriegsenteignung der Bundesratsverordnung vom 24. Juni 1915, München 1919.

Wehler, Gesellschaftsgeschichte, Bd. 3: Von der "Deutschen Doppelrevolution" bis zum Beginn des Ersten Weltkrieges 1849-1914, München 1995.

Wer ist's? Zeitgenossenlexikon, IV. Ausg., Leipzig 1909, VI. Ausg., Leipzig 1912, VIII. Ausg., Leipzig 1922, IX. Ausg., Leipzig 1928.

Wette, Wolfram: Reichstag und "Kriegsgewinnlerei" (1916-1918), in: Militärgeschichtliche Mitteilungen 36 (1984), S. 31-56.

Wiedenfeld, Kurt: Die Organisation der Kriegsrohstoffbewirtschaftung im Weltkriege, Hamburg 1936 (= Schriften zur kriegswirtschaftlichen Forschung und Schulung, Bd. 9).

– Zwischen Wirtschaft und Staat. Aus den Lebenserinnerungen von Kurt Wiedenfeld, hg. von Friedrich von Bülow, Berlin 1960.

Wiegmann, Karlheinz: Textilindustrie und Staat in Westfalen, 1914-1933, Stuttgart 1993, zugl. Diss. Münster 1991 (= Vierteljahrsschrift für Sozial- und Wirtschaftsgeschichte, Beih. 107).

Winkler, Heinrich August: Organisierter Kapitalismus? Versuch eines Fazits, in: Liberalismus und Antiliberalismus. Studien zur politischen Sozialgeschichte des 19. und 20. Jahrhunderts, Göttingen 1979, S. 264-271 (= Kritische Studien zur Geschichtswissenschaft, Bd. 38).

Zahn, Friedrich: Art. "Statistik II", in: Handwörterbuch der Staatswissenschaften, hg. von J. Conrad u.a., Bd. 7, 3. Aufl., Jena 1911, S. 832-893.

Zeidler, Manfred: Die deutsche Kriegsfinanzierung 1914 bis 1918 und ihre Folgen, in: Der Erste Weltkrieg. Wirkung, Wahrnehmung, Analyse, hg. von Wolfgang Michalka, München 1994, S. 415-433.

Zilch, Reinhold: Okkupation und Währung im Ersten Weltkrieg. Die deutsche Besatzungspolitik in Belgien und Russisch-Polen 1914-1918, Goldbach 1994.

Zunkel, Friedrich: Industrie und Staatssozialismus. Der Kampf um die Wirtschaftsordnung in Deutschland 1914-1918, Düsseldorf 1974.

Register

Kursiv gesetzte Zahlen weisen auf biographische Angaben hin.